U0946335

重庆文化研究

（2017年卷）

重庆市文化研究院/主编

西南师范大学出版社
国家一级出版社 全国百佳图书出版单位

图书在版编目(CIP)数据

重庆文化研究. 2017年卷 / 重庆市文化研究院主编
. -- 重庆 : 西南师范大学出版社, 2018.12
ISBN 978-7-5621-9660-0

Ⅰ. ①重… Ⅱ. ①重… Ⅲ. ①地方文化－研究－重庆
－2017 Ⅳ. ①K297.19

中国版本图书馆CIP数据核字(2018)第284330号

重庆文化研究(2017年卷)
CHONGQING WENHUA YANJIU
重庆市文化研究院/主编

责任编辑: 黄璜 唐倩
责任校对: 张昊越
排 版: 重庆大雅数码印刷有限公司·张祥
出版发行: 西南师范大学出版社
地址: 重庆市北碚区
网址: www.xscbs.com
印 刷: 重庆升光电力印务有限公司
幅面尺寸: 170mm×240mm
印 张: 36.75
字 数: 710千字
版 次: 2018年12月 第1版
印 次: 2018年12月 第1次印刷
书 号: ISBN 978-7-5621-9660-0

定 价: 98.00元

《重庆文化研究》(2017年卷)
编辑委员会

目录

HONGGUAN WENHUA

宏观文化

习近平文化自信思想的七个维度[①]

代金平　秦　锐[②]

摘　要：党的十八大以来，习近平总书记将“文化自信”同“道路自信、理论自信、制度自信”并列提出，对“文化自信”做出了一系列重要论述，形成了相对完整的文化自信思想。本文从文化引导力、文化生产力、文化凝聚力、文化包容力、文化防御力、文化影响力、文化领导力等七个维度系统深入地研究了习近平文化自信思想，具有重要的学理价值和现实意义。

关键词：习近平；文化自信；治国理政新思想

党的十八大以来，习近平总书记站在实现“两个一百年”奋斗目标和中华民族伟大复兴中国梦的历史高度，将“文化自信”同“道路自信、理论自信、制度自信”并列提出，对“文化自信”做出了一系列重要论述，发表了一系列重要讲话，明确指出了“文化自信”作为“更基础、更广泛、更深厚的自信”[③]的重要地位，形成了相对完整的文化自信思想。本文从文化引导力、文化生产力、文化凝聚力、文化包容力、文化防御力、文化影响力、文化领导力等七个维度系统深入地研究了习近平文化自信思想，具有重要的学理价值和现实意义。

一、文化引导力之维：坚持人民为本，突出政治立场

文化自信的构建需要强大的文化引导力作支撑，增强文化引导力是发展当代中国文化自信的必然要求，为此，必须着力解决好“为什么人，靠什么人，育什么人”的问题。

（一）为什么人——坚持以人民为中心的发展思想

习近平在中共中央政治局第28次集体学习时强调：“要坚持以人民为中心的发展

①原载于《探索》2017年第4期。

②代金平，重庆邮电大学马克思主义学院。秦锐，重庆邮电大学马克思主义学院。

③习近平在庆祝中国共产党成立95周年大会上的讲话[N].人民日报，2016-07-02.

思想。”[①]这一思想进一步丰富和发展了马克思主义的人民观与发展观，对全面构建当代中国文化自信意义重大。首先，从文化建设来看，坚持以人民为中心的发展思想，就要深化文化改革，大力发展文化事业与文化产业，始终“坚持以人民为中心的文艺创作导向”[②]，促进优秀文艺作品的大量涌现，使人民群众的精神文化生活更加丰富，全面小康社会的文化内涵更加充裕。其次，从文化传播来看，坚持以人民为中心的发展思想，一要切实贯彻“创新、协调、绿色、开放、共享”的发展理念，积极引导舆论、加强正面宣传、讴歌人民创造、践行核心价值。二要把科技要素摆在核心位置，努力探索大数据时代下增强文化传播能力的方式方法。最后，从文化研究来看，坚持以人民为中心的发展思想，一要立足本国，以当代中国文化自信的三个源头为着力点，诠释好中华优秀传统文化的核心理念，提炼好革命文化的时代价值，坚持好社会主义先进文化的前进方向。二要放眼世界，加强中外文化的比较研究，从而更好地阐释中华文化的独特性与优越性，为增强国家文化自信打下坚实基础。

(二)靠什么人——强调文化人才的突出地位

“功以才成，业由才广”[③]。“人才是第一资源”[④]，是决定生产力发展的核心要素。习近平强调：“我们比历史上任何时期都更接近实现中华民族伟大复兴的宏伟目标，我们也比历史上任何时期都更加渴求人才。”“没有一支宏大的高素质人才队伍，全面建成小康社会的奋斗目标和中华民族伟大复兴的中国梦就难以顺利实现。”[⑤]文化人才是加快文化发展的生力军，是推动文化创新的核心力量，是增强文化引导力和竞争力的关键，强调文化人才的突出作用是坚持人民在文化建设中的主体地位的重要表现。改革开放以来，我国培养造就了一大批优秀文化人才，为文化建设的不断发展做出了重要贡献。但总的来看，我国文化人才队伍状况同建设社会主义文化强国的时代要求还有差距，与提升国家文化软实力的重要任务还不相适应。因此要切实贯彻落实习近平同志关于人才工作的重要讲话精神，把人才工作摆在文化强国建设的突出位置，树立科学人才观，推进“人才兴文”战略，为文化人才的培养与使用营造良好环境，形成人尽其才、才尽其用，各类文化人才竞相涌现，创新创造活力充分涌流的生动局面，为文化自信的全面构建提供重要智力支持。

---

①习近平：立足我国国情和我国发展实践发展当代中国马克思主义政治经济学[N].人民日报，2015-11-25.

②中共中央文献研究室.习近平总书记重要讲话文章选编[M].北京：中央文献出版社，党建读物出版社，2016：191.

③习近平在庆祝中国共产党成立95周年大会上的讲话[N].人民日报，2016-07-02.

④习近平在网络安全和信息化工作座谈会上的讲话[N].人民日报，2016-04-26.

⑤习近平在欧美同学会成立100周年庆祝大会上的讲话[N].人民日报，2013-10-22.

(三)育什么人——坚持社会主义核心价值观的培育践行

文化的核心是价值观,文化自信的本质是价值观自信。价值观对人的品行起着决定性作用,从这个意义上讲,"以文化人"的实质就是以价值观化人。习近平指出:"核心价值观是文化软实力的革命文化与中国灵魂、文化软实力建设的重点。这是决定文化性质和方向的最深层次要素。"[①]当代中国的核心价值观是社会主义核心价值观,它是中华优秀传统文化、革命文化与社会主义先进文化在价值观层面的集中反映和高度凝练。社会主义核心价值观的培育践行,是为中国特色社会主义事业培养可靠接班人和合格建设者的基础工程。习近平多次强调核心价值观与青少年成长成才的关系,在北大"五四"讲话和"六一"儿童节前夕明确提出了要从一开始就扣好人生的扣子,要从学校、从娃娃抓起等培育践行的具体要求,阐明了"勤学、修德、明辨、笃实"[②]和"记住要求、心有榜样、从小做起、接受帮助"[③]等培育践行的方法途径。习近平指出:"牢固的核心价值观,都有其固有的根本。"[④]社会主义核心价值观作为决定于社会主义生产关系的观念上层建筑,同资产阶级价值观有着本质区别。从理论与实践上阐释好这种区别,对更好地培育与践行社会主义核心价值观至关重要。

二、文化生产力之维:深化体制改革,发展文化产业

从理论维度看,文化生产力概念作为形成于中国特色社会主义伟大实践的理论创新成果,是理论自信与文化自信的重要体现。从实践维度看,文化同经济的日益交融促使文化产业不断发展壮大,集中体现了当代中国文化生产力的不断解放与发展。

(一)提升实力——推动文化产业结构优化升级

习近平指出:"发展文化产业,首先是文化本身发展的必然要求,当代文化竞争在很大程度上取决于文化产业的竞争,软实力、文化力必然要通过文化产业的竞争力来加以体现。同时,这也具有促进经济结构调整和增长方式转变的意义。"[⑤]结构性矛盾是当前制约我国经济社会各方面发展的突出问题,文化产业发展也碍于严重的产业结构壁垒。因此,深化文化体制改革、推动文化产业结构优化升级就成为提高文化产业

①习近平谈治国理政[M].北京:外文出版社,2014:163.

②习近平谈治国理政[M].北京:外文出版社,2014:172-173.

③习近平谈治国理政[M].北京:外文出版社,2014:182.

④习近平谈治国理政[M].北京:外文出版社,2014:164.

⑤习近平.干在实处走在前列:推进浙江新发展的思考与实践[M].北京:中共中央党校出版社,2006:276.

竞争力的首要任务。在所有制结构上，一要突破难点，积极推动国有文化单位改革，“重塑一批国有或国有控股的文化企业”①。二要抓住亮点，加大对民营企业的政策扶持力度，培育新兴市场主体，激发市场创新活力。在生产力结构上，要着力从根本上改变当前传统文化产业比重过大的局面，“加快重点门类产业发展”②，深刻理解科学技术要素推动文化产业快速增长的特殊意义。在移动互联网高速发展的背景下，积极探索“互联网+”的文化产业发展路径势在必行。在区域结构上，要统筹各地区、各部门文化产业布局，实现特色发展、联动发展、协调发展，确保在“十三五”时期使“文化产业成为国民经济支柱性产业”③。

（二）明确导向——完善现代文化市场体系

习近平在主持中共中央政治局第15次集体学习时强调：“使市场在资源配置中起决定性作用、更好发挥政府作用，既是一个重大理论命题，又是一个重大实践命题。科学认识这一命题，准确把握其内涵，对全面深化改革、推动社会主义市场经济健康有序发展具有重大意义。”④这一命题对于推进中国特色社会主义文化建设同样具有重要而深远的意义。健全和完善现代文化市场体系，使市场在经营性文化资源配置中起决定性作用，是进一步深化文化体制改革、解放和发展文化生产力的重要举措。这有利于解决束缚文化产业和文化市场发展的体制机制障碍，建立起促进文化大发展大繁荣的市场规则和体制。习近平指出，当前，我国社会主义市场经济在取得长足发展的同时也存在诸多问题，让市场在资源配置中起决定性作用，就是为了“把市场机制能有效调节的经济活动交给市场”，“推动资源配置实现效益最大化和效率最优化”⑤。另一方面，要切实坚持文化建设上的“两点论”，更好地发挥政府在文化产业和文化市场发展中的作用，用好“看不见的手”和“看得见的手”，“努力形成市场作用和政府作用有机统一、相互补充、相互协调、相互促进的格局”⑥。

（三）驱动双轮——坚持两个效益相统一

《中共中央关于制定国民经济和社会发展第十三个五年规划的建议》指出，加强社

①习近平．干在实处走在前列：推进浙江新发展的思考与实践[M].北京：中共中央党校出版社，2006:272.

②习近平．干在实处走在前列：推进浙江新发展的思考与实践[M].北京：中共中央党校出版社，2006:274.

③中共中央关于制定国民经济和社会发展第十三个五年规划的建议[N].人民日报，2015-11-04.

④习近平谈治国理政[M].北京：外文出版社，2014:116.

⑤习近平谈治国理政[M].北京：外文出版社，2014:117.

⑥习近平谈治国理政[M].北京：外文出版社，2014:116.

会主义精神文明建设,要"坚持把社会效益放在首位、社会效益和经济效益相统一"①。发展文化产业是加强社会主义精神文明建设的重要内容,坚持两个效益相统一是其应有之义。文化产品与文化服务作为文化产业发展成果的直接体现,其质量集中反映出文化产业的发展是否真正做到了两个效益相统一。关于文化服务,党的十八大明确提出了到2020年"公共文化服务体系基本建成"②的战略目标,习近平要求"要推动文化事业全面繁荣、文化产业快速发展"③。构建覆盖全社会的公共文化服务体系是发展文化事业的根本任务,必须要加快建设步伐,使其更好地发挥保障文化民生、促进文化公平的作用。关于文化产品,习近平强调:"文化产品只有成为广大群众的自觉消费,才能最大限度地实现文化的宣传教育功能,达到以优秀作品鼓舞人的目的,这就是大力发展文化产业的意义所在……先进的文化产品,应当既体现先进性,又体现群众性;既不'趋利媚俗'又不远离市场、忽视市场。"④只有生产出这样的文化产品才能使人民文化生活更加丰富多彩,精神风貌更加昂扬向上。

三、文化凝聚力之维:揭示力量源泉,加强传承弘扬

文化凝聚力起着坚定文化自信、夯实精神支撑的重要作用,增强文化凝聚力是一个国家文化建设的根本。习近平指出,当代中国文化自信源于中华优秀传统文化、革命文化与社会主义先进文化,必须牢牢把住这三个重要源头,坚守根本,高扬旗帜,筑牢基石。

(一)自信之根——坚守中华优秀传统文化的根基命脉

中华民族的身份认同源于中华优秀传统文化的滋养与塑造,传统文化自信理应是当代中国文化自信的根本。只有守住传统文化的根基命脉,我们才能搞清楚、回答好"从何处来"与"向何处去"的问题,才能挺直实现中华民族伟大复兴的精神脊梁。习近平指出,中国优秀传统思想文化"体现着中华民族世世代代在生产生活中形成和传承的世界观、人生观、价值观、审美观等,其中最核心的内容已经成为中华民族最基本的文化基因。这些最基本的文化基因是中华民族和中国人民在修齐治平、尊时守位、知

①中共中央关于制定国民经济和社会发展第十三个五年规划的建议[N].人民日报,2015-11-04.

②胡锦涛:坚定不移沿着中国特色社会主义道路前进为全面建成小康社会而奋斗——在中国共产党第十八次全国代表大会上的报告[N].人民日报,2012-11-18.

③习近平谈治国理政[M].北京:外文出版社,2014:160.

④习近平.之江新语[M].杭州:浙江人民出版社,2007:9.

常达变、开物成务、建功立业过程中逐渐形成的有别于其他民族的独特标识”①。他强调：“中华民族具有5000多年连绵不断的文明历史，创造了博大精深的中华文化，为人类文明进步作出了不可磨灭的贡献。”②在和平与发展已成为时代主题的今天，坚持继承与弘扬中华优秀传统文化中“讲仁爱、重民本、守诚信、崇正义、尚和合、求大同”③等极具历史意义与时代价值的思想理念，有利于团结全体人民为实现“两个一百年”奋斗目标而努力拼搏，进一步增强文化认同感和凝聚力；有利于推动中国文化“走出去”，不断提高文化影响力和吸引力，为世界的和平与发展贡献力量。

(二)自信之魂——高扬中国革命文化的理想信念

革命文化是中国共产党团结和带领全国各族人民在革命、建设和改革过程中创造的带有鲜明中国特色的文化形态，中国共产党近百年奋斗史就是一部革命文化的塑造史，“一个民族的历史是一个民族安身立命的基础”，④一个不能正视自己历史的民族是立不起来的。弘扬中国革命文化，有助于我们更深入地学习和研究党史国史，继续发扬党的优良传统，始终坚定中国共产党人的理想信念，更好地构筑当代中国文化自信，其关键就在于把握革命文化的核心理念——红色精神。红色精神是民族精神在革命历史条件下的再现、创新与升华，是革命文化的浓缩和精髓，最能体现其本质特征和独特内涵。习近平特别注意对红色精神的提炼和总结，他提出“红船精神”的概念，补充和完善了1927年前红色精神提炼的缺位；提出“载人航天精神”“丝路精神”等概念，展现了新形势下红色精神的新风貌与新品质⑤。同时，习近平高度重视红色精神的继承与发扬，强调要传承好“井冈山精神”“苏区精神”“抗战精神”等红色精神，不断结合新的时代条件将它们发扬光大。这有助于我们在新的历史条件下不忘初心、满怀信心、永葆决心，继续高扬革命文化的理想信念，彰显红色精神的时代光芒。

(三)自信之基——坚持社会主义先进文化的前进方向

社会主义先进文化是马克思主义同中华优秀传统文化及革命文化相结合，以马列主义为指导，以社会主义核心价值体系为灵魂，面向现代化、面向世界、面向未来的民族的、科学的、大众的文化。坚持社会主义先进文化的前进方向，是应对西方文化的冲

①习近平在纪念孔子诞辰2565周年国际学术研讨会暨国际儒学联合会第五届会员大会开幕式上的讲话[N].人民日报，2014-09-25.

②习近平谈治国理政[M].北京：外文出版社，2014:39.

③习近平谈治国理政[M].北京：外文出版社，2014:164.

④习近平在纪念毛泽东同志诞辰120周年座谈会上的讲话[N].人民日报，2013-12-27.

⑤王毅.习近平关于中国共产党人精神论述探析[J].毛泽东思想研究，2016(6):73-77.

击渗透、传统文化的牵扯羁绊、敌对文化的否定拆解,着力构建当代中国文化自信的必然要求。党的十八届三中全会通过的《中共中央关于全面深化改革若干重大问题的决定》强调:“建设社会主义文化强国,增强国家文化软实力,必须坚持社会主义先进文化前进方向,坚持中国特色社会主义文化发展道路。”①习近平在主持中共中央第12次集体学习时特别指出:“要弘扬社会主义先进文化。”②在省部级主要领导干部学习贯彻党的十八届五中全会精神专题研讨班上,他再次强调:“要坚持社会主义先进文化前进方向,用社会主义核心价值观凝聚共识、汇聚力量,用优秀文化产品振奋人心、鼓舞士气,用中华优秀传统文化为人民提供丰润的道德滋养,提高精神文明建设水平。”③这就为在新的历史起点上继续加强社会主义先进文化建设明确了目标要求,提供了基本遵循。

四、文化包容力之维:吸收有益成果,推动发展创新

中国传统文化之所以生生不息,很大程度上缘于其包容的胸怀。当代中国文化继承了传统文化的包容精神,在立足本国的基础上海纳百川、博采众长,不断发展创新,表现出前所未有的文化自觉与文化自信。

(一)不忘本来——批判继承中国传统文化

一是坚持科学态度。习近平指出:“优秀传统文化是一个国家、一个民族传承和发展的根本,如果丢掉了,就割断了精神命脉。”④他同时强调,传统文化受到历史的制约与局限,不免包含一些陈旧过时或已成糟粕的东西,因而在学习、研究、应用传统文化的过程中必须“坚持古为今用、以古鉴今,坚持有鉴别的对待、有扬弃的继承”。习近平的这些论述清晰地阐述了他对待中国传统文化的坚定立场与科学态度,有助于提高我们对传统文化的认识水平。二是明确历史定位。习近平指出:“在带领中国人民进行革命、建设、改革的长期历史实践中,中国共产党人始终是中国优秀传统文化的忠实继承者和弘扬者,从孔夫子到孙中山,我们都注意汲取其中积极的养分。”⑤这就对传统

①中共中央文献研究室.十八大以来重要文献选编(上)[G].北京:中央文献出版社,2014:533.

②习近平谈治国理政[M].北京:外文出版社,2014:160.

③中共中央文献研究室.习近平总书记重要讲话文章选编[M].北京:中央文献出版社,党建读物出版社,2016:394.

④习近平在纪念孔子诞辰2565周年国际学术研讨会暨国际儒学联合会第五届会员大会开幕式上的讲话[N],人民日报,2014-09-25.

⑤习近平在纪念孔子诞辰2565周年国际学术研讨会暨国际儒学联合会第五届会员大会开幕式上的讲话[N],人民日报,2014-09-25.

文化做出了正确的历史定位，强调了进一步推进马克思主义中国化的极端重要性。三是阐明当代价值。习近平指出："中华优秀传统文化是中华民族的突出优势，是我们最深厚的文化软实力。"①他强调，中国特色社会主义根植于中华文化沃土上，实现中国梦必须弘扬民族精神与时代精神，这就系统阐明了中华优秀传统文化的重要时代价值。

(二)吸收外来——学习借鉴国外先进文化

正确看待世界上的不同文明，积极学习与借鉴国外先进文化，是中华民族的优良传统，也是推动文化发展创新、坚定文化自信的客观要求。习近平在高度肯定文化对推动国家与民族发展、世界与人类进步的重要作用的基础上指出："一个国家、一个民族的强盛，总是以文化兴盛为支撑的，中华民族伟大复兴需要以中华文化发展繁荣为条件"②，"人类在漫长的历史长河中，创造和发展了多姿多彩的文明……不论是中华文明，还是世界上存在的其他文明，都是人类文明创造的成果"③，"都应该得到承认和尊重"。他特别强调，"人类已经有了几千年的文明史，任何一个国家、一个民族都是在承先启后、继往开来中走到今天的，世界是在人类各种文明交流交融中成为今天这个样子的"④，因而"我们不仅要了解中国的历史文化，还要睁眼看世界，了解世界上不同民族的历史文化，去其糟粕，取其精华，从中获得启发，为我所用"⑤。这有助于我们更好地把握如何正确对待不同国家与民族的文明这一重大课题，坚持从本国、本民族实际出发，讲求开放包容、兼收并蓄，坚持取长补短、择善而从，在不断汲取各种文明有益成分的过程中丰富和发展中华文化。

(三)面向未来——不断推动文化发展创新

习近平指出："创新是引领发展的第一动力。抓创新就是抓发展，谋创新就是谋未来。"⑥文化的发展进步在解决了继承传统与吸收外来的问题后，创新就成为第一要务。没有文化的创新，理论创新、制度创新及其他各方面的创新都无从谈起。首先，推动文

①习近平谈治国理政[M].北京：外文出版社，2014:155.

②习近平在山东考察时强调认真贯彻党的十八届三中全会精神汇聚起全面深化改革的强大正能量[N].人民日报，2013-11-29.

③习近平谈治国理政[M].北京：外文出版社，2014:258.

④习近平在纪念孔子诞辰2565周年国际学术研讨会暨国际儒学联合会第五届会员大会开幕式上的讲话[N].人民日报，2014-09-25.

⑤习近平在中央党校建校80周年庆祝大会暨2013年春季学期开学典礼上的讲话[N].人民日报，2013-03-03.

⑥石平.创新是引领发展的第一动力[J].求是，2015(9):55-56.

化创新发展需要努力培育全社会的创新精神。习近平强调，要在全社会弘扬创新精神，提高创新能力，为建设创新型国家奠定坚实的群众基础。人民群众是社会物质财富和精神财富的创造者，在人民中间培育起创造意识和创新精神是推动文化创新的重要基础。其次，推动文化创新发展需要深化文化体制改革。文化改革与文化创新紧密联系、相互促进，二者共同构成文化繁荣发展的动力源泉。习近平在科学把握当今文化发展趋势和我国文化发展方位的基础上指出："要坚持走中国特色社会主义文化发展道路，弘扬社会主义先进文化，深化文化体制改革，推动社会主义文化大发展大繁荣，增强全民族文化创造活力，让一切文化创造源泉充分涌流。"①这对于进一步深化我国文化体制改革，解放和发展文化生产力，进而推动文化发展创新，牢固树立文化自信，具有十分重要的指导意义。

五、文化防御力之维：维护文化安全，筑牢精神支撑

文化防御力集中体现在对国家文化安全的维护，维护文化安全是构建文化自信的重要环节。国家文化安全主要包含新旧关系、内外关系、同异关系三个维度，完整把握这三个维度是全面认识国家文化安全问题的前提。

（一）新旧之争——加强中华传统文化的创造性转化

近代以来，新旧之争一直是中国文化发展的主题词。从洋务运动到维新变法，再到辛亥革命，如何对待中华传统文化的激烈论争从未停息。至新文化运动，分化出了鼓吹"全盘西化"的文化激进主义与推崇"尊孔复古"的文化保守主义两种截然不同的主张。历史证明，不论是一味对中华传统文化嗤之以鼻以求全盘推倒，还是文化上的闭关锁国、盲目自信，都是行不通的。时移世易，传统文化如不实现根本意义上的转型与创新，必然会在内部生出威胁文化安全和影响文化发展的腐朽落后因素。文化的发展是一个源于实践的历史而连续的过程，只有实现文化的转型与创新才能切实维护文化安全。习近平强调："中华优秀传统文化与社会主义市场经济、民主政治、先进文化、社会治理等还存在需要协调适应的地方。"他特别指出，弘扬中华优秀传统文化要"处理好继承和创造性发展的关系"②，"努力实现传统文化的创造性转化、创新性发展，使之与现实文化相

①习近平：建设社会主义文化强国着力提高国家文化软实力[N].人民日报，2014-01-01.

②习近平谈治国理政[M].北京：外文出版社，2014：164.

融相通,共同服务以文化人的时代任务"[①]。习近平的这些论述有力批驳了"西化""儒化"等关于我国文化发展的错误主张,为传统文化的发展创新指明了方向。

(二)中外之隙——坚决抵制和防范错误思潮的侵蚀与影响

当前,我国对外开放程度加大,社会结构变动加剧,西方顽固势力和敌对势力趁机同国内非党、反党和非社会主义、反社会主义分子互动甚至勾结,在意识形态领域制造各种错误思潮,其中以历史虚无主义和"普世价值"论的危害尤甚。历史虚无主义表现在对党史国史、英雄人物、中华优秀传统文化的抹黑、诋毁和否定,"普世价值"论则大肆宣扬西方资产阶级价值观,二者的根本目的都在于消解民众对马克思主义的信仰和对中国共产党执政合法性的政治认同,颠覆中国共产党的执政地位。认清这些错误思潮的实质并有效抵制和防范,对坚定当代中国文化自信至关重要。习近平一针见血地指出,苏联的解体和苏共的垮台,"一个重要原因就是意识形态领域的斗争十分激烈,全面否定了苏联历史、苏共历史,否定列宁,否定斯大林,搞历史虚无主义,思想搞乱了"[②]。他提出共同价值的概念,强调"和平、发展、公平、正义、民主、自由,是全人类的共同价值"[③],要同"普世价值"而划清界限,而"意识形态工作是党的一项极端重要的工作"[④],意识形态阵地的稳固是维护文化安全、构建文化自信的可靠保障,只有旗帜鲜明、有所作为,敢于发声、敢于亮剑,才能筑牢全体人民团结一致建设中国特色社会主义的精神支撑。

(三)同异之辨——加强文化遗产的保护与利用

当今世界文化一体化趋势不断加强,对文化遗产的保护与利用日益成为维护文化安全、反对文化霸权、增强文化认同、构建文化自信的重要一环。文化遗产,是一个国家和民族发展过程中经过历史积淀、具有民族性和代表性的历史文化成果。中华民族数千年来留下的无数辉煌灿烂的文化遗产,已化成文化基因注入民族的血脉。这些文化遗产具有区别于其他国家与民族文化的鲜明特色,是中华民族最为独特的身份象征和文化传承的源头活水。习近平高度重视文化遗产的保护与利用,既是保护文化遗产的身体力行者,又是利用文化遗产资源的积极倡导者。习近平曾到任福州不久就对市

①习近平在纪念孔子诞辰2565周年国际学术研讨会暨国际儒学联合会第五届会员大会开幕式上的讲话[N],人民日报,2014-09-25.

②中共中央文献研究室.十八大以来重要文献选编(上)[G].北京:中央文献出版社,2014:113.

③携手构建合作共赢新伙伴同心打造人类命运共同体——在第七十届联合国大会一般性辩论时的讲话[N].人民日报,2015-09-29.

④习近平谈治国理政[M].北京:外文出版社,2014:153.

内的名人故居做了政府挂牌保护，在福建省任省长时又保护了即将被开矿破坏的三明市万寿岩旧石器时代洞穴遗址。他指出，要“像爱惜自己的生命一样保护好城市历史文化遗产”[①]，文化遗产等公共资源“不能为少数人垄断享用”[②]，要为市民游客服务。习近平在保护与利用我国文化遗产方面的亲身实践与丰富论述，充分表现了他对国家民族文化的深切眷念与坚定信心。全体人民都应以习近平同志为榜样，既要把“文化自信”牢记于心，又要将“文化自信”付诸于行。

六、文化影响力之维：坚持走出国门，强化世界认同

文化影响力是指一国文化在世界上所获认同的深度与广度，是国家文化自信的重要构建因素。当前，我国文化的世界地位同经济发展的“不相称性”显著，着力提高文化的世界影响力，是一项关系到实现中华民族伟大复兴的重大而紧迫的战略任务。

（一）构建形象——树立良好的国家文化形象

国家文化形象的构建需要整体把握“自我”与“他者”两个维度，前者关系到文化的对内凝聚力，后者关系到文化的对外影响力。一要坚守中华文化精神。中华文明传承数千载，形成了诸多优秀的价值理念。习近平强调“先天下之忧而忧，后天下之乐而乐”的抱负、“位卑未敢忘忧国”的情怀、“富贵不淫，威武不屈”的正气等，学习和掌握其中的思想精华，对于树立正确的世界观、人生观、价值观大有益处。[③]二要增强国家文化实力。国家文化形象的构建需要强大的文化实力做后盾。习近平从“弘扬社会主义先进文化，深化文化体制改革，推动社会主义文化大发展大繁荣，增强全民族文化创造活力，推动文化事业全面繁荣、文化产业快速发展”[④]等六个方面指明了提升国家文化软实力的实现路径与目标要求。三要提高文化开放水平。在新的历史条件下，只有开放才能增强文化力量，扩大文化影响。习近平指出，要把“当代中国文化创新成果传播出去”，必须“提高对外文化交流水平，完善人文交流机制，创新人文交流方式，综合运用大众传播、群体传播、人际传播等多种方式”，“塑造我国作为文明大国、东方大国、负责任大国和社会主义大国的国家形象”[⑤]。

①段金柱，郑璜.“像爱惜自己的生命一样保护好文化遗产”——习近平在福建保护文化遗产纪事[N].福建日报，2015-01-06.

②毕诗成.公共资源姓“公”关键是反特权[N].人民日报，2015-05-28.

③习近平在中央党校建校80周年庆祝大会暨2013年春季学期开学典礼上的讲话[N].人民日报，2013-03-03.

④习近平谈治国理政[M].北京：外文出版社，2014：160.

⑤习近平谈治国理政[M].北京：外文出版社，2014：161-162.

(二)诠释特色——加强对外文化交流

中国特色社会主义是当代中国最鲜明的特色,坚持和发展中国特色社会主义,必须毫不动摇地走中国特色社会主义道路,不断推进马克思主义中国化、时代化。为此,对内要加强宣传教育,进一步坚定全体人民的"四个自信";对外要以文化交流为抓手,着力诠释好中国特色。文化交流是增进不同民族相互了解和友谊的重要桥梁,是提高我国对外开放水平的重要内容,也是提升我国文化世界影响力的重要途径。习近平指出,在中外文化沟通交流中,"既要介绍特色的中国,也要介绍全面的中国;既要介绍古老的中国,也要介绍当代的中国;既要介绍中国的经济社会发展,也要介绍中国的人和文化"①,要讲清楚每个国家和民族的历史传统、文化积淀、基本国情的不同,讲清楚中华文化积淀着中华民族最深沉的精神追求,讲清楚中华优秀传统文化是中华民族的突出优势,讲清楚中国特色社会主义植根于中华文化沃土、反映中国人民意愿、适应中国和时代发展进步要求。②同时,"要保持对自身文化的自信、耐力、定力"③,在对外文化交流的过程中不断坚定文化自信,这为我们进一步做好对外文化交流工作指明了新方向,提出了新要求,明确了新目标。

(三)讲好故事——精选传播内容,增强传播能力

讲好中国故事,一要精选传播内容。文化内容是文化传播的核心,因此,中国故事必须立足中国文化。中华文明在很长一段历史时期居于东亚文明的核心位置,对周边国家产生了深远的影响,这种主要基于价值观层面的影响具有高度的稳定性。近年来,我国对外文化交流内容主要集中于戏曲、书法、武术等平面维度的文化,缺乏核心价值理念的支撑,持续影响力不足。习近平指出:"一个国家的文化软实力,从根本上说,取决于其核心价值观的生命力、凝聚力、感召力。"④在传播内容中更加巧妙地融入当代中国核心价值观,是讲好中国故事的关键所在。二要增强传播能力。习近平多次强调,要加强国际传播能力建设。能力不足是当前影响我国文化对外传播的主要问题,要解决好这一问题,就要秉持国际化思维,明确市场化导向,采取本土化策略,贯彻

①杜尚泽,郑红.习近平同德国汉学家、孔子学院教师代表和学习汉语的学生代表座谈[N].人民日报,2014-03-30.

②习近平谈治国理政[M].北京:外文出版社,2014:155-156.

③杜尚泽,郑红.习近平同德国汉学家、孔子学院教师代表和学习汉语的学生代表座谈[N].人民日报,2014-03-30.

④习近平谈治国理政[M].北京:外文出版社,2014:163.

科技化引领，不断“创新理念、内容、体裁、形式、方法、手段、业态、体制、机制”[①]，在对外传播中坚持“传播中华优秀文化，宣介中国发展变化”[②]，运用别国“乐于接受的方式、易于理解的语言，讲述好中国故事，传播好中国声音”[③]，更好实现“增信释疑、凝心聚力”[④]的目标。

七、文化领导力之维：传播中国声音，贡献中国智慧

文化领导力是领导力的核心和灵魂。一个国家的文化领导力强大与否直接决定了该国的文化影响力与国际话语权，直接影响到国家文化自信的构建。在新的历史起点上，切实增强文化领导力是实现中华民族伟大复兴的内在要求与必然选择。

（一）传播声音——增强中国国际话语权

提升国家文化软实力，关键在于努力提高国际话语权。一要阐明中国机遇。随着经济的高速增长与社会、文化等各方面的巨大进步，中国的发展迎来了前所未有的机遇。在全球化程度日益加深的今天，中国同世界的互动愈加紧密，机遇共享的关系日益凸显。特别是在“一带一路”发展战略提出后，越来越多的沿线国家搭上了中国发展的快车，中国机遇正在同世界机遇的相互转化中变得更加清晰明朗。二要提出中国方案。习近平指出：“中国共产党人和中国人民完全有信心为人类对更好社会制度的探索提供中国方案。”[⑤]中国特色社会主义的发展成就为习近平在不同场合的国际交流中提出中国方案增加了底气。不论是在G20峰会上为全球经济治理提出解决方案，还是在世界互联网大会上提出“五点主张”，习近平展示出了一个大国应有的风度与担当。三要表达中国态度。和平与发展是当今时代的主题，维护和平、促进发展，是全人类的共同利益。习近平在纪念中国人民抗日战争暨世界反法西斯战争胜利70周年大会上向全世界表明了中国“坚定维护和平的决心”，[⑥]在第70届联合国大会一般性辩论时的讲话中再次强调要传承历史、开创未来，宣示了中国致力于维护世界和平与发展的鲜明态度。

---

①中共中央文献研究室．习近平总书记重要讲话文章选编[M]．北京：中央文献出版社，党建读物出版社，2016：428.

②习近平：用海外乐于接受方式易于理解语言努力做增信释疑凝心聚力桥梁纽带[N]．人民日报，2015-05-22.

③习近平：用海外乐于接受方式易于理解语言努力做增信释疑凝心聚力桥梁纽带[N]．人民日报，2015-05-22.

④习近平：用海外乐于接受方式易于理解语言努力做增信释疑凝心聚力桥梁纽带[N]．人民日报，2015-05-22.

⑤习近平在庆祝中国共产党成立95周年大会上的讲话[N]．人民日报，2016-07-02.

⑥习近平在纪念中国人民抗日战争暨世界反法西斯战争胜利70周年大会上的讲话[N]．人民日报，2015-09-04.

(二)承担责任——坚决反对文化霸权,维护世界文化多样性

当前,以美国为首的西方国家利用其文化的强势地位推行文化霸权主义,向世界上其他国家,尤其是发展中国家进行文化渗透与扩张,迫使别国接受其价值观念和意识形态,以达到左右国际事务与别国内部发展的目的。习近平强调:“中国坚持和平发展,绝不走国强必霸的道路。”①中国的发展进步不仅不会如西方国家渲染的那样对世界产生威胁,而且只会成为维护广大发展中国家利益的重要力量。抵制文化霸权既符合中国的国家利益,也是中国承担大国责任、维护文化安全、提升文化形象、扩大文化影响、坚定文化自信的内在要求与必然选择。习近平多次强调要维护世界文明多样性。他指出:“我们应该维护各国各民族文明多样性,加强相互交流、相互学习、相互借鉴,而不应该相互隔膜、相互排斥、相互取代。”②他坚决反对为一己私利而改造、同化甚至取别国文明而代之的做法,强调“任何想用强制手段来解决文明差异的做法都不会成功,反而会给世界文明带来灾难”③。习近平的这些论述表明,世界文化应该是多元互补、共荣共存的,世界各国间的文化关系应该是“各美其美,美人之美,美美与共,天下大同”。

(三)贡献智慧——致力打造人类“文化”命运共同体

党的十八大以来,习近平多次论述“人类命运共同体”理念。他强调:“要推动全球治理理念创新发展,积极发掘中华文化中积极的处世之道和治理理念同当今时代的共鸣点,继续丰富打造人类命运共同体等主张,弘扬共商共建共享的全球治理理念。”④“人类命运共同体”理念是习近平在深刻把握人类社会历史发展规律的基础上提出的新理念、新思想、新战略,表达了中国追求和平发展的愿望,反映了人类共同发展的诉求。“人类命运共同体”离不开文化支撑,构建“文化”命运共同体是打造“人类命运共同体”的重要内容。对此,中华优秀传统文化的丰厚资源具有重要参考价值。习近平指出:“中国优秀传统文化中蕴藏着解决当代人类面临的难题的重要启示,比如,关于道法自然、天人合一的思想,关于天下为公、大同世界的思想,关于自强不息、厚德载物的

①赵成.习近平会见21世纪理事会北京会议外方代表[N].人民日报,2013-11-03.

②习近平在纪念孔子诞辰2565周年国际学术研讨会暨国际儒学联合会第五届会员大会开幕式上的讲话[N],人民日报,2014-09-25.

③习近平在纪念孔子诞辰2565周年国际学术研讨会暨国际儒学联合会第五届会员大会开幕式上的讲话[N],人民日报,2014-09-25.

④习近平:推动全球治理体制更加公正合理为我国发展和世界和平创造有利条件[N].人民日报,2015-10-14.

思想，关于以民为本、安民富民乐民的思想。”[①]中华优秀传统文化中包含的这些核心理念，理应为全人类所共享。中国应在国际文化交流中大力倡导这些价值理念，使其为国际社会所广泛接受与认同，进而用于各类国际文化标准与规则的制定与修订，努力促成国际文化新秩序的建立。

①习近平在纪念孔子诞辰2565周年国际学术研讨会暨国际儒学联合会第五届会员大会开幕式上的讲话[N]，人民日报，2014-09-25.

论习近平构建网络空间命运共同体思想①

张绍荣②

摘　要:站在全球互联网发展治理的高度,习近平提出了构建网络空间命运共同体思想。构建网络空间命运共同体是构建人类命运共同体在网络空间发展演变的逻辑必然,其核心主旨在于践行五大发展理念,让人民共享网络发展成果,形成网上网下同心圆,尊重网络主权,实现不同主体良性互动;其实现策略及教育路径在于构建以互联互通为目标的网络设施共同体,以互鉴交流为导向的网络文化共同体,以秩序公平为基准的网络安全共同体,以社会主义核心价值观为引领的网络教育共同体。

关键词:习近平;网络空间;命运共同体

党的十八大以来,习近平高度重视互联网的发展与治理工作,阐明了一系列新思想,作出了一系列新论述,尤其是其提出的构建网络空间命运共同体得到了绝大多数国家认同和支持,为世界互联网治理贡献了中国智慧,提供了中国方案。深入研究习近平网络空间命运共同体思想,对于教育引导亿万网民、实现中国主张、破解发展难题,推动全球互联网治理皆具有十分重大而深远的意义。

一、构建网络空间命运共同体思想的形成及提出

任何空间都有存在的主体,网络空间亦然,不同的国家、地区、网络组织和广大网民都是网络空间的主体。这些主体基于不同的利益诉求聚集于网络,从而使得网络空间与现实社会一样成为需要治理的领域,构建网络空间命运共同体的提出正是习近平基于全球网络治理视野的中国回应。

首先,网络空间形成发展演变的历史必然。在新生的网络空间里,来自世界不同国家的人们不分种族、信仰,彼此交流,实现了真正的全域交往。人们通过网络空间了

①原载于《思想理论教育导刊》2017年第6期。

②张绍荣,重庆邮电大学马克思主义学院。

解社会、认知世界，实现虚拟主体的命运相连。2014年，习近平在首届世界互联网大会贺词指出，“互联网让国际社会成为你中有我、我中有你的命运共同体，中国愿意携手共建网络空间”。2015年，世界各国“命运共同体”意识凸显，中俄签署信息安全合作协定，中德召开互联网产业圆桌会议，中美达成打击网络犯罪重要共识，中英签署首个网络安全协议，中韩召开网络安全会议，上海合作组织举行网络反恐演习，我国新国家安全法也首次明确要维护国家网络空间主权。正是基于对网络空间发展演变的科学把握，习近平在第二次世界互联网大会上首次正式提出“世界各国应共同构建网络空间命运共同体”的思想命题。2016年，国家首部网络安全法正式诞生，习近平主持召开网络安全和信息化工作座谈会并在第三届世界互联网大会开幕视频中重申阐述构建网络空间命运共同体思想。由此可见，习近平提出构建网络空间命运共同体思想，既是互联网发展大势所趋，也是网络空间发展现实必然。

其次，构建人类命运共同体思想的网络延伸。党的十八大提出了构建人类命运共同体思想，之后习近平多次提及构建人类命运共同体是国际最大公约数，并于2017年“首次被写入联合国决议”。网络空间命运共同体是人类命运共同体以互联网为纽带的进一步拓展，是网络空间的最大公约数。如果说在现实世界中要致力于构建人类命运共同体的话，那么在虚拟的网络世界也必然需要构建网络空间命运共同体。网络空间命运共同体虽然构建于虚拟的网络空间，但依赖于现实世界人们的共同努力。因为无论是网络空间还是现实世界，其推动主体都是人民或网民，这就决定了在虚拟空间与现实世界构建的命运共同体之间，必然存在着紧密的逻辑联系，二者是合二为一、相辅相成的融合体。世界因网络而不再局限为传统意义上的世界，利益因网络而快速发生改变不再局限为传统的利益。网络空间命运共同体的提出正体现了中国的担当，是马克思主义关于自由人联合体思想在网络空间的现实表达，共享利、同尽责的命运共同体原则在网络空间也显得迫切和使然。网络空间只有着眼构建命运共同体，才能真正实现共享共治。

二、构建网络空间命运共同体思想的核心内涵

构建网络空间命运共同体是全球网络治理的中国方案，只有准确理解方案的发展理念、中心目标、治理原则等思想内涵，才能担负起构建网络空间命运共同体，增加人类福祉的重任。

首先，网络空间必须践行新发展理念。“创新、协调、绿色、开放、共享”的新发展理

念,集中反映了经济社会发展的总趋势和规律。基于网络空间作为经济转型升级的载体,习近平指出,网络"应该也能够在践行新发展理念上先行一步",践行新发展理念是根本使然。创新是互联网永恒的标签,互联网新技术层出不穷,互联网创新带动新业态不断更新。习近平指出,"核心技术受制于人是我们最大的隐患",构建网络空间命运共同体必须坚持创新发展理念,抢占网络技术的制高点。协调发展是网络空间命运共同体的内在要求,零和博弈不是目的,合作共赢才是命运共同的关键所在,只有实现网络空间协调发展,才能实现不同网络主体的和谐共处。绿色发展是网络空间命运共同体的价值追求,网络空间并非一片净土,同样需要广大网民和网络主体来共同维护和净化,绿色生态和可持续发展的理念在网络空间一样适用。开放发展是网络空间命运共同体的本质属性,互联网最大的特点就是开放,任何人只要拥有终端设备和互联网络,就可将全世界收归眼底,开放促进了人类世界在网络空间的发展和延伸,开放也促成了命运共同体在网络空间的融合与协作。共享发展是网络空间命运共同体的基本特质,互联网的世界是共享的世界,通过互联网与实体经济或个体的融合,实现网络空间与现实世界信息流、资金流、技术流、物资流、人才流等要素和链条的互联共享,网络空间命运共同体将变得日益稳固。

其次,网信事业必须将成果惠及人民,形成网上网下同心圆。习近平指出,网信事业必须贯彻以人民为中心的思想,让老百姓用得上、用得好,让亿万人民在共享互联网发展成果上有更多获得感。无论身居都市,还是来自乡野,不同地域的人们因为互联网走进同一个网络世界。广大网民因网络空间而紧密相连、深度交融,人际交往的壁垒被打通,社会服务的效能逐渐提升,让人民办事少跑路、让信息流通更快捷成为现实,以人民为中心的思想因网络将能得到更好地贯彻和落实。然而网络空间作为一个无数"草根"因网民身份而平等聚集的空间,其网民来自四面八方,所形成的民意也基于不同的动机和取向,这就需要加强教育引导,凝聚共识,形成网上网下同心圆,实现更高境界的以人民为中心,更好地为中国共产党治国理政服务。习近平指出,所谓网上网下同心圆,就是在党的领导下,共同为实现中国梦而奋斗。形成同心圆需要集聚各方力量,凝聚各方共识,应发挥政府主导作用,科学建网、依法治网、教育导网,弘扬主旋律、传播正能量,运用网络开展教育引导工作。站在国家层面,形成网络空间同心圆还必须坚持不同国家和平共处、互信互利,摒弃一方主导、零和博弈的思维,推进网络空间深度合作开放,不断创造利益合作关联点,实现不同国家主体在网络空间的优势互补、共同发展,让更多国家和人民都能平等共享网络变革发展成果。

再次,网络治理必须尊重网络主权,实现主体互动。古往今来,技术都是一把“双刃剑”,“共建网络空间命运共同体,其实质是建设多边国家的利益共同体”。国家是网络空间的主角,尊重主权国家交往基本准则,同样也适用于网络空间。互联网发端于美国,发展壮大扩散于世界各国。但由于其核心技术、主要命脉一直为发达国家所掌控,所以网络空间始终都是大国霸权建构的空间。为此,网络空间尊重网络主权,坚持多样化的发展道路显得尤为重要。网络空间是虚拟的,但运用网络空间的主体是现实的。虚拟性决定了不同主体在网络空间的自由性,但这种自由性是有限度的。与现实社会一样,网络空间也需要不同主体齐心协力,在规范秩序下良性互动。没有完全缺失自由的法律秩序,也没有脱离法律秩序规范的无限度自由,应教育引导不同网络主体,牢固树立秩序规则意识。网络空间的个体与群体、组织与政权都有平等交流、表述意愿的权利,但合法合规是保障这些公序良则、权益实现的内在前提。网络空间命运共同体既需要国家高层的主导,也需要企业中层的担当,还需要网民底层的自觉,应是三层之间的休戚与共、良性互动。

三、构建网络空间命运共同体思想的实现策略及教育路径

构建网络空间命运共同体是世界趋势和潮流,需要各国的共同担当。中国作为负责任的大国理应在深刻领会逻辑内涵的基础上,紧紧抓住“网络成果惠及人民”这一关键要素和“教育引导网络主体”这一核心环节,以硬件设施、文化生态、秩序安全、网信人才为主线推进网络空间命运共同体构建,多措并举,主动作为,让网络空间更加清朗,让网络治理更好地为中国共产党治国理政服务。

第一,以互联互通为目标构建网络设施共同体,让人人享有同等的网络教育资源。网络的本质在于互联,而信息的价值在于互通。放眼网络世界,城乡信息、网络基础设施的巨大差异始终是影响网络空间共同体拓展深化的最大瓶颈,也是制约网民共享同等教育资源的最大障碍。只有加强网络基础设施建设,缩小不同人群、地区乃至国家的信息鸿沟,铺就信息畅通之路,才能让网络资源在网络空间充分涌流。这就需要大力推进宽带战略,将宽带网络覆盖所有乡村,实现网络化与城镇化深度融合、同步发展,让人人能用上互联网、用好互联网,实现命运相连、幸福共享。在顶层设计上应统筹规划骨干网、城域网和接入网,采用有线与无线相结合技术路线,分步骤分层次予以

推进。在骨干网推进上，重在优化架构、高速可靠；在城域网推进上，重在提升承载，实现智能感知、安全管控；在接入网推进上，重在因地制宜、覆盖广泛，实现区域无缝对接，最终达到打通资源共享的物理壁垒。此外要牢固树立互联互通的目标导向，以“一带一路”建设为重要契机，探索网络基础设施建设全球化的协作机制，加强国际互联合作，通过构建网络设施共同体，缩小地域、国家差距，夯实教育引导网民的物质根基，让更多发展中国家和人民共享互联网带来的发展机遇。

第二，以互鉴交流为导向构建网络文化共同体，传播中国正能量、唱响中国好声音。不同国家文化因交流而显得丰富，不同世界文明因互鉴而变得多彩。技术的革新必然带来文化的发展，文化交流繁荣是命运共同体的重要体现。在网络空间里，人人都是文化的缔造者，更是文化的享用者，每位网络主体都有责任和义务共同维护好网络空间，发展积极向上的网络文化生态。随着人类社会迈入信息时代，网络空间已经成为弘扬优秀文化的重要载体和手段。不同国家借助互联网架设的交流桥梁，推动优秀文化的交流互鉴，带动各国人民的情感沟通，实现网络空间文化繁荣发展。文化发展总是多方向的，网络空间为文化发展提供了新的媒介和方向，我们应推进文化交流与新媒体融合，生产出更多让海内外受众乐于接受的文化产品，提高不同文化对外交流的时代感，促成中华文化崛起和世界文化的交融；应发挥网络对文化差异的融合效用，讲好中国故事、传递中国声音，尤其是应将中华优秀传统文化、革命文化和社会主义先进文化融入网络，将各种文化机构、文化景点以及文化工程引入互联网空间，优化丰富现有文化网络服务资源体系，推进公共文化资源的数字化，不断提升网络空间对文化产业和文化创意的智能支撑和宣传拓展能力，运用网络和市场这一无形之手，不断催生文化发展新业态，提高网络空间文化辐射传播能力和水平。

第三，以秩序公平为基准构建网络安全共同体，厘清不同网络主体职责坚守和使命担当。安全总是需要秩序规范来维护，有效管控分歧、加强交流对话、维护网络主权是空间主体的共同责任和使命。无论是国家还是组织，其最终网络表象皆为若干持有鲜明立场观点的网络主体言行的分离与聚合。为此，必须厘清不同网络主体的职责坚守，强化使命担当，加强秩序规范的教育引导，将构建秩序公平的网络安全作为教育网民、规范网络的重要内容，让不同的网络主体知道网络言行的边界和底线是什么，尤其是应凸显尊重国家网络主权的紧要性。良好的网络空间秩序需要在充分尊重网络主权的基础上，综合考虑网络服务用途、安全目标、使用对象、技术成本等因素。网络主权是网络空间自由的底线,国家安全是网络空间秩序的底线,用人类优秀文明成果滋养网络生态是秩序规范的生存土壤。网络空间必须遵守各国法律和道德秩序,积极遏制信息技术滥用,打击非法网络监听,抵制各种网络攻击,反对网络空间的军备竞赛,弘扬主旋律,传播正能量,维护合法权益,推进网络空间安全有序;应坚持多边参与、多方主导的全球互联网治理,搞单边主义、一方主导或几方主导是与互联网的本质属性和网络空间的本质特征相悖的;应建立对话协商机制,研究治理规则,照顾所有主体利益和意愿,积极倡导互联网依法、有序、协商治理,反对网络霸权,建设公开透明的全球互联网治理架构,实现网络空间治理各国利益共同、规范共享和行动互惠。

第四,以社会主义核心价值观为引领构建网络教育共同体,培养优秀网信人才。人既是网络空间命运的出发点,也是网络空间发展的落脚点。构建网络空间命运共同体,必须紧紧抓住"人"这一关键点,通过构建网络教育共同体培养数以亿计的具有网络命运共同体意识的网民和优秀网信人才。高校既是高层次网信人才聚集之地,也是高层次网信人才培养之地,在构建网络教育共同体中具有不可替代的作用。高校作为意识形态的重镇、文化引领的桥头和网络空间的主流,理应责无旁贷。高校必须深入学习习近平总书记系列重要讲话,深刻理解网络空间命运共同体思想,把握高校立德树人这个根本点和培养网信英才这个关键,坚持用社会主义核心价值观引领网络文化建设,弘扬以爱国主义为核心的民族精神和以改革创新为核心的时代精神,不断集聚在中国共产党领导下实现中华民族伟大复兴中国梦的网络磅礴力量;坚持"运用新媒体新技术使工作活起来,推动思想政治工作传统优势同信息技术高度融合,增强时代感和吸引力"⑥,不忘初衷培养人才;借助互联网时代开放互动、虚拟隐蔽、扩散渗透、融合互通的教育特征,因势利导、顺势而为,消减和克服网络对大学生教育的困扰和冲击,通过聘请一流的网信师资,编撰一流的网信教材,扶持一流的网络空间安全学院,在培养青年网信人才上花大本钱、下大功夫,努力为构建网络空间命运共同体,建设网络强国提供有力的人才支撑和智力保障。

参考文献

[1]习近平致首届世界互联网大会贺信[N].人民日报,2014-11-20(1).

[2]习近平在第二届世界互联网大会开幕式上的讲话[N].人民日报,2015-12-17(2).

[3]李秉新."构建人类命运共同体"首次写入联合国决议[N].人民日报,2017-02-12(3).

[4]习近平在网络安全和信息化工作座谈会上的讲话[N].人民日报,2016-04-26(2).

[5]余丽.共同构建网络空间命运共同体[N].光明日报,2015-12-18(4).

[6]习近平在全国高校思想政治工作会议上强调:把思想政治工作贯穿教育教学全过程开创我国高等教育事业发展新局面[N].人民日报,2016-12-09(1).

中国文化的“常”与“变”
——以《北鸢》中西文化的碰撞与融合为例[①]

刘　平[②]

摘　要:《北鸢》是葛亮用文化经验来写作的一部文化小说,被誉为新古典小说的定音之作,蕴含着中国文化在民国时期的“常”与“变”。“古典”是指小说中对传统文化的薪火承继,是一种“常”;“变”则指中国文化在现代语境下发生的变化。该作品既有对传统文化本性的坚守,也有在新旧文化交替中对外来思想文化的接纳,还有对西方文化的推崇。这些碰撞与交融使中国文化呈现出多元性。在和平年代,《北鸢》对中国当下的文化传承与融合仍具有借鉴意义。

关键词:《北鸢》;中国文化;“常”与“变”;碰撞融合

一、中国文化的“常”

《北鸢》不仅是一部以动荡年代为时代背景、描写家族命运变幻的史诗性作品,而且是一部意蕴丰富的文化小说。其中描写了衣食住行、饮食男女、婚丧嫁娶、生老病死等大量的文化现象,涉及中国特有的传统文化民俗。可以看出,该作品所蕴含的中国文化的“常”,既有江湖的,也有庙堂的;有通俗的,亦有高雅的。正如作者在自序里写道:“北地礼俗与市井的风貌,大至政经地理、人文节庆,小至民间的穿衣饮食,无不需要落实。”[③]在特定历史环境下的文化氛围中,这些习俗让人直接感受到旧时代的中国文化底蕴。葛亮在描摹葬礼时,凸显着中国几千年延续下来的传统文化——厚殓入葬,入土为安。在中国,人们通过举行葬礼来维护孝这一道德伦理。小说共描写了四次葬礼。卢家睦因感染瘟疫意外辞世,妻子孟昭如在葬礼上为丈夫焚烧纸、元宝、金

①原载于《现代语文》2017年第9期。

②刘平,西南大学文学院。

③葛亮.北鸢[M].北京:人民文学出版社,2016:4.

条、文房四宝、虎头风筝等具有中国文化意象的什物陪葬。这些物品不是死者生前所爱的，就是与其相关的，为其焚烧是希望其在阴间能继续享用。冯家四太太左慧容染病离世，冯家办得很有排场，来吊唁的人络绎不绝，儿女们身穿孝服谢礼。葬礼的摆设与到场的人数反映出冯家门第显赫。凌佐的母亲害病去世，尸身放在薄棺中，凌佐一人披麻戴孝，跪在蒲团上守夜，旁边摆放的是纸糊的牛羊；只有母亲的一个姐妹上门吊唁，足见贫穷人家的寒碜与凄凉。"余生记"的龙师傅"老"了，葬礼冷清，门檐上挂着白色纸灯笼，以示有人过世。遗像搁在灵台，三个儿子守灵，葬礼办得简单，却有小户人家的朴素。这四次风格迥异的葬礼，既体现出死者的身份尊卑，更隐藏着不同家庭的贫富状况。同时，人们通过举行葬礼来表达对逝者的敬仰，让自己悲痛的心情得到宣泄缓解。中国几千年来的传统文化表明中国人历来是尚集体、重家庭的。因此，"合二姓之好"的婚姻便是连接的关键一环。葛亮曾说过："我更关心的仍然是传统的东西。"[①]他在书中毫不隐瞒地书写着中国的传统婚姻观念。冯明焕接受媒妁之姻，迎娶门当户对的左慧容；左慧容死前劝说丈夫纳小续弦，让言秋凰过门；冯仁涓顺从长辈的安排，嫁给并不中意自己的表哥；毛克俞没有和吴思阅在一起，却听从父亲的要求，接受近亲婚姻，迎娶远房表妹；孟昭如为儿子安排相亲，让彼此交换照片、合八字后见面，盼望年轻人能在中国式相亲下走到一起。这些父母之命，媒妁之言依然被当时的中国人奉行，为中国几千年来的婚姻制度的延续以及家庭的和谐稳定做着贡献。

《北鸢》中蕴含着丰富的中国传统文化底蕴，渗透出浓厚的文化气息。小说里极具中国特色的民俗文化描写，淡化了小说的政治功利性，增强了其文化内涵和艺术价值。中国传统文化的具体表现——民俗，不仅是一种文化的外在形式，还蕴含着强烈的民族认同心理，"它是古老民族文化在人们心灵深处的积淀，记载着一个民族所走过的艰难曲折的历程，维系着人与自然的古老联系，民俗中保存着一丝丝人类的温情，人与人之间和睦相处的美好情意"[②]。同时，小说中塑造了不少传统文化精神的捍卫者、承载者和传递者，体现出中华民族的文化心理和文化性格，展现出动荡年代的平民思想和社会生活。葛亮书写的中国文化的"常"，主要是一种以城市为中心的大传统[③]，代表民国时期，少数上层人士、知识分子的文化；也有代表农村中多数农民的文化，这是一种小传统，正如卢家逃难跑反，遇到乡野老人的善意相待。这种"常"的书写，让人可以

①葛亮，刘涛.小说应当关乎当下、关照历史[J].朔方，2014(4)：97-98.

②赵学勇.沈从文创作的民俗构成[J].中国现代文学研究丛刊，1994(1)：194-202.

③大传统与小传统是美国人类学家罗伯特·雷德菲尔德在1956年出版的《农民社会与文化》中提出的一种二元分析的框架，用来说明在复杂社会中存在的两个不同文化层次的传统。

了解中国文化的来处,知道中国文化的去向,足见葛亮的写作“野心”不小。当然,这也是葛亮对中国传统文化中合理部分的赞同与尊重,但其“意义更多并不在于对传统的复兴,而是记录与当下的再现”[①]。通过中国文化的“常”来反观中国文化的“变”,两相对照,彼此促进。

二、中国文化的“变”

小说总体描写的是民国十五年到三十六年发生的事。当时,处于半殖民地半封建社会的中国,发生了“五四”新文化运动、抗日救亡运动、经济危机等一系列文化、政治、经济事件,并经历了北伐战争、日本侵华战争、内战等大型战争。中国文化在风雨飘摇的时代受其影响,不可避免地发生嬗变。在西方列强的入侵下,伴随着西方思想文化的传入,普通百姓开始对传统文化教育感到失望与无奈,逐渐接纳西方的教育理念;学校对中国传统文化已不太重视,推行新式教育,传统教育方式受到挑战,新式学堂代替了传统儒家的书院教育。冯家一改以往“女子无才便是德”的教育理念,让女儿接受新式教育。这不仅是因为冯家是士绅家庭,文化观念开明,还在于西方思想文化的魅力、教育理念的先进。同时,接受过新式教育的冯仁桢和冯仁珏在面对传统伦理纲常的不合理时,以个人的反抗给予回应。冯家新年前在祠堂祭拜列祖列宗,原本跪着的冯仁珏主动站起,面对长辈斥责,她丝毫不惧,并理直气壮地回答:“不愿跪着做人。”[②]她的回答是对平等的追求,以及对自我尊严的捍卫。冯仁桢在三娘强行为她裹脚时,不顾一切地挣扎与抵制,并用学校老师的话“政府早发了布告,禁止女人裹脚”[③]来进行辩驳。缠足在民国已是一种古老的社会陋习,是女子社会地位低下的见证。这种习俗不仅损伤了女性的身体,还严重束缚了人的天性,把女性囚禁于深宅大院之中,丧失了与社会接触的机会。

在恋爱和婚姻观念上,葛亮也书写了一种转变。中国传统的婚姻观念向来注重父母之命,媒妁之言,但在民国,由于受到西方文明的影响,婚姻自主的风气逐渐流行。“父母之命,媒妁之言的婚姻制度,受到了自由恋爱、自主婚姻的挑战。而西洋的结婚仪式和自由恋爱之风,已为新时代的新人物所接受。”[④]这种风气的流行打破了封建保

①葛亮,刘涛.小说应当关乎当下、关照历史[J].朔方,2014(4):98.

②葛亮.北鸢[M].北京:人民文学出版社,2016:92.

③葛亮.北鸢[M].北京:人民文学出版社,2016:245.

④王跃年,孙青.百年风俗变迁[M].南京:江苏美术出版社,2009:68.

守的桎梏，改变了传统的婚姻形式，是社会进步的表现，《北鸢》恰当而委婉地体现了这种观念的变迁。卢文笙暗自喜欢冯仁桢；赵斯仪和小裁缝在私底下来往；接受新式教育的可滢反对近亲联姻。他们追求爱情和幸福，推翻包办婚姻。恋爱与婚姻的自由风气影响了新一代的青年。生长在民国的年轻人已无法赞同传统婚姻，他们反对"先结婚后恋爱"的传统婚恋模式，认为这种门当户对的婚姻是没有真情实感的，他们向往和渴求的是自由选择恋爱、婚姻对象的权利。

民国是中国走向现代的重要转型期，它处于传统文化与现代文明的交接点上，整体呈现出一种过渡状态。中国传统的思想文化无法再为中国人提供一种强有力的保障，穷则思变，因此，"随着西方国家的经济侵略，随着近代物质文明的渗入，中国人看到了一种崭新的生活模式，激发了追求、模仿人类进步生活方式的心理。有意无意地用这种新的生活模式改造和充实自己的生活，从而使传统的生活方式出现了巨大的变革。"①中国传统文化开始逐步瓦解，传统的民间习俗也慢慢地发生着改变，呈现出不同于中国其他时代的一种文化特色，这种"变"是"传统文化结构在西方文化冲击下本身的自我调整，这种调整促进了新的文化意识的诞生"②。但中国文化的"变"并不是"送来主义"，而是鲁迅的"拿来主义"，是对外来文化有选择地拿，不卑不亢地拿，是鲁迅所说的"运用脑髓，放出眼光，自己来拿"。这种"变"蕴含了作者对现代文明冲击下的中国文化命运的思考，是对中国传统文化的理性反思和修剪。葛亮在当下书写《北鸢》，是对中国文化的重新认识和审视，是站在新的历史高度对文化反思的一种回答。对中国文化"变"的肯定，亦是作者在批判传统文化中的糟粕，这对当代文化发展具有积极意义。

三、"常"与"变"的碰撞与融合

分析《北鸢》所传达的思想文化，可以发现葛亮既描写西方的物质文明，赞美其自由、民主、平等的现代精神，也肯定中国传统文化中的精华。与《北鸢》相似的是，陈忠实描写民国时期家族的史诗性作品——《白鹿原》也是一部文化小说，蕴含了丰富而深刻的文化。但《白鹿原》里面的文化是一种文化儒化，"是发生在同一文化内部的纵向传播过程"③，而《北鸢》中所表达的是一种文化涵化，"是发生在异文化之间横向的传

①严昌洪．西俗东渐记[M]．长沙：湖南出版社，1991：152.

②陈平原．在东西方文化的碰撞中[M]．杭州：浙江文艺出版社，1987：290.

③[美]卢克·粒斯特．人类学的邀请[M]．王媛，徐默，译．北京：北京大学出版社，2008：75.

播过程”[1]。因此,《北鸢》有着独特的中西方融合、取长补短的多元文化观,展现出中西方文化在接触之初,彼此间存在着交错、钦羡、撞击与融会的关系。正如受封建儒家思想影响的孟昭如,开始不相信西医,但在面对卢文笙生痱子,用中医的植物疗法治疗反而加重了病情的情况下,选择带着儿子去看西医,还购买了德国“拜耳新出的婴儿爽身粉”[2],可见她在对比传统中医治病和现代西医治疗方式后,选择相信后者。不仅如此,葛亮在教育理念和艺术技法上,也体现出中西文化从碰撞走向融会的趋势。左慧容听说女老师穿裤子上课,认为这是不顾男女纲常的行为,会教坏学生。但当范逸美到她家做客、看望生病的女儿时,她的态度有了好转,从担心变为接纳、赞叹,从此便认同了新式教育方法。孟昭如让儿子熟读《唐诗》《千字文》等古典书籍,学画习史,进行开蒙教育,学习中国传统文化。这是在旧传统向新时代裂变的过程中维系和传承中国传统文化的方式。但随着卢文笙年龄增长,在其弟多次劝说下,孟昭如终于让儿子去中学接受新式教育,可见西方文化对中国的影响之大。孟昭如最终选择了接受西方教育理念,但这种接受是有前提的,要具备一定的中国传统文化积累。这样的“常”与“变”是一种文化的双向互动,亦是一种文化包容。

在塑造人物形象时,葛亮也传递着中西方文化的碰撞与融合,他通过人物来传达文化认同,其中男主人公卢文笙就是一个典型,体现出人物与时代的互动。正如葛亮在《北鸢·自序》中写道:“他天性中,隐含与人生和解的能力。……这使得他,得以开放的姿态善待他的周遭,包括拜时代所赐,将他性格中‘出世’的一面,抛进‘入世’的漩涡,横加历练。”[3]叶伊莎讲授英国诗歌《老虎》,卢文笙不懂其含义,却张口念着,并不排斥语言与文化所带来的隔膜;一向身着长衫的他,不抗拒舅舅提出为他做西服的要求。这事既表明他对长辈的尊敬,也表明他没对西方的服饰文化抱有成见,而是按照时代的要求,对自己的穿衣风格做出调整,顺应时代潮流。同时,在民国时期,政府颁发政令,不再对人们的穿着进行限制,人们可以根据个人爱好、行业要求等自由穿衣搭配,因此,社会各色人等的穿衣风格也变得五花八门。“中国的服饰民俗及其文化内涵以其‘兼容并包’与‘文脉相承’的双重特色非常突出地体现着这种中国文化与时俱进的基本精神。”

①[美]卢克·粒斯特.人类学的邀请[M].王媛,徐默,译.北京:北京大学出版社,2008:75.

②葛亮.北鸢[M].北京:人民文学出版社,2016:39.

③葛亮.北鸢[M].北京:人民文学出版社,2016:3.

“没有撞击的文化是不幸的文化”①。中国文化之所以源远流长、绵延不绝，就在于它面对外来民族文化的冲击，善于吸收其长处，把外来文化融于自身，内化为整个中华文化的一部分，但又不失其民族文化的精神内核。《北鸢》反映的正是中国传统文化与西方现代文化的碰撞与融合，体现出“新旧文化冲突对于普通家庭的深刻影响，也揭示了某种具有恒久不变价值的文化因素，可谓是在现代语境中对民国历史的演绎”②。正如葛亮所说：“我关心中国的文化在全球化语境中的传承会否发生断裂。”③葛亮能以这样的眼光和视野去看待中西方文化，与他个人的人生经历有关。他身处香港，一个多元文化并存的地区，这为他的写作提供了创作来源和动力。中西两种思维方式的碰撞与交融，使葛亮看待事物、思考人生和关注问题的视角更趋冷静和开放。“常”是一种文化自信，“变”是一种文化自觉，中华民族有选择和拥有自己文化的自由和权利。在民国，中国选择让本民族文化与外来文化在互相对立、斗争、渗透、融合后，组成了一个独具一格的文化整体。

四、结语

有学者认为，《北鸢》是“以清醒的现代意识，富含传统意蕴、风致的古典白话文书写民国风情，向读者展示了过渡时代民间文化嬗递的过程”。④的确，《北鸢》在文化上是深刻的，它将中国的文化和历史相结合，以文化的形式来考察历史中的家国关系，“写出了我们先辈生活的尊严感，这是藏匿在历史深层的我们文化中的另一种精神气质，这是属于《北鸢》内部独特而强大的精神领地。它重新审视的是维系我们民族文化生生不息的‘民心’”⑤。小说在诸多细节里浸透了中国的文化和历史，一改历史教科书所带给人的关于意识形态方面的历史观念，正如葛亮自己所说：“我迷恋古典小说中的某种掌故感。”⑥这种掌故感指的是众所周知的历史背后所隐藏的事情，它融进作品，让历史有血有肉，也让人重新去看待民国这段历史。但一切历史都是当代史，“民国虽然也进入到了一个近现代化的历史阶段，但仍保留很多完整的传统的东西，保留了一种中国风骨。这种风骨在今天已经慢慢剥落”。于是，葛亮通过《北鸢》“去建构一

①陈平原.在东西方文化的碰撞中[M].杭州：浙江文艺出版社，1987：1.

②葛亮.尊重一个时代，让它自己说话[J].长江文艺，2016(23)：119.

③葛亮.一均之中，间有七声[J].大家，2009(3)：61.

④陈庆妃.新古典小说《北鸢》的语言范式[N].中国社会科学报，2017-03-13.

⑤张莉.《北鸢》与想象文化中国的方法[J].文艺争鸣，2017(3)：164.

⑥葛亮.一均之中，间有七声[J].大家，2009(3)：60.

种古典与现代的联络。其中有传承,有碰撞和异变”①。换一种说法,则是葛亮曾“概括新古典主义的历程就是‘常’与‘变’。常是传统的东西。从常中看出变,从变中看出常”②,“从旧的东西里,看出新的来;从新的东西,看出旧的来”。因此,《北鸢》不仅表现出在民国独具中国意味的传统文化现象和文化底蕴,还以包容的姿态展现出中西文化的碰撞与融合,反映了作家自觉的文化意识。不但如此,《北鸢》对当下的人认识中华民族与中国社会的过去、现在和未来都具有积极的启示意义。葛亮对中国文化在民国“常”与“变”的抒写,不是在怀旧,而是对当下文化发展的一种隐喻。在当下,经济的全球化与文化的多元化已是大势所趋,打破了中国传统文化在民国以前的故步自封,使中国原有的文化融入世界潮流,与西方文化从对立走向融合。而西方文化在当下中国的传播渗透,看似没有动荡年代里那般迅猛和激烈,但却更深入人心,因此需要用正确的眼光看待。在和平年代,中国传统文化与西方现代文明在碰撞过程中遭受打击,这使得中国文化已经不再纯粹。而《北鸢》对中国文化应该如何再坚守与融会具有借鉴意义,它值得我们去深思如何在与现代文明的冲突中坚守传统文化中的优秀部分。

参考文献

[1]鲁迅.且介亭杂文[M].北京:人民文学出版社,2006.

[2]高丙中.中国民俗概论[M].北京:北京大学出版社,2009.

[3]唐不遇.葛亮:从南京到香港[J].南都周刊,2013(41).

[4]葛亮.小山河[M].杭州:浙江文艺出版社,2016.

①葛亮.我喜欢历史中的意外[N].文艺报,2014-08-20.

②葛亮.尊重一个时代,让它自己说话[J].长江文艺,2016(23):119.

文化哲学视野下的文化变迁机制①

张立达②

摘　要:在文化哲学视野下研究文化变迁机制,应该聚焦于作为精神体系的狭义文化,从一般形式层面把握意义体验机制中稳定性和变易性的辩证关系。价值理性是维系文化认同的稳定性因素,工具理性和价值理性辩证统一而产生的对实践自由的追求则是推动文化变迁的变易性因素。意义认同可以区分出从具体到抽象的不同层次,因此具体的变易仍可以包容在原有的较抽象的意义框架中,由此变与不变的辩证统一才使变化得以发生。最后从方法论层面来看,经马克思主义批判改造的现象学方法,是真正理解人与文化所必须采用的方法。

关键词:文化变迁机制;工具理性;价值理性;自由;意义;现象学

一、问题的提出

在这个发展、转型的时代,研究文化变迁机制问题的重要性毋庸置疑,研究的方式也多种多样。

探究文化变迁机制有两种基本视角。第一种是文化人类学视角,立足于对文化变迁过程的描述和比较,在此基础上概括出变迁的一般规律。例如,巴尼特的《创新:文化变迁的基础》开宗明义地将这种变迁机制归结为创新,它具体包括进化、发明和发现、传播或借用。怀特的《文化科学》更明确地提出,技术层面的创新才是变迁的根本动力机制。本文无法具体评述这些观点,但是可以指出,文化人类学研究可以为探究文化变迁机制提供必需的经验基础,但不足以完成这种研究,因为经验主义的研究取向并不能解释经验事实之所以可能的理论前提,不能说明事实何以发生。例如,若将

①本文系2014年教育部人文社会科学研究西部项目“现象学的马克思主义批判及其重构研究”(14XJC720002)。原载于《学术交流》2017年第3期。

②张立达,博士,西南政法大学马克思主义学院副教授,从事马克思主义哲学、文化哲学研究。

创新视为文化变迁机制，就会发现历史中并非总有创新，而且很多创新未能得以传播推广而是遭到了湮灭，那么一个有社会改造能力的创新如何发生就是必须进一步解释的问题。

第二种是文化哲学、历史哲学视角，它力图揭示文化现象之所以发生的形上根据，更能够在普遍必然性的层面上说明文化变迁的机制。根据维科的定义，文化哲学认为人就是文化性的存在，这是因为人是非预定的、自我创造性的存在，人不是由先天不变的本性，而是由历史创造着的文化来建立起自我规定性的。不过，面对复杂的文化变迁问题，这一总体思路又会分化出几条具体进路。其一，以雅斯贝尔斯的《历史的起源与目标》为代表，强调精神的创造本性以及某些特定的精神品质是变迁的动力。对此，即使不批评其唯心主义（如果"唯心主义"代表整体的否定评价的话），也可以说这样最多只能达到人文意义的诠释，不可能做到对客观因果关系的说明。而探讨文化变迁机制应该是两者的统一。其二，以汤因比《历史研究》为代表，在强调文化的精神力量的同时，也关注它与客观条件的相互作用。他的解释框架就是挑战—应战机制，成功的应战可以解释文明的成长，应战模式的僵化以及应战成功刺激出来的过分扩张，会导致文明的衰落。把握相互作用的思路无疑是正确的，可是汤因比在突出这一解释框架的普遍哲学意义的同时，也带来了对事情本身复杂性的轻视，这一框架因此显得过于简单粗陋，具体解释起来难免牵强附会。其三，避免轻率的理论概括，正视现实的复杂性，不是在抽象的文化、文明层面，而是在人的实践活动及其结构层面研究相互作用，在研究中实现文化哲学、历史哲学同经验科学的整合。这是马克思主义的思路。其中最集中地体现马克思对有关问题思考的是他的东方社会理论。不同于片面关注工业化和科技进步的理性进步观，马克思"以资本主义的性格和历史进程来说明现代化，坚持的是文化的进步观"①。现代化不仅体现历史普遍规律，也包含着基于民族特殊性的文化选择，理解现代化和历史进步就必须抓住一般与特殊、外在与内在、结构性与能动性的多重因素的辩证综合过程。为此，马克思才苦心探索着东方社会避免资本主义"卡夫丁峡谷"的可能性。

应该说，马克思主义的思路不仅有贴近现实的合理性，而且有落实文化哲学自身旨趣的理论合理性。因为文化哲学不仅以对文化整体性、前提性的把握超越了文化人类学，同时也以对自我创造机制的关怀超越了执着于概念思辨的传统形而上学。这就

①何萍.马克思主义哲学与文化哲学[M].武汉:武汉大学出版社,2002:74-75.

意味着,文化哲学不是简单撇开文化人类学,而是将包括它在内的各门经验科学作为自己的经验基础,努力打通形上与形下的隔阂。然而,这样一个宏大抱负也导致任务过于繁难,使得经典马克思主义只是在发展的必要条件层面揭示了一般历史规律,未能在多因素相互作用和文化内在运作机制层面揭示出一般规律,而只能强调具体问题具体分析。同时,由于专注于具体现实,文化哲学层面的意义也就遭到模糊化。

笔者认为,我们的出路是在坚持马克思主义思路的同时,将研究的问题缩小和简化,具体来说,就是将“文化变迁机制”中的“文化”由广义变为狭义。“文化”一词固然定义繁多,但总结起来无非两大类型:广义上是人类赋予社会意义的存在方式,狭义上是对人类实践和生活加以体验、规范并赋予意义的精神体系。前者突出文化的整体性,后者突出文化的精神性。显然,这两方面是相互补充的,后者依赖前者来使自身现实化,前者依赖后者来凸显自身的本质与核心。无论客观环境如何,都要通过人的生活意义体验,才能作用于人的实践选择和事态发生。那么,撇开主客观相互作用的具体内容,将其交给经验科学,从一般形式层面把握意义体验机制中变易性和稳定性的辩证关系,就应该成为文化哲学对文化变迁机制的研究方式。

在和笔者相近的思路上,衣俊卿提出,文化转型的内在机制,一是“文化的超越性和自在性的永恒矛盾”,二是“自觉的文化和自在的文化层面之间的互动”。[①]笔者认为,后者自觉的文化如何成为可能仍是需要进一步解释的问题,不能作为研究变迁机制的出发点,前者超越性和自在性的矛盾才是揭示了文化变迁的根本动因。然而,这个命题虽然正确但仍比较抽象,只是着眼于“为什么”的层面,而没有在“如何”的层面作出解释;只强调了两个方面的对立,而没有把握其对立统一的复杂关系。那么,我们对文化变迁发生的具体机制还要做更深入的探索。

二、从人的存在结构看文化变迁动力

研究文化变迁,不应该直接从文化出发,而应该从作为文化创造者的人出发。文化虽然并非静态封闭的实体,但毕竟它本身不是有意志和目的的行动者,其能动力量来自人类。就像马克思所言:“我们开始要谈的前提……是一些现实的个人,是他们的活动和他们的物质生活条件。”[②]“一切历史的第一个前提……就是:人们为了能够‘创

①衣俊卿.文化哲学[M].昆明:云南人民出版社,2005:134.

②马克思恩格斯选集(第1卷)[M].北京:人民出版社,2012:147.

造历史'必须能够生活。"[①]借用海德格尔的术语可以说,文化现象属于存在者,人的实践—生存活动才是使其成为可能的存在本身。

从现实的人的生存出发,可以揭示出人之存在的三层次基本构造。I.人首先要保证自身肉体存在及延续,也就需要进行物质生产和社会合作,并要掌握关于客观世界的知识以指导这种生产与合作。因为肯定肉体生命这一目的已经自然地规定了,因此实现该目的是工具理性行为。II.在社会中必须获得生活意义的确证和认同。面对自然界,人只能确证自己生物欲望的强烈存在;面对社会和他人,人才能确证出自己意识的客观存在。意识的主观性、不确定性确证为了客观事实,成了人安定生活的一大困扰,这使得自主排除不确定性、建立自我规定性成了紧迫的生存任务。再进一步来看,人的理性能力还是有限的,仅凭工具理性的算计远不足以确立一个人人满意的社会秩序方案。所以为了消除焦虑并降低活动的成本,人们必须在一定范围内中止理性算计,将某种现实状态当作应然状态来认同,来赋予意义。由此,人获得了特定的生存方式和意义满足,即使一个奴隶也可以把自己的奴隶身份当作必然命运来接受,并从在偶然的偷懒中逃过鞭打感受人生的快乐。显然,这一层次是情感、传统和价值理性行为的领域,其本质规定性由价值理性来承担。III.在社会实践中人们会愈益自觉地产生出一种特殊的意义追求——对个体自由的追求,并将其确证为人的类本质。因为实践、交往将个体主观性客观化,使人意识到自己的存在无论依赖多少客观条件,终究是由自己的活动直接造就的,脱离了自主活动的自我只是一个抽象符号,自主活动才是生成性、综合性及现实化的力量,就像马克思所说的"整个所谓世界历史不外是通过人的劳动而诞生的过程"[②]。正因为人的活动成了自己意识的对象,所以不再视动物式生存为理所当然,"正是由于这一点,人才是类存在物……他的活动才是自由的活动"[③]。自由,是人类最高的价值目标,它的实现也必然要求实践能力最大限度地提升,因此现实的自由便意味着工具理性和价值理性在超越性基础上的统一。正是自由,才能昭示文化之所以成为文化,之所以区别于自然的本质根据;同时也正是自由,不断扬弃着具体的、有限的文化形式,不断激发着文化的内在活力,否则一种僵化的文化形式将沦落成一种类似自然界的东西。

就文化而言,它立足于上述层次II,大力向层次I和层次III渗透,却并不能完全吞

①马克思恩格斯选集(第1卷)[M].北京:人民出版社,2012:146.

②[德]马克思.1844年经济学哲学手稿[M].北京:人民出版社,2000:92.

③[德]马克思.1844年经济学哲学手稿[M].北京:人民出版社,2000:57.

没层次Ⅰ和层次Ⅲ。就层次Ⅰ来说，当人和动物相比较，或现代人和土著人相比较的时候，工具理性的物质生产、社会合作也属于文化现象，但在同一类型的社会内部，各国竞相研发先进生产技术，各国商人同样唯利是图，则不属于文化现象，即工具理性行为只在抽象形式上属于文化，在具体内容上却超出了文化的规约范围。就层次Ⅲ来说，现实的自由总要依附于具体文化形式，但在形而上层面，文化必须以自由为根据，那么自由作为文化的根据也就不能归结为文化。同文化矛盾纠缠着的非文化因素，正是推动文化变迁运动的内在否定性力量。

而这三个层次的统一性在于，每前一层次都是后一层次的客观必要条件，后者则使前者的潜在意义尽量得以实现。其冲突性首先在于文化的规定性和人在终极意义上的非规定性的矛盾，因为人既要自我规定而现实地存在，又要不断超越有限的规定性而确认出自己不同于物的独特价值和意义。由此，层次Ⅱ和Ⅲ的冲突性质很明显，而层次Ⅰ则是双方激烈争夺的领域。因为层次Ⅰ的工具理性行为只能追求既定目标，缺乏对目标本身进行反思和批判的能力，那么层次Ⅰ和Ⅲ就可以从外部打入这一半真空地带，控制层次Ⅰ的行为方向；同时，层次Ⅱ和Ⅲ的价值目标合理性也要在层次Ⅰ的肉体感受性和简单直接的生存利益算计的基础上确立，或至少不能过分地与之相反对，尤其是层次Ⅲ，要突破层次Ⅱ的僵化形式就不得不借助层次Ⅰ积累起来的实践能力和工具手段。人的实践能力的提高可以释放自由，加速文化创新，但是实践能力的锻炼也要在特定文化的意义框架中进行。一方面，提高实践能力、释放自由并非人类历史之初就预设的目的，如至今仍有土著部落生活在前文明社会中；另一方面，如果在一定条件下对实践能力提高的追求得到了强大刺激并拥有了优先的文化意义，它也可以以不可逆转的趋势扫除阻碍。其次，目的和手段的矛盾也在上述三层次之间和各自内部展开。追求自由、幸福虽然是人的最终目的，但其本身却过于缺乏规定性，只能依赖于层次Ⅰ和Ⅱ来现实地、有限地实现自身。当目的依赖于手段的时候，手段自身就会变成目的，乃至否定更高层次的目的，但是人又可以觉察到这种异化，并且以自身实践能力增强或减少对外在手段的渴求来扬弃异化。可以说，手段和目的的矛盾也是从规定性和非规定性的矛盾中衍生出来的，因为手段总是相对具体的、有较多现实规定性的东西，目的总是相对抽象的、较少现实规定性的东西。这样，人类及其文化的存在方式已经显示了根本性的矛盾，这种矛盾即人类需求结构中的价值冲突（规定性和非规定性，手段和目的），正是文化变迁的原动力。

三、文化变迁的动态机制

上文只是一种静态分析，指出了文化变迁的可能性。但可能性并不总能变成现实，因为文化具有稳定性，有自组织、自协调能力，能够化解矛盾冲突。所以我们还要考察有关因素的动态趋向，揭示旧的平衡态是如何向新的非平衡态转化的。不过，文化哲学的任务并不是直接观察事件过程，那是文化人类学的事情，而是要揭示动态过程之可能的根本前提，说明非规定性因素突破规定性因素制约的根本条件和方式。

作为文化的规定性因素，例如习俗、制度的建构原则、道德、价值观、思维方式、语言等，可以看作一种具体的抽象性。之所以具体，因为它们直接参与造就人们的感性生存；之所以抽象，因为它们都是海德格尔哲学意义上的“存在者”，它们给出自身却排斥反思，并不真正关心人的感性生存体验，反而强行将感性体验纳入自身的框架来赋予意义，将与自身对抗的体验加以贬斥和虚无化。例如，弗洛姆指出：“每个社会通过自己的生活实践和联系的方式，通过感情和知觉的方式发展了一个决定认识形式的体系或范畴。确切地说，这种体系的作用就像一个受社会限制的过滤器，除非经验能进入这个过滤器，否则就不能成为意识。”[①]这样，通过将对立因素排斥在意识之外而虚无化，既定的社会文化得到了维护。但是也正因为抽象性，没有哪种文化可以控制全部存在领域。列维-布留尔指出，对于缺乏理性和自由的土著人来说，原逻辑思维和集体表象是他们的文化的基本规定，但在不依赖于上述规定性就能活动的情境中，他们也会像现代人那样思考和行动。如果打死两只鸟只捡到了一只，他也会努力寻找另一只。[②]更严重的是，文化虽然可以把日常的工具理性行为限制在不损害自身的范围内，但是一些偶发的重大变故却是它难以防范和化解的。例如，殷商文化以狂热的神鬼崇拜为特征，可是极力侍奉神鬼却终究不能免于亡国，看到牧野之战奴隶倒戈的周人便得到了启发“皇天无亲，唯德是辅”[③]，世间可畏的在民而不在天。因此，殷商文化的“残民事神”开始转变为西周的“敬天保民”。[④]

人之存在的非规定性因素——自由以及作为其载体的意识、自我意识，则是超越性的抽象性和实在的具体性的两级相通。它因为超越了一切特定的规定性而显得绝对抽象，但也正因为如此，它也就可以不拘泥于各种特定的规定性，使自身落实到一种

①[美]埃里希·弗洛姆.在幻想锁链的彼岸[M].张燕，译.长沙：湖南人民出版社，1986：121.

②尚书·蔡仲之命[M].王世舜，王翠叶，译注.北京：中华书局，2012：72.

③尚书·蔡仲之命[M].王世舜，王翠叶，译注.北京：中华书局，2012：462.

④郭宝钧.中国青铜器时代[M].北京：生活·读书·新知三联书店，1963：226.

否定性、生成性的运动，也就是具体化的运动中。层次Ⅰ的基于肉体生命自我肯定性需要的工具理性行为，虽然看起来属于规定性因素，但是对手段的运用只是形而下层面的规定，在其形上根据层面，只是以自我为中心对外部世界的占有，即规定性仅表现为抽象的方向性，因为没有具体的存在方式定位，其实际上就接近于非规定性，因此它比层次Ⅱ更能够同层次Ⅲ相结合，成为实现层次Ⅲ的载体和手段。同时层次Ⅲ自身也需要同层次Ⅰ相结合，因为现实的自由终究是肉体活动的自由。正是这种结合，才使自由从超越性的抽象性转化为实在的具体性。由于优先占据了具体性的存在领域，因此可以在抽象的制度、文化规定性之外实现人们实践活动能力的提升，最终打破旧的对立统一态势的平衡，确立起更能包容自由的新制度—文化框架。在这点上最突出的历史事例，便发生在中世纪的欧洲，虽然尚未产生个人主义、自由主义文化，可是在封建盘剥和宗教专制的薄弱环节，却存在着个人谋求利益和自由的宝贵空间——商业城市。市民们的目的原本只是追求眼前的物质利益，绝不可能一开始就有发展资本主义埋葬封建王朝的雄心壮志，可是工具理性的牟利行为的普遍性一旦突破某一临界点，就不但可以改造旧制度，而且可以自我确证为一种新文化了。

诸层次结构的不平衡态势必然带来冲突，因此接下来的问题就是这种冲突如何展开，又如何得到调适。尤其是新生力量比较弱小的时候，特别需要这种调适来保护自身。由于变迁的原初启动发生在具体事态层面，其具体性、个别性也就意味着意义的偶然性，不足以同制度—文化层面的普遍性事实和意义相抗衡，所以新的实践生活内容必须纳入旧的文化意义框架才能使自身获得合法性。那么，旧框架能够容纳新内容，又最终被新内容吸收，被适应新内容的新框架取代，机理何在？

前文已经指出，文化本身具有抽象性和具体性的辩证张力。一方面，为了抗拒偶然事变的冲击，使人们能以稳定的方式生存，文化必须显示自身的普遍意义，其自身就必须凝结为抽象理念。另一方面，为了向人显示自身力量的现实存在，文化又要通过具体的符号、仪式、规范而感性化，使人们能够切实地感知、理解和遵从。人类实践能力越低下，个人越依赖集体和外部世界，越会把所依赖的对象神圣化；同时，思维能力越低下，越要把文化具体化、实在化，从而得以理解。这就导致了本来应该在抽象一般层面成立的规定性，不能从现实事物的具体规定性中分化出来，乃至现实中的偶然变故都被看作具有普遍必然意义的东西。列维-布留尔指出，在原始思维中偶然性是不存在的，“由于神秘力量永远被感到无处不有，所以，我们越觉得偶然的事件，在原始人看来则越重要”①。比如,非洲卡宾达族的三个妇女去河边打水,其中一人被鳄鱼咬死,村民便认为一定是另外两个妇女给鳄鱼施了巫术来害人,否则被咬的为什么不是她们两个。结果,她们被迫喝下毒药以受神意裁判。②显然,文化的规约越是具体严密,对人的自由的压抑就越大。随着人们实践能力提高和自主活动空间扩大,逐渐感到文化对自身感性生存的压抑,反思、反抗精神便直接针对感性具体事物而萌生。这种反思既有自觉针对的具体对象,又有不得不依赖的抽象根据,从而促进了思维领域中具体性和抽象性的分化,人们也就可以在不触动原文化的抽象意义框架的同时,提升意识聚焦的层次,将生活意义关切的重心从具体层面转到较高、较抽象的层面,以弱化文化对自己的束缚。像在基督教中,对上帝的信仰是最核心、最抽象的原则,而教会所起的作用,则是具体的、可变的。中世纪晚期,人们痛恨教会兜售赎罪券等盘剥压榨行为,却不可能就此放弃对上帝的信仰。所以,路德、加尔文等人宗教改革的核心原则,就是确立人与上帝的直接联系,不再将教会作为必要中介。这就是在保留抽象的文化认同的同时对具体文化形式的扬弃,而这种变革起到的巨大历史作用,韦伯在《新教伦理与资本主义精神》中已有了深刻阐述。

上述事实绝非孤例,而是表现着一种普遍的文化变迁机制,即意义认同和意识聚焦的层次性。笔者对此可以画出一个简化的示意图:

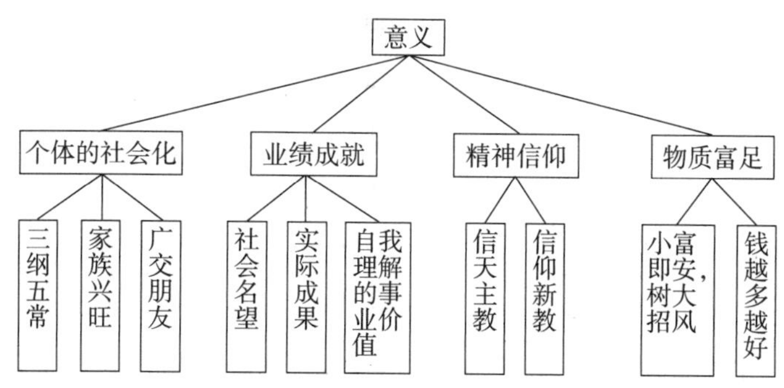

意义认同和意识聚焦的层次图

实际的生活意义当然远不止上图所列内容,但是我们从中可以看到关于意义的本质性的辩证结构。人是唯一为了“意义”而活着的动物。意义有诸多层次,但在特定的社会生活中,社会意识会聚焦于一定层次,使这一层次成为对具体实践活动的统摄方

①[法]列维-布留尔.原始思维[M].丁由,译.北京:商务印书馆,1981:359.

②[法]列维-布留尔.原始思维[M].丁由,译.北京:商务印书馆,1981:365.

式。在思维的抽象性和具体性还未分化的时代,人们直接给具体事物赋予普遍意义,也就是直接把意义认同聚焦在上述结构中的低层次。社会意识聚焦的层次越低、越具体,社会生活方式就越狭隘、越保守,不敢越雷池一步;聚焦层次越高,人就越能在不迷失生存意义的同时认可多样化的具体生活,越能够运用工具理性,根据具体情况进行灵活的抉择,开创新生活,当然也就越能成为自由的主体。从具体的历史进程来看,原始人的生活受制于无数具体琐碎的禁忌,万物有灵观念表现着对一切具体事物的敬畏和崇拜;进入古代文明社会,精神世界从万物有灵,经多神信仰转向更抽象的一神信仰,但是过分执着于具体的教义分歧往往带来血腥的教派冲突,同时忠诚信义等世俗道德规范主要维系的是人格化、特殊化的社会关系;进入现代文明,抽象的交换价值和抽象的自由、平等、民主理念日益清除了特殊的人格化元素,越来越仅限于在抽象程序、形式层面规范社会生活,而把具体的生活内容层面交给人们自由选择,不仅宗教宽容逐渐成为共识,甚至基督教的上帝也开始了去人格化,有神和无神的界限趋于模糊。显然,人类历史进程从内在精神层面来看,就是意义认同从低层次到高层次、从具体到抽象的发展过程,意义认同层次(意识聚焦层次)的提升,正是文化进步的实质。固然,就个人而言,今天的大多数人可能仍然执着于意义结构的低层次,但是人们有权利做出各不相同的选择,这就表明了社会文化的意义认同已经上升到了一个较高的层次。而个人意义认同的层次提升,则应该是人类未来的发展方向,这样也才更能符合"每个人的自由发展是一切人自由发展的条件"的理想图景。

四、文化变迁的评价依据:反思文化相对主义

在回答了事情之所"是"的基础上,我们可以在价值论层面对一个困扰当代文化哲学和文化人类学界的重大问题做出新的解答。要对文化变迁进行评价,就势必涉及变迁是否构成进步的问题。在经历了理性主义哲学基础上文化普遍主义和文化进化论的辉煌之后,今天俨然已经成了它们的对立面——文化相对主义大行其道的时代。学者们拒绝在诸种文化之间比较优劣高下,如果谁还想坚持一种普遍的评价标准,便很容易被批评为西方中心主义者或逻各斯中心主义者。可是,这些文化相对主义者在看似尊重所有文化的同时,却仅仅把文化当作现成之物来对待,丧失了反思和批判的态度。具体就最尖锐的矛盾而言,难道印度的寡妇就应该自焚殉葬?非洲的女童就应该遭受割礼?如果文化相对主义者说自己并不反对人道主义的普世价值,只是主张尊重

当地人的文化自决权,那么试问,在这种自决权当中有印度寡妇和非洲女童说话的位置吗?她们有尝试一种有保障的全新生活的权利吗?如果人不能在一个更大的可选行为集合中进行比较和选择,如何能说现实的就是合理的?因而再从理论上看,文化相对主义的失误,首先就是丢失了从生成性角度对文化的深度理解。文化相对主义看似尊重历史,尊重具体现实,却把历史本身封闭化、实体化,忽略了从人类和动物相比较的角度理解人普遍的类本质——自由,自然也就不能把自由理解为文化创造的形上根据。实际上,自由并非一种特殊的价值,而是所有价值选择的前提,"要尊重所有文化"的说法实际上已经把所有社会共同体的自由权设为了前提。毕竟,前现代文明价值选择的自由是自在的、非反思的,往往是集体选择压制个人自由,而现代社会价值选择的自由更大程度上是自为的、反思的,因此其进步性应该是不可否认的。作为文化创造之形上根据的自由固然有其先验性、超历史性,但如果失去了"超历史性"和"历史性"的辩证张力,"历史"和"文化"就会丧失自我否定和发展的动力,就会陷入僵化。其次,文化相对主义也没有看到意义认同层次提升的文化变迁规律。评价文化进步并不需要外在尺度,它的内在尺度就是文化的创造性本身,意义认同的层次越高、越抽象,就越能包容具体的文化创造活动,越能把文化的约束从外在强制转变为主体的自律、自我反思,也就越能肯定和实现人自身。文化相对主义从不同文化中只能看到异质性和不可通约性,却看不到根本上的异层次性,看不到框架层次体系的统一性,也就只能使自己停留在一个肤浅的认识层面上。

为了尊重对手,我们可以在比较和评价文化时放弃外在标准,即说我们现代文化比土著文化高级,并不是由于我们发明了计算机或发射了旅行者号登陆火星,因为土著人并没有使用计算机和探秘火星的需要,而就"在脑子里对陌生环境勾画出一幅图像的能力"而言,土著人很可能"显得比西方人更加出色在行"。[①]由于一种文化的内部特征是相对偶然的,不能成为跨文化比较的普遍框架,即使现代西方文化造就了更高的实践能力而显得更加强势,外在的实践能力和内在的精神意义、文化价值也不应该简单地混淆起来,因为能力只是手段,意义才是最终目的。所以我们也可以承认文化相对主义一定程度上的合理性。但是,人们总要面对开放的可能性,面对异己的他者来确定自身,这却是先验的、必然的,是可以直观的,在这一层面的比较可以获得内在必然性的意义。我们现代人可以理解土著人的文化,至少有对其探究的好奇心,却

①[美]贾雷德·戴蒙德.枪炮、病菌与钢铁——人类社会的命运[M].谢延光,译.上海:世纪出版集团,2006:10.

没有哪个土著人有兴趣研究现代人的文化。现代人可以放弃现代生活,选择土著生活,就像画家高更离开法国来到塔希提岛安身立命,但是人们却并不把他当作自己文明的叛徒,而只是把他的行为视作一个现代人的个性选择而已,同时也依然欣赏他的画作。土著人却生活在各种禁忌约束下,难以选择同传统相异质的生活,作为个体更是尤其困难。既然人与动物的根本区别在于自由选择的能力,既然文化以自我创造性为本质而区别于自然,那么就容易看到,土著文化、前现代文化因过于排斥个体自由而使自身类似于自然,现代文化为人提供了较过去更为广大的自由选择和创造空间,自然也就带来了人类之本质实现程度的提升、文化之本质实现程度的提升。克服了相对主义,我们才能在文化创新和人类发展的问题上展开积极作为。

五、方法论的总结

最后,在方法论层面给本文作一个总结,可以说,笔者的方法是一种经马克思主义批判改造的现象学方法。

对于现象学方法的意义和必要性,可以通过和非现象学方法的一个比较来认识。有学者在探讨文化变迁机制的时候,将其细分为五种具体的机制:文化反省机制、文化选择机制、文化发现机制、文化发明机制、文化解释机制,并分别对它们的结构、功能、运作方式作了一般性的描述。①不能说这些描述没有意义,但问题是,一旦把这些机制的存在设为既定前提,就不能再反思它们本身是如何可能的了。这些机制固然存在着,但是其反面,即对反省、选择、发明等加以排斥的机制也同样存在,所以双方都不具备现象学的明见性,都是一些依赖于特殊条件的事实。那么,无论对这些特殊事实进行多么详细的解释,都远不足以在文化哲学层面、在内在必然性层面真正揭示文化变迁机制。这位学者只是把一个大问题拆解成了五个小问题而已。

而现象学的要旨,就是要通过明见性让本质直接在现象中显现。因为人不是机器人,对环境没有机械的、固定的反应模式,关于人的研究不可能指望经过漫长的因果推理之后还能经受现实的检验,所以在人文科学研究中直接明见的证据是尤为必要的。可明见的必须是直接性的,那么,能够具有直接性的是什么?显然不是客观的因果关系链条。因为,自身固有的质并不依赖于结果,结果也未必和原因同质。比如“失业率升高导致犯罪率升高”,但是失业和犯罪这两种事态本身并不相互依存。所以,因果链

①刘进田.文化哲学导论[M].北京:法律出版社,1999:372-386.

条的构成因素不是间接性而是直接性的。如果完全陷入这一杂多性、间接性的汪洋大海，那么就是用有限的手段追求无限，势必导致研究的不充分性、片面性。如果还不反思的话，就会如同教条化的马克思主义者惯于运用的经济还原论，把有限的因果联系当作了社会历史的全部。带着本质直观的强烈需要，现象学家们发现，直接性的存在乃是意识的显像活动和体验活动。因为意识作为能动的虚无，就是在显现自身之外的东西的同时显现自身。将实在的杂多性融化为关系和意义的一体性，正是意识场域的运作机制。例如，异己的“他”人可以是“我的”伙伴，哪怕是敌人，也是“我的”敌人，我自身也被对立面所规定，甚至当我足够强大的时候（比如像当今美国），没有敌人也要制造敌人来维系自身的存在方式。同样，在意义体验中，失业和犯罪的因果关系并不重要，重要的是怨恨情感将二者联为了一体，成了共同在场的存在。如果说意识的显像活动还是相对静态的、非历史的存在，那么意识的体验活动就更能承载历史文化的内涵。超越胡塞尔的认识论范式，从意义体验的角度来把握本真的存在，正是存在主义的历史功绩，也是它更能够和马克思主义对话的地方。

但是，意义体验只能在实践情境中生成，脱离具体的实践情境，意义体验就成了一种抽象物，现象学的“直面事情本身”就遭到了自我否定。马克思主义对现象学的改造，就是要使实践情境和意义体验相互诠释。通过实践情境，意义体验才能获得客观内容充实自身；通过意义体验，无论多么间接的事物，只要能被感知，或者对它只有错误的了解，也都能直接向生存者显示某种意义，在此直接性中，世界显现为一个有意义的统一整体，实践活动的内在根据也就直接由此显露。从而，体验的直接性扬弃了因果关系的间接性；也只有扬弃并包含了间接性的直接性，才不是抽象的概念化的直接性，而能成为马克思主义的实践—生存现象学所把捉到的现象实情。只有像这样把握了实践中主观和客观、直接性和间接性的辩证统一关系，文化变迁机制才可能得以揭示。

因此，笔者在划分人之存在的层次时，没有遵循传统的经济、政治、文化三分法，而是以工具理性、价值理性、工具理性和价值理性的辩证统一作为前文中层次Ⅰ、Ⅱ、Ⅲ的划分依据。因为，现实中经济、政治、文化因素是相互渗透的，任何一方都无法显示在离开其他两者的条件下自身何以成为自身，并且作为客观存在，这种相互渗透并不总能被实践主体的意识所认识，那么上述客观存在同实践主体的行动依据的内在关联也就仍处于晦暗之中。所以，纯粹的经济、政治、文化缺乏现象学的明见性，是要被悬搁起来的。与此不同,虽然客观现实中工具理性行为和价值理性行为也会相互纠缠,但是这两种理性却是在意识场域中直接显现自身的,所以从意义体验的角度来看,它们反倒具有更清晰的界限区分,更具备明见性。价值理性体现着特定的意义认同,是维系文化内在稳定性的力量;然而当工具理性和价值理性实现辩证统一的时候,也就是人们能够运用工具理性在诸价值目标之间确立手段—目的关系,确立诸价值目标的等级关系的时候,一种有条件的"意义不认同"便生产出来,文化的自稳定性就会被打破。总之,只需直面问题本身,坚持在实践情境中始终抓住明见性这一根本线索,问题便可以迎刃而解。本文是一个将现象学同马克思主义理论进行整合的案例研究,也正是通过案例研究,理论整合才能获得更扎实的基础。

参考文献

[1]Bamett.InnovationI The Basic of Culture Change [M] .New York I McGraw-Hill, 1953.

[2][美]怀特.文化科学[M].曹锦清,等,译.杭州:浙江人民出版社,1988.

[3][德]卡尔·雅斯贝尔斯.历史的起源与目标[M].魏楚雄,俞新天,译.北京:华夏出版社,1989.

[4][英]汤因比.历史研究[M].刘北成,郭小凌,译.上海:上海人民出版社,2000.

发挥中华优秀传统文化的现代力量[①]

赵云雪[②]

摘　要:2014年春,习近平总书记主持召开中央深改领导小组第二次会议,审议并通过了《深化文化体制改革实施方案》。这是中央深改领导小组审议通过的第一个专项小组改革方案,由此可见国家将文化体制改革放在了改革浪潮中极为重要的位置。而在这次文化体制改革中,《关于实施中华优秀传统文化传承发展工程的意见》的出台,体现了改革对传统文化的重视。中华文明绵延五千年,其中优秀的传统文化作为中华民族独特的精神标识,对历朝历代的延续和繁荣起到了重要的推动作用。五千年后再次将优秀传统文化提上日程,必将使其重新焕发光彩,发挥其对于建设文化强国、维护国家安全、凝聚民族意识的重要作用。

关键词:文化体制改革;优秀传统文化;精神力量;中国梦

党的十八大报告提出,建设社会主义文化强国,必须深化文化体制改革,解放和发展文化生产力,增强文化整体实力和竞争力,让一切文化创造源泉充分涌流,增强全民族文化创造活力。十八届三中全会明确了改革的重要历史任务。在确立改革任务的开局之年,习近平主持召开中央全面深化改革领导小组第二次会议,审议并通过了《深化文化体制改革实施方案》。104个改革措施和重要项目,为今后一个时期的文化体制改革指明了方向、确立了道路。

《关于实施中华优秀传统文化传承发展工程的意见》,是新中国成立以来首次以中央文件的形式明确提出的推动中华文脉、传承中华文化基因的决定,让国人看到了国家发扬优秀传统文化的决心。《中共中央关于深化文化体制改革推动社会主义文化大发展大繁荣若干重大问题的决定》明确提出,要"建设优秀传统文化传承体系""广泛开

①原载于《重庆文化研究》2017年第4期。

②赵云雪,重庆市文化研究院助理研究员。

展优秀传统文化教育普及活动”,传统文化的复兴迎来了新的契机。对于传统优秀文化的复兴,是在新时代新形势下,继承、弘扬中华文明,建设中华民族共有精神家园,建设社会主义文化强国,实现中华民族伟大复兴的必由之路。

一、发扬何种优秀传统文化

中华民族传统文化是在长期历史发展中形成并保留在现实生活中的、具有相对稳定性的文化,是中华民族历史上各种思想文化、观念形态的总体表征。从定义上可以看出,中华民族传统文化是一个中性词,它既有传承千年并为人称道的孝悌之道,也有禁锢思想被人唾弃的八股文。我们应当传承并发扬其中的精华,即能够成为中华民族信仰支撑和心灵慰藉的东西,也能够激发和增强追求中国梦的正能量。

“深入挖掘和阐发中华优秀传统文化讲仁爱、重民本、守诚信、崇正义、尚和合、求大同的时代价值,使中华优秀传统文化成为涵养社会主义核心价值观的重要源泉。”习近平总书记的这一论述,既指明了优秀传统文化的作用,又点明了在弘扬优秀传统文化过程中挖掘和阐发的重点工作。

二、为什么要弘扬优秀传统文化

(一)解决社会问题

习近平总书记在纪念孔子诞辰2565周年国际学术研讨会上发表了重要讲话,他强调包括儒家思想在内的中国优秀传统文化中,蕴藏着解决当代人类面临的难题的重要启示。“以古人之规矩,开自己之生面”,中华文明绵延五千年从未中断,古人在历史实践中积累起来的经验必定有其过人之处。虽然已经过去数千年,社会环境发生了剧烈的变化,但是人的本质没变,社会依然需要治理。

党的十八届四中全会明确提出,坚持依法治国和以德治国相结合,并把其作为实现全面推进依法治国总目标必须坚持的重要原则。我国古人早在西周时期就意识到,决定政权兴亡的主要不是外在力量,而是人自身德行的好坏。从孔子提出“宽猛相济”,到孟子提出“徒善不足以为政,徒法不能以自行”;从荀子提出“隆礼重法”,到汉代董仲舒强调“阳为德,阴为刑”;从唐代提出“制礼以崇敬,立刑以明威”,到宋元明清时期一直延续德法合治,都体现了古代先贤治国理政的重大智慧。[①]强制力从来都不能真正

①戴木才.人民要论:坚持依法治国和以德治国相结合[N].人民日报,2017-02-14(07).

使人信服,只有发自内心的遵从才能有助于社会秩序的维护。只有不断汲取德法并举的智慧养分,才能解决社会问题,不断提高国家治理体系和治理能力现代化水平。

(二)强大的精神力量

伟大的时代需要伟大的精神。中华优秀传统文化中蕴含着强大的精神力量,对于中华民族精神性格的塑造、民族凝聚力的形成具有重要的作用。“天行健,君子以自强不息”的持生规范,“吾日三省吾身”的自我约束理念,“贫贱不能移,威武不能屈”的立身情操,①都是优秀传统文化影响的必然结果,正是这些文化成就了中华民族伟大的品格。

文化的力量,深深熔铸在民族的生命力、创造力和凝聚力之中。在这次文化体制改革中,习近平总书记始终强调精神力量的重要性,强调弘扬社会主义核心价值观、弘扬以爱国主义为核心的民族精神和以改革创新为核心的时代精神的重要性。而这些精神正是在传统文化的基础上建立起来的。在历史中,这些价值观帮助我们的祖先强化自我修养,帮助中华民族突破重重困阻走向今天;在当今时代下,社会主义核心价值观也同样能够凝神聚气,形成振兴中华的强大力量。

(三)“走出去”的又一途径

随着中国综合国力的增强,中国在国际上的影响力进一步提高。但是,一个全面发展的大国,绝不仅仅是有着足够多的人口和发展快速的经济。想要巩固国际地位、增强国际话语权,就必须提升中华文化在世界上的感召力和影响力,增进国际社会对我国基本国情、价值观念、发展道路、内外政策的了解和认识。

习近平总书记主持召开的中央全面深化改革领导小组第二十九次会议,审议并通过了《关于进一步加强和改进中华文化走出去工作的指导意见》。该意见为向世界阐释更多具有中国特色、体现中国精神、蕴藏中国智慧的优秀传统文化提供了政策保障,是中国全面对外开放、主动走出去的又一重大举措。中华文化,世界表达。从APEC峰会到“一带一路”国际合作高峰论坛,中华文化的魅力感染着整个世界,也让整个世界更加确信,拥有五千年历史的文明古国,在当代仍然能用优秀传统文化讲好中国故事。

(四)助力中国梦的实现

实现中国梦,从世界的意义上来说,就是要赶上时代。妄自菲薄,没有文化自信,无所谓赶上时代;故步自封,没有文化创新,也不可能赶上时代。正如习近平总书记指

---

①翁飞.继承优秀文化传统　弘扬培育民族精神[J].学术界,2002(6):21.

出的:“没有文明的继承和发展,没有文化的弘扬和繁荣,就没有中国梦的实现。”①

中国梦虽然是习近平总书记就任后提出的概念,但实际上它一直根植于中华传统文化的沃土之中,是中华民族历史使命的承接。中国梦的实现需要坚持中国道路、弘扬中国精神、凝聚中国力量,在这三个步骤中,中华优秀传统文化都起着不可替代的作用。它以丰富的思想理念、强大的精神信念、身后的价值观念支撑着中国人民的道路自信、理论自信、制度自信的坚定信念,为中华儿女团结一致继续前行提供精神动力,为中国梦的实现凝聚众志成城、同心同德的强大力量。

三、结语

党的十八届三中全会以来,文化体制改革攻坚克难、全面发力,改革主体框架基本确立,改革措施初显成效,其中对中华优秀传统文化的重视程度和发扬力度更是史无前例的。文化活力迸发,文化魅力生长。绵延了五千年的优秀传统文化,经过历史的积淀后被发酵地更加醇香,一如它在历史长河中支撑数个朝代那样,历久弥新。在当代中国,中华优秀传统文化与社会实际相结合,以创造性转换、创新性发展的方式,在继承中打开新篇章,对社会发展和现代化建设起到积极的作用。

参考文献

[1]刘振华.浅谈传统文化及社会主义核心价值观的创新结合[J].改革与开放,2015(2).

[2]潘建雷,张英姬.传统文化:百年历程与现代价值[J].新视野,2012(6).

[3]王艳华.论传统文化对中国现代生活的价值[D].东北师范大学,2002.

[4]那晓丹,于春梅.试论中国传统文化的现代价值[J].经济研究导刊,2013(26).

①景俊海.用中华优秀传统文化助推中国梦的实现[N].光明日报,2016-01-23(09).

浅析国学现代化与当代中国文化建设[1]

肖　潼[2]

一、国学热

自“五四”之后，遭遇西方强势文化的巨大冲击和文化激进主义的猛烈批判，以儒学为代表的国学早已失去昔日的辉煌，但在近十年又东山再起，几乎成显学。其实这并非历史的偶然，而是国学所处的时代背景造就的。

(一)经济飞速发展的成全

改革开放引领着我国经济飞速发展，综合国力日益增强，国际地位得到提升。民族自尊心和爱国情怀从屈辱的历史中复苏，致使国人和知识分子对传统文化(国学)的保护情结日益增强。

(二)经济发展转型的需求

当代中国经济发展正处于社会转型的关键时期，但是在经济快速发展的背后，我们面对的是道德的“滑坡”，价值的迷失，物质与精神、义与利的失衡，物欲泛滥，精神缺失，英雄主义被掩埋的乱象。在这种人们的意识形态已经全然不能弥补价值观和灵魂世界缺失的严峻形势下，人们开始从尘封已久的传统文化(国学)中寻求精神慰藉。

二、国学现代化的内涵

国学的价值包含两个层面，一方面它倡导刚健有为、厚德载物的精神品格，取譬于己、推己及人的忠恕之道，属于带绝对性的普世价值；另一方面，它所倡导的“仁、义、礼、智、信”等诸多道德范畴，则属于兼具时代性和普遍性的相对普世价值。对其价值的现代化研究应当深入发掘、融会贯通、分类整理，进而进行全面的现代化解释，构建

①原载于《小作家选刊》第29期。

②肖潼，西南大学附属中学教师。

一个内容完整、层级分明、有机联系的新型国学价值系统。同时,应着眼于当今世界全球化的大趋势,逐步形成包括生态伦理、家庭伦理、人际关系伦理等在内的全球性价值体系,以引导和规范人类生活。

三、国学现代化的途径

关于国学现代化的路径,各派学者尤其是现代新儒家发表了许多有价值的见解。笔者认为,以下三条是不可或缺的。

(一)双重批判

任何一种思想体系,其生命延续的基石远不止于其曾经的真理,更不在于人类为其赋予的光环,而是因为其能与时俱进,在肯定中进行否定,在否定中成长,在保留肯定的思想基石上进行自我创新以适应时代的进步。因此,国学的发展也需要批判,包括外在批判和自我批判。考究诸儒学发展史,明清之际早期启蒙思想家对宋明理学的批判,是儒学第一次带根本性的自我批判。而五四新文化运动的批判,则是第一次带颠覆性的外在批判,并成为中国文化现代化的起点,同时也成为国学现代化的起点。同其他古老文化一样,国学发展的历史辩证法亦如此:对其缺失了解得越是透彻,其正面价值才能得到更大的开发和利用,才能保持持久的生命力。

(二)文化对话

在全球化背景下,当今世界各种文化互相交融,跨文化对话成为一大趋势。当下,西方文化固然需要国学,但国学更需要西方文化。国学在进行世界文化对话的过程中,应当积极应对挑战,取其精华、弃其糟粕,用西方个体本位、感性本位、权利本位的人文主义弥补自己群体本位、理性本位、责任本位的人文主义之不足。如此,国学才有可能自立于世界文明之林,保持和展现自己的活力和魅力。

(三)现代阐释

王夫之诗云:“六经责我开生面。”对国学经典进行现代阐释,是国学现代化的又一路径,即运用现代观念、方法、话语,在保留作者原始看法的基础上,对国学文本作出创造性的解读,对其内涵和意义进行重塑。总之,国学应该而且可以实现现代化,因为现代化的国学是当代中国文化建设的深厚基础。

四、当代中国文化建设的三维格局与发展趋向

(一)坚持以民族文化(国学)为基石

民族传统文化(国学)是当代中国文化建设之根基,现代文化是传统文化的继续和发展。只有立足传统文化才能走向现代文化,脱离了传统文化的根基,现代文化就成了无源之水、无本之木。“成功的现代化建设不但善于克服传统因素对现代化的阻力,而尤其善于利用传统因素作为现代化的助力。”显然,只有以优秀的民族传统文化为根基,才能建设既具有民族特色又体现时代精神的当代中国先进文化。

(二)坚持以西方文化为补充

罗素曾经说过:“假如中国人对于西方文明能够自由地吸收其优点,而扬弃其缺点的话,他们一定能从他们自己的传统中获得有生机的成长,一定能产生一种糅合中西文明之长的辉煌业绩。”西方文化中所蕴涵的“现代性”,恰恰为中国传统文化所缺失且又必需的。吸收和借鉴西方文化中的“现代性”,是推进中国现代化的精神动力,是创建面向现代化、面向世界、面向未来的当代中国先进文化不可或缺的重要内容。

(三)坚持以马列主义为先导

建设当代中国文化,应当以马克思主义为主导。马列主义是最具科学性、革命性、开放性和整合力的思想体系,其以人的全面自由发展这一思想为内核,辩证综合了民族文化和西方文化,构建出一种熔传统与现代于一炉、集中西文化之长于一身、连现实与未来于一体的新的先进文化。这种新的先进文化,代表着人类文化发展的最高形态,是人类文明史上最辉煌的成果,它在给中国带来光明和希望的同时,也给世界带来希望。

五、总结

积极地开展国学研究,无疑是推进国学现代化、传承中国传统文化、弘扬中国历史文化、构建和谐中国社会的精神支柱。我们应当坚持传承国学,坚持马列思想的引导,借鉴和利用西方文化,以此推动当代中国的现代文化建设。

参考文献

[1]杜维明.现当代儒学的转化与创新[J].社会科学,2004(8).

儒学构建文明共同体的文化机制探索[①]

田 探[②]

摘 要:传统儒学在其长期发展中形成了一套建构文明共同体的文化机制,这在培育民族文化认同感和维护华夏民族的稳定性方面均具有重要意义。首先,以仁、义、礼为核心的思想构架为华夏民族共同体的形成提供了最根本的价值观念和占主导地位的意识形态体系。其次,以"天"为最高价值诉求的"天下"思想和代表政治正当性的"王道"思想,不仅具有自我更新的文化生命活力,而且具有转化其他文明类型,化解文明冲突的文化包容能力,从而维护了华夏民族的政治稳定性和文明连续性。儒家建构文明共同体的文化机制在活跃着古今"中西之争"的今天,对于凝聚人心、巩固文明共同体仍有重要作用。

关键词:儒学;共同体建构;文化机制

冯友兰先生说:"中国封建文化是以儒家思想为核心的。"诚然,儒家文化是华夏文明在两千多年的历史中生生不息的根本,它使华夏族群始终具有内在的凝聚力,并保持了高度的文化认同感。即使在王朝崩溃、列国纷争、各自为政,或者少数民族入主中原的时代,华夏文明依然保有完整的统一性,并不因王朝的更迭和少数民族的统治而中断。那么,究竟是什么因素造成了这一现象,它们的特征和运作的机理又是什么?探究这些问题,不仅有助于提高整个民族的文化自信心,对形成改革共识、建构政治共同体也有着重要的启示意义。

一、"仁""义""礼"思想结构对社会共同体的建构机制

传统社会的基本结构是由大大小小的家族所构成。因此,如何处理家族内部的事

①原载于《江汉论坛》2017年第7期。

②田探,重庆大学人文社会科学高等研究院。

务和家族之外的公共事务就成为国家建立政治共同体首先要面对的问题。《礼记·丧服四制》中说:“门内之治恩掩义,门外之治义断恩。”“门内”与门外”分别指的是家族生活和社会生活,这实际表明了儒家在处理家和社会两种环境中的相应原则,即在家族或家庭内部强调恩情,如孝、悌等,在社会公共生活领域则强调以客观的“义”来裁断。

家(无论是家族还是家庭)之维系依赖于血缘亲情,这意味着其间规则的确立是自然发生的。家的关系肇始于夫妇,因此夫妇关系为五伦之首。《周易·序卦》云:“有天地然后有万物,有万物然后有男女,有男女然后有夫妇,有夫妇然后有父子,有父子然后有君臣,有君臣然后有上下,有上下然后礼义有所错。”《中庸》亦言:“君子之道造端乎夫妇。”可见,家门中秩序的构建起始于夫妇。而维系夫妇关系的不仅是自然生理,更是礼义之措,即强调夫唱妇随的夫妻之“礼”、夫妇之“义”和相互尊重的伦理之爱(“仁”)。可以说,夫妻关系的巩固,是以自然生理为基础,把两性的情感关系扩展到伦理义务的结果。伦理规范、伦理情感和伦理理性,即“礼”“仁”“义”共同构成了夫妻关系的文化内涵。

父母与子女的关系同样如此。父母对子女有着天然的慈爱之情;子女浸润在父母的慈爱中长大。“孝”作为子女对父母的感激回报之情,也是十分自然的血亲情感。但这种自然情感仍然需要提升到伦理情感的高度才是真正的家的情感,才是真正的人与人的关系。《论语·学而》篇中说:“君子务本,本立而道生。孝悌也者,其为仁之本欤?”可见,作为伦理情感的“仁”就是作为血亲情感的“孝”的情感的升华。同时,“家”的维护不仅需要自然情感提升到伦理情感,而且需要情感关系转化为义务关系。“父慈子孝”不仅是自然情感,而且是伦理义务。《礼记·礼运》篇中说:“何谓人义?父慈、子孝,兄良、弟弟,夫义、妇听,长惠、幼顺,君仁、臣忠。十者谓之人义。”“十义”就是父之“慈”、子之“孝”这种天然的血亲情感转化为相互的义务并在范围上的扩大。所以,家门中秩序的构建起始于夫妇,而维系家庭关系的不仅有自然的情感,还有伦理情感和伦理义务;而这种伦理情感和伦理义务的外在体现,就是作为社会规范的“礼”。由此可见,“仁”“义”“礼”实乃构筑家门秩序的基本要素。正是儒家这些最核心的伦理价值使得家门得以凝聚为共同体,成为“家”之为“家”的根本所在。

当“家”的范围扩大到作为政治共同体的“国”的范围,以血亲情感维系社会共同体就显得无能为力,于是,“以义断恩”就成为必要。“十义”作为“家”之伦理义务的扩展,当其逐渐化为整个社会生活的普遍原则之时,就为用客观的外在制度来整合更大范围的社会共同体奠定了基础。在社会公共领域，“礼”就是最根本的规范。《左传·昭公二十五年》中说：“礼，天之经，地之义，民之行也。”“礼”作为维系宗法等级社会的一整套制度，规定了社会各阶层的职责和义务，成为维系社会政治共同体的文化根基，故有很多学者曾认为周文化就是“礼文化”，乃至认为孔子思想的核心就是“礼”（如蔡尚思）。但实际上孔子思想是以“礼”和“仁”为二本，以“义”为中介，建立起的一个“仁”“义”“礼”三者相互制约的整体结构。一方面，“礼”作为日常行为规范和社会的根本制度，决定着作为道德意识的“义”的实质内涵，凡是言论行为合于“礼”就是“义”，故《礼记·礼运》篇中说：“礼者，义之实。”但同时这也表明“义”是“礼”的内在精神，是“礼”的正当性与合理性的根据，制“礼”就应以“义”为准，故《左传·桓公二年》载师服之语曰：“义以出礼，礼以体政。”另一方面，“义”与“仁”亦相互决定。《礼记·礼运》：“仁者，义之本也。”这表明“仁”是“义”的价值基础，保障了“义”的向善维度，为“义”的正当性寻找到了人性的价值依据。而《礼记·礼运》同时又讲，“义者……仁之节也”，这表明“义”又是对“仁”的节制，唯有这种节制才能保证“仁”的价值得以实现，而不至于“爱无差等”。总之，“仁”“义”“礼”作为一个整体结构共同为社会政治共同体的形成提供了最根本的价值观念和意识形态。

“礼”与“仁”“义”三者在政治共同体的构建中有着相互补充、相互制约的运作机理。《荀子·大略》篇中说：“君子处仁以义，然后仁也；行义以礼，然后义也；制礼反本成末，然后礼也。三者皆通，然后道也。”可见，儒家之道，就是“仁”“义”“礼”三者的贯通。其中，“礼”作为社会共同体中人人必须遵从的行为规范和根本制度，划定了各个等级的权利和义务，使社会所有成员各从其业、各行其道，从而使社会生活秩序井然，不相冲突。但是，“礼”对社会共同体所有成员的职分规定，具有刚性的等级区别。这种等级区分影响人们的心理情感，必然形成森严的等级意识，行之既久，必然产生冷漠的心理隔阂和等级仇视，严重影响社会和谐。这就需要“仁”的情感和“仁”的意识来作为情感纽带，使社会共同体成员之间相互关怀、相互帮助、相互支持，以温暖人心，软化等级界限，从而实现社会和谐。但是，“仁”之“爱人”，具有“泛爱众”的倾向，容易流为“无差等”的爱，从而破坏社会共同体的等级秩序，这就是被孟子所斥责的“无君”“无父”的危险，因而就需要在为“仁”之时以“义”为节制，在推己及人的过程中不至于过爱。但是，“义”对“仁”的节制怎样做到适宜，又要以“礼”为外在标准。而“礼”作为社会共同体必须遵守的根本制度和行为规范，本是由人制定的，“礼”的正当性与合理性还须返回到

"仁"与"义"的价值规定和理性原则中来。这就是儒家的核心价值观念在建构社会共同体方面的根本机制。正是这一机制,为华夏民族共同体的形成提供了最根本的价值观念和占主导地位的意识形态基础。

二、"天"与文明共同体

荀子以"仁""义""礼"三者的贯通为"道",这样的"道"当然就是"人道"。"人道"既是人之为人之道,也是治国平天下之道。

《大学》首章就说:"古之欲明明德于天下者,先治其国;欲治其国者,先齐其家;欲齐其家者,先修其身。……自天子以至于庶人,壹是皆以修身为本。""庶人"修身则成就自家人格,自正性命。君子修身,则在正己的同时还兼正他人,成己而成物,从而达到参天地的境界。

所谓修身,就是化仁义为己性。但孟子指出人性本善,仁义本是自己心中之性。《孟子·告子上》:"仁义礼智,非由外铄我也,我固有之也,弗思耳矣。""思"就是找回和发掘自己心中固有的"良知",培育心中固有的善性,由此,儒学的重心就转向了心性之学;而重视个体修养的工夫论,也就成为成己成人的根基。然而,心性修养毕竟是个体之事,个体的修养能否具有普遍必然性?能否保证通过个体修养以促成社会共同体的有效性?

在儒学看来,个体修养的普遍必然性的保证就在"天",而"天"的内涵又可具体分为天命与天道。《中庸》首章:"天命之谓性,率性之谓道,修道之谓教。"朱熹解释说:"命,犹令也。性,即理也。天以阴阳五行化生万物,气以成形,而理亦赋焉,犹命令也。于是人物之生,因各得其所赋之理,以为健顺五常之德,所谓性也。率,循也。道,犹路也。人物各循其性之自然,则其日用事物之间,莫不各有当行之路,是则所谓道也。""性道虽同,而气禀或异,故不能无过不及之差,圣人因人物之所当行者而品节之,以为法于天下,则谓之教,若礼、乐、刑、政是也。"朱子在这里分别解释所谓性、道、教的形成,其总根源即在"天"。"天"是气与理的统一,天之生物,气以成形,理亦赋予其中,即所谓"性",这就是说,"天"保证和赋予了每个人必然的德性。每个人循着自己的本性行事,走自己的人生之路,这就是"道"。因为此"道"本是循着天命和天性而形成,所以道就是天下之人所当行之路。圣人根据每个人的天命之性、品节为法,而使人遵法修此当行之路,这就是"教"。由此可见,"性""道""教"无一不本于天而备于我。这就从客观上保证了个体修养具有促进社会共同体形成之功能的普遍必然性。

由于人们气禀不同,并不能完全保证社会共同体的所有成员的修养成功而不偏于正道,所以,“礼”“乐”“刑”“政”仍不可缺,为法于天下的政治架构就是圣人最重要的使命之一。但儒家之所以要把为天下立法的政治架构纳入“教”的框架内,仍是基于对“天”之所赋的人性之善的保养和充实的考虑。所以,政治之本质乃在于正定万物之性。如果政治未能营造出各自性命的环境,甚至戕害天命之性,那么,这样的政治就丧失了正当性。由此,“仁”“义”“礼”所架构的现世政治共同体被置于以天命、天道为内涵的“天”的最高权威之下,它使世俗王权服从于“天”的权威;将超越的天道贯彻在现世的修身、齐家、治国、平天下的活动中。天道作为人间秩序的最高典范赋予了世俗秩序以正当性,为世俗秩序的变革损益提供价值尺度,从而使得以这种方式建构起来的政治共同体既能保持相对的稳定,又能因地制宜,以摆脱政治上保守与激进两端的缠绕,避免陷入极端。

王夫之曾说:“天地之化、天地之德,本无垠鄂,唯人显之。人知寒,乃以谓天地有寒化;人知暑,乃以谓天地有暑化;人贵生,乃以谓天地之大德曰‘生’。人性仁义,乃以曰‘立天之道,阴与阳;立地之道,柔与刚’。”儒家把修身、齐家、治国、平天下这些人的实践活动置于天的权威之下,具有重要意义。在儒家思想中,天的意蕴本有二,一为自然之天,一为义理之天。从自然之天的意义上说,天地中的一切存在因为人的参与而具有了丰富的可能性,万物由此而成为人类文明的基础,获得了其存在的意义;同时也构成对人类文明的限制,因为人类的活动毕竟依存于自在的天地,人文的创设无法摆脱天地本然的法则。“天命之谓性”意义上的“天”就是义理之“天”。人性中的仁义正是“天”“命”于人的法则,文明的创制也一定基于此法则。在此意义上,“天”作为人类文明的根基,不仅引导着文明的创制,更是对既有文明的检验。而文明的创制无非是人类历史演进所积累的文化。于是,对“天”之权威的认同自然地转化为对文明传统的认同,进而延伸至对此文明传统所凝聚的政治共同体,即国家的认同。这就使得国家既是政治共同体,又是文明共同体。无疑,传统的中国正是这两种共同体的结合体。这样,文明共同体所形成的传统就成为政权实体合法性的来源,政权实体则以“天”的权威形式维护其内部的稳定。而随着政权实体的发展和扩大,共同体的文明也需要不断地损益和更新,以容纳和转化更多异质的文明;否则,维系政权稳定的核心价值就有被异质文明置换的可能。这样,作为政治共同体即国家的价值之源的“天”的内涵,就必须具有更大的开放性，其价值资源不仅应被国家内部所有成员所享用，而且也应对国家外部的政权实体形成号召力。儒家“王天下”观念正是解决这一问题的思想总纲。

三、“夷夏之辨”与“王天下”观念

司马迁的《史记》对中华民族历史的叙述为什么要从黄帝写起？其实不仅仅是要把黄帝叙述为中华民族的“人文始祖”，而且要凸显以黄帝为“始祖”的华夏民族的主体性和华夏文化的正统性。这一问题本身就具有久远的“夷夏之辨”的文化背景。作为一个具有悠久历史的文明共同体的中华民族，本来就是在“夏”与“夷”的冲突中形成的。问题是，这种冲突的结果为什么不是以“夷”变“夏”，而是以“夏”化“夷”？即为什么能够始终保持华夏文明的正统，延续以“天”为终极价值根源和以“仁”“义”“礼”为主体结构的核心价值观念？笔者认为，这与传统儒学的“王天下”观念有极大关系。

孟子最早提出“王天下”的主张，他对齐宣王说：“保民而王，莫之能御也。”在《孟子·梁惠王下》中又说：“乐民之乐者，民亦乐其乐；忧民之忧者，民亦忧其忧。乐以天下，忧以天下，然而不王者，未之有也。”“王天下”就是行“王道”，反对“霸道”。孟子说：“以力假仁者霸，霸必有大国。以德行仁者王，王不待大。汤以七十里，文王以百里。以力服人者，非心服也，力不赡也；以德服人者，中心悦而诚服也。”（《孟子·公孙丑上》）这就是说，“王道”政治的本质是仁政德治，是以德服人；而“霸道”政治的本质则是君主的威权和武力，是以力服人。行“霸道”固然可以恃其大国之力以征服他人，但是，“假仁”的背后是功利追求，而以功利为治国之本的方针必然加剧内部斗争，人心崩离，“上下交征利而国危”（《孟子·梁惠王上》）。而行“王道”者，对民众所欲与之聚之，“所恶勿施”，通过得民之心以得天下，这是儒家最根本的政治主张。不过应当注意，孔子在一定程度上对辅佐齐桓公行霸道的管仲是予以肯定的。《论语·宪问》篇中孔子回答子路的问题说：“桓公九合诸侯，不以兵车，管仲之力也。如其仁！如其仁！”孔子的解释是：“管仲相桓公，霸诸侯，一匡天下，民到于今受其赐。微管仲，吾其被发左衽矣。”可见，孔子是站在维护华夏文明之正统的高度来评价管仲的，他的思想不仅超越了当时一般人的忠君观念，也超越了当时人们对“霸道”的一般看法。

当然，这并非代表孔子对“霸道”本身的肯定，而只是对“管仲相桓公，霸诸侯”之功的肯定。因为，“齐桓公霸诸侯”的结果是“一匡天下”，维护了周天子的权威，这其实仍然是“王天下”观念，与真正的“霸道”者是不同的，这种区别正是齐桓公与晋文公的不同。所以孔子说:“晋文公谲而不正,齐桓公正而不谲。”(《论语·宪问》)“晋文公之谲”正在其“以力假仁”。

这种维护华夏文明之正统的“王天下”观念,本来就具有“攘夷狄以救中国;严夷夏之大防”的思想。在《春秋·公羊传》中还发展出“王者无外”的思想,说:“王者欲一呼天下,曷为以外内之辞言之?”(《公羊传·成公十五年》)《札记》中也有“天子不言出”的说法。董仲舒则将“天下”观念发展为“大一统”理论,并强调“王”的权威性和正统性,他在《春秋繁露·王道通三》篇中说:“古之造文者,三画而连其中,谓之王。三画者,天地与人也,而连其中者,通其道也。取天地与人之中以为贯而参通之,非王者孰能当是?”这表明,能够贯通天、地、人的“王道”乃是“天下”政治模式的最高典范;无疑,这仍然是强调华夏文明相对于周边蛮夷文化的优越地位。可见,在文明层面,“王天下”虽然包容华夏与夷狄,但并不预设不同文化间的平等性。历史事实表明,每当中央王朝与周边地区矛盾激化时,这种夷、夏之间的区别就会被特别强调。这不是现代意义上的民族主义,而是在文明冲突中,对自身文化优越性的确认。但它在处理文明间关系时的方式是平和的,它主张以夏化夷、以夏变夷,而不是主张“文明冲突”或主张用一种文明去统一、替代另一种文明。孟子在批评农家思想时说:“吾闻用夏变夷者,未闻变于夷者也。陈良,楚产也,悦周公、仲尼之道,北学于中国。北方之学者,未能或之先也。……吾闻出于幽谷迁于乔木者,未闻下乔木而入于幽谷者。”(《孟子·滕文公上》)事实上,华夏族周边的少数民族也都是因为仰慕和学习华夏文化而提高自身,并最终融入华夏文明共同体的。《国语·楚语》载春秋时楚庄王使士亹传太子箴,士亹推辞不成,乃请教于申叔时。申叔时说:“教之《春秋》,而为之耸善而抑恶焉,以戒劝其心;教之《世》,而为之昭明德而废幽昏焉,以休惧其动;教之《诗》,而为之导广显德,以耀明其志;教之《礼》,使知上下之则;教之《乐》,以疏其秽而镇其浮;教之《令》,使访物官;教之《语》,使明其德,而知先王之务用明德于民也;教之《故志》,使知废兴者而戒惧焉;教之《训典》,使知族类,行比义焉。”①可见,被孟子称为“南蛮鴃舌”的楚国很早就十分注重学习中原文化,他们用以教导太子的典籍,都属华夏文化系统。尤其是,这些典籍的训导,都是旨在领受华夏文明的精神价值:“明施舍以导之忠,明久长以导之信,明度量以导之义,明等级以导之礼,明恭俭以导之孝,明敬戒以导之事,明慈爱以导之仁。”②这种以华夏化夷狄的方式,正合文化之所以为文化的本质,它含有以文明的、制度的优势去影

①(春秋)左秋明.国语[M].鲍思陶,点校.山东:齐鲁书社,2005:8.
②(春秋)左秋明.国语[M].鲍思陶,点校.山东:齐鲁书社,2005:259.

响他种文化，即所谓“柔远人、怀诸侯”，而不是以武力去征服的价值导向，因此，文明之间不会出现非此即彼的剧烈冲突。

需要强调的是，华夏文明之所以能够保持“化”夷狄的影响力，与其强调自身“苟日新，日日新，又日新”的文明水平的提高密切相关。它注重文明自身的更新，以主动变易、提升、转化自身文明内涵的方式来实现文明在天下空间的布展。由此而见，“王天下”观念虽然坚持“中国”意识，坚持中央王朝与周边少数民族相区分的“中央—边缘”模式，但采取了“化”的方式，即以时间消解空间上的对峙冲突，用相对平和的方式实现文明的扩展。传统中国正是以这种方式不断构筑和维护所形成的文明共同体，并延续着自身的文化命脉。

四、余论

变易的品格赋予了王道政治以更大的容量去吸收他者。然而，如何于变易中保持文明的核心价值不变？即如何在文明冲突和交融中，保持中国之为中国？

在中国历史上，无论是王朝的更迭，还是少数民族入主中原，儒家文化的核心价值基本保持中心的地位，在文明的交融中也处于主导性的地位。然而，清末以来，儒学渐趋式微，现代政治制度建构与王道政治图景彻底分离。儒家的大经大法不再是政治生活的根本，也不再占据社会生活的文化高位，在自由主义的政治叙事中彻底转变为可供选择的多元文化中的一种，丧失了主导性地位。原因正如安东尼·吉登斯所言：“现代性以前所未有的方式，把我们抛离了所有类型的社会秩序轨道，从而形成了其生活形态。在外延和内涵两方面，现代性卷入的变革比以往时代的绝大多数变迁特性都更加意义深远。”①

对于当代中国而言，在古今之争的历史大背景下还有着中西之争。由于中国的现代化本由西方文明所开启，因而，我们的现代化进程首要解决的就是如何与强势的西方文明相处，尤其是当它打着普世价值的旗号来实施意识形态的灌输时，中国的政治共同体建设就成为治国的突出任务。其中，最重要的问题是，中国如何在政治体制改革中凝聚共识。固然，一个多元化的社会允许有不同的声音，但是其背后一定有主导性的价值观。这不仅是凝聚共同体的根本，也是国家确立发展方向的基本依据。如果在关键问题上始终呈现出撕裂的态势，无法达成共识，表明凝聚共同体的根本发生了

①[英]安东尼·吉登斯.后代性的后果[M].田禾，译.南京：译林出版社，2000:4.

问题。如今,各种主义层出不穷,为我们未来的走向提供了参考,然而,各种理念和观点之间毫无建设性的对话也是摆在我们面前的事实。因此,迫切的问题是凝聚共识,而根本问题依然在于如何看待我们过去的文明。

在我们看来,以儒家文化为核心的中华文明已经成功地将我们结合为一个血脉相通的文明共同体。即使对它有不同的看法,但只要承认华夏文明是我们民族生命的文化之根,国家共同体的凝聚力就不会消失。当然,华夏文明也必须实现自身的创新,中西文明的冲突最终还要依赖于中华文明本身的更新来解决,未来的道路可能就蕴含在我们的历史中。

多主体建模下四类创新文化特征对创新的影响[①]

高 波 余素霞[②]

摘 要:创新文化具有自组织性和开放性,是一个知识创造和利用的复杂适应系统。基于复杂适应系统视角,将创新文化特征分为冒险开拓、创新氛围、交流共享、决策参与4类,通过构建多主体(Agent)创新文化复杂系统模型,深入探讨了4类创新文化对创新的影响机制。仿真结果表明,4类创新文化特征对创新的影响存在差异。其中,冒险开拓、创新氛围、交流共享3类创新文化特征均对创新存在正向促进作用,而决策参与对创新的促进作用与其他3类创新文化特征具有显著关系,且冒险开拓与交流共享等因素在协同作用下比单一因素对创新的影响更积极、更显著。

关键词:创新文化;创新文化特征;复杂适应系统;多主体建模

引言

企业文化论源于20世纪80年代美日企业竞争模式的比较分析,是社会文化与组织在特定经济背景下的产物。时代变迁使得企业文化不再是一个简单的概念或理论,而是深深融入企业变革、发展和管理实践之中,且关系到企业的兴衰成败。在供给侧改革驱动下,中国情境下的企业越来越需要通过文化创新获取竞争优势。例如,飞利浦的“创新为你”,格力的“智能供给”,方太的“创新科技打造健康厨房”等通过文化创新,促使企业实现竞争优势的获取,并形成企业供给侧与需求侧平衡。创新文化是一个组织对待创新的意愿和开放程度,是企业文化在创新方面的体现。关于创新文化要素结构特征的研究旨在识别出激发或抑制所有组织行为的共同文化元素。目前,我国大部分企业(尤其是中小企业)创新文化建设水平较低、创新能力不足,致使其难以实现可持续发展,因而,深入探究创新文化对创新的影响机制,对中国情境下企业创新发展具有重要意义。

---

①原载于《科技进步与对策》2017年第19期。

②高波,重庆大学经济与工商管理学院。余素霞,重庆大学经济与工商管理学院。

创新文化是一个复杂适应系统，具有开放性、内部非线性、适应性、自组织性、聚集性、交互性等特征。以复杂系统为指导研究创新文化，可为企业文化建设提供一个新思路。目前，国内学者对创新文化的研究主要集中在创新文化种类、创新文化特征要素、创新文化对企业绩效的影响3个方面。以上研究存在两个方面的不足：一是大都基于静态数据进行研究，没有考虑创新文化的微观载体——人的主观能动性；二是没有深入动态地研究创新文化特征对创新的影响。很少有学者从复杂性系统视角深入研究创新文化，基于此，本文引入复杂系统理论探讨创新文化对企业创新的影响机理，以期为企业文化研究提供一条新的研究路径。同时，考虑到复杂适应系统要素间非线性关系很难使用数学方程表示，因而运用多主体技术进行仿真研究，通过主体之间交互表征这些非线性因素，突破传统研究中需要加入人为限制条件的局限。

一、理论基础

(一)创新文化特征

关于创新文化特征的研究引起了国内外诸多学者关注。例如，Tushman等认为，挑战现状、容忍失败，鼓励冒险是提高创新的基础性规范。Narver和Slater等指出创新文化特征包含跨部门间合作，外部信息在各部门间共享、协调、有效处理，而且更强的交流意愿与更多的创新相关。赵景峰等(2011)指出创新文化是个人价值观念、管理水平、经验能力和行为品质的综合，其特征包括首创精神、风险倾向、创新能力、环境融合等。解学梅等(2013)将团队凝聚力纳入到创新文化与绩效间的关系中，以创新文化的系统性协同创新为研究重点，构建了企业协同创新文化四要素，即知识共享、组织创新氛围、协同决策和组织变革。综上，学界对创新文化特征的研究主要集中在冒险开拓、创新氛围、交流共享、决策参与4个方面。

冒险开拓意味着对创新活动的鼓励、支持、包容，个人创新行为的产生得益于公司的一系列鼓励、支持、包容举措，其中包括鼓励创造性思想、为创新思想提供时间与资金支持等，而一个鼓励冒险开拓的公司，其员工更愿意尝试创新。组织创新氛围是指员工对管理行为、组织流程和组织政策的主观认知，是组织中一种影响创新活动的环境特征的体现。因此，组织创新氛围扮演着十分重要的角色。交流共享是指员工之间通过分享、交流、交换思想等，利用彼此之间不同的信息，实现不同主体间知识的扩散和重组进而产生新的思想，最终实现进一步创新。赋予决策参与权是组织强化员工创造力的心理契约、提升员工创新支持感、实现创新应需化与实时化的重要选择。这4类文化特征是企业创新文化的主要特征。

(二)创新文化的复杂适应系统性

创新文化具有自组织性和开放性,是一个知识创造和利用的复杂适应系统(CAS),符合复杂适应系统通用特性,具体见表1。哈耶克等认为企业文化是一种自发秩序的表现,强调主观知识对新奇的重要性,其有序的产生应当是拥有不同行为目的的行为主体在竞争过程中实现合作及互动的结果。CAS即主体具有自适应性,主体间相互学习交流以加速成长、学习和积累经验,主体间交互作用,形成宏观秩序。霍兰认为CAS具有通用的4个特性(聚集、非线性、流、多样性)和3个机制(标志、内部模型、积木),其方法是自底向上的,相较于自上而下的建模方法,无须确定系统所有规则和方法,只需赋予单个主体属性和方法,就能通过仿真方法体现系统的复杂性和涌现性,因而,被广泛应用于社会、经济、生态、神经等系统中,并产生了一大批基于CAS的计算机仿真模型。

表1　创新文化的复杂适应系统性

特性	解释	机制	解释
聚集	个体通过“黏合”组成更大个体,企业不同部门间有自己的“小文化”,聚集到不同子公司文化、区域文化、总公司文化等	标志	定位、识别、选择。不同企业间,文化具有差异性,组织成员对其文化有一定辨识能力
非线性	个体及其属性发生变化时,并非单纯线性关系。企业文化作用复杂,更多的是心理反馈,并不简单呈现出线性关系	内部模型	表现为层次的概念,是内部机制。物质文化、制度文化、行为文化、精神文化不同层面的文化,相互作用、相互影响
流	个体、环境之间存在物质流、能量流、信息流等。企业文化与环境相互作用,受到自身活动和环境的影响,不断进化	积木	不同组合导致不同复杂性系统。不同的物质、制度、精神等文化组合必将产生不同文化
多样性	个体差异化。企业文化的影响主体是人,而人具有多样性、自适应性,不同机构的文化观念不同		

(三)创新文化对企业创新的影响

创新分为合作创新和自主创新两类,合作创新强调企业自身与其他企业、大学或科研院所等创新主体的合作,自主创新即企业技术创新的思想来源于自己,依靠自主研发能力取得原创性成果。如何提高企业自主创新能力已成为一个重要的研究命题,国内外学者已证实更强的创新文化促使企业更具创新导向。尽管已有学者对创新文化与企业创新间的关系进行了研究,但是并没有考虑创新文化的复杂适应性,本文拟从复杂适应系统视角探讨4类创新文化特征对企业创新的影响。

二、仿真模型

基于多主体(Agent)建模方法研究复杂系统,其最主要的特征是自下而上,通过对个体属性和行为的定义,分析系统的复杂性。企业创新文化特征符合基于Agent的建模要求。NetLogo是一个对自然和社会现象进行仿真的软件,特别适合对随时间演化的复杂系统进行建模,建模人员能够向成百上千独立运行的"主体"发出指令。这使得探究微观层面的个体行为与宏观模式之间的联系成为可能,这些宏观模式通过许多个体之间的交互涌现出来。以多主体建模思想探究4类创新文化特征对自主创新的促进作用具有一定的理论意义,包括仿真基本假设、仿真流程及主要参数描述3个方面。

(一)基本假设

基本假设一:研究4类创新文化特征对创新的影响,设定单个主体拥有不同的知识维度、沟通意愿两个属性,创意拥有实现难度、领导是否关注两个属性。这些属性设定是为了模拟创新实现过程,为进一步贴近现实及简化模型,初始主体属性以随机数设定。

基本假设二:企业创新行为最初起源于某个行为主体的个人行为,主要体现在新产品/服务开发速度上。因而,假定创新活动起源于某个主体的初始创意。

基本假设三:在许多实证研究中,对创新氛围的测度一般包括普通员工及管理层对创新的重视、认同以及寻求创新解决方式等,又因为创新氛围间接影响创新,冒险开拓精神直接影响创新,实证显示,创新氛围与冒险开拓之间的因子载荷达0.76。因而,创新氛围对创新的影响,一方面体现为管理层对尚未成熟的创新想法的重视及支持,另一方面体现为对冒险开拓因素影响创新的辅助作用。此假设虽非十分严谨,却能较好地反映现实。

基本假设四:某个组织成员拥有某个创意后,在与其他知识属性相关员工沟通交流中能得到更完善、更成型的创意,在现实生活中表现为团队合作。

基本假设五:仿真结果以创意得以实现的主体数表示,并认为该数量与创新成正比关系,即该类主体数量越多,创新越多。

(二)模型流程及界面

根据假设,主体根据不同知识维度产生不同创意,该创意经讨论交流后进一步完善,管理层予以支持,将创意投入实验,实现创新。模型以主体颜色变化显示以上步骤的推进,如图1所示。初始主体为白色,即主体无新创意,红色表示创意演变为创新,红色主体数量越多,表示创新成果越大。一个时间步仿真完成后,将所有主体颜色设为白色,开始新一轮仿真。

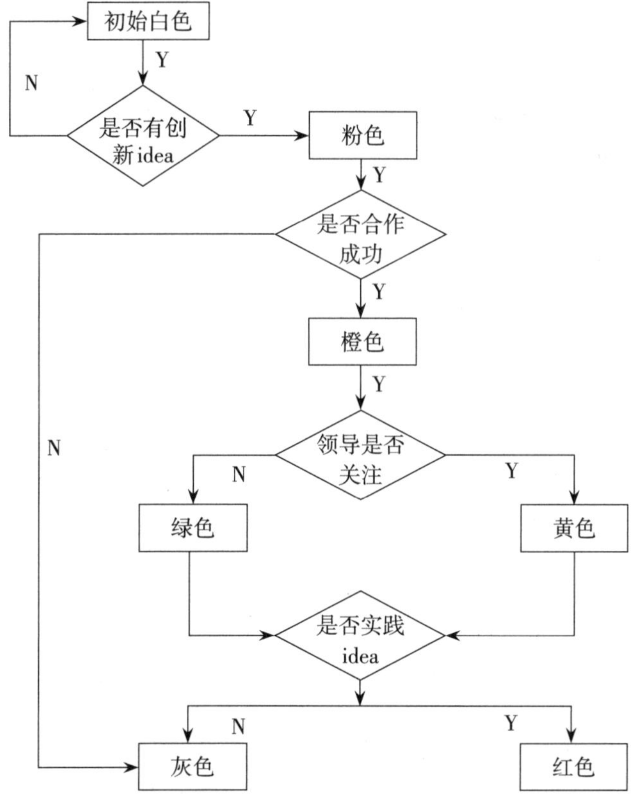

图1 单个主体创意转换流程

表2 主要参数及其解释

属性	解释	取值范围
ability	产生"初始"创新想法的能力	[0,0.1],0表示完全无创新能力,0.1表示非常具有创新能力,取0.1是为符合实际情况
commun	代表沟通意愿,指主体愿意与别人交流分享自己创新idea的意愿度,主要由性格、组织氛围等因素决定,个体不一	[0,1],0表示完全不愿意分享,1表示非常愿意分享交流
difficulty	"初始想法"尚不完备,其他组员对该想法的初步认同如何,表示对该想法的初始可行性分析	[0,10],0表示不需要获得别的组员认可而直接汇报,10表示至少有10名组员认为该想法可行
attention	由创新氛围、冒险开拓等因素决定	0或1,0代表一点不关注,1代表非常关注支持

(三)参数描述

4类创新文化特征——冒险开拓、创新氛围、交流共享、决策参与分别由factor1-4表示,在仿真界面用进度条表示,可拉动进度条改变其值进行多次仿真,探究创新文化各维度对创新的影响。对主体及创意属性解释如下:每个主体拥有不同知识维度,产生创意的能力不同,这种能力以ability表示。若令ability取值为[0,1],则仿真主体很容易实现创新,这与创新有一定难度的事实相悖,因而,令其取值范围[0,0.1]。基于上文论述及假设一,认为ability服从N(μ,σ2),均值μ=(a*factor1+b*factor3)/10,均方差σ=0.0167(当μ=0.05时,根据3σ原则可以认为绝大多数ability取值在[0,0.1]内)。沟通意愿(commun)为员工交流分享意愿,该值取决于个体性格、组织交流分享氛围等因素,取值范围[0,1],服从以创新文化特征——交流分享值为均值、标准差为0.167的正态分布,且对于小于0的取值,令其为0,对于大于1的取值,令其为1。实现难度(difficulty)是指创新思路变为系统化方案的过程,个体产生创意后,往往需要与其他人合作才能实现创新。实现难度以需要与多少人交流合作的数目表示,取值为小于10的随机数。难度越高,说明该个体需要与越多人交流才可转化,而双方交流的意愿由commun有创意的人找寻与其距离小于某值且赞同该创意的组织成员,类似于现实中可行性分析等,若赞同该创意组织人员数大于规定数量,则认为该创意具有可行性,主体可有两次寻求被赞同的机会。领导关注(attention)取值0或1,attention为0,即该创意未得到管理层关注,attention为1表示得到管理层关注,attention值服从概率为创新氛围数值的0-1分布。各属性值解释及取值范围详见表2。

三、实验结果分析

ability取值服从μ=(a*faclor1+b*faclor3)/10分布,其中,a表示冒险开拓(faclor1)对创新能力的促进系数,b为创新氛围(factor3)对创新能力的促进系数,可调整a即探究冒险开拓特征对创新的作用山亦然。令0≤a*faclor1+b*faclor3≤1,且a、b均大于等于0,则a、b应该满足0≤a+b≤1。当4类创新文化特征值均取0.5时,对a、b取不同值并重复仿真50次得到仿真结果,如表3所示,表中数值为一次仿真中产生的红色主体数量,下同。从表3可以看出,当保持a+b=1,a、b取不同值时,产生红色主体数量的均值变化非常小,最大值与最小值也相差无几。但随着b取值的减小(或者说a值的增大),方差呈显著下降趋势。为进一步探究这个实验现象,令factor1-4,即4类文化特征值均为0.5时,分析a、b取值对仿真的影响,结果如表4、5所示。

表3　a、b取值对仿真结果的影响

ab	(0.6　0.4)	(0.65　0.35)	(0.7　0.3)	(0.75　0.25)
最小值	1531	1555	1596	1595
最大值	1785	1786	1789	1773
平均值	1663	1669.02	1680.86	1677.8
方差	3599.32	2866.75	2396.24	2096.69

表4　a=0.7时,b取值对仿真结果的影响

a=0.7　b=?	0.3	0.25	0.2	0.15	0.1
最小值	1596	1497	1436	1326	1238
最大值	1789	1720	1627	1537	1441
平均值	1680.86	1594.2	1421.86	1340.86	1511.56
方差	2396.25	2493.23	2394.69	2363.47	2410.2

表5　b=0.7时,a取值对仿真结果的影响

1=0.3　a=?	0.7	0.65	0.6	0.55	0.5
最小值	1596	1472	1424	1347	1252
最大值	1789	1749	1640	1558	1472
平均值	1680.86	1605.76	1512.4	1488.26	1346.44
方差	2396.25	2499.61	2407.8	2391.26	2416.17

结果表明,均值会随着a、b值下降而下降,说明冒险开拓、交流共享与创新成正比。当某一个值固定、另一值变化时,方差变化却很小,表明单个因素对创新的影响较为稳定,但这两个因素此消彼长共同作用时对创新影响波动较大,说明这两个因素应当同向增长,而不应忽视任何一个方面,鼓励员工创新与提供便利交流环境应该同步进行。如何提高a、b值是进一步研究的重点。

4类创新文化特征(faclor1-4)动态变化对创新的影响如图2所示,取a=0.7,b=0.3进行仿真,每次实验重复5次取均值。冒险开拓函数表示当其他文化特征取值0.5,冒险开拓值从0变化到1时的仿真结果,创新氛围函数表示当其取值为0.5时,创新氛围数值从0到1变化的仿真结果,用来解释单个文化特征对创新的影响,如图2(a)所示。在图2(b)中,冒险开拓函数表示其他3类文化特征值为0.6,冒险开拓值从0变动到1时的仿真结果,其他类似于图2(a);在图2(c)中,除变动的factor外,其余factor均取0.7;在图2(d)中,其余factor取0.8。比较图2(a)—(4)可以看出:①各函数斜率均为正,即随着单个文化特征值增高,创新数量也提高;②冒险开拓、交流共享的斜率明显高于创新氛围和决策参与,表明前两者对创新的影响高于后两者,且当冒险开拓、交流共享两者分别取较小值时,交流共享的斜率高于冒险开拓,说明当组织内交流共享的分值很低时,创新对交流共享弹性很大,微小交流共享数值变动导致大幅度创新数量变动;③比较同一函数发现,当某单个因素不变,其他3个文化特征值增高时,创新也提高,这表明创新文化4项基本特征对创新均有正向影响;④随着其他创新文化特征值得分的提高,决策参与这一特征对组织的影响越来越小。在实证分析中,很多学者对决策参与是否影响创新存在很大分歧。通过仿真发现,这一文化特征对创新是否有影响与其他文化特征有关,当其他文化特征得分较低时,决策参与对创新具有明显影响;当其他文化特征得分较高时,决策参与对创新几乎没有影响。

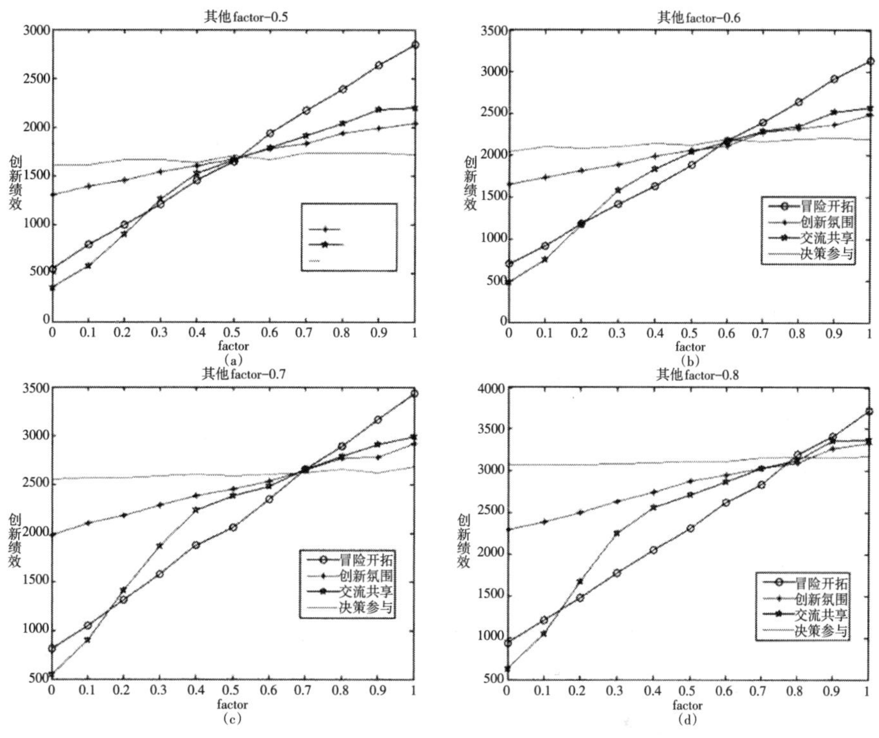

图2 仿真结果

四、结语

本文从复杂适应系统视角,将创新文化特征分为冒险开拓、创新氛围、交流共享、决策参与4类,通过构建多主体(Agent)创新文化复杂系统模型,深入探讨了4类创新文化特征对创新的影响机制。研究结果表明:①4类创新文化特征对创新均有促进作用,其作用从大到小依次为冒险开拓、交流分享、创新氛围、决策参与。在企业内部营造创新文化,并将创新文化渗透到员工认知和行为中,对提高企业创新具有显著作用。因此,企业应积极构建符合其经营理念的创新文化,完善各项激励制度,促使员工积极参与到企业创新过程中;②冒险开拓与交流共享等因素在协同作用下比单一因素对创新的影响更积极、更显著。组织内部不仅应有良好的措施鼓励员工提出新思路、新方案,同时,应提供便利的沟通交流环境;③决策参与对创新的促进作用与其他3类创新文化特征具有显著关系,当企业具有较强的冒险开拓精神、交流分享意愿和较好的创新氛围时,决策参与对创新的影响甚微,反之则影响显著。这表明企业在构建自身创新文化时,应根据组织情况决定是否让员工参与决策,而不应盲目模仿其他企业。本文以复杂性系统视角研究创新文化,完善了企业文化研究体系,建立了基于NetLogo的仿真模型,为企业自主创新管理提供了新思路。

尽管论证了创新文化特征对自主创新具有促进作用，但仍然存在一定的局限性。模型只考虑了创新文化与自主创新间关系，未考虑合作创新企业间文化是如何影响创新的，而文化特征与创新之间的关系还可能与产业环境、战略能力、团队凝聚力等因素有关。鉴于此，后续研究可设计合理的模型参数，进一步完善模型，全面探求创新文化与创新之间的关系。

参考文献

[1]赵曙明，裴宇晶.企业文化研究脉络梳理与趋势展望[J].外国经济与管理，2011(10).

[2]胡赛全，等.企业创新文化、战略能力对创业导向的影响研究[J].科研管理，2014(10).

[3]中国企业家调查系统，等.中国企业家成长20年：能力、责任与精神——2013·中国企业家队伍成长20年调查综合报告[J].管理世界，2014(6).

[4]TUSHMA[N]ML，OREILLYCA.Winningthroughinnovation[M].McGraw-HillProfessional，2002.

[5]NARVERJC，SLATERSF，MACLACHLANDL.Re-sponsiveandproactivemarketorientationandnew-productsuccess[J].JournalofProductInnovationManagement，2004，21(5).

[6]刘云，石金涛.组织创新气氛对员工心理赋能的影响研究[J].科学学与科学技术管理，2009(2).

[7]花磊，王文平.不同创新类型下的有效创新网络结构[J].管理工程学报，2014(3).

[8]于晓宇.企业创新战略决策的决定因素——基于区域文化的视角[J].科技进步与对策，2011(18).

[9]吴志军，赵立昌.合作创新还是自主创新？——一个扩展的AJ模型及其在中国互联网产业中的应用研究[J].经济管理，2011(12).

[10]王玉芹，张德.创新型文化与企业绩效关系的实证研究[J].科学学研究，2007(S2).

[11]刘锦英.创新文化特征与企业创新绩效的实证研究——基于我国光电子产业的分析[J].科技进步与对策，2010(13).

[12]易朝辉.组织创业气氛、创业导向与创业企业绩效研究[J].管理学报，2012(10).

从《周易》看中华美学精神的源起[①]

肖　朗[②]

摘　要:被称为百经之首的《周易》,是中国思想文化的源头。中华民族是一个富有美感的民族,审美在中国传统文化中占据非常重要的地位。《周易》虽然本身不是一部美学著作,但是为美学的发生发展奠定了基础,并奠定了极具民族特色的中华美学思想格局。《周易》天人合一的和谐美学论、阴阳交合的生命美学论、立象尽意的意象美学论,都是中华美学精神的主干和精髓所在。当下弘扬和发展中华美学精神需要回到源头,通过寻找和阐释传统美学的根基来复兴中国传统文化。

关键词:《周易》;和谐美学;生命美学;意象美学

中国的传统文化是一种审美的文化,不同于世界上很多文化将宗教信仰作为人生的最高追求,审美成为中国古代文人知识分子追求的最高境界,并且这种审美态度并不局限于艺术活动,而是体现在中国人对整个宇宙和人生的观照中,进而生成充满生机和乐感的自然和生活世界,形成了中华民族思想文化以及日常生活中的一种诗情画意的状态。《周易》是中国传统文化的源头之一,虽然它没有直接谈美学,但它的思想精髓和中国古典美学息息相关,是中国古典美学精神的源头,其美学意义和价值不容低估。

一、天人合一的和谐美学论

与西方相比,中国传统思想整体沉浸于自然,突出人与自然的和谐,以天人合一为最高追求。《周易》便已突出表现了这一思想。在对“天人合一”的诸多论述中,最为重要的一句话便是出自《周易·文言》:“夫大人者,与天地合其德,与日月合其明,与四时

①原载于《西南政法大学学报》2017年第5期。

②肖朗,哲学博士,西南政法大学马克思主义学院哲学系讲师,四川师范大学文学院博士后研究人员。

合其序，与鬼神合其吉凶，先天而天弗违，后天而奉天时。”这段话说到四个“合”，包含了与天地合，与自然合，与鬼神合。虽然中国思想也突出阴阳、黑白等对立的范畴，但是最终强调的是二者交汇的整体和谐，正如后来太极图所展现出来的，阴阳双方的相互作用使天地万物发生永不止息的变化，但又始终保持着均衡和谐的状态。

在中国思想传统中，和谐是宇宙万物永恒的本性，也是人类所追求的最高最美的状态，因此周易称之为太和。《周易》的《彖传》在解释乾卦经文“元、亨、利、贞”的时候，描述了这样一幅生趣盎然的宇宙生成图景。《彖》曰：“大哉乾元，万物资始，乃统天。云行雨施，品物流形。大明始终，六位时成，时乘六龙以御天。乾道变化，各正性命，保合大和，乃利贞。首出庶物，万国咸宁。”这里通过融通自然宇宙和自然人生的天人观，强调天人的同一同构性。《易传》曰：“是以立天之道曰阴与阳，立地之道曰柔与刚，立人之道曰仁与义，兼三才而两之。故《易》六画而成卦。”这里的三才便是天地人，而且天地人是一体的。这构成了中国传统文化对宇宙的整体看法，西方讲天地神人，三者是相互分离的，中国传统是天地人，三者是合一的。既以人为尊，又推崇“天”的完美，既重“人”又尚“天”，天人在伦理与审美上互不偏废，这是《周易》天人合一美学智慧的特别之处。

除了人与自然的和谐，《周易》也突出了人与社会的和谐。中西思想一个很重要的差异之处在于，中国思想倾向于伦理化，而西方思想倾向于科学化，这一点也表现在美学和艺术创作中。西方艺术以一种科学的态度去看现实人生，极为重视对现实人生的观察与分析，悲惨的、黑暗的、丑恶的也毫不掩饰地描绘出来，而把关于人生的终极意义的问题交给宗教。而在中国，自古以来艺术就被看作《周易》所说的圣人用以感人心、塑造人性的重要方式。因此，中国古代，艺术始终把人生终极意义与价值的问题放在最高位置。中国传统文化不突出宗教和科学，但是突出了审美和艺术，以至于中国人在成为思想家之前就是艺术家，在天地人的变化里，仰观俯察不断感悟，通神明之德，类万物之情，周游六虚，体会天地之大美，最终达到真善美的合一。

基于中国古人这种价值观的追求，中国古代文艺虽然也不排除对现实人生的观察与描述，但它的基本态度不是科学式的考察与分析，而是哲学伦理的体验与思索。又由于中国人充分肯定世界的本性是和谐的，因此中国古代艺术堪称是一种理想性极强的美的艺术，这一点类似古希腊。对此，刘纲纪曾指出，与西方“崇高”这一美学范畴相应的中国美学范畴是“刚健”和“壮美”，二者有着本质的区别：西方的崇高体现出人与自然、人与社会、人与精神的分裂,而中国的刚健和壮美却体现着天人合一,人与自然、人与社会、人与精神的和谐一致。正如《周易》云:“天行健,君子以自强不息。地势坤,君子以厚德载物。”讲的便是由天地过渡到人的精神,而这里的天和地绝非恐怖的异己力量。中国思想的主干,儒家、道家、禅宗思想虽侧重点有所不同,但在根本上都肯定世界应当是一个人人互相亲爱、个体与自然、个体与社会和谐统一的世界,这也是人存在的终极意义和价值所在。《周易》便充分肯定了人与自然、个体与社会的协调一致,不把两者互不相容地对立起来,以“太和”为宇宙的本性。

刘纲纪在《〈周易〉美学》中就指出:“以和为美,是中国美学的一个重要而古老的观念,甚至可以说是中国美学关于美的核心思想。”陈望衡也指出:“‘和’也是《周易》中的重要概念,……如果从合的构成来看,《周易》的和最为本质的是天人合一。”

“天人合一”是中国哲学的基本精神,也是中国美学的基本精神。中国古代的审美追求和艺术创作,我们以绘画为例。往往一片树叶、一朵小花又或一只小鸡、一条鱼,都必须体现宇宙的一团生气,而不是拘泥在所画的物本身,也不是与宇宙万物格格不入的存在,而是一花一世界,一叶一菩提,体现宇宙的勃勃生机,并因此留有大量空白,通过某一具体的物来体现天道,同时又不脱离具体的物本身,不即不离,一体万化,目击道存,由此体现出宇宙的和谐状态,这和西方文化追求逼真的油画是很不相同的。而这也是中国古代美学艺术中最具民族性的东西,并在诗歌建筑书法等其他艺术中都鲜明地体现出来。

二、阴阳交合的生命美学论

无论是人与自然的和谐还是人类社会的和谐,都是符合生命规律的,在中国传统美学中,美是不能脱离肉体生命的。美在生命,是中国美学的一个很重要而古老的观念,甚至可以说是中国美学关于美的核心思想。正如牟宗三指出,和西方文化相比,中国传统文化是属于生命的学问,中国文化之开端,哲学观念之呈现,着眼点在生命,故中国文化所关心的是“生命”,而西方文化的重点,其所关心的是“自然”或“外在的对象”(Nature or External Object)。这是领导线索。《周易》给出了宇宙的起源和运作方式。《周易》用“乾”阐释万物的功能,尊之为元,推为善之长,并予以热烈的歌颂,这实际就是在自然界的范围之内,把生命的产生、存在提高到本原性、始基性的地位,赋予它最高的哲学意义,由此表明人应该顺应天地自然。《周易·系辞上传》则直接用“大生”和

“广生”来描述乾坤二卦：“夫乾，其静也专，其动也直，是以大生焉。夫坤，其静也翕，其动也辟，是以广生焉。”冯天瑜指出，《周易》的这种宇宙生成说是“天道生机主义”的，不同于印度吠陀系统的天神祭祀创造宇宙说，也没有如希伯来《圣经》那样将宇宙生成过程割裂为主动的“因”上帝和被动的“果”万物，而是从“万物含生论”出发，肯定天道自然的无穷创造性与生命力。

“生”是《周易》的核心思想所在。《易传》说“天地之大德曰生”“生之谓性”“成之者性也”都是确认天绵延不绝的创造力和生命力。因而王夫之在《周易外传》云：“天地之间，流行不息，皆其生焉者也。”在《周易》文化与审美视野中，“生”是一切的根本，整个宇宙是一个生生不息的大系统。正如孔子云“未知生，焉知死”，中国哲学和文化传统很少谈论死亡，《周易》也是言说和讴歌宇宙万物的生，讴歌生命的生生不息、生机勃勃，对宇宙人生始终抱有纯真而乐观的审美态度，“刚健、笃实、辉光、日新”，生生不息的美学智慧成了中华民族伟大的精神力量，展现了中国民族世代绵延的生命光辉。《周易》认为美在生命之中，生命即美，而这种美的最高表现是“大和”。因为只有在“大和”的状态下，生命才能获得最顺畅、最理想的发展。中国古典美学非常看重生命的美，儒家看重人的生命进取的一面，道家看重人的生命保藏的一面，柔弱的一面。在自然的审美上，都看重自然的气韵，在艺术欣赏中，都重视气韵生动。

《庄子·天下篇》曰：“《易》以道阴阳。”《周易》不仅讲阴阳的对立，而且讲阴阳交合，结果是万物化生大美之境。万物也由此滋生，正如《周易·系辞下》所说：“天地絪缊，万物化醇；男女构精，万物化生。”整个《周易》就建立在阴阳相交生命大化的基础上。“阴阳二爻是《周易》卦中最基本的要素……易其实就是日月两字的合成。阴阳的字源也表明，阴源于月亮，阳源于太阳。”在《周易》里面，天人是同构的，阴阳是宇宙和生命构成的两种基本元素，正是这两种基本元素交合整合产生了天地万物和人，而且万物和人一样也被看作有生命的存在。《周易》的阴阳交合思想对后世中国文化影响极大，最为典型的便是太极，张祥龙指出，“所谓一阴一阳谓之道”，讲的正是易象二对生的原本发生结构的根本性、“太极性”，所以同一章中还有一句“生生之谓易”，点出了一阴一阳的道性的根本特点，即这种象数表达的不是“世界是由阴阳两种元素（或元素意义上的气）组成这一类的宇宙论，而是一种根本意义的发生……”也有学者研究指出，其实《周易》的乾卦和坤卦是古代生殖崇拜的表征，从而升华出关于生的哲学思考，可见阴阳交合和生命是紧密相连的，言生则不能离开阴阳这一对偶范畴。《周易》以卦来演绎阴阳，又通过阴阳来演绎宇宙万物的生生不息。《周易》诸多卦象都涉及生，“《周易》的每一卦都是一个奇异的世界，都充满生命的意味。……就这样，每一卦都给人留下丰富的联想和想象的天地，给人智慧的启迪和美的享受。也因为这样，每一卦实际上就是一个生活天地、一件艺术作品、一项人生智慧”。

阴阳之易理弥漫于自然宇宙与社会人生领域，渗透在自然美与艺术美以及日常生活中。《荀子·天论》在论自然美的时候说：“列星随旋，日月递炤，四时代御，阴阳大化，风雨博施。万物各得其和以生。”可见，宇宙自然之美正是由阴阳大化阴阳交合而生的。“正是受上述美学思想的影响，中国传统艺术中的时空不是冷漠冰凉的哲理时空，而是生气蕴注其内的生命时空。这种强烈的生命意识是中国古代艺术鲜明的民族特色。”中国古代独特的艺术书法，黑白相间，正是阴阳和合的艺术展示，一黑一白，仿佛有生命的线条，纠缠蔓延，生机无限，让人感受到生命流动的气息，演绎出千古瑰丽的书法艺术。宗白华先生认为，生命是艺术和美的本体，并一直坚持生命艺术化和艺术生命化的主张。西方思想从叔本华到尼采，再到现代的存在主义等思潮，贯彻始终的是如何克服人的异化。在异化状态下，人自身的肉体和精神、感性和理性的分裂是不可克服的宿命，人的欲望、冲动、情感与外部世界处于分裂对抗之中。异化是违背生命本身的现象，反观中国古代美学，更突出肯定了人整体生命的和谐，更进一步来讲，美不等于艺术，中国古代的美学之根本亦是生命的美、人的生存的美。

三、立象尽意的意象美学论

宇宙万物，天人合一，生生不息，人文如何体现天文呢？人道如何才能顺应天道呢？《周易》认为，就是通过圣人立象以尽意的方式，由此引导出观、物、象、意象、意境等中国传统美学的重要命题。

《周易》的每一个卦其实都是一个象，但是统合了天文与人文、天道与人道，从而给人留下丰富的想象空间，给人智慧的启迪和美的享受。《周易·系辞下》说：“是故《易》者，象也；象也者，像也。”这里的“象”绝不是一个孤立静止的对象，而是天文人文合一的意象，否则《周易》就没有那么玄奥美妙了。《周易·系辞上》说：“圣人设卦观象，系辞焉而明吉凶，刚柔相推而生变化。”由此可知，爻象卦象爻符卦符，最开始主要是作为一种巫术智慧，但同时也是对世界最直接简明同时又蕴含无穷奥秘的表述，而不仅仅是一个简单静止的符号。对此，《周易·系辞上》说：“是故阖户谓之坤，辟户谓之乾，一阖一辟谓之变，往来不穷谓之通，见乃谓之象，形乃谓之器，制而用之谓之法，利用出入，民咸用之谓之神。”

并且在《周易》中，观物取象、立象尽意是圣人才能做到的，其过程和艺术家的艺术创作也有相似之处。《周易·系辞上》中说："圣人有以见天下之赜，而拟诸其形容，象其物宜，是故谓之象。"《周易·系辞下》云："古者包牺氏之王天下也，仰则观象于天，俯则观法于地，观鸟兽之文与地之宜，近取诸身，远取诸物，于是始作八卦，以通神明之德，以类万物之情。"《周易·系辞》一再强调"象"是圣人用来形容天下万物的，并且加入了自己的意志情感。而既然只有圣人才能做到，因此无疑需要更多的灵感、神思和智慧，才能把握宇宙生机和无穷奥秘。这些都和艺术家的艺术创作有相通之处，我们知道，艺术家的艺术创作也是通过观察和实践，将自己的意志情感和外在事物融合在一起，从而创作新的审美形象，这里的"以通神明之德，以类万物之情"完全可以适用于艺术家的艺术创作，二者都是人通过象和天地万物建立起一种包含意志情感的审美的关系，从而达到把握生命真谛的审美意义。从"圣人"立象尽意也可以看出，中国古代文化一开始就排斥了西方那种追求主客分离的客观化的认知方式。邓晓芒就认为中国古代的认知方式不同于西方传统的主客对立认知方式，而是一种现象学的认知方式，在《我进入现象学之路》中，他指出，一般来说，中国传统的审美感受更少受到科学主义和模仿论的影响，天人合一的世界观更是超出了西方认识论和本体论的主客对立模式，很容易接受胡塞尔现象学中所提出的"悬置法"。

观物取象和立象尽意本身就是一个创造性的过程。《周易·贲卦·彖传》："刚柔交错，天文也。文明以止，人文也。观乎天文，以察时变。观乎人文，以化成天下。"中国古代的思想家同时也是艺术家，化成天下的过程也是一个发生发展的包含审美的过程，是周游太虚，澄怀味象，观天地之情状从而心灵契合的感悟，感于物而动，是天地万物引起的内心情感的激荡、凝伫和升华，从而达到情景统一。孔颖达在《周易正义》序中说："夫易者，象也；爻者效也。"王夫之在《姜斋诗话》中说："含情而能达，会景而生心，体物而得神，则自有灵通之句，参化工之妙。"正是通过会景、体物、化境，使得中华审美意识处处充满生意盎然的勃勃生机。这种意与象的智慧模式，自古就塑造了中华的美学智慧与艺术精神，它道出的就是艺术意象的全部真谛。我们固然不能把《周易》的卦象爻象等同于艺术审美意象，但在艺术审美意象中却深蕴着易象的文化基因。在现存文献中，《周易》是最早明确论述意和象的关系的，《周易》所提出的立象以尽意，成为中国美学的意象和意境体系的根源。尽管"意象"一词最初是由刘勰在《文心雕龙》中提出的，但是意象美学智慧的思想萌芽，则无疑应追溯到《周易》。《周易》提出的

“象”,尤其是易象的发明与运用,都是隐融着一定之“意”的。所以起码在《易传》中,《周易》意象美学智慧的内在机制实际上已经形成。自此,从象到意象到意境到境界,一直是中国古典美学探讨的主干和核心问题。之后,庄子提出“象罔”,王弼提出“得意而忘象”,刘勰提出“窥意象而运斤”,谢赫提出“取之象外”,王昌龄提出“三境”,刘禹锡提出“境生于象外”,司空图提出“超以象外得其环中”,意境美学逐渐发展成熟,几乎构成了中国古典美学的主干思想。到王国维在传统意境美学的基础上,提出了“境界”一说,中国古典美学也走到了自己的巅峰,因此,有关“意象”的美学探讨贯穿了中国古典美学的始终。

观物取象和立象尽意在后世的艺术创作中也占据了重要的地位。由于“观察”“观物”“取象”“立象”“尽意”等存在着多种与艺术观察、审美、审视、概况、提炼、抽象、选择、立意、创意、品味、玩味等极为接近、极为相通的方法和思想,而且“立象以尽意”表达了无尽、难尽的广泛意蕴,所以它对艺术欣赏和创造起着重要的指导作用,尽管它的本意并不是针对审美和艺术创造的。以绘画为例,《尔雅·释言》:“画,形也。”《释名》:“画,挂也。以彩色挂物象也。”唐荆浩《笔法记》说:“度物象而取其真。”宋代郭若虚在《图画见闻志》说:“《易》称,圣人有以见天下之赜,而拟诸其形容,象其物宜,是故谓之象。”明代李日华《与张甥伯始图扇题》说:“大都画法以布置意象为第一。”清方薰《山静居画论》说:“在画时意象经营,先具胸中丘壑,落笔自然神速。”北宋的《林泉高致》是中国绘画史上重要的美学著作,在论述山水画时,也深深蕴含着《周易》的意象思想:“《易》之《山坟》《气坟》《形坟》,出于三气。山如山,气如气,形如形,皆画之椎轮。黄帝制衣裳有章数或绘,皆画之本也。故舜十二章,山龙、华虫,曰:‘观古人象。’《尔雅》曰:‘画,象也。’言象之所以为画尔。《易》卦说观象系辞谓此。《语》:‘绘事后素。’《周礼》:‘绘画之事后素功。’画之本甚大且远。自古说伏羲画八卦,读为今汝画之画。画,文训为止,不知画八卦为何等义。故画当为画,但今画出于后世,其实止用画字尔。又今之古文篆籀禽鱼,皆有象形之体,即象形画之法也。”

四、结语

对于中华传统文化,我们需要取其精华,去其糟粕,这也是当下继承中华民族源远流长的传统文化、创造中华文化新的辉煌的必由之路。《周易》所开创的中华美学思想博大精深,有很多思想还有待学者深入研究。中国传统文化的最主要的两个特征便是审美和道德，并且道德亦趋向审美化，因此，中国传统文化的复兴决不能离开审美和艺术。老聃曾言："知人者智，自知者明。胜人者有力，自胜者强。"我们也必须返本开新，在新的时代创造性地解释中国美学的伟大精神，激活中华美学传统的现代生命。我们也呼唤美学的春天，期待美学热的再次兴起。

参考文献

[1]王振复.大易之美：周易的美学智慧[M].北京：北京大学出版社，2006.

[2]陈望衡.中国美学史[M].北京：人民出版社，2005.

[3]牟宗三.中西哲学之会通十四讲[M].长春：吉林出版集团有限责任公司，2010.

[4]冯天瑜.中华元典精神[M].武汉：湖北人民出版社，2017.

[5]刘纲纪.《周易》美学[M].武汉：武汉大学出版社，2006.

[6]彭富春.论中国的智慧[M].北京：人民出版社，2010.

[7]张祥龙.周敦颐的《太极图说》《易》象数及西方有关学说[J].现代哲学杂志，2005(1).

[8]肖朗.中国传统美学的生命底蕴[J].孝感学院学报，2004(2).

[9]邓晓芒.我进入现象学之路[G]//中国现象学与哲学评论.上海：上海译文出版社，2012.

[10]张乾元.象外之意：周易意象学与中国书画美学[M].北京：中国书店，2006.

美国利用科学技术对华软实力制衡研究[①]

唐 庆 冯颜利[②]

摘 要:美国借重返亚太之名,加紧在亚太地区的军事部署,并利用各种手段特别是其科学技术,试图从外交、区域机制和文化影响等方面制约中国的发展,着力维系其霸权地位。美国利用科学技术对华软实力制衡的主要手段表现为:第一,利用科学技术宣传与控制的价值,进而借助价值观外交孤立中国;第二,以贸易协定等多边机制强化美国在亚太的制度塑造力,并利用其科学技术在这方面的控制不断削弱中国的区域影响;第三,借助其高科技控制的语言与话语优势打压中国,依靠先进网络科学技术、利用非政府组织与文化交流项目等积极实施文化渗透。深入分析美国利用其科学技术对华软实力制衡战略,有助于我们积极应对来自不同领域的挑战。

关键词:软实力;科学技术;价值观外交;制度塑造力;文化渗透

冷战结束后,布什政府在《1992年国防规划纲领》中宣称,美国已是世界上最强大的国家并将捍卫其超级大国的地位;其后,小布什政府在《2002年国家安全战略》中强调,美国将继续牵制崛起中的大国以维持其世界主导权。奥巴马政府在2010年和2015年《国家安全战略》中再次重申美国将利用各种手段保持对世界的领导。可见,利用科学技术优势,牵制不断崛起的中国,是美国维持其世界霸权的必然选择。芝加哥大学政治学教授米尔斯海默2013年底在台北的演讲中指出,美国势必会竭力遏制中国发展,削弱中国的实力,阻止中国成为亚洲的领导者,像冷战时对付苏联一样对付中国;亚洲其他国家(包括印度、日本、俄罗斯、新加坡、韩国、越南等)也会加入到美国主导的遏制战略中来,如同之前英国、法国、德国、意大利、日本与美国一同遏制苏联一

①原载于《自然辩证法研究》2017年第33卷第1期。

②唐庆,重庆师范大学讲师,中国社科院博士后,主要研究方向为文化软实力。冯颜利,中国社会科学院马克思主义研究院国外部研究员,主要研究方向为文化哲学。

样。而美国的"亚太再平衡"(或称"重返亚太")战略无疑正是美国拉拢亚洲其他国家钳制中国科技等各方面发展的一个战略谋划。

2013年,在香格里拉对话会议上,时任美国国防部部长查克·哈格尔在《美国地区安全战略》讲话中指出,美国正在实施的"亚太再平衡"主要以外交、经济和文化战略为主,可见美国"重返亚太"战略以软实力为主要手段阻碍中国发展。当然,美国"亚太再平衡"战略是以军事部署为先导、高科技为后盾,而且军事部署贯穿再平衡战略的始终。有美国学者指出,美国"亚太再平衡"战略重心从硬的军事威胁转向软的科技、外交与经济制衡(主要借助贸易规则设置等手段)以及文化影响,这样调整是因为美国在亚太的军事部署计划遭到中国政府强烈反对,而中国也在与美国盟友的领海争端中逐渐展露出雄厚的实力。与中国发生军事冲突显然不利于美国的国家利益,相较而言软的制衡更为可取,因为有不战而屈人之兵的先例即苏联解体、埃及与乌克兰因颜色革命而陷入内乱。

事实上,美国对中国实施软实力制衡的主张早已有之一。2005年约瑟夫·奈在《中国的软实力崛起》一文中就指出:"尽管中国的软实力远远不及美国,但是忽略中国在软实力发展上的成就则是愚蠢的……美国应该重视亚洲的软实力平衡。"那么,对于这个将来可能取美国而代之的竞争对手,美国自然认为中国是需要着力防范的主要敌对国家之一,美国是如何利用软实力优势对中国软实力实施制衡的呢?约瑟夫·奈在《权力大未来》中指出,软实力是以同化的方式通过说服、规则设置和正向吸引以达其所愿的能力,因此,我们将从外交、制度机制和文化三个方面逐一展开研究分析美国利用科学技术对华软实力进行制衡的三大手段。

一、利用高科技宣传造势并借助价值观外交孤立中国

价值观外交,即以价值观的异同决定对外关系的亲疏。美国的价值观外交或可追溯到美国前总统吉米·卡特的人权外交政策。卡特在《世界人权宣言》颁布30周年纪念大会上明确指出,美国会"与致力于民主发展的国家建立最深厚的亲密关系";对于那些一贯违反人权的国家,其人权劣迹将影响它们与美国的关系。讲话中卡特还强调,坚持人权原则是美国外交政策的灵魂,因为人权是美国建国的根基。卡特对人权外交的倡议促使美国国会要求美国国务院每年向其递交一份世界各国人权状况报告。此后,人权成为美国用以"规范"世界的一把尺子。美国的科技与经济援助大都以"改

善人权”作为附加条件。而人权记录也成为美国借以堂而皇之打压“敌对国家”和“非民主国家”、干涉别国内政甚至武力侵略他国的借口。由此可见,美国的人权外交既表现为规范、同化对手的软实力,也表现为其军事干预助力。

冷战期间,苏联和东欧国家是美国人权外交攻击的主要目标。冷战结束之后,美国一方面继续利用人权武器打压俄罗斯,在东欧地区扶植亲美政权方面,借助人权外交在亚太地区巩固其价值同盟,孤立中国、遏制中国的发展与崛起。丹尼尔·图宁(Daniel Twining,美国智库亚洲问题资深研究员,曾任美国政策规划委员会秘书)在《亚洲的民主同盟》报告中指出,尽管亚洲几个民主国家与中国的关系(尤其是经济联系)较以前更为密切,但这些民主国家结成新的战略同盟并努力加强与美国的战略合作关系,以抗衡中国日渐增强的科技、经济、军事实力及其区域影响,因此美国有必要进一步巩固与亚洲国家的民主同盟,并联合欧洲盟友共同应对中国对世界自由秩序的挑战;此外,他进一步指出,美国应维持“盟友优先”战略,因为加强与中国周边邻国的关系是制约中国崛起的最佳策略。

美国的价值观外交得到了其亚洲及欧洲盟友的积极响应。2006年时任日本外相麻生太郎提出建立“自由与繁荣之弧”的外交理念,倡议在巩固日美同盟的基础上加强与亚洲邻国的关系,再联合欧亚大陆新兴民主国家、北约及欧盟,结成一个奉行自由、民主、人权、法制的价值同盟。日本首相安倍晋三在连任后再次重申其价值观外交方针,即加强与美国、澳大利亚、印度等民主国家的价值联盟,支持“自由、民主和基本人权”的倡导。德国默克尔政府上台后也提出“价值观外交”的概念并在对外交往中刻意强调“亲美疏俄、拉印制华”战略;2007年9月,德国总理默克尔罔顾中国政府的强烈反对,在总理府邸会见了达赖;2007年10月默克尔访问印度,其间反复强调德国与印度有“共同的民主价值观”,刻意疏远中国和俄罗斯等国家。

此外,美国及其盟友还常常以人权为由向中国发难,期望以压促变,和平演变中国,以将中国纳入所谓西方的自由民主框架之下。1995年欧盟委员会制定了《中欧关系的长期政策》,申明在世界范围内保障人权和公民基本自由是欧盟政策的核心;所有欧盟机构都应通过公开声明、对话与合作交流等方式致力于中国人权的改善。美国战略与国际问题研究中心2015年发布的《重返亚太2.0战略》报告也指出:随着中国实力(尤其是科技与经济实力)的增强,对于国际社会所关切的人权问题,中方的回应逐渐减少,因此美国政府应继续秉持以价值观为基础的外交政策,除在首脑会晤时进一步强调人权问题，还应在各高端会议上督促中国政府遵循国际人权法则，尊重民众自由权利；美国政府高级官员也应定期接见中国持不同政见者和人权倡导者……2016年3月，美国与西方盟友还在联合国人权理事会上发表联合声明，指责中国囚禁维权律师、迫害少数民族宗教人士、镇压记者与活动人士等。美国政府不断声明将与盟友们组成共同防线，密切关注中国的人权问题。

二、以贸易协定等多边机制强化美国在亚洲的制度塑造力，削弱中国在亚洲的影响

随着中国综合实力的不断增强，中国的区域影响力与日俱增，中国在国际上的影响力也逐渐扩大。这无疑对美国在全球的霸主地位形成巨大挑战。为了捍卫美国在亚太地区及全球的利益，维护其主导世界的霸权，美国借重返亚太之机加紧了对中国周边自由民主联盟的打造，并利用贸易协定等多边机制强化美国在亚太地区的制度塑造力与影响力，掣肘中国。美国国会研究部在《重返亚太？奥巴马政府的亚洲再平衡》报告中指称，美国重返亚太的根本目标是更多地致力于亚太地区规范、规则的建立与改善，尤其是在中国区域影响力不断增加的情况下；美国将进一步加强在亚太的军力部署，以应对中国军力激增带来的不稳定因素，并通过TPP（即跨太平洋伙伴关系协定）等多边机制巩固美国在亚太的制度塑造力与影响力。尽管美国政府声称亚洲再平衡战略并非针对某个具体国家，但此举显然意在中国，欲置中国的发展于美国的掌控之中，以确保美国在亚洲和世界的长期主导地位。

由于经济实力是构筑美国国际影响的基础，而亚洲（尤其是中国）是世界经济发展的龙头，为了强化美国在亚洲的主导地位，美国政府积极致力于亚洲经济一体化发展的制度构建。奥巴马政府《2015年国家安全战略》强调，美国全球领导地位的维持有赖于继续塑造一个体现美国国家利益与价值观的世界经济秩序；为确保未来世界贸易体系与美国国家利益和价值观相吻合，美国将建立并加强对国际及区域机制的塑造，积极应对由国有企业、信息保护主义等所带来的挑战。该战略报告还指出，美国将在亚太地区强化东盟、东亚峰会及亚太经合组织等地区机制，与亚洲伙伴国共同促进区域经济的开放与透明，为维护世界经济秩序提供支持，并强调TPP对维系世界经济秩序至关重要；此外，美国将利用其各种实力应对来自中国的竞争，促使中国认同现有国际规范。[①]美国国会研究部《重返亚太？奥巴马政府的亚洲再平衡》报告也认为，美国

①National Security Strategy（May 2010，February 2015）中奥巴马的演讲。

对亚洲经济一体化发展的影响主要集中在TPP的战略谈判上,并强调TPP的主要机制将以美国之前与新加坡、澳大利亚及韩国建立的自由贸易协定为蓝本。哈佛大学教授诺亚·费尔德曼(Noah Feldman)在《国家利益》上更是直言不讳地指出:TPP旨在削弱中国与亚洲其他国家的贸易关系从而消解中国在亚洲的政治影响,并强调TPP是对中国所主导的区域全面经济伙伴关系(RE-CP)的直接反制。加州大学圣地亚哥分校教授巴利·诺顿(Barry Naughton)也认为,TPP将改变亚洲内部的经济平衡与盟友关系,拉近TPP协议国家与美国的经济关系从而弱化中国在亚洲的经济主导力。正如美国总统奥巴马在TPP签字仪式上所强调的:"TPP使美国,而不是像中国那样的国家,成为21世纪国际秩序的建立者,这一点对于充满活力的亚太地区尤为重要。"

皮尤研究中心2015年6月对TPP 9个协议国家(包括美国、日本、加拿大、澳大利亚、越南、马来西亚、智利、秘鲁、墨西哥)的民调显示:9国民众对TPP的平均支持率只有53%,表示反对的占23%;美国民众中也仅有49%表示支持,反对者占29%。尽管如此,美国奥巴马政府仍竭力推动TPP的谈判,因为"TPP并非只是一项贸易协定,它还有重要的战略与地缘政治意义"。而这个所谓的战略与地缘政治意义显然是针对中国的,美国"亚太再平衡"战略的核心就是要阻碍、掣肘、干扰中国硬实力与软实力的崛起。

三、美国借助话语优势打压中国,依靠先进网络科学技术、利用非政府组织与文化交流项目等积极实施文化制衡战略

诺亚·费尔德曼在《中国是美国为何需要TPP的原因》一文中坦言:"TPP只是美国遏制中国大战略的一个部分。"美国总统奥巴马2015年11月在第27届东盟商务与投资峰会上也指出:"TPP向亚太地区传递了一个强有力的信息——美国亚太再平衡战略将在各个领域持续推进。"而文化领域则是美国对华软实力制衡的关键领域,因为美国拥有在高科技方面的国际话语权、网络科学技术优势以及自冷战以来积累的和平演变(也称"颜色革命")经验。

借助话语优势制造"中国威胁论"是美国及其盟友打压中国的主要策略之一。伴随中国经济的快速发展、国防与科技的现代化,中国的综合实力日益提升,而"中国威胁"的论调也从过去的可能性推断变成了西方看来的现实"印证"。1997年英国《经济学人》曾撰文指出,中国在1977至1997年20年间GDP增量达4倍以上,在外交事务的处理上也表现得越来越自信,因而拿破仑当年的预言——"让中国沉睡吧,如果它醒来

世界将为之震撼”，目前看来十分贴切。《外交政策》2016年1月刊发文章《蹲着的老虎，沉睡的巨人》指出，自《经济学人》1997年论及拿破仑对中国的预言以来，相关报道多达上千篇（包括美国《基督教科学箴言报》《大西洋月刊》《纽约邮报》等）。媒体对“中国威胁”的渲染不可避免地导致民众对中国威胁的误解。盖洛普2015年民调显示，40%的美国民众将中国经济实力视作美国利益的最大威胁，2013、2014年则有52%的美国民众持此看法。

西方除了炒作中国经济威胁论外，中国军事威胁论、地缘政治威胁论、文化威胁论也甚嚣尘上。习近平总书记提出中华民族伟大复兴中国梦之后，新一轮的“中国威胁论”又被西方媒体推上国际舆论的巅峰。《华尔街日报》与《菲律宾之星》都声称中国梦必然包含军事称霸梦；《悉尼早报》和《经济学人》则将中国梦解读为地缘政治威胁。剑桥大学教授斯蒂芬·哈尔伯（Stefan Halper）指出，美国是中国“三大战役”（包括心理战、媒体战和司法战）的目标之一。中国发动“三大战役”旨在削弱美国在亚洲的影响。美国美中经济与安全审议委员会一份报告指出，中国正在谋求亚洲主导权以对抗美国在亚太地区的影响；除在军事上继续提升反介入能力，中国还通过经济、外交与安全上的合作、离间美国与其亚洲盟国关系等手段破坏美国所主导的亚太安全格局。此外，对孔子学院的负面报道也频频见诸报端。《经济学人》指出，美国近年来对孔子学院的批评日盛。BBC也在报道中称，西方学界认为孔子学院项目是对西方教育体系中所崇尚的思想与言论自由的严重威胁。2014年12月美国众议院外交委员会还就中国对美国高校的影响是否威胁学术自由的问题举行了听证会。

除了制造不利于中国发展的舆论，美国政府还企图利用网络科学技术优势、非政府组织与文化交流项目等积极实施文化渗透。美国《国家安全战略2010》指出：网络、移动智能手机等新科技的兴起为民主与人权的推进创造了新的机会；这些技术也是群众性政治运动的驱动器，因此美国应继续引领新技术的开发、积极支持新技术的推广和应用。美国《国家安全战略2015》再次强调，美国支持保障信息与言论自由的新技术，以便联合公民社会组织对抗专制压迫。战略报告进一步指出：由于某些专制国家出台新政限制公民社会的发展、禁止非政府组织接受国外资助，美国将对这些国家公民社会的发展提供直接支持；美国还积极致力于创建全球青年联系网，通过国际访学项目、非洲青年领袖计划等培养和发掘未来政界、商界与公民社会的领袖。美国国际开发署（USAID）2013年发布的一份民主、人权和国家治理战略报告也宣称，该署正加大力度整合技术创新,利用移动技术、社交网络组织青年参与民主运动,推动全球民主化进程。为配合重返亚太战略,美国政府更是加大了对亚太地区民主法制建设的投入。据美国自由之家报告称,尽管美国2014财政年度总预算较2012年减少了6%、较2013年减少了14%,但对亚太地区民主与人权运动的投入(约10469万美元)较2012年增加了25%,其中直接用于支持中国民主与法制建设的约380万美元。而美国2017财政年度预算中对亚太地区民主、法制与公民社会建设的直接投入则高达694.4万美元。由此足见,在美国软实力攻势的背后始终有硬实力的支撑,无论是在亚太地区密集部署的军事力量还是推广"普世价值"的资金支持。

综上所述,美国利用科学技术对华软实力进行制衡主要涉及文化、外交和区域机制三个领域的三大手段。美国"亚太再平衡"(又称"重返亚太"战略)的核心是从硬实力和软实力两个方面制约中国的科学技术与经济的发展。梳理、分析、研究美国利用高科技对华软实力制衡战略将有助于我们准确把握全局、有针对性地应对来自不同领域的挑战。

参考文献

[1]John J.Mearsheimer. Say Goodbye to Taiwan [J]. The National Interest, 2014(2).

[2]Chuck Hagel. The US Approach to Regional Security[R].2013-06-01.

[3]Ash Carte. Remarks at U.S. Naval Academy Commencement[R].2016-05-27.

[4]"Harvard Professor Joseph Nye on Hardand Soft Power: It Is Pointless to Talk to Al-Qaida"[N]. Spiegel, 2009-08-17.

[5]Joseph S. Nye, Jr. "The Rise of China's Soft Power"[N].Wall Street Journal, 2005-12-29.

[6]Jim Norman.Four Nations Top U.S.'s Greatest Enemy List[Z].2016-02-22.

[7]Joseph S. Nye, Jr. The Guture of Power[M]. New York: Public Affairs, 2011.

[8]Jimmy Carter.Universal Declaration of Human Rights Remarksata White HouseMeeting[R].1978-12-06.

[9]Sarah Trister.Investing in Freedom: Democracy Support in the U.S.[N].Budget, 2013-07-22.

[10]丛培影,黄日涵.美国对华人权外交的演变及实质[J].国际关系学院学报,2011(2).

[11]李文红.人权外交的新版本——默克尔的价值观外交[J].国际论坛,2009(3).

[12]洪邮生."规范性力量欧洲"与欧盟对华外交[J].世界经济与政治,2010(1).

[13]Michael J. Greenand Nicholas Szechenyi."Pivot 2.0" How the Administrati on and Congress Can Work Together to Sustain American Engagement in Asia to 2016[R].2015-01-05.

[14]Tom Malinowski. Briefing on the 2015 Country Reports on Human Rights Practices[R].2016-04-13.

[15]Mark E. Manyin, et al.. Pivotto the Pacific? The Obama Administration's "Rebalancing"Toward Asia[R].2012-04-03.

[16]Statement by the President on the Signing of the Trans-Pacific Partnership[R].2016-02-03.

[17]Remarks by President Obamaat ASEAN Business and Investment Summit[R].2015-11-20.

[18]Kristien Bergerson, et al..China's Effortsto Counter U.S. Forward Presencein the Asia Pacific[R]. 2016-03-15.

[19]J. Sudworth. Confucius Institute: The Hard Side of China's Soft Power[R]. 2014-12-22.

重庆市文化体制改革成果述评[①]

侯　路[②]

文化体制改革是解放和发展文化生产力的必由之路。2013年11月12日，党的第十三届三中全会通过了《中共中央关于全面深化改革若干重大问题的决定》，作出了全面深化改革的重大决策，在文化建设领域提出了“要进一步深化文化体制改革，要完善文化管理体制，建立健全文化市场体系，构建现代公共文化服务体系，提高文化开放水平”等内容，为文化体制改革提出了新的发展战略和方向。2017年5月，中共中央办公厅、国务院办公厅印发了《国家“十三五”时期文化发展改革规划纲要》（以下简称《纲要》）。《纲要》指出：“十三五”时期，是我国全面建成小康社会的决胜时期，同时也是促进文化繁荣发展的关键时期。要牢牢把握文化发展改革的指导思想，把新发展理念贯穿于文化发展改革全过程。习总书记在“7·26”重要讲话中指出：“经过改革开放近40年的发展，我国社会生产力水平明显提高，人民生活显著改善，对美好生活的向往更加强烈，人民群众的需要呈现多样化多层次多方面的特点，期盼有更好的教育、更稳定的工作、更满意的收入、更可靠的社会保障、更高水平的医疗卫生服务、更舒适的居住条件、更优美的环境、更丰富的精神文化生活。”改革的目的正是要满足人民群众对精神文化生活多层次多样化的要求。重庆市委、市政府认真执行和贯彻落实中央关于文化体制改革的部署和要求。自2003年7月，重庆市被列入第一批文化体制改革试点地区以来，便开始探索文化体制机制的创新，在改革的十几年中，重庆市在文化体制改革方面做出了不少的成绩和成果。

一、牢握改革方向，做好顶层设计

重庆市按照中央《深化文化体制改革实施方案》的总体要求，始终坚持把社会效益放在首位、社会效益和经济效益相统一的原则，成立深化文化体制改革领导小组，研究

①原载于《重庆文化研究》2017年第4期。

②侯路，重庆市文化研究院助理研究员。

制定了重庆市《深化文化体制改革实施方案》,全面规划了重庆市文化改革发展的重要领域和关键环节,并提出了"到2020年建立起充满活力、富有效率,有利于全市文化繁荣发展体制机制"的改革目标。重庆市还编制了《重庆市"十三五"时期文化发展改革规划纲要》,明确了改革目标、任务、责任单位,确定了改革的重要时间节点,完成了全市深化文化体制改革的路线、任务等方面的总体设计。为增强改革发展动力,重庆市在全国率先探索文化大部门的改制,在全国率先探索文化大部门制,成立市和区县两级文化委员会,有力统筹文化文物、新闻出版、广播影视的发展,由"办"文化向"管"文化转变。同时,重庆市继续深化国有文化资产的监管和运营分离,分别成立市国有文化企业资产监管领导小组和办公室,组建成立市级国有文化资本投资运营主体——重庆文化产业投资集团有限公司,对文化产业发展进行战略性投资引导,完成164家经营性文化事业单位转企改制,建立文化产权交易中心。

二、公共文化服务现代化体系建设取得新成效

为落实《公共文化服务保障法》《关于加快构建现代公共文化服务体系的意见》,与脱贫攻坚战略相衔接,重庆市把文化小康作为全面小康重要内容,着力促进基本公共文化服务标准化、均等化。一是公共文化服务体系不断完善。为推动全市文化馆、图书馆、乡镇综合文化站、街道综合文化服务中心的绩效评估工作,全市共建一级馆(站)211个、二级馆(站)339个、三级馆(站)515个。二是公共文化设施覆盖城乡,市、区县、乡镇(街道)、村(社区)四级文化阵地构成网络,截至2016年年底,每万人占有公共文化设施面积达到568平方米。三是文化惠民工程扎实推进。广播电视村村通、文化信息资源共享、农村电影惠民放映、农家书屋建设四大工程已全部完成,每年购买文艺演出到基层,截至2016年年底,全年38个区县8257个村向社会购买公共流动文化28225场,其中送演出服务13855场、送图书阅览3418场、送展览讲座4014场、送辅导培训3722场、送法规政策宣讲3216场,惠及群众1376余万人,资金投入4696余万元。四是内容供给能力不断加强。"十二五"期间,重庆市共新创排演舞台艺术剧目15台,群众文艺创作获得群星奖,新推出获国家大奖、基金的出版物68种,广电节目年播出时长增加10万小时,出版"农村实用知识丛书"等公益书刊近900种。五是公共文化服务形式多样。全市公共文化设施免费开放,年均服务群众4700万人次以上,流动文化服务进村入户,在全国率先建成公共文化物联网。六是城乡文化活动丰富多彩。市级品牌

文化活动影响力扩大,创建国家级文化先进区县、中国民间文化艺术之乡各11个,培育出了三峡移民文化节、武陵山民族文化节等一批区县文化品牌。七是公益性事业单位法人治理结构试点顺利推进。重庆市组建了市图书馆理事会,截至2016年,重庆图书馆第一届理事会第一次会议顺利召开,完成《重庆图书馆章程》登记备案及明确举办单位、理事会和重庆图书馆权力责任清单。

三、文艺创作能力和服务有效供给能力得到提升

一是国有文艺院团条件得到有效改善。采取抱团发展模式,坚持“乙方变甲方、存量换增量、时间换空间”的思路,将京剧团、话剧团、歌舞团、曲艺团4个院团部分资产用于置换渝中区魁星楼2.5万平方米团场。二是文艺创作作品数量增多。重庆市文艺创作实力增强,数量得到了进一步提升,仅“十二五”期间,共新创排演舞台艺术剧目15台,上映影视、电视剧16部。三是服务的有效供给得到进一步提升。歌剧《钓鱼城》、话剧《幸存者》、图书《忠诚与背叛》、电视剧《刘伯承元帅》等11部作品获中宣部“五个一工程”奖。四是市级文艺院团活力增强。京剧《金锁记》等获中国戏剧节奖,杂技剧《花木兰》等获精品资助,芭蕾舞剧《追寻香格里拉》等获艺术基金。《解放大西南》等8部影视剧获飞天奖、金鹰奖,广电节目年播出时长增加10万小时。

四、文化遗产保护体系已初步建成

一是具有完备的法律法规体系。2012年颁布实施了《重庆市非物质文化遗产条例》,制定和修订了《重庆市非物质文化遗产代表性传承人管理办法》《重庆市非物质文化遗产专家评审办法》等若干法规文件。二是具有完整的保护机构。重庆市先后成立了重庆市文物局、重庆市非物质文化遗产保护中心、重庆市文化遗产研究院等保护机构。三是重庆文物资源类型齐全。截至2016年年底,重庆市共登记了不可移动文物25908处,共有全国重点文物保护单位55处,市级文物保护单位282处,区县级文物保护单位1727处;中国历史文化名镇18个,中国历史文化名街1个,中国历史文化名村1个,中国传统村落67个;全市文物保护工程资质单位达到62家;建成市级文化遗产保护科研基地4个。四是重庆非物质文化遗产资源丰富多彩。目前,重庆市有涉及10个门类的4110项非物质文化遗产资源;国家级非物质文化遗产代表性名录项目44项、市级名录511项、区县级名录2065项;国家级非遗项目代表性传承人40名、市级代表性

传承人563名；区县级代表性传承人1479名；国家级文化生态保护实验区1个，国家级生产性保护基地1个、市级生产性保护示范基地35个，传承教育基地55个。五是第一次全国国有可移动文物普查按时完成。全市165个国有收藏单位共有1478018件/册文物和古籍图书。

五、文化产业蓬勃发展

近年来，文化产业保持较快增长，社会投资踊跃。初步形成文化产业十大门类，文化产业与科技、旅游等加快融合，文化创意设计超过新闻出版、广播影视等传统门类成为了第一大门类，以数字化为特征的数字动漫、数字出版等新兴、衍生行业已成为新的增长点，文化产业结构得到了进一步的优化。一是初步构建起了文化产业政策体系。重庆市先后制定出台《关于推进文化创意和设计服务与相关产业融合发展的实施意见》《关于推进文化与旅游融合发展的意见》《关于支持特色文化产业加快发展的实施意见》等一系列政策措施，初步构建全市文化产业发展的政策体系。二是文化市场主体数量快速增长。全市主营业务范围含文化的企业88653家，注册资本金总额2788亿元。文化产业已成为民间投资创业的重要方向。三是文化产业增加值总量均保持快速增长。2016年全市文化产业实现增加值615亿元，同比增长13.67%，高于同期GDP增速，占全市GDP比重提升至3.5%，居西部第3位。

六、供给侧改革取得新成效

供给侧结构性改革是我国的一项重要的改革措施，为适应新的国民经济发展常态，文化领域的供给侧改革已迫在眉睫。一是重庆市在供给侧改革方面也取得新的成效，在报业、广电、出版和新华四大国有文化集团加强内部机构和子公司改革，全力消除僵尸企业，资产负债率有所下降，二级机构大幅精简，去库存、去产能，取得初步成效。二是文化企业上市工作取得新的突破。截至2016年年底，重庆市共有12家民营企业在新三板挂牌，成功上市。三是对文化市场专项清理成效显著。仅2016年一年，全市两级文化执法机构就对各类文化经常场所6万余家进行了专项检查，以确保文化市场安全健康有序。四是积极落实文化产业资金及税收优惠政策。积极申报和安排支持文化企业的扶持资金和税收优惠减免，据统计，2016年重庆市文化企业荣获中央文化产业专项资金达4800万元；自2003年文化体制改革试点以来，重庆市各类文化企业税收优惠总金额累计已超过25亿元。

七、文化基础设施及财政投入得到了有力的保障

近年来，重庆市文化事业投入逐年增加，近10年先后投入300余亿元，大力推动了文化基础设施和标志性文化设施建设，抓好了历史文化遗产的传承、保护、挖掘。为实现文化大发展大繁荣提供了坚实的基础保障，为实现文化强国打下了良好的基础。这种充实的财政投入，使重庆文化发展无论是硬件设施还是软件配套都取得了很大的突破，为未来重庆文化建设实现全面小康的终极目标暨文化自觉提供了强有力的基础保障。比如在重大文化设施建设上，已成功建成了重庆中国三峡博物馆、重庆市图书馆、重庆大剧院、重庆川剧艺术中心、重庆广播电视大厦、重庆自然博物馆、国泰艺术中心、重庆市群众艺术馆、大足石刻陈列总馆、文化艺术职业学院等以及在建的重庆国际马戏城等共计10多个重大文化设施。

近年来，重庆文化体制改革在习近平总书记的改革思想下取得了丰富的成果和成效，虽然在各个门类还存在着很多不足和问题，但是伴随着未来文化体制改革措施的不断深入，重庆市的文化发展必将取得更加丰富的成绩，使中华优秀文化更加绚丽多彩、创造更加伟大的辉煌，更进一步增强了文化自信和文化自强。为实现“两个一百年”奋斗目标和中华民族伟大复兴提供强有力的价值引领力、文化凝聚力和精神推动力。

核心价值观:文化软实力的灵魂[①]

魏　强[②]

摘　要:价值是文化的核心,是文化的精魂。失去价值内核,文化必然失去力量;拥有先进而强大的价值体系,文化就会获取力量,进而转化为真正的软实力。可以说,文化软实力凭价值观而立,因价值观而兴,以价值观为用。当前,我国的社会主义核心价值观建设,为文化软实力确立了强劲的价值主轴。

关键词:核心价值观;文化软实力;灵魂

核心价值观是文化的精髓。西方语境中的"软实力"同中国语境中的文化软实力有着根本的不同。一个国家的文化软实力的强弱,根本上取决于其主导文化的核心价值观的生命力、凝聚力、感召力。举凡真正强大的国家,往往既有雄厚的经济、军事力量,又有符合社会发展要求的文化价值观念系统,这种价值观念系统就是支撑文化软实力的轴心力量。

一、文化软实力凭价值观而立

文化同价值紧密相连。一定的文化总是受到一定的价值体系的规约,并且文化价值观能够引导社会发展。美国著名哲学家、系统学者E.拉兹洛认为,超出文化当中的多种因素还有一套发挥决定性影响作用的因素,即社会中占主导地位的价值观和价值规范体系。"归根结底,文化是受价值引导的体系。由于文化同人类生物需要的满足无关,同人类再生产的需要也无关,由此可见文化满足的不是躯体的需要,而是价值标准的需要。价值标准决定文化实体内人们对理性、感情体验的深刻意义、想象的丰富和信仰的深度需求。一切文化都同这种超生物的价值标准相应。"作为受价值引导的体

①原载于《社会主义核心价值观研究》2017年第2期。

②魏强,重庆大学马克思主义学院副教授,硕士生导师。

系，文化软实力的强弱，根本取决于核心价值观的磁场作用。核心价值观的磁场作用强，文化吸引力大，文化软实力则强；核心价值观的磁场作用弱，文化吸引力小，文化软实力则弱。

随着各国综合国力竞争的日趋激烈，文化在综合国力竞争中的地位日益凸显。综合国力较量中的文化因素日益突出，世界范围内各种思想文化交流、交融、交锋更加频繁，国际思想文化领域斗争依然深刻复杂，国家软实力竞争更趋激烈。约瑟夫·奈认为，软实力不完全等于影响力，吸引力是软实力的本质体现，这种特殊的吸引力又源发于特定的价值观。在国际政治中，一个国家完全有可能因为他国的追随、支持而得偿所愿。那些国家仰慕其价值观，并处处效仿，渴望达到与其不相上下的繁荣和开放程度。因此，军事威胁和经济制裁并不是国际政治中促成改变的仅有手段，设置议程并施以诱惑也能达到同样的效果。软实力靠的是拉拢，而不是强迫。此种"软实力"，核心是通过"吸引"而非胁迫实现"人随我欲""达己所愿"，简言之，手段是"吸引"，目的是"同化"，其资本包括文化、政治价值观和外交政策等。西方国家率先提出"软实力"概念，试图垄断"软实力"话语的创设权、解释权，其实质是根据自己的政治意图和利益需要对"软实力"进行话语赋义。然而，"一个国家不能自命为某一种文明的代表或化身，说成是某文明的卫士；各种政治集团也不该盗用文明、文化的名义，制造民粹运动来为自己的政治利益服务。这种夹杂着经济和政治目的的'国家利益'会大大歪曲不同文明之间关系的本质，造成恶劣的结果"。我们不能陷入"软实力"西方语境的话语窠臼，中国语境的文化软实力与约瑟夫·奈提出的"软实力"概念有着根本的区别，既不是"同化式的实力"，更不是"软实力"中的"文化吸引力"。

在中国语境中，文化软实力的话语创新，是中国共产党人立足中国实践特别是中国特色社会主义实践，着眼于世界文化前沿、汲取中西文化养料、推进文化国力建设的独特创造。随着中国特色社会主义实践的深化，中国共产党人愈发深刻地认识到精神文化力量同样是综合国力的重要标志，并正确地判断了文化实力在综合国力竞争中的重要地位。这是文化软实力话语创新的重要根由。中国共产党人敏锐地观察到，在当今世界各国综合国力的激烈竞争中既有经济、政治、军事方面的持续较量，又有文化力量的激烈角逐。党的十七大报告明确提出："要坚持社会主义先进文化前进方向，兴起社会主义文化建设新高潮，激发全民族文化创造活力，提高国家文化软实力，使人民基本文化权益得到更好保障，使社会文化生活更加丰富多彩，使人民精神风貌更加昂扬向上。”这是党中央第一次明确提出国家文化软实力，并从国家战略高度强调国家文化软实力建设。2013年12月，习近平在主持中共中央政治局第十二次集体学习时特别强调：“提高国家文化软实力，关系‘两个一百年’奋斗目标和中华民族伟大复兴中国梦的实现。”简单来说，“我们所讲的‘文化软实力’基本内涵即‘文化国力’是中国特色社会主义建设整体布局中文化建设所将产生的现实结果，这一国力具体体现为人民的基本文化权益是否得到更好保障、社会的文化生活是否更加丰富多彩、人民的精神风貌是否更加昂扬向上，也体现为中国文化在世界范围内是否形成良好形象从而产生相应的吸引力”。人民群众既是精神文明建设的主体力量，又是精神文明建设成果的享用者，文化软实力建设的首要任务就是保障人民群众基本的文化权益。西方语境中的“软实力”往往在国际政治关系中扮演着重要角色，强调文化的“吸引力”和“同化力”，以实现“人随我欲”“达己所愿”的目标。我们所讲的文化软实力主要是指通过文化建设和文化发展，维护和保障人民群众基本的文化权益，不断满足人民群众日益增长的精神文化需求。其所展现出来的内聚力以共同的理想为支柱，即通过坚定共产主义远大理想，树立中国特色社会主义共同理想，为实现中华民族伟大复兴的中国梦凝心聚力；而其所展现出来的外引力则是通过推动中华文化走向世界，促进中华文化同世界各国文化的交流与融合，吸收世界优秀文化成果来丰富和发展中华文化，提升中华文化的知名度、认可度、接受度、美誉度，形成与我国国际地位相称的文化软实力。

核心价值观是文化软实力的根本。推进当代中国文化软实力建设，价值体系建设是主轴。没有先进而强大的价值体系，我们就无法抵挡外来的价值渗透，也不可能有强大的精神支柱实现国家强大和民族复兴。因此，推进当代中国文化软实力建设，实现社会主义文化强国目标，必须着力建设社会主义先进文化的核心价值。党的十六届六中全会第一次明确提出建设社会主义核心价值体系的战略任务，随着我们党对社会主义核心价值体系认识的不断深化，党的十七大又提出社会主义核心价值体系是社会主义意识形态的本质体现的重要论断。党的十七届六中全会更是深刻提出，社会主义核心价值体系是兴国之魂，是社会主义先进文化的精髓，决定着中国特色社会主义发展方向。习近平强调：“核心价值观是文化软实力的灵魂、文化软实力建设的重点。这是决定文化性质和方向的最深层次要素。一个国家的文化软实力，从根本上说，取决于其核心价值观的生命力、凝聚力、感召力。”核心价值观是文化的精髓，先进而强大的价值体系是文化的主轴，提高国家文化软实力，必须牢牢把准先进而强大的价值支点，积极培育和大力弘扬社会主义核心价值观，为文化软实力确立强劲的价值主轴。

二、文化软实力因价值观而兴

价值观念体系是文化软实力的主轴。社会建设离不开文化,文化建设贵在进行核心价值体系建设。文化软实力凭价值观而立,因价值观而兴。具体而言,文化的核心价值观落后且弱小,则文化软实力弱;文化的核心价值观先进而强大,则文化软实力强。

文化价值观能够极大地影响甚至左右社会发展和人类进步。只有促进社会发展和人类进步的文化价值观才能产生并转化为强大的文化软实力。当一个国家、一个民族固守落后的文化价值观,那么,这个国家、这个民族势必不会具有强大的文化软实力,国家、民族就会走向衰亡。相反,当一个国家、一个民族积极革新文化、顺势改造文化,建设同经济社会发展相适应的文化价值观,这个国家、这个民族的文化软实力势必会日益强大,国家、民族就会繁荣昌盛。文化是经济、政治的反映,又能反作用于经济、政治,从而促进或者阻碍社会发展。归根结底,文化的核心价值适应社会的经济、政治发展需求,才能使文化起到服务社会、促进发展的作用,成为真正的推动力、软实力,否则,文化只能阻碍社会发展进程,成为负向的拉扯力、后推力。简而言之,文化要成为软实力,必须具有促进经济社会发展的核心价值体系,价值观念体系错误或者落后势必影响文化的力量,使文化成为阻碍的力量而非推动的力量,从而延缓或者阻滞社会发展。

文化兴,则社会兴;文化弱,则社会衰。每个国家的兴衰荣辱同自己的文化关系甚大,与其说是各个国家的文化造成各个国家的今日,不如说是各个国家持守的文化价值观影响甚至极大地左右各个国家的发展。当经济发展、社会变迁时,文化价值观念体系同样要发生适应性的变迁,只有这样文化才能成为推动社会发展的力量。梁漱溟在谈到中西文化时强调,西方文化的第一条“路向态度”和中国文化的第二条“路向态度”之所以根本不同,归根结底,还是中西两种文化的内核、文化的价值观念存在根本差异。梁漱溟认为,西方文化是以意欲向前为其根本精神的文化,强调征服自然、科学精神、反抗威权;而中国传统文化则是以意欲自为、调和、持中为其根本精神的文化,强调天人合一、感性直觉、屈己让人。缺乏革新精神的中国传统文化当处于人类生存竞争的阶段,则会使中国受到西方列强的欺凌,成为阻滞中国社会革新进步的文化力量。然而,文化价值观并不是一成不变的,它会受到外界冲击从而发生或迅速或缓慢的变化。文化变革的实质就是文化的核心价值观发生根本变化,带来文化质态的转型。当一定的文化价值观妨碍经济社会发展时，势必需要通过文化变革来实现文化价值观的更新，从而让文化真正成为助推社会发展的强大力量。美国经济历史学家戴维·兰德斯同样从文化与经济发展的视角考察了日本封建幕府统治被推翻以后走向社会现代化的道路，他充分肯定了日本在精神文化方面所做的充分准备——“治理有效的传统，百姓的高识字率，紧密的家庭结构，职业道德和自律精神，民族统一感和固有的民族优越感”，以及“强烈的集体负责的精神”，学校成为“道德品质和伦理教育的殿堂”，“体现爱国主义的最便捷途径，是在日常生活中严格律己，在家庭中保持良好的秩序，尽心尽力完成自己的工作职责”。戴维·兰德斯认为：“这就是韦伯的新教伦理的日本版本。”正是这样的精神文化造就了日本经济社会的发展奇迹。因此，戴维·兰德斯说：“要认真理解日本的成就，就必须看到这种由文化因素所决定的人力资本。”这种“文化因素”，就是日本文化革新注入的新的价值观因素。

民族的复兴离不开文化的革新。对于中国这样一个历经沧桑、受尽痛楚的国家来说，要实现民族复兴大业，既要有新经济、新政治，又要有新文化，即要进行文化的继承革新，其核心是文化价值观的继承革新。新中国成立之前，毛泽东发表讲演就“我们要建立一个新中国”的问题指出：“我们共产党人……不但为中国的政治革命和经济革命而奋斗，而且为中国的文化革命而奋斗；一切这些的目的，在于建设一个中华民族的新社会和新国家。在这个新社会和新国家中，不但有新政治、新经济，而且有新文化。这就是说，我们不但要把一个政治上受压迫、经济上受剥削的中国，变为一个政治上自由和经济上繁荣的中国，而且要把一个被旧文化统治因而愚昧落后的中国，变为一个被新文化统治因而文明先进的中国。”新文化取代旧文化的过程，实质就是文化价值观的内在变革，就是先进而强大的文化价值观取代落后而衰弱的文化价值观的过程，就是中国革命获取新的文化力量的过程。当中国新的经济力量、新的政治力量、新的文化力量共融汇聚，战胜旧的经济力量、旧的政治力量、旧的文化力量时，唯心主义历史观从此破产，新中国从此诞生。毛泽东有力地驳斥了艾奇逊的资产阶级的唯心主义历史观：“‘中国共产党是在二十年代初期，在俄罗斯革命的思想推动之下建立起来的’……这种思想不是别的，就是马克思列宁主义。这种思想，和艾奇逊所说的西方资产阶级的‘为以往的侵入者所从来不曾带入中国的高度文化’相比较，不知要高出几多倍。……那种西方资产阶级的文化，一遇见中国人民学会了的马克思列宁主义的新文化，即科学的宇宙观和社会革命论，就要打败仗。被中国人民学会了的科学的革命的新文化，第一仗打败了帝国主义的走狗北洋军阀,第二仗打败了帝国主义的又一名走狗蒋介石在二万五千里长征路上对于中国红军的拦阻,第三仗打败了日本帝国主义及其走狗汪精卫,第四仗最后结束了美国和一切帝国主义在中国的统治及其走狗蒋介石等一切反动派的统治。”中国人民自从学到“马克思列宁主义的新文化”,中国文化系统自从植入先进的文化价值观,中国便从失败走向胜利,从封闭落后、衰败凋敝走向独立自主、富强民主,从根本上说,这是因为,中国社会革命、建设和改革的实践需要“马克思列宁主义的新文化”。毛泽东还高亢地宣告:“自从中国人学会了马克思列宁主义以后,中国人在精神上就由被动转入主动。从这时起,近代世界历史上那种看不起中国人,看不起中国文化的时代应当完结了。……已经复兴了并正在复兴着伟大的中国人民的文化。这种中国人民的文化,就其精神方面来说,已经超过了整个资本主义的世界。”可见,要让文化起到服务社会、促进发展的作用,成为真正的推动力、软实力,就必须注入先进的文化价值观,让广大人民群众掌握先进的思想文化体系。马克思主义指导思想是社会主义核心价值体系的灵魂。“坚持马克思列宁主义、毛泽东思想的指导地位,是我们立党立国的根本,也是社会主义文化建设的根本,决定着我国文化事业的性质和方向。”当前,推进当代中国文化软实力建设,为文化软实力确立强劲的价值主轴,根本是要坚持和发展马克思列宁主义,关键是要大力弘扬社会主义核心价值观,抓住文化软实力建设的重点。

三、文化软实力以价值观为用

文化软实力凭价值观而立,因价值观而兴,更以价值观为用。软实力竞争的本质是价值观的较量,文化软实力的竞争归根结底是文化价值观的较量。设置当代中国文化的价值话语,传播当代中国文化的价值理念,开展当代中国文化的价值话语对话,是推动当代中国文化软实力建设、提升当代中国文化软实力水平的重要内容。

(一)设置价值话语

奏响当代中国文化软实力价值话语的时代强音,首先就要自主设置当代中国文化的价值话语。自主设置当代中国文化的价值话语,是文化价值自信和文化价值自觉的表现,是文化软实力发生效用的关键因素。不管是占领“思想文化阵地”,还是夺取“文化发展制高点”,首先要自觉设置文化的价值话语。若非如此,综合国力特别是文化软实力之间的竞争必然会因缺失文化价值话语而导致“话语失声”,自觉或不自觉地沦为西方强权国家实施“价值渗透”“价值干涉”的思想俘虏。西方个别强国仍然停留在“冷战思维和零和博弈的框架”中，为实现所谓的继续“领导世界”的目的，根据本国经济政治利益需要设置价值话语，俨然以价值评判者的身份，利用自身的信息技术优势和先进的传播网络强势推销西方的文化价值观（甚至插手目的国的内部矛盾并以目的国的内部矛盾问题为话柄开展“轮番轰炸”），包括屡屡抛出“意识形态终结论”“中国崩溃论”“中国威胁论”“中国搭便车论”中国不负责任论”“中国新式殖民论”“文明冲突论”“普世价值论”“网络自由论”等，经过包裹的错误思想文化论调，试图垄断全球的文化价值话语，形成西方价值话语霸权。美国十分清楚，“如果一个国家……的文化和意识形态具有吸引力，那么其他国家就更愿意跟随它”。美国控制政治环境使得其他国家按照美国意愿来行动，这是美国采取软实力战略的真实目的。“对于未来的美国来说，核心问题并不是它是否能够以拥有最多资源供应的超级大国身份来引领下一个世纪，而是在何种程度上，它可以控制政治环境并使得其他国家按其意愿行动。”当前，美国更加清楚设置文化价值话语对于影响世界权力性质的作用。“直接使用军事力量来获得经济增长的成本太大，而且对于现代大国来说危险性也更大。即使是短期的侵犯行为，经济资源转移成军事资源的成本也很大。”成功设置价值话语实现“价值吸引”，则会大大降低发展成本。那么，要传播当代中国的价值理念、建设社会主义文化强国，首在明晰当代中国的价值观念。当代中国的价值观念就是中国特色社会主义价值观，以“富强、民主、文明、和谐、自由、平等、公正、法治、爱国、敬业、诚信、友善”为基本内容的社会主义核心价值观，是中国特色社会主义价值观念的集中体现。积极培育和践行社会主义核心价值观，用简洁凝练的核心价值话语向世界传播中国文化形象，既有利于增进世界人民对中国元素的认知、理解、认同，充分展现当代中国文化的良好面貌，又有利于对西方强势话语的恶意攻击作出话语反制，减少乃至消除国际社会少数别有用心的势力集团对中国文化形象的舆论误导，从而维护国家文化权益，增强国家文化软实力。

（二）传播价值理念

传播当代中国文化的价值话语是文化软实力发生效用的重要环节。设置文化的价值话语还需要传播文化价值理念。习近平强调：“提高国家文化软实力，要努力传播当代中国价值观念。当代中国价值观念，就是中国特色社会主义价值观念，代表了中国先进文化的前进方向。我国成功走出了一条中国特色社会主义道路，实践证明我们的道路、理论体系、制度是成功的。要加强提炼和阐释，拓展对外传播平台和载体，把当代中国价值观念贯穿于国际交流和传播方方面面。”“要加强国际传播能力建设，精心构建对外话语体系，发挥好新兴媒体作用，增强对外话语的创造力、感召力、公信力，讲好中国故事，传播好中国声音，阐释好中国特色。”“以美国来说，它通过多种外交政策、开放市场、文化传播渠道来输出美国价值观，从而实现了美国文化的“价值观吸引”，助长美国软实力，这也是美国提升软实力的重要方式。“美国的对外吸引力在很大程度上取决于外交政策的实质与风格中传递的价值观。”“当政策所表达的重要价值观得到广泛共享时，该政策的吸引力也会相应提升。”“在价值观方面，联邦制、民主和开放市场都代表了美国的核心价值观。这正是美国出口的东西。”约瑟夫·奈希冀美国的主导文化符合流行的“全球价值规范”，从而增强其在全球范围的价值吸引力，以增强美国的文化软实力。“美国大众文化、高等教育和外交政策中经常体现的民主、个人自由、经济和社会地位的流动性、公开性等价值观，都在多方面加强了美国的力量。……美国的软实力甚至比它的经济和军事实力还要大。美国的文化，不论是粗俗的还是高雅的，都强烈地向外散射，类似于罗马帝国时代，只是更具有新奇性。罗马和苏联的文化影响仅限于他们的军事疆界。而美国的软实力遍及一个太阳永远不落的帝国。”文化价值观要发生吸引，需要进行文化传播、文化接触、文化交流。加强文化价值话语传播能力建设，必须具备完善、强大的传播网络，优化文化价值话语传播载体。传播当代中国价值观念，既包括构建对内传播体系，筑牢人们的思想文化防线，又包括构建对外传播体系，提升当代中国价值观念的辐射能力，实现“网上传播”和“网下传播”相结合，并充分利用外交政策、贸易、文化交流、人际交往等方式，“讲好中国故事，传播好中国声音，阐释好中国特色”，让国际社会从误读、曲解乃至抵触中国元素转变为理解、认同乃至接受当代中国价值观念。

(三)开展价值对话

开展当代中国文化的价值话语对话是文化软实力发生效用的重要内容。缺乏对话的文化价值话语，没有经过锤炼和检验，既无法凝聚广大人民的价值共识和精神力量，又无法回应西方价值话语的频频诘难。当前，全球思想文化交流交融交锋更加频繁，要增强国家文化软实力，必须以先进的文化价值观为内核，主动参与思想价值话语的对话与交流交锋。毛泽东曾深刻指出：“正确的东西总是在同错误的东西做斗争的过程中发展起来的。真的、善的、美的东西总是在同假的、恶的、丑的东西相比较而存在,是相斗争而发展的。当着某一种错误的东西被人类普遍地抛弃,某一种真理被人类普遍地接受的时候,更加新的真理又在同新的错误意见做斗争。这种斗争永远不会完结。这是真理发展的规律,当然也是马克思主义发展的规律。”文化价值观能否经受历史和实践的检验,关键是要开展文化价值话语之间的对话与交锋,先进、正确的文化价值观只能同落后、错误的文化价值观相比较而存在、相斗争而发展。我们看到,中国同西方国家还存在“软实力逆差”,“在由西方主要媒体掌控的‘国际舆论竞技场’上,‘软实力逆差’集中表现为中国政府的形象被刻意抹黑,中国的政策意图被歪曲解读,中国的解释申辩被压制淡化,中国的价值观和传统被贬低和边缘化”。而这种软实力逆差主要体现在文化软实力方面。开展当代中国文化价值话语的对话、交锋,推进文化价值观建设,则是扭转当前中西软实力逆差局面的核心内容。只有主动同西方发出的强权价值话语进行对话、交锋,揭露看似光鲜亮丽且极具迷惑性的价值话语背后的本质意图,才能彰显当代中国文化价值话语的先进性。当前,西方个别国家将本国所谓的“自由”“民主”“平等”“公正”等标榜为“普世价值观”,将其美化为人类价值的制高点并向全球传播扩张。社会主义的自由、民主、平等、公正,“应该比资本主义发展得更快、更先进,这才称得起社会主义,称得起先进的社会制度”。应对西方的“价值干预”“价值渗透”,需要大力传播当代社会主义中国的价值观念,使社会主义核心价值理念同资本主义核心价值理念相比较而存在、相斗争而发展,为提升当代中国文化软实力确立强有力的价值支点。

参考文献

[1]E.拉兹洛,闵家胤(摘译).文化与价值[J].哲学译丛,1986(1).

[2]中共中央文献研究室.十七大以来重要文献选编(上)[M].北京:中央文献出版社,2009.

[3][美]约瑟夫·奈.软实力[M].马娟娟,译.北京:中信出版社,2013.

[4]费孝通.文化与文化自觉[M].北京:群言出版社,2010.

[5]习近平谈治国理政[M].北京:外文出版社,2014.

[6]沈壮海.文化软实力的中国话语、中国境遇与中国道路[J].马克思主义研究,2009(11).

[7]梁漱溟.东西文化及其哲学[M].北京:商务印书馆,1999.

[8][美]塞缪尔·亨廷顿,劳伦斯·哈里森.文化的重要作用——价值观如何影响人类进步[M].程克雄,译.北京:新华出版社,2010.

[9]毛泽东选集(第二卷)[M].北京:人民出版社,1991.

[10]毛泽东选集(第四卷)[M].北京:人民出版社,1991.

[11]论文化建设——重要论述摘编[M].北京:中央文献出版社,2012.

[12][美]约瑟夫·奈.美国注定领导世界?——美国权力性质的变迁[M].刘华,译.北京:中国人民大学出版社,2012.

[13][美]约瑟夫·奈.美国霸权的困惑——为什么美国不能独断专行[M].郑志国,等,译.北京:世界知识出版社,2002.

[14]毛泽东文集(第七卷)[M].北京:人民出版社,1999.

[15]吴旭.扭转软实力逆差,打造"中国梦"[J].公共外交季刊,2010(夏季号).

从社会良知到大同理想：刘明华先生《唐代文学与思想文化论集》述评[①]

杨理论[②]

“出版自选集，有回顾学术经历，总结学术思想的意义”这是刘明华先生《唐代文学与思想文化论集·自序》(以下简称自选集)开篇的第一句话。诚如其言，读者诸君只需稍稍留心一下这本自选集的目录——依次为杜甫研究、文化文体研究、思想研究成果——就不难发现，这确乎是先生三十年治学生涯的回顾，也是其学术思想精华的呈现。

一、杜甫研究

二十世纪八十年代初，先生师从著名学者、杜诗研究名家曹慕樊先生攻读硕士研究生，从而开启了自己的学术之旅。治杜是先生步入学术殿堂的肇基所在。先生当年的硕士学位论文《杜诗修辞论稿》，从修辞艺术的角度全面系统地切入杜诗研究，先生为第一人。此文修订后，易名《杜甫修辞艺术》，于1991年由中州古籍出版社出版。此书被学界誉为：“把方法论和认识论、传统方法和现代方法结合起来，特别借鉴接受美学、心理学等手段，深入分析杜诗修辞艺术，提出了许多新颖独到的见解，不失为一部有特色的研究专著。”[③]此次自选集所选《论杜诗的对仗》《杜诗用典所体现的诗人自我形象》《论杜诗的句法》《杜诗拟人与诗人心态》等文，都是属于《杜诗修辞艺术》的精彩篇章。这是先生非同凡响的学术起点。

此后，先生继续研究杜诗修辞艺术的同时，开始关注杜甫的思想研究，1990年，先生在《江汉论坛》发表《社会良心——杜甫魅力新探》，并在此后几年间，将杜甫思想研究作为自己新的学术增长点，持续以社会良知的角度关注杜甫思想，在1994年写成专

①原载于《杜甫研究学刊》2017年第2期。

②杨理论，西南大学文学院教授。

③张忠纲.全唐诗大辞典[M].北京：语文出版社，2000：1058.

著《社会良知——杜甫:士人的风格》,由山西教育出版社出版。此书被学界称为“是一部视角新立意也新的杜诗学研究新著,读来颇能新人耳目”。①自选集中《论杜甫的“民胞物与”情怀》《杜甫的“忠君”类型及恋阙心态》《论杜甫的悲剧命运》等,都是此书的代表章节。

二书出版后,先生持续关注杜诗修辞与杜甫思想,自选集中《完善与破弃——对杜诗“拗体”的思考》可为前者代表《刻苦与创造——论苦吟》《试论移情与拟人的分野》《互文三论》等亦可纳入;《现代学术视野下的杜甫研究——杜甫研究百年回顾与前瞻》《杜甫与佛教的关系及晚年心境》《论杜甫的“德义观”及现代意义》《芬芳悱恻解杜转益多师学杜——袁枚对杜诗学的贡献》《杜甫“以汉喻唐”的结构和内涵》等,则是后者的继续深入。2002年,因《杜诗修辞艺术》和《社会良知》出版时间久远且印数不多,较难寻觅,先生又应读者需求出版《杜甫研究论集》,将上述二书以及多年关注杜甫研究的成果汇集一书,较为全面地展示了先生关注杜甫的重心所在。此书甫出,即被誉为:“运用新方法重读经典,具有极强的时代意识和文化批判精神。论集论述翔实而不流于迂腐呆板,作者广阔的学术视野,也使本书具有较为深刻的历史文化底蕴和哲理意味,确是近年来杜诗学研究领域的一本着力甚深,颇多创见的学术著作”②;“当代杜诗研究领域文本解读的范本”③。

以下,我们从自选集中择二例子,管中窥豹。

先生的杜诗修辞研究,注重探讨修辞艺术与诗人心态及文学形象间的内在关联。试以《杜诗用典中所体现的诗人自我形象》为例。文章首谈杜诗语典,讨论杜诗用字与情景的融合,通过具体事例讨论杜甫把书语和现实景象巧妙融合的高超技艺;再论杜诗用典的断章取义之法;层层铺垫,最后进入重点,讨论杜诗用典与自我形象的塑造问题。其间又重点拈出渊明酒,谢公游——杜甫的风度与情怀;孔明志,庞公隐——兼济与独善的趣尚;原宪贫,长卿病——怀才不遇之悲;王粲悲,贾谊哀——漂泊沦落之苦等四个方面。确实,典故的使用,最能洞悉诗人的内心隐情,亦最能通达诗人内心的隐秘之处,入以用典修辞,出以诗人思想的揭示,通过用典的分析,归结提炼,先生将杜甫自我形象揭示无遗。

①查洪德.杜诗学研究的新视角——读《社会良知——杜甫:士人的风范》[J].杜甫研究学刊,1994(3):65-67.

②周睿.积淀、继承、出新、集成——评刘明华先生《杜甫研究论集》[J].重庆教育学院学报,2004(4):109-110.

③杨理论.求新求变论杜诗——读刘明华先生近著《杜甫研究论集》感言[J].杜甫研究学刊,2005(1):78-80.

杜甫思想研究以《论杜甫的“民胞物与”情怀》为例。此文指出，作为社会良知，杜甫的民胞物与的人道主义思想在中国古代诗人中最为突出。先生认为，杜甫的民胞情怀主要体现在对同胞生命的关怀、对生活苦难的关切、对无助弱者的同情和对上层人士的悲剧性处境表示同情等四个方面。杜甫的物与思想主要体现为其对自然界的歌咏，具体体现在：歌咏自然美；对自然界中的被损伤、践踏和遗弃的“弱者”的同情；由仁民爱物思想而产生的人与物的对比，进而产生的对自然界的向往之情等三个方面。文章将数百年来评价杜甫的民胞物与精神加以系统地梳理并补充完善这一命题，是目前论杜甫民胞物与最为完善深刻的文字。

二、思想研究

研究对象会潜移默化地影响研究者，使得研究者与研究对象越来越趋于同化。特别是杜甫研究，此点更为显著。终日涵泳澡雪社会良知杜甫的忧国忧民、民胞物与、心系天下等精神，刘先生也不知不觉间具有了相似的气质与品格。他开始梳理中国政治史、哲学史、文学史中的大同理想，其研究从社会良知逐步延展到了社会理想的思考。自选集中汇集了先生这方面的思考的精华：从1994年发表《桃源望断无寻处——论“桃花源”及其变体》①伊始，到《水中月，镜中花——〈镜花缘〉的社会理想》《理想性·神秘性·历史真实——对〈桃花源记并诗〉的多重解读》，着力点在文学世界中的社会理想；再到《大同理想对毛泽东政治理想的影响——兼论“人民公社”的悲壮实践》《大同思想对中国社会进程的影响》，对当代社会理想的反思，着力点已然是在当下。关怀当下，学以致用，此之谓也。

姑举二例。《理想性·神秘性·历史真实——对〈桃花源记并诗〉的多重解读》一文，是先生的得意之作。此文从政治学、民族学、地理学、神话学等角度对陶渊明《桃花源诗并诗》进行多角度的阐释。从政治学的角度看，桃花源是一个典型的乌托邦。从民族学的角度考察，瑶族人民对原始居地千家峒的“寻根”其本质是“寻梦”。从神话学的角度思考，汉代至魏晋时期流行的志怪小说以及游仙文学常常描写普通人误（幸）入仙境，又得而复失（出）的故事，曲折地表现了人们对神仙世界或理想世界的一些模糊认识。这些对陶渊明创作“桃花源”无疑产生了很大的影响。本文既是先生思想研究的代表作品，也是文化阐释的典范之作。

①《殷都学刊》1994年第1期，中国人民大学《中国近、古代文学》1994年第5期全文转载。

《大同思想对毛泽东政治理想的影响——兼论“人民公社”的悲剧性实践》一文，先生从历史理想的反思过渡到了当代社会的研究。文章对1958年人民公社席卷中国大陆的政治现象进行了理论反思。文章指出，人民公社运动实质是跑步进入共产主义的一场空想的实践。毛泽东之所以热衷于进行这一庞大的实验，与中国传统大同思想对他的浸润不无关系。毛泽东希望由此解决中国几千年来都没有彻底解决的农民问题，从而建立人人平等的公正社会。当然，人民公社也反映了当时中国民众的基本要求，这也是促使公社狂潮突起的重要因素。人民公社的内核，与其说是社会主义，毋宁说是传统大同思想中的平均主义。先生从思想史、人类社会史的理论高度来审视分析这一政治运动，认为人民公社是毛泽东的一次颇为悲壮的社会实践。由古而今，从历史的反思落脚到当世的分析，其鉴戒意义相当明显：公社的解体“表明的是新一代人的务实精神。当代中国人已认清小康的目标，这小康不是那小康一大道既隐，而是以均富作为短期目标，踏踏实实，向大同迈进”①。

1999年，先生将自己多年的社会理想关怀形诸专著，是为《大同梦》，由上海文艺出版社出版。此书纵论古今中外的大同理想和乌托邦，在文学、哲学、政治学、社会学的学科交叉视角中深刻阐释了大同梦境“具有以往研究所不具备的开阔的视野和鲜明独特的风貌”②。

三、文体研究

《大同梦》出版的次年即2000年，刘明华先生又推出已完稿多年的专著《丛生的文体：唐宋文学五大文体的繁荣》（简称《丛生的文体》），这是先生文体学研究的代表作。自选集中《文学的政治化与公文的艺术化》《试论唐诗中的“比兴体”——兼论诗歌多义性的可解与不可确解》《唐人的比兴艺术与诗化人生》《古代文人酬唱诗歌论略——以联句诗为中心》《文体选择与文体自觉——白居易〈新乐府〉创作之再认识》等精彩篇章，都是先生文体学研究的力作。值得注意的是，自选集中所选的文体学论文，多发表于《丛生的文体》问世之后。专著是宏观切入，全面阐释多种文体，难免不够深入。而自选集所选，多为先生宏观审视之后的沉潜之作，自然新见迭出。

窃以为，先生文体学研究的亮点之一，是对比兴体的持续研究。比兴体在《丛生的文体》中，涉笔不多；在《试论唐诗中的“比兴体”——兼论诗歌多义性的可解与不可确

①刘明华．唐代文学与思想文化论集[M]．北京：人民出版社，2015：332-333.

②尹富．走出大同的梦境——评刘明华先生《大同梦》[J]．涪陵师范学院学报，2000(3)：97-98.

解》中，得到了深入的探掘。先生首先梳理了比兴体与比兴、寄托手法的渊源关系，然后从“比兴体：可解之多义”与“兴寄与象征：不可解之多义”两个维度，勾勒了诗歌比兴一法从局部表达到整体表达的演进历程。《唐人的比兴艺术与诗化人生》一文，以轻松的语调，较为深入地阐释了比兴艺术带给唐人的诗化的人生乃至诗化的政治生活。随着研究的深入，先生也不断反思，展开更为细致的考索。《〈节妇吟〉本事及异文与张籍辞聘考》，就是先生对比兴体诗歌代表作《节妇吟》持续研究的成果，由宏入细，亦展示出先生在擅长义理的同时，还有深厚的考据之功。

最后，值得一提的是，自选集中还收录了先生仰慕的先贤时修的纪念文章。吴宓是先生供职大学的先贤，集中有《吴宓文化担当的两种方式——学术论坛与大学讲坛》《吴宓教育年谱》二文纪念这位国学大师。曹慕樊和傅璇琮二先生，为先生师辈尊长《博学·刚毅·睿智——曹慕樊先生印象记》《乐为仁者寿——傅璇琮先生八十寿辰纪念》二文，感念师长，文笔灵动，情意殷殷。此外，如《假如项羽过江东》《锦江春色来天地——〈杜甫研究学刊〉创刊三十五周年有感》等有感而发的性情文字，文采斐然。此即为辞章乎？如是，自选集堪称义理、考据、辞章兼具的不可多得的学术名作。

徐复观“中国文学精神”思想研究[①]

刘建平[②]

摘　要:徐复观在20世纪的离乱之世中所把握到的中国文学精神就是“文以载道”的精神。“文以载道”不是以文学为政治服务,而恰恰是以“道统意识”对抗“治统意识”,以文学来唤醒社会民众、传承民族文化的价值生命,并由此重建现代中国人的精神家园。徐复观重建中国文学精神仍然是以“文以载道”“艺以载道”的政治社会学作为文学价值指向的“文以载道”将德性内化于文学中,忽略了个体的内心感受而倾向于社会层面上的话语生产,这就使它难脱“工具”的特性,这就没有从根本上解决文学如何走出为专制政治服务的历史命运的问题。

关键词:文以载道;诗言志;中国文学精神

文学在古代常称作“诗”,诗本来是一种氏族、部落、国家的历史、政治、宗教的文献,而非个人的抒情作品。到了先秦的《国风》时代,古代氏族社会相继解体,各种艺术相继从宗教祭祀中解放出来走向独立,诗也就不再是宗教、政治的记事文献了,“诗言志”就兼有记事和抒情之功能。“文以载道”说代表着中国文学的现实主义传统,儒家“诗,可以怨”经过屈原、司马迁、柳宗元等人的发扬,最终由宋代新儒家周敦颐提出了“文以载道”的命题,而成为中国文学的一大潮流。徐复观认为后世文人“以屈原的‘信而见疑,忠而被谤,能无怨乎’的‘怨’,象征着他们自身的‘怨’;以屈原的‘怀石遂自投汨罗以死’的悲剧命运,象征着他们自身的命运”。[③]徐复观将“文以载道”看作儒家思想在文学上的落实,并将其作为中国艺术精神的重要呈现。他在庄子美学之外,强调以文学来唤醒社会民众、传承民族文化的价值生命,重建现代中国人的精神家园。

---

①本文系教育部人文社科重点研究基地2016年度重大规划项目“中华美学精神与20世纪中国美学理论建构”,2015年度中央高校基本科研项目“‘乡土文学论战’视域下台湾文学‘主体性’问题研究”的阶段性成果。原载于《学术界》2017年第8期。

②刘建平,哲学博士,西南大学文学院副教授,硕士生导师,主要从事文艺学、美学问题研究。

③李维武.徐复观文集(第五卷)[M].武汉:湖北人民出版社,2002:126.

一、文学——儒家美学的落实

魏晋时期“文的觉醒”之后，中国文学继承了上古儒家乐教的艺术精神，而成为儒、道、释三家思想共同作用的产物，徐复观认为：“中国文学，自西汉后，几乎都受有儒、道两家直接与间接的思想影响。六朝起，又加上佛教。”①他独具慧眼地拈出了中国文学的批判精神，并把文学作为“中国艺术精神”展开的一条重要线索。

儒家思想落实于文学，首先就表现在加深、提高、扩大作者的感发和文学的意境上，这种感发主要体现为文学中作者生命力(气)的贯注“指明作者内在的生命向外表出的经路，是气的作用，这是中国文学艺术理论中最大的特色”②。它一方面发而为“文以气为主”的文学之道，另一方面气又是文学与人之间的一种重要联结点。中国文学重气的传统，应该源自儒家。儒家的“气”有两层含义，一为构成万物生命的始基，另一为精神气质、精神境界，儒家的“气”显然侧重后一层含义。《孟子》提出了“居天下之广居，立天下之正位，行天下之大道；得志与民由之，不得志独行其道；富贵不能淫，贫贱不能移，威武不能屈”(《孟子·滕文公下》)的“大丈夫”人格，这种“大丈夫”人格的核心就是“善养浩然之气”(《孟子·公孙丑上》)。这种“以直养而无害，则塞于天地之间”的“浩然之气”对中国知识分子的影响更多地落实于人格修养和道德生活上，而对中国文学、艺术则产生了间接的影响，苏辙认为孟子和司马迁的文章“其气充乎其中，而溢乎其貌，动乎其言，而见乎其文，而不自知也”(《上枢密韩太尉书》)。在魏晋玄学的影响下，曹丕提出“文以气为主”，陆机撰写了《文赋》，开始把“气”引入文学艺术理论之中，后世甚至认为，只有艺术家善于养“气”，才能使创作的艺术作品有“生气”，“诗文之妙，非命世之才不能也。惟养浩然之气，塞乎天地之间，始能驱一世而命之也”。甚至人品气质，也影响到艺术作品的风格，“是故其气盛者，其文畅以醇；其气舒者，其文疏以达；其气矜者，其文砺以纰”(邵长衡：《与魏叔子论文书》)。正是儒家美学这一追求“充实而有光辉”的审美理想影响到了中国文学，使其追求一种气韵生动的“生气”之美。

其次，儒家思想在文学上的落实，主要表现为“文以载道”的文学观念的形成，“儒家由道德所要求，人格所要求的艺术，其重点也不期然而然地会落到带有实践性的文学方面——此即所谓‘文以载道’之‘文’”。“文以载道”主要强调由“道”与作者生命自然的融合，发而为文章内容与形式的自然融合，以此达到文章的最高境界。“道”这个词

①徐复观.中国文学精神[M].上海：上海书店出版社，2006：7.

②徐复观.中国艺术精神[M].沈阳：春风文艺出版社，1987：140.

在中国文化中有着非常复杂的内涵,有儒家之道,有道家之道,还有佛家之道,那么“文以载道”的“道”指的是什么意思呢?

徐复观所说的“文以载道”的“道”主要还是儒家的“道”,他说:“‘文以载道’的‘道’实际是指个性中所涵融的社会性,及对社会的责任感。”①“古文家的‘文以载道’指的是儒家的道……只有儒家对现实人生社会有正面的担当性。”②这种解释有其合理性,但不够准确。儒家的“道”既有伦理道德的形下含义,又有“天道”、天理的形上意味,二者是不能截然两分的“文以载道”也就是通过文学透显生命,达于理想。道家之道虽然也有人格修养的意义,但徐复观认为:“一个人,当他在感情的某一点上,直浸到底时,便把此点感情以外的东西,自然而然地忘掉了,也略近于道家所要求的虚静状态。但这种性情之真,是隐现不常的,所以这种诗人常只能有一首两首、一句两句使人感动的诗,而绝不能成为‘取众之意以为己辞’的伟大诗人;因为他缺乏人性的自觉,因而没有人格的升华,没有情感的升华,不能使社会之心,约化到一己之心里面来。”③“道”也就是民族的文化生命和社会的责任感。通过对刘勰《文心雕龙》的分析,徐复观认为刘勰在《原道》篇中所要还原的“道”是儒家之“道”,他说:“道之文向人文落实,便成为儒家的周、孔之文。于是道的更落实、更具体的内容性格,没有方法不承认是孔子‘熔钧六经’之道,亦即儒家之道。”④通过对杜甫诗的分析,徐复观认为杜甫之所以能上继讽《骚》,下开百代,是因为他把整个的生命投入对时代的责任感里面,他说:“古今中外,断乎没有与时代痛痒不关,而能成为一个像样子点的诗人、词人的。这才是中国近代出不来一个真正大诗人、词人的根本原因之所在。”⑤而从整个中国文学史上看,凡是以自己的心灵与时代相融合,因而代表了一个时代的文学作品,便不会是过眼云烟,而能永垂不朽的“文以载道”的文学观体现了儒家美学的核心精神。

再次,儒家思想对文学的影响,还表现为“文如其人”的批评理论的成熟。什么是“文如其人”呢?它包含两层含义:一是文如其人,即由艺术作品可以把握到一个人的心性、心灵;二是人如其文,一个艺术家的人格、心灵可以通过艺术作品得以显现和印证。从本质上讲,文是反映人的,而人是印证文的。文与人如不相符相应,则文为“托

①徐复观.中国文学精神[M].上海:上海书店出版社,2006:198.

②徐复观.中国文学精神[M].上海:上海书店出版社,2006:221.

③徐复观.中国文学精神[M].上海:上海书店出版社,2006:5.

④徐复观.中国文学精神[M].上海:上海书店出版社,2006:219.

⑤徐复观.中国文学精神[M].上海:上海书店出版社,2006:58.

之以空言"、无病呻吟的伪文,人则为"口惠而实不至"、虚言以欺世的伪君子。文与人的这种相互映照、印证的关系,使得中国艺术家一方面注意艺术修养中的"文饰",另一方面又"修齐以立诚",艺术家以自己全部的生命和人格来立言,以生命为自己的作品作证,徐复观指出:"在中国传统的文学思想中,总认为做人的境界与作品的境界分不开。"①作者人格修养的境界越高,他就越能将作品提升到一个高超的境界,越能给读者以强烈的感染力。艺术的境界,也就是由人格修养而来的精神所达到的层次。"取境的大小和作者精神境界的大小,密切相连;作者精神境界的大小和作者人生的修养、学力,密切相连。"②这就是中国文学由人品以确定"文品"的品鉴传统。

海德格尔通过凡高的《鞋》这幅作品,发现存在者之真理在其中发生了,而"艺术家与作品相比才是无足轻重的,为了作品的产生,他就像一条在创作中自我消亡的通道"③。在《在通向语言的途中》及《荷尔德林诗的阐释》等著作中,海德格尔还多次表达类似的思想"一首诗的伟大正在于,它能够掩盖诗人这个人和诗人的名字"。而在中国艺术传统中,艺术家才是作品生命和价值的来源及最终的归宿,徐复观认为:"艺术的究竟义是要表现一个人的人格,并且是要通过艺术而使人格得到充实、升华。充实、升华到可以从一个人的人格中去看整个世界、时代。"④他通过对赵松雪的分析,体验到赵氏"冲澹简远"的绘画后面是作者纯真的人格;他以"清"来品评赵松雪的艺术心灵,认为赵氏由一颗晶莹澄澈的"清"的心灵与客观世界相融相,即"由心灵世界之清,而把握到自然世界之清,这便形成了他作品之清"⑤。也就是说,以艺术家为中心还是以艺术作品为中心正是中西艺术品评系统的根本差异之所在。

徐复观一方面继承了来源于以《诗经》为代表的史官文化系统中的历史意识和现实主义立场,高举"文以载道"的旗帜,对儒家"可以怨"的文学传统特加表出;另一方面又融合了以《楚辞》为代表的巫官文化系统中的批判意识来完成新的文学精神的建构,这是他结合文化传统和现实状况而对中国文学精神做出的新的诠释。

二、"文以载道"——中国文学的主流

在历史上"文以载道"是中国文学的重要传统,南朝谢赫《古画品录》云:"图绘者,

①徐复观.中国文学精神[M].上海:上海书店出版社,2006:4.
②徐复观.中国文学精神[M].上海:上海书店出版社,2006:62.
③[德]海德格尔.林中路[M].孙周兴,译.上海:上海译文出版社,1997:24.
④徐复观.石涛之一研究[M].台北:学生书局,1979:73.
⑤徐复观.中国艺术精神[M].沈阳:春风文艺出版社,1987:383-384.

莫不明劝戒、著升沉,千载寂寥,披图可鉴。”唐张彦远《历代名画记》云:“夫画者,成教化,助人伦,穷神变,测幽微,与六籍同功。”宋朱熹云:“道者文之根本,文者道之枝叶。惟其根本乎道,所以发之于文皆道也。三代圣贤文章,皆从此心写出,文便是道。”(朱熹:《朱子语类》卷一三九)“文以载道”对中国文学的自觉、自律和发展、成熟起了重要的推动作用。艺术不是一种闭关自守的活动,它不仅要关注风格、技巧和形式转变,还要在艺术作品中传达出人性的经验。“文以载道”的观念就表达了艺术与人性经验的这种关联。

首先,“文以载道”是文学得以成立的根本条件。徐复观批判了白先勇的“社会意识过剩,以致贬低了艺术的独立性”①的观点,认为恰恰是社会意识,也就是文学中的这种道统意识和责任意识,才是文学得以成立的根源。他说:“若说这是文学中的功利主义,则这种功利主义正是中国两千多年来的文学传统。”②而后世却以艺术性的要求,对文学的这种根源加以忽视和否认,这是中国文学发展中的迷失。徐复观认为:“《史记》中史公自言流涕、垂涕者各一,言废书而叹者三。像这类由时代冲击而透入于历史中所流的眼泪和叹声,岂仅是个人遭遇所能解释?而后来的文学家,却只当作一种文章腔调去加以领会,便更思隔千里了。”③这种以儒家的中和、温柔敦厚的审美趣味诠释文学的倾向,使“文以载道”的批判精神流于散漫虚无。

在“文以载道”的文学观念中,最大的问题便是对“温柔敦厚”的误解。徐复观严厉批判了《礼记正义》里对“温柔敦厚”所做的“温谓颜色温润,柔谓情性和柔。诗依违讽谏,不指切事情,故云温柔敦厚,是诗教也”的解释,认为这是长期专制淫威下形成的苟全心理的解释,它使得中国文学中怨刺、载道传统逐渐被一种乡愿性格的诠释模式给消解了,徐复观指出:“对于这类大利大害的问题,而依然假温柔敦厚之名,依违苟且,诗道之衰,正由于此。”④中国文学中的“温柔敦厚”并不是指审美效果,而是指艺术创作时的心理状态,情感太过于激烈,无法进行艺术创作;情感太过于萧瑟冷淡,也无艺术创作的冲动。“温柔敦厚”即指一种适当的、有控制的创作心理状态。事实上,钱钟书所说的“‘发’而能‘止’,‘之’而能‘持’,则抒情通乎造艺,而非徒以宣泄为快”⑤正是孔

①白先勇.社会意识与小说艺术——五四以来中国小说的几个问题[M]//牟宗三等.中国文化论文集(第二编).台北:幼狮文化事业公司,1980:377-386.

②徐复观.中国文学精神[M].上海:上海书店出版社,2006:101

③李维武.徐复观文集(第五卷)[M].武汉:湖北人民出版社,2002:40.

④徐复观.中国文学精神[M].上海:上海书店出版社,2006:45.

⑤钱钟书.管锥篇(第一册)[M].北京:中华书局,1979:58.

子所说的“温柔敦厚”的情感状态。在这种状态里,激烈的情感、温柔的情感、乡愿的性格、狂狷的性格都熔为一炉,这就构成艺术情感的丰富性、复杂性。徐复观说:“在反省中发现了无数难以解脱的牵连,乃至含有人伦中难言的隐痛。感情在牵连与隐痛中挣扎,在挣扎中融合凝集,便使它热不得、冷不掉,而自然归于温柔。由此可以了解温柔的感情,是千层万叠起来的敦厚的感情。”[①]尤其是怨愤的情感,对文学艺术的创作更是具有重要的作用。[②]《礼记正义》对“温柔敦厚”乡愿性格的诠释使“文以载道”陷入教条化、空虚化,它不仅不能加深文学的境界,反而成为文学向前发展的束缚,成为中国文学精神衰落的根源。

其次,“文以载道”是文学走向自觉的标志,徐复观认为:“中国把文学从作为道德、政治之手段的附属地位解放出来,而承认其有独立价值的自觉,可以用曹丕的《典论·论文》作代表。”[③]他认为陆机在《文赋》中的“伊兹文之为用,固众理之所因。恢万里而无阂,通亿载而为津……被金石而德广,流管弦而日新”[④],较曹丕的“盖文章,经国之大业”更言切而意深,这可以说是“文以载道”的深入展开。唐代韩愈提出“文以明道”的主张,“君子居其位,则思死其官。未得位,则思修其辞以明其道”(《争臣论》)。周敦颐则在《周子通书·文辞》中明确提出“文以载道”的概念。值得注意的是,韩愈的“文以明道”出发点是“文”,也即文章应该有丰富而充实的内容;周敦颐的“文以载道”的出发点是“道”,文章只是“道”的载体,徐复观敏锐地觉察到了这一点,所以他说:“由《尧典》的‘诗言志’到韩愈的‘大凡物不得其平则鸣’,都是此物此志。其中把创作的动机、历程说得最完全的,莫如王褒所引《诗传》的‘诗人感而后思,思而后积,积而后满,满而后作’的几句话。”[⑤]“文以载道”可以说是“诗言志”走向自觉的必然要求。

值得注意的是“文以载道”引发的“文的自觉”,其实就是艺术家主体意识和道德意识的觉醒,它由于过分强调了文学的道德价值而沦为政治教化的工具,这种观点部分地说出了一个事实:那就是对“温柔敦厚”乡愿性格的诠释方式正是专制统治扭曲中国文学精神、摧毁中国文学真生命的重要表现。什么是教化呢?黑格尔在《精神现象学》中认为,教化是个体通过异化而使自身成为普遍化的本质存在。[⑥]也就是说,人之所

①徐复观.中国文学精神[M].上海:上海书店出版社,2006:46.

②王先霈.中国文化与中国艺术心理思想[M].武汉:湖北教育出版社,2006:121-140.

③徐复观.中国文学精神[M].上海:上海书店出版社,2006:147.

④(晋)陆机.文赋集释[M].张少康,集释.北京:人民文学出版社,2005:260.

⑤徐复观.中国文学精神[M].上海:上海书店出版社,2006:100.

⑥[德]黑格尔.精神现象学(下卷)[M].贺麟,王玖兴,译.北京:商务印书馆,1979:41-70.

以成为人,就在于他摆脱了直接性和本能性的某些东西,而成为一种精神的存在,人就其本质而言就不是他应当是的东西,因此人类需要教化。伽达默尔则说:"教化作为普遍性的提升,乃是人类的一项使命。它要求为了普遍性而舍弃特殊性。但是舍弃特殊性,从否定方面说,就是对欲望的抑制,以及由此对欲望对象的摆脱和驾驭欲望对象客观性的自由。"①教化的目的,是为了达到自由,而不是反被束缚。艺术旨在为人的存在寻求真实,实现和建立超越性的基础,也就是既把自然状态加以升华,又在文明的层面复返于自然,这才是教化。构成教化本质的并不是单纯的异化,而是理所当然地以异化为前提的返回自身,这种精神的转变不是断裂,而是向普遍性的提升过程。

再次,"文以载道"是文学在艺术上的重要发展,徐复观认为:"由道德心的培养,以打通个性与社会性中间的障壁的。这是儒家在文学方面的基本要求。"②这种"览一国之意以为己心"的情感有合于艺术家个性的一面,当然也有超越于艺术家个性的一面,文学作品的生命力,就在于通过别具个性的艺术表现方式去"载道"。"道"是文学成立的根源,而个性则是文学的生命力之所在,艺术家的个性和艺术作品中的"道"不是两分的,而是一气贯注、血肉相连的,由提高人以提高作品的养气的工夫,是中国艺术家最根本的工夫,所以徐复观认为:"(文以载道)总体来说必然会加深文学创作的动机,提高文学创作的素质,把中国文学的发展推向一个新的里程碑。"③缺乏个性和道德情感的艺术作品,而仅仅以某种使命感、责任感为圣人立言,艺术家往往是被动的、缺乏生气的,也容易使欣赏者产生心理疲劳和厌恶感。徐复观严厉批判了那些认为艺术与道德不相容的人"殊不知道德的教条、说教固然不能成为文学,但文学中最高的动机和最大的感动力,必是来自作者内心的崇高的道德意识。道德意识与艺术精神,是同住在一个人的情性深处"④。这就把握到了中国文学精神的正途。

徐复观认为儒家"文以载道"对文学的束缚主要不是儒家思想的过失,而是专制政治之过。"其实,真正束缚文学发展最大障碍的,是长期的专制政治。"⑤"在专制之下,刀锯在前,鼎镬在后,贬逐饥寒弥满于前后之间,以设定人类良心所不能触及的禁区,凡是最黑暗、最残暴、最反人性的,禁区的禁愈严,时间一久,多数人变麻木了,有的人

①[德]伽达默尔.真理与方法(上卷)[M].洪汉鼎,译.上海:上海人民出版社,1992:14-15.

②徐复观.中国文学精神[M].上海:上海书店出版社,2006:4.

③徐复观.中国文学精神[M].上海:上海书店出版社,2006:101.

④徐复观.中国文学精神[M].上海:上海书店出版社,2006:198.

⑤徐复观.中国文学精神[M].上海:上海书店出版社,2006:20.

变为走向反面的爬虫动物了。”鉴于此，徐复观认为要将中国文学精神从这种衰薾、虚无的状态拯救出来，就必须彰显悲愤的文学传统，他说：“所以今日之诗，恐非新旧的问题，而是如何将由专制政治所变形之表现方法，一洗旧染之污，使所谓诗人者敢面对现实，以适合于自己之气质者发抒其感情的问题。”①这是先秦儒家的真精神，也是中国文学的生命之所在。

三、中国文学精神之缺失

不同的艺术类型需要不同的表达方式。宗白华说音乐是最高的艺术，就在于音乐的内容和形式是合一的，所以音乐是最有表现和感染力的艺术，也成为最容易被人欣赏和接受的艺术，这一点和书法是十分接近的。绘画的内容要受到形式的制约，绘画的突破往往直接表现为形式的创新。而文学又不同于音乐和绘画，从形式决定内容这方面看，文学是一门独立的艺术，文学的创作就是艺术创作。徐复观认为，受儒家艺术精神支配的文学、诗歌道德说教的意味，遮蔽了其艺术上的审美意味而成为歌功颂德的工具，失去了其讽谏的现实意义；从内容决定形式来看，文学还具有非艺术的一面，在这种思想影响下的文学，只是政治和宣传的工具。

从儒家“中和”“温柔”的趣味上看，中国文人在专制统治之下，偏好文学的抒情性，对社会、人生缺乏深刻的反省意识，郭沫若说：“东方人对于文学喜欢抒情的东西，喜欢沉潜而有内涵的东西，但不要伤于凝重。那感觉要像玉石般玲珑温润而不像玻璃，要像绿茶般于清甜中带点涩味，而不像咖啡加糖加牛乳。”②在这种审美趣味的影响下，儒家“可以怨”的传统日益走向了消极的抒情、感叹和虚无主义，从而不能在人性的深度、厚度的开拓上做出积极的贡献。对这一点，郎擎霄在评价庄子的文学价值时，曾借顾实之言加以表出：“庄子与孟子俱染受战国之风，而英迈豪隽之气，自有不可当者，故发露其激越之感情，不少顾惜。竖说横论，而痛言快语，毫不藏锋芒，两者全类似，但以人种之差异，与南方之天然，使庄子更比孟子成就文学之价值。”③此论可谓一针见血。

明、清以来，由于资本主义工商业的发展和人性解放的思潮，在艺术上也出现了对儒家审美传统的批判与反思。袁宏道非常推崇《离骚》的批判精神“且《离骚》一经，忿怼之极，党人偷乐，众女谣诼，不揆中情，信谗齌怒，皆明示唾骂，安在所谓怨而不伤者

①李明辉，黎汉基，徐复观杂文补编(第一册)[M].台湾：“中央研究院”中国文哲研究所，2001：523.
②郭沫若.郭沫若全集(第十九卷)[M].北京：人民文学出版社，1992：467.
③郎擎宵.庄子学案[M].天津：天津市古籍书店，1990：241

乎？穷愁之时，痛哭流涕，颠倒反覆，不暇择音，怨矣，宁有不伤者？”（袁宏道《叙小修诗》）《离骚》体现了楚风之美，打破了儒家“中和”之桎梏；清郑板桥也对儒家的“温柔敦厚”提出批判：“文章以沉着痛快为最《左》《史》《庄》《骚》、杜诗、韩文是也……而世间娖娖纤小之夫，专以此为能，谓文章不可说破，不宜道尽，遂訾人为刺刺不休。夫所谓刺刺不休者，无益之言，道三不着两耳。”①杜维明也认为：“真正在中国知识分子的心灵里发生化学作用、引起很大威力的是另外一个传统，我叫它悲愤的传统。”②徐复观一方面通过对“文以载道”“温柔敦厚”的辩证，对儒家美学进行了新的发掘和还原；另一方面徐复观又清醒地看到，儒家的艺术精神经过孔子对《诗经》“思无邪”的诠释以及《礼记正义》对“温柔敦厚”的注解发生了很大的转变，批判、怨愤、抗议的精神自汉代以后就日益湮没在专制的淫威之下，他痛心地说：“民国以来可悲可痛之事万千，而对此现象之发抒之诗篇不见一二……《诗·变风·变雅》中，很露骨地讽刺现实，甚至于咒骂现实的诗，不在少数。孔子删《诗》，都要把这一类的录而存之，使人便于讽诵。”③因而，要重建“中国艺术精神”，就是要在还原儒家真精神的基础上，贴近时代的现实去发现新的生命。徐复观在20世纪的离乱之世中所把握到的中国文学的精神就是这种“文以载道”的精神。“文以载道”不是以文学为政治服务，而恰恰是以“道统意识”对抗“治统意识”，以文学传承民族文化的价值生命，以文学来唤醒社会民众、重建现代中国人的精神家园。

最后，需要指出的是，徐复观重建中国文学精神仍然是以“文以载道”“艺以载道”的政治社会学作为文学价值指向的。“文以载道”将德性内化于文学中，忽略了个体的内心感受而倾向于社会层面上的话语生产，这就使它难脱“工具”的特性。徐复观没有对文学中怨愤、批判传统的这种伦理—艺术的两面性作出区分，这就没有从根本上解决文学如何走出为专制政治服务的历史命运的问题。

①(清)郑板桥.潍县署中与舍弟第五书[M]//郑板桥集.上海:上海古籍出版社,1986:21.

②[美]杜维明.现代精神与儒家传统[M].台北:联经出版事业公司,1996:308.

③李明辉,黎汉基.徐复观杂文补编(第一册)[M].台湾:“中央研究院”中国文哲研究所,2001:513.

BAYU WENHUA

巴渝文化

“巴蜀文化”“巴渝文化”概念及其基本内涵的形成与嬗变[①]

黎小龙[②]

摘　要：具有当代科学意义的“巴蜀文化”，于抗战时期由卫聚贤提出。但“巴蜀文化”概念和基本内涵形成和确立的标志，则是《说文月刊》两期“巴蜀文化专号”的出版。20世纪80年代后期至90年代，是“巴蜀文化”概念发展最明显和丰富多彩的时期，川渝两地出现分流：四川出现由“巴蜀文化”向“古蜀文明”和“巴蜀文明”的提升和拓展，而重庆则出现从“巴蜀文化”“巴文化”向“巴渝文化”的嬗变。“巴蜀文化”与“巴渝文化”概念的提出和形成，既顺应了学术发展的趋势，也适应了特定历史时期（抗战、三峡文物抢救保护）社会发展的需要。而文化概念的创新，意义非凡，不仅直接推动了学术的发展繁荣，更为社会的进步提供了精神动力和文化源泉。

关键词：巴蜀文化；巴渝文化；巴蜀文明；郭沫若；重庆；卫聚贤

具有当代科学意义的“巴蜀文化”概念，在抗战时期提出和形成。“巴渝文化”概念则是在20世纪80年代后期提出。对近80年来“巴蜀文化”研究概况和学术史的梳理研究，已有系列成果，但对“巴蜀文化”概念和基本内涵的提出、形成的界定，则歧义纷呈。从“巴蜀文化”到“巴蜀文明”和“巴渝文化”的嬗变与衍分的研究，则相对阙如。本文拟就此专题做系统梳理和探讨。

一、“巴蜀文化”概念的提出和形成

学术界对于抗战时期“巴蜀文化”概念的提出，有三种说法：一是以卫聚贤于1941年发表《巴蜀文化》一文为标志；二是认为郭沫若“是提出巴蜀文化研究概念的第一

①原载于《西南大学学报：社会科学版》第43卷第5期。

②黎小龙，西南大学历史文化学院教授，博士生导师。

人”,三是认为卫聚贤、王国维二人提出了“巴蜀文化”概念。具体考察从郭沫若到卫聚贤关于“巴蜀文化”概念提出的实际情况,这一科学命题的提出和形成呈现出一个渐进明晰的历程。

近代“巴蜀文化”的学术研究,发轫于1929年四川广汉县太平场燕氏宅旁大批玉器的发现,以及此后华西大学博物馆葛维汉(D.C.Graham)及林名钧对该玉器坑的科学发掘和研究。正是在这一学术背景下,旅居日本的郭沫若于1934年7月9日致林名钧的信中提出,“西蜀文化很早就与华北、中原有文化接触”,推论“四川别处会有新的发现,将展现这个文化分布的广阔范围”①。谭继和正是据此提出,郭沫若是提出巴蜀文化概念和课题的第一人。显然,郭沫若提出的文化概念是“西蜀文化”,而不是“巴蜀文化”。不过,他已从考古发现的视域将四川作为一个“文化分布”的文化区域,已有“巴蜀文化”的区域认识和意识。但是,“西蜀文化”的概念毕竟不同于“巴蜀文化”。在卫聚贤于1941年明确提出“巴蜀文化”之前,除郭沫若对四川具有明显文化区域认识和意识外,徐中舒1940年3月发表的《古代四川之文化》、顾颉刚1941年5月发表的《古代巴蜀与中原的关系说及其批判》,同样是把四川或巴蜀作为一个文化区域加以研究。以至于当代学者评价顾颉刚一文,首次提出了“巴蜀文化独立发展说”(林向、段渝等)。但是,该文并无“巴蜀文化”概念的术语和称谓。文章有“蜀的文化”,甚至以嘲讽的口气评价汉唐以来建构的巴蜀与中原的关系,认为巴蜀就是中原,而且是中原文化的核心了,全文都是讨论巴蜀文化与中原文化关系,却不明确称道“巴蜀文化”,可谓有“巴蜀文化”之实,而未正其名。

《说文月刊》第3卷4期刊出“巴蜀文化”专号,卫聚贤于该期发表《巴蜀文化》一文,1942年又以《巴蜀文化》再次发表。前后两文均以巴蜀青铜器(主要是成都白马寺坛君庙青铜器)为其材料研究巴蜀文化,在当时产生极大影响。卫聚贤在《巴蜀文化》的开篇谈到该文命题的变化,是从《蜀国文化》拓展为《巴蜀文化》:

> 今年四月余到成都,在忠烈祠街古董商店中购到兵器一二,其花纹为手与心,但只有一二件,并未引起余注意。六月余第二次到成都,又购到数件,始注意到这种特异的形状及花纹,在罗希成处见到十三件,唐少波处见到三件,殷静僧处两件,连余自己搜集到十余件,均为照、拓、描,就其花纹,而草成《蜀国文化》一文。

①黄淳厚.郭沫若书信集(上册)[M].北京:中国社会科学出版社,1992:398-399.

> 八月余第三次到成都，又搜集到四五件，在赵献集处见到兵器三件，残猎壶一。林名均先生并指出《华西学报》第五期（1937年2月出版）有錞于图。其花纹类此，购而读之，知万县、什邡（四川）、慈利（湖北）、长杨（湖北）峡来亦有此特异的花纹兵器出土，包括古巴国在内，故又改此文为《巴蜀文化》。①

从这两小段叙文可知，卫聚贤在1941年4月至8月期间三次到成都搜集巴蜀青铜器，在前两次搜集到的约30件青铜器基础上已写成《蜀国文化》一文。文章命名的变化缘于卫聚贤第三次到成都，特别是在林名钧引导下得阅《华西学报》一文，始知此类青铜器分布不限于蜀地，也见于古代巴国之地，实为巴蜀青铜器，遂改名《巴蜀文化》。郭沫若于1934年针对广汉出土的玉器提出"西蜀文化"概念，卫聚贤1941年在巴蜀青铜器的搜集、研究基础上提出"巴蜀文化"概念。从郭沫若"西蜀文化"到卫聚贤的"蜀国文化"进而"巴蜀文化"的提出，直接的导因无疑是玉器、青铜器新的出土材料，为巴蜀区域文化的认识提供了可信的佐证。而这一概念提出的认识背景，也呈现出从郭沫若到徐中舒、顾颉刚对四川、巴蜀整体文化区域的认识。卫聚贤在《巴蜀文化》开篇中专门谈到1940年8月重庆江北汉墓的发现以及重庆各地的崖墓②。而该期《巴蜀文化》之后的文章，则是郭沫若《关于发现汉墓的经过》，文中详叙与卫聚贤一同赴江北培善桥发现汉墓的经过。由此可知，郭沫若的关于四川文化区域的认识对卫聚贤"巴蜀文化"概念的提出应有直接的影响。但是，明确提出"巴蜀文化"概念的，毕竟是卫聚贤，而不是郭沫若，也不是顾颉刚。

当明确抗战时期"巴蜀文化"概念提出的实际情况后，需要进一步探讨的问题是：抗战时期"巴蜀文化"概念的基本内涵是什么？这一概念形成和确立的标志是什么？

学界对抗战时期"巴蜀文化"概念的提出和形成，更多的是关注卫聚贤《巴蜀文化》一文对于这一概念的提出，往往忽略刊载该篇论文并以"巴蜀文化专号"命名的两期《说文月刊》中其他相关著述观点。而深入探讨抗战时期"巴蜀文化"概念的提出和形成，不仅要关注《巴蜀文化》一文，更须全面深入研究《说文月刊》两期"巴蜀文化专号"所蕴含的"巴蜀文化"概念的基本内涵，以及它对于"巴蜀文化"概念在这时期形成的作用和意义。

《说文月刊》第一期"巴蜀文化专号"出版，是在1941年10月的上海。而第二期"巴

①卫聚贤.巴蜀文化[J].说文月刊（"巴蜀文化专号"），1941(4)：1-34.

②卫聚贤.巴蜀文化[J].说文月刊（"巴蜀文化专号"），1941(4)：1-34.

蜀文化专号”的出版，则是《说文月刊》西迁重庆后于1942年8月复刊的首期，故特别注明“渝版”。前后两期“巴蜀文化专号”，共刊载25篇文章（零散小文、随笔类不计），另有一篇《冠词》，一篇《复刊词》。显然，这批文章的内容和它所蕴涵的《说文月刊》编辑思想，应是我们深入考察抗战时期“巴蜀文化”概念基本内涵的主要研究对象。

“巴蜀文化专号”这批文章所反映的“巴蜀文化”概念的基本内涵，可概括为五个基本的要素：巴蜀文化的地位、巴蜀文化的空间内涵、时间内涵、民族内涵和文化内涵。关于巴蜀文化的地位，金祖同在第一期“巴蜀文化专号”刊载的《冠词》评价：巴蜀文化“于中华文化，实多所贡献。巴蜀之于中国，虽地近边陲，而于学术文物有与中原、吴越相长相成者，安可不加注意者乎？”①不仅肯定其历史地位，更将长江上游的巴蜀文化与下游的吴越文化、黄河流域的中原文化相提并论，在中国区域文化中确立其特定的独到地位。傅振伦《巴蜀在中国文化上之重大供（贡）献》指出“巴蜀历史上，均有特殊的供（贡）献，而自成一系统”，文章从石经、雕版、陶瓷、织造、钱币交子等九个方面论述巴蜀古代文化的贡献和地位，与金祖同的《冠词》两相呼应。

巴蜀文化地理空间的范围。《说文月刊》两期“巴蜀文化专号”刊载的文章，就其地理空间范围而论，除少数专类文章外（如葬制、汉墓、汉砖三文），其主要文章为古代四川历史文化研究，也有少量文章扩展到西康、云南、湖北相邻地区。1941年上海出版的“巴蜀文化专号”有数篇巴蜀汉墓文章。此外，又刊载张希鲁《云南昭通的汉墓》一文。1942年重庆出版的第二期“巴蜀文化专号”，载有郑德坤《华西的史前石器》，该文研究的石器分布范围，除以四川分布为主外，尚有湖北的宜昌（巴东列入四川）、云南元谋、西康雅安和道孚至泸河。可见，《说文月刊》“巴蜀文化”的地域范围，是四川省（今四川省、重庆市）和邻省的邻近地区。

关于巴蜀文化历史阶段和时限的划分，则多种说法并存。金祖同的《冠词》将巴蜀文化划分为“巴蜀古文化”和当代“巴蜀新文化”，并立足抗战“中华新文化”和国家“复兴”的视角，就巴蜀文化的当代意义提出：

> 溯自抗战军兴，国都西徙……巴蜀一隅，遂成复兴我国之策源圣地，政治、经济、人文学囿，蔚为中心……中华崭然新文化当亦将于此处孕育胚胎，植其始基，继吾辈研究巴蜀古文化而发扬滋长……使巴蜀新文化衍而为中华新文化。②

①金祖同.冠词[J].说文月刊（“巴蜀文化专号”），1941（4）：1-2.
②金祖同.冠词[J].说文月刊（“巴蜀文化专号”），1941（4）：1-2.

金祖同在《冠词》的开首部分，追述了《华阳国志》《春秋》《蜀王本纪》等文献所记巴蜀两国及两族历史，继而接以两汉、三国、唐宋巴蜀历史文化。显然，金祖同所谓“巴蜀古文化”，就是巴蜀古代历史文化，而“巴蜀新文化”，则是与之相对应的巴蜀现当代文化。可见，金祖同以第一期“巴蜀文化专号”《冠词》名义发表的“巴蜀文化”概念，是包容古今巴蜀地域文化的总称。“巴蜀文化”概念提出的伊始，就包含了“学术文物”之“古文化”和复兴国家民族之“新文化”的两种含义。这是《说文月刊》要担当的历史使命，也是编辑两期“巴蜀文化专号”，提出“巴蜀文化”概念的当代意义。金祖同对“巴蜀古文化”的认识，全面体现在《说文月刊》“巴蜀文化专号”的编辑思想之上。第一期“巴蜀文化专号”刊载了11篇论文，除卫聚贤《巴蜀文化》一文以出土青铜器研究为主外，其余9篇为汉代历史、考古方面的文章，《蜀胜志异录》则由先秦秦汉至隋唐。1942年“渝版”“巴蜀文化专号”刊载14篇文章，专论先秦巴蜀历史考古的文章共计8篇，除汉代研究及一篇记叙文外，其余数篇如《四川古迹之调查》《巴蜀在中国文化上的重大贡献》《钓鱼台访古》均为巴蜀古代历史文化研究，全不受先秦秦汉的时代限制。可见，抗战时期《说文月刊》“巴蜀文化专号”的“巴蜀文化”概念，在其“巴蜀古文化”的内涵之中，是包容了整个古代巴蜀的历史文化，不限于巴人、巴国或蜀人、蜀国的石器、青铜时代。

此外，以先秦秦汉巴蜀历史考古为“巴蜀文化”概念内涵的认识，在《说文月刊》“巴蜀文化专号”中也有较为充分、明晰的体现。1942年“渝版”“巴蜀文化专号”以“说文月刊社”名义发表的《复刊词》云，第三卷四期认为巴蜀文化——成都白马寺的兵器，与重庆江北的汉墓。从巴蜀青铜器时期下延至东汉汉墓时代，这应是“说文月刊社”对1941年上海出版的“巴蜀文化专号”关于“巴蜀文化”概念的较为明晰的表述。对于“渝版”“巴蜀文化专号”（第二期）的具体约稿、编辑工作，缪凤林《漫谈巴蜀文化》开首语云：

> 《说文月刊》迁川继续出版，第一期为“巴蜀文化专号”，专考秦汉以前的巴蜀文物。聚贤一定要我为该专号写一篇论文，我说：“历史对于巴蜀文化的记载，始于汉人。近世发现的巴蜀文物，我所见所知的亦以汉代者为多，我不能凭空恣论汉前的巴蜀文化，我只能据汉代的记载和遗物，对于古代的巴蜀文化作一个合理的推测。”因草成这篇漫谈。①

从这一段说明可以看到，缪凤林的“巴蜀文化”概念在其历史阶段的划分可分为两

①缪凤林.漫谈巴蜀文化[J].说文月刊（“巴蜀文化专号”），1942(7)：121-125.

类：一是以卫聚贤《巴蜀文化》一文为代表的，“专考秦汉以前巴蜀文物”的“汉前的巴蜀文化”，这是与《说文月刊》两期“巴蜀文化专号”中关于广汉玉器、巴蜀青铜器、华西史前石器等系列文章相对应的特定内涵；二是除先秦时期外，也包括秦汉的巴蜀文化。缪凤林《漫谈巴蜀文化》一文的研究内容，主要是秦灭巴蜀以降战国秦汉时期的巴蜀历史文化。此类划分，与该期“说文月刊社”发布的《复刊词》对巴蜀文化时段的认识，最为接近。

关于“巴蜀文化”概念的民族（族群）与文化内涵。缪凤林从民族的视角将巴蜀文化划分为“狭义”和“广义”。他说：“狭义的巴蜀，指的是‘巴人’‘蜀人’或‘巴国’‘蜀国’。广义的巴蜀，则除巴人蜀人或巴国蜀国外，《史记》和《汉书》西南夷所列举，西夷南夷亦皆计入。”①这与《说文月刊》两期“巴蜀文化专号”将四川相邻的少数民族地区，如西康、云南等地作为同一文化区加以研究，在民族和族群内涵的认识应相一致。“巴蜀文化”概念的文化内涵，《说文月刊》区分为两类：一是具学术意义的“巴蜀古文化”，二是当代现实意义的“新文化”。金祖同在《冠词》中呼吁：中华新文化“继吾辈研究巴蜀古文化而发扬滋长……使巴蜀新文化衍而为中华新文化。”②显然，金祖同的巴蜀“古文化”和“新文化”具有不同的含义。巴蜀“古文化”是“学术文物”的传统文化，它在“发扬滋长”“中华新文化”的历史使命中，彰显了极为重大的当代意义；巴蜀“新文化”当与抗战民族文化精神的“中华新文化”相衔接，即赋予了极为神圣的时代使命。

总而言之，“巴蜀文化”概念的提出，从郭沫若、徐中舒、顾颉刚到卫聚贤，有一个渐进发展和明晰的进程，但明确提出“巴蜀文化”的是卫聚贤；而“巴蜀文化”概念和基本内涵的形成，则以1941年和1942年两期《说文月刊》“巴蜀文化专号”系列文章的出版为标志。抗战时期形成的“巴蜀文化”概念的基本内涵丰富而宽广，包括诸多要素：构成中华文化的各主要地域文化中，巴蜀文化具有独特的地位；巴蜀文化有狭义、广义之分，狭义的仅限“巴国”“蜀国”和“巴人”“蜀人”，广义的除四川、重庆外，也包括相邻地区的诸多少数民族；巴蜀文化包容古今，可分为巴蜀“古文化”和“新文化”。巴蜀“古文化”主要为“学术文物”意义，其时间划分三说并存：先秦时期“专考秦汉以前的巴蜀文物”；包容秦两汉，从先秦迄两汉；由先秦迄明清，跨越整个古代。在抗战“国府西迁”，巴蜀成中国政治、经济、文化中心的背景下，研究巴蜀“古文化”，对于“发扬滋长”巴蜀“新文化”和“中华新文化”具有特殊的现实意义，巴蜀文化的研究和发扬，在抗战特定的历史时期赋予了文化自觉、文化自信的历史使命。

①缪凤林．漫谈巴蜀文化[J]．说文月刊（“巴蜀文化专号”），1942（7）：121-125.

②金祖同．冠词[J]．说文月刊（“巴蜀文化专号”），1941（4）：1-2.

二、“巴蜀文化”概念的嬗变

中华人民共和国成立以来，随着考古发掘和新材料的不断出现，以及对巴蜀文化研究的深入和拓展，“巴蜀文化”概念的嬗变呈现出明显的阶段性和指向性。以“文革”十年为限，“文革”前的五六十年代为一阶段，“文革”后的八九十年代至二十一世纪初为一阶段。“巴蜀文化”概念嬗变的指向性呈现出两个趋向：一是在抗战时期形成的概念内涵基础上深化、丰富和拓展；二是以成渝两地学者群为主体，分别由“巴蜀文化”向“巴蜀文明”“巴渝文化”新的区域文化概念提升和衍展。

抗战时期对于卫聚贤等人提出“巴蜀文化”概念的质疑和争议，在五十年代巴县冬笋坝、昭化宝轮院等同类青铜器出土的科学发掘证据出现前销声匿迹。顾颉刚在抗战时提出的“巴蜀文化独立发展说”，得到坚实的支持。正是在五十年代考古发掘的基础上，“巴蜀文化”研究在六十年代出现了徐中舒、蒙文通、冯汉骥、邓少琴、缪钺、任乃强“第一次学术群体性创获”，形成一批具有时代代表性的学术成果，对后世产生极大影响。但是，他们并没有对“巴蜀文化”概念予以明确的界定，从这时期的研究成果范畴可知，先秦秦汉时期巴蜀地区的历史文化是他们主要的研究领域。

对“巴蜀文化”予以科学界定的，是《中国大百科全书·考古卷》童恩正撰“巴蜀文化”条目：

> 巴蜀文化。中国西南地区古代巴、蜀两族先民留下的物质文化。主要分布在四川省境内。其时代大约从商代后期至战国晚期，前后延续上千年。从考古学上确认巴蜀族的物质文化，是中华人民共和国成立以来商周考古的一大收获。①

林向对童恩正的这一界定评价：“这是第一次对‘巴蜀文化’的科学界定，大致反映20世纪80年代以前学术界对‘巴蜀文化’的主流看法……一系列重大考古新发现，特别是成都平原及长江三峡诸多遗址的发现与研究，对上述‘巴蜀文化’的表述，应该有所改观了。”他作出修正后的界定如下：

> “巴蜀文化”应该有“狭义”与“广义”之分。“狭义的巴蜀文化”，即中国西南地区以古代巴蜀为主的族群先民们留下的文化遗产。主要分布在四川盆地及其邻近地区，其时代大约相当于春秋战国时期，前后延续上千年。“广义的巴蜀文化”是指包括“四川省”与“重庆市”两者及邻近地域在内的，以历史悠久的巴文化和

---

①中国大百科全书总编辑委员会《考古学》编辑委员会、中国大百科全书出版社编辑部．中国大百科全书·考古学[Z]．北京：中国大百科全书出版社，1986：29.

蜀文化为主体的,包括地域内各少数民族文化在内的、由古至今的地区文化的总汇。①

从以上二人的界定中可以看到,“巴蜀文化”概念的内涵有四个最为基本的要素:时间(历史阶段的划分)、空间(地理范围的界定)、族群、文化范畴。

就“巴蜀文化”概念狭义、广义的内涵而论,两位学者的界定均包含了两个极端:狭义之最,童恩正仅限巴蜀二族的物质文化,林向仅限春秋战国时期;而广义之最,以林向“由古至今的地区文化的总汇”为其代表。时间是“由古至今”,空间是川、渝两省市及邻近地域,族群是巴蜀两族及各少数民族,文化范畴则是包括政治、经济、社会、文化的“地区文化的总汇”。

林向对“巴蜀文化”狭、广二义划分的方法,受到袁庭栋1991年狭义、广义“两种含义”和段渝“三概念说”即“狭义的巴蜀文化”(“小巴蜀文化”)、“考古学上的巴蜀文化”、“广义巴蜀文化”(“大巴蜀文化”)的影响。从童恩正20世纪80年代首次对“巴蜀文化”概念的界定到林向2006年全面修正的20余年间,是抗战以来“巴蜀文化”概念发展、演变最丰富多样,也最为重要的历史阶段。就“狭义巴蜀文化”而论:有赵殿增从新石器晚期到西汉前期早、中、晚三段划分,有袁庭栋“秦统一巴蜀之前”(战国晚期之前)的界定,还有段渝“先秦巴蜀文化”的断定,也有林向的“春秋战国秦汉的划分”。就“广义巴蜀文化”的划分,袁庭栋提出“广义的是指整个四川古代及近代的文化”,谭洛非认为,“巴蜀文化,是指四川省地域内,以历史悠久的巴文化和蜀文化为主体,包括省内各少数民族文化在内的、由古至今的地区文化的总汇”。谭继和在“泛巴蜀文化”(即广义巴蜀文化)的基础上于2002年提出,“一般说来,巴蜀文化是指人类社会出现以来巴蜀地区人群生活方式的总和,它包含旧石器时代、新石器时代等史前时代,也包含整个文明时代”。显然,林向于2006年对于“巴蜀文化”的界定,是对20世纪80年代以来二十余年间关于“巴蜀文化”概念研究和界定的一次综合与提炼,具有明确的时代代表性。

将最近这二十多年学术界对“巴蜀文化”概念的界定和论述与抗战时期的研究相比较,我们可以明显地看到关于“巴蜀文化”概念研究的丰硕成果和极大进步,对“巴蜀文化”概念的科学界定更明晰、规范,其基本内涵构成的主要要素内容的研究更深入、系统,对“巴蜀文化”概念的认识更丰富、多样,从而呈现出异彩纷呈的状态。但是,这些成果的主要论点与抗战时期研究成果也存在明显的沿袭关系。

①林向.“巴蜀文化”辨证[J].华中师范大学学报(人文社会科学版),2006(4):90-94.

对“巴蜀古文化”划分的三种类型的前两种：“专考秦汉以前”历史，与童恩正、段渝的界定相类；而新石器至两汉的研究，则与林向、赵殿增关于“狭义巴蜀文化”的划分相近。金祖同在《说文月刊》的《冠词》中将巴蜀文化划分为“古文化”和“新文化”，当应是“广义巴蜀文化”的滥觞。袁庭栋、段渝、林向对巴蜀文化狭义、广义的界定，谭继和对巴蜀文化由古至今六大发展阶段的划分，近十年来四川学界《巴蜀文化通史》的编撰，就其文化概念和基本内涵的思想渊源，均肇始于抗战时期关于“巴蜀文化”的学术思想。

“巴蜀文化”概念嬗变的标志，是“巴蜀文明”和“巴渝文化”概念的提出与传播，这是近三十年来川渝学术界对于“巴蜀文化”概念最具时代意义的创新和贡献。据段渝的梳理，“巴蜀文明这个概念，是80年代中叶三星堆考古重大发现以后提出来的”①，自此以后的三十年间，巴蜀文明的探讨成为当代巴蜀文化研究的一个重大议题和方向，逐步拓展和深入，呈现出一系列学术性、创新性明显的论题，形成了一批具有较高学术意义和学术价值的成果。在这一过程中，学术思想和学术理念、概念的创新和探索，对巴蜀文化学术研究的推动，起到了尤为关键和重要的作用。

“巴蜀文明”提出以后，在其文明概念与巴蜀文化的研究方面，最具学术意义的应是关于长江上游文明起源和区域文明中心的研究。

赵殿增认为，巴蜀文明有一个孕育于石器时代，形成于青铜时代，融合于铁器时代的完整发展过程，是长江上游古文明中心。林向在1993年提出，巴蜀文化区以古蜀文明为中心，巴蜀文化区是“长江上游的古代文明中心”。此后，他分别就“蜀文明”和“巴文明”指出夏商周时期的四川盆地和邻近地区是以“蜀为核心的‘古蜀文明’的范围。东周时期……‘巴文化’和‘蜀文化’一起，共同构成长江上游四川盆地的古代文明中心——‘巴蜀文化区’”②。巴蜀文明对于中华文明起源的意义，赵殿增明确提出巴蜀文明是中华汉文化的又一源头。林向认为，这为探讨中华文明起源问题，提供了新思路。段渝的《酋邦与国家的起源：长江流域文明起源比较研究》一著利用“酋邦理论”的方法，将长江上游的巴蜀文明纳入整个长江流域的文明起源比较研究。四川的考古发现成果和四川学者的这些研究成就，引起学界的广泛关注和认同。2005年10月，由教育部人文社科重点研究基地四川师范大学巴蜀文化中心主办的“巴蜀文化研究新趋势国际研讨会”在成都召开，来自美国、韩国、日本和国内各高校和科研单位的50余位学

①文玉.巴蜀文化研究概述[J].中华文化论坛，1994(1)：54-59.

②林向.“巴蜀文化”辨证[J].华中师范大学学报(人文社会科学版)，2006(4)：90-94.

者参会。巴蜀文化与国家及文明起源是这次会议最为主要的议题。段渝在这次会议论文集的前言提出近年来，“巴蜀文化研究提出了‘三星堆文明’‘巴蜀古代文明’和‘巴蜀是中华文明的一个发源地’的崭新论断”。李学勤最近总结可以断言，如果没有对巴蜀文化的深入研究，便不可能构成中国文明起源和发展的完整图景。“中国文明研究的不少问题，恐怕必须由巴蜀文化求得解决。”①河北学者沈长云、张渭莲《中国古代国家起源与形成研究》，其主题内容均为夏商周黄河流域的国家起源，唯一例外的是以专章讨论的《三星堆与古蜀文明——上古中原以外早期国家的探讨》一文。中国国家起源研究，“中原以外”的探讨，是以“古蜀文明”为其代表。该著所依托的主要有两方面：一是三星堆考古发掘材料，二是赵殿增、段渝等四川学者的研究成果。

关于“巴蜀文化”和“巴蜀文明”两概念的关系，谭继和认为巴蜀文化是比巴蜀文明广泛得多的概念。“但它是比巴蜀文化更高一个层次的概念。”“巴蜀文明”概念的定义很难界定，“大体说来，巴蜀人行为的作用方式，思维的体验方式，知识的积累方式和智慧的创造方式，应该是巴蜀文明史研究的范畴”。所以，他在2002年提出编撰《巴蜀文明史》，并对巴蜀文化的发展划分为六大发展阶段：一是农业文明和城市文明诞生阶段，从距今4500年的宝墩文化至三星堆一、二期；二是巴蜀文明初步发展的古典型，商周至战国时期；三是秦汉至唐宋，巴蜀文明两次鼎盛时期；四是明清时期巴蜀文明的蜕变和沉暮；五是近代巴蜀文化的式微和开新期；六是巴蜀文化的现代化时期。在2013年举办的“第二届巴蜀·湖湘文化论坛”上，谭继和《巴蜀文化概说》将“巴蜀文明”划分为“农业文明”和“城市文明”。巴蜀“农业文明”发生于岷山河谷，开始于以成都平原为中心的三角地带。“巴蜀城市文明形成于4500年前”，它的形成和发展，“同巴蜀山水有直接的关系”。巴蜀四塞的盆地封闭环境，激励、培育了巴蜀人冲出盆地，“开拓与开放，兼蓄与兼容”的“集体文化性格”。所以，巴蜀文化基本性质的形成和发展，来源于巴蜀“两种城乡文明基因与方式长期对立统一和矛盾运动的结果”②。谭继和对“巴蜀文明”的界定，主要偏向于精神文明层面，“巴蜀文明”的内涵应更为宽广。但是，他对巴蜀文化历史发展六大阶段的划分颇具创见，特别是对长达3000余年的农业文明四个阶段的界定，基本符合巴蜀文化和巴蜀文明发展的实际。此外，谭继和认为文化是比文明“广泛得多的概念”和“巴蜀文明”是比“巴蜀文化更高一个层次的概念”的认识，

①段渝.巴蜀文化研究(第三辑)[G].成都:巴蜀书社,2006:1.

②谭继和.巴蜀文化概说[G]//徐希平.长江流域区域文化的交融与发展一第二届巴蜀·湖湘文化论坛论文集,成都:四川大学出版社,2014:11-12.

在中国文化史和文明史研究中有充分的依据。“巴蜀文化”和“巴蜀文明”无疑是中华文化和中华文明的构成部分，二者之间具有紧密联系的共性。就中华文化和“巴蜀文化”的起源而论，均可追溯到旧石器时代。而中华文明和“巴蜀文明”的起源，受文明概念诸要素（城市、文字、金属器、大型礼仪）和社会政治组织演进的限定，长时期与国家加以联系。正是“酋邦理论”的运用，使文明起源上溯至新石器时代的“早期国家”时期。所以，谭继和对“巴蜀文化”和“巴蜀文明”关系的界定，前者为“广”，后者则“高”，二者紧相联系而又有所区别，可谓把握住两个概念的实质。

“巴蜀文明”概念的提出，在许多方面推动了巴蜀文化研究的发展，扩大了巴蜀文化的影响。区域文明中心、文明起源和早期国家形成等重大课题研究，超越了地域局限，而具全局性的独特意义。

三、“巴渝文化”概念的提出和形成

“巴渝文化”概念的提出和形成，迄今已近三十年。以“巴渝文化”为名发表的论著，对于“巴渝文化”的研究和讨论，从未间断。

对于“巴渝文化”概念，有文章提出质疑，可概括为三点：一是认为一个文化概念的形成是严肃、科学的，而“巴渝文化”概念不是诞生在学科发展的基础上，而是重庆成立直辖市以后，适应政治需要和市民心态需要，由重庆媒体的“煽惑”而提出；二是巴渝文化源远流长是一个“虚假命题”，“源”与“流”并不一致，巴族、巴国灭于秦而融入中华文化，已终止于秦；三是“巴渝文化”概念提出后的影响仅限于重庆或川东范围，域外应者寥寥。显然，讨论“巴渝文化”概念的提出和形成，对以上质疑无从回避。

关于“巴渝文化”概念提出的严肃性和科学性问题。追溯“巴渝文化”概念提出、形成的客观历史状况，它与抗战时期“巴蜀文化”概念提出的方式相同，都是历史考古学术界以严肃、科学的精神和态度，通过学术研究的方式提出。时间不是1997年直辖以后，而是1989年。提出“巴渝文化”概念的，不是重庆媒体的记者，而是重庆历史、考古学界的一批学者。提出这一概念的背景和目的，不是迎合重庆直辖的政治需要，也不是适应什么市民心态，而是“巴蜀文化”“巴文化”学术研究内在发展与三峡文物抢救性保护的社会推动双重因素的结果。

从1989年重庆博物馆编辑的第一辑《巴渝文化》论文集正式出版，到1999年第四辑《巴渝文化》的出版。在10年时间内，110余篇关于“巴蜀文化”和“巴渝文化”的历史考古类学术论文以《巴渝文化》刊名连续出版四辑专集，在学界产生广泛影响。这是重庆“巴渝文化”概念提出的集合方式，也是这一概念形成的学术基础和标志。直辖之后媒体与相关方面推动的“巴渝文化”的宣传，无论其理性的探讨，或其他方式的报道，都根植于此前近10年严谨的学术研究的成果。

关于“巴渝文化”的“源”与“流”是否一致问题，这是中国区域文化，特别是长江流域及整个中国南方区域文化研究的一个共通性问题。中国大一统多民族国家在秦汉时期的形成，就是建立在先秦诸多方国、民族的融合之上。除中原黄河流域华夏文化区外，长江流域的巴蜀、荆楚、吴越都经历了由先秦方国文化和民族文化向秦汉大一统下的地域文化的转型，这不是源与流不一致问题，而是民族文化融合趋势下的转型问题。“巴渝文化”在其源与流的关系中，与巴蜀文化、荆楚文化、吴越文化有着相同的历史轨迹。作为长江流域一个特定地理单元的地域文化，“巴渝文化”的源远流长是一个客观的历史发展进程。熊笃认为，“如果重庆文化要寻一个能贯通古今历史源流的、代表主流而又具有地域文化个性特色的文化，那就非‘巴渝文化’莫属”[①]。可见，“巴渝文化”命题，没有“虚假”，唯有真实。

“巴渝文化”概念的域外影响问题。这一概念提出伊始，在其形成过程中就逐渐为重庆之外的中国学术界所认同，并积极参与相关学术论题的研究和探讨。从出版的四辑《巴渝文化》论文著者的地域和单位构成，我们可以看到“巴渝文化”概念提出的早期，有一个由文博系统向其他学术领域，由市内向市外及全国扩展的过程。1989年出版的《巴渝文化》刊载近30篇论文，其作者均为重庆博物馆或重庆文博系统的研究人员。1991年春，第二辑《巴渝文化》出版，作者除以重庆博物馆为其主体外，收入西南师大两文（黎小龙、蓝勇）、四川大学一文（张勋燎）。这应是高校和四川成都学者参与《巴渝文化》文集的开端。1993年秋，中国先秦史学会、西南师大历史系（今西南大学历史文化学院）、重庆市博物馆等数家单位主办“首届全国巴渝文化学术研讨会暨重庆巴文化研究会成立大会”，来自北京、河北、四川、山东、陕西等省市的历史、考古学专家与重庆学者共计60余人参会。西南师大出版社1994年12月出版的《巴渝文化》第三辑，即这次参会论文的特辑。该辑刊载文章34篇，重庆博物馆和文博系统仅9篇，外地学者15篇，重庆各高校为10篇，其中有中国先秦史学会理事长、“夏商周断代工程”首席科学家李学勤《巴史的几个问题》。而以“巴渝文化”命名的两篇文章，均为外地学

①熊笃.论“巴渝文化”是贯通重庆古今的主流文化[J].重庆社会科学，2005(6)：104-108.

者:一是中国先秦史学会副理事长、中国社科院孟世凯的《巴渝文化琐论》,另一篇则是南京大学张之恒的《巴渝文化的起源和发展》。这些文章,多为巴渝历史和文化本源性的研究,有很高的学术价值。可见,“巴渝文化”概念的提出,在重庆之外的全国学界,其影响绝非质疑者所谓的“应者寥寥”。

应当说,1989年出版的首辑《巴渝文化》,即“巴渝文化”概念正式提出的标志。从1989年到1994年第三辑《巴渝文化》的出版,五年间先后有80余篇论文在《巴渝文化》发表。特别是1993年秋“首届全国巴渝文化学术研讨会”的召开,来自全国各地学者对巴渝历史、文化的研究和交流。这一系列的成果和学术活动,标志“巴渝文化”这一概念在重庆直辖以前就已正式形成和确立。

在这四辑《巴渝文化》的编撰基础上,刘豫川、扬明(铭)在1999年发表《巴渝文化》一文,对“巴渝文化”概念的内涵予以明确的界定。所谓“巴渝文化”,是指以今重庆为中心,辐射川东、鄂西、湘西这一广大地区内,从夏商直至明清时期的物质文化和精神文化的总和。

对于“巴文化”和“巴渝文化”的关系,文章概括了巴地青铜器、陶器和文字系统“巴人图语”的特点,提出这些特点,构成了先秦的时期考古学上所谓的“巴文化”。实际上,这一“巴文化”的概念主要是物资(质)的,如果将这一文化概念扩展到当时社会的物质和精神诸领域,并经与秦汉汉文化交融,传承发展到隋唐以后,这就是我们今天所说的“巴渝文化”。

以上两小段的概括,应是自“巴渝文化”概念提出以来,最为全面、明确的界定和概括。它对“巴渝文化”概念基本内涵的诠释极为全面,主要包括三个方面:空间、时间、文化。空间,除“今重庆”为中心外,辐射川东、鄂西、湘西,这一地区是古代巴族、巴文化的分布地,已超出了先秦巴国及秦汉巴郡的地理范围;时间,夏商至明清,并不包括民国以来的近现代,“巴渝文化”在其时间内涵上界定为巴渝之地的古代文化;文化,“物质的文化和精神文化的总和”,民族文化、地域文化全都包括在这一文化内涵的界定之中。不过,“巴渝文化”之中还包括了考古学上,仅限先秦时期物质文化的“巴文化”。

刘豫川、杨明(铭)二人1999年对“巴渝文化”概念的界定,最明显的区别和差异是历史阶段的划分。10年前,1989年第一辑《巴渝文化》出版时,该著正文之前刊登了以“重庆博物馆《巴渝文化》编委会”名义发布的《编者的话》,摘要如下:

两万年前,我们的祖先就在重庆这块土地上生息繁衍。进而广之,一百八十万年前，川东巴渝之地上，就站立着我们的原始先民。其后，部落纷争，王国兴衰，朝代更迭，历史演进，石器、铜器、铁器、大机器渐次发展，乃有今日之川东与重庆。由于地域、人群、历史发展不均衡等诸多原因，形成了巴渝有个性的文化氛围，蕴于浩茫的历史烟云中。

“巴渝文化”概念的基本内涵，在这一段“前言”类的说明中，已完全呈现了出来：地理范围，是川东重庆；历史阶段，跨越了石器、铜器、铁器、大机器时代，应是包容古今；文化内涵，由地域、人群、历史发展不均衡等原因形成的，具有“个性”的文化，民族、地域和物质、精神全都包容在内，这里彰显的无疑是大文化的概念。将刘豫川、杨明(铭)10年后对“巴渝文化”概念与之比较，区别在两方面：地理空间有所扩大，除川东重庆外，扩展至鄂西、湘西；时间划分加以收缩，仅限铜器、铁器时代(商周至明清)。以“编委会”名义在《巴渝文化》第一辑出版表述的关于“巴渝文化”概念和基本内涵的认识，较为完整地贯彻到以后10年间对于《巴渝文化》四部著作的编辑之中。

贯通古今的大文化概念，在《巴渝文化》第一辑的编辑中，即已显现。该辑共刊载28篇论文，大致可划分为重庆古代历史、近现代历史、考古与文物、民族史几个主要内容。就时间内涵而论，纵贯古今。《古代重庆》一文的时间上限，追溯至23000年前旧石器晚期的“铜梁文化”。而该辑的时间下限，不仅刊载有一组近现代文章，如《周恩来与郭沫若》《周恩来与抗战时期重庆的话剧运动》等。更有当代传统民间艺术研究，如《四川皮影戏艺术》《蜀艺漫话》。该期唯一一篇以“巴渝文化”命名，也是“巴渝文化”概念正式提出以后第一篇以之命名的文章，是刘豫川的《璀璨的巴渝文化遗迹——重庆市文物普查收获综述》。该文记录的文化遗迹的上限，同样是始于远古旧石器“铜梁遗址”，继而是新石器的江津王爷庙遗址、合川沙梁子遗址、巴县干溪沟遗址等。而遗迹的下限，古遗址和古墓葬注明为1840年，古建筑则下延至清末光绪年间；“近现代重要史迹及近现代代表性建筑”，扩展至“近代开埠到抗战期间作为国民政府陪都及中共南方局、八路军办事处驻地”所遗留下的“遗址、旧居、纪念地及名人墓葬”①。显然，该文所蕴含的“巴渝文化”的时限，是从远古的石器时代，经历铜器、铁器，直至近现代“大机器”时代，这与《巴渝文化》编委会对“巴渝文化”的界定，应是完全吻合一致的。这种状况，一直延续到10年后第四辑《巴渝文化》的出版。该辑近30篇文章分编为五个栏目，在其目录分别注明巴蜀历史考古、本土文化研究、城市文化与近代化、陪都史研究、文

①重庆市博物馆《巴渝文化》编辑委员会.巴渝文化(第一辑)[M].重庆：重庆出版社，1989:295-307.

物保护与研究，依然是由石器时代至近现代，包括巴渝地区政治、经济、民族、文化的综合研究。可见，1989年举办的第一辑《巴渝文化》出版时，编委会表述的“巴渝文化”概念，在这10年先后四辑的《巴渝文化》编辑中，得到始终如一的贯彻。

但是，深入探究这四辑110余篇文章，与《巴渝文化》编委会关于“巴渝文化”概念不同的认识和界定，集中出现在1993年举办的“首届全国巴渝文化学术研讨会”上。综合这次学术研讨会关于“巴渝文化”概念的讨论，有以下数种观点。一是“巴渝文化”与“巴文化”关系，以及“巴文化”有微观、宏观划分说法的提出。管维良提出：“巴渝文化是否就是巴文化？……现在所论的巴渝文化与古代巴渝地区的文化是否是一回事。”并认为，“宏观巴文化是……一种具有大跨度时间，大跨度空间的大文化”。从时间角度，应由古迄今；“从空间上，凡出有巴文物的地方，或文献记载巴人活动过的地方；从内容上讲，凡与巴有关的物质文化和精神文化，皆属于巴文化的范畴”。[①]这一界定，大体与《巴渝文化》编委会的表述相近。不过，管维良着眼点是古代的巴，而编委会着眼点是特定地理空间范围（川东、重庆）的地域文化。二是“巴渝文化”历史阶段划分出现与编委会截然不同观点，孟世凯认为，巴渝文化“有一个产生、发展、演变的过程”，“巴渝历史文化是颇有特色的区域文化之一”，是“古代巴渝先人所创造的历史文化”[②]。显然，孟世凯是将“巴渝文化”界定为巴渝地区的古代文化。此外，有将“巴渝文化”界定为先秦两汉时期。张之恒的《巴渝文化的起源和发展》以考古发掘材料和考古学方法为主，辅以文献记录，认为巴渝文化的起源和发展，是从新石器时期至商周秦汉，可分为三个阶段：前巴渝文化，早期巴渝文化，晚期巴渝文化。

可见，刘豫川、杨明（铭）在1999年对“巴渝文化”概念的界定，应是建立在“巴渝文化”概念提出10年以来，对各种观点的综合与概括，既是对《巴渝文化》编委会表述的修正，也是对这时期有关“巴渝文化”概念和基本内涵思考、认识的概括。

不过，《巴渝文化》四期专辑所奠定的，关于“巴渝文化”历史阶段的界定，逐渐成为具有主流概念的认识，为大多数学者所认同。余楚修在2000年提出：“巴渝文化……指孕育于巴山渝水间，伴随着这一地区人类语言的产生而产生，在历史长河中发展演变的相对独立的文化。”[③]熊笃于2001年将“巴渝文化”归纳为“十大系列”巴渝文化源

①管维良．巴文化及其功能浅说[G]//重庆市博物馆《巴渝文化》编辑委员会．巴渝文化（第三辑）．重庆：西南师范大学出版社，1994：155-156.

②孟世凯．巴渝文化琐议[G]//重庆市博物馆《巴渝文化》编辑委员会．巴渝文化（第三辑）．重庆：西南师范大学出版社，1994：135、140、141.

③余楚修．巴渝文化刍议[J]．高等学校文科学报文摘，2000（5）：43-45.

远流长，巫山原始文化、巴族巴国文化、三国文化、丰都鬼神文化、巴渝竹枝词民间艺术、大足石刻艺术、宋末抗元军事文化、明玉珍大夏文化、辛亥革命文化、陪都及红岩文化等构成了巴渝文化的完整系列”。①2005年，《论“巴渝文化”是贯通重庆古今的主流文化》进一步诠释其大文化观概念。2006年6月，由重庆市社科联、重庆师范大学主办的“巴渝文化研讨会”上，曾繁模对“巴渝文化”作了最为简要的概括，“巴渝文化是以重庆为中心，包括周边地区从古至今具有浓厚地域特色的，物质文化和精神文化的总和”②。此外，薛新力、胡道修均在这时期著文，阐释和认同巴渝文化贯通古今的大文化观。

在“巴渝文化”概念和基本内涵讨论的同时，“巴渝文化”与“巴蜀文化”的关系成为学界关注的另一个议题。2000年春，余楚修《巴渝文化刍议》指出：“巴蜀文化”是“一种地域性的青铜文化”，“其亚文化只能是巴文化、蜀文化，绝不是巴渝文化”。薛新力在此基础上进一步提出：“巴渝文化与巴蜀文化是既有紧密联系又有明显区别的两种文化”“巴渝文化可以理解为是一种地区文化”。③熊笃系统梳理了巴与蜀3000年间的“文明进程史”，认为“巴与蜀在行政区划上经历了九分九合。分，形成了不同的文化个性；和，产生了交融的文化共性”。“巴蜀文化，这个概念就其共性而言固可成立；而巴渝文化，这个概念就其个性而言，同样可以成立。”④进入21世纪初期的关于“巴蜀文化”与“巴渝文化”关系的讨论，应是对前10年“巴渝文化”概念提出和形成的深化与拓展，极大地丰富和完善了巴渝文化的研究。

近10年来，四川、重庆分别确立和开展“巴蜀全书”和“巴渝文库”的重大文化工程，对巴蜀历史文献进行全面的整理和研究。而指导和影响这两项文化工程的，则是“巴蜀文化”和“巴渝文化”的概念和基本内涵。在“巴渝文库”的第一个项目“巴渝文献总目”的开展和研讨进程中，与“巴渝文化”概念直接相关的议题，就是对巴渝历史阶段和地理空间的界定。经多次讨论，该著凡例将地理范围确定为：古代以秦汉时期的巴郡、晋《华阳国志》所指“三巴”为限，民国时期以重庆直辖后的行政区划为基础，根据民国时期的地理建制，可以根据具体情况适当张弛。时间范围：上溯先秦，下迄民国。在《巴渝文献总目》的讨论和审定中，系统梳理抗战以来关于“巴蜀文化”“巴渝文化”概念

①熊笃．论巴渝文化十大系列[J]．重庆大学学报（社会科学版），2001(4)：38-45.

②曾繁模．巴渝文化之含义辩[J]．重庆历史与文化，2007(1)：12-16.

③薛新力．略论巴渝文化与蜀文化、楚文化的关系[J]．湖北民族学院学报（哲学社会科学版），2002(6)：31-33.

④熊笃．论“巴渝文化”是贯通重庆古今的主流文化[J]．重庆社会科学，2005(6)：104-108.

和基本内涵的形成及嬗变,成为大家的共识。最终由蓝锡麟撰写的《总序》,关于“巴蜀文化”与“巴渝文化”关系的论述,颇具新意,他提出:“巴蜀文化与巴渝文化不是并列关系,而是种属关系,彼此间有同有异,可分可合……自古及今,巴蜀文化都是与荆楚文化、吴越文化同一级层的长江流域的一大地域历史文化,巴渝文化则是巴蜀文化的一个重要分支。”“巴渝文化之于巴蜀文化具有某些异质性……就构成了巴渝文化的特质性。以此为根基,在尊重巴蜀文化对巴渝文化的统摄地位的前提下,将巴渝文化切分出来重新观照,合情合理,势在必然。”①这些观点和认识,可谓近10年“巴渝文化”研究最具创新意义和学术价值的论述。

1989年提出的“巴渝文化”概念,在重庆市直辖以后为社会广为传播,产生广泛影响。不仅直接推动文化的繁荣,也为学术发展带来活力。学术思想的创新,可谓意义非凡。

探究1989—1999年期间,“巴渝文化”概念提出和形成的原因,可归结为“巴蜀文化”“巴文化”研究发展的内在学术推动,以及三峡工程和三峡文物保护的紧迫性带来的区域文化意识的增强。正是在这内外两方面因素的交互作用和影响下,“巴渝文化”概念在这时期得以提出和确立。

抗战以来的“巴蜀文化”研究,对于巴、蜀两个在历史和自然地理上紧相联系,又各具特色、相对独立的地域文化的探讨,已是每个时代巴蜀文化研究的共通现象。除综合性问题的讨论外,凡须深入研究,均有“巴文化”“蜀文化”的专题性讨论。此类现象,从抗战延续至八十年代前期。从八十年代中后期以来,重庆继徐中舒、冯汉骥、邓少琴之后的第二代学者,如董其祥、管维良、彭伯通等将主要努力集中于对“巴文化”的研究,形成了一批具有时代代表性的成果。当三星堆、十二桥遗址等新的考古发现推动四川学者的巴蜀文化研究步入“古蜀文明”“巴蜀文明”的探讨时,重庆历史考古学界则从“巴文化”逐渐向“巴渝文化”研究嬗变。成渝两地学者关于“巴蜀文化”研究中的地域文化概念的创新,在二十世纪八十年代后期至九十年代这一时段上,出现了明显的分流。这一学术现象的内在推动因素,仍然植根于巴蜀文化研究的学术发展和学术研究。

就外在社会因素而论,三峡工程与三峡文物的保护,对于重庆“巴渝文化”概念的提出和形成,有直接的影响和推动。1989年首辑《巴渝文化》的近30篇文章,载有刘豫川《璀璨的巴渝文化遗迹——重庆市文物普查收获综述》,这篇文章内容是根据1987

①蓝锡麟.巴渝文献总目·总序[M]//任竞,王志昆.巴渝文献总目.重庆:重庆出版社,2017:3.

年一年多来全市文物普查,对重庆市文物遗迹的总结性综述。但用名“巴渝文化遗迹”,足见“巴渝文化”的提出与重庆的文物保护有直接的关系。而这时期的文物普查,在重庆和三峡地区,随着三峡工程的论证,文物的抢救性保护已成为社会广泛关注的议题。10年后,当《巴渝文化》第四辑于1999年出版时,该期的第一篇文章是王川平的《站在历史新起点上的重庆文博事业》,对重庆下一步的文物保护工作中的第二项,即“继续抓好三峡文物抢救工作”进行了阐释,文章指出,“世界的舆论在看着我们,全国人民在关注着三峡文物”①。重庆文博界和学术界正是在这样的时代使命和文化责任下,强化重庆和三峡的区域意识,提出“巴渝文化”的概念。这既是学术文化发展的需要,也是三峡文物保护这个特定时期社会和区域发展的需要。

当我们系统梳理了近30余年关于“巴蜀文化”概念的嬗变之后,我们必须不无遗憾地指出,在二十世纪末和二十一世纪前期“巴蜀文化”概念的衍展、嬗变最为丰富多彩的这一特定历史时期,川渝两地学界所关注的焦点,不仅出现明显的分流,而且各自坚守自己研究的命题,双方甚少交集互动。四川学界专注于“古蜀文明”和“巴蜀文明”,重庆学界则热衷于“巴渝文化”。四川的学者,即便追溯抗战以来“巴蜀文化”的研究,以至近来“巴蜀文明”的探讨,却共同忽略同一时期重庆学界热烈讨论的“巴渝文化”。重庆的学者,即便三峡考古取得丰硕成果,成都学者在“巴蜀文明”研究中运用三峡考古材料探讨“峡江流域文明的起源”②,也没有参与到诸如巴蜀区域文明中心、长江上游文明起源和文明进程的研究及讨论。在20多年时间内,当四川、重庆以外的全国不少学者积极参与到“巴蜀文明”和“巴渝文化”的研究和讨论时,相形之下,川渝两地学界在这时期在巴蜀区域历史文化的研究却呈现高度默契的分离。这样奇特的学术现象,可谓“巴蜀文化”和“巴渝文化”学术史上的奇葩,值得我们深思和反省。

新的资(材)料的发现,学术研究的发展以及时代和社会发展的需要,通常会带来学术思想和理论方法的创新。抗战时期“巴蜀文化”概念的提出,二十世纪八九十年代成都学者关于“古蜀文明”和“巴蜀文明”的探讨,重庆学者关于“巴渝文化”概念的提出和研究,都是学术发展和社会推动双重因素交互作用的结果。而学术理念和概念的创新,如“巴蜀文化”“巴蜀文明”和“巴渝文化”的提出和传播,不仅直接推动了学术的发展和繁荣,扩大和提高了地域文化的影响,更成为川渝两地促进社会进步,推动社会文化繁荣的文化源泉和精神动力。

①重庆市博物馆《巴渝文化》编辑委员会.巴渝文化(第四辑)[M].重庆:重庆出版社,1999:4.

②段渝.酋邦与国家的起源:长江流域文明起源比较研究[M].北京:中华书局,2007:215-217.

参考文献

[1]谭继和.郭沫若与巴蜀文化(上)[J].郭沫若学刊,1996(4).

[2]傅征.关于“巴蜀文化”的命名[J].文史杂志,1993(6).

[3]徐中舒.古代四川之文化[J].史学季刊,1940(1).

[4]顾颉刚.古代巴蜀与中原的关系说及其批判[G]//论巴蜀与中原的关系.成都:四川人民出版社,1981.

[5]傅振伦.巴蜀在中国文化上之重大贡献[J].说文月刊(“巴蜀文化专号”),1942(7).

[6]郑德坤.华西的史前石器[J].说文月刊(“巴蜀文化专号”),1942(7).

[7]说文月刊社.复刊词[J].说文月刊(“巴蜀文化专号”),1942(7).

[8]谭继和.巴蜀文化研究的现状与未来[J].四川文物,2002(2).

[9]袁庭栋.巴蜀文化·前言[M].沈阳:辽宁教育出版社,1991.

[10]段渝.巴蜀文化研究与学科建设[J].中华文化论坛,2002(2).

[11]赵殿增.巴蜀文化的考古学分期[G]//中国考古学会.中国考古学会第四次年会论文集,北京:文物出版社,1983.

[12]四川省社科院巴蜀文化研究中心(谭洛非).简论开展巴蜀文化研究的意义、内容及方法[J].社会科学研究,1991(5).

[13]段渝.酋邦与国家的起源:长江流域文明起源比较研究[M].北京:中华书局,2007.

[14]段渝.巴蜀文化研究(第三辑)[G].成都:巴蜀书社,2006.

[15]沈长云,张渭莲.中国古代国家起源与形成研究[M].北京:人民出版社,2009.

[16]谭继和.巴蜀文化概说[G]//徐希平.长江流域区域文化的交融与发展一第二届巴蜀·湖湘文化论坛论文集,成都:四川大学出版社,2014.

[17]王定天.论“巴渝文化”应该缓行[J].四川文学,2007(5).

[18]刘豫川,杨明(铭).巴渝文化[J].重庆历史与文化,1999(1).

[19]重庆市博物馆《巴渝文化》编辑委员会.巴渝文化(第一辑)[M].重庆:重庆出版社,1989.

[20]管维良.巴文化及其功能浅说[G]//重庆市博物馆《巴渝文化》编辑委员会.巴渝文化(第三辑).重庆:西南师范大学出版社,1994.

[21]孟世凯.巴渝文化琐议[G]//重庆市博物馆《巴渝文化》编辑委员会.巴渝文化(第三辑).重庆:西南师范大学出版社,1994.

[22]张之恒.巴渝文化的起源与发展[G]//重庆市博物馆《巴渝文化》编辑委员会.巴渝文化(第三辑).重庆:西南师范大学出版社,1994.

[23]余楚修.巴渝文化刍议[J].高等学校文科学报文摘,2000(5).

[24]薛新力.略论巴渝文化与蜀文化、楚文化的关系[J].湖北民族学院学报(哲学社会科学版),2002(6).

[25]胡道修.巴渝的内涵与巴渝文化的本源探究[J].长江文明,2009(1).

[26]任竞,王志昆.巴渝文献总目(古代卷/民国卷)[M].重庆:重庆出版社,2017.

[27]蓝锡麟.巴渝文献总目·总序[M]//任竞,王志昆.巴渝文献总目.重庆:重庆出版社,2017.

[28]重庆市博物馆《巴渝文化》编辑委员会.巴渝文化(第四辑)[M].重庆:重庆出版社,1999.

浅论唐代三峡诗歌中的巴渝水文化[①]

王乃芳　程得中[②]

摘　要:唐代众多文人来到三峡地区,三峡诗歌的数量和质量有极大的发展,带来了三峡诗歌的繁荣。这些诗歌折射出了当时巴渝水文化的众多因子,包括峡江段诗歌中与水有关之贬谪文化、农商文化、节日文化、丧葬文化、音乐文化等,充分体现了唐代三峡诗歌中蕴含的巴渝水文化。通过众多诗歌例证的分析,凸显出巴渝水文化既是传承的,也是开放前瞻的;既具有民族地域性,又具有时代同一性。

关键词:三峡;诗歌;巴渝;水文化

一、前言

关于巴渝地区的地域界定,这里采用的是模糊化的地域概念。巴渝地区在不同历史时期的行政区划中是有区别的,这种区别导致这一概念的具体范畴要视具体时期而定。比如,在唐代或唐以前,它会涉及湖北秭归、恩施等地,之后可能又有所变动,这种现象就形成地域概念的模糊化。但是从古至今,"巴渝地区"这一模糊的地域概念已经转化为一种清晰而具体的文化标识。这里提到的"巴渝地区"在地域上均为模糊概念,详细情况可以参考古代巴渝地区相关历史。三峡的地域界定采用"长江三峡地区即渝州至峡州之间长江两岸广阔地域空间"的说法[③]。

水文化作为一个独立的概念出现在20世纪80年代,但至今仍然未有公认的权威定义,这里采用程得中《水文化内涵探析及学科体系建设》一文中的观点:"水文化可以定义为对水的知识、信仰、道德、法律、习俗以及其他与水有关的精神产品。""具体包括历代哲人关于水的哲学思想、历代文人雅士对于水的吟咏歌颂、历代史家对于人类与

①原载于《长江师范学院学报》第33卷第5期。

②王乃芳,重庆水利电力职业技术学院基础部,主要从事民族文化研究。程得中,博士,重庆水利电力职业技术学院基础部副教授,主要从事民族文化研究。

③李俊.长江三峡地区外来文学家的聚集与唐代贬谪文化[J].中华文化论坛,2015(11):19-25.

水关系的记载、历代画家及能工巧匠与水相关的艺术作品、历代对于水的信仰崇拜、各民族对于水的信仰及习俗，以及与水相关的景观设计、旅游管理、遗产保护、法律法规等。”①

古往今来，三峡以其独特的自然风光和深厚的人文底蕴吸引着众多文人墨客的目光。从宋玉的《高唐赋》《神女赋》到郦道元的《水经注》，从六朝民间歌谣《滟额歌》《巴东三峡歌》到唐宋文人的三峡诗词，再到明清外来移民对三峡文化的关注与建设，三峡书写作品数量之大、质量之高，在地域文学中可谓是首屈一指。而其中尤以唐代三峡诗歌成就最高，影响最大，仅直接带有“三峡”两字的诗歌就有85首，直接地反映了当时巴渝地区长江流域水文化的众多因素。

二、贬谪文化与江水意象

唐时巴渝地区与岭南、琼州等地一样，环境恶劣，是烟瘴之地。文献记载，唐代贬谪、流放到三峡地区的官员共69人次，其中流放2人，即韦述、令狐运②。这在数量上仅次于岭南地区。这其中还不包括流放其他地区途经三峡的诗人，如李白，或者被贬其他地方但其作品涉及三峡地区的诗人。

贬谪诗人来到巴渝之地，是诗人的“不幸”与本土的“幸运”的偶合。③被贬谪的官员不仅在地理位置上远离京都，更在政治权力上被边缘化，其内心多有一种被抛弃、被排斥的痛苦。还有一些诗人并不是直接被贬到巴渝之地的，比如杜甫。杜甫罢官后游历西南各地，晚年到达夔州，虽说衣食无忧，但也曾发出“此生那老蜀，不死会归秦”的呼喊，可见其想被权力中心接纳认可的强烈渴望。刘禹锡也是类似情况，虽是量移被任命为夔州刺史，但其实质也是属于被边缘化的人物。

元和十三年（818年），白居易由江州司马改任忠州刺史。在初离江州时，他在《除忠州寄谢崔相公》一诗中抒发了这样的感情：“感旧两行年老泪，酬恩一寸岁寒心。忠州好恶何须问，鸟得辞笼不择林。”离开那个“终岁不闻丝竹声，黄芦苦竹绕宅生”的地方，而且官位上还是升迁，还能和家人同行，庆幸满足之情溢于言表。然而当他刚进入三峡地区时，就感受到了不同于自己想象的情形。他在《初入峡有感》一诗中是这样描

①程得中.水文化内涵探析及学科体系建设[J].黑龙江史志，2014(9)：326-327.

②李俊.长江三峡地区外来文学家的聚集与唐代贬谪文化[J].中华文化论坛，2015(11)：19-25.

③马强.唐代士大夫在开州的政治、文学及意义——以唐开州刺史韦处厚、唐次、崔泰之为考察对象[J].长江师范学院学报，2015(1)：44-48.

写的:“上有万仞山,下有千丈水。苍苍两崖间,阔狭容一苇。瞿塘呀直泻,滟滪屹中峙。未夜黑岩昏,无风白浪起。”山高水深,地势险峻,给人带来的是视觉上的冲击和心灵上的震撼。随之又有《夜入瞿塘峡》一诗:“瞿塘天下险,夜上信难哉!岸似双屏合,天如匹练开。逆风惊浪起,拔篸暗船来。欲识愁多少,高于滟滪堆。”险山恶水可能会带来随时葬身鱼腹的惊恐,毕竟在唐朝时,长江水系还未完全开发,烟瘴之地让诗人平添了更多的愁绪,贬谪意识重新回归。

穆宗长庆二年(822年)正月,刘禹锡以量移的方式担任夔州(辖境相当于今重庆奉节、云阳、巫山、巫溪等县地)刺史。他在《竹枝词九首》的第七首写道:“瞿塘嘈嘈十二滩,人言道路古来难。长恨人心不如水,等闲平地起波澜。”瞿塘峡的江水虽险,却险不过人心。人世间看似如履平地,然而却处处存在机关。

因为地域的落后与封闭,使大量不得志的诗人来到巴渝被边缘化。他们带着失意的心情,痛苦和忧虑是必然的,巴渝地区的草木山水因之也就带有了贬谪的色彩,而亲临其境的险滩和急流又激发了诗人的创作情感和身世感想。贬谪诗人笔下的巴渝印象也因作者的切身体会而显得更加真实、更富有感染力。

李白虽然不是直接被贬到巴渝,但他是在被贬夜郎途中路经三峡的,因而也是带着贬谪之身与三峡相遇的。他的《上三峡》诗云:“巫山夹青天,巴水流若兹。巴水忽可尽,青天无到时。三朝上黄牛,三暮行太迟。三朝又三暮,不觉鬓成丝。”江水虽有尽,青天不可见,人生艰难、前途暗淡的忧虑与沉重之情跃然纸上。与这种绝望、沉重形成巨大反差的是他后来被赦免时所作的《早发白帝城》“千里江陵一日还”“轻舟已过万重山”那种顺流而下的快意,这与逆流而上的沉重艰难映射出人生两种截然相反的处境。江水对世事与人生的映射,在贬谪文化中体现得淋漓尽致。

在中国历史上,三峡及其周围地区,自古以来就是南北文化碰撞与融合的重要区域,也是长江流域东西部文化交汇的重要地带,更是在政治上连接中国西南与中原王朝的要冲,唐代诗歌中的贬谪文化正蕴含在这样一种历史背景和地域环境中,客观上也起到了文化引领与交融碰撞的效果。

三、农商文化与水文化

刘禹锡《竹枝词》这样写道:“山上层层桃李花,云间烟火是人家。银钗金钏来负水,长刀短笠去烧畲。”我们可以看到峡江两岸百姓的农业生产方式直到唐代还是刀耕火种的原始方式，这和巴渝地区陆地条件有关。“林峦少平地，雾雨多阴天”（白居易《初到忠州登东楼，寄万州杨八使君》），直到当今巴渝地区的农业也不太适合大规模机械化耕种，也许正是农业发展受限的原因，促使当地百姓在其他产业和行业有所追求。

相比“蜀道难”的陆路交通状况，与外界相连的水上交通还算比较发达。此时期由于巫溪等地盐业兴起，大批盐商产生，这促使大量外地商人汇聚三峡地区，各类市场空前活跃，形成浓厚的商业风气①。如王维《晓行巴峡》的“水国舟中市，山桥树梢行”；杜甫《最能行》的“峡中丈夫绝轻死，少在公门多在水”，“小儿学问止论语，大儿结束随商旅”就是写夔州当地男子不重读书重经商的习俗。杜甫《夔州歌》云：“蜀麻吴盐自古通，万斛之舟行若风。长年三老长歌里，白昼摊钱高浪中。”反映出江峡虽然险恶，但已有巨船大贾往来其间，说明当时长江航运之发达。

和水路商贾相关的是重庆的码头，《华阳国志·巴志》载江州“承两江之会”，且“结舫水居五百余家”。重庆码头的存在可以追溯至汉朝时期。始建于西汉的朝天门码头，是重庆历史上最早也是最有代表性的老码头。由码头而集市，王维的《晓行巴峡》最能体现：“际晓投巴峡，余春忆帝京。晴江一女浣，朝日众鸡鸣。水国舟中市，山桥树杪行。登高万井出，眺迥二流明。人作殊方语，莺为旧国声。赖多山水趣，稍解别离情。”这是唐诗中极少写到重庆主城景色的作品，它描绘了一幅古渝州清晨特有的民俗风情画。一个难得晴好的天气，在清晨的江边，一位浣衣女子的俏丽背影，这是静态图。忽而太阳一出，鸡鸣朝日，江边船只一字排开，商贾市民穿梭其间，菜蔬鱼肉陈列其上，一时间又是一副生机盎然的商贸集市动态图。两山之间，桥梁横贯，人在江船仰望，过桥者如在树梢穿行。而登高远眺，方知人口稠密，万家千户。而他们的家乡就是长江、嘉陵江环抱着的渝中半岛，江岛山城，形象分明②。司空曙有“晓樯争市隘，夜鼓祭神多”（《送夔州班使君》）也旨在说明当时巴渝的码头已如当今的集市一样繁华，而“红烛津亭夜见君，繁弦急管两纷纷”（《发渝州却寄韦判官》）则反映出主城区码头不仅有繁荣的商业，而且也衍生出繁荣的娱乐等行业。

古时码头因水而生而繁华，可谓“两江汇流，万民累居，商旅辐辏，百业兴旺”。当代重庆因为开放和发展，很多老码头已经逐渐消失，取代而生的是现代化的港口。无论码头还是港口，都依江水存在，无论“红烛津亭”“繁弦急管”还是两江游轮，无论手工业还是商业，依江水而居的巴渝百姓对水的亲近不亚于任何一个地区。

①张超林，李鹏军．论唐代三峡地区的经商潮[J].重庆大学学报（社会科学版），2003(1):66-69.

②熊笃．巴渝古代近代文学史[M].成都：四川民族出版社，2010:165.

四、传统节日文化与水文化

峡江百姓对传统节日的重视在唐诗里也有很多的体现。如白居易《和万州杨使君四绝句》之一云:“竞渡相传为汨罗,不能止遏意无他。自经放逐来憔悴,能校灵均死几多?”生动地描绘了三峡地区龙舟竞渡的风俗,反映出巴楚文化的交融发展的状态。杜甫《八月十五夜月二首》之二云:“稍下巫山峡,犹衔白帝城。气沈全浦暗,轮仄半楼明。刁斗皆催晓,蟾蜍且自倾。张弓倚残魄,不独汉家营。”描写了中秋之夜的情与景。江水和月亮是诗词里两个颇有韵味的常见意象,江水滔滔,往往借喻历史的长河,而月缺月圆,又和个体生命体验有关。两者相遇,短暂与永恒、渺小与宏大形成了强烈的感性对比。

杜甫在夔州时,于重阳节写下有后来成为千古名篇的《九日五首》之《登高》,诗云:“风急天高猿啸哀,渚清沙白鸟飞回。无边落木萧萧下,不尽长江滚滚来。万里悲秋常作客,百年多病独登台。艰难苦恨繁霜鬓,潦倒新停浊酒杯。”当年立志“此生那老蜀,不死会归秦”,如今还是“常作客”,怀才不遇,北望无路,政治理想已失落。传统节日往往是亲朋相聚之时,在这种情景中的诗人也变得更加思念家乡。重阳节在唐代是一个重要的传统节日,在王维的《九月九日忆山东兄弟》中便可以体现出来,《登高》中的“万里悲秋常作客,百年多病独登台”与王维诗中“遥知兄弟登高处,遍插茱萸少一人”所表达的情感可谓不约而同。在高台之上,眺望滚滚长江,且是秋日“无边落木萧萧下”的长江,且是多病的情况下独自一人,其中的悲怆可想而知。尽管诗人已经离我们远去2000多年,但“月亮”“江水”等意象,“思乡”“不遇”等主题所蕴含的情感,却是古今相通,在不同时代却有同一性。

五、悬棺现象与水文化

孟郊的《峡哀》组诗之三中有“树根锁枯棺,孤骨袅袅悬。树枝哭霜栖,哀韵杳杳鲜”,就是写的鸟哀猿啼中的悬棺枯骨。唐代三峡诗歌中写到悬棺的不多,但因其涉及的独特风俗而不可忽略。

20世纪80年代初,考古学家在大宁河上游取下一具棺木,从棺木的主人和殉葬品判断,这具棺木距今已有1800多年的历史,是当时巴地濮人的葬棺。从考古学的角度看,悬棺文化最早可上溯至春秋时期。古代川东是一个多民族杂居交往的地方,频繁的战争从客观上促进了民族融合。《华阳国志·巴志》说,巴国“其属有濮、賨、苴、共、奴、骧、夷、蜒之蛮”，显然这8个族群是巴国境内的属民。濮、蜒属于外来的南方少数民族。濮原居福建武夷山一带，一直存在悬棺葬的文化习俗，后由于战乱等原因迁至巴国。直到汉晋时期，巴渝地区仍有很多濮人。杨雄《蜀都赋》载：“东有巴賨，绵亘百濮。”左思《蜀都赋》云：“左绵巴中，百濮所充。”这均是指春秋战国时巴渝地区濮人的后裔。按杨雄《蜀都赋》所言，他们属于百濮的一支。谢应光《三峡悬棺葬的文化内涵》一文认为，巴渝地区的悬棺墓葬一部分就是由外迁而来的濮、蜒族保存下来的①。在巴渝本地土著族群中也有悬棺葬的墓葬方式，童恩正《古代的巴蜀》就认为悬棺是古巴国境内的賨、骧、夷等族留下来的墓葬遗存。

至于实行悬棺葬的原因，历来说法不一，较易理解的一种还是和巴渝先民对水的情感有关。无论是外迁而来的濮、蜒族，还是巴国本地的賨、骧、夷族，他们常年都是水上讨生活，虽善舟楫，但在科技落后、环境恶劣的条件下，不乏葬身江水的风险，对于既是生存依赖又是噩运之由的这种状况，先民自然是爱恨交加。在世时天天与水打交道，风浪里拼生活，去世后渴望风平浪静，既不用在风浪里冒险，又可以时刻关注这片生养自己的水域。同时，按照神鬼灵魂说，祖先灵魂高高在上，立于江岸边的悬崖上，注视着子孙后代拼搏奋进，也庇佑着他们福寿安康。

六、《竹枝词》与水文化

唐代流行于三峡一带的竹枝歌，以夔州为代表，经刘禹锡加工，在宋以后得以普及全国，大凡有水处皆有竹枝词。冯其庸《竹枝词碑园序文》云：“巴渝竹枝词，诗之国风，辞之《九歌》也。昔仲尼删诗而存国风，屈原作辞而定九歌。故知圣人重俚言而辞祖珍乡音也。”将巴渝竹枝词与《诗经》之《国风》、《楚辞》之《九歌》相提并论，足见其艺术价值，也充分肯定了刘禹锡的贡献。唐代竹枝词具有鲜明的地方特色和民俗特征，刘禹锡加工发展后的竹枝词以《竹枝词》九首为代表：

白帝城头春草生，白盐山下蜀江清。南人上来歌一曲，北人莫上动乡情。

山桃红花满上头，蜀江春水拍山流。花红易衰似郎意，水流无限似侬愁。

江上朱楼新雨晴，瀼西春水縠文生。桥东桥西好杨柳，人来人去唱歌行。

日出三竿春雾消，江头蜀客驻兰桡。凭寄狂夫书一纸，信在成都万里桥。

两岸山花似雪开，家家春酒满银杯。昭君坊中多女伴，永安宫外踏青来。

①谢应光.三峡悬棺葬的文化内涵[J].四川文物，1997(2):7-10.

城西门前滟滪堆，年年波浪不能摧。懊恼人心不如石，少时东去复西来。

瞿塘嘈嘈十二滩，人言道路古来难。长恨人心不如水，等闲平地起波澜。

巫峡苍苍烟雨时，清猿啼在最高枝。个里愁人肠自断，由来不是此声悲。

山上层层桃李花，云间烟火是人家。银钏金钗来负水，长刀短笠去烧畲。

绿水红楼，水波如皱，写出夔州江上好景致。有涉及当地踏青春游风俗的，有涉及男女爱情的，也有以江水喻世态人情的，皆明丽自然，毫无造作之感。刘禹锡的《竹枝词》9首也反映了诗人到夔州后，乐观豁达、积极有为的处世哲学。历经京都政治漩涡中心的凶险，巴渝之地的江水之险又算得了什么？根植于心的儒家“修齐治平”观念和乐观豁达的境界反倒让诗人在此地有了一番作为，不仅带领当地百姓开荒造田（如《烧畲田》），还开风气、启蒙昧，大力发展了民间音乐艺术。

同时期的白居易也有《竹枝词》4首：

瞿塘峡口水烟低，白帝城头月向西。唱到竹枝声咽处，寒猿暗鸟一时啼。

巴东船舫上巴西，波面风生雨脚齐。水蓼冷花红簇簇，江蓠湿叶碧凄凄。

竹枝苦怨怨何人，夜静山空歌又闻。蛮儿巴女齐声唱，愁杀江楼病使君。

江上谁人唱竹枝，前声断咽后声迟。怪来调若缘词苦，多是通州司马诗。

但两人所作《竹枝词》的情感基调却明显不同，刘词中多阳光明丽，而白词几乎都是凄冷压抑，这与诗人由三峡水路入渝途中所作的诗歌也保持了一致性，纵观作者生平，这一时期已然从“兼济天下”的追求转向“独善其身”的心志。诗歌反映的主题与境界和“治国平天下”的高远理想渐行渐远，不能以国为家，因而在突逢巴渝险山恶水之时，更添了愁苦和不适。这也是同为贬谪诗人，白居易忠州诗与刘禹锡夔州诗的不同之处。

值得一提的是，竹枝词在唐代进入文人创作视野后，民间的自发创作并未停息，反倒一直伴随人们的生产生活传承发展，北宋文人所作竹枝词数量更多，苏轼、黄庭坚、苏辙、杨万里、范成大、汪元量等都曾作有竹枝词。黄庭坚《木兰花令》云：“黔中士女游晴昼，花信轻寒罗袖透。争寻穿石道宜男，更买江鱼双贯柳。竹枝歌好移船就，依倚风光垂翠袖。满倾芦酒指摩围，相守与郎如许寿。”词中写出当时巴渝地区“摸石求子”的民间风俗和信仰，也写出巴渝百姓爱好歌舞的传统，延至云贵川的诸多地区，尤其是少数民族，常以歌声表情达意，直到今天也是如此。

总之，无论是贬谪诗歌中描述的落后闭塞的烟瘴之地，还是险山峻水环绕的峡谷危城;无论是古老传统的节日文化,还是开放的商业文化;无论是神秘的悬棺现象,还是自然淳朴的音乐文化,都离不开长江之水的默默涵养。巴渝水文化,是具有地域特性的,又具有不同时代的同一性。如在面临人生困境、逆境时的选择上,今人的解读与古人的表达并无沟壑,时代不同,情理相通。如经济发展方面,有代代传承、地域特色鲜明的码头文化痕迹,为开放前瞻的现代商业文化奠定了深厚的基础。而特有的丧葬文化悬棺现象、音乐文化竹枝词等也成为越来越多当今学者研究的对象。江水无言,世相百态,人情万千,又唯江水可言。在历史长河中,唐代三峡诗的开创意义不容抹杀,巴渝水文化也在逐渐被书写发扬。

参考文献

[1]李俊.长江三峡地区外来文学家的聚集与唐代贬谪文化[J].中华文化论坛,2015(11).

[2]程得中.水文化内涵探析及学科体系建设[J].黑龙江史志,2014(9).

[3]马强.唐代士大夫在开州的政治、文学及意义——以唐开州刺史韦处厚、唐次、崔泰之为考察对象[J].长江师范学院学报,2015(1).

[4]张超林,李鹏军.论唐代三峡地区的经商潮[J].重庆大学学报(社会科学版),2003(1).

[5]熊笃.巴渝古代近代文学史[M].成都:四川民族出版社,2010.

[6]谢应光.三峡悬棺葬的文化内涵[J].四川文物,1997(2).

从生殖崇拜到社会整合:綦江石祖文化的人类学解读

——以綦江石桅子为例[①]

刘译蔓 彭福荣[②]

摘 要:綦江石桅子是綦江石祖文化的重要代表之一,具有较为悠久的历史,但长期未能得到专家学者的充分关注与系统研究。这里结合人类学基本理论与方法,对綦江石祖文化进行了较为系统的调查与研究。从功能与生产角度探析了石祖文化的发生,在回归信仰方面解析了石祖文化从生殖崇拜到社会整合的本质,透过文化视角探讨了石祖文化的累积。以綦江石桅子为表征的綦江石祖文化,解决了当地人们在历史中所面临的生存危机方面的信仰问题,经由历史演变,虽承载着泛灵信仰内涵,但促进了当地社会整合与稳定。

关键词:綦江;石祖;人类学;生殖崇拜;社会整合

綦江石桅子是綦江石祖文化的重要代表,具体表现为在田间地脚或岩石崖壁上刻竖写实或变形的石质男性生殖器官,寄托古时民众渴望生殖、追求子孙繁衍、家族兴旺等愿望。因其形似"桅杆",故名为石桅子,它承载着原始生殖崇拜信仰并续递至今。綦江石桅子现集中分布在綦江中峰镇灵应岩和永城镇老瀛山等地,现存石桅子数量有两三千根。经过历史的累积,綦江石桅子虽承载着泛灵信仰,但推进了当地民众关于石祖文化的认同,达到了人们心理和精神的双重平衡,促进了地方区域社会整合与稳定。人类学的主要学术旨归是发掘人类社会的"原生形态"和人与自然的互动,高度重视田野调查,参与和观察被研究者的生活,分析解释人们的思想行为方式和社会文化异同,着重探讨独特的社会文化现象。虽然存在文献载记贫乏、学术研究不足和民间

①本文系国家社科基金资助项目"乌江流域历代土司的国家认同研究"(10XMZ013);长江师范学院乌江流域社会经济文化研究中心民族学2016年度学生开放基金项目(2016XTJ02);长江师范学院第十五届"挑战杯"立项项目"多学科视野下綦江'石桅子'文化的调研报告"。原载于《长江师范学院学报》第33卷第5期。

②刘译蔓,主要从事民族文化研究。彭福荣,教授,硕士生导师,主要从事民族文化研究。

歧说多样的问题，但我们认为石桅子承载的綦江石祖文化具有人类学范畴的研究价值与意义。

一、石祖文化的发生：从消解功能到人口增殖

在人类学家看来，信仰代表着宗教认知，且“仪式是宗教关于行的方面，是对宗教以及宗教经验的一种外在表现或表达”。法国社会学家爱弥儿·涂尔干认为宗教是由观念形态的信仰和实践行为的仪式组成的。成年婚育是人类生命中重要的过渡性仪式，当人口繁育和族体更替成为群体性生活、生命危机的时候，人们会通过特定的仪式，减轻或消解群体性恐慌。綦江石桅子作为原始宗教信仰的重要形式之一，承载的石祖文化也有着自身的宗教信仰意识，具有完整的宗教行为过程，因其特殊的功能意义得以发生并续递至今。行为过程具体表现为膜拜祈愿、酬神还愿、刻竖石桅子，传达民众对生殖神灵的虔诚。与之对应，人们刻竖石桅子希冀人口繁育或增殖，属于思想上的探索，是人对自身的一种生产，即实现人口的增殖，缓解族体因人口不足导致的续递危机，促进地方区域社会生产发展。

（一）生殖崇拜意识与綦江石桅子的刻竖

在历史时期，人类生产能力和认知能力较低，形成并保持着泛灵信仰思想或原始宗教信仰。綦江位于偏远的渝黔交界之处，自然人文环境闭塞，是僚、濮等古老民族生息繁衍之地，因生产工具粗陋简单且革新迟缓，生产能力长期较华夏——汉民族低下，人们无力应对险恶的生存危机与社会挑战，生命脆弱、生计艰难，而人口繁衍对族体的生存续递又具有重要的意义，这就使人们产生原始生殖崇拜观念和将其外化的心理动机。此外，人们受“多子多福”“瓜蒂连绵”传统观念的影响，渴望人丁兴旺、家族繁盛，具有更强的祈求子嗣繁衍的动机，期盼拥有更多的生殖机会与能力。于是人们以石祖为载体，刻竖写实或变形的石质男性生殖器官，外化生殖崇拜观念，促成祈神许愿、酬神还愿、刻竖石桅子的完整行为过程。

英国人类学家维克多·特纳发现恩丹布女性不能正常受孕生子，就通过“伊瑟玛仪式”，即“女人的仪式”，或“生育的仪式”，借助“通灵术士”的正确仪式程序，让被“祖先阴影”折磨的女人重新记起并忠于母系祖先，以期重获生育能力和机会。与之相似，綦江各历史时期的古代民族因生产水平低下、生计艰难，导致生命脆弱，认为自己未能有充分生育子嗣的能力与机会。加之受传统观念的影响，人们繁衍子嗣的愿望愈加强

烈,但是社会客观条件不能满足其要求,迫使人们将包括生殖在内的全部愿望寄托在神灵身上。所以,人们走进佛寺道观,祈子许愿,于是綦江的灵应庙等佛寺成为历史上人们与神佛沟通的场域,佛像就是神灵的化身,僧尼就是能够沟通神灵满足生殖、解除灾厄等愿望的"通灵术士"。愿望灵验之后,人们为酬神谢恩,就在岩石崖壁或田间地角刻制或竖立写实或变形的石质男性生殖器官即石桅子,从心理上完成生殖愿望及行为上的求子感谢行为。后因寺庙兴废变迁,人们失去在佛寺神像面前借助神佛力量化解生殖危机的环境与条件,被迫将包括生殖在内的愿望转向已经刻制在田间石壁的石桅子上,对其进行许愿叩拜、焚香化纸和披红挂彩,并在愿望应验后,继续刻竖石桅子酬神谢恩。因人们的自发性与积极性,刻竖石桅子形成了当地的风俗习惯,至少从心理和行为上化解了群体性人口繁殖和续递的生殖危机,或在一定程度上实现了人口增殖,达成了人神沟通的目的。通过田野考察获知,至今人们仍有在年节向石桅子进行叩拜的行为习惯,可以看见灵应岩石桅子被人缠以丈余红布的状况。当地村民就告知这是祈子成功者酬谢神灵所为。

(二)石祖文化的消解功能与人口增殖

相对于维克多·特纳所见的"伊瑟玛仪式"中巫师、祖先阴影、病人三重结构组合,綦江石桅子的刻竖过程也具有人类学意义的结构组合特征。綦江石桅子经由历史发展,形成膜拜祈愿、酬神还愿、刻竖石桅子的稳定结构组合,具有促进人口繁衍、生命平安、家庭顺遂、财富汇聚,化解社会斗争等矛盾冲突的作用。考察中国古代兵器,人们把进攻型兵器都当成男根的象征物,在战争中邪魔意味着死亡,必须用生的力量来驱除。而以兵器为象征的男根就体现了强大的生命力量,具有稳、准、狠的杀伤力。与之对应,我们有理由相信,綦江石桅子作为男性生殖器官的象征物,包含着强烈的生殖愿望或生命传承愿望。我们在田野考察中发现的剑式造型含有以武止戈、祈求生命平安的愿望;顶部剑柄的"葫芦""元宝"造型寓意福顺富贵、五谷丰登,有保证当地人们生活基本需求的愿望;贯穿方斗的造型在暗喻阴阳交媾的同时被赋予金银满斗、粮食丰收等愿望。綦江石桅子所形成的结构组合,表达着对自然力量的尊敬和顺从。结合交感巫术,历史时期的人们在处于族群续递危机时,会迫切寻求生殖崇拜系列的外化行为,借以消除危机感,进而人们将族群续递危机感放在"顺势巫术"中寻求消解。于是人们把生殖崇拜观念和象征生殖的力量——外化的男性生殖器官联系起来,认为它们之间存在某种因果关系,相信通过祈神许愿、酬神还愿和刻竖石桅子行为,可以对女性产生生物性影响,达到人口增殖和族群续递的目的。

石梳子消解和宣泄了人们在生殖繁育、平安富贵和官运地位等方面的不安,使人们从精神和心理上得到最大程度的安慰和疏导,产生了对生产生活更多更大的信心,保障家庭人口繁衍和人丁兴旺。

马克思认为生产有两种,其一是人自身的生产,即人口的繁衍;其二是物质资料的生产,即关于食物、衣服等的生产。社会历史时期的綦江因生命脆弱,生计艰难,迫使人们将人口繁衍、族群兴衰寄托在神灵之上。通过祈神许愿、酬神还愿及刻竖石梳子仪式,人们在一定时期内实现了族群危机中人口的繁育和增殖,达到了人口数量的增加,缓解了因生命脆弱导致的生计艰难和族群续递危机。綦江石梳子搭建起神灵与人们交流的平台,使人们形成稳定的刻竖石梳子的风俗习惯,并续递至今,消解了人们心理和行为上的双重人口繁育危机感。人口的增殖,直接促进地方劳动力数量的增加,人口资源更加充足,又因原有的粮食不能满足当前人口数量的需要,直接构成綦江地方社会现实的供需矛盾,迫使新的劳动力需要改革已有的劳动方式和劳动工具,以获得更多数量的粮食等物质资料供人们维持生活。经历史演进,綦江地方社会生产在这种供需矛盾中逐渐发展,完成了从人口生产到适应人们生活的物质资料的生产。当今社会,物质资料的生产已达到一定水平,但人们受传统观念“多子多福”“好事成双”的影响,对人口生产的质量仍有一定的要求。

二、石祖文化的本质:从宗教生态适应到社会整合

宗教是生态适应的一部分,当代许多民族的生态环境伦理和自然禁忌都源自古老的宗教,尤其是原生的宗教。在人类学视野中,宗教是人类生产生活中联系广泛的社会现象,具有社会学、心理学和生态学的意义,能够满足社会发展的某种需要,可分为自然宗教和人为宗教。綦江石祖文化续递至今是原始生殖崇拜信仰生态适应的结果,对当地人们世界观、人生观和价值观形成具有深刻的一致性影响,具有明显的社会整合作用,对社会群体会起到行为和心理的双重平衡,从而维系地方社会整合与稳定。

(一)石祖文化的宗教生态适应

生殖崇拜作为原始宗教的重要组成部分,属于超自然力量存在范畴最为普遍的信仰之一,起源于泛灵信仰思想。生殖崇拜的产生是人们假想主宰生命的神灵控制着人们生殖的机会、能力和结果,而后与具体的自然人文生态相互适应和调适形成生殖崇拜文化。綦江石祖文化就是适应独特自然人文生态及原始宗教信仰的结果,是历史时

期人们生殖崇拜的直接反映,具有泛灵信仰的特征。重庆綦江独特的自然人文生态环境是历史时期各民族形成原始生殖崇拜的客观条件。具体而言,綦江位于山水纵横的渝黔交界地带,对历朝管控和经营民族地区具有重要的战略性地位,因为这里曾是古老的僚、濮等民族繁衍生息之地。在历史时期綦江自然人文环境闭塞,交通落后,导致人们认知能力较低,又受战争破坏,使人们面临生命脆弱和生计艰难问题,人口繁衍成为族群续递的主要矛盾。为此,人们将人口繁衍愿望寄托在神灵身上,形成早期的祈子许愿、酬神还愿和刻竖石桅子。人们经过完整的刻竖石桅子行为过程,至少解决了族群面对人口续递的心理层面压力,减缓了人们面临的生活危机,满足了人们精神和心理的双重需要。

生殖崇拜观念经由历史变迁,使綦江石祖文化承载着泛灵信仰。綦江地处渝黔交界地带,古时战事频繁。针对四川人口数量骤减,明清统治者曾多次颁布"湖广填四川"的政策来缓解人口危机。在上述自然人文条件下,綦江境内各民族直面人口与物质生产不足的客观条件,在泛灵信仰观念影响下,将人口繁衍、生命平安、家庭和顺、财富权贵等愿望寄托于神灵,使写实或变形的石质男性生殖器官从最初承载原始生殖崇拜发展成为人们泛灵信仰的载体。通过田野考察得知,现可考的石桅子铭文时间主要集中在咸丰、同治年间,基本格式为"信女或信女某某某,某年某月某日敬立",所求内容涉及求子、求寿、求平安、求财、求官等。我们走访灵应岩村民,一位50余岁妇女讲述了自己所闻事例。同时,村民LZZ还告诉我们:

当地人若有生疮害病,或家庭不顺遂,就去向菩萨许愿。每当愿望得遂,许愿人就会竖一对石桅子酬神还愿,甚至还要给新立的桅子披红挂彩,大加宣扬。由于经济条件有限,人们也请石匠把桅子凿刻在石壁上。

这进一步说明,但凡人们心有所想,只要他们愿意,都可以走到佛寺道观之中祈求生殖神灵庇佑,在愿望应验后,再度通过刻竖石桅子的方式,回应神灵的眷顾。后因寺庙等变迁,人们直接将石桅子当作神灵的载体,对其祈求,应验后则披红挂彩或刻竖新的桅子以表感谢。

(二)石祖文化的社会整合作用

以綦江石桅子为载体的石祖文化属于民间宗教信仰,能够诉诸超自然力量减缓人们的精神和心理压力,达到人的心理平衡。宗教是人类社会发展的产物,可以变成一种强有力的控制人们的信仰、行为和生活方式的力量,在人类秩序构建中能够产生不同的影响，从而达到对社会整合与控制的目的。綦江石祖文化也是社会演变的产物，人们通过假想性的原始生殖崇拜等超自然力量，表达求子求福、家庭顺遂、财富汇聚等愿望，即借助生殖神灵的超自然力量手段，给予人们依赖的主体，从精神上帮助人们战胜生命脆弱、生计艰难等困境，帮助社会建立起大致相同的生命观、价值观等观念，构建起人们族群的归属感，达到维护区域社会稳定秩序的目的。

因为历史中各民族人口生殖的不完满，綦江石祖文化得以发生并续递下来，早期祈子成功者或具有偶然性，但充当了重要的榜样示范角色，引导人们相信神灵、顺应神灵、沟通神灵和奉祀石桅子，在进行祈愿还愿的过程中，人们形成大致相同的民间信仰，维系社会稳定。通过田野考察得知，灵应岩现存的石桅子遗址竖有一块功德碑，刻有文字"有仙则灵，有求必应，有河岸岩，有神有庙"。还记载着搭建简易菩萨庙的捐赠人名字及捐赠金额，人数共计55人，金额从2元到50元不等。我们有理由相信当今綦江地带的人们仍有相同的石祖文化信仰。因完整的刻竖行为过程，有效地给当地人们建立起大致相同的生命观。在精神观念上，达到人与群体间的完整统一，形成了相对规范的精神信仰，强化了群体间的认同感和归属感，有效地维系着地方社会秩序和国家统治。在功能上，綦江石祖文化历史时期具有消解人们在人口繁衍、生命平安、家庭顺遂等上面临的矛盾冲突的作用，使人们进行有选择的行为实践，达到行为上的一致性，促进地方社会整合与稳定。

三、石祖文化的累积：从文化内涵到文化认同

作为自然存在物，人类有衣食住行、生老病死等需求和属性。文化是全体社会成员所习得并共享的价值观、信仰等，包括人类的制造物件、行为方式及思想观念等方面，分为物质、制度和心理等层次，能够提供有序的生活方式，可适应或改造动态变迁的环境。随着时间推移发生演变，它则具有前后延展性特征。在动态变迁过程中，人口生产与物质生产是人类社会延续的根本与关键，工具先进与否和革新快慢影响决定了文化的发展水平及变迁情况。綦江石祖文化具体表现在石桅子上，因社会变迁，逐渐形成为人们所普遍认同并共享的文化体系，内涵丰富，具有文化人类学研究的意义。

（一）生殖崇拜是石祖文化最稳定的内涵

生殖崇拜是原始宗教信仰之一，产生于生产生活环境恶劣的原始社会，主要表现为希冀人口繁衍。在历史纵向演进中，綦江石祖文化首先传达的是满足人们人口繁育

和与生殖有关的愿望，在佛寺等场合祈神许愿，应验后酬神谢恩，竖刻写实或变形的石质男性生殖器官的石桅子，供人们顶礼膜拜，以获得生殖神的庇佑，最终实现人口增殖。中华人民共和国成立以来，随着佛寺兴废变迁，人们直接奉祀石桅子，虽高矮形态各异，但模拟男性生殖器官的本质未变，显示了綦江石祖文化中稳定的生殖崇拜内涵。

从源起角度看，生殖崇拜是原始宗教信仰之一。綦江石祖文化或始于秦朝及其古老的僚、濮民族源起的宗教信仰。在秦汉至明清各朝代更迭时期，綦江地处交通要道，战略地位重要，又綦江境内各民族因自然生存环境的恶劣、军事战争的影响，长期面临着生命的消逝、人口减少和族群消融等危机。人们对生命的繁衍有着极强的渴望，这就迫使历史时期认识能力较低下的人们祈求神灵庇佑，酬神谢恩，刻竖石桅子来供人们顶礼膜拜，希冀从神灵处获得强大的生殖能力，带来族群人口繁衍并发展壮大。对此，谷雨生认为，綦江石桅子是秦汉南蛮部落战争和綦江先民“南平僚”社会风习及民间大众对生育、劳动力的渴望等因素相互作用的结果。宁燕燕则着重探索綦江石桅子与僚族生殖崇拜的关系，认为綦江石祖文化始于秦汉以来的生殖崇拜习俗，反映了綦江当地的原始宗教信仰。陈与认为，綦江清溪河周围的石桅子由古老的僰人刻竖，宝剑形制的石质男根象征年老者，是家族的标志，意味着兴旺发达，十字架上的羽状物或者元宝状物则是模拟女阴。生殖崇拜观念以綦江石桅子为载体一以贯之，显示了原始生殖崇拜信仰经过历史演进仍得以延续。

(二)*泛灵信仰是石祖文化认同的结果*

原始先民开始是对人的灵魂的信仰，后来延伸到动物、植物以及高山、大河等无生命的物体，形成泛灵信仰。换言之，只要人们觉得这个物体有神力，能够达成自己的愿望，就信仰它并伴随相关行为过程进行供奉。人们以石祖为载体所形成的生殖崇拜，随社会历史变迁和人们功利性需求增加而变迁，即以生殖崇拜为主，泛化出人们更多关于现实的需求。綦江历史时期因社会物质条件和生产力发展水平的限制，起初人们把人口增值作为刻竖石桅子的唯一愿望；后因人们对自然社会现象缺乏全面认识，在人口增值基础上衍生出生命平安、家庭顺遂等愿望；而后人们因功利性目的，把诸如财富汇聚、官运亨通等愿望也寄托其中。与之对应，綦江石桅子后因寺庙兴废变迁，人们认为石桅子能够直接搭建与神灵沟通的平台，便继续将诸如求子祈福、财富汇聚、官运亨通等愿望寄托其中。

相对于马林诺夫斯基的“库拉”交换圈理论，綦江石祖文化的生命力源于神灵与人们之间的交换。綦江石祖文化包括人们祈福许愿、酬神还愿和刻竖石桅子三个行为过程，人们在现实生活中遭受到生命脆弱和生计艰难等问题，便带着虔诚的信仰去佛寺许愿祈福，神灵满足其愿望即所求应验，那么神灵对人们祈福产生了交换性质的“馈赠”，民众为表达感谢便刻竖石桅子回赠神灵，即神灵以满足人们的愿望为交换圈中所交换的“物品”，人们以石桅子为“物品”，根据人们不同的所求，两者被放置在膜拜祈愿和酬神还愿的“圈”中进行交换，构成交换圈中双向的交换方式，达到了神灵与人们间的良性循环。神灵与人们交换的内核在于“馈赠与接受原则”，人们之所以回报是害怕与神灵中止伙伴交换关系，由此产生功能性的依赖。人们与神灵形成的这段伙伴交换关系既可以满足人们的个人心理欲望，又能够团结一切有相同信仰的人们，传承独特的石桅子文化现象。与之对应，綦江人们经过生产实践，总结出刻竖石桅子具体的行为模式。且刻竖石桅子的行为过程并不由政府管理或组织，由民众自行利用人力、物力和财力完成，巩固了人与人之间因相同信仰而形成的纽带，从精神和实践层面上达成了文化认同的共识。

四、结语

在漫长的历史中，綦江积淀出深厚的石祖文化，具体表现为遍布其境、成千上万的石桅子。尽管底蕴深厚和影响深远，但綦江石祖文化并未引起社会各界和专家学者的充分研究，且现有成果难明其本质。这里通过田野考察、深度访谈等方式，获取口碑、图片、县志等资料，并运用人类学基本理论与方法，对綦江石祖文化的发生、累积和本质有了初步的探析。以綦江石桅子为表征的石祖文化属于民俗文化事象，解决了当地民众面对生存危机的信仰问题，经过历史演变承载泛灵信仰内涵，对历史中各民族的生产劳动、行为习惯等方面产生了积极的影响，促进了地方社会整合与稳定。但綦江石祖文化具体起源时间和数量问题仍有待商榷，也为我们下一步研究指明了方向。我们认为在深入调查和研究的基础之上，挖掘綦江石祖文化的价值与意义，对深化地方文化发展和中华文化多样性也有重要的意义。

参考文献

[1]周大鸣，秦红增.文化人类学概论[M].广州：中山大学出版社，2009.

[2]维克多·特纳.仪式过程：结构与反结构[M].黄建波，柳博赟，译.北京：中国人民大学出版社，2006.

[3]车广锦.中国传统文化论——关于生殖崇拜和祖先崇拜的考古学研究[J].东南文化,1992(5).

[4]庄孔韶.人类学概论[M].北京:中国人民大学出版社,2015.

[5]谷雨生.男根圣地:6000桅子源流何在[J].婚育与健康,2001(11).

[6]宁燕燕.灵应岩:男根图腾的世界[J].中外文化交流,2001(6).

[7]陈与,阿蛮.重庆男根圣地的图腾之谜[J].重庆与世界,2012(9).

巴蜀历史发展中的“唐代断痕”问题
——兼论中国古代的低生产力势力与战争负能量问题①

蓝　勇②

摘　要:本文通过大量考古材料,证明在巴蜀历史上存在着一个历史遗存上的“唐代断痕”,主要体现在唐代墓葬数量、文物数量前不及两汉,后不及两宋。然后探索深藏于巴蜀历史的“唐代断痕”的人文和自然原因,认为从本质上来看,唐代巴蜀地区在全国的经济文化地位前不如汉代,后不及宋代,形成一定程度上的发展进程断层,这是造成历史遗存极少的基础原因;就唐代墓葬极少的具体问题来看,僚人的悬棺、洞葬葬式是大量侵夺唐代砖石墓、土坑墓的重要原因,而唐代以前大量崖墓在唐代的继续使用、唐代崖墓因文物被盗的年代无考,也印证了巴蜀少唐代墓葬的事实,而进一步强化了历史遗存上的断层。氐人据蜀和僚人入蜀而来的低生产力势力进入和南北朝以来巴蜀战乱不已,是造成唐代巴蜀社会地位相对低下而形成发展进程断层的重要原因。最后本文认为低生产力势力的进入和战乱不已带来的负能量远远超过分裂割据的影响。

关键词:唐代断痕;墓葬;负能量;战乱荒;“蜀人好乱”

研究中国古代历史往往会形成一种惯性思维,在讨论中国社会经济发展时,描述后一朝代比前一朝在社会经济上的发展,往往使用“长足的发展”“很大的发展”“较大的进步”等不痛不痒的话语,这种话语并不是建立在前后朝代相同空间的计量数据比较之上,也不是建立在相对人口人均统计数量之上,而是建立在一种传统中国古代文人心中相承下来的改朝换代定式之上,结论自然是:朝代前期都是皇帝开明,经济一片繁荣,皇朝晚期都是皇帝昏庸,经济一片凋敝,然后农民揭竿而起,改朝换代,又一个生

①原载于《人文杂志》2017年第5期。

②蓝勇,西南大学历史地理研究所。

气勃勃的新王朝出现，又是一片繁荣，经济有了大的发展，以此循环发展，一般后朝总是比前朝有不同的发展进步。遗憾的是从秦汉到清末以来的两千多年的时间内，在这种循环发展中，中国传统社会的农业生产力从本质上看并无大的进步。历史上的史学家们少有对朝代内的所有经济数据做前后比较，特别是在地均、人均基础上的数据比较，更少有谈及不同朝代间的数据，特别是建立在人均基础上的数据比较。如果说史料和技术原因使我们难以复原过去的数量经济，这还可以理解，但学术界有人即使面对后代是大战乱、大动荡的时代，也要想方设法找出相比于前代发展的亮点，以圆传统的“循环发展论”。为此，有人甚至提出魏晋南北朝时期巴蜀地区的战乱还推动了巴蜀地区社会经济的发展。但是我们在研究区域历史的时候往往会发现许多问题，如我们发现巴蜀历史发展中的“唐代断痕”问题，值得我们进一步研究出现断痕的社会原因。

一、历史遗存语境中“唐代断痕”问题的提出

研究巴蜀历史我们会发现一个十分有趣的现象，就是唐代在四川历史发展中的地位有前不如两汉，后不如两宋的现象。在大量的田野考察工作中，四川、重庆许多区县的文物考古工作者都感叹为何本地汉代和宋代遗址、文物都较多，唯唐代稀少。

表1　重庆市汉唐宋三朝文物统计表

朝代	巴县	綦江	长寿	江北县	合川	铜梁	璧山	大足	潼南	江津	永川	荣昌
汉	136	52	36	32	48	24	62	94	68	34	22	19
唐		1			1				1			1
宋	1	56	3	4	12	5	6	108	1	9	1	2
朝代	江北区	南岸	沙坪坝	九龙坡	双桥	北碚	南桐	全市（件）				
汉	3	1		3			10	644				
唐								4				
宋		1		1	3	9		222				

注：据刘豫川主编《重庆文物总目》①，西南师范大学出版社，1996年。

①此书是20世纪八九十年代编制的，主要体现第一次全国文物普查的结果，今天来看，并不全面。不过，从统计学的比较来看，反映的现象应该是不会出现较大偏差的。

以上统计结果很使人吃惊，汉代文物644件，宋代为222件，唐代才4件，唐代前远不及汉代，后又远不及宋代。为了证明以上统计的有效性，我们再分别参考《中国文物地图集》的四川卷和重庆卷来印证以上的结论。

表2 《中国文物地图集》四川卷中全国和四川省重点文物保护单位表

朝代	全国重点文物保护单位				四川省文物重点保护单位				总计（处）
	古遗址	古墓葬	古建筑	石窟与石刻	古遗址	古墓葬	古建筑	石窟与石刻	
汉	4	7	7		3	8	2	2	33
唐	2		3	13	4		7	14	43
宋	2	4	10	7	4	1	7	15	50

注：《中国文物地图集》四川卷，文物出版社，2009年。全国重点文物保护单位与全省重点文物保护单位部分是重叠统计的。

从总计来看，四川地区汉、唐、宋三代文物的数量好像并没有唐代断痕的迹象，如果我们只统计古墓葬、古遗址、古建筑三项，不统计石窟寺与石刻而得出的比例是汉代31处、唐代16处、宋代28处，仍然显现这种断痕的特征。从《中国文物地图集》中我们可以看出，巴蜀地区唐代的石窟与石刻主要集中分布于川北、成都到雅安一线，四川盆地其他地区总体上唐代断痕仍然明显。再以《四川文物志》的收录统计来看，古墓葬遗址中秦汉的墓葬为48处，隋唐仅14处，宋元21处，也呈现这种状况。为了印证这种趋势，我们又随机查阅巴蜀地区几个新编县志中的文物统计，发现这种情况也是明显存在的。

如《泸州市志》文物部分记录本地汉代文物10件，唐代0件，宋代6件。《通江县志》记载汉代6件，唐代8件，宋代11件。《达县市志》记载汉代文物，无唐宋文物。《雅安市志》记载汉代文物3件，宋代文物3件，无唐代文物。《内江市志》记载汉代2件，唐代2项，宋代4项，且唐代多为名胜的记载年代，非现存名胜实际年代。《青神县志》记载有汉墓群，宋墓和明墓群，但无唐墓。《荣县志》记载有东汉崖墓多座，宋代石室墓5处，但无唐墓。《远县志》记载汉墓群、宋墓群和明清墓，无唐墓。《南充市志》记载汉代文物5件，唐代1件，宋代19件。《宜宾县志》记载岩墓1063座，其中汉代848座，宋元明时期215座。《大竹县志》记载有汉墓群，少量宋明墓，但无唐墓。如果我们以《中国文物地图集》的重庆卷来看，这种特征就更明显了。

表3 《中国文物地图集》重庆卷中全国和重庆市重点文物保护单位表

朝代	全国重点文物保护单位				重庆市重点文物保护单位				总计（处）
	古遗址	古墓葬	古建筑	石窟与石刻	古遗址	古墓葬	古建筑	石窟与石刻	
汉			1		4	10	1	1	17
唐				3		2		3	8
宋	1			5	1	3	8	7	25

注:《中国文物地图集》重庆卷,文物出版社,2010年。全国重点文物保护单位与全市重点文物保护单位部分是重叠统计的。

从重庆地区来看,唐代文物稀少相当明显,明显显现了唐代文物分布在巴蜀地区的时间断痕,也同时显现了唐代文物的空间分布特征。我们仔细研究了《中国文物地图集》的四川卷和重庆卷,发现了唐代文物分布有明显的地域差异,即唐代文物主要分布于川北大巴山南沿和从广元沿金牛道经绵阳、德阳、成都、雅安一线两个区域内,而且主要以石窟石刻为主。而四川盆地南部和东部地区唐代文物最为稀少,也就是说川南宜宾、泸州、自贡和今重庆地区唐代文物最为罕见。从文物性质来看,已经发现的巴蜀唐代文物多为摩崖石刻造像,而汉代多为墓葬,宋代的文物则样式多样,但整体上汉宋数量远远超过唐代数量是一个普遍现象。

二、深藏于巴蜀历史的“唐代断痕”的人文和自然原因

从理论上讲,一个社会经济文化的发达程度是决定其历史遗存多少的基础,故我们认为,社会经济文化发展程度越高,文化遗址应该越多,文物遗留也相应越丰富。不过,长期以来学术界研究古代不同朝代间的经济文化发展水平结论的科学信度并不高。同时,不同文物之间遗留下来的范式可能并不完全一样,而在不同的地区由于环境、地缘等因素的影响,文物遗留的轨迹和机理也往往相差较大。另外,不同时期还可能受个别极端事件的影响,使历史发展轨迹发生剧变,也可能形成发展进程上的断层。显然我们提出的巴蜀历史发展中的“唐代断痕”需要深入研究其背后各方面的真实原因。

(一)整体发展进程断层是造成历史遗存上的“唐代断痕”的基础原因

在中国历史上人们习惯将汉唐、唐宋并提,自然认为这三个朝代都是值得称道的

朝代，不过，汉、唐、宋三代在以前中国人的意识里，汉唐往往是中国历史上大气辉煌的时代，汉唐盛世流传至今，而宋代不过是一个积贫积弱的朝代，最多讨论到宋代的科学技术比汉唐有较大进步。一般通史中对于三代的重要地位比较，往往局限于较前代有"很大发展""长足进步""发展迅速"等话语之中。可是，我们知道，前后朝代的地位比较必须建立在同一时代不同国家与地区的横向比较之上，而不应该是简单的前后直接纵向比较。即使要纵向比较，也应该是基于计量的比较，特别是在同样区域大小、同样人口数量基础上的比较。以前学术界曾专门进行过唐代与宋代的综合国力比较研究，其主观想法可嘉可取，但简单前后代数量的比较，由于区域大小差异、人口数量多少的差异，其比较的科学信度还有待提高。

所以，我们在研究巴蜀地区汉代、唐代、宋代的历史地位时，应该从两个维度上去分析，一个是前后朝代纵向的数量史学意义上的分析，一个是同时代横向与其他地区地位意义上的分析。

纵向计量维度在传统时代最重要的是人口与耕地。传统时代人口是反映经济水平的基本指标，人口多少往往是一个地区经济总量的重要标准。巴蜀地区从秦汉纳入中央一统的郡县制后发展较快。从人口来看，汉代四川人口数在469万左右，占全国的5.9%，唐代人口在450万~491万左右，人口与汉代相比并没有大的发展，但宋代四川人口在525万~1960万之间波动，总的来看，唐代四川人口与汉代相比增长并不明显，但宋代比汉唐人口增长比例较大。研究发现，西汉四川耕地为25万顷，东汉为37万顷，唐代为38万顷，宋代90万顷，也显现耕地数在汉唐间增长并不明显，而在宋代增长明显。我们还发现，唐代四川地区的42个州府中，属于上等的州府有11个，占1/4左右，但宋代46个州府中上等州府有24个，占1/2左右。可以说，就客观存在的历史增量来看，从汉到唐的历史增量在四川地区并不明显，而从唐代到宋代，四川经济的历史增量相当明显。这是我们从数量意义上去分析巴蜀地区在汉、唐、宋三朝的历史地位的重要指标依据。

进行区域历史经济总量比较时，更应该从同时代横向综合实力的角度去分析，故我们需要从不同时期巴蜀地区经济文化要素在全国的地位入手。从人口方面来看，赵文林曾将汉、唐、宋三代人口按今天省区做了比较统计，可知西汉时四川人口数为329万，占全国的5.8%，东汉为504万，占全国的9.97%；唐代时四川人口数在245万~628万之间，492万为常数，占全国10%左右；但宋代时四川人口数在489万~915万之间，占全国的

9.36%。考虑到南宋后期四川战乱人口大量外迁的特殊因素,以正常的北宋和南宋早期为例,宋代四川人口以赵文林统计的最高值应占全国的13.88%,以李世平统计的19.4%就会更高。如果我们以人口绝对数来看,西汉四川人口数居全国第二位,东汉人口数居第四位,而到唐代天宝年间居第三位,元祐年间居四位,但宋代太平兴国时期为第一位,元丰年间为第一位,崇宁年间为第二位,只是到了南宋嘉定年间才滑到第五位。同样,吴松弟在《中国人口史》中也谈到太平兴国时期四川的户数居第一位,崇宁年间居第二位。显然不论从人口比例还是从人口绝对数量来看,除去南宋后期由于蒙古军队的影响而东迁的人口,汉代巴蜀地区和宋代巴蜀地位的地区都要比唐代相对更高一些。

有相对理性的数据资料作为支撑后,我们还需要从历史文献中的感性材料中去分析这三个朝代的历史地位。在众多描述性的记载中,我们需要分成"全国性话语"和"地方性话语"两种描述性话语。前者主要是指全国性文献中对众多地区的比较性描述,作者往往是从全国视野来综合分析问题的,如《史记·货殖列传》《汉书·地理志》《隋书·地理志》《元和郡县图志》《太平寰宇记》等,一般来说少有在乡土情感上对本土的溢美之词。而后者如《三辅黄图》《华阳国志》《吴越春秋》等,往往是乡土人记乡土事,难免对乡土有一种溢美之词,同时缺乏全面视野,往往欠缺总体把握,故科学性相对较弱。

司马迁《史记》曾将当时的中国分成山西、山东、江南、龙门碣石四个经济区,汉代发达的农业经济区应该是关中平原、河南山东平原、成都平原三个地区。在《史记·货殖列传》中,司马迁对关中、齐鲁、成都平原地区的社会经济评价最高,如评价关中平原"膏壤沃野千里,自虞夏之贡以为上田……好稼穑,殖五谷……故关中之地,于天下三分之,而人众不过什三;然量其富,什居其六",称巴蜀地区"巴蜀亦沃野,地饶卮姜、丹砂、石、铜、铁、竹、木之器",称山东地区(今山东、河南)"膏壤千里,宜桑麻,人民多文采布帛鱼盐",称邹、鲁地区"颇有桑麻之业",称梁宋、南阳一带的睢阳和宛为"一都会"。《汉书·地理志》中对这三个地区仍然评价较高。如称关中地区"号陆海,为九州膏腴……沃野千里,民以富饶",称巴蜀地区"土地肥美,有江水沃野,山林竹木疏食果实之饶。南贾滇、僰僮,西近邛、莋马旄牛。民食稻鱼,亡凶年忧,俗不愁苦……文章冠天下",称河东地区"土地平易,有盐铁之饶",称齐地"通鱼盐之利,而人物辐凑……故其俗弥侈,织作冰纨绮绣纯丽之物,号为冠带衣履天下"。可以说在汉代的全国性话语中,巴蜀地区的成都平原一直是当时中国经济文化最发达的地区之一。从文化上来看也可以看出巴蜀的这种地位,早在1997年笔者在《西南历史文化地理》中就有所感悟,如《华阳国志》记载“汉征八士,蜀出其四”,汉代五大辞赋家中巴蜀就有司马相如、扬雄、王褒三人。可以说,汉代巴蜀地区经济与文化交相呼应,均领风骚。

我们到《隋书·地理志》《新唐书》《元和郡县图志》等文献中去寻找唐代巴蜀地位在“全国性话语”中的影子,遗憾的是与《隋书·地理志》《史记·货殖列传》和《汉书·地理志》不一样,主要倾心于记载社会风尚,对资源与经济少有涉及,在有关经济资源的行文中往往是指北方的太原、东方的京口和南方的南海,却没有西方的巴蜀成都了。不过,我们在唐代“地方性话语”中发现大量有关巴蜀繁富的例子,如常来说明唐代巴蜀地位的“扬一益二”。一般我们认为“扬一益二”之说最早源于《元和郡县图志》,但今本《元和郡县图志》正好缺淮南道此卷,只是在南宋《舆地纪胜》卷37《扬州》处引有《元和郡县图志》佚文称:“与成都号为天下繁侈,故称扬、益。”后来宋代《资治通鉴》卷259唐记75中称:“先是扬州富庶甲天下,时人称扬一益二。”宋代《通鉴纪事本末》《广陵志》《野客丛书》《容斋随笔》《古今事文类聚》等文献中也有类似的记载。据《全唐诗》卷877记载《盐铁谚》称:“唐世盐铁转运使在扬州,尽莞利权,商贾如织,天下之盛,扬为首而蜀次之,故谚曰扬一益二。”①从此段解释可以看出,所谓“扬一益二”有两个重要的限定,一个主要是指城市商业之繁,一个主要对成都城市经济而言,并不是对整个巴蜀地区经济地位的总体评估。

在唐代地方性文献中也不乏对成都的溢美之言,如卢求的《诚都记》序中称:“大凡今之推名镇为天下第一者,曰扬、益。以扬为首,盖声势也。人物繁盛,悉皆土著,江山之秀,罗锦之丽,管弦歌舞之多,伎巧百工之富,其人勇且让,其地腴以善熟,较其要妙,扬不足以侔其半。”②显然这里有卢求个人的乡土情结在其中。文献中虽不乏对巴蜀地区富庶的记载,但多出于对巴蜀有乡土情感的“地方性话语”之中,如陈子昂谈到“人富粟多。顺江而下,可以兼济中国”,③高适谈到每遇关中饱饥荒战乱时,关中之人往往“求于蜀人”,④唐代杜甫则认为成都平原“土地膏腴,物产繁富”。⑤

①(明)杨慎.全唐诗(卷877)[M].北京:中华书局,1960:9937.
②(明)杨慎.全蜀艺文志(卷30)[M].刘琳,王晓波,点校.北京:线装书局,2003:784.
③(唐)陈子昂.陈子昂集(卷9)[M].北京:中华书局,1960:202.
④(清)董诰,等.全唐文(卷357)[M].北京:中华书局,1983:3628.
⑤(清)董诰,等.全唐文(卷359)[M].北京:中华书局,1983:3651.

不过,文献中更多的记载则显现唐代四川盆地除成都平原外丘陵地区的动荡、贫瘠状况,更多的记载是逃户、侨户、游浮营集丘陵山中营种,社会动荡。[①]很有意思的是《舆地纪胜》中对各州风俗形胜有大量记载,多是引用唐北宋地方志的记载,反映前代的情况,多是"瘠薄""地瘠""最贫""穷僻""民贫"与唐代成都平原的繁盛完全不同。实际上,前面谈到"扬一益二"不过是对成都城市的声色之乐的赞美,唐代四川的文化地位在全国远不能与汉代相提并论。我们注意到曾大兴《中国历代文学家之地理分布》一书中并没将唐代四川列为文学家分布密集区,虽然有"自古词人多入蜀"的话语。但严格地讲,唐代活跃在巴蜀的文化名人多是外籍人士,地地道道的四川籍只有射洪县的陈子昂一人。唐代396个宰相中,巴蜀地区仅出了1人,在唐进士最多的10个省区中,四川也不在其列。

在宋代文献中,对巴蜀地区的描述与唐代相比发生了较大的变化。首先,对成都平原的描述仍然是繁盛一片,《太平寰宇记》称:"地沃人骄,奢侈颇异。"[②]苏东坡称成都一带是"千人耕种万人食",[③]范成大称成都平原农业生产状况是"似江浙间""及似江南"。[④]对于城市地位,费著《岁华纪丽谱》等文献倾其华丽辞藻描述成都的繁华,文献中谈到成都时"蜀风奢侈""俗尚喜游"等词汇不绝。

与唐代相比,宋代四川地区盆地丘陵地区的经济有了极大发展,大量的梯田修治,稻麦复种制的流行,使四川盆地丘陵地区成为重要的粮食生产基地。[⑤]当时四川盆地丘陵、平原的农业耕作水平已经处于全国领先的地位,所以才出现南宋洋州知州宋莘在《洋县南宋劝农文》中力赞蜀中的农业技术,[⑥]而高斯得在江南东路宁国府做官时则将四川的农业经验推向当地农民。[⑦]难怪《宋史·地理志》称四川地区"地狭而腴,民勤耕作,无寸土之旷,岁三四收"。在城市经济方面,盆地内部的许多城市成为重要的商业都市,梓州已经是"为剑外一都会,与成都相对",[⑧]果州有"小成都""小益"的称号,[⑨]

①李敬洵.四川通史 第3册[M].成都:四川大学出版社,1993:204;四川文物管理局.四川文物志 上卷[M].成都:巴蜀书社,2005:5-8.

②(宋)乐史.太平寰宇记(卷72)[M].北京:中华书局,2008:1461.

③苏东坡集(卷1)[M].北京:商务印书馆,1933:5.

④(宋)范成大.吴船录(卷上)[M].北京:中华书局,1985:1.

⑤贾大泉.四川通史 第4册[M].成都:四川大学出版社,1993:180.

⑥陈显远.洋县《劝农文》碑考[J].陕西史志,2005(1).

⑦(宋)高斯得.耻堂存稿(卷5)[M].北京:中华书局,1985:99.

⑧(宋)王象之.舆地纪胜(卷154)[M].北京:中华书局,1992:4163.

⑨(宋)祝穆.方舆胜览(卷63)[M].北京:中华书局,2003:1103.

彭州则有“小成都”“小郫”的称号，[①]利州有“剑外一大都会”“小益”的称号，[②]泸州有“西南要会”之称，[③]连唐代不出名的渝州在宋代也是“二江之商贩，舟楫旁午”。[④]从五代开始，巴蜀地区的文化地位也不断提升，宋代的巴蜀已经是全国文化最发达的地区之一，北宋时巴蜀进士数已经位居第八位，南宋则达第四位，整个宋代出了宰相27人，巴蜀地区成为宋代文学家分布最密集的地区，“蜀学”“蜀本”“蜀文”成为巴蜀文化的全国流行话语。清代诗人赵熙称四川历史上有“自古诗人多入蜀”的现象，明代杨慎有“自古蜀之士大夫多卜居别乡”的话语，前者多是指唐代蜀地不过是一个躲避战乱的盆地，后者主要指宋代巴蜀籍文化人在外影响巨大，显现了宋代巴蜀地区文化地位的提高。

从以上的人口经济数据和感性分析中，我们可以得出：在巴蜀历史发展进程中，汉代和宋代的历史地位远比唐代高，唐代巴蜀地区形成一定程度的发展断层。从理论上讲政治经济文化地位更高的朝代，其文化遗存应该更多更丰富，这是我们理解巴蜀历史上“唐代断痕”关键的社会经济基础背景。

(二)巴蜀墓葬留存机理的特殊性对历史遗存上的“唐代断痕”的强化

“唐代断痕”话语主要是从文物遗存角度提出的，但是我们知道，不同文物遗存下来的机理并不完全一样，而我们的考古发掘也存在不同的偏好，故所反映的历史背景也不完全与历史客观事实相符。有一个很深的印象就是汉代文物众多的主要原因是汉代墓葬的发掘尤为多，而唐代尤为少，宋墓相对又较多，对于这种现象，学术界有从厚薄葬风俗来分析的，认为汉代为厚葬时代，而唐代为薄葬时代，所以遗留较少。

不过，学术界对历史上的厚葬与薄葬时代的认识分歧相当大。据蜀开玉《丧葬与中国文化》一书列出的《中国历代厚葬薄葬变化表》，三代两汉是厚葬，南北朝是薄葬，唐宋是厚葬，五代十国为薄葬，明清为薄葬。而徐吉军认为秦汉时期是中国封建社会厚葬最为盛行的时期，隋唐时期是我国历史上厚葬最为盛行时期之一，宋代厚葬盛行。陆建松甚至认为唐代厚葬之风登峰造极。如果我们认为汉代、唐代、宋代都是厚葬时期，那我们这里的分析就毫无意义。但我们发现，学术界研究厚葬薄葬文化时存在一

①(宋)乐史.太平寰宇记(卷73)[M].北京：中华书局，2007:1484—1485;(宋)祝穆.方舆胜览(卷54)[M].北京：中华书局，2003:963.

②(宋)王象之.舆地纪胜(卷184)[M].北京：中华书局，1992:4732、4730;(宋)祝穆.方舆胜览(卷66)[M].北京：中华书局，2003:1155.

③(清)徐松加.宋会要辑稿·方域[M].北京：中华书局，1957:7427.

④(宋)王象之.舆地纪胜(卷154)[M].北京：中华书局，1992:4550.

个最大的误区，就是将实际葬俗中存在厚薄葬现实与当时人们观念中的厚薄葬思想混在一起，使我们缺乏对时代风尚的整体把握。所以，我们研究这个问题时应该将考古学意义下的厚薄葬事实与思想史意义下的厚薄葬观念完全分开来研究。

从理论上讲，厚薄葬只能反映墓葬出土文物的多少，而不能体现墓葬数量的多少。汉代墓葬出土文物多这是一个不争的事实，所以《盐铁论》卷六记载："死以奢侈相高，虽无哀戚之心，而厚葬重币者则称以为孝，显名立于世，光荣著于俗，故黎民相慕效，至于发屋卖业。"汉代墓葬出土文物众多与时人的认知相合。

我们从巴蜀地区汉唐时期墓葬发掘来看，考古学意义下的汉墓数量远远超过唐墓，宋墓也多于唐墓。以重庆三峡地区墓葬发掘来看，忠县崖脚地发掘中发现19座楚墓、3座巴人墓，另有西汉墓、刘宋墓和宋墓，无唐墓。涪陵镇安遗址中有周代、战国、秦汉、六朝和宋代文化层，而无唐代文化层。巫山碚石遗址中发现有新石器、夏商、东周、六朝、宋代、明清文化层，但无唐代层。奉节瞿塘关遗址发掘报告中发掘出东周墓葬2座，宋代墓葬6座，明代10座，无唐墓。奉节老油房遗址中，有周代、汉代、宋代、清代文化层，无唐代。巫山古城遗址只发现汉墓4座，宋元墓2座，明墓4座，无唐墓。巫山胡家包墓地发掘东周、汉代、宋代、近代墓，也无唐墓。巫山高唐观墓群中也只有战国、两汉、六朝、宋墓，而无唐墓。忠县洽井沟群脚墓地发出战国、秦汉、宋墓，也无唐墓。目前考古发掘的四川唐墓以万县有才墓影响较大，但这种唐墓发现极少，所在学者都认为："唐代墓葬在四川地区少有发现"⑭，"四川地区唐墓发现极少"，"成都地区在唐代极为繁荣，素有'扬一益二'之誉，但成都乃至四川地区发现的唐墓极少"。

问题是我们怎样去解释这种现象，因为这仅是巴蜀地区特殊的现象，这种现象如果放在关中平原和中州地区并不是太明显。我们只能从两个方面去分析这种差异，一是汉唐时期在丧葬具体形式上的差异，因唐代人口基数大，都存在死亡的问题，唐代巴蜀地区的墓葬多少不可能有巨大的差别，但葬式的差异可能影响到遗存多少和发掘多少；二是是否受考古学"秦汉以后无考古"思想的影响，与考古学界自身对汉以后的墓葬的发掘主观驱动较小，故发掘留下墓葬较少有关。

我们注意到汉代的墓葬主要分成竖穴土圹墓、土洞墓、空心砖墓、砖室墓、石室墓、崖墓，唐代仍流行竖穴土坑墓、砖石墓、土洞墓，在墓葬形式上并无本质的变化，如果都是厚葬时代，故从理论讲，当人口基数大时，墓葬数量应该更多。四川地区也存在同样的状况，汉代主要为砖墓和崖墓，唐代主要为砖墓。所以，我们应该跳出考古学背景去分析这个问题。同样在许多文献中发现,许多地区的唐代墓葬并不比汉代少,文物也不比汉代少。《汉唐考古学讲稿》中对汉代、唐代、宋代每个地区墓葬情况都有分析,唯缺乏对巴蜀地区唐代墓葬的分析。显然文物上的"唐代断痕"并不是一种全国普遍现象,只是一种地域现象。所以,我们只能从巴蜀地缘和特殊的历史轨迹中去探索。

从理论上讲,唐代人口并不比汉代少,不论何种葬式,都是要入葬的,所以不至于唐代墓葬客观上比汉代少得多。同时,从理论上讲越往后墓葬的保存应该更多。我们注意到东晋南北朝到隋唐时期,巴蜀地区的僚人丧葬形式可能对唐代文物遗存有一定的影响。僚人流行葬式主要是悬棺葬《通志》卷197记载:"獠者盖南蛮之别种,自汉中达于邛作川洞之间所以皆有,种类甚多,散居山谷,略无氏族之别,又无名字,所以生男女,唯以长幼次第呼之。"这些散居的僚人往往"死者竖棺而埋之"或"以木函盛,置于山穴中"或"葬之岩穴"。①在魏晋南北朝隋唐时期,四川盆地的僚人占比例较大,这种葬式一定程度上侵夺了砖室墓、土坑墓的空间,而一般的悬棺又有容易被盗、被毁的特点,故保留下来的文物也相对较少。据三峡考古证实,奉节县宝塔坪唐代出现一种不明来源的葬式,即土洞葬,墓主逆向葬,②可能与外来葬式有关。这些葬式都可能大大侵夺了传统汉族砖室墓、土坑葬的空间。

同时,我们也注意到从东汉一直到明代的巴蜀崖墓,虽然崖墓的盛行主要在东汉两晋南北朝时期,个别在唐宋元明出现,但目前中国崖墓造型的年代学序列在考古学上并不完善,对于这个时期的崖墓年代断定多是从出土文物上来判断的。崖墓有容易被盗的可能,这几乎是一种共识。故往往战乱后出现空置崖墓被继续使用的情况也可能存在,唐宋三峡地区就存在明显的借室葬情况,有许多借用六朝墓的案例。③明清时就有许多居民使用崖墓躲避匪患的案例,唐代也完全有可能大量继续使用汉代六朝时期前的崖墓,这自然侵占了大量土坑葬砖室墓的空间,使我们发现唐代巴蜀的土坑葬砖室墓的可能减小。也正是崖墓容易被盗的特点,唐宋的借室葬自然是以对前代的文物破坏作为条件进行的,明清以来绝大多数崖墓已被盗,里面的南北朝隋唐时期的巴蜀文物被发现和保存下来的可能性都较小,使许多唐代开凿的崖墓也不可能被发

①(北齐)魏收.魏书(卷101)[M].北京:中华书局,1974:2249页;(宋)乐史.太平寰宇记(卷77、卷88)[M].北京:中华书局,2007:1537、1740.

②重庆市文物局,重庆市移民局.重庆库区考古报告集2001卷上[M].北京:科学出版社,2007:468.

③吴小平.三峡地区唐宋时期的借室葬研究[J].江汉考古,2013(4):99—105;邓辉.湖北三峡地区宋代借室葬[J].三峡论坛,2017(2):1-7.

现,被错误认为是汉代、六朝或者宋元之葬。

显然,唐代巴蜀墓葬形式留存机理的特殊性,进一步强化了唐代发展进程断层形成的历史遗存上的断层现象。而这种特殊的墓葬形式的形成,也与“僚人入蜀”等因素有一定的关系。

(三)负能量与战乱荒——造成发展进程断层上的“唐代断痕”的两大原因

我们要分析巴蜀特殊的历史轨迹,需要从两晋南北朝的历史发展开始。两晋南北朝时期,中国北方“五胡乱华”大量北方人口南迁。这一点上巴蜀地区也是同样的。从理论上讲大量北方经济文化教育发达地区人口南迁,带来先进的生产技术,应该会促进巴蜀地区社会经济文化的发展,但巴蜀地区实际却显现出一种整体上的发展缓慢。

这个时期巴蜀地区有两个最重要的时代特征,一是两股低水平部落人口进入,显现直接的负能量;二是战乱不断,显现战乱造成的负能量。可以说两晋南北朝是巴蜀历史外来负能量进入最多的时期,也是战乱最频繁的时期。

这两股低水平的势力都落入蜀主要是指“成汉据蜀”和“僚人入蜀”对这个时期乃至唐代的影响最大。西晋元康八年(298年)后十万多天水、略阳、扶风、始平、武都、阴平六郡流民入蜀,分布于广汉、犍为、蜀三郡之内,后六郡流民李特建立成汉政权,统治巴蜀47年。由于成汉开国之际大量巴蜀土著外迁,而六郡流民的生产力水平和文化程度远远低于土著民,故整体上巴蜀地区的社会经济发展速度减慢,文化教育衰落。[①]同时,在李寿的招引下,南部的僚人进入巴蜀地区,“布在山谷,十余万落”[②],形成了历史上“僚人入蜀”的移民运动。僚人入蜀后,对巴蜀地区的影响不仅是在南北朝时期,直到唐代这种僚风仍然很甚,仅以《元和郡县图志》记载为例:泸州是“为僚为没”,巴州“为僚所有”,壁州“为夷僚所据”,昌州“以镇押夷僚”,荣州“夷僚居之”,雅州“夷僚居之”,戎州“此地空废一讨定夷僚”,嘉州玉津县“夷僚自张柯入居焉”,资州“夷僚居之”,资州磐石县“夷僚所居”,资州清溪县“夷僚所居”,资州内江县“陷于蛮僚”,简州“夷僚内侵,因兹荒废”,简州平泉县“夷僚所居”,邛州临邛县“为僚所侵”。[③]李敬询先生综合其他文献考证后认为这个时期巴蜀地区的僚人主要分布在四川盆地及其周缘山区,以岷江、沱江中下游、渠江上游为主,[④]故在巴蜀历史上两晋南北朝时期的经

①李敬询.四川通史 第3册[M].成都:四川大学出版社,1993:1-12.

②(宋)郭允蹈.蜀鉴(卷4)[M].成都:巴蜀书社,1985:200.

③李敬询.四川通史 第3册[M].成都:四川大学出版社,1993:112.

④(唐)李吉甫.元和郡县志(卷31至卷33)[M].北京:中华书局,1983.

济文化水平是最差的，学者用“农业、手工业和商业凋敝”的话语来评价这个时期。① 巴蜀历史上有“蜀人好乱”的话语，它的产生实际上是由魏晋南北朝巴蜀战乱引发出来的。西晋以来，巴蜀地区战乱不断，先后经历前秦取蜀、东晋憔纵之乱、刘宋赵广之乱、南齐刘季连之乱、西魏伐蜀、北周王谦之乱等战争，巴蜀的社会经济凋敝，文化发展滞后，文献上对这个时期的记载多是“城邑皆空，野无烟火”②，“时益部兵乱日久，民废耕农，内外苦饥，人多相食，道路断绝”③，“饿死者相枕”④，“蜀人多劫盗”⑤。所以，从唐代开始，已经出现了“蜀人好乱”的话语了。最早是在《隋书》卷一上记载：“巴蜀险阻，人好为乱。”⑥后来《南史》中记载：

临汝侯嘲之曰：“卿蜀人乐祸贪乱，一至如此。”对曰：“蜀中积弊，实非一朝。百家为村，不过数家有食，穷迫之人，什有八九，束缚之使，旬有二三。贪乱乐祸，无足多怪。若令家畜五母之鸡，一母之豕，床上有百钱布被，甑中有数升麦饭，虽苏、张巧说于前，韩、白按剑于后，将不能使一夫为盗，况贪乱乎。”⑦

后来在宋代董煟《救荒活民书》卷上也称：

然尝闻蜀道冠作，临汝侯嘲罗研曰：“卿蜀人何乐祸如此？”研曰：“蜀中百家为村有食者不过数家，贫迫之人十常八九，束缚之吏十有二三，各令有五母鸡、一母彘，床上有百钱，甑中有数升麦饭，虽苏张巧说于前，韩白按剑于后，将不能一夫为盗。”

宋代《册府元龟》卷七也记载“巴蜀险阻，人好为乱”，⑧都是针对这个时期的战乱与饥荒相交的时局而言。而且，宋人明确了这种战乱是由外来势力所造成的，如王辟之《渑水燕谈录》卷九记载：“蜀虽阻剑州险，而郡县无城池之固，民性懦弱，俗尚文学而世以为蜀人好乱，殊不知公孙述及刘辟、王建、孟知详辈率非土人，皆奸雄乘中原多事盗处一方耳。”为总结历代治乱兴亡出现了司马光的《资治通鉴》，但蜀人感觉不够，蜀人范祖禹专门在参与编《资治通鉴》时撰《唐鉴》，是想探索“兴废治乱之所由”，而蜀人

①李敬询：《四川通史》第3册[M].成都：四川大学出版社，1993：182.
②资治通鉴（卷85）[M].北京：中华书局，1956：2682.
③（唐）姚思廉.梁书（卷10）[M].北京：中华书局，1973：199.
④（唐）姚思廉.梁书（卷20）[M].北京：中华书局，1973：310.
⑤（唐）令狐德棻.周书（卷19）[M].北京：中华书局，1971：313.
⑥（唐）魏徵.隋书（卷1）[M].北京：中华书局，1973：4.
⑦（唐）李延寿.南史（卷55）[M].北京：中华书局，1975：1369.
⑧（北宋）王钦若，等.册府元龟（卷7）[M].北京：中华书局，1969：73.

郭允蹈还撰《蜀鉴》一书，想使人们“知古今成败兴衰治乱之迹以为龟鉴”，[①]这可能都是感叹宋以前蜀战乱兴亡之频繁而作。我们还注意到清初欧阳直《蜀警录》谈道：“先民有言，天下未乱蜀先乱，天下既治蜀后治。”[②]以前人们以为仅是总结张献忠乱蜀之事，其实仔细阅读此书，也是对巴蜀历代战事而言的总结。

所以，两晋南北朝负能量与战乱相交，使唐代巴蜀地区发展社会经济文化的基础相当薄弱。唐代几百年的发展对巴蜀地区而言实际是一个缓慢的恢复过程，社会经济文化的发展相对于汉、宋本身就有差距，文物的遗留就相对较少。

应该看到，虽然整体上巴蜀社会经济落后，但成都平原地区受僚人的影响相对较小，历史文献中几乎没有僚人出入成都平原的案例，社会经济文化的发展仍然是较突出的，所以，我们认为的“扬一益二”仅是对唐代成都平原的地位和影响的认同。也就是说，唐代四川盆地地区间的经济文化差距很大，可能比汉代还大。成都平原由于特殊的地理区位，社会经济文化一直发展，影响不大，而广大的盆地丘陵地区和四周低山地区受到“僚人入蜀”和“成汉据蜀”的影响却相当明显。《蜀鉴》中称西晋太安二年因战乱使“益州流民十余万户徙荆州……城邑皆空，野无烟火”，东晋建元年间僚人入蜀后：“时蜀人东下者十余万家”“蜀之衣冠之流徙荆淅，而名郡乐郊皆为僚居矣”。[③]在低生产力势力进入的同时大批高文化、高技能的人口东迁长江中下游，对巴蜀地区社会经济的负面影响可以想见，“唐代断痕”自然而然。

总的来看，两晋南北朝时期与其说是一个分裂割据的时期，还不如说是一个战乱频繁时期，对整个中国社会历史发展的进程而言是一种负能量。不过，这个时期进入长江流域其他地区的移民多是北方中原发达地区的移民，他们的文化程度、技术能量都比土著高，对这些地区社会经济文化的影响呈现为一种正能量，但巴蜀地区不仅战乱频繁，而且迁入的移民——僚人、氐人都是社会经济文化相对更低的群体，对社会经济文化的发展呈现为明显的负能量。所以，从两晋南北朝到隋唐时期，巴蜀地区存在内乱负能量和外来负能量双重负能量的发展制约。历史上的“唐代断痕”，显现了这种双重负能量的影响之深远。

中国历史上各民族政权之间分分合合，并不见得分裂时期社会经济文化就一定整体倒退，但可以肯定的是，如果战争一个接一个地上演，乱世一个接一个地来，中国的

---

①(宋)郭允蹈.蜀鉴[M].成都：巴蜀书社，1985：604.

②何锐，等.张献忠剿四川[M].成都：巴蜀书社，2002：184.

③(宋)郭允蹈.蜀鉴(卷4)[M].成都：巴蜀书社，1985：173-174、200-201.

社会经济文化不可能有很大发展,甚至是会倒退的。所以,中国历史上分裂割据不可怕,可怕的是战乱不断,烽火连天。所以,不仅"僚人入蜀"不可能推动巴蜀社会经济的发展,中国历史上的农民战争、割据之战更不可能直接对社会经济发展有推动作用,只能产生更多负能量。西晋以来,巴蜀地区战乱不断,先后经历前秦取蜀、东晋憔纵之乱、刘宋赵广之乱、南齐刘季连之乱、西魏伐蜀、北周王谦之乱等战争,这些战争大多是在巴蜀境域之内,对巴蜀的影响相当直接。但同样处于分裂局势的五代时期,后蜀一方面没有"成汉据蜀""僚人入蜀"等大规模低生产力势力进入带来的负能量,而据《岁华记丽谱》记载,唐代迁入蜀中的移民多是北方平原地区的大族,经济文化水平较高,带来大量正能量,更重要的是前蜀几乎无战事可言,就如前人言前蜀"审时度势,不穷兵黩武"一样。①而后蜀只是出兵关中,战争都是在境外的,对蜀中社会经济影响较小。所以,前后蜀社会经济在唐代基础上有了明显的发展,这是我们能看到宋代巴蜀地区在全国地位重现汉朝气势的原因之一。

其实在巴蜀历史上对区域社会经济文化产生影响的这种战乱还有南宋末年的战乱,使蜀之衣冠大族再次举族东迁江浙地区,因而使得元明清代前期巴蜀地区的社会经济文化地位大大下降,形成了巴蜀历史上的"元明低谷"。这再次证明战争对区域社会经济巨大和深远的负面影响,印证了战争负能量是导致巴蜀发展进程断层意义上"唐代断痕"的重要原因之一。

参考文献:

[1]四川文物管理局.四川文物志(上卷)[M].成都:巴蜀书社,2005.

[2]泸州市地方志编纂委员会.泸州市志[M].成都:方志出版社,1998.

[3]通江县地方志编纂委员会.通江县志[M].成都:四川人民出版社,1998.

[4]达县市地方志编纂委员会.达县市志[M].成都:四川人民出版社,1994.

[5雅安市地方志编纂委员会.雅安市志[M].成都:四川人民出版社,1996.

[6]内江市地方志编纂委员会.内江市志[M].成都:巴蜀书社,1987.

[7]青神县地方志编纂委员会.青神县志[M].成都:成都科技大学出版社,1994.

[8]荣县地方志编纂委员会.荣县志[M].成都:四川大学出版社,1993.

[9]威远县地方志编纂委员会.威远县志[M].成都:巴蜀书社,1994.

[10]南充市地方志编纂委员会.南充市志[M].成都:四川科学技术出版社,1994.

①贾大象.四川通史(第4册)[M].成都:四川大学出版社,1994:8.

[11]宜宾县地方志编纂委员会.宜宾县志[M].成都:巴蜀书社,1991.
[12]大竹县地方志编纂委员会.大竹县志[M].重庆:重庆出版社,1992.
[13]李世平.四川人口史[M].成都:四川大学出版社,1987.
[14]郭声波.四川历史农业地理[M].成都:四川人民出版社,1993.
[15]蓝勇.唐宋西南城镇分布的地理研究[J].中国历史地理论丛,1993(4).
[16]赵文林.中国人口史[M].北京:人民出版社,1988.
[17]吴松弟.中国人口史(第3卷)[M].上海:复旦大学出版社,2000.
[18]蜀开玉.丧葬与中国文化[M].海口:三环出版社,1990.
[19]徐吉军.中国丧葬史[M].南昌:江西高教出版社,1998.
[20]陈文华.丧葬史[M].上海:上海文艺出版社,1999.
[21]陆建松.中国古代丧葬文化[M].成都:四川人民出版社,1999.
[22]重庆市文物局,重庆市移民局.重庆库区考古报告集(1998年卷)[M].北京:科学出版社,2003.
[23]重庆市文物局,重庆市移民局.重庆库区考古报告集(1999年卷)[M].北京:科学出版社,2006.
[24]重庆市文物局,重庆市移民局.重庆库区考古报告集(2000年上卷)[M].北京:科学出版社,2007.
[25]高英民.四川万县唐墓[J].考古学报,1980(4).
[26]朱义章.四川成都市西郊化成村唐墓的清理[J].考古,2000(3).
[27]成都市文物考古队.成都市西郊土桥村筒车田唐墓[J].四川文物,1999(3).
[28]万里.汉唐考古学讲稿[M].西安:三秦出版社,2008.
[29]李敬洵.四川通史[M].成都:四川大学出版社,1993.

简论乌江流域民族体育文化与族群和谐的契合[①]

杨永钟　赵云书[②]

摘　要:本文通过文献资料、田野调查、专家访谈等方法对乌江流域民族体育文化互动发展与民族族群和谐发展之间的契合关联进行了深入探析,离析出民族传统体育互动发展与族群和谐发展间存在现实的交融关系;乌江民族体育文化自身展示出丰厚的人本理念、人与自然的和谐共生、情感交融、时空开放、文化包容等特质,这与民族族群和谐发展高度契合。

关键词:族群;体育文化;和谐;乌江

乌江流域,一个广集多民族的西部地域,在此孕育出了丰富的民族文化。在这纷繁炫丽的民族文化体系中,民族体育文化是构成民族文化的重要支系,民族体育文化的互动发展对该流域的民族和谐、社会稳定、经济发展等方面都有着积极的作用。探寻民族传统体育互动发展与民族和谐发展的内在契合,对该地域的民族和谐,经济、社会、文化等方面全面繁荣发展有着积极的现实意义。

一、民族体育文化互动与族群和谐的现实交融

从历史性与历时性角度来看,乌江流域少数民族传统体育文化的互动发展对族群和谐关系的促进表现在场域空间、方式载体、情感积淀、愉悦场景、平等享有等诸多方面,进而展示出族群与自然、族群与族群、族群与社会之间的价值所在。乌江流域少数民族传统体育文化的互动发展与族群和谐之间是存在契合关联点的,“在祖国漫长的几千年的历史里……族类之间接触、交流与融合的过程是从没有间断过地进行着,发展着,我们现在还在这过程之中”。“虽然民族交往互动可能会引发民族间的误解、矛盾

①原载于《长江师范学院学报》2017年第3期。

②杨永钟,长江师范学院体育与健康科学学院,主要从事民族传统体育研究。赵云书,长江师范学院体育与健康科学学院教授,主要从事体育教学研究。

或冲突，但却是促进民族关系融合与长效发展的必经之路。”乌江流域民族传统体育文化的互动，直接或间接地带来了“居住格局、语言交流、社会交往、观念意识等层面的互动发展，进而直接或间接地影响到族群之间的和谐关系发展，也正是这些维度的变化，成为判辨乌江流域民族关系发展的重要指标”。本文拟从体育文化理念、人与自然、情感交融、文化兼收等方面探讨体育文化的互动与族群和谐之间存在的契合。

二、民族体育文化互动折射民族和谐的内核追求

(一)民族传统体育文化的人本理念

人本理念是族群和谐的根本与核心。人本理念，就是以人为本的理念。以人为本强调人与人之间的和谐、尊重、互信和支持。人人平等是人本理念的核心内容。由于在长期的社会封闭状态下，土家族的集权制度不能体现出人人平等的理念，随着社会的发展，生活在最底层的人们对社会不公开始反抗，人人平等的理念才慢慢确立起来。但在传统体育文化发展的进程中，出现摆手舞就体现了公平这一特征。摆手舞起源于狩猎、农事、战争、宗教等因素。在狩猎过程中，祈求上天降临幸运，而在狩猎结束后由心而发的舞蹈是为了表达愉悦的心情；农事中举行祈拜仪式是为了美好的祝愿和愿望，特别是在每天的劳动结束后聚篝火而舞，则是达到放松身体、消疲解乏、丰富精神的目的；在祭祀活动中，“梯玛”的行为则是群体意愿的具体体现，同时也是文化顺延和传承的载体。跳摆手舞时，大家重在参与，不分男女老幼，即使是经过专门改编的新摆手舞仍然沿袭人人平等的参与权。我们在实地考察时发现，不论原始村落还是风景小镇，不论人口聚集地还是分散的土家住户，土家人都可以随乐而舞，动作虽不规范，但参与者动作都很协调，进而从侧面证实跳摆手舞属于一种经常性行为，既表达了对生命的尊重，也体现了人与人之间的平等关系。

(二)民族传统体育文化“人与自然的和谐”

“人与自然的和谐”是族群和谐、社会和谐的基础。人与自然的关系是人类生存与发展的基本关系，反映的是人类文明与自然演化的相互作用。人类的生存发展依赖于自然，同时也影响着自然的结构、功能与演化过程，人与自然的关系可以说是真正意义上的共生关系。人与自然的关系体现在两个方面：一方面是人类对自然的影响与作用，包括从自然界索取资源与空间，享受生态系统提供的服务功能，向环境排放废弃物；另一方面是自然对人类的影响与反作用，包括资源环境对人类生存发展的制约，自

然灾害、环境污染与生态退化对人类的负面影响。人类在发展历程中经历了思考与实践的探索。

人类从在远古时代从自然中获得生存资料，到依靠种植、渔猎手段获取更丰富的生产生活资料，再到依靠自然界促进物质资料的极大丰富。人类从自然获取生产生活资料也是对大自然进行反作用的过程，特别是在工业化阶段对大自然的严重破坏导致了自然灾害的频繁发生，逐渐使人类认识到对自然的破坏实际上是对人类自身生存环境的破坏。善待地球，科学发展，就是要正确对待自然系统，特别是要珍惜我们的自然资源，保护我们赖以生存的环境，实现人与自然的和谐发展。

在资源愈加紧缺的年代，对资源的开发与利用成为永恒的主题。人与自然之间的依附关系是显而易见的。在远古时代，由于人类对自然的改造能力相当低下，人对自然的依附程度特别高，无论世界上哪个民族发展史中都曾经产生过各具特色的自然崇拜。随着社会的进步发展，生产力水平的提高，人类认识自然和改造自然的能力在加强，一些民族的自然崇拜观念发生了蜕变。但无论如何，人与自然是一对相依相存、不能割裂的关系，人与自然必须建立和谐的依附关系，违背自然的规律会受到惩罚。中华文化强调的是“天人合一”，这一哲学思想与远古人们的自然崇拜并不矛盾，正好折射出人与自然的和谐关系。每个民族的传统体育活动总是借助于民俗的流传而长盛不衰地发展，这期间也包含着我国少数民族传统体育文化遗传着的人对自然尊重和崇敬的基因，追随着人类要融入自然、亲近自然、爱护自然的价值诉求。因而，通过土家族、苗族两族体育文化的互动发展，使其相互参与的族群树立起对各自文化的尊重与理解，最终都归流于人与自然的和谐情感认知上来，进而培育族群对自然的保护与合理利用。

我们通过对乌江流域民族传统体育项目保存完整的区域调查发现，这一区域的自然生态环境相对优于其他区域，如贵州台江苗族反排木鼓舞所在地和彝族板底撮泰吉所在地。这些区域的自然环境优越主要是由于当地人们对自然的热爱和对赖以生存的环境的尊重，在人与自然相处的关系中能适度地从自然界索取资源，大自然又能自我完成修复，因而这些区域的少数民族聚集地给予人们一种环境优雅、民风淳朴、人与自然和谐共生的印象，可以算得上是真正的“生态自然”。

（三）民族传统体育文化的情感性

族群和谐本身就是一种族群与族群之间情感的融合。不同的族群构成社会，族群的发展推动着社会的发展,族群的社会化是社会和谐发展的内容,而族群间体育文化的互动是社会化的一个重要方面,同样,族群社会化水平是社会和谐的一个重要指标。社会化程度低的族群难以与其他族群和谐发展,形成的分歧、争斗、冲突等现象阻碍社会和谐的建构。

人的社会化和现代化发展离不开基本的社会交往。在生产力水平相对低下,交通基础设施不完善的时代,人们之间的交往相对较少,正因为如此,一旦人际交往的圈子确定下来,人们交往的时空跨度不会太大,处于交际圈的人们的交际会更加频繁。土家族和苗族通过体育文化的互动,男女老少一起参加民族传统体育活动,频繁互动接触成就了两族群对对方体育文化的认同感,增进了两族民众的情感,促进了两族族群的团结。当今时代,从国内通过开展少数民族传统体育运动会以及其他民族活动的效果和社会反响来看,少数民族传统体育的这种作用仍然表现得比较突出。因此,我们应当多开设这样的文化互动活动,以促进不同民族之间的团结友爱,消解现实生活中各种不愉快之事,同时也可消减缓释由于竞争带来的人与人之间的冲突与对抗,促进两族群及其周围民众在竞争中自觉维护法律的尊严与道德的神圣,以保证竞争的公平性和公正性,从而为构建和谐共生的环境提供更加坚实的思想基础和情感基础。土苗两族体育文化的互动发展,大大增加了两族民众参与活动的范围、深度、广度,进而衍射到更加广阔范围的族群来参与这样的群体性活动,有效扩大了参与群众的社会交往面,这就使得参与活动的个体有效地采集到各种社会信息。参与有组织的体育文化互动活动,对个体也是一个社会化的过程,在此过程中个体提高对规则的理解和认识,进而由个体间的累积促进族群群体的现代思想和现代意识行为的提高。

通过土家族、苗族间传统体育文化的互动发展,折射出"追求和谐、求同存异、多元共融、和而不同"的思想精髓,这种范式对其他民族的思维方式、价值取向、生活方式等都会带来重要影响,同时也对乌江流域的整个社会乃至全社会朝着更好更快更健康的方向发展起着重要作用。体育互动本着挖掘、发展、继承、弘扬的宗旨,留守两族传统体育文化的根基,使两族的传统体育文化实现深度的互动发展,充分实现两民族的文化认同。苗族土家族在中华民族史上占有重要的席位,通过几千年的洗礼,创造出典型的传统体育文化,为中华民族传统文化的繁荣做出了巨大贡献,两族各自的传统体育文化,无论是从活动的形式还是从技术方法来看,都充分彰显了鲜明的中华文化的精髓特征。

(四)民族传统体育文化的时空开放性

民族传统体育文化记录、演绎着一个民族的时空发展概貌。同时,民族传统体育文化互动具有在时间、空间、场域上的开放性,活动组织上的经济性和行为上的生活性。

1.时间的开放性

时间的开放性是延续着从传统体育文化诞生开始直至今日连续的时间轴。土家族摆手舞在祭祀、宗教、习俗、教化等功能演变过程中,一直延续着历史的时间序列,并和迁徙的空间、场域相互交融。土家族经历了"改土归流"的时代变革,形成了代表性的战前摆手舞、农事摆手舞、祭祀摆手舞,在时间轴的不同空间、不同场域中流传,形成具有树状结构的发展轨迹。时间的开放性表现为同一内容在不同历史时期的不同阶层中开展。农事摆手舞,是为了达成劳苦大众好收成的愿望;战争前后的摆手舞,是为了战斗前的鼓励和战后胜利的欢庆;祭祀摆手舞是对祖先的崇拜和敬仰;等等。摆手舞发展到今天已经形成一种健身活动,茶余饭后在广场进行,并迅速在群众中传播,从而完成在不同纬度空间、场域的交叉。

2.空间的开放性

空间的开放性指在同一时间节点不同人群的参与,是一个开放的空间,不仅是指场域的开放,更是指不针对特定的群体开放,能够对不同文化背景人群开放、对不同身份职业的群体开放等,参与的体育文化活动没有特殊规定,只要你有意愿参与,在田间、茶余饭后、旅游观光时等都可以随意参与。空间的开放性还指向文化空间的横向开放。民族传统体育文化以民族文化为母体,在与其他类文化相交织的过程中形成了开放的领域文化。

3.场域的开放性

场域的开放性,即不拘泥于某一固定活动场所。虽说土家族摆手舞有固定的摆手堂,但只是在特定的时间和特定的目标取向时使用,并且对参与人群无要求,只要你有达成敬仰、崇拜祖先的意愿就可以参与。开放性具体体现于劳作田间、旅游即兴、茶余饭后等场所。

民俗文化总是依托一定的人群而存在,其民俗具体含义的表达总是为族群所共有,不仅共同创造,而且共同传承、共同维护、共同享用。在同一个民俗文化圈中,人们在生活中所具有的民俗文化,表现出同一的文化指向、愿望、仪式和心理特征。因此,民俗文化是族群所共有的文化形式,它通过个体或群体的协作共同完成某一种民俗文化的表达,达到个体的满足和群体的和谐。民族传统体育文化的开放性正是其表达的文化意义满足了社会、个体的需求,满足了人群的心理期望。随着时间、空间、场域的开放,一部分文化表达已经超越了原始的含义表达,与具有时代气息的文化因子相融合、变迁。

(五)民族传统体育文化的兼容潜质

西南部民族地区是我国多民族聚集区,文化多元,宗教复杂,是群众性事件的多发地带。民族地区的社会稳定主要表现在民族关系融洽、各宗教和睦相处、经济社会协调发展和社会治安良好,整个社会表现出一种和谐的状态。民族传统体育通过其特殊的消解机制促进社会心理的稳定及个体的社会化,从而有助于社会的稳定和团结,特别是通过民族传统体育活动,有助于消解矛盾。民族传统体育项目开展较好的地区其社会矛盾钝化比较普遍。民族传统体育在调节社会阶层关系方面具有积极效用。其一,开展民族传统体育不再是仅作为一种竞技活动,而是有利于丰富民族传统体育文化,其中带有节日民俗、社会道德规制以及个人良好生活习惯养成等多方面文化因素;其二,开展民族传统体育项目,对带动附带地区旅游业、餐饮业等服务行业的兴盛、缩小这一区域的贫富差距有积极作用;其三,发展民族传统体育占据了人们用于生存生活之外的一部分时间,他们利用业余时间用来学习交流或者谋划自己的未来发展,从而一定程度上遏制了社会犯罪现象的出现。

以土家族摆手舞为例,土家族的摆手舞在其产生的环境上紧紧依赖于山区劳作情境,摆手舞的屈膝、颤动、多侧身、顺拐、重心向下、一屈一颤等基本姿态特点直接来自土家族的地理环境;"作揖""叩头""跪拜"等动作来源于宗教文化,在跳摆手舞过程中围成逆时针方向的圆又体现出中国的"圆"文化和道德约束的痕迹;茶余饭后跳摆手舞体现出土家族的精神追求;战前战后的摆手舞又体现出和战争文化紧密相连。种种表明民族传统体育文化不仅仅是体现在体育运动本身,它又和社会其他文化紧密相连。因而,我们在考察民族传统体育项目时绝不能脱离其他社会文化来孤立地审视民族传统体育文化的独立存在。摆手舞在不同开展形式下,消解了社会发展的不利因素,丰富了人们的业余生活,增强了族群的认同感,也吸收了对社会发展的不利因素。

乌江流域民族传统体育互动发展由来已久,由此演绎出以民族传统体育为载体所彰显出的人本理念、人与自然的和谐、民族文化的情感性、民族文化时空开放性、民族文化兼容性等正好与民族族群间的和谐发展的要素和价值目标高度契合。切实把握好乌江流域民族传统体育发展与民族族群和谐发展的共同价值诉求,可为民族文化大繁荣、社会太平昌盛带来更加强劲的活力。

参考文献

[1]潘光旦.湘西北的“土家”与古代的巴人[J].中国民族问题研究集刊,1955(4).

[2]李洁.从民族交往互动层面透视新疆南疆地区维汉民族关系问题[J].烟台大学学报(哲学社会科学版),2013(4).

[3]赵云书.乌江流域少数民族体育文化发展与和谐社会之间的关系探究[J].贵州民族研究,2014(12).

[4]刘培星,张世威.乌江流域民族传统体育发展SWOT分析[J].体育科学研究,2014(3).

[5]李然.当代湘西土家族苗族文化互动与族际关系研究[D].中央民族大学,2009.

三峡库区农业文化遗产的价值与保护原则

——以重庆万州太安大石板千层梯田为例[①]

滕新才　李　虎[②]

摘　要：基于独特的地理环境，三峡库区梯田耕种模式较为普遍，尤以重庆市万州区太安镇大石板千层梯田最具历史、规模和代表性。大石板千层梯田以农业耕种文化为核心，内蕴有饮食、民俗、宗族、建筑和民间信仰等文化内涵，构成典型的农业文化遗产体系，也代表了三峡库区独特的农业文化遗产类型。面对城市化和工业化的冲击，大石板千层梯田不仅要遵循“动态性”“整体性”“原址性”及“可持续性”的保护原则，还需加大宣传力度，推动项目“申遗”，力争入选农业部农业文化遗产名录，着眼于梯田保护的宏观视野和后续推力。

关键词：三峡库区；农业文化遗产；大石板千层梯田

一、前言

21世纪以来，随着工业化的发展和城市化进程的加快，世界范围内的传统农业耕种文明逐渐地消逝，农业文化遗产的保护和传承日益受到关注。2002年8月，联合国粮食与农业组织（FAO）首次启动旨在保护传统农耕文明的“全球重要农业文化遗产”（GIAHS）项目，倡导世界各国重视保护和传承本土传统农业文化。农业文化遗产是中华民族传统文化遗产的重要组成部分，是中华民族传统文化传承、发展和创新的基础。2005年，中国开始参选GIAHS项目，目前已有浙江青田稻鱼共生系统、云南红河哈尼稻作梯田系统等11项入选GIAHS保护项目试点，成为入选项目数量最多的国家。2012年，我国农业部正式启动“中国重要农业文化遗产”评选工作，于2013年、2014年、2015年分3批遴选和认定出62项“中国重要的农业文化遗产”，并出台相应的管理办

---

①《长江师范学院学报》第32卷第3期。

②滕新才，重庆三峡学院公共管理学院教授，硕士生导师，主要从事中国农史研究。李虎，博士，重庆三峡学院公共管理学院副教授，硕士生导师，主要从事文化遗产保护研究。

法，形成了政府主导、多样参与、分级管理的相对完善的管理体制。在这62个项目中，题名涉及“稻田”者17项，其中以“梯田”命名的有7项，包括福建尤溪联合梯田、湖北新化紫鹊界梯田、云南红河哈尼稻作梯田系统、河北涉县旱作梯田系统、江西崇义客家梯田系统、广西龙胜龙脊梯田系统、浙江云和梯田农业系统。

这些“稻田”项目所属区域位于长江流域的不多，尤其是“梯田”项目更是无一涉足，这与长江作为中华农耕文明摇篮的事实颇不相符。

三峡库区是长江流域独特而重要的组成部分。在这片古老的土地上，丰盛的长江水系哺育和滋养了三峡农耕文明的产生与成长，成就了其在整个长江农耕文明乃至华夏农业文明史上谱写光辉的一页。然而，目前学界对三峡库区农业文化遗产的关注不多，研究成果屈指可数，具有代表性的成果主要有：郭声波的《四川历史农业地理》一书，部分内容涉及三峡地区的农业文化，是较早综合研究三峡地区农业文明的作品；蓝勇主编的《长江三峡历史地理》一书有“三峡历史农业地理”章节，主要从农业垦殖指数、产业格局、水利建设、农作物嬗变等角度进行深度分析，是对三峡地区农业文化历史研究最系统和深入的著作；蒋晓春的《三峡地区两汉时期农业发展状况初探》一文根据考古发现和相关文献对两汉时期三峡地区的耕地、农具、农作物、水利设施等展开研究，是弥补唐宋以前三峡库区农业文化研究不足的佳作。上述成果不乏精辟论证，但偏于史学、考古学分析，缺乏农业文化遗产视角的研究，整体性、系统性稍逊。这里基于人类学的田野调查，拟对三峡库区腹地的重庆市万州区太安镇大石板千层梯田开展个案研究，展示三峡库区农业文化遗产的价值和特点，并探讨其在保护过程中应遵循的基本原则。

二、三峡库区农业文化遗产与太安大石板千层梯田概述

三峡库区位于长江上游与中游接壤地段，包含湖北省和重庆市的20余个区(市)县；区内地势崎岖，群山连绵，沟壑纵横，峰峦叠嶂，最高海拔3032 m；总面积80%以上为山地，耕地80%以上为坡地，其中45°~50°的坡耕地占30%。独特的自然地理环境和气候条件，促使当地形成与之相适应的多样农耕文化，最具代表性的有：历史上曾盛行于三峡地区的畲田耕作模式，保留至今的梯田耕作模式，现代发展过程中形成的林下养禽模式，果—旱稻农业模式及各种现代专业化的农业经营模式等。在这些农业耕种模式中，畲田耕作模式已退出历史舞台；后几种模式则是借助其他地方的经验而逐渐

形成的现代生计方式,在当地缺乏历史的积淀;唯独梯田耕作模式既具有历史文化底蕴,又传承和发展至今。清人记载:"川东虽水田不少,而堰渠之利不逮……而楚、粤侨居之人善于开山,就山场斜势挖一二丈、三四丈,将挖出之土填补低处,作畦层垒而上,缘胜横于山腰,望之若带,由下而上竟至数十层,名曰'梯田'。山顶不能做池,则就各层中田形稍大者,深耕和泥,不致漏水,作高胜二三尺,蓄冬水以备春种之用,如平地池塘然。"三峡库区基于独特的地理环境,区域内梯田耕种模式颇为普遍,尤其是万州区太安镇大石板千层梯田最具历史、规模和代表性。

太安镇大石板千层梯田开垦于唐代,成熟于明初,连片面积达15000亩,东起柏湾村,西迄河堰村,南抵天峰村,北达白羊镇三元村,绵亘5.6 km,延袤3 km,是农业部公布的全国十大梯田之一。目前,太安镇大石板千层梯田已获得6个国家级殊荣:全国美丽乡村示范村(凤凰村;农业部,2013年)、中国美丽田园(农业部,2014年)、中国最美休闲乡村(农业部,2014年)、全国一村一品示范村镇(凤凰村"茶乡香米";农业部,2014年)、全国特色景观旅游名镇名村(住房城乡建设部、国家旅游局,2015年)、全国生态文化村(中国生态文化协会,2014年)。它还是中国国家地理杂志社评出的"重庆100个最佳观景拍摄点"之一。太安镇大石板千层梯田倚靠凤凰山,坐南朝北,依山而垦,顺势而下,共有1133层,最高处海拔1027 m,最低处海拔不到500 m。整片梯田曲线优美流畅,春披翠绿,夏迎劲风,秋染金黄,冬挂白雪,四季佳景,美不胜收。同时,明朝一品官员牟仲泰的退隐定居于此,及太安各名门望族谱书所记载的诸多英雄祖先开山创业故事也在这里,进一步增添了大石板梯田的历史积淀,使其文化色彩更加丰厚,成为三峡库区农业文化遗产的典范。

三、三峡库区农业文化遗产的价值

农业文化遗产的概念源于联合国粮食与农业组织(FAO)启动的"全球重要农业文化遗产"(GIAHS)项目。根据FAO的定义,全球重要农业文化遗产在概念上相当于世界文化遗产,是指农村与其所处环境长期协同进化和动态适应下形成的独特的土地利用系统和农业景观,这种系统与景观具有丰富的生物多样性,而且可以满足当地社会经济与文化发展的需要,有利于促进区域可持续发展。由此可知,农业文化遗产的价值可从三方面进行判断,即生物多样性和文化多样性;与自然、社会环境的协同和适应性;区域可持续发展的促进能力。太安大石板千层梯田作为三峡库区重要的农业文化遗产,与以上标准相契合。

(一)生物多样性和文化多样性

1.以稻、鱼、古树、茶为中心的多样性生物系统

太安大石板千层梯田包含稻、桑、蚕、古树、花卉、蔬菜、茶、果木、鱼、家禽、家畜及其他动植物等各式各样的生物类型。在植物方面,有稻谷、玉米、红薯、花生、大豆等粮食作物,有以桑树、茶树、檬子树、桂花树、皂角树为主的各种林木,有以油菜、杜鹃、菊花、桂花、茶花为主的花卉,有以白菜、生菜、空心菜、卷心菜、豇豆、小蒜为主的蔬菜,以及有李子、梨子、西瓜、柑橘、橙子等水果。在动物方面,除家蚕外,还有稻田中的鳝鱼,圆塘中的鲤鱼、鲫鱼、草鱼、鲢鱼等鱼类和鸭、鸡、猪、狗、牛、羊等家禽畜,田鼠、青蛙、野鸡、野鸭、野猪等野生动物。若再加上栖身于万余亩稻田、数千亩茶园与数十口圆塘的候鸟、昆虫及各类浮游生物与微生物,梯田生态系统的生物种类不胜枚举,其生物多样性可见一斑。在以上生物种类中,尤以水稻、小蒜、千年桂花树、千年檬子树、明初皂角树和稻田鳝鱼最具代表性。水稻是梯田最主要的种植作物,一年一季,亩产稻谷约1000斤,从农历三月播种育秧、四月栽秧,到八九月收割,是占用梯田时间最长的作物。小蒜,生长周期较长,一般农历九月栽种,次年六月收获,通常在水资源较缺的土地上种植,面积有限,主要集中在观凤村,故有"观凤小蒜"之称。千年桂花树,位于太安镇柏湾村境内,背倚蜿蜒连绵的凤凰山,面朝依山开垦的千层梯田;树高21 m、胸径1.9 m、冠径16 m,树干露出泥土1.2 m处分成4枝,枝繁叶茂,被认为是中国最大的金桂树,有"中华金桂王"之称。该树相传已有1000余年历史,清初险毁于"天火",时人感其珍贵,碑刻"不朽精灵"颂之。千年檬子树,位于太安镇凤凰社区五组,树高大于20 m,骨干基部胸围2.55 m,古老苍劲,郁郁葱葱,犹如一把大伞遮天蔽日。明初皂角树群共4棵,位于柏湾村二组姜家老屋旁,最大的一棵需3位成人合抱才行,有超过600年的历史。稻田鳝鱼,体圆且细长,呈蛇形,因其肤色为黄,又被当地人称为黄鳝,是一种生长在水田或堰塘内的温热带鱼类,太安大石板梯田及周边堰塘较为常见。由此可见,大石板千层梯田不仅生物类型多样,且具有典型性、代表性和历史性。这些生物以凤凰山及其梯田和圆塘为栖息地,以稻、鱼、古树、茶为中心,构建了复杂多元的生物链体系,形成水陆相交、彼此依存的多样生态系统。

2.以农耕文化为基础的多元文化体系

太安人立足于大石板千层梯田,围绕农业耕作模式,创造出多元的文化形式,涉及农耕、饮食、民俗、宗族、建筑和民间信仰等诸多方面。

清代三峡地区的万县、开县水田比例相对较大,有所谓"夔府产稻之乡,首开县,次

万县”之说。研究证实,三峡西部的万县、忠县、开县等地由于地理环境相对优越,水田较多,水利灌溉发展更好,规模更大。清同治《万县志》记载:“万临大江,多溪河,里甲塘堰之数不可胜计,其它(他)大半山田,而为腴(鱼)米之乡,则水利为之,闾阎争水如争谷。”太安梯田作为一种古老的农业生态系统和土地耕作制度,成就了丰富的传统水利灌溉设施。太安圆塘和古堰是水利设施的典型代表。在大石板梯田区域,分布着大小数十个圆塘,以满足蓄水灌溉的需要。圆塘和梯田之间的连接纽带是纵横交错的堰渠,其中最著名的是饮凤堰。史载:“市郭里五甲(今万州区太安镇)饮凤堰长20余丈,灌田100余亩。”这一古堰渠至今保留,且后来为适应农田灌溉需要,又增加了数十条现代堰渠,形成了密集的梯田灌溉网络。

大石板千层梯田孕育的多样生物为太安丰富的饮食文化奠定了基础。大石板梯田及周边数十口堰塘产出的数量可观的鳝鱼,为当地人提供了丰富的食材,成就了各色美食。其中最知名的菜品有蘸水鳝鱼、香辣鳝鱼、水煮鳝鱼、山椒鳝鱼和干煸鳝鱼等。经过当地厨师特殊处理的鳝鱼,肉质鲜嫩,飘香四溢,成为四面八方游客到太安的必食佳肴。清光绪《牟氏族谱》在描述族产田界时提到“鳝鱼坵”之地名,即今柏湾村一带,位于大石板下沿区域,因高处山水不断地流入,此处常年土壤湿润,不仅出产的稻米香滑无比,而且该田内的鳝鱼数量众多,故名鳝鱼坵。这一地名无形中沉淀着太安丰厚的农耕文化和美食文化,并通过谱书形式得以传承和发展。此外,太安自产的米酒、高粱酒、桑葚酒和农家茶水是当地人招待客人的重要饮品。

太安的民俗文化体现在丰富的民间歌谣、传说故事和农事谚语等方面。过去太安民间传承的歌谣以薅秧歌和山歌为主,至今虽少有人传唱,但仍有10余位民间艺人能够即兴吟唱。太安的传说故事尤其丰富多彩,具代表性的有:凤凰山、观凤村、醒狮村、太平、挖断山、仙人洞、金银洞、鳝鱼坵等地名传说,牟仲泰、丁八老爷、李都老、王振彪、丁应茂等人物故事与传说,及牟仲泰开垦梯田、丁李氏祖母开荒拓田等民间故事。同时,太安人在长期的农业耕作中总结出丰富多彩的农事谚语,如“一斗种千坵,三天收叶壳”。该谚语意为每块梯田的面积都小而窄,一斗粮种就可播很多块田,同时梯田开垦于石板皮上,不易蓄水,灌浆时晒3天太阳,叶子和刚冒出的稻谷都会晒蔫。该谚语生动地反映了太安民众真实的梯田耕种经验。“重阳不打粑,老虎要咬娘”的谚语还配有相应的民间故事,即从前有个吝啬的婆婆,对媳妇管得很严,每年重阳节打糍粑时,都不让媳妇多吃一点。某年重阳节,媳妇要回娘家省亲,担心回来后糍粑已吃完,心生一计，跟婆婆说如果重阳节不多打糍粑，老虎饿了就会咬家里的老人。婆婆脑子不够灵光，信以为真，打了很多糍粑放着，媳妇从娘家回来还能品尝足够的美味。当地人至今仍津津乐道“重阳不打粑，老虎要咬娘”的说法，这一谚语既反映出太安传统的农耕节庆习俗，也承载了三峡库区特定的饮食文化。

太安地区生活着数十个姓氏的居民，其中牟、丁、向、何为当地四大姓氏。至今民间仍保存有《牟氏宗谱》《丁家族谱》《谭胡氏族谱》《李氏族谱》《陈氏族谱》等数套明清时期修撰的谱牒文书，司南祠、樾翁祠（今称丁家楼子）、成山宗祠、孙家祠堂等遗存至今的祠堂建筑，及牟仲泰墓、谭功贤墓、孙步云墓等明清古墓，无不彰显出太安地区传统的宗族文化。

上述宗族祠堂和明清古墓不仅是宗族文化的重要标志，也是传统建筑文化的重要组成部分。具有防御功能的高墙楼堡建筑群牟家寨，以石板为主体修建的李家楼子，7个天井组成的七进七出古民居院落群姜家老屋等都是太安先民留给后人的重要历史建筑遗产。已遭毁坏的法隆寺、观音寺、天峰山寺、东庙、川祖庙等寺庙建筑，则通过一些残碑断垣、石炉残像、民间记忆等形式提醒后人应善待文物古迹。在太安近代历史上，民间信仰屡遭破坏，但又以极强的生命力不断地延续，诸多寺庙得以重建，如滴水洞、石佛寺、观音庙、川祖庙、猪大神庙和土地庙等。尤其是土地庙，在太安虽规格不高，建造简单，但田间地角、村旁路口较为常见，可谓数量众多，这体现出世代依赖田地谋生的太安人对万物之母——土地神的敬重和膜拜。

（二）与自然环境的协同和适应，推动区域可持续发展

大石板千层梯田是太安人在长期的农业生产实践中不断总结而成的有效的土地利用形式。太安人因地制宜，扬长避短，充分适应当地独特的自然环境和地理条件，反映了特定时空下人改造自然又尊重自然的和谐关系，彰显了人与自然的协同发展。

三峡库区多山少地，人均耕地面积少，太安镇亦然。耕地的珍贵，促使太安人对其无比珍视，尽可能地利用好每一寸土地，又不过度索取。一般而言，太安人一年四季的农作物种植安排大致为：农历一月种土豆；二、三月种玉米；三、四月育秧苗；四、五月栽秧苗及种植各种瓜果；六月栽红薯，挖土豆，玉米二次施肥；七月翻红薯叶和除草；八、九月收玉米和割稻谷；九、十月种胡豆和豌豆；十一、十二月休耕。全年农事安排紧凑，又适时地休耕，促进土地的合理利用。同时，太安人具有较强的环保意识和生态文明传统。在清朝同治年间的谭功贤墓碑上方刻有“大石树木、水口桂花树，栽培无悔，永

不许私自剃修砍伐,若有违令,不忠,子孙灭绝”。这体现其对周边树木、石头及水口的保护观念。而今,太安镇政府积极地推行国家生态环境保护政策,包括退耕还林、高山生态移民、土地复垦、沼气池补贴政策以及森林防火措施等,成效显著。在田野调查期间,调研组曾在山林中看到地方政府所立的“退耕还林保护制度”石碑,及各行政村、各公路两旁清晰写有诸多防火标语并感同身受于享受高山生态移民政策、土地复垦政策的居民脸上洋溢出的幸福安居。

此外,为适应梯田灌溉需要,太安人因地适宜地开挖出数十口圆塘,既达到了储水灌溉的目的,又发挥了养鱼养鸭、丰富食物来源的功效。更重要的是,当地人继承中华民族“天圆地方”的传统观念,认为圆塘是神奇和富有魅力的,“圆”具有无穷神力,能给太安人带来万事和合、子孙团圆的好运,故其寓意为“圆满”。世代开挖而成的圆塘,不仅是千层梯田灌溉系统的重要组成部分,而且体现出太安先民对大自然的敬畏,祈求天地融合,一方土地丰饶肥美,恩泽子孙后代,使其更加富庶。还有些圆塘被赋予了传统的哲学意义,如将两个临近圆塘设计成太极图案,将圆形水塘与半月形水塘合称为“日月同辉”。这充分体现出太安人尊重自然、探索自然的重要品质。

(三)具备良好的社会经济效应,彰显人与社会的和谐统一,推动区域可持续发展

大石板千层梯田不仅养育了历代太安人,而且福及周边民众。在原川东地区流传有谚语云:“万县有个大石板,一板产量万多担。”这里的“大石板”就是指太安1000多亩的大石板梯田,从中可以反映出过去大石板梯田产粮之多,名闻周边。而今,大石板梯田的稻米不仅产量高,而且颗粒饱满、滋润透明、绿色无污染。2005年,太安镇林川粮食加工厂创立,该厂占地1500 m^2,从业人员15名,固定资产800万元,主要从事大米加工销售业务,采取统一品种、统一栽培技术、统一收购、统一加工、统一包装销售等形式,年产值1500万元。其注册的林川牌“茶乡香米”,依托大石板万亩梯田生产的优质大米,荣获第十一届中国优质稻米博览交易会“优质产品”称号。“观凤小蒜”,在太安有100多年的种植历史,个大色白,营养丰富,有多种药用价值,年产50余吨。凤凰山的3000亩茶园,年产优质茶叶超过10000 kg,其茶叶色泽,油润光亮,绿中微泛黄,冲泡时雾气结顶,清香四溢,沁人心脾,茶汤清澈明亮,香气持久,回味甘甜。运用现代化加工工艺,成就了“太白银针”“凤凰春”“凤凰春尖”“凤凰春毛峰”等名茶。其中“太白银针”在2004年、2005年连续获得“中绿杯”国际文化节银奖。这些来自大石板千层梯田的原料,经过现代化加工和包装,走进市场,带动了当地经济的发展,成就了民众的脱贫致富之路。

2012年伊始，当地政府依托大石板千层梯田及其文化衍生品，围绕“乡村味、原生态”主题，结合梯田文化、农耕文化、茶文化、古树文化、姓氏文化、隐居文化等，投入500余万元，先后完成千层梯田、大坡茶田、盐茶古道、茶岭古泉、“中华金桂王”、杜鹃花海、司南古祠、漫步走廊、凤凰头登山步道、谚语主题文化公园、科普基地等20个景点的建设和修缮；同时又筹集800余万元资金，完成景区道路、停车场、休闲步道、综合服务亭、文化广场、休闲长廊、卫生间、宿营地等基础设施建设，建成连接各景点的20 km人行便道网和8 km环形公路网，并在2014年依山顺势建成重庆市首个开放式乡村公园——凤凰茶乡，吸引了大量游客前来避暑观光，2014年就接待游客达25万人次。旅游市场的开发和拓展，必定为当地经济社会发展增添新动力，拓宽百姓致富的途径。

物质生活的保障促进了地方社会的和谐。在过去，太安梯田成就了牟、丁、李等大宗族，这些宗族制定族规、家法，重视文化教育事业，维持着地方秩序的安定。在田野调查过程中寻访到的各姓氏族谱均记载有相关的族规、家规条例，主要包括“孝父母”“悌兄长”“睦族人”“和亲友”“恤孤贫”及“戒赌博”“戒淫欲”“戒懒惰”“戒奢靡”等内容，即通过孝顺父母长辈、兄友弟恭、和睦友邻、遵守伦理纲常、勤俭节约等多方面的规范，对家族成员的行为举止进行约束。同时，各宗族还积极地劝导族人勤学向善。在距离太安镇约10 km的长岭镇“良公祠民俗博物馆”内，至今仍收藏有1块来自太安镇境内的大石碑，碑上刻有“耕读继世”4个大字。虽然已经难以考证其立碑的具体时间和创作者，但从文字内容也足以体现太安先民对“耕”与“读”的理解和重视。太安区域内佛雷桥畔立于同治元年(1862年)的功德碑捐助名单，虽因年久风化，字迹漫漶，但仍可识别出“钦加五品”和“翰林院编修”等描述捐助者地位的字样，及诸多普通捐献者的名字与捐款数额，这彰显了太安人的公共观念和从善传统。

简言之，太安大石板千层梯田以农业耕种为核心，内蕴有农耕、饮食、民俗、宗族、建筑和民间信仰等文化内容，构成典型的农业文化遗产体系。作为农业文化遗产，大石板千层梯田也无可避免地受到当前城市化和现代化浪潮的冲击，并不断地被侵蚀和消耗，因此对其进行保护和开发理应受到重视。

四、三峡库区农业文化遗产的保护原则

三峡库区农业文化遗产从内容和形式上都具有自身的独特性，其保护应遵循特定

的保护原则。从大石板千层梯田所具有的农业文化遗产价值,可知其保护所遵循的基本原则应包含动态性、整体性、原址性及可持续性四个方面。

(一)动态性保护

动态性保护,即"让农民继续采用传统的农业生产方式,并能够从中获益,可以在保护生态系统服务功能的前提下有所发展"。农业文化遗产是一种活态遗产,它与所属农业社区及其自然环境密切相关。基于梯田农业文化遗产的这一特性,其保护方式不宜采用其他文化遗产所运用的封闭式保护模式(如博物馆或实验室标本化等),否则将适得其反,不仅会给梯田农业文化遗产带来破坏,甚至会直接影响到所属社区民众的基本生产和生活。假设圆塘中没有鱼鸭,梯田中没有稻米,没有忙碌的农民,梯田的意义何以体现?民众生计如何维持?因此,农业文化遗产保护应该采用动态模式,应强调"在发展中进行保护",切实保障遗产地农民能够在保护中获得相应的经济和社会效益。唯有如此,才能推动社区参与,促进农业文化遗产的活态传承。目前,太安镇采取的有机农业、乡村旅游和生态补偿相结合的保护开发模式,已基本遵循动态保护原则,因而也受到当地民众的普遍欢迎。

(二)整体性保护

整体性保护要求,即不能仅保护农业文化遗产中的个别要素,而是应该把农业遗产系统及其赖以存在的自然和人文环境作为一个整体加以保护,包括农耕技术、传统农具、农业生物物种及农业文化遗产赖以生存的自然环境和人文环境——土壤植被、地形地貌、生物景观、村落风貌、民居建筑、礼仪习俗、民间信仰等。梯田农业文化遗产具有较强的地域性和族群性,每一块农田、每一件农具、每一种生物都有独特的内涵和意义,故必须将梯田农业文化遗产与其所属的自然环境、社会结构、经济类型和文化传统作为一个整体进行保护,并将农业环境、技术和社会要素不可分割地活态传承和发展。

(三)原址性保护

原址性保护,即农业文化遗产保护不允许脱离其所依赖的原生的自然生态和人文环境。从空间上看,大石板千层梯田具有天然的不可迁移性,其产生与三峡库区独特的大山大水自然生态和海拔落差有关,无法剥离地根植于凤凰山的地势环境中,应坚持原址保护的重要原则。同时,还应提倡家园遗产与家园生态的重要理念,因为太安人才是大石板梯田的真正拥有者,他们对梯田有着最深刻的身体体验和情感认知,是保护梯田农业文化遗产最主要的参与者和最坚决的执行者。

（四）可持续性保护

可持续性保护，即农业文化遗产在满足当代人需要的同时，以不损害后代需求为原则。梯田农业文化遗产具有生物脆弱性和修复持续性，在开发过程中应避免以牺牲环境和资源耗竭为代价，盲目追求经济利益，实施过度开发和恶性开发。这样的开发所换取的发展不应受到提倡，因为这无疑是提前透支子孙后代的资源，断绝了子孙后代未来的生存之路，犹如杀鸡取卵，涸泽而渔。换言之，梯田农业文化遗产保护应坚持可持续发展为基本原则，不破坏梯田自然生态和人文环境，使人与环境保持协调发展。

五、结语

太安大石板千层梯田，包含以稻、鱼、古树、茶为中心的多样生物系统和以农耕文化为基础的多元文化体系，是太安人民对当地特殊地理环境、自然条件长期适应、协同发展的结晶，且具备良好的社会经济效应，能够彰显人与自然、人与社会的和谐发展及协同进化，不断地推动区域可持续发展。正是基于以上丰富的文化属性和综合价值，大石板千层梯田具备农业文化遗产体系的完整内容，成为三峡库区农业文化遗产类型的重要代表。

遗憾的是，太安大石板千层梯田至今未入选“中国重要农业文化遗产”名录，这不仅是三峡库区农业文化遗产的损失，也是中国重要农业文化遗产的缺憾。因此，太安大石板千层梯田未来的发展不仅需要遵循动态性、整体性、原址性、可持续性的保护原则，而且需要不断地加强宣传和推介，推动该项目的“申遗”，争取入选中国乃至全球重要农业文化遗产名录，扩大其在全国乃至全世界的影响力，着眼梯田保护的宏观视野和后续推力。

参考文献

[1]孙志国，等．武陵山片区重要农业文化遗产保护状况的思考[J]．浙江农业科学，2014（11）．

[2]郭声波．四川历史农业地理[M]．成都：四川人民出版社，1993．

[3]蓝勇．长江三峡历史地理[M]．成都：四川人民出版社，2003．

[4]蒋晓春．三峡地区两汉时期农业发展状况初探[J]．四川大学学报（哲学社会科学版），2004（5）．

[5]任桂园，等．三峡历史文化与旅游[M]．成都：巴蜀书社，2008．

[6]（清）严如熤．三省边防备览[M]//蓝勇．稀见重庆地方文献汇点·上册．重庆：重庆大学出版社，2013．

[7]闵庆文.全球重要农业文化遗产——一种新的世界遗产类型[J].资源科学,2006(4).

[8]JeffreyB. YemeniAgriculture：HistoricalOverview，PolicyLessonsandProspects[J]. ResearchinMiddleEastEco-nomics,2003(5).

[9]蓝勇.明清三峡地区农业垦殖与农田水利建设研究[J].中国农史,1996(2).

[10](清)张琴,等.同治增修万县志[M].同治五年(1866年)刊本.成都:巴蜀书社,1992.

[11]李大庆,闽庆文.全球重要农业文化遗产如何保护[N].科技日报,2006-8-10(7).

[12]徐义强,李凯冬.农业文化遗产红河哈尼梯田保护与开发刍议[J].农业考古,2013(1).

重庆彭水“道场”初探[①]

黄　金　安仕均[②]

摘　要:在千百年的历史发展过程中,重庆彭水及周边地区的苗族、土家族等各族群众形成了富有地域特色和民族特色的道场文化信仰。面对现代社会的急剧变迁和文化转型,作为一种民族民间文化遗产,彭水道场文化在外来文化的冲击和影响下,面临着失传的危险。因此,要做好彭水道场的调查与研究,深入挖掘彭水道场的文化价值与深刻内涵,抢救和保护这一民族民间文化遗产。

关键词:彭水道场;传承;功能;调查

彭水历史悠久,自古有盐丹之利。先秦时期,彭水属巴国领地,位于巴黔中。秦始皇统一六国以后,彭水属黔中郡。汉武帝初年设涪陵县,属巴郡,治所在彭水郁山镇。隋开皇十三年(593年)设置彭水县,属黔安郡。明朝洪武年间彭水改属重庆府。在漫漫的历史长河中,随着各民族不断地迁徙、交流、互动、融合,使得民族文化不断发生接触、碰撞与变迁,铸就了一种多元形态的民间信仰文化。在此背景下,彭水道场这一独特民族民间文化形式应运而生,成为彭水各族群众富有特色的信仰文化形式。

从文化圈的角度来讲,彭水地处巴文化与蜀文化的交汇地带,深受两种文化模式的渗透与影响。同时,巴蜀之地自古以来就有“崇巫好鬼”的习俗,此地又深受巫文化的浓厚熏染。彭水的宗教信仰呈现一种多元信仰形态并存的模式,是以原始信仰为主,并渗透、吸收佛道的诸多元素复合而成,是一种佛、道二教并存的信仰模式。

①原载于《重庆文研究》2017年第1期。

②黄金,博士,长江师范学院讲师,主要从事西南少数民族文化研究。安仕均,本科,彭水自治县民宗委民研所所长,主要从事彭水民族研究及民族文化的传承保护工作。

一、彭水现存的道场现象

道场，佛、道教通用名词，一般指修行、说法的住处，供佛之地亦可称为道场；源自印度，称佛陀成道之地为道场，音译为“菩提曼拏罗”。隋炀帝大业九年(613年)曾下诏，天下寺院改名为道场，因此寺院也经常称为道场。彭水道场，是一种祈佛超度逝者亡灵升天，使其免受地狱折磨之苦的民俗祭奠礼仪。其宗源虽属汉地佛教，但由于后来发展过程中深度民俗化，与制度化宗教差异较大，进而转化为一种蜕变的宗教斋仪形态在民间流行开来。

道场这一祭奠科仪，在彭水民间流行。为逝去的亲人(特别是父母等长辈)举办道场，几乎是人所共为，分布极广，遍及城乡。主持道场的道师先生，大多不是宗教职业者，平时和普通人一样做农活、维持生计，只在丧事科仪中才以道师身份出现。道师学艺，一旦从师傅那里学成归来，即可成立自己的坛口。根据调查，县境内尚存不少坛口，除县城外，几乎所有乡镇都有，分布极为广泛，尤其是与邻县交界乡镇，如与酉阳、黔江相邻的梅子垭乡、与贵州接壤的黄家镇、大垭乡等则更为密集。县内道场坛口虽有“佛派”“道派”或“佛夹道”“道夹佛”的派系，但各派系坛口并不划域而立，常常是错杂间存。在有坛口操办道场缺人手时，各派还可相互支援。

彭水道场分布、流传地域较广，坛口众多，按照派系可划分为“佛派”“道派”“佛夹道派”“道夹佛派”和“儒派”等。传承方式也主要有“祖传”“师传”“祖传”续转“师传”和“师传”续转“祖传”等几种。笔者现将梅子垭乡冯秀平及汉葭镇李元科两坛口传承谱系列举如下：

(1)彭水梅子垭乡两河村冯秀平佛派“普济雷坛”坛口，行辈为清、净、道、德、智、慧、圆、明、真、如、信、海、吉、照、普、通等20字。(该坛法名不用姓只书名)

梅子垭乡冯秀平佛派“普济雷坛”坛口传承谱系表

辈分	法名及俗名	籍贯	传承关系
一代师傅	法名清镜，本名不详	不详	待考
二代师傅	法名净彻，本名不详	不详	师承清镜
三代师傅	法名道全，本名不详	不详	师承净彻
四代师傅	法名德行，本名不详	不详	师承道全
五代师傅	法名智慧，本名不详	不详	师承德行
六代师傅	法名慧全，本名冯秀昌	梅子垭乡人	师承智慧
七代师傅	法名圆碧，本名冯广全	梅子垭乡人	师承其父慧全
八代师傅	法名明通，本名冯秀平	梅子垭乡人	师承圆碧

(2)彭水汉葭镇白杨坝村李元科佛派“普济雷坛”坛口,行辈与冯秀平坛口同。

第一代师傅:法名清元,俗名侯净元,籍贯不详。

第二代师傅:法名净能,俗名梁慧能,籍贯不详。

第三代师傅:法名道元,俗名李元科(1924—),汉族,小学文化,汉葭镇白杨坝村3组人,农民,师承梁慧能。

第四代师傅:法名德全,俗名李永全(1963—),汉族,初中文化,汉葭镇白杨坝村3组人,农民,师承父亲李元科。

第五代师傅:法名德华,俗名周吉军(1970—),汉族,初中文化,汉葭镇白杨坝村3组人,农民,师承师傅李永全。

第五代师傅:法名德灵,俗名侯春乾(1972—),苗族,初中文化,汉葭镇白杨坝村3组人,农民,师承师傅李永全。

代表性传人:

冯秀平(1950—),苗族,小学文化,梅子垭乡“普济雷坛”第八代传人,法名明通,梅子垭乡两河村人,农民,师承圆碧冯广全。

姚远均(1964—),苗族,小学文化,保家镇“真静坛”第八代传人,法名姚现清,保家镇龙河村五组人,农民,师承田景文。

曾现炳(1939—),苗族,小学文化,平安乡“普济雷坛”第八代传人,法名曾玄澄,平安乡人,农民,师承曾智慧。

冯广开(1938—),苗族,小学文化,梅子垭乡“道夹佛”派“普济雷坛”第八代传人,法名冯泰玄,农民,师承左兴考。

根据对上述数据材料的研究与分析,可以总结为以下几个方面:

第一,从道师籍贯上来讲,大多为本地人。

第二,从传承方式上来看,可分为师徒传承和父子传承两种类型。

第三,从道师的文化程度来讲,有一定的文化,但普遍文化水平不高。

第四,从道师的民族特征上来看,大多为少数民族,兼有汉族。

彭水道场是一种本土的、活生生的民俗事象,作为一种民俗丧事科仪,它实现了从神坛到民间的转向与跨越,实用性、功效性是它长期得以存在、发展的主要根基,深度民俗化是它的主要特点。与人为宗教相比,彭水道场既没有系统化的教义、教规、教职人员,也没有正式的组织机构和宗教场所等,呈现出分散性、原始性、随意性等特征。

这既是彭水道场的特点,也是它与佛教、道教等制度化宗教的区别所在。可以说,道场是彭水民族文化中最具代表性的人文景观之一,具有鲜明的民族特点和地域特色。

二、彭水道场的佛、道道场科仪混用特征

彭水道场的形成经历了一个长期的历史渐变过程。从彭水梅子垭乡“佛派道场”道师冯秀平(法名明通)所藏的《普济雷坛万法师尊传经》中记载的“祖师”谱系来看,该坛口从“清净道德智慧圆明真如信海吉照普通”的“清”字辈传到冯秀平的“明”字辈,共八代。据冯秀平介绍,不满四十岁不能被“拨职”(即结业授徒)。因此,“清”字辈至今大约三百年时间,故初步推断,彭水道场极有可能形成于明末清初时期。

从其来源上来讲,彭水道场源于佛教祭祀礼仪,而在演变过程中民俗性日益浓厚,却与佛教正统科仪渐行渐远,主要表现为:

第一,从功能来讲,道场仪式主要在于告慰亡灵和抚慰生者。道师于灵堂设坛祭祀,并在灵堂四周挂有神像,如佛祖、太上老君、孔子、十殿冥王等。仪式开始后,道师一边通过吹螺号、钹鼓锣等告知神灵,通过顶礼膜拜等动作向神灵表达虔诚与敬意,一边则通过吟唱曲调向天神、佛菩萨祈求庇佑亡灵,望加持其亡魂赴西方极乐世界,永不受苦。可见,作为一种带有佛道色彩的丧事礼仪,道场活动一方面在于告慰亡灵,让死者自在安然,另一方面在于告慰亡者亲属,让生者心灵有所寄托。

第二,从科仪来讲,道场仪式较为复杂。据《彭水县志》记载,道师办道场,早起晚散叫“开路”,办三天叫“冥王道场”,做地府十王斋。做五天以上叫“冥阳道场”,做报恩斋,(救母)做地藏斋,(救父)做金刚斋或圆通斋。可七天、九天、十五天不等,日程取单不取双。据说还可办四十九天。道场的科仪,以“开路”为例,大致有“开方召请”“请水灌坛”“开坛”“敬灶”“关白”“启白”“读经”“圆满”“荐灵”“起丧发驾”“买山”“化灵”等。其中除“读经”一项外,全是又敲又唱又舞的仪式。至于三天、五天、七天等,则要分别提高所拜神的级别和扩大所请神的范围,于是科仪项目也就有所增加,如要“拜忏”“扬幡”“投地藏表”“投观音表”“请佛”“开方破狱”“接亡”“过桥”“迎赈济”“送圣回宫”和“书符镇宅”等。其中要向佛和菩萨分别投递“申”“疏”“牒”“表”等文书,向他们致敬并提出祈求,以达到“礼请诸佛临坛作证,超度亡人早升天界”的目的。

第三,从道场与佛、道教法事科仪的区别来讲,彭水道师所办的道场与佛、道教所做法事科仪从内容到形式上都有差别,如在“解冤洗孽醮”仪式中,佛、道教做的法事科

仪虽也有斋醮科仪,但主体却为诵经拜忏,而彭水道场恰好相反,是一种集演唱、舞蹈和敲打为一体的民俗信仰形态,故当地民众又称“敲道场”。

第四,从道具来讲,彭水道场还使用一些独特的乐器、法器及道具。道师做道场以敲唱为主,器乐非常讲究,并按多种曲牌演奏,演出内容和音乐都较为丰富。所用乐器有鼓、马锣、大锣、大钹、包包锣、大铙钹、中铙钹、小铙钹、铰铰、铃、罄、木鱼等十多种。

可见,彭水道场是一种集吹、拉、弹、唱于一体为超度亡灵而设坛祭奠的丧事民俗活动,主要在于践行孝慈,表达对逝者的孝道,同时又可抚慰亡者亲属,起到心理慰藉的作用。

三、彭水道场历史文化相关资料介绍

彭水的苗族和土家族大多没有固定的宗教信仰,当地民间主要是崇拜祖先,迷信鬼神,有聚族祭祖坟的习俗。而苗族还有“上野坟”的习惯,春节、清明、月半带香烛上山,见坟就祭,缅怀祖先,兼祭野鬼。信奉多神,送瘟神设坛打醮,天旱向“龙王”求雨,有病请巫师扛神“传坛”,打猎敬草神,家家设“家神土地”,野外有“当方土地”,防牛瘟敬“瘟母娘娘”,在腊月二十四这一天是送灶神上天的日子,家家门上贴符驱邪。山王庙、三抚庙遍布全县,有遗址一百多处。还有“还山俗”,由土老师主执挂一老虎图像,摆上香案,摇铃唱歌,以杀死刨毛不开膛的猪匍匐于中堂板凳上做祭品。还有请七仙姑、扫把神,观花走阴的。男婚女嫁要择取吉日。一般来说,农村里的禁忌相对较多,如逢“戊”不动土,正月初一、初二,十四、十五不舂碓、不推磨。正月初一妇女不跨中堂大门槛,不走人户。年轻媳妇上火铺要得罪公婆,妇女不能将脚搁在火铺的三脚上,妇女产期不进堂屋,不坐大门槛,不下井担水,不串门,主人、客人都不吃产妇煮的饭菜,等等。父母死,孝子四十九天不能离家,要请土老师“开路”“做道场”,以超度亡灵。新中国成立后,经过三十多年的无神论的宣传,迷信活动大为减少,但因积习太深,这些落后的东西并未根除。

彭水苗族、土家族的丧葬,对老人或长辈比较讲究,而对夭亡或凶死(自杀、难产或凶器杀死)者则另当别论。对寿终正寝的老人,要由死者的长子或长女(无儿女可派其他晚辈)用桃树叶或菖蒲煮水洗澡,然后穿上寿衣和寿鞋用门板放在堂屋。死者腰上要捆一支白支线(按死者享年,一岁一根),脸上盖草纸。棺木上山要选择吉日。在停棺期间,死者外嫁的女儿一回娘家,便要伏棺而哭,要哭得喊天呼地,如果没有人去劝慰,她就不能停止。灵柩上山,需由后辈家找一个当地年纪最大的人,拿着火把在前面引路，并且抬丧不走弯路，须逢山翻山，遇水汤水。平常与死者有仇隙的人这时也愿意帮忙出力，以示宽容和谅解。安葬后，死者家属要连续几夜到新坟处鸣放鞭炮，送饭，以示生者的哀思。

长期以来，彭水县境内佛寺多僧人少。据文献记载，新中国成立前，彭水“城乡各族群众皈依佛法者甚多”。1939年，全县有佛寺101座，僧尼仅70名。这与彭水及附近地区各族民众要操办丧事斋仪等需求极不适应，于是民间一批从事为死者举办报恩祭奠的人员相继出现，他们遵循佛教关于“超度”等信仰的同时又不必出家。在这种情况下，传统的宗教科仪在民间化的过程中发生了变迁：其宗教性越来越弱，实用性越来越强，逐渐演变为一种民俗丧事祭奠礼仪，“道师”也就应运而生，“道场”随之出现。

四、彭水道场的文化功能

彭水道场在历经时代变迁与传承后，逐步适应了人们的精神文化需求，在一定意义上起着承继历史文化的纽带作用。具体而言，其文化功能主要包括：

第一，心灵慰藉功能。道场作为一种丧事祭奠活动，其核心功能表现为超度亡者，抚慰亲属。每逢丧事，通常言语劝慰收效不大；而道场则不同，它通过一种生动、直观、神秘的仪式让亲属相信亡者只是去了更好的地方，活得更加安然、自在；从而使亲属能够真正安心、放下，客观上起到平静心灵、减轻悲恸的作用。

第二，历史功能。在道场仪式中，通过道师吟唱经文为亡魂开路，透露了一定的历史文化信息，也再现了历史上民族迁徙的过程，具有一定的学术价值。彭水道场是社会历史发展的产物，是当地各民族文化交融发展的结晶，也是彭水文化多样性的体现。彭水道场这一民俗事象所蕴含的文化信息，在代际传承中，保持了相对的稳定性、延续性、变迁性和完整性。

第三，民族教育功能。在一定意义上说，彭水道场通过它所营造出的特有文化氛围，使人们在耳濡目染的过程中，对本民族的历史发展与文化传承有了进一步的了解；同时，对于忠孝、仁义、报恩等传统思想文化印象深刻，深受熏陶。

第四，娱乐功能。彭水道场不仅是一种民俗祭奠礼仪，而且作为一项重要的民俗娱乐活动在当地各民族群众中流传，具有较为浓厚的娱乐性质。

总而言之，彭水道场对于我们了解少数民族地区的文化发展及其民族心理、民情风俗、宗教信仰、价值观念、审美情趣等，具有重要的现实研究价值与意义。而对道场这一特殊的民族文化类型，由于多种原因外界对此知之甚少。通过道场仪式所展现出的文化信息，提供了大量有关宗教、艺术、民俗、民族等多种资料，对进一步分析和研究，具有重要的研究前景与学术价值。

参考文献

[1]彭水苗族土家族自治县民族宗教志编纂委员会.彭水苗族土家族自治县民族宗教志[M].重庆:重庆出版社，2003.

[2]雷亨顺.彭水即将崛起的武陵山区经济高地[M]重庆:重庆大学出版社，2004.

[3]萧振士.中国佛教文化简明辞典[M].北京:世界图书出版社，2014.

[4]王希辉，安仕钧.重庆彭水耍锣鼓的特征及艺术价值[J].重庆文理学院学报，2010.

[5]朱智炎.彭水道场探析[J].怀化学院学报，2012(9).

[6]梁竹，郭敏.概述土家族道场仪式音乐——以彭水县土家族道场与音乐的人类学调查为例[J].民族学刊，2010(2).

GONGGONG WENHUA

【公共文化】

三峡库区外迁移民的社区文化冲突及对策[①]

张　鹏　陈　娟[②]

摘　要:近年来,三峡库区外迁移民面临的社区文化冲突开始逐渐显现并影响到库区移民搬迁与安置工作的顺利开展,解决这种冲突已成为实现库区移民可持续发展的必然要求。本文从解决三峡库区移民文化与其迁入地文化存在的差异入手,分析现阶段三峡库区外迁移民所面临的社区文化冲突及原因,并提出解决冲突的对策,以达到建设和谐移民社区、构建和谐社会的目的。

关键词:三峡移民;社区文化;文化冲突

三峡库区外迁移民是为了配合国家三峡工程建设而实施的政策性移民。根据三峡工程建设的需要,库区移民分三期搬出沿长江两岸的世居之地,迁入国家计划安排的区域居住,其中有一部分移民被分散性地迁入到完全陌生的城镇新社区。这部分外迁移民在短时间内难以适应外迁后所面临的由于区域文化结构重组而导致的社区文化冲突,从而影响到移民生活的安定和社区的稳定。鉴于此,本文从解决三峡库区移民文化与其迁入地文化存在的差异入手,分析现阶段三峡库区外迁移民所面临的社区文化冲突及原因,并提出解决冲突的对策,以达到建设和谐移民社区、构建和谐社会的目的。

一、社区文化与文化冲突

社区文化有广义和狭义之分,广义的社区文化可以理解为社区中人们的精神生活方式和物质生活方式的总和;狭义的社区文化则是指通行于一个社区范围之内的特定的文化现象,包括社区内人们的价值观、行为习惯、历史传统、风俗习惯、生活方式、地

---

①原载于《东北师大学报:哲学社会科学版》2006年第6期。

②张鹏,重庆大学贸易与行政学院副教授。陈娟,重庆大学贸易与行政学院研究生。

方语言和特色象征等，它具有地域性、认同性、多样性等方面的特征。本文所涉及的社区文化属于狭义的社区文化。文中的三峡农村社区是指以农民为主体，经济活动以农业为主要生产方式的库区农村社区，迁入地社区特指移民迁入的城镇社区。由于这两种社区所处的具体环境不同，社区文化特征存在着差异。三峡移民迁入到城镇新社区后，两种具有不同特征的文化相遇，文化的排他性引发了社区文化冲突的产生。解决这种冲突不仅关系到移民生活的安定，也关系到建设和谐移民社区的问题。

三峡库区相对于中、东部地区而言，在地理位置、经济发展水平、交通运输条件、基础设施建设、信息化程度以及人口受教育程度等方面均处于劣势。受其影响，三峡库区的社区文化在文化构成上相对单一，在现代化程度上也相对较低，与中、东部地区存在一定的差异，仍然呈现出封闭性、保守性、封建性的特点。三峡库区的社区居民之间在种族、阶层、职业、文化背景和公共品使用上的差异不大，其社区文化在宗教信仰、价值观念、行为规范等方面也基本一致，同质性大，异质性小，但都呈现出低层次性，传统思想始终占据着主导地位，社区文化格局较为单一化。三峡库区内长期占主导地位的小农经济，使得许多三峡移民在外迁前就已经形成了贫困文化，内化成了与大社会有明显差异的一整套价值观念和行为模式。他们的进取性差，对缩小贫富差距付出的努力也不足，再加上受长期生活在自己原来的较为封闭、狭小的文化圈的影响，对传统的本位文化有着执着的偏爱，容易对外来文化产生隔阂和排斥。随着三峡库区移民搬迁工作的深入进行，三峡库区移民文化与其迁入地文化之间的差异和冲突开始逐渐显现出来，解决这种冲突已成为实现库区移民后期可持续发展的重要内容之一。三峡库区的社区文化与中国其他地区的社区文化都是中华民族文化的重要组成部分，它们之间仍然存在许多的共性，并不是完全排斥和不相容的，这为我们寻找解决三峡库区外迁移民的社区文化冲突的对策提供了可能。

二、三峡库区外迁移民的社区文化冲突表现及原因

（一）三峡移民与迁入地城镇新社区在文化特性上的差异导致了价值观的冲突

当三峡库区外迁移民来到城镇新社区，特别是迁入经济发达的城镇社区后，面临的最困难的事情不是语言、风俗习惯、行为规范等方面的差异，而是价值观的冲突。这主要是由传统农村文化的封闭性与现代城镇文化的开放性之间的矛盾造成的。价值观在文化体系中占据着重要地位，在某种程度上，文化体系的差异实质上就表现为价

值系统的差异。所以在这里把价值观的冲突放在首位来讲。

这种冲突首先表现在农村传统价值观中优秀的一面受到来自城乡居民中不良价值观的冲击。三峡库区的农村社区在人口分布上的低密度、较小的人口流动性,社区环境的封闭性以及受外界许多不良价值观和道德观的影响较小等特点使得库区农村移民的价值观差异不大。居民勤劳纯朴、富有人情味,邻里间关系较融洽,互动密切。而其迁入的城镇新社区由于其居民构成的多元化和受各种不良社会习气的影响,居民价值观趋向于多样化。有些人变得唯利是图,缺乏人情味,在人际交往中更看中利益的得失,居民间的互动性减弱。

其次是城乡居民价值观中积极的一面对农村居民价值观中消极的一面形成的冲击。受传统农村文化封闭性的影响,许多来自库区农村的移民仍沿袭了过去那种价值观中传统、守旧、封闭的一面,具有某种抗拒现代城市文明的文化惰性,对新事物的敏感性和接受能力不强;喜欢安于现状,拒绝接受社会变革;政治参与意识和权利意识较弱;积极进取性相对较差。而搬迁后库区外迁移民所面临的现代城镇文化的开放性则要求他们抛弃传统价值观中守旧、落后的一面,改掉过去那种不思进取、拒绝创新的短视行为,学会主动去迎接新挑战,争取实现自我价值的最大化。

(二)三峡移民迁入城镇新社区后由于亲缘、地缘、血缘关系的改变以及移民自身的心理障碍导致的心理冲突

首先是恋土心理带来的冲突。许多三峡库区的搬迁移民都是世代生活在这些地方,形成了深厚的感情,离开自己生活的故土和熟悉的父老乡亲,离开那种熟悉而平静的生活,重新在一个完全陌生的环境里生活,一切又要从头开始,这给移民带来的心理压力是很沉重的,这种恋土心理情节滋生了对异地文化的排斥心理。

其次是集体归属感上的冲突。那些来自三峡农村的移民,过去的人际交往关系主要是以血缘、亲缘和地缘关系为纽带建立起来的。在平时的生产、生活中,居民间的相互依赖性强,而当他们搬迁到城镇新社区后,原有的地缘、血缘等社会关系网络发生改变,传统的人际关系开始失去主导地位,邻里间的互动性和联系性也逐渐减弱。移民与原社区居民这两种有着不同习惯的群体在交往上存在障碍,新移民难以很快融入其中,缺乏集体归属感。

最后是三峡库区移民对政府的过分依赖心理。许多移民认为自己是为服从国家政策而进行的搬迁,为三峡工程做出了巨大牺牲,政府应该给予足够的补偿和照顾,这

是无可厚非的。但他们中少数人凭借自己这种"特殊"身份对政府产生严重的依赖心理,一心希望靠政府的补贴和救助过上好日子,缺乏自力更生、艰苦奋斗的精神。但处在市场经济条件下的政府是有限政府,不可能满足移民的所有要求,这造成了移民补偿及其搬迁后的生活与原来期望的巨大反差,也加重了对他们心理上的冲击。

(三)三峡移民迁入的城镇新社区在就业环境和就业方式上的改变导致了产业文化的冲突

我国将产业划分为三大类,第一产业是农业(包括林业、牧业、渔业等),第二产业是工业(包括采掘业、制造业、自来水、电力、蒸汽、热水、煤气等)和建筑业,第三产业是除了上述第一、第二产业以外的其他各业。对于产业文化冲突,我们可以将其理解为是由于三大产业之间的就业环境、就业方式等的不同,而导致在不同产业就业的人所具有的思维定式、行为规范、生产生活习惯等方面存在差异而产生的冲突。

三峡库区的三大产业分布并不合理,绝大多数移民搬迁前所处的社区的职业结构主要以农业为主,职业种类单一,同一社区内居民的收入差距不大,居民间相互攀比的情况较少。农业生产自给自足的特点也使得移民能较自由地安排自己的生产活动,面临的竞争小,生活相对安定。许多三峡移民要迁往的城镇新社区的职业结构以工商业和服务业为主,职业种类多,在同一社区内居民职业结构呈现出多元化的特点,居民间的收入差距也明显扩大。从心理学的角度而言,当人们一定层次的需求得到满足之后,在外部条件变化的刺激下,原来不明显或被压抑的更高层次的需求就会被激发出来,移民很可能会由于就业环境和方式的改变而产生更高层次的需求。受非农产业工资率高于农业,城市劳动报酬高于农村的影响,许多农村移民受比较利益的驱动,在搬迁后也会选择从务农转为务工、经商等。这种持续不断向更高层次需求提出要求是社会进步的一种动力,但如果不能得到有效的满足,则又可能演化为另一种冲突,即产业文化差异所带来的冲突。移民搬迁到城镇新社区需要依靠出卖自己的劳动力来获取报酬以谋生,平时工作不仅要看老板和顾客的脸色,还要遵守一系列烦琐的规章制度,时间上和行为上的约束和限制增强。而且为了保证不在这些行业的激烈竞争中被淘汰,还必须不断地充实自己,提高自己的竞争力。这一系列变化使移民面临的工作压力和心理压力增加,产业文化冲突开始显现并加剧。

(四)三峡移民迁入的城镇新社区在公共品供给和需求上的差异导致了公共品使用上的冲突

经济发展水平、经济结构、社会发展状况等方面存在的差距使得三峡农村社区和移民迁入的城镇新社区对公共品需求(包括公共品的种类、数量、居民对公共品的偏好等)存在着天然差异,而新中国成立以来我国在城镇地区和农村地区分别实行不同的公共品供给和管理机制,也导致城镇和农村在公共品供给上的明显差距。在经济比较发达的城镇社区,一些与居民生活直接相关的基本公共品(包括水、电、气、道路交通、公益项目、文化娱乐设施项目等有形的公共品)供应比较充裕,公共服务体系比较健全且层次较多,而在落后的三峡农村社区这些基本公共品较为匮乏。

受到三峡农村社区和移民迁入的城镇新社区在公共品供给和需求上的差异这一客观因素和部分移民自身素质偏低、行为规范意识不够等主观因素的共同影响,移民以前生活的随意性与现在所处社区生活的规范性之间产生了冲突,也导致了移民与社区原住居民在公共品使用上的冲突。如在卫生习惯方面,有些来自三峡农村的移民习惯了原来在农村时可以乱扔垃圾、随地吐痰而不被约束的生活。当他们搬迁到城镇新社区以后,社区的软硬件设施都大为改善,如果仍按照其原来的习惯行事,我行我素,没有卫生和环保意识,不爱护社区公共财物,缺乏行为规范的观念,就必然会与周围居民在公共品的使用上发生冲突。

三、三峡库区外迁移民社区文化冲突的对策

(一)加强移民社区文化的“软硬件”建设,为开展社区文化活动创造条件

加强移民社区文化的“软硬件”建设,为开展社区文化活动提供物质设施和相关服务,是社区文化活动得以顺利开展的前提条件。首先要重视“硬件”建设,如兴建社区阅览室、文化娱乐室、体育健身室等场所和设施,充分体现社区居民的多元民族特色和时代特征,这一方面为社区居民尤其移民学习文化知识提供了场所和必要的设备、设施;另一方面又为释放移民由于对新环境的不适应性而产生的心理压力,增进移民和社区原住居民的交流和融合创造了外部条件。

“软件”方面的建设要从改变传统的管理和服务方式入手,为提高移民社区内各类居民的文化内涵创造良好的环境和条件。内容包括移民社区文化设施的使用和管理,文化活动的策划和组织,文化方向的确定和引导,文化品位的培育与提高等。为搬迁移民与社区原住居民搭建沟通交流的平台,引导他们在这个平台中相互交流、互帮互助,逐步清除社区原住居民和三峡移民之间的隔阂,强化社区团结意识,建立人们之间的相互信任关系,增强移民对新社区的归属感、认同感、亲情感,增进邻里感情。

（二）开展多种形式的社区文化活动，增进移民社区居民间的文化交流与融合

社区文化活动要力求内容上丰富多彩，形式上寓教于乐，性质上兼具教育性、娱乐性、知识性和艺术性，以满足社区不同阶层居民尤其是移民的文化需要。这种活动主要包括三个方面的内容：首先要开展好移民社区的文化宣传活动。根据不同社区文化的具体情况，在移民社区进行文化背景、文化特征等相关知识的宣传、介绍和普及，提高移民对文化冲突的认识，学会正确看待这种冲突。其次是要开展社区文化教育和培训活动。一是开展科技文化教育活动，大力宣传科学知识，提高移民的科技文化素质，形成崇尚科学文明、反对封建迷信和各种歪理邪说的良好氛围，提高移民的综合素质，缩小社区居民的文化差异。二是开展思想道德教育，通过教育和人文关怀，帮助移民更新思想观念，克服移民贫困文化中不思进取的观念和小农意识，树立适应现代社会的人生观和价值观以尽快适应城镇生活。三是开展法制教育，培养社区各阶层居民尤其是新迁入移民的遵纪守法意识和观念，学会守法、懂法和用法。最后要结合地域特点开展丰富多彩的文体娱乐活动。三峡移民搬入城镇新社区后使得这里成为多种文化的荟萃之地，应在尊重并结合地区、民族、宗教特点的基础上，利用各种有效载体，开展文艺汇演、书画展览等群众喜闻乐见的文体娱乐活动。营造绚丽多彩的文化氛围，使城市的主流文化、市场经济的观念和社会主义精神文明能顺利进入新社区并为移民所接受。

（三）实施有效的文化保障措施，促进移民社区多元文化的共存和融合

这些措施应主要涉及两个方面：一是资金保障，明确各级政府对发展移民社区文化事业的责任，加大政府财政对文化事业发展的投入；坚持市场取向，拓宽筹资渠道；鼓励社会力量对移民社区文化活动、公益性文化机构和公共文化设施建设提供支持和资金保障。二是政策保障，要制定加快移民社区文化事业发展的规划，完善社区文化事业的扶持政策。

通过落实这一系列积极有效的文化保障措施，可以加强对移民迁入后的社区内各方利益的尊重和保护，达到既不损害社区原住居民的文化利益，又能维护迁入移民文化利益的目的。尊重区域文化的差异，培养社区各类居民对异质文化的敏感性和容忍度，提高他们对彼此文化的认知和反应能力，在各种文化之间进一步寻求共同利益和共同的文化理解，推动彼此文化的共同发展。减少和避免由于缺少对异质文化的理解而造成的沟通误会和文化冲突，实现在移民迁入后，不同文化间的共存与融合。

(四)建立移民社区的行为规范,实现移民社区居民间的心理及行为的相融

移民的大量迁入使社区人口和信息量的流动性增大,人员结构和文化结构也变得更加多元化,社区的同质性在逐渐减少,异质性却在逐渐增强,这势必会导致社区各阶层居民在价值观念上的碰撞,并引发心理上和行为上的一系列冲突。在这种情况下,移民社区如果缺乏统一的行为规范,就会导致社会失范现象的发生和越轨行为的增多,最终危及社区的安全和社会稳定。所以,我们在建设和谐的移民社区时,还应注意适当改变这些社区原来的管理方法和管理体制,建立适用于移民和社区原住居民的共同规章制度和行为规范,以文化为中介进行规范整合,建立起为大多数人所认可和接受的行为规范。一方面要对那些为多数人所不能容忍的偏差行为进行惩治,竭力使社区居民在行为上相互协调;另一方面要积极推动所建立的行为规范内化成为社区居民自身行为准则的一部分,使广大社区居民尤其是新迁入的三峡移民能真正地从心理上接受和认可这些行为规范,并在实际行动中自觉遵守和维护这些规范。从而真正实现移民与社区原住居民在心理上和行为上的相融,有效地化解社区文化冲突,确保社区的正常秩序。

参考文献

[1]谈建成.三峡库区外迁移民文化整合与社会稳定[J].涪陵师范学院学报,2005(1).

[2]尚长风.农村公共品缺位研究[J].经济学家,2004(6).

[3]傅显捷.三峡库区农村移民社区文化建设现状与对策[J].涪陵师专学报,2001(1).

[4]郝玉章.三峡移民工程的几个社会学问题[J].人民长江,1995(11).

[5]伍新木,等.跨世纪的迁徙　三峡工程百尤大移名[M].武汉:湖北人民出版社,1999.

依法推进公共文化服务均等化的实施
——兼谈《中华人民共和国公共文化服务保障法》中的均等化举措[①]

魏 锦[②]

摘 要:公共文化服务均等化是现代公民实现文化权利的基本前提,是国家治理体系建设的重要内容,也是我国公共文化服务的基本原则与基本要求。尽管"十二五"期间我国公共文化服务体系建设取得了显著成效,但城乡、地域、人群之间的不均衡仍是目前我国公共文化服务的突出短板。公共文化服务均等化需要国家力量与法律制度的支持与推进。《中华人民共和国公共文化服务保障法》的出台与实施为我国公共文化服务均等化提供了有力的法律制度支撑,并在投入保障、科学管理、绩效考评等方面提出了相应举措。我们相信这将有利于推动公共文化服务均等化落到实处,使公共文化惠及所有群众。

关键词:公共文化服务;均等化;《中华人民共和国公共文化服务保障法》

公共文化,简单地讲就是人人参与、人人享受的文化。公共文化是为满足社会公众的共同需要而形成的文化形态,公共文化服务则强调的是以社会全体公众为服务对象的公共行政职能。《中华人民共和国公共文化服务保障法》(后文简称"公共文化服务保障法")第二条明确界定了"公共文化服务"的概念:由政府主导、社会力量参与,以满足公民基本文化需求为主要目的而提供的公共文化设施、文化产品、文化活动以及其他相关服务。公共文化服务均等化,则是在公平原则和社会文化平均水平的前提下,在尊重文化自由选择权的基础上,对所有公民的文化需求提供均等的产品与服务。[③]

---

①原载于《重庆文化研究》2017年第2辑。

②魏锦,重庆市文化研究院。

③边继云.河北省城乡公共文化均等化存在问题及产生原因[J].河北科技师范学院学报(社会科学版),2009(4):58-61.

一、公共文化服务均等化的重要意义

(一)公共文化服务均等化是现代公民实现文化权利的基本前提

《世界人权宣言》和《经济、社会、文化权利国际公约》都肯定了文化权利是基本人权的重要组成部分,强调社会个体应充分享有文化权利。这已成为当今人类社会普遍认同的价值观。每个人有选择以恰当的方式表达、创作和传播自己作品的自由,有接受充分尊重其文化特性的优质教育和培训的权利,有参加其选择的文化生活和从事自己所特有的文化活动的权利。所有人平等享有全世界丰富多样的文化资源,享受文化成果、参与文化活动、开展文化创造。个人进行的文化艺术创造所产生的精神和物质上的利益应得到保护,这些是现代国家的公民必不可少的权利。一个现代国家,其公共文化往往承担着培育社会价值的使命,表现为共同道德和共同价值观的培育,潜移默化地培养公民素质,提高公民修养等。国家公共文化服务以政府资源为保障,并从公民培育的角度,对文化权利的行使给予正确引导。因此,均等化首先强调的就是国家公共文化服务对全体公民的普遍性供给与保障,这是实现每个公民文化权利的基本前提。

(二)公共文化服务均等化是国家治理体系建设的重要内容

提供面向所有公民的均等的文化服务与文化产品,不断丰富、提高全民文化生活,这是国家治理体系建设的重要内容。十八届三中全会将"推进国家治理体系和治理能力现代化"列入全面深化改革的总目标。国家治理概念的提出对处在现代化社会转型期的中国社会具有深刻的理论意义和现实意义。在国家治理概念提出之前,治理理论以社会中心论为出发点,强调以社会诉求来规制国家和政府的职责与作为。国家治理概念则强调了转型社会国家发挥主导作用的重要性,同时也考虑到了社会中心论所强调的社会诉求。[①]公共文化服务体系作为一种制度创新,首先认同公民的基本文化权利,并以保障公民基本文化权益为制度和政策设计为出发点。[②]与我国传统文化事业体系的设计理念注重"重心在上"的制度定位不同,现代公共文化服务体系建设"重心在下",在基层社区和农村,[③]以及作为服务对象的每一个社会成员,强调城乡、区域、居民对公共文化产品的均等享有,体现的正是"以需求为中心"的国家治理理念,即按照

---

①徐湘林."国家治理"的理论内涵[J].人民论坛,2014(7):31.

②傅才武.中国文化管理体制:性质变迁与政策意义[J].武汉大学学报(人文科学版),2013(1):69-74.

③财政部教科文司、武汉大学国家文化创新研究中心课题组.财政支持农村公共文化服务体系建设的政策研究报告(内部报告)[R].2009.

满足人民群众的基本文化需求,保障公民基本文化权利的目标设计政府公共文化管理职能。公共文化服务致力于扩大覆盖面,保障公民的基本文化权利,这是国家福利的体现,更是国家治理的重要方面。

(三)均等化是公共文化服务的基本原则与基本要求

2006年,《国家“十一五”时期文化发展规划纲要》作为政府文件,首次将“公共文化服务”纳入其中,并提出要坚持公共服务普遍均等原则,兼顾城乡之间、地区之间的协调发展,统筹规划,合理安排,形成实用、便捷、高效的公共文化服务网络。2012年,《国家“十二五”时期文化改革发展规划纲要》则明确提出覆盖全社会的公共文化服务体系基本建立,城乡居民能够较为便捷地享受公共文化服务,基本文化权益得到更好保障是“十二五”时期我国文化改革发展的主要目标之一,并提出按照公益性、基本性、均等性、便利性的要求,完善覆盖城乡、结构合理、功能健全、实用高效的公共文化服务体系。党的十八大将公共文化服务体系建设作为全面建成小康社会的重要内容,明确提出到2020年“公共文化服务体系基本建成”的战略目标;十八届三中全会将“构建现代公共文化服务体系,促进基本公共文化服务标准化、均等化”写入《中共中央关于全面深化改革若干重大问题的决定》。2015年,《关于加快构建现代公共文化服务体系的意见》将“促进基本公共文化服务标准化、均等化”作为指导思想予以强调,并提出统筹推进公共文化服务均衡发展、促进城乡基本公共文化服务均等化的具体措施。

应该说,从我国开始建立公共文化服务网络到全面构建现代公共文化服务体系,均等化作为公共文化服务的基本原则和基本要求,始终贯穿其中。公共文化服务的最终目标就是“让文化的阳光普照到每一个人”。这一原则在2017年3月1日起正式施行的《中华人民共和国公共文化服务保障法》中也得到充分体现。

二、依法推进公共文化服务均等化的必要性

(一)不均衡仍是我国公共文化服务的突出短板

“十二五”期间,我国初步建成了包括国家、省、地市、县、乡、村/城市社区在内的六级公共文化服务网络。通过博物馆、图书馆、美术馆、科技馆、文化馆等公共文化场馆设施的建设,群众的读书权、鉴赏权等基本权益得到了保证;通过各级文化馆和乡镇(街道)文化站、村(社区)文化室的建设及活动开展,群众的文化生活得以活跃,农村公共文化服务能力大大增强;通过实施广播电视村村通、户户通工程,农村广播电视覆盖

率已达98%;实现乡乡设有文化站,全国已有4万多个乡镇综合文化站;全国每年为农民放映800多万场电影,保证农民每个月能免费看到一场电影;全国建成60多万个农家书屋,通过农村数字文化工程,用互联网将文化信息送到村一级。[①]尽管"十二五"期间,我国公共文化服务体系建设取得了显著成效,但发展不均衡仍是目前我国公共文化服务的突出短板。公共文化服务城乡差距、地域差距、人群差距相对扩大的态势仍在延续。

就整体状况而言,文化资源稀缺和分布的不平衡,导致公民文化权利本身存在的不平等是一个比较突出的问题。[②]公共文化服务资源配置的区域间"鸿沟"受历史、地理、区位、文化、资源禀赋的影响出现不平衡现象。我国东部地区由于经济实力雄厚、财政经费充足,文化设施完备且覆盖面广,能够为当地居民的文化娱乐活动提供较好的物质保障;而中、西部地区,由于经济发展相对滞后,资金短缺,文化娱乐设施落后,在规模和数量上也难以与东部地区相提并论,难以满足本地居民的基本文化需要。到"十二五"末期,我们已有全世界面积最大的单体公共图书馆(总面积达12万平方米),10万平方米以上的省级公共图书馆我们已经有五六所。一些东部发达地区公共图书馆的人群覆盖能力已经达到了平均三四万人一所,为全国平均水平的10倍以上,已跨入了国际先进水平。但同时,全国还有130多个县级行政区域没有公共图书馆,550多个县级公共图书馆、700多个县级文化馆建筑面积小于国家最低标准800平方米。从全国文化事业费占比来看,东部9省市占44.4%,中部10省占24.3%,西部12省区占31.3%;从行政层级上看,县及县以下所占比重不到50%。人均文化事业费方面,上海、北京都在120元以上,而河南、河北、安徽、江西等中部人口大省仅十多元。2012年,贫困地区文化事业费总支出为39.6亿元,仅占当年公共财政预算总支出的0.3%。据李国新等人2016年对全国839个贫困县文化馆发展水平的调研,贫困县文化馆平均馆舍面积是县级文化馆平均面积的77.4%,贫困县文化馆免费开放补助经费是县级文化馆平均水平的59.5%。[③]我国地区间的社会环境与经济条件差距大,其根源是我国普遍存在的城乡二元结构及其结构性失衡。长期以来我国在公共服务供给上都是偏向城

①文化部:"十二五"期间我国公共文化服务体系建设取得显著成效[EB/OL].http://www.ce.cn/xwzx/gnsz/gdxw/201510/12/t20151012_6675652.shtml.

②莫纪宏.论文化权利的宪法保护[J].法学论坛,2012(1):20-25.

③李国新.对我国现代公共文化服务体系建设的思考[EB/OL].http://www.npc.gov.cn/npc/xinwen/2016-04/06/content_1986532.htm.

市的，公共财政对于农村的投入比例一直较低，用于农村公共文化服务的财政支出比例则更低。这种失衡不仅存在于城乡之间，而且也存在于农村的不同地区之间。乡镇所在地往往集中了大量的技术人员、文化发展的软硬件设施、文化娱乐场所等，远离乡镇的偏僻山村，既没有学校也没有文化娱乐设施，村民们难以充分享受公共文化服务。

公共文化服务均等化水平比较(2014)①

人均文化事业费		人均公共图书馆藏书		人均公共图书馆购书费		万人文化馆(站)面积	
全国位次	省份	全国位次	省份	全国位次	省份	全国位次	省份
31	河南	31	河南	31	河南	31	河南
30	河北	30	河北	30	贵州	30	河北
29	安徽	29	安徽	29	湖南	29	安徽

从公共文化服务的对象来看，目前针对残疾人、农民工、老年人、边远少数民族地区群众等特殊群体的公共文化服务普遍较少。我国残疾人的公共文化参与比例是非常低的，2013年度，全国经常参加社区文化、体育活动的残疾人比例仅为8.2%，②便于残疾人参与文化活动的无障碍环境与文化产品、文化服务供给匮乏。一些贫困地区的特殊群体，比如农村留守老人、妇女、儿童等，其文化权益与文化需求常常被忽略，为他们提供的公共文化服务严重不足。关注弱势群体的文化需求，不仅仅是社会公平正义和文明进步的体现，也是现代公共文化服务体系均等化的应有之义。

（二）公共文化服务均等化需要法律保障

公共文化服务提供公益性的文化产品，公民享有平等的享受机会，不受文化水平、经济能力、居住地域的限制。然而，由于经济发展地区差异、社会阶层分化、不同社会群体占有社会生产资料不均等，公共文化在全体社会成员中普遍共享成为一种理想状态而实现困难，因而往往需要国家力量的参与与支持。现代国家大都以立法形式保障公共文化的存在与发展，如日本有《社会教育法》和《文化艺术振兴基本法》，韩国有《文化基本法》和《地区文化振兴法》，加拿大有《多元文化主义法案》，俄罗斯有《俄罗斯联邦文化基本法》，瑞士有《文化促进联邦法》，挪威有《文化活动政府责任法》，乌克兰有《乌克兰文化法》，等等。

①李国新.对我国现代公共文化服务体系建设的思考[EB/OL].http://www.npc.gov.cn/npc/xinwen/2016-04/06/content_1986532.htm.

②陈功，等.2013年度中国残疾人状况及小康进程分析[J].残疾人研究，2014(2):86-95.

公共文化服务是我国文化政策的重要组成部分,是政府公益性职责在文化领域的集中体现。目前我国由政府主导、通过行使公共行政职能以及各种公益性文化机构的支持来提供相应的公共文化服务,来满足人民群众的文化需求,保障人民群众的基本文化权益,实现人人参与文化、人人享受文化、人人创造文化的目标。党的十八届三中全会将构建现代公共文化服务体系和促进基本公共文化服务标准化、均等化作为全面深化改革的重点任务之一。构建现代公共文化服务体系,一方面是为了满足人民群众的休闲娱乐需要、获取信息的需要和学习科学文化知识的需要;另一方面是通过各类公共文化活动,形成公共文化空间和公共文化生活,促进对社会公共价值和核心价值的认同,提升全民族精神文化生活的质量。[①]十八大以来,我国公共文化建设取得了显著成绩,但由于长期以来底子薄,欠账多,我国公共文化服务体系建设与人民日益增长的精神文化需求相比,仍然还有一定差距,特别是在设施建设、服务和产品提供、运行机制、财政投入、监督评价等方面还缺乏制度保障。也正是在这样的背景下,党的十八届四中全会明确提出,制定公共文化服务保障法,促进基本公共文化服务标准化、均等化。历时3年,经征求社会各界意见和多次修改完善,2016年,在十二届全国人大常委会第二十五次会议上正式表决通过《中华人民共和国公共文化服务保障法》。[②]

公共文化服务保障法是我国文化立法的一个重大突破,弥补了我国文化立法的短板,进一步完善了我国文化法律体系。公共文化服务保障法对推进公共文化服务的法治化、规范化具有重要意义。它按照建设法治政府和服务型政府的要求,进一步规范和界定了各级政府在公共文化服务中的责任和义务,明确了公共文化服务中的若干重要制度,为确保各级政府行政权力不越位、不错位、不缺位提供了法律依据,为各级政府推进文化治理能力现代化提供了基本的法律依据,为现代公共文化服务体系建设提供了坚实保障。公共文化服务保障法坚持以人民为中心的工作导向,突出强调要满足公民的基本文化需求,丰富人民群众的精神文化生活,为更好地促进广大人民群众享受读书看报、看电视、听广播、参加公共文化活动等基本公共文化服务提供了有力的法律支撑,为切实均等地维护人民群众的基本文化权益、满足人民精神文化需求提供了法律保障。

①蒯大申.对现代公共文化服务体系的几点理解[M]//刘新成,张永新,张旭.中国公共文化服务发展报告(2014—2015).北京:社会科学文献出版社,2015:37-47.

②文化部负责人解读:公共文化服务保障法[EB/OL].http://news.163.com/16/1229/07/C9EHF47C000187VE.html.

三、推进公共文化服务均等化的路径及其在公共文化服务保障法中的体现

从政府应该提供"公共文化服务"到推进"公共文化服务均等化",再到公共文化服务保障法的出台与实施,体现了我国政府执的政理念以及公共服务力度上的转变和提升。我国政府已经在公共文化服务均等化方面做了大量卓有成效的工作,但长期以来我国公共文化服务与社会经济发展之间存在的结构性矛盾,造成公共文化服务供给与需求出现的较大差异与脱节,使得公共文化服务均等化的实现仍然任重道远。总体来看,要深入有效推进公共文化服务均等化,还需在强化认识与理念、创新制度保障、加强投入保障、实施科学的管理办法与绩效考评制度等方面做出努力。

推进公共文化服务均等化路径①

(一)以均等化作为公共文化服务立法的基本原则

均等化作为公共文化服务的基本原则和基本要求,从我国开始建立公共文化服务网络到全面构建现代公共文化服务体系,它始终贯穿其中。特别是十八届三中全会以来,更明确了"促进基本公共文化服务标准化、均等化""推进城乡要素平等交换和公共资源均衡配置""统筹城乡基础设施建设和社区建设,推进城乡基本公共服务均等化"等政策指向。公共文化服务保障法也将均等化作为立法的基本原则之一。总则部分,除第四条将"均等性"作为县级以上人民政府公共文化服务的基本要求外,在第八条、第九条中特别指出"国家扶助革命老区、民族地区、边疆地区、贫困地区的公共文化服务,促进公共文化服务均衡协调发展""各级人民政府应当根据未成年人、老年人、残疾人和流动人口等群体的特点与需求,提供相应的公共文化服务"。以促进公共文化服务在城乡、区域、人群间的均衡发展为基本原则,公共文化服务保障法特别强调对落后地区和弱势群体的公共文化资源倾斜,这在第二章"公共文化设施建设与管理"、第三章"公共文化服务提供"、第四章"保障措施"等部分都有专门条款说明,其目的就在于确保所有社会成员都能平等享有水平大致相当的基本公共文化服务。

(二)建立公共文化服务均等化的基本制度

实现公共文化服务均等化需要高效合理的制度安排做保障。公共文化服务保障

①刘新成,张永新,张旭.中国公共文化服务发展报告(2014—2015)[M].北京:社会科学文献出版社,2015:114.

法作为我国公共文化领域的首部法律,即在法律法规层面对我国的公共文化服务进行系统设计,构建了一个制度化的文化服务体系框架。主要制度包括:基本公共文化服务标准制度、公共文化服务设施免费或优惠开放制度、公共文化服务公示制度、公众参与的公共文化服务设施使用效能考核评价制度、公共文化资金使用监督和公告制度、公共文化机构资产统计报告制度、公共文化机构开展服务情况的年报制度等。[①]这些制度对公共文化服务均等化的实施都有推动和保障作用。如法律第三十一条、第四十七条等有关免费或者优惠开放制度的条款,实际是为全民均等享受基本公共文化设施及服务提供了制度性保障;第二十一条的公共文化服务年报制度、第二十三条的公共文化设施使用效能考评制度为公共文化服务均等化提供了公开公平公正的实施环境与有效的监督管理办法;第十七条指出了公共文化设施的设计和建设应当符合相应的标准,并应该配置便于残疾人、老年人等使用的"无障碍设施设备",也是均等化在惠及每一个公民方面所做的努力。

(三)加大投入保障公共文化服务均等化推进

城乡、区域、人群间的公共文化服务均等化差距与经济实力和文化投入密切相关。投入保障主要包括资金投入和设施建设投入。公共文化服务保障法在通过投入保障推进均等化方面也做出了明确规定。资金投入上,加强对农村地区和经济薄弱地区的支持力度,通过中央政府对地方转移支付及区域间转移支付的方式,从总量和分量上优化公共文化服务均等化的财政投入基础,如第四十六条"国务院和省、自治区、直辖市人民政府应当增加投入,通过转移支付等方式,重点扶助革命老区、民族地区、边疆地区、贫困地区开展公共文化服务。国家鼓励和支持经济发达地区对革命老区、民族地区、边疆地区、贫困地区的公共文化服务提供援助"。设施建设投入上,提出以因地制宜、充分考虑人群特点为原则制定公共文化设施及服务规划,充分考虑农村基层等薄弱环节的文化设施建设,如第十四条特别将"妇女儿童活动中心、老年人活动中心"等特殊人群文化活动设施纳入法律所界定的公共文化设施范畴;第三十五条"重点增加农村地区图书、报刊、戏曲、电影、广播电视节目、网络信息内容、节庆活动、体育健身活动等公共文化产品供给,促进城乡公共文化服务均等化";第三十六条"地方各级人民政府应当根据当地实际情况,在人员流动量较大的公共场所、务工人员较为集中的区域以及留守妇女儿童较为集中的农村地区,配备必要的设施,采取多种形式,提供便利可及的公共文化服务"。

---

①李国新教授2017年2月19日在重庆讲座《公共文化服务保障法解读》时所谈。

(四)以科学管理、绩效考评强化政府推进公共文化服务均等化的主体责任

建立公共文化服务的科学管理和绩效考评制度及相应实施办法是推动公共文化服务均等化的必要措施和有效手段。从政府公共文化服务管理职能来看,重视民众对公共文化的需求,尊重民众的参与权、表达权、评价权,明确各级政府、文化部门在公共文化服务中的主体责任,都在公共文化服务保障法中有相应体现。如第二条通过对"公共文化服务"概念的界定明确了我国公共文化服务的主体责任者——政府,公共文化服务提供的主要内容——公共文化设施、文化产品、文化活动以及其他相关服务。各条款均详细规定了上至国务院,下至居民委员会、村民委员会,各级责任主体在推进公共文化服务均等化方面所应发挥的作用和承担的责任。绩效考评方面,通过第二十一条、二十三条、五十五条、五十六条等提出公共文化机构开展服务情况的年报制度、公共文化服务公示制度、公众参与的公共文化服务设施使用效能考核评价制度、公共文化服务资金使用监督和统计公告制度、公共文化机构资产统计报告制度等的建立,为公共文化服务惠及民众的基本情况以及是否进一步提供文化投入和文化支持提供判断依据,从而确保公共文化服务均等化落到实处,行之有效。

公共文化服务保障法的出台与实施体现了我国政府对公共文化内涵和公共文化服务主体责任的深刻认识,是以国家力量确保公民基本公共文化权利实现的法律实践,为我国公共文化服务均等化提供了有力的制度支撑,并就如何实现均等化提供投入保障、科学管理、绩效考评方面的举措。我们相信,通过公共文化服务保障法的实施,以及进一步加强和加快其他公共文化专门法律法规、配套规章政策建设,推动地方性公共文化法律法规建设,形成以法治思维、法律制度和法治手段来推动我国公共文化服务体系建设的局面,这样能更好地将公共文化服务均等化落到实处,使公共文化惠及所有群众。

移动媒体时代公共图书馆微信平台服务研究[①]

李佳蓉[②]

摘　要:微信作为时下最流行的一种新型社交工具,在各个领域服务中都显示出了其应用价值,其中公共图书馆作为重要的公共文化服务机构,也开始借助微信公众平台来改变其服务方式,提升其服务能力。文章分析了公共图书馆微信公众平台服务的应用现状和问题,阐述了公共图书馆微信公众平台的服务功能,并提出了公共图书馆在微信平台服务方面的发展建议,以期提高公共图书馆微信平台服务的深度与广度。

关键词:移动媒体;公共图书馆;微信服务平台

随着互联网技术的不断发展,移动媒体时代已然来临,人们的主要社交方式也由传统的电话、书信、短信变成微信、微博等,其中微信作为时下最热门的社交工具之一,拥有庞大的用户群体,且支持多种社交功能,不仅改变了人们的生活习惯与社交方式,也改变了企业的营销模式,许多企业和公共机构都在微信上注册公众号来为微信用户提供无时不在的微服务。

一、公共图书馆微信公众平台服务的应用现状和问题

公共图书馆作为公共服务性机构,可借由注册微信公众号来成立公众服务平台,用户只需用手机微信搜索公众号或直接扫描二维码就可以关注图书馆微信公众平台,享受图书馆提供的丰富线上服务。图书馆所有的活动信息,如新书展览、知识讲座、读书活动、馆际联谊、读者调查等信息,均可以借助微信公众平台推送到用户手机上,使用户能够随时随地了解图书馆的信息动态,真正实现图书馆与用户之间的无缝沟通。

---

①原载于《编辑学刊》2017年第2期。

②李佳蓉,重庆三峡学院传媒学院。

基于微信公众平台的这一强大功能，很多图书馆先后在微信上注册了相应的公众号，截至2014年年底，微信上注册的图书馆公众号已经有数百家之多，用户可根据自己的情况来选择关注相应的公众号，接受来自图书馆的信息服务。

虽然从注册数量上来看，我国公共图书馆微信公众平台已经初具规模，但实际上图书馆的微信公众平台服务还处在初级阶段，每天取消关注或删除图书馆公众号的用户也非常多，这说明当前公共图书馆在微信公众平台服务上还存在一定问题，比如：提供的服务内容过于单调，不能吸引用户；对于用户的问题和提问不能及时给予反馈；对图书馆公众号功能介绍过于简单，部分图书馆公众号甚至连服务导航都未设置。以上问题导致用户在关注之后无法及时从中获得想要的资讯，或者推送的内容不符合用户的兴趣习惯，使得图书馆微信公众号沦为摆设，失去其原有的服务功能。

二、公共图书馆微信公众平台服务功能

公共图书馆的微信公众平台应该为用户提供以下服务功能，以满足用户对公共图书馆的服务需求。

（一）图书馆微信公众平台应具备信息推送功能

信息推送是图书馆提升服务主动性的重要举措，也是微信公众平台的主要功能之一，通过推送信息可以让用户及时了解图书馆的相关信息，并对图书馆微信公众平台产生依赖。具体来说，推送的信息应该包括且不限于馆际介绍、活动通知、藏书介绍、图书推介、用户指导等。图书馆推送信息要个性而全面，尽可能覆盖不同用户的多元化需求，确保用户足不出户即可全方位获取图书馆的图书、活动等方面的信息。

（二）图书馆微信公众平台应具备读者互动功能

交互性强是微信公众平台的特色和优势，图书馆要充分利用平台交互功能，与用户进行点对点互动，在提高用户黏性的同时，全面收集用户反馈信息，更好地改进和完善图书馆服务。为此，图书馆应首先树立用户至上的服务理念，利用微信公众平台与读者展开互动，比如接入自助服务功能，第一时间回应用户提问，并利用后台积累的用户数据来不断升级和完善自助服务系统，提高用户对自助服务的满意度。此外，在条件允许的情况下，图书馆还可以安排专员进行人工服务，对用户提出的问题给予一一解答，在解疑释惑的过程中增强公众平台与用户之间的直接联系。

（三）图书馆微信公众平台应具备资源共享功能

资源共享是知识经济时代的主要特征之一，也是公共图书馆的核心服务职能，因此图书馆微信公众平台理应提供资源共享服务，如图书分类信息查询、馆藏资源检索、借阅查询服务等，这些都是图书馆公众平台所必须具备的功能。同时，图书馆公众平台还应适当开放部分网络资源的阅读权限，在进一步丰富平台功能的同时，保持线上与线下实体服务的差异化。借助公共图书馆的公众服务平台能够实现资源共享功能，让更多的用户享受到图书馆提供的资源服务。此外，部分图书馆在资源共享功能上进行了细化，能够在线受理图书续借、证件挂失等业务，全面提高了图书馆公众平台服务的自助化水平。

（四）图书馆微信公众平台应具备的其他服务功能

信息推送、读者互动、资源共享仅代表图书馆微信公众平台的三大基本功能，除此之外，图书馆微信公众平台还有必要开通图书研讨、在线预约等功能。图书馆在微信公众平台上开通预约功能后，用户可以足不出户，直接在微信公众平台上就能完成各种讲座或活动的预约。此外，有关图书上下架、馆内设施变动（如饮水机位置、Wi-Fi密码）等方面的信息也可以通过微信公众平台告知用户。

三、公共图书馆的微信服务平台发展策略

对于当前公共图书馆微信公众平台服务水平较低、微信公众平台利用率较低的问题，各级图书馆应该积极采取相应措施来不断提升其微信公众号的服务质量，为用户提供更为优质的图书馆服务，具体来说可以从以下几个方面入手。

（一）对推送内容和推送方式进行创新

推送信息是图书馆微信公众号的主要服务功能，也是用户获取图书馆信息的主要来源，推送内容的质量直接关系到用户对图书馆微信公众号的关注程度，因而要提升图书馆微信公众号的服务品质，就要从推送内容上进行创新，用多样的推送方式和精巧的设计来吸引用户，让用户能够认真阅读相关的推送信息，比如多用直观的图片进行推送，因为图片比文字更能够快速为用户所接受。此外，在文章内容的设置上应该注意进行多样化处理，包括语言组织、字体等都要进行多样化的设计，从而增强推送内容的吸引力。另外，微信公众平台还可以不定期推送一些图书馆举办活动的视频或音频文件来与用户共享，让用户随时都能够感受到图书馆中的活动气氛，加深用户对图书馆的认识。

（二）不断丰富图书馆微信平台服务项目

目前，国内很多公共图书馆的微信平台服务还停留在新书推荐、馆内通知等层面，服务项目和内容比较单调，致使很多用户对图书馆公众号不感兴趣，针对这种情况，图书馆首先应该积极对服务内容进行创新，并充分利用后台数据为用户提供个性化的定制服务，让图书馆微信平台服务能够真正贴近读者，满足用户的需求。其次，图书馆还应该不断丰富微信服务项目，建立服务导航，为读者提供更加细致的服务，包括馆藏查询、数据库动态、图书续借、图书馆讲座活动、全文阅读等服务，同时还可以根据不同用户来设置不同的服务项目，比如对年轻的用户可多提供一些电影资讯、青春文学、教育培训等方面的服务项目。再次，公共图书馆应该充分利用微信公众平台来组建相应的微信群，根据用户的不同兴趣爱好对其进行分类，让拥有相同兴趣爱好的用户能够在微信群中进行相互交流，通过微信群来分享彼此之间的读书信息，共同讨论相关话题，进而通过微信群来不断增强用户对图书馆微信公众服务平台的认同感。此外，对于学术性质较强的微信群，图书馆还可不定期邀请相关专家或学者到群中与用户互动，共同探讨学术问题，解答用户的学术疑惑，这样不仅能够增加微信公众号的关注数量，还能够不断提升公共图书馆自身的公众形象。

（三）不断扩大公共图书馆微信公众平台影响力

公共图书馆微信平台拥有较多的用户群，用户基础比较庞大，而如何将这庞大的用户基础转化为图书馆微信平台的影响力就成为发展图书馆微信平台服务的关键。只有不断扩大图书馆微信平台的影响力，才能让已有用户持久地关注图书馆微信平台，并不断吸引更多的新用户，将图书馆微信平台做大做好。要提升微信公众平台的影响力，首先，各级图书馆应该积极给予重视，重视微信公众平台在图书馆建设中的重要地位，在馆内设置相应的微信管理、微信客服等岗位，并给予资金保障，支持图书馆微信公众号进行各种推广活动。其次，图书馆微信公众号工作人员应该通过各种渠道来加大对微信平台的宣传力度，比如通过官方微博、图书馆网站、市政网站等来增加自己的影响力，可以在这些宣传渠道中增加图书馆微信公众号的二维码，让浏览这些网页的用户能够通过扫描二维码来快速添加公共图书馆的微信公众号，从而不断扩大用户群。另外，要扩大图书馆微信公众平台的影响力还要依靠其服务质量的提升，图书馆微信团队应该不断丰富图书馆微信公众号的服务内涵，用高质量的服务来不断吸引用户、积聚人气。

四、结语

当前，公共图书馆微信公众平台还处在初步发展阶段，其服务模式和推送内容与专业营销账号之间还有一定的差距。对此，公共图书馆应积极对服务内容进行创新，不断扩大公众号的影响力；同时虚心采纳来自用户方的反馈和建议，根据用户反馈情况对平台服务进行升级和调整，逐渐改进和提升用户体验，为读者提供更多的图书信息服务，不断提升公共图书馆的服务品质。

参考文献

[1]赵琨.国内公共图书馆微信服务发展现状及路径分析[J].图书馆理论与实践，2015(7).

[2]杨小莉，王超.基于推送消息调查的高校图书馆微信平台运营策略研究[J].现代情报，2015(10).

[3]阮晓岚，阮晓东.公共图书馆利用微信平台开展老年读者阅读服务探讨[J].图书馆工作与研究，2015(10).

[4]张丹丹，杨思洛.省级公共图书馆微信公众平台利用情况调查和分析[J].图书馆，2015(6).

[5]陈文文，李燕，周欢.微信环境下高校移动图书馆信息服务的创新[J].图书馆建设，2015(5).

[6]江波.移动图书馆架构下RFID的应用创新——西南政法大学图书馆RFID项目实践[J].图书馆论坛，2015(4).

[7]马大艳，李学静，陈虹曝.高校图书馆微信服务现状分析及发展对策——基于“985工程”大学图书馆的调研[J].图书馆工作与研究，2015(3).

[8]张长恒.黄芳.利用微信公众平台构建高校图书馆APP的技术实现[J].图书情报工作，2015(4).

农家书屋管理服务创新机制研究

——基于全国86个农家书屋调研数据的分析[①]

邵 菲 刘 舸[②]

摘 要:通过对全国86个行政村的农家书屋建设管理情况的剖析,发现我国农家书屋建设10年来,硬件建设基本完成,在农村基层文化服务目标群体中认可度较高,但日常管理状况运行机制尚未建立,利用率有待进一步提高。目前面临的问题主要有资金短缺致使服务创新机制建立艰难、管理运行体制不顺畅,日常考核机制缺位,农民阅读习惯尚未养成,等等。对此,我们应将农家书屋建设纳入各地文化发展战略中去,丰富资金来源渠道,建立管理服务创新机制,健全激励机制,完善考核办法,整合社会各界帮扶力量,激发农民的阅读兴趣。

关键词:农家书屋;管理服务;创新机制;全民阅读

我国农家书屋作为农村需要的重大公益性文化设施项目,其建设与运行已历时10年。这项文化惠民工程到底建设得怎么样,如何更好地完善和发展它,为了进一步了解我国农家书屋的建设运行情况,湖南大学、西南大学等高校的120余名在校大学生组成农家书屋调研项目组。在3名专业老师的指导下,项目组大学生利用假期回家的便利,在全国范围内进行了一次农家书屋的调研。调研的目的是了解我国农家书屋建设运行的基本情况,结合当下现状对农家书屋的管理服务创新发展机制提出合理性意见和建议,同时也为构建农村公共文化服务体系的研究提供实证依据。

一、农家书屋建设的现状分析

项目组调研采取问卷调查和实地走访的方式,调查的地区范围为全国建设有农家

①原载于《中国出版》2017年7月上第13期。

②邵菲,西南大学文学院。刘舸,湖南大学中国语言文学学院。

书屋的86个行政村,分布在全国12个省,主要集中在湖南、湖北、河北、江苏、广东等几个省份。项目组共发放调查问卷1500套,回收有效问卷1290套,有效回收率为86%。项目组访谈调研覆盖全国86个行政村,实地走访人员共计355人。调查选取的样本中,年龄层次在31~40岁和41~50岁的占大多数,而其中男性占大多数,初中和高中文化水平所占比重较大,具有高中以上文化水平的人群所占比例较少。调研历时3个月(2016年7—10月),通过对调查结果的统计与分析,可以了解我国农家书屋的一些建设现状。

(一)农家书屋在农村文化服务目标群体中认可度较高

农家书屋直接关系到基层公共文化服务体系建设的成效,它作为村民学习技术、了解政策、提高文化修养的重要文化场所,国家投入大量资金到底有没有必要、有没有效果?对于这些问题,受惠群体农民朋友是最有发言权的。调查表明,我国农家书屋在农村文化服务目标群体中有较高认可度,78%的被调查农民认为书屋的建设有必要,可见国家的这项惠民工程受到了大多数农民的欢迎。同时,农民是农家书屋的使用主体,知晓度是检验这项惠民工程是否落到实处的指标之一。根据调查显示,这项惠民工程被大多数农民所知晓。72%的被调查村民表示知道村里的农家书屋。在走访中,我们也了解到了让农民真正受益的一些事例,如3年前,湖南省长沙县福临镇古华山村村民王彬杉返乡尝试养殖,最开始的他和该镇大多数村民一样,把养猪作为发家致富的方法,日夜围着几百头猪打转。而猪肉不稳定的市场和日渐被污染的环境让他意识到养猪并非长久之计,他开始频繁地前往位于湖南省长沙县福临镇文化站的农家书屋查阅资料寻找出路,最终他寻到了水产养殖和生态循环养殖的方法。如今他已是当地水产的养殖大户,同时牵头成立了生态循环产业协会,带动几十户农民养殖水产,他说:“只有不断学习才能进步,我通过阅读书籍开发出了新的产品。”由于有农家书屋,湖南省株洲攸县石羊塘镇谭家坪村的小朋友每年都可以过上丰富多彩的假期生活,该村高桥组书屋一到假期就会有很多大学生来为孩子们讲课,举办各种阅读活动,家长们都赞不绝口。

(二)农家书屋硬件建设基本具备

国家新闻出版广电总局明文规定,农家书屋的面积不应少于20平方米,藏书量不能低于1500册。调查显示,我国农家书屋硬件建设基本完成,72%的农家书屋达到了国家的最低要求。但地区间差异比较大,经济发达的地区书屋硬件设施一般比较完善，桌椅齐全，最多的有200多套桌椅，安装了电脑、彩电和空调，也有一些贫困地区的书屋还没有达到最低要求。农民对书架、桌椅等配套设施的满意度比较高，但普遍认为后续文献资料的供给不足。57%的农村居民认为书屋面积比较宽敞；61%的农村居民认为书屋书架、桌椅和门窗等设施比较完善；55%的图书管理员认为书越来越少了或者基本没有增加新的书籍；44%的村民认为书的种类偏少，不能满足需要。村民的精神文化生活水平在逐渐提升，他们对农业科技类、生活类、少儿类、法律经济类书籍的需求量大。后续文献资料供给不够，种类偏少，影响了这一文化惠民工程的实施效果。

（三）农家书屋管理状况有待改善

农家书屋实际上就是一个村级图书馆，它的运行也需要科学的管理方法和业务技能。但调查显示，农家书屋管理状况不容乐观，68%的村民认为书屋管理不专业。村民认为书屋需要改进地方的前三位依次是：保存和更新书籍、加强管理、多开展群众文化活动。

调查显示，我国农家书屋的管理员普遍学历不高，初、高中文化者占绝大部分。由于学历较低，其并不具备或不完全具备较全面的图书管理知识和阅读辅导水平。调查中发现有36%的管理员没有参加过相关业务培训和学习。由于部分管理人员缺乏基本的书刊借阅管理及维护等相关知识，一些书屋出现了排放杂乱无序、借还手续不全、图书损失等相关问题。与此同时，值得重视的是，我国书屋管理员工作待遇大部分没有保障，他们的工作基本上都是义务的，77%管理员表示没有报酬，有78%的管理员是由村干部兼任的，少量为退休教师、老党员及学生志愿者。通过走访得知，图书管理员对工作满意度不高主要体现在村干部兼职管理员因而分身乏术，缺乏有效的奖惩制度，付出的劳动得不到体现等方面。

（四）农家书屋利用率有待提高

我国农家书屋平均人流量、借阅量不太大。项目组选取了2015年全年的时间，对全国86个行政村的农家书屋图书借阅情况进行了统计：日均图书借阅量低于10本的占74%，全年借阅人数低于300人的占67%。从数据可以看出，大部分书屋人流量、借阅量不是太大，在如何吸引村民来读书、借书方面，还应有更多的举措。如利用自身优势，举办征文比赛、阅读讲座等形式多样的活动；将农家书屋建设与科普讲座、农业技术培训、进城务工人员培训结合起来，有计划地组织专家对农民进行技术指导，提高他们的劳动操作技能。在调查中发现,书屋举办活动时,人流量和借阅量都会明显增加,超过72%的被调查村民希望书屋多举办延伸服务活动。

二、农家书屋建设的问题厘析

我国农家书屋工程建设虽然取得了一些的成效,但也不能忽视农家书屋在发展中出现的各种问题,比如相关机制不健全、资金短缺、管理服务创新跟不上等。俗话说:创业难,而守业更难。建设农家书屋不易,管好用好农家书屋更是一项长期的艰巨任务。缺乏强有力的政策支持和科学的指导,将会制约农家书屋这一惠民工程的作用发挥。

(一)资金短缺致使服务艰难

农家书屋建设主体单一,经费投入不充足、不持续是一个不得不面对的现实问题。在农家书屋工程建设的过程中,政府主导是农家书屋的建设模式。而按照国家农家书屋建设的最低标准,每个农家书屋需配置1500册以上的图书,再加上书架、阅览桌椅等各种硬件设施的投入,建设好一个农家书屋,国家财政前期投入至少需要2万元。在农家书屋建成运行一段时间后,后续资金保障的问题就浮现出来了。比如,湖南省农家书屋的图书、报刊和音像资料的后续补充资金主要由中央财政补贴资金和省级配套资金统一解决,按照每个农家书屋每年补贴1400元的标准进行图书补充配置,由于各市县财政配套的每个农家书屋每年600元资金大部分落实不到位,致使设施的更新、工作人员岗位补贴、书屋的管理和运行维护等方面所需要的资金基本没保障。这些经费国家虽然在农家书屋发展规划中作了简单的要求,但对其资金投资的硬性约束机制、硬件设备在后期的更新及维护没有具体明确,造成书屋的管理和维护所需资金没有充足的来源。部分贫困市县公共文化配套资金落实困难,地方政府把更多的精力放在提高农民收入上,对农家书屋这种精神层面的投入很少,有的地方甚至基本没有。而老百姓自身收入较低,等、靠、要的思想严重,村级筹资筹劳也很困难。因此,如若农家书屋要创新发展,解决农家书屋的资金来源和保障是一个不可回避的重要问题。

(二)组织协调不畅

管理体制不顺畅,建、管、用脱节,管理主体不明晰,造成互相推诿责任的现象。按照2007年中央八部委联合发布的《"农家书屋"工程实施意见》,农家书屋工程的建设在省级和省级以上要求由新闻出版行政部门牵头、其他相关部门配合,而省级以下的地(市)、县等则由党政组织牵头、新闻出版部门配合。但实际上,一些市、县的政府部门没有成立有效的农家书屋建设领导协调机构,部门之间相互扯皮和推诿,导致农家书屋工程的作用没能得到充分发挥。比如,在走访中,一些地方分管领导虽然表示会全力以赴地配合新闻出版部门完成书屋工作,但像工作人员待遇、基本的硬件完善等问题却难以得到解决。一些地方的农家书屋管理和效益的评价责任不明;一些县图书馆表示,虽然上级赋予了县级图书馆在农家书屋进行业务指导和管理培训方面的职能,但是在没有给予相应的工作经费保障的情况下承担这项工作确实有许多现实困难。因此,参与各方的责、权、利的合理化分配及结构的科学化调整值得关注和思考。

(三)缺乏日常考核机制

从《农家书屋工程建设管理暂行办法》里面的信息可以推知,目前农家书屋的考核机制,更倾向于考核书屋是否建成,其面积是否达标,里面的硬件设施是否配备齐全,书刊的数量是否合格等"硬指标",而对管理使用中的"软指标"如服务质量、村民满意度、维护支撑水平、资源更新等有所忽视。而且农家书屋的管理员多为村干部兼职,有些书屋聘请退休教师、热心村民代为管理,书屋的管理工作只是他们正常工作之外的义务劳动。因为资金缺乏,使得普通农民身份的管理员因为没有报酬或报酬过低,物质激励不够,长期无私奉献导致工作积极性受到影响;而对于村干部身份的兼职管理员,书屋管理工作往往没有纳入其考核体系中,干得好与坏对其都一样,采取考核机制规范管理、提高服务水平、增强发展能力等手段措施难以发挥作用。

(四)农民阅读习惯尚未养成

农民的良好阅读习惯尚未形成是我国现阶段农村文化建设客观存在的一个问题。在调查走访中发现,我国大部分农民群众缺乏读书用书、自我提升的意识和动力,他们参与书屋建设和管理的积极性也不高。虽然99%的农村居民认为有必要建设农家书屋,但28%的村民认为手机、电脑更方便,22%的居民认为没有借书的需要。这说明农民对文化和科学技术知识的重要性还没有起码认知。农民若缺乏阅读兴趣,即使政府投入再多,农家书屋也不可能持续发展下去。而且,调查发现我国农民主体意识不强,其主体能动性远远没有激发出来,许多农民认为农家书屋建设是政府的事、干部的事。没有参与的积极性,农民的主体作用也就无从发挥。

三、农家书屋服务对策

长久以来，社会忽视了农民的精神文化需求，而农家书屋是国家满足农民基本文化需求的一项惠民工程。虽然目前农家书屋工程在建设中存在一些问题，但是农民接受教育、获取知识的文化权益应当得到保障，绝不能因为建设过程中的某些制约与困难，就否定农家书屋的继续发展。只有农家书屋管理服务创新发展了，才能推动农村文化建设，进一步提高农民文化和科技素质。我们应该正视问题，继续发展它，完善它，让它真正成为惠及亿万民众的工程。

（一）将农家书屋发展纳入各地发展战略

农家书屋是党和政府的一项文化德政工程、惠民工程，对巩固农村文化阵地、提高农民的科学文化素质具有十分重要的意义。因此，各级党委政府应该把农家书屋的发展纳入各级党委政府的重要议事日程，纳入经济社会发展规划和社会主义新农村建设规划，列入创建文化先进县市区、乡镇和创建文明乡镇、社会主义新农村示范点等相关评价体系。各级政府应增设专门的机构和专门人员，强化对农家书屋建设的领导和监管，建立健全相关行政部门评价机制，将推进农家书屋工程建设，服务农村、服务农民情况作为相关行政部门工作的重要考核内容。参与各方应合理分配责、权、利，从政策上给予扶持，大力营造全社会关心、参与农家书屋管理发展的积极氛围。

（二）拓宽资金的来源渠道

建设规划每年将建设资金纳入预算，确保农家书屋基本建设经费包括管理经费和图书资料的补充经费到位，这是稳定之本。同时，还应通过商业经营、社会捐助、企业赞助等形式多渠道筹集资金，这是保障之源。比如，书屋可以鼓励经营和提供一些与文化、教育、法律等相关的业务与服务，甚至可以与农村发行网点建设、农村校园书店建设、农村物流的收发功能融合，实现以书屋养书屋；或者建立“农家书屋建设基金”，设立农家书屋图书捐赠平台等，鼓励社会捐助。调研组在走访中发现了一些与理发店、小卖部、卫生所等商业活动相融相生的农家书屋，以及一些企业捐助型、名人冠名型的书屋。虽然这些多元化投入的资金暂时没有完全解决农家书屋资金短缺的问题，但如果把这种方式进一步做大做丰富，也许就能缓解农家书屋维护、图书更新等长期的问题。

（三）完善考核和激励办法

提升农家书屋的日常管理质量，最核心、最关键的一步是改进考核方法，建立起包括硬件、服务、质量、态度等多维度的评价标准。建立文化奖励资金的综合评价体系，把农家书屋配套资金是否到位、开放时间、借阅率、业务培训、开展活动等指标作为奖励资金下拨额度的影响因素。应加大对服务、质量等管理因素的考核权重，比如定期调查村民对书屋管理的满意度，加大对书屋图书借阅率、开放率等指标的考核，考核书屋是否定期开展文化活动，考核管理员是否定期参加培训，等等。通过这些动态的指标考评，让基层管理者更好地重视书屋的日常管理，调动基层管理部门和人员的积极性。另外，提升农家书屋的日常管理质量，还需建立起一套有针对性的激励机制。可以尝试根据现有的农家书屋管理队伍人员结构情况，实行不同的奖励办法。比如，对村干部、乡镇文化专干身份的兼职管理者，除了提供必要的岗位补贴以外，还可以把农家书屋的管理工作纳入到他们的工作考核之中，让书屋管理的好坏直接与管理者的绩效奖励相关联；对于退休教师或热心村民身份的管理者，除付给其应得的报酬外，还可以通过树立典型、宣传先进事迹及安排定期经验交流、业务培训等手段，增强其对书屋管理工作的责任感和荣誉感。此外，在经济较发达的地方，可以聘任专职农家书屋管理员，给予相应的物质待遇，挑选有一定业务素质、热心公益事业、责任感强的农村退休老干部、老教师以及文化爱好者等担任管理员，创造条件让人大代表、政协委员、基层干部参与管理农家书屋。

（四）整合各方帮扶力量

当前的农家书屋建设缺乏必要的资源整合，管好用好书屋需要积极协调整合各方力量，从而最大限度地发挥农家书屋的帮扶作用。比如，充分运用新闻媒体机构的作用，利用其影响力，树立先进典型，加大宣传力度，大力营造全社会关心、重视农家书屋管理发展的舆论氛围；探索企业帮扶、委托管理模式，充分发挥县级新华书店、邮政公司等国有企业的管理优势；推动农家书屋管理服务与农村出版物发行市场、农村校园连锁书店、农村乡镇村邮政网点功能的有机结合，利用它们管好用好农家书屋；还可以探索高校图书馆的帮扶作用。高校图书馆拥有丰富的馆藏资源，高校图书馆的管理人员是综合素质全面、知识结构合理、专业水平高的群体。高校图书馆可以利用寒暑假对农家书屋进行帮扶，也可以建立长效帮扶机制，如一对一定点帮扶试点，以示范点带动周边农家书屋；编写适合农家书屋管理员使用的培训教材，开展培训；搭建科技文化下乡新平台；等等。此外，还可以采取各种举措，如，鼓励专家为农村阅读提供专业指导；支持出版单位与农家书屋“结对子”，推动“三农”出版，助力农村智力扶贫与产业扶贫;引入竞争机制,以政府购买服务、活动项目补助、定向资金资助、贷款贴息支持等方式,探索农家书屋管理服务外包文化企业、农家书屋发展基金会和行业协会、志愿者组织等机构的办法和措施,进一步深化农家书屋延伸服务。

(五)培养农民的阅读兴趣

激发农民的阅读兴趣是农家书屋可持续发展的基础。当前,可以通过以下几种方式调动农民的阅读积极性,培养农民良好的阅读兴趣。一是加强对阅读重要性的宣传力度,通过自媒体平台、微信、微博、张贴海报、撰写公示栏等措施,让农民形成读书可以增加技能,可以脱贫致富的意识,自觉养成进农家书屋阅读的习惯。二是以特色活动、特色服务为依托,吸引农民来书屋,增加阅读兴趣。比如,开展阅读竞赛、读书讨论、征文比赛等活动,引导农民读书,营造浓厚的读书氛围;把农家书屋作为文化志愿者基地、假期大学生实习、中小学生第二课堂活动的场所等,丰富儿童阅读资源,培养儿童良好的阅读习惯;在农家书屋开展科普讲座活动和专业培训活动;等等。三是探索"数字化书屋"建设。针对农民越来越多地使用手机等信息化产品这一现状,凭借公共图书馆所独有的大数据资源,针对农民的需求开发和整合大量信息,为农家书屋提供大量具有知识性、实用性的农业资料,让农民更方便、更快速地阅读。

参考文献

[1]关于印发《"农家书屋"工程实施意见》的通知[EB/0L].http://www.gov.cn/zwgk/2007-03/28/content_563831.htm.

[2]农家书屋工程建设管理暂行办法[EB/OL].http://www.gapp.gov.cn/news/801/77086.shtml.

[3]柏子康,皮胜."农家书屋"建设可持续性的思考[J].科技与出版,2011(10).

[4]张利洁,魏春玲.从内容配置看"农家书屋"的可持续发展[J].中国出版,2010(2).

重庆市公共文化物联网建设实践创新研究[①]

彭泽明[②]

摘　要:以重庆市公共文化物联网建设为案例,从公共文化物联网建设的理论和政策出发,阐明公共文化物联网建设与公共文化服务供给的关系,针对重庆市公共文化物联网建设中存在的问题,提出了进一步推进重庆市公共文化物联网建设可持续发展的对策。

关键词:公共文化物联网;实践创新

物联网是继计算机、互联网之后的第三次信息技术革命,这场技术革命的中心是物联网。国务院强调,要在民生领域,围绕管理模式和服务模式创新,实施物联网典型应用示范工程,构建更加便捷高效的公共服务体系。公共文化服务是我国民生领域的重要组成部分。开展公共文化物联网建设是我国整个物联网建设的重要内容,重庆市于2014年将"建设公共文化物联网服务模式"作为全市深化文化体制改革的重要内容,作为加快构建现代公共文化服务体系的创新举措,开始了公共文化物联网建设的探索。

一、公共文化物联网的理论和政策

(一)理论依据

1.物联网

1999年,美国首次提出"物联网"的概念。目前,对物联网的概念定义不一。2010年,我国政府工作报告中对物联网的定义为:物联网是指通过信息传感设备[射频识别RFID(电子标签)、红外感应器、全球定位系统、激光扫描器等],按照约定的协议,把任何物品与互联网连起来,进行信息交换和通信,以实现智能化识别、定位、跟踪、监控和管理的一种网络。它是在互联网基础上延伸和扩展的网络。

①原载于《图书馆理论与实践》2017年第3期。

②彭泽明,重庆社会科学院研究员,研究方向为公共文化政策与管理。

2.公共文化物联网

根据物联网的定义,公共文化物联网是指通过信息传感设备,把所有公共文化服务与互联网连起来,进行信息交换和通信,以实现智能化识别、定位、跟踪、监控、管理和服务的一种网络。

3.公共文化物联网理论

物联网是物品识别和感知等技术与互联网结合而产生的新型网络,主要解决物到物、人到物,以及人到人之间的连接问题。公共文化物联网的基本特征、基本功能、基本架构和核心技术与物联网一样,只不过公共文化物联网有其自身特色而已。物联网的基本特征主要有网络化、互联化、自动化、感知化、智能化。物联网的基本功能主要体现为物联网通过相关技术可以实现物品间的全面感知、可靠传输和智能处理,其实质是利用事先在物品或设施中嵌入的传感器与现代化数据采集设备将物品信息最大限度地数据化,再利用物品识别技术与通信技术将数据化的物品信息连入互联网,然后再把这些信息传递到后台服务器上进行整理、加工、分析和处理,最后利用分析和处理的结果对物品进行管理和相应控制。

(二)政策导向

近年来,全球主要发达国家和地区高度重视物联网建设,纷纷推出与物联网相关的信息化战略,如美国的“智慧地球”发展战略、欧盟的物联网行动计划、日韩的物联网计划等,我们认为这些战略和计划包含了公共文化物联网建设的政策内容。

2009年8月,温家宝提出启动“感知中国”建设的理念,这标志着政府对物联网的关注和支持力度已提升到国家战略层面。2012年,工信部正式发布的《物联网“十二五”发展规划》首次提出:“发挥物联网技术优势,提升人民生活质量和社会公共管理水平,推动面向民生服务领域的应用创新。”2013年《国务院关于推进物联网有序健康发展的指导意见》强调:在公共安全、社会保障、医疗卫生、城市管理、民生服务等领域,围绕管理模式和服务模式创新,实施物联网典型应用示范工程,构建更加便捷高效和安全可靠的智能化社会管理和公共服务体系。2013年9月,国家发改委等14个部委印发了《物联网发展专项行动计划》。2015年《中共中央关于制定国民经济和社会发展第十三个五年规划的建议》提出:“发展物联网技术和应用。”2016年《国民经济和社会发展第十三个五年规划纲要》提出:“积极推进物联网发展。”这些政策设计为公共文化物联网建设提供了制度依据。

二、物联网在国内相关领域的应用

目前，物联网已在我国卫生领域的医院智能化管理（病人就诊信息管理、移动护理、用药管理）、远程监护、药品及器械管理，在高校领域的教学技术（教学方式和教学手段）、学生管理（学生考勤管理和学生安全管理）、后勤保障服务（校园一卡通、校园物资配送和存储使用）等方面得到应用。尤其是物联网在环保、健康等方面取得了明显进展，主要表现为：明确总体思路、积极稳妥推进、强化保障力度、加强制度设计。这些做法可供公共文化物联网建设借鉴。

三、公共文化物联网建设与公共文化服务供给的关系

（一）有利于促进公共文化服务多元供给格局的形成

利用公共文化物联网的优势，搭建公共文化物联网综合性服务平台，可以更好地推动“政府主导、社会参与”公共文化服务多元供给格局的形成，有效整合全社会公共文化资源，实现共建共享，推动公共文化资源、产品、服务的互联互通，充分发挥社会、市场、第三方力量参与公共文化服务，鼓励动员广大人民群众积极参与公共文化服务供给，增强公共文化产品和服务供给。

（二）有利于加强公共文化服务供给的科学管理

利用公共文化物联网的优势，搭建公共文化服务供给监督管理系统，实施对公共文化设施开放的空间、项目、活动情况、开放时间、安全等全天候监督管理，对图书编码、上架、流通、读者服务等全过程的监督管理，对文物藏品（含书法、美术作品等）的包装、运输、展览、安全等全过程进行监督管理，对群众文化活动（含讲座）的策划、组织、实施、安全等全过程的监督管理，切实加强公共文化服务效能建设。搭建公共文化服务供给移动应用平台和基于云计算的大数据应用系统，创新管理机制，推动公共文化服务供给管理向智能化、精细化、网络化管理转变，强化社会公众对公共文化服务供给及运行的知情权、参与权和监督权，增强决策透明度，全面提高公共文化服务供给管理水平。

（三）有利于提高公共文化服务供给效能

通过公共文化物联网综合性服务平台，建立以需求为导向的“菜单式”“定制化”“多样化”的公共文化服务提供机制，推动传统的“自上而下”供给向“自下而上与自上而下相结合的交互式”供给转变，实现供需有效对接，提高公共文化服务供给效率。搭

建公共文化服务远程平台，推动公共文化服务的便捷化、灵活化、集聚化。同时，使广大人民群众实现自主服务、自主提高。通过建设公共文化物联网，实现“互联网+”的数字化服务，推进文化与科技融合，打通公共文化服务最后一公里，推动公共文化服务供给有效覆盖，促进公共文化服务均衡发展，更好地保障人民群众的基本文化权益。

四、重庆市公共文化物联网的创新探索

(一)初步成效

1.重庆市公共文化物联网服务平台初步搭建

2014年，在全市开展公共文化物联网服务试点；同年11月18日，重庆市公共文化物联网服务平台正式上线运行。一是平台依托重庆市文化信息中心已有的“书香重庆”硬件平台，搭建全市统一的重庆市公共文化物联网服务平台[由全市性的一个主平台+全市区县子平台+全市乡镇(街道)为终端构成]。区县不再搭建平台，整个平台的运营和管护由重庆市文化信息中心负责，防止重复建设并解决基层技术人才缺乏的问题。同时，加强网络安全工作，落实责任到部门的具体人员。二是重庆市公共文化物联网服务平台已完成一期、二期建设任务。其主要功能包括：实现区县与区县、区县与市级之间公共文化服务产品的网上点单、审核功能、演出预告、志愿服务和政府购买服务的自动排行、动态要闻发布、演出评价、公共文化服务产品展示功能、数据统计功能、视频展示、用户对产品兴趣的信息反馈收集，以及实现手机移动端应用等功能。

2.公共文化服务应用模式初步形成

结合公共文化服务自身特点和实际，形成独特的应用模式，是公共文化物联网建设的重要内容。重庆市公共文化物联网服务模式可以概括为“百姓点单、政府配送”，其主要内容是以需求为导向，以区县为单元，整合各方资源，需求主体通过线上线下预约等多种方式，实现“百姓点单、政府配送”的一体化在线公共文化服务。一是通过重庆市公共文化物联网服务平台，广泛向辖区部门和个人征集公共文化服务产品。同时，将政府购买的公共文化服务产品“挂”在平台上。截至目前，平台上有文化志愿服务和政府购买公共文化服务2个大项7个大类，公共文化服务产品共3232个，其中文艺培训1806个、文艺演出915个、展览展示138个、阅读指导56个、文化讲座209个、政策宣讲72个、其他36个。二是整合社会资源集约化服务。有效整合教育、卫计、工会、共青团、妇联、文联、体育等系统外公共文化资源，实现集约化、规模化服务。以巴南区

为例,系统外文化志愿服务“挂单”团队30支500余人,文化志愿服务个人“挂单”71人。以忠县为例,系统外文化志愿服务“挂单”团队22支400余人,文化志愿服务个人“挂单”80人。三是主要以文化志愿服务和政府购买服务相结合的方式开展配送,配送重点是乡镇、社区、企业、学校、军营等。截至2016年6月30日,全市已预约10281场次,完成配送10256场次,受益人次达314.3万人,配送服务场次相当于2014年重庆市1040个群众文化机构开展活动33488场次的30.6%。其中,文化志愿服务预约10119场次,完成配送10094场次,受益人次达304.7万人次;政府购买服务预约162场次,完成配送162场次,受益人次达9.6万人次。四是区县之间可以实现相互点单预约。2016年4月重庆市九龙坡区向重庆市巴南区预约演出1次、讲座1次。重庆市公共文化物联网建设效果初显,满足了广大人民群众多样化的文化需求。

3.公共文化服务供给智能化管理开始起步

利用物联网“人到物、物到物”的连接功能,对公共服务供给进行智能化管理和控制,是物联网的强大生命。通过重庆市公共文化物联网服务平台开发的相关系统,初步形成了对公共文化服务产品建设、配送及群众反馈等情况的智能化、精准化、网络化管理。在平台上,可以随时查看全市和各区县公共文化产品的建设、配送情况,可以随时查看配送情况自动排行榜,可以随时调取配送的统计数据,可以随时随地实现网上办公,可以开展群众网上评价和反馈等,以此提升公共文化服务供给管理水平,从而为政府提供决策参考。

(二)主要做法

1.建立组织机构

由各级党委宣传部牵头,各级文化部门组织,具体依托全市各级文化馆(群众艺术馆)实施。依托重庆市群众艺术馆建立了重庆市公共文化物联网中心,依托区县文化馆建立了重庆市公共文化物联网分中心,依托乡镇(街道)综合文化站建立了重庆市公共文化物联网基层服务点,并明确了各方职责,重庆市群众艺术馆负责标准拟定、全市配送考核、统计发布、统筹协调等,不直接开展公共文化服务产品配送;区县文化馆负责资源征集及建设、人员队伍的培训上岗、落实配送经费、具体实施配送工作等;乡镇(街道)综合文化站负责做好配送相关工作。

2.加强制度建设

一是2014年6月24日中共重庆市委宣传部、重庆市文化委员会出台了《关于印发开展重庆市公共文化物联网服务试点工作实施方案的通知》,全面安排了公共文化物联网服务的试点建设工作。二是将区县开展公共文化物联网服务情况纳入"三馆一站"一年一度的免费开放绩效评价的加分内容。三是为了切实做好相关配送工作,拟定了《重庆市公共文化物联网服务平台操作指南》和《重庆市公共文化物联网服务工作指南》,切实做到"百姓点单、政府配送"的规范、高效、有序。

3.加大培训力度

由重庆市文化信息中心负责对区县平台进行技术指导和培训,重庆市群众艺术馆负责对区县配送业务的指导和培训,现已开展了6次集中业务培训。各区县根据资源库建设以及开展物联网工作的情况,分类对文化志愿服务个人及团队、文化站等单位业务人员开展培训,培训合格后,方能开展物联网服务工作。

4.建立保障机制

全市性的平台建设、维护、日常运行、平台升级等经费由市级负责;配送经费由各区县承担,主要包括政府购买经费和对文化志愿服务实行象征性的定额补助。同时,全市统一的平台由重庆市文化信息中心5个专业人员保障日常运营及维护;区县本地网页内容的更新、资源建设、后台工作流程的申请和审批、发布等,由当地文化馆技术人员或外聘专业人员承担。

5.逐步推进

立足于全市及本地经济社会发展和公共文化工作实际,分三个阶段推进。第一阶段:2014—2015年重庆市公共文化物联网萌芽阶段,在重庆市7个区县进行试点;第二阶段:2016—2018年形成重庆市公共文化物联网雏形,覆盖全市38个区县,目前已覆盖32个区县;第三阶段:2019—2025年重庆市公共文化物联网形成。真正推动重庆市公共文化物联网通过各种感知设备和互联网,实现公共文化服务与公共文化服务之间的全自动及智能化采集、传输与处理信息,实现随时随地科学管理的网络,逐步构建公共文化物联网理论体系、技术体系、应用体系、标准体系、组织体系、制度体系和政策体系,形成"公共文化服务一网重庆"或"一网重庆公共文化服务"。

(三)突出问题

客观来讲,重庆市公共文化物联网还处在起步阶段,还不是真正意义上的物联网,仅包含了物联网的某些元素,但为重庆市公共文化物联网的建设打下了良好基础。比照真正的公共文化物联网建设要求,重庆市公共文化物联网建设存在以下突出问题。

1.缺乏整体的战略设计

理论研究的滞后直接导致制度设计的缺陷。重庆市在建设公共文化物联网时,采取的是一边实践、一边研究的办法,且研究的视野、资源等受到极大的限制,对重庆市公共文化物联网建设方式、建设目标、重点任务、关键技术、应用模式、推进路径等方面缺乏全面系统的认知,整体的战略规划设计不够,重庆市公共文化物联网要包含哪些内容不够清晰,尤其是更能突出体现物联网特征"物到物、物到人"连接的诸如公共文化设施、图书、美术品、文物藏品以及文物保护、古籍保护等方面的应用模式探索还是空白,重庆市公共文化物联网的长远发展面临着巨大挑战。

2.缺乏标准化的参照系

尽管在医疗卫生、教育、环保、健康领域的物联网应用为我们提供了有益的借鉴,但是公共文化服务有其自身特有的规律,公共文化物联网建设缺乏标准化参照系,亟须建设适宜公共文化发展的技术、应用和服务标准体系,统一标准规范。

3.参与积极性不够高

由于受资金、人力、应用模式、宣传推广等多方面因素的影响,相关各方参与重庆市公共文化物联网服务的积极性不够高,还没有引起部分区县党委、政府足够的重视,除了文化系统的文化馆相对重视外,文化系统的公共图书馆、博物馆、文化站及文化系统外的工会、团委、妇联、科协、残联、体育等单位不够重视物联网的建设,文化志愿者和社会单位参与的也不多。由此导致重庆市公共文化物联网提供的服务内容还不丰富,针对性有待提高,供给总量和质量有待提高。

4.缺乏有力的保障措施

重庆市公共文化物联网建设需要强有力的组织保障和一定的投入及人才支撑。一是重庆市公共文化物联网的建设涉及众多部门。从宏观管理的政府部门来说,涉及经信委、科委、文化系统以及与公共文化服务相关的部门;从微观运营部门来说,仅文化系统就涉及图书馆、博物馆、美术馆、文化馆(站)、专业院团等。二是公共文化物联网建设需要注重规模性和流动性。物联网只有具备了一定规模,才能发挥智能的作用,才能形成一个智能系统;物联网只有具备了流动性,才能反映产品生产、销售和消费的全过程实时数据。三是公共文化物联网的公益性特征突出。公共文化物联网建设的根本目的在于保障人民群众的基本文化权益。从目前实际运作来看,仅依靠各级文化委员会的推动、调剂项目资金和紧缺的专业人才去支撑,难以保障重庆市公共文化物联网的可持续发展。

五、推进重庆市公共文化物联网建设的对策

重庆市公共文化物联网建设在全国属首创,具有创新、示范、引领意义。为了进一步推进重庆市公共文化物联网可持续发展,现提出如下建议。

(一)坚持政府主导,社会力量共建

重庆市公共文化物联网建设应坚持政府主导,大力鼓励有条件的企业和科研机构参与共建。在建设中以形成和完善重庆市公共文化物联网产业链为目标,引入多元化的竞争机制,协调发展与公共文化物联网紧密相关的制造业、通信业与应用服务业,形成产业链上下游联动、协调可持续的发展格局。鼓励重庆市公共文化物联网运营模式创新,大力发展有利于扩大市场需求的专业服务、增值服务等服务新业态,增强重庆市公共文化物联网发展的内生动力。同时,要充分利用现有公共通信和网络基础设施开展重庆市公共文化物联网建设,加强对物联网建设项目的投资效益分析和风险评估,避免重复建设和不合理投资。

(二)以企业为主体,加大核心技术攻关

以搭建重庆市公共文化物联网“感知层+网络层(传输层)+应用层”的基础架构为核心,重点围绕采集终端技术、数据传输终端技术、用户交互终端技术,依托有关高校、科研院所和企业,采取“借壳下蛋”的办法,充分利用和整合现有创新资源,协同开展重大技术攻关和应用集成创新研究,尽快突破核心关键技术,建立以企业为主体、产学研用相结合的公共文化物联网核心技术体系。

(三)强化综合性功能,升级改造服务平台

按照“统一标准、重点研发、互联互通、资源共享”的原则,集中优势力量,进行顶端设计,研发软件系统,逐步扩容,建设全市综合性的公共文化服务应用支撑平台、管理监督平台和公共文化物联网大数据中心,为政府领导决策、业务指导和公共文化服务提供全方位的信息服务。

(四)围绕服务和管理创新,加快探索应用模式

针对文化馆(站)、图书馆、博物馆、美术馆、科技馆等公共文化设施,图书、展品、文物藏品等公共文化产品,以及公共文化活动、文物保护、古籍保护等的特征,探索基于物联网技术的资源共建共享模式、信息化管理模式、远程控制应用模式。要在巩同发展现有建设成果的基础上,进一步明确以重庆中国三峡博物馆、重庆市群众艺术馆、重庆图书馆、重庆美术馆为试点单位,针对不同的行业特点,推进一批效果突出、带动性

强、关联度高的公共文化物联网典型应用示范工程，探索形成比较成熟的公共文化物联网应用模式，同时明确一批应用试验基地，为全市范围推广积累经验，创新公共文化服务供给方式，增强公共文化服务供给效能。

(五)加强总体设计，逐步完善标准体系

依托跨部门、跨行业的标准化协作机制，协调推进重庆市公共文化物联网标准体系建设。按照“急用先立、共性先立”原则，加快编码标识、接口、数据、信息安全等基础共性标准、关键技术标准和重点应用标准、服务标准的研究制定，逐步形成重庆市公共文化物联网标准体系。

(六)注重防护管理，保障信息安全

提高重庆市公共文化物联网信息安全管理与数据保护水平，推进信息安全保障体系建设，建立健全监督、检查和安全评估机制，有效保障重庆市公共文化物联网信息采集、传输、处理、应用等各环节的安全可控。

(七)加强理论研究，提供智力支撑

重点围绕重庆市公共文化物联网的整体建设目标、重点任务、关键技术、应用模式、推进路径等方面加强理论与应用研究。同时，要针对文化馆(站)、图书馆、博物馆、美术馆、科技馆、文物保护、古籍保护等，提出符合公共文化物联网规律和重庆实际、符合行业特色的建设与实施方案，分阶段、有目标、实质性地推动公共文化物联网的建设。

(八)加强统筹协调，形成发展合力

建立重庆市公共文化物联网建设协调机制，在市政府的统一领导下，组建由市政府领导担任组长，市文化系统主要负责人任副组长，市委宣传部、市文化系统、市经信委、市科委等部门相关负责人为成员的协调机制，重庆市文化系统要进一步明确相关部门具体承担此项工作。同时，组建专家组，邀请全国和重庆市物联网知名专家担纲，由有关科研、教育系统大数据、物联网、云计算方面和公共文化的专家参与，负责研究制定总体技术解决方案，开展应用理论、标准规范、共性技术和设备的研发工作，研究和突破关键技术，制定相关技术、应用和服务标准，开展项目绩效评估等，指导建设工作。将重庆市公共文化物联网建设纳入全市科学技术和战略性新兴产业发展规划，加强关键核心技术和前沿技术研究，实施重大科技专项，开展重大科技应用示范。

（九）积极争取纳入国家试点，破解发展重大难题

积极争取把重庆市公共文化物联网建设纳入文化部与重庆市政府合作协议的重要内容，争取文化部协调支持，把重庆市公共文化物联网建设纳入国家科技计划、科技重大专项，给予战略性新兴产业发展专项资金、物联网发展专项资金等政策支持；争取把重庆市公共文化物联网建设纳入国家物联网重大应用示范工程区域试点，解决制约重庆市公共文化物联网建设的技术、人才、资金等难题。在文化部和国家发改委、国家科委等部门的大力支持下，力图探索形成具有行业特色的公共文化物联网可持续的推广应用模式，逐步构建公共文化物联网理论体系、技术体系、应用体系、标准体系、组织体系、制度体系和政策体系，为推进全国公共文化物联网建设探索路径。

参考文献

[1]唐琳.战略新兴产业——物联网的产生及发展[J].赤峰学院学报（自然科学版），2011（3）.

[2]中央政府门户网站.国务院关于推进物联网有序健康发展的指导意见[EB/OL].[2016-08-06].http://www.gov.cn/zwgk/2013-02/17/content_2333141.htm.

[3]第十二届全国人民代表大会常委会.公共文化服务保障法（草案）[R/OL].[2016-08-06].http:www.npc.gov.cn/npc/flcazqyj/2016-05/04content_1989644.htm.

[4]黄玉兰，巩稼民.物联网演进路线的探究[J].西安邮电学院学报，2012（2）.

[5]姚万华.关于物联网的概念及基本内涵[J].中国信息界，2010（5）.

[6]刘锦，顾加强.我国物联网现状及发展策略[J].企业经济，2013（4）.

[7]赵飞，等.浅论物联网技术在卫生信息化中的应用[J].中国卫生信息管理杂志，2011（3）.

[8]徐春林.高校校园物联网的探索与应用[J].科技创新导报，2010（31）.

[9]山东省环境保护厅办公室.山东环保物联网应用示范工程试点项目建设方案[EB/OL].2015-01-04[2016-08-09].http://www.sdjinmao.com/html/6108743051.html.

[10]上海市经济和信息化委员会，等.上海市健康物联网推进工作方案[EB/OL].2015-09-09[2016-08-09].http://www.sheitc.gov.cn/xxfw/664362.htm.

“社区—社会体育组织—社会体育指导员”联动运行机制研究[1]

向祖兵　李骁天　汪　流[2]

摘　要：主要采用文献资料法，以社会嵌入理论为视角，探析“社区—社会体育组织—社会体育指导员”联动运行机制及其实施过程中急需解决的核心问题和实施策略。研究提出，社区体育组织形式有效地吻合了以全人群和全生命周期为立足点的全民健身要求；“社区—社会体育组织—社会体育指导员”联动运行必须以“社区嵌入社会”和“社会体育指导员嵌入社会”为理念，以社会体育组织为核心开展工作；联动运行不仅限于基层社区内部，而且还要通过以社会体育组织为核心纽带实现基层社区体育横向网络和国家、省、市级纵向网络交互联系的社区体育网络体系；联动运行的实践是政府规划体育公共服务项目并实施监管，社会体育组织实施项目，社会体育指导员全职融入社会体育组织提供人力资源保障；联动运行的关键是实现社会体育组织实体化和社会体育指导员职业化；联动的实施策略是通过在全社会实施认知性嵌入、文化性嵌入、政治性嵌入、结构性嵌入，构建与联动相适应的社会环境。“社区—社会体育组织—社会体育指导员”联动运行机制为今后社区体育的组织与管理提供了理论借鉴。

关键词：社区体育；社会体育组织；社会体育指导员；嵌入性理论；实体化改革；职业化

近年来，我国接连出台各类文件，凸显加大发展群众体育的力度，2016年10月中共中央、国务院印发《“健康中国2030”规划纲要》，指出全民健康是建设健康中国的根本目的，明确提出完善全民健身公共服务体系，广泛开展全民健身运动，促进重点人群体育活动，积极发展健身休闲运动产业等与群众体育相关的重要发展目标。全民体育

①原载于《北京体育大学学报》2017年第40卷第9期。

②向祖兵，博士，重庆大学体育学院讲师，研究方向为休闲与社会体育。李骁天，首都体育学院休闲与社会体育学院。汪流，首都体育学院休闲与社会体育学院。

参与是促进全民健康的有效手段已经得到广泛认识,然而,如何有效组织全民参与体育仍是我们未来面临的重要课题。社区体育是群众体育的重要组织形式,随着社区体育组织形式的推广与发展,我国社区体育组织与管理的行政性管理成分应逐步减少,社会管理成分应逐渐增加,最终实现以社会管理为主的社区体育组织管理模式。社会体育组织在提供体育公共服务中的作用显著,我国已建立了大量各级各类的社会体育组织,这些社会体育组织对群众体育的发展做出了重要贡献。与此同时,在我国群众体育发展过程中形成了庞大的社会体育指导员队伍,为我国群众体育活动的开展提供了大量的人力资源。社区、社会体育组织、社会体育指导员是我国社区体育组织与管理的主要力量。然而,我国当前的体育组织形式依然存在政府参与过多,社会参与不足的显著特点,社会体育组织和社会体育指导员并未发挥出应有的作用。由于社区、社会体育组织、社会体育指导员没有形成合力,严重阻碍了我国全民健身事业的进一步发展。近年来一些社区体育发展、社区体育治理相关研究从不同角度为社区体育组织形式的发展提供了建议,但这些研究均缺乏全局的网络体系建设视野。因此,本研究在社会嵌入理论视域下,分析探讨了"社区—社会体育组织—社会体育指导员"联动运行机制及其实现策略,以期为今后社区体育的组织与管理提供理论借鉴。

一、研究方法

本研究以文献资料法为基础,通过阅读国内外有关嵌入性理论、社区体育、社会组织、社会体育组织等相关的文献及论著20余本;通过使用CNKI、EBSCO等数据库,以"嵌入性理论""社区体育""社会体育组织""社区治理""社会体育指导员"等为关键词查阅了近20年来的相关文献近80篇,对其中重要的文献进行阅读和分析。在对相关文献资料研读的基础上,采用逻辑分析法,对"社区—社会体育组织—社会体育指导员"联动运行的迫切性、联动机制和实施策略进行了系统分析。

二、"社区—社会体育组织—社会体育指导员"联动运行的迫切性

(一)"立足全人群和全生命周期"迫切需要完善社区体育组织形式

《"健康中国2030"规划纲要》提出,建设健康中国,实现全民健康要立足全人群和全生命周期两个着力点。立足全人群就是要惠及全人群,包括妇女、儿童、老年人、残疾人、低收入等重点人群;立足全生命周期就是要落实从胎儿到生命终点的全程健康

服务和健康保障。开展全民健身运动是全民健康的重要途径之一,全民健身运动的开展同样应该立足全人群和全生命周期两个着力点。随着我国社会经济的发展,生活社区化将是未来的发展趋势,无论人们属于哪类人群或是处于生命周期的哪一阶段均离不开社区生活。伴随我们生活的社区化趋势,政府、市场、社会共同作为社会管理主体,要求社会组织在社会生活的组织化网络运行中起着核心纽带地位。因此,社区体育组织形式将是我国未来实现两个着力点的有效途径之一。社区、社会体育组织、社会体育指导员是社区体育组织形式得以运转的重要保障,其各自的建设和发展以及相互之间的协调与合作程度将决定社区体育组织形式的效果。

(二)我国社区、社会体育组织、社会体育指导员存在脱节

目前我国的社区体育管理体制包括政府和社会对社区体育的全方位管理体系以及基层社区内部的体育管理体制,政府参与过多,社会参与不足,并未形成政府、社会、市场三位一体的管理体制。在我国,"社区"不仅指地域空间,还指管辖这一地域空间的主体——街道和社区居委会。从政府角度而言,街道办事处、社区居委会是政府行政管辖的基层单位。全民健身是基本公共服务内容之一,政府的参与必不可少。从政府角度而言,要实现全人群和全生命周期的全民健身发展目标,落实到基层,抓好社区体育建设成为了必然。然而多年来,政府对基层体育建设表现出力不从心。此外,尽管我国成立了大量各级各类社会体育组织,尤其是基层社会体育组织,然而,它们在组织全民健身的过程中总是受限于各类行政干预或资源匮乏的影响,社会体育组织并未发挥其应有的作用。在人力资源方面,社会体育指导员是我国群众体育发展的重要人力资源,然而我国社会体育指导员职业发展还未能完全摆脱计划经济思维模式的影响,专业化角度考虑的社会体育指导员与职业发展中的主体(政府、职业本身、大学和社会)之间并未有机协调。大量的社会体育指导员以志愿者的形式而存在,没有实体组织的依托,也没有正式全职岗位的提供,这使得他们不仅在能力培养上达不到要求,在工作的开展上也不具有连续性和稳定性。可见,在我国,社区、社会体育组织、社会体育指导员存在严重脱节。而社区、社会体育组织、社会体育指导员三者之间各自存在的问题都能从彼此的相互关系中找到解决问题的途径。探索"社区—社会体育组织—社会体育指导员"的联动运行机制,理顺社区、社会体育组织、社会体育指导员三者之间的关系,使其真正做到各司其职,充分发挥各自功能,实现其互补与协调,对社区体育组织形式功能的发挥至关重要。

三、嵌入性理论视角下“社区—社会体育组织—社会体育指导员”的联动逻辑

(一)嵌入性理论的引入

嵌入性理论是经济社会学的重要理论之一。最早在理论上明确提出“嵌入性”概念的学者是卡尔·波兰尼(Kari Polanyi),他阐明了经济行为是如何被嵌入到社会关系之中的,强调了嵌入性是经济行为得以合理运行的保障。而嵌入性理论真正引起学界的广泛重视则是始于马克·格兰诺维特(Mark Granovetter),他指出,多元社会行动者既不可能脱离社会背景而存在,也不可能完全受社会限制或按外在规则行事,而是在具体的动态关系制度中追求自身目标的实现。马克·格兰诺维特分析了市场(或个体)行为如何有效地嵌入社会网络之中,并提出嵌入的建构行动与民间力量的自组织行为并非相互排斥而是相互统一的。莎朗·祖金(Sharon Zukin)和保罗·迪马乔(Paul DiMaggio)将嵌入性进一步细分为认知性嵌入、文化性嵌入、结构性嵌入和政治性嵌入,各种类型的嵌入共同对社会行动者施加重要的影响。尽管嵌入性理论最初是为解释经济行为而提出的经济社会学理论,但随着该理论的不断发展,在社会科学的其他领域中也得到广泛应用,在社会治理、社区治理领域中应用该理论解释社会行动具有较强的理论意义。嵌入性理论对我们探索“社区—社会体育组织—社会体育指导员”的联动运行机制提供了全新的理论视角,对阐释社区、社会体育组织、社会体育指导员三者之间的关系带来诸多启示。

(二)嵌入性理论视角下社区、社会体育组织、社会体育指导员的逻辑关系

随着社会治理、社区治理的提出与实践,政府与社会力量之间的逻辑关系逐渐被认识,社区应属于社会而非国家。然而,我国的社区作为国家治理单元而存在,存在行政权力过度下沉或渗透在社区治理中的现状,因此转变职能、重构地方政府与基层社会之间的关系是未来社区治理的核心。社区是公共权力与社会力量互动的基层空间,能有效地联络起地方政府与基层社会,因此,政府要落实全民健身计划,社区体育组织形式将是重要的选择。社区是社会的有机组成部分,“社区嵌入社会”的逻辑关系是社区与社会的本质关系。社会体育组织能有效整合社会资本,充分调动社会各方面力量,因此“社区嵌入社会”就是要减少行政干预,由政府主导向社会主导转变,发挥社会体育组织的核心纽带作用。社会体育指导员在社区体育中作为人力资源支撑,他们发挥作用的大小将直接影响社区体育开展的成效。2001年国家体育总局颁布的《社会

体育指导员国家职业标准》将“社会体育指导员”定义为:在群众性体育活动中从事运动技能传授、健身指导和组织管理工作的人员。事实上,我国当前的社会体育指导员这一职业“有名无实”,他们所属的社会体育指导员联合会并非他们的职业单位,社会体育指导员的作用并未得到有效发挥。嵌入性理论视角下,社会体育指导员同样属于社会而非国家,他们的行为同样嵌入在社会关系中,要充分发挥社会体育指导员的人力资源作用,社会体育组织才是他们最终的归宿。因此,“社会体育指导员嵌入社会”的逻辑关系就是社会体育指导员归属于社会体育组织并实现双向互动发挥作用的逻辑过程。综上所述,社会体育组织是整合社会资本、社会网络,调动社会各方面力量的核心纽带,“社区嵌入社会”“社会体育指导员嵌入社会”就是要求以社会体育组织为核心开展工作,在此基础上探讨社区和社会体育指导员各自功能的发挥。

(三)“社区—社会体育组织—社会体育指导员”联动运行机制

在厘清了社区、社会体育组织、社会体育指导员的逻辑关系基础上,我们进一步提出三者之间的联动运行机制(如图)。在基层社区,通过培育和发展大量的社区社会体育组织(包括各类草根体育组织)作为基层社区的体育活动组织单位,全面开展各类体育活动。同时各类县级实体单项体育协会直接渗透到街道和社区层面,具体指导社区基层社会体育组织开展体育活动,并可根据实际情况直接参与组织和指导群众体育活动;街道办事处、社区居委会对基层社区的体育组织与管理工作起协调和监管作用,同时协调配合县级单项体育协会在社区内的工作开展。通过在社区组建社区体育联合会,联络各社区社会体育组织和街道社区居委会,并通过与县级单项体育协会的协作,共同实现区(县)级社区体育组织网络体系的建设。通过市级各类社会体育组织分别联络相应的县级单项体育协会,省级各类社会体育组织联络市级社会体育组织,国家级社会体育组织联系省级社会体育组织,形成纵向网络体系,横向纵向的全国社区体育网络体系由此形成。可见,社会体育组织既是横向联系的纽带,也是纵向联系的纽带。联动运行中,重要的人力资源——社会体育指导员,作为社会体育组织的专业力量,全职融入各级各类社会体育组织;而政府部门只需制定政策、规划体育公共服务项目,实体化的社会体育组织通过整合社会资本,调动社会各方面力量,依靠自己的专业化、职业化的人才队伍,承接政府部门的公共体育项目。政府与社会体育组织之间的关系最终表现为政府购买社会体育组织提供的体育公共服务,社会体育组织实施项目运作,政府监管。

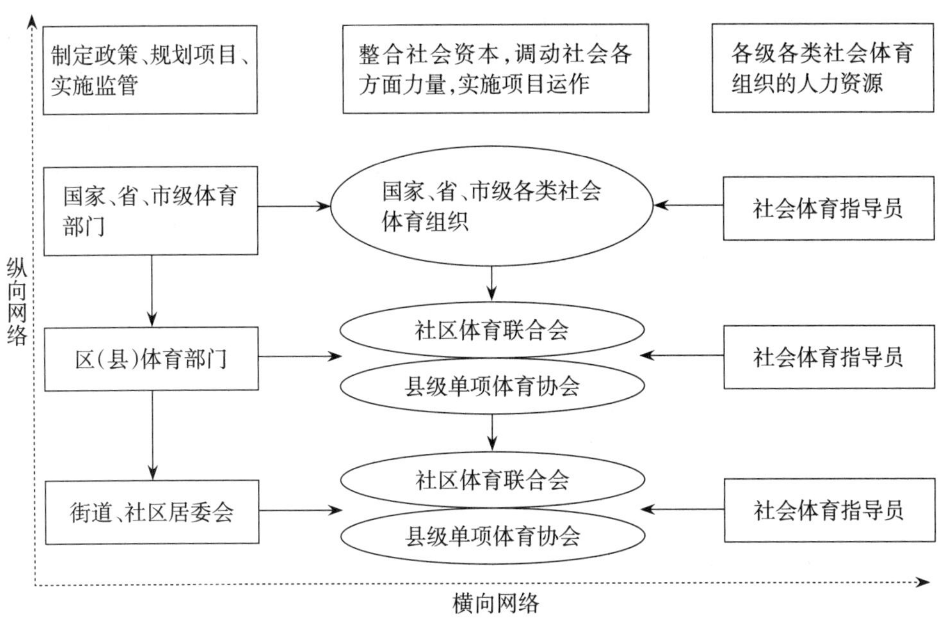

“社区—社会体育组织—社会体育指导员”联动运行机制图

社会体育组织的核心联动作用表现在四方面。①在基层单元中是社区、社会体育指导员的纽带。②在社区体育网络形成中是各级政府体育部门与社会体育指导员的纽带。③是连接社会资本的纽带:除了整合政府体育部门、社会体育指导员功能的发挥外,还可通过社会体育组织的非营利性特性充分联动社会各方面资源。④是政府和市场的纽带:通过社会体育组织的中间纽带作用来实现政府、市场、社会三位一体的社区体育管理模式,能尽可能避免寻租现象的出现,使社区体育组织形式发挥最大效益。

四、我国“社区—社会体育组织—社会体育指导员”联动运行需解决的关键问题

社区、社会体育组织和社会体育指导员在社区领域双向互动并围绕居民开展社区体育活动,体育活动的有效开展是三者共同的目标。正如前文所述,我国社区、社会体育组织和社会体育指导员三者之间存在严重的脱节,其脱节具有根深蒂固的政治文化原因。“社区嵌入社会”和“社会体育指导员嵌入社会”以社会体育组织为核心,实现“社区—社会体育组织—社会体育指导员”联动运行,必须高度审视需解决的关键问题。

(一)社会体育组织非实体化问题

社会体育组织也称为体育社会组织,是指体育社团、体育民办非企业单位、体育基金会、自发性群众体育组织等以发展群众体育为目的的非营利性组织。我国社会体育组织的管理运行存在政社不分、体制不顺、自身专业化能力不足等现实问题。"社区嵌入社会"内在地规定了基层社会治理过程中相关主体的互动关系,政府与社会力量之间并不是利益上的对立者,而是基于社区体育开展这一共同目标下的共生者,它要求地方政府与基层社会力量之间形成一种相互团结的互动机制。政府与社会协同一致,共同进行社区公共体育治理,政府只需通过制定宏观政策,然后将这项政策与社会进行互嵌,以社会体育组织为纽带,进而充分动员现有的社会力量落实政策目标。因此,政府需要释放社区管理的空间给社会,改变政府统揽社区事务的格局,支持社会体育组织实体化,使其在财务、人事等环节有充分的自主权。

(二)社会体育指导员非职业化问题

我国的社会体育指导员以志愿者为主,即使已培养的所谓职业性社会指导员,其运行体系也只能使其成为兼职者。正是由于社会中无社会体育指导员的全职职业,社会体育指导员队伍事实上只是一些体育爱好者,职业性的缺乏直接导致专业性水平低下。此外,社会体育组织自身要成为专业化的实体,人力资源建设至关重要,通过设置全职岗位,整合社会资源,在现有社会体育指导员基础上吸纳人才具有现实性。当前我国社会体育指导员主要以社会体育指导员联合会为依托,导致管理松散,工作不明确。"社会体育指导员嵌入社会"就是要重新寻求社会体育指导员的生存空间,在"小政府、大社会"的治理逻辑下,实体化的社会体育组织将是社会体育指导员最理想的归宿。

(三)社区基层组织工作人员非专业化问题

街道办事处、社区居委会作为管理社区的基层单位,属于政府派出机构,工作人员的工作涉及方方面面,社区体育活动的开展只是其中之一。然而,社区体育组织与管理的专业性较强,体育活动的指导技术性较强,没有进行过专业训练的社区基层管理者面对如此专业的问题时必然力不从心。在社区治理背景下,政府机构应逐渐退出,实现社会自治。因此在街道办事处、社区居委会设立专门的体育组织与管理机构绝不是理想选择,这将进一步加大政府干预力度,阻碍社区体育社会化管理的实现。事实上做到"社区嵌入社会"和"社会体育指导员嵌入社会",实现以社会体育组织为中心的社区体育管理体系,社区基层组织工作人员非专业化问题将迎刃而解。政府将社区体育的组织与管理完全委托给社会体育组织,政府只需提出目标,然后通过第三方进行评估,从宏观上进行监管。

五、嵌入性理论视角下“社区—社会体育组织—社会体育指导员”联动运行的策略

(一)认知性嵌入策略

认知性嵌入是指行为主体在进行选择时,会受周边环境和长期以来形成的群体认知、思维意识的引导和限制。我国的社会体育组织实体化过程就受政府部门工作人员长期的惯性思维影响,改革喊了多年,却从未获得过实质性的改变。只有政府原有对社会管理的集体认知彻底改变,社会体育组织实体化才可能实现。与此同时,政府以外的其他群体,对社会体育组织作为体育活动组织与管理的核心实体认识也不够,社区体育服务应该由政府部门直接提供的惯性思维一直广泛存在。多年来形成的社会体育指导员队伍也已理所当然地接受社会体育指导员是志愿者或是偶尔兼职的业余爱好者。以社会体育组织为核心的社区体育组织与管理,需要全社会整体性的认知改变,必须通过广泛的宣传与教育引导将新的认知与思维意识嵌入社会,并逐渐替代原有认知。

(二)文化性嵌入策略

文化性嵌入是指行为主体的行为活动受传统价值观、信念、区域传统等文化因素的制约。无论是体育文化在社区居民中的影响力,还是组织与管理文化在社区、社会体育组织和社会体育指导员之间的影响力,都将直接关系到社区体育活动的开展。我国体育文化与体育组织管理文化建设不足,严重制约了“社区—社会体育组织—社会体育指导员”联动运行,进而制约了体育活动在社区的开展。为加大文化性嵌入力度,人才是第一要素,因此应重点从以下方面开展工作。

(1)构建新型的专业文化:从构建良好文化氛围入手,大力实施体育文化认同战略,制定体育文化工程的建设规划,构建体育文化普及的发展规则,使专业体育服务能够得到社会各界的支持和认同。

(2)人才培养专业化:进行专业改造战略,大力培养专业人才。一方面,对现有社会体育指导员进行专业知识与实务技能的培训;另一方面,对现有的高校社会体育专业进行培养体系改造,让社会体育指导员队伍逐渐摆脱爱好者角色,真正培养出既有

扎实的专业技术和丰富的体育文化素养,又有较强的体育管理能力的专业性人才,并将其充实到社会体育指导员队伍中。

(3)设置职业化的岗位:职业化是专业化的前提,通过社会体育组织的实体化,将社会体育指导员嵌入社会体育组织,在社会体育组织中设置职业化岗位。职业化就是建立全职岗位,让真正专业能力强的社会体育指导员进入全职岗位工作,发挥体育文化传播功能,实现专业组织管理社区体育活动。

(4)强化专业资格认证:社会体育指导员要成为一个独特的具有专业性特征的职业,必须设定执业资格限制。通过优化专业考试的各个程序和环节,确定职业标准和专业要求,强化专业职责,维护专业权威。通过职业资格限制和认证,筛选出具有较强专业水平、专业信仰和职业追求的人员进入职业岗位。

(三)结构性嵌入策略

结构性嵌入是指社会网络结构及组织间的社会联系对组织所处的位置和组织绩效的影响。我国现有的社区体育与管理体系中,政府、社会体育组织、市场三方面均发挥着不同程度的作用,但存在政府参与过多,社会参与过少的困境。社会体育组织之所以不能发挥核心作用,除了政府干预过多外,还与社会体育组织的网络结构有关系,尤其是基层社区体育组织之间没有形成相互联系,更没有与其他企业组织展开合作,各自“小打小闹”不能形成长效机制。因此还要加大力度培育社会体育组织,改善现有的社会体育组织运行的网络结构,提供良好的社会环境,形成顺畅的社会沟通机制。

(四)政治性嵌入策略

政治性嵌入是指行为主体所处的政治环境、政治体制、权力结构对主体行为的影响。全民健身公共政策的制定对社区基层组织、社会体育组织以及相关的体育从业人员的行为具有引导和限制作用。在我国现行体制下,政府过度的行政权力,限制了社会体育组织的发展,对社会体育组织参与全民健身的组织与管理造成了体制障碍。打破体制障碍,重新分配权力结构,构建能适应社会体育组织独立运转的政治环境,是“社区—社会体育组织—社会体育指导员”联动运行的基本保障。

六、结论与建议

(一)结论

全民健身是建设健康中国,实现全民健康的重要途径之一,社区体育组织形式是实现立足全人群和全生命周期开展全民健身运动的理想选择。社会体育组织能有效地整合社会资本,调动社会各方面力量,因此,嵌入性理论视角下的“社区嵌入社会”和“社会体育指导员嵌入社会”就是以社会体育组织为核心开展工作的。“社区—社会体育组织—社会体育指导员”联动运行不仅限于基层社区内部的联动,而且还可以通过以社会体育组织为核心纽带构建基层社区体育横向网络和国家、省、市级纵向网络交互联系的社区体育网络体系。实现“社区—社会体育组织—社会体育指导员”联动运行的关键是政府彻底放手,实现社会体育组织实体化,在此基础上由实体化的社会体育组织设置全职性、专业性岗位,实现社会体育指导员职业化;在实践运行中,政府规划公共体育项目并实施监管,社会体育组织承接项目,社会体育指导员作为核心人力资源,具体提供专业服务。

(二)建议

为实现“社区—社会体育组织—社会体育指导员”的联动运行,以及最终建立全国性社区体育网络体系,建议我国政府彻底释放社区体育的组织与管理事务给社会体育组织,改变现有管理体制,全面推进社会体育组织实体化,进而实现社会体育组织岗位设置职业化、专业化。全面实施人才战略,重点抓好高校社会体育专业的人才培养体系改造,培养专业性人才;对现有社会体育指导员制定新的职业标准,并实施资格认证,选取优秀人才进入社会体育组织全职岗位。加强体育文化建设,在全社会培育体育文化素养;加大宣传力度,改变全社会对现有体制的认知,在社会中嵌入社会体育由社会管理的理念。

参考文献

[1]王凯珍.社会转型与中国城市社区体育发展[D].北京:北京体育大学,2004.

[2]姚绩伟,王华,丁秀诗,等.公共供求关系视域下的城市社区体育公共服务分层及特征分析[J].北京体育大学学报,2015(7).

[3]阮云龙,王晓云.城市社区业主委员会在社区体育发展中的地位、职能与作用[J].北京体育大学学报,2016(5).

[4]陈金鳌,徐勤儿.社区体育多元治理主体的运行机制与模型构建[J].体育文化导刊,2016(6).

[5]祝良,李建国,张伟.我国城市社区体育治理研究的现状与展望[J].武汉体育学院学报,2016(10).

[6]周结友,陈瑜.社区体育组织社会资本互动的生成机制[J].体育学刊,2015(4).

[7]王名.社会组织论纲[M].北京:社会科学文献出版社,2013.

[8]Crampton P. The Ownership Elephant: ownership and Community-Governance in Primary Care [J]. The New Zealand Medical Journal, 2005(1222).

[9]Mitchell SM, Shortell SM. The Governance and Management of Effective Community Health Partnerships: A Typology for Research, Policy, and Practice [J]. The Milbank Quarterly, 2000(2).

[10] Keith G. Provan, Patrick Kenis. Modes of Network Governance: Structure, Management, and Effectiveness[J].Journal of Public Administration Research and Theory, 2008(2).

[11]汪流.我国体育社团改革与发展研究[D].北京:北京体育大学,2008.

[12]王晓,孙立海,吕万刚.我国社区体育非盈利组织发展现状的调查研究[J].武汉体育学院学报,2013(6).

[13]张铁玲.21世纪初我国社区体育组织结构特征研究:兼论社区全民健身网络的构建[J].中国体育科技,2003(11).

[14]于善旭.论我国社会体育指导员制度的多元发展与创新[J].体育与科学,2014(5).

[15]戴俭慧.社会体育指导员职业特征、功能和发展形态—— 兼论我国社会体育指导员管理体制的完善[J].武汉体育学院学报,2006(8).

[16]史曙生,马小燕.市场经济下的社会体育指导员职业发展研究[J].天津体育学院学报,2008(6).

[17]K. Polanyi. The Great Transformation: The Political and Economicorigins of Our Time [M]. Boston, MA: Beacon Press, 1944.

[18]Paul DiMaggio, Hugh Louch. Social Embedded Consumer Transactions: For What Kinds of Purchases Do People Most Often Use Networks? [J]. American Sociological Review, 1998(5).

[19]Mark Granovetter. Economic Action and Social Structure: The Problem of Embeddedness [J]. The American Journal of Sociology, 1985(3).

[20]Mark Granovetter. Problems of Explanation in Economic Sociology [M]. Networks and Organizations [S. l.]: Harvard Business School Press, 1992.

[21]S. Zukin, P. Dimaggio. Structures of Capital: The Social Organizations of The Economy [M]. Cambridge, MA: Cambridge University Press, 1990.

[22]吴义爽,汪玲.论经济行为和社会结构的互嵌性——兼评格兰诺维特的嵌入性理论[J].社会科学战线,2010 (12).

[23]寸洪斌,曹艳春."市场"与"社会"关系探究:社会政策研究路向思考——基于卡尔·波兰尼的"嵌入性"理论[J].思想战线,2013(1).

[24]王瑞华.从嵌入性理论看中国社会工作的专业化战略[J].河南师范大学学报(哲学社会科学版),2011(3).

[25]周军杰,左美云.虚拟社区知识共享的动因分析——基于嵌入性理论的分析模型[J].情报理论与实践,2011(9).

[26]杨玉波,李备友,李守伟.嵌入性理论研究综述:基于普遍联系的视角[J].山东社会科学,2014(3).

[27]徐选国,徐永祥.基层社会治理中的“三社联动”:内涵、机制及其实践逻辑——基于深圳市H社区的探索[J].社会科学,2016(7).

[28]刘明生.公共服务背景下城市社会体育组织发展模式研究——以上海市为例[D].上海:上海体育学院,2010.

文化共享工程资源建设发展新趋势研究[①]

卢家林　王雪梅[②]

摘　要：文章根据近年来文化共享工程资源建设实际情况，总结了其在资源成果、建设模式、参与主体等方面呈现的新趋势及采取的新举措，详细分析了资源建设发展新趋势产生的内外因素，客观探讨了诸多发展新趋势在现阶段所存在的隐忧与不足，由此对共享工程资源建设在当前工作及未来发展中需要重点关注的方面提出了思考与建议。

关键词：文化信息资源共享工程；地方资源建设

全国文化信息资源共享工程（以下简称文化共享工程）是由文化部、财政部联合组织实施的国家重点文化建设工程[③]，在我国公共文化服务体系建设的过程中具有重要的里程碑意义。文化共享工程自2002年实施以来，依托全国各级公共图书馆、文化馆等公共文化机构与设施，历经十余年的不断探索与发展，截至2015年，其数字资源总库已达532TB，初步建立了层次分明、互联互通、多种方式并用的国家、省、地市、县区、乡镇（街道）、村（社区）等6级数字文化服务网络，实现了从城市到农村的全面覆盖。

文化部全国公共文化发展中心（以下简称"发展中心"）作为文化共享工程资源建设的主管及实施单位，根据资源建设现状及发展需求，于2013年提出"三个转变"的工作思路，即建设方式向专业化和品牌化转变，工作重点向管理服务转变，发展模式向全文化系统及社会化转变。在"三个转变"的指导下，近年来的资源建设呈现出若干新的发展趋势，资源产品更加鲜活、资源服务更加多样、资源建设更加多元。本文根据近年来文化共享工程资源建设的具体情况，系统总结资源建设过程中的新趋势，分析这些

①原载于《图书馆工作与研究》2017年第6期。

②卢家林，重庆图书馆助理馆员。王雪梅，重庆市渝中区图书馆助理馆员。

③齐迎春.创新型数字文化服务模式探析——以"数字文化走进蒙古包"项目为例[J].图书馆工作与研究，2015(4)：37.

新趋势的内在成因及现实隐忧,并对资源建设的发展提出思考与建议。

一、文化共享工程资源建设发展新趋势

(一)资源成果形式逐年增加,新形式比重逐年提高

笔者在国家数字文化网上收集到发展中心发布的各年度文化共享工程资源建设立项数据,并对2013—2017年全国各省级图书馆、文化馆申报立项的资源项目进行详细统计(如下图所示),根据成果形式对各年度项目进行分类比较。

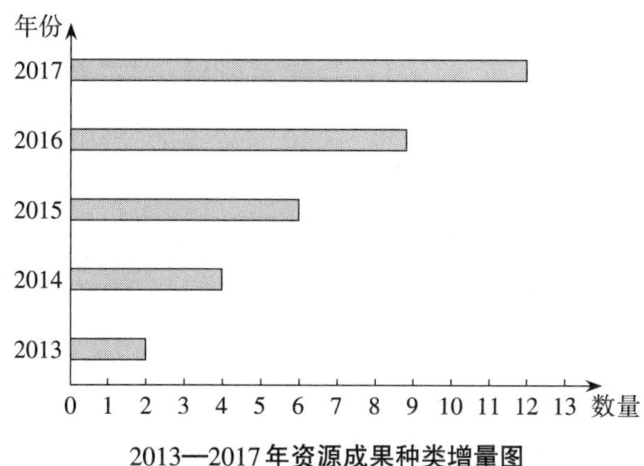

2013—2017年资源成果种类增量图

从成果形式的种类上看,2013年资源建设的成果形式只有两类:专题片和多媒体资源库,这是文化共享工程资源建设的传统形式,一直延续至今;2014年在原有形式的基础上增加了两类新的资源形式:微视频与戏曲动漫;2015年在2014年基础上继续新增了讲座及音频资源;2016年则增加了互动学习课程、全民艺术普及、红色历史动漫3种资源类型;2017年继续新增了慕课、口述访谈、舞台表演3种资源类型,资源成果形式的种类累计达到12种。

从不同成果形式在资源总数中的占比来看,笔者将专题片及多媒体资源库两种传统形式归于一类,将后续新增的不同形式归为另一类,结合每年的资源立项总数进行比较,如表1所示:

表1 资源成果形式占比变化变

年度	立项总数	传统形式占比(%)		新增形式占比(%)
		专题片	多媒体	
2013	99	55	45	0
2014	106	45	42.8	12.2
2015	132	71	15.5	13.5
2016	146	58	13.9	28.1
2017	163	44	10	46

由表1可知,2013—2017年资源项目的立项数量逐年增加,以专题片和多媒体资源库为代表的传统资源形式逐年减少,其中,2014年后新增成果形式数量稳步增加,尤以2017年增幅最大,新增形式几乎占据全部资源项目的一半。此外,随着资源成果形式的逐年发展,专题片的比重虽上下波动,但始终是资源建设的主要形式,而多媒体形式数量则在此过程中急剧减少。

(二)资源建设模式从单一化向多样化、社会化发展

文化共享工程资源建设模式与资源成果形式紧密相关,随着资源成果从最初的图文资料库到后来的专题片与多媒体资源库,再到近两年微视频、动漫、慕课等新形式的加入,资源建设过程中对技术、团队、设备等方面的要求逐渐超越了传统图书馆、文化馆的业务范畴与现有水平。因此,资源建设从早期图书馆自主加工的单一模式逐渐发展为自主建设、合作共建、社会化建设等多种模式并存的态势。

自主建设模式以福建、安徽、山西、浙江等地省级图书馆为代表。资源建设在本馆范围内以专门部门独立建设或与几个部门合作建设的方式进行。①在资源建设过程中重视人才队伍的培养,通过具体项目促进自身队伍的成长。经过十余年的发展,上述省级图书馆不仅制作了一系列优秀的资源作品,还锻炼出了一支高水平的专业队伍。

合作共建是当前全国各省级图书馆、文化馆采用的主要资源建设模式,简言之,就是将专题片的拍摄制作或者资源库的开发制作等环节分包给专业的影视机构或网络科技公司。这是一种优势互补的方式,有助于节约经费、提高效率、规避版权纠纷,同时保证资源建设的质量。②如新疆图书馆在《新疆味道》项目的建设过程中,大胆采用

①窦鹏.试论省级公共图书馆地方特色资源库的共建共享[J].四川图书馆学报,2016(5):40.

②蔡晓川.共享工程省级分中心数字文化网建设的理性思考[J].图书馆论丛,2007(2):24-26.

合作共建的方式，优先与新疆电视台合作，借助电视台的创作团队、技术力量、专业设备与播出平台，为该项目的建设与后续宣传、推广、播出打下了良好的基础。该专题片一经播出便引起了广泛关注。

社会化建设方式的代表是重庆图书馆。重庆图书馆在2013年地方资源建设过程中首次引入了社会化征集机制，通过向全市有能力的社会单位广泛征集资源选题、同立项单位签订项目任务书、建立资源使用评价等手段提升资源建设质量①。重庆图书馆作为资源建设的省级分中心，除了自身的项目建设任务外，还承担着全市的项目统筹、技术指导、质量管理、进度把控及成果验收等职责。社会化建设方式是重庆图书馆在资源建设实践中摸索出的一条适合该市具体情况的资源建设道路，有效拓宽了项目选题的范围，极大地提升了资源建设的质量。

（三）定制化资源产品持续增多

在以传统文化为主要内容的常规资源建设之外，定制化的资源产品也在持续增多。笔者对国家数字文化网及相关省级分中心网站发布的定制资源产品进行梳理，并对目前主要的定制化产品进行了分类归纳，如表2所示。

表2中的资源项目均是由发展中心统筹策划，部分省级图书馆参与，共同制作并推出针对特定人群的定制化资源产品，强调资源的针对性与实用性，体现了资源建设过程中以群众需求为导向、建用结合的指导原则。

表2　定制化资源产品对照表

用户群	视障人群	社区居民	少年儿童	少数民族群众	贫困地区群众
资源项目	心声·音频馆	社区文化生活馆、大众美育馆	戏曲动漫、红色历史动漫	少数民族语言资源	惠农系列资源

此外，发展中心联合省级图书馆以活动的方式将定制的资源产品送到群众手中，为民所用。以戏曲动漫为例，该项目以动漫形式推广中国戏曲艺术，向广大青少年推广、普及中华优秀传统文化。笔者通过网络问卷对参与戏曲动漫建设的省级分中心进行调研，截至2016年底，戏曲动漫已建设372个剧目，涉及地方剧种50多个，形成了将故事情节、经典唱段与戏曲知识相融合的作品风格。在服务推广环节，以“戏曲文化体验剧”及“戏曲大课堂”的形式积极开展传统文化进校园的活动，先后走进湖南、湖北、海南、重庆等省市百余所中小学，深受广大师生的欢迎与喜爱。

①张波，严轩.重庆市历史文化传承问题的思考——以文化共享工程地方特色资源项目建设为例[J].科技情报开发与经济，2015(5)：154.

(四)资源建设主体变化

2002年文化共享工程实施初期,仅有发展中心负责本级资源建设。2006年,文化共享工程开始地方资源建设试点,全国各省级图书馆先后进入资源建设行列,使建设主体包含了发展中心及各省级图书馆。从2015年开始,全国各省文化馆也相继开展地方资源建设。"十二五"期间,中央财政加大了对地方资源建设的经费投入,而发展中心本级资源建设经费基本无增长,这使地方资源建设成为文化共享工程的主要内容支撑,发展中心本级资源建设成为补充。全国各省级图书馆、文化馆成为资源建设的主要实施者,而发展中心更多地发挥着统筹规划、示范建设的作用。

二、发展新趋势成因分析

(一)文化共享工程的内核是产生新趋势的深层原因

文化共享工程是公共文化服务体系的基础工程,是政府提供公共文化服务的重要手段,是实现广大人民群众基本文化权益的重要途径,是改善城乡基层群众文化服务的创新工程。[①]该工程的核心价值就是满足广大人民群众的文化需求,其内容是利用现代信息技术,将中华优秀文化信息资源进行数字化加工和整合,利用覆盖全国的网络化管理和服务体系,实现文化信息资源在全国范围内的共建共享。[②]这些先天因素造就了资源建设自我发展的内在需求。

文化共享工程经过十余年的发展,尤其在"十二五"期间,经费支持、制度保障、资源建设均获得了长足进步。2013年提出的"三个转变"思路更为资源建设的创新发展提供了明确的方向和清晰的实现路径。十余年的建设代表着十余年的积累,十余年的积累产生了大量宝贵的经验。文化共享资源建设也在近几年进入沉淀、总结的阶段。从发展中心到地方省馆,都在不断总结、思考、交流、提炼与创新,以达到反哺建设、实现再发展之效果,从而营造出良性循环的资源生态环境。在这个过程中,资源建设实现了向更高水准、更深层次、更广范围、更细粒度的发展与推进,各种新趋势、新举措的出现也成为必然。

(二)现代信息技术的发展是资源产品推陈出新的外在因素

现代信息技术的快速发展冲击着社会的各行各业,无线网络、移动终端、智慧场馆、VR等技术时刻影响着人们的生活。在全媒体环境下,人们阅读、交流、消费的方式

①王芬林.全国文化信息资源共享工程服务政策解析及对数字图书馆服务政策的思考[J].图书馆,2010(1):94.
②张彦博,刘刚,王芬林.全国文化信息资源共享工程的创新实践[J].数字图书馆论坛,2007(1):1.

发生了极大的变化。国家工信部统计数据显示，截至2015年年底，我国手机用户已超13亿人，手机用户普及率达95.5部/百人，①手机不仅是单纯的通信设备，而且凭借移动网络附载了更多的学习、消费、娱乐、生活等功能。各种知识、信息以可视化、图文化、片断化的形式充斥着人们的日常生活。因此，方便快捷成为人们获取和接收信息的最主要诉求。

在当下的社会环境中，文化共享工程的资源产品乃至资源建设方式都经受着严峻的考验。如传统的多媒体资源库，其策划及建设都是适于PC端的，自身内容及框架的繁复限制了对无线设备的响应，不适于当下流行的推广方式和渠道，资源产品不能为民所用也就失去了主要价值。因此，发展中心及各省级馆在近几年的建设中逐渐降低了此类资源产品的数量，取而代之的是适于无线网络传播新形式的产品，如微视频、微讲座、在线学习、慕课等。简言之，外在环境的变化倒逼资源建设作出一系列改变与创新。

（三）建用结合、以用为主的建设原则是资源产品定制化趋势的主导因素

文化共享工程作为公共文化服务体系建设的重要组成部分，必须起到继承和发扬中华文化的作用，真正从群众需要出发，提供群众喜爱的文化资源。②作为该工程核心的资源建设始终强调以群众需求为导向的原则。发展中心在2013年提出的资源建设“三个转变”要求中，更是将建用结合、以用为主的原则摆在重要位置，进一步强化用户意识，提高资源内容的丰富性、针对性、适用性，鼓励积极探索以群众文化活动带动资源项目建设的新模式。在此原则的指导下，发展中心统筹策划，部分省馆积极参与的定制化资源产品应运而生，如“心声·音频馆”“大众美育馆”“戏曲动漫”等。这些资源产品都经过了前期的广泛调研与充分论证，是为特定群体量身打造的文化产品。除了定制化的特性外，此类资源产品还要通过活动推送到目标群体中去，“建”是基础，“用”才是对定制化产品完整价值的实现，如“戏曲动漫”项目依托“戏曲大课堂”活动走进各省中小学校，再如依托“大众美育馆”开展的“小画笔，画世界”全国少年儿童图文创作征集活动，等等。

（四）资源项目评审专家组的更新变化拓宽了入选项目的范围

如果说省级文化馆的参与为资源建设注入了新鲜血液，那么资源项目评审专家更是直接影响了资源建设的主体架构。从2016年起，文化共享工程地方资源项目立项

①中华人民共和国工业和信息化部.2015年12月电话用户分省情况[EB/OL].[2017-01-09].http://www.miit.gov.cn/n146312/n146904/n1648372/c4610251/content.html.

②王军.浅议文化共享工程与公共文化服务创新性研究[J].图书馆界，2013(5):48.

评审的专家改为从文化部公共文化司的专家库中抽取,这是对专家队伍的更新与补充,使更多来自不同领域具备不同学科背景的专家学者进入到共享工程项目的评审环节。更开阔的眼光、更灵活的想法、更创新的方式突破了以专题片与多媒体资源库为全部内容的传统资源体系,积极引入了类似慕课等资源形式,这也是2017年资源申报过程中各种新资源形式总体占比超过传统形式的重要原因。

三、资源建设发展隐忧及思考

(一)新资源形式需纳入资源建设整体框架,并制定中长期规划

目前,新资源形式的蓬勃发展是文化共享工程良性发展的具体体现,是资源建设发展新阶段的热点与亮点,但也要预防新形式的无序发展与“遍地开花”。就现有的新形式看,虽数量与种类众多,但整体上略显散乱,缺乏统一管理与有序引入,如果不在现阶段加以保护与规范,既无法确保新形式“幼苗”的长期健康生长,又会与资源建设所要求的“系列化”“持续化”“专业化”背道而驰。因此,资源建设主管单位与实施单位在对新资源形式所带来积极效应予以充分肯定的同时,更要对其带来的负面影响引起足够的重视。首先,发展中心要加强对资源建设的顶层设计,注重统筹规划,规范操作流程,加强对各地的指导;①各省级图书馆要将新的资源形式纳入全省的资源整体框架,合理规划中长期目标。其次,要加强对新资源产品的绩效管理,考核实际效能,测评群众接受程度,建立使用反馈机制与渠道,并依实际情况及时予以调整与修改。最后,要建立科学的资源引入机制,随着社会的发展,群众的文化需求也在不断变化,因此要深入调研,了解群众的真实需求,广泛听取群众意见,制定科学的新资源形式引入路径及退出流程。

(二)资源建设要坚持本源,不忘初心

发展中心每年制定的资源建设方案及项目评审专家的意见直接主导着地方各省级图书馆资源建设的重点与方向。在某种意义上,近年来出现的资源新形式与共享工程的本源与主旨渐行渐远。如前文所述,文化共享工程是为基层群众提供中华优秀的文化资源,满足人民群众的文化需求。这是文化共享工程的本源真义,决定了文化共享工程资源建设有别于商业化、培训化的特殊性质。对市场上广受欢迎的文化产品,能够借鉴的可以大胆运用,但对于不属于文化共享工程范畴的文化产品,即便广受欢

①张彦博.创新思路扎实推进全国文化信息资源共享工程建设[J].图书馆建设,2008(2):2.

迎,也不能纳入其中。文化共享工程资源建设要达成既定目标,实现长远发展,归根结底要回归本源。不管文化共享工程发展到什么阶段、何种程度,都要始终牢记"从哪里来""到哪里去",坚持资源建设的本源与责任,不忘初心,方得始终。

(三)资源服务要坚持传统方式与新兴手段并重

近年来资源成果的服务推广存在着偏向于无线网络及移动终端的方式,而对传统的阵地、电视、PC端、纸媒等方式有所偏废。国家大力推进的电信网、广播电视网和互联网三网合一已初见成效,智能手机、平板电脑、笔记本电脑、电子书阅读器等新型移动终端设备的普及程度正逐步提高①,无线端的接入方式与渠道提供了一种非常便捷的宣传途径,但恰恰因为便捷与快速,导致其无法承载过多的信息。文化共享工程所传输的中华优秀文化资源,不仅需要便捷的"简装本",更需要完整的"精装本",无线终端更适合作为引流的手段,用以吸引更多的关注,而传统的PC端、电视以及阵地活动则承担着为"闻香"而来的群众提供丰富的精神文化大餐的重任。方式只是手段,而任何单一手段的作用都是有限的,只有多种手段并用,优势互补,形成完备的体系与网络才能使资源发挥出最大的效能。

(四)明确评审专家的角色定位与参与机制

在资源建设的立项与验收环节中,评审专家发挥着极其重要的作用,专家的意见直接影响着项目的建设。近年来新的专家抽取方式使更多不同领域不同学科背景的专家、教授进入到共享工程资源建设的评审环节,但并不是所有的专家、教授都了解文化共享工程、熟知该工程的责任与任务、掌握历年的建设情况,加之评审专家只参与项目的立项与验收,并不参与项目的实际建设过程,因此,存在着专家仅凭自己的工作经验甚至个人喜好进行评判的现象,不利于资源建设的健康发展。解决此类问题,首先,要加强对评审专家的岗前培训,使其系统了解文化共享工程的发展历程、指导原则、申报流程、建设要求及服务应用等,保证专家参考基础的统一性和项目评审的延续性。其次,评审专家要全程参与,全程负责,不能只在评审环节"靠嘴说话",还要在实际建设环节"靠腿走路",深入各省馆资源建设一线,亲身了解项目的开展情况、人员配比、现实困难等,在项目建设过程中提供更多的专业意见与技术指导,最终形成既对评审意见负责,又对项目建设成效负责的专家参与机制。

①胡海燕,经渊,楼向英.我国数字文化服务网创新建设研究[J].图书馆工作与研究,2014(8):107.

WENHUA CHANYE

文化产业

民族文化在动画品牌塑造中的价值[①]

沈正中[②]

在全球经济发展一体化的今天，各国经济文化交流变得频繁，动画制作技术已不再是牢不可破的森严壁垒，一味靠高尖技术想要动画作品崭露头角已经越来越不可能。在动画作品同质化现象日趋严重的环境下，塑造蕴含本民族文化特色的动画品牌是从此困境中突围的一条重要出路。

近年来，中央电视台少儿频道播出的国产动画分钟数量持续增加，多家地方电视台的动漫频道陆续上星覆盖全国，动漫产品的规模大幅度增长。但与此同时，国产动画品牌意识却还比较模糊，民族文化在动画作品和产品中表现弱势。许多动画作品带有比较明显的模仿痕迹，掺杂着欧美动画或日本动漫作品的影子。《蓝猫淘气三千问》《喜羊羊与灰太狼》《熊出没》等系列电视动画通过大体量的剧集轰炸，实现了一定的商业价值，得到了较高的商业回报，但却无法掩盖其内容简单空洞、缺乏核心民族文化竞争力的尴尬现状。往往一出现新的动画作品，观众便轻易忘记了之前的作品，可以说，很多国产动画作品经不起时间的考验，只能捞一把"热钱"，无法建立起像米老鼠、哆啦A梦、辛普森等那样的世界级动画品牌。

可见，我国动画作品缺乏专属于自己的艺术品格，品牌辨识度低，缺乏具有国际影响力的作品。国产动画品牌要在世界动画产业的激烈竞争中赢得属于自己的一席之地，培养出忠实度高的观众群，就必须从追求数量逐渐过渡到讲究质量的阶段，在动画品牌中进行民族文化的塑造。

一、具有民族特色的角色形象塑造

民族文化是以国家为单位进行划分的，主要由宗教、习俗、文学、艺术等社会文化

①本文系重庆工商大学教改课题"基于动画专业学生创造力培养的研究与实践"(670101532)阶段性成果。原载于《中国电视》2017年第4期。

②沈正中，重庆工商大学讲师。

活动和生产来源组合成其核心价值。不同国家创作的动漫形象与品牌在面向世界的传播过程中,会演化为一种具体的文化符号,蕴含着该国独有的民族性格、价值观和世界观。创造出具有本民族文化韵味的动画角色,是动画品牌塑造的关键所在。在动画作品中,民族的认同首先来自于对文化的认同,文化的认同则需要转化为可见的视觉元素。

相对于动画电影来说,电视动画虽然每一集时长比较短,但往往播放集数比较多,少则数十集,多则几百集乃至上千集,而且每天通常会在固定时段播出,成为少儿受众日常生活中最熟悉的精神食粮之一。在一部动画作品中,其塑造的角色形象是动画品牌的核心和灵魂,最能直接迅速地抓住观众的眼球,打动观众的内心。这种现象犹如真人影视剧中的偶像剧一样,有时剧中的情节都变得不那么重要,吸引观众的第一要素是演员自身的外形。例如,20世纪90年代热播的日本动画《灌篮高手》,虽然该片题材励志、故事情节扎实,但不可否认有相当一部分观众主要是冲着片中的主要角色流川枫、樱木花道等帅气的脸庞、高挑的身材和桀骜不驯的气质去的。因此,鲜明的角色形象塑造,确实为动画赢得关注提供了更多可能。

中华民族数千年的历史为国产动画品牌的塑造奠定了深厚的文化基础,使之拥有取之不尽的素材瑰宝。然而,对民族文化资源的使用不能仅仅进行简单的复制和移植,而需要打破想象力和创造力的束缚,抛弃一味的跟风和模仿。同时,对经典角色形象的过度使用,也容易让观众产生疲惫和麻木之感。在塑造动漫形象时,应该赋予其鲜明的性格特征,而不应固守成规。千篇一律的角色形象,难以具备自己的识别性。2010年播出的系列动画《美猴王》从当时众多的国产动画中脱颖而出,是因为片中具有民族特色的角色形象塑造手法颇有亮点。以大众熟知的孙悟空为例,该片中孙悟空的动画形象有着对传统的传承,符合国人对这个角色的基本认知。难能可贵的是,该角色造型采用了新的表现视角,在以往的国产动画作品中,孙悟空的形象总是难以逃脱戏曲原形的束缚。(20世纪60年代的动画片《大闹天宫》取得了巨大的成功并成为经典,之后的动画创作者们在享用前人美术风格和造型成果的同时,却也套上了牢固的桎梏。例如,孙悟空的样貌设计脸谱化,在各种艺术作品中,孙悟空的脸上始终用白色桃心做底)《美猴王》中的孙悟空摆脱了脸谱化的处理,将"猴"的属性特征真实化,抛弃了常用的戏曲造型元素,手臂和手指较长,更加接近于灵长类动物的四肢比例,体现出猴类的固有属性特征。在角色服饰上也有扬有弃,抛开了孙悟空一条虎皮短裙穿到底的设计，平时的布衣古朴随性，战斗时的铠甲精美潇洒。这样的设计给观众以新颖有趣、可信度高的观感，能让人产生强烈的认同感，这是较之以往的动画作品可贵的突破和创新，在传承与创新基础上、深具民族特色的角色形象造型深入人心，使《美猴王》最高收视率达到2.12%，强化了该片的动画品牌建立诉求，使之获得2010年中国国际动漫节"美猴奖"的"最佳人物形象设计奖"。

二、注重民族文化内涵，加强故事内核构建

创作具有民族文化内涵的动画作品，需要创作者们从本民族的立场出发，立足于本民族的过去、现在和未来，植根于真实可信的生活，经过提炼、打散和重组，才有可能塑造出符合新生代审美特征的动画品牌。

民族文化是一个国家软实力的重要体现，是展现民众精神面貌的重要途径。美国的著名系列动画《辛普森一家》已经热播了近30年，不少其他国家的观众通过该片了解美国文化，它与迪士尼等一道，构筑起了美国动画品牌的中坚力量。不同于美国动画电影惯有的精细复杂，《辛普森一家》画风简单，制作技术难度较小，真正支撑起这个品牌的是其饱含着纯正美利坚民族文化特色的故事内核。该片中的辛普森一家人不是某一个美国家庭的化身，而是整个美国中产阶层家庭的现实写照。片中那个看似虚构的社会完全脱胎于现实世界，片中也经常使用真实的美国地名，并将各种明星、政客、科学家卡通化后呈现在剧中，与辛普森一家共同勾画出了一部绘声绘色的当代美国生活简史。可以说，《辛普森一家》早已超越了一部电视动画所能涵盖的范畴，成为最能体现美国精神的符号和象征，以其特有的品牌效应对美国和全世界文化产生着影响。

2001年播出的动画片《我为歌狂》是我国第一部音乐题材的电视动画，开拓了国产电视动画的题材类型。但无论从其故事框架、叙事手法，还是美术风格上，都还是能够明显地看到日本动漫的影子。从播出后的反馈也可以看出，虽然该片赢得了部分青少年受众的喜爱，但离真正的大众青睐还有不小的距离，大多数观众看到角色造型后，并不能清晰地判断这是一部什么类型的动画作品。一个直观的例子是，倘若遮起海报上的汉字，其与日本动画片几乎毫无二致。这种生搬硬套的日式动画造型与本土制造的客观现实在一定程度上形成了冲突。在情节设置上，该片努力使之看起来像发生在我们周围的校园生活故事，然而，过于模仿日式主题动画以及花哨夸张的设计却远离

了初衷,与我国青少年群体的学习生活环境实不匹配,怎么看都是来源于异国的文化,使很多观众难以对其产生较强的代入感。可见,在动画创作过程中,应当尽可能使故事落地,这种落地必须植根于民族文化的土壤,从民族文化中找到适合自身生长的核心因子,并使之成长为参天大树。《我为歌狂》的创造者们付出了很多努力,做出了有益的探索,但本民族文化内核的缺失,使该片仍然留有较大遗憾。

三、掌握并运用本民族的动画思维

动画思维是动画创作者应该具备的重要专业素质,是用独特的动画语言对动画品牌进行塑造的手段。这种高度敏感的思维方式是创作出优秀动画作品的重要保证。例如,迪士尼公司早在20世纪上半叶就总结归纳出了一套完整、系统的动画运动规律,这套运动规律在全世界范围广泛推广和使用,成为动画制作技术的基石。但无论如何变通,只要运用了其中的弹性运动和夸张表达的手法,就会立刻彰显出美国动画的影子。这就是专属于美国民族的动漫思维,是从自己民族文化中自然而然地滋生出来的,其他民族不容易学来,即使学到了也难以让本国观众产生文化认同感。同样,要将神话、传说或典故进行动漫改编创作也必须动用动画思维。将动画片《狮子王》和莎士比亚的戏剧《哈姆雷特》对比,便能清楚地看出这一点:两部作品的主人公小狮子辛巴和哈姆雷特都是早年悲观失落,一直处于自我麻痹和选择性失忆之中,躲避在真相的背后,不愿面对成长的残酷。但经过时间的洗礼,他们最终都为父报仇。通过对比可以看出,《狮子王》仅仅保留了《哈姆雷特》的故事原型和精神内核,至于具体情节,则经过了全面改造与创新,早已难以识别。只有通过动漫思维的介入,才有可能展现出动画新时期的文化内涵,而不是徒有其表的民族文化空壳。

我国动画曾经走过一段辉煌的历程,拥有过令世人瞩目的民族动画品牌。20世纪70—80年代,电视机逐渐普及,电视动画随之出现,老一辈动画人使用中华民族特有的动画思维,打造出富有民族风格特色的“中国学派”这块金字招牌,不断将京剧、剪纸、皮影、水墨等大量中华民族的传统艺术和民族文化融入动画创作中,进行民族化道路的探索,《葫芦兄弟》《黑猫警长》《阿凡提的故事》等因此成为当时妇孺皆知的民族动画品牌。至今,这些作品仍然历久弥新,散发着浓郁的民族文化魅力,这是传统文化借助于本民族动画思维得到全方位展现的结果。如今,中国动画总体上一直处于重新摸索阶段,几乎没有出现具有国际影响力的作品和品牌,重拾中华民族特有的动画思维进行创作,值得当今动画人思考和研究。

四、结语

发展动漫产业对满足人民群众精神文化需求，推动文化产业发展，培育新的经济增长点，提升国家文化软实力和影响力都具有重要意义。目前，我国政府对动漫产业空前重视，支持力度巨大，如何发掘本民族文化精髓，创作出符合当代群众精神需求的优秀动漫作品，是每一个动画创造者以及整个行业的当务之急，需要在深刻理解民族文化精神内涵的基础上，探索出实现国产动画品牌建立与持久繁荣之路。

参考文献

[1]曹迪.中国定格动画电视系列片中的传统文化与现代意识[J].中国电视，2014(4).

[2]陈培培.国产电视动画的海外传播：亟待从“量”到“质”的提升[J].中国电视，2015(12).

[3]孟岩.美国缩影《辛普森一家》[J].大众电影，2007(20).

[4]孟洋，邹穗晞.试论国产动画片对中国传统文化的传承与创新[J].中国电视，2015(8).

[5]沈正中.古神兽造型在动画角色中的应用研究[J].包装工程，2011(8).

《长城》:一场全球化时代的创意文化秀[①]

唐瑞蔓[②]

摘　要:任何一种缺少时间向度的定论式批判都是武断且盲目的。当一切尚未尘埃落定,依循文本呈现的信息去判断电影《长城》对“中国文化走出去”的价值和影响,虽不够“落地”,却更显可行与开放。《长城》是两种“全球化”策略交锋与博弈下达成的共识,是两种文化互相改写最终融合的混血之作。以“秀”之名,界定《长城》,既为肯定它视听呈现的夺目悦耳、创意十足,形象与价值传递的快捷和易解,也指出其为了全球传播的受众最大化而对长城等文化遗产本身丰富内涵的舍弃与遮蔽。

关键词:《长城》;电影;全球化;文化;秀

《长城》一出,喧哗四起。“人海战术”“饱满色彩”“民俗符号”等典型的张艺谋元素依然引发争议;“故事简陋”“情节做作”也没有因为好莱坞团队的全程参与而得到新的判定。惊艳的视效场景只被简略一提,甚至成为另一种方式的批判,成为论述演员选择失策与故事漏洞的参照系。视角不同必然引发结论差异,但刻意放大瑕疵,无视优点,显然与普通观众的观影现实有所不符,也不利于中国电影关乎遗产题材之良好创作生态的形成。

作为张艺谋与好莱坞团队第一次完全的深度合作,一部满怀中国风却放眼全球的商业类型片,《长城》不宜被放置在导演的艺术片佳作中去类比,去细数它的“堕落”;而应该放在《英雄》《十面埋伏》《满城尽带黄金甲》的序列中,去肯定它作为商业类型片的成熟与完善。然而,长城之名,毕竟指涉太多民族文化的内涵与象征,借用此名的电影势必要背负民族文化呈现的万众期待。所以,在商业电影的评价标准之外,还应有一种民族文化传播的视角考量。《长城》是两种“全球化”策略交锋与博弈下达成的共识,

①本文系2015年度重庆市社会科学规划培育项目“文化传承语境中华语魔幻电影内容开发研究”(2015PY19)。原载于《电影文学》2017年第13期。

②唐瑞蔓,硕士,重庆交通大学讲师,主要研究方向为遗产电影。

是中美文化互相改写最终融合的混血之作。它所呈现的既不是以往西方想象中的刻板中国,也不是东方认知中的深度中国,而是一次围绕"集体主义"概念,密集输出中国形象的创意文化大秀。

一、"秀"之轻与魅

文化全球化已经是不可避免的现实,稍有实力的国家都希望在全球文化竞争格局中抢占先机。饶曙光先生曾在2011年论及中国电影的全球化策略时指出:"高端国际合作和电影制作的专业化是推进电影创作、电影制作的现代化,在叙事、技术、影像等各个方面与世界先进水平的电影接轨,是适应产业化、国际化大背景下的电影市场的需要的必由之路。"2016年的电影《长城》可看作对这一理论策略有力的实践呼应。当张艺谋带着推动中国电影全球化的梦想与最善于在全球推行美国主义的好莱坞团队合作时,两种不同诉求的全球化策略的交锋与博弈必然产生。好莱坞团队抛给中国电影的橄榄枝,并不是为了写一封柏拉图式的长城情书。这背后复杂交织着对中国巨大电影市场的渴求,对美国题材枯竭的清醒,以及为增加文化认同,提升作品创新,而吸收目标市场本土文化背景创作人才的明智。这场交锋与博弈因双方追求"全球传播和受众最大化"的默契而达成共识:简化故事、强调奇观,让轻盈的民族形象和符号"秀"代替沉重的民族文化思辨,跨越语言障碍与文化隔膜。

将《长城》比作"秀",首先肯定了影片在形象与价值传递上的快捷、易解,在视听呈现上的夺目悦耳、创意十足。长城、火药、饕餮、无影禁军是影片叙事的四大要素,也是秀之重点。主秀长城因情节的发展变化而呈现出多变的审美形象,是威廉(马特·达蒙饰)逃脱追击时仓皇误至的庄重肃穆、深不可测的异域;是人兽大战中,挡住凶猛怪兽、配合团体作战的坚固堡垒;是擒拿饕餮时,雾气迷离、空灵神秘、如真似幻又生死难测的险境。当实物长城在饕餮暗度陈仓之计中"溃败"时,另一道用将士血肉之躯筑起的"长城"又倔强不屈地屹然而起。壮观与秀美、安全与危险、悲壮与温情、不屈与英勇,共同刻画出一个美学意涵丰富的中国长城。此外,火药的神威与兵器的玄妙,凸显了古老中国的智慧;饕餮的神秘、狡诈、贪婪引人反思、耐人寻味;无影禁军的各司其职与齐心协力潜移默化在五色五兽的盔甲上,殿帅统一的号令中,以及生死面前的义无反顾;还有秦腔、鼓舞、《大风歌》、《出塞》等。这些符号与形象携手演出一场创意十足的、快捷且易解的中国文化秀。

二、对好莱坞电影的文化改写:集体精神彰显

与好莱坞团队深度合作,意味着中国文化形象的内在价值可能被改写为美国式的定位。比如,他们曾把以孝为重的花木兰变成女权主义精神的代言人;把国宝熊猫塑造成一个自由主义精神的英雄大侠。确实,为适应好莱坞的故事标准和全球化的传播力度,长城被添加了新的价值与内涵,也被斩断了历史联结。然而,其中的民族文化群像,既没有完全被西方意识单向改写,也没有自乱阵脚或自我妖魔化。导演以应有的文化自觉和文化责任,将它们集结在中国式集体主义的价值标准周围,并巧妙、强而有力、与时俱进地表现出来。

长城代表一种中国力量,一种众志成城、抵御外侵的精神,象征着团结和坚守。电影将历史中抵御外族的长城切换为抵御外星生物的长城。这一设置是对长城价值进行的全球化改造,不仅与热播美剧《权力的游戏》中抵御异鬼的绝境长城互文,更呼应了中国当下的大国地位和国际价值。用张艺谋自己的话说,就是“终于轮到我们救世界了”。事实上,这次拯救世界的不是一个中国人,而是一群视死如归的中国战士。中国的大国气魄,中国军队的团结、英勇、牺牲,中国式“集体主义”的精神与价值观,在真正的好莱坞模式中得到了前所未有的彰显。而与集体主义相对的个人主义,在影片中则更多地与贪婪联结,并导致孤立无援的结局。这不仅改写了以往好莱坞电影中个人主义精神的“霸权地位”,更有意味的是,也改写了导演自己曾经对集体的叛逆表述。《英雄》中的秦军以团体协作的方式处决一个无名的英雄;《十面埋伏》中的朝廷与反朝廷势力,因个人的情爱战争而消隐;《满城尽带黄金甲》中的军队为一场皇室内部的私欲争斗而惨烈搏杀。以此对比,《长城》的“无影禁军”就更有正面的价值和意义。他们精密的配合,符合西方对中国的以往认知(比如阅兵式、奥运会开幕式等印象的累积),而精密之上人情与人性的多细节刻画,则突破了这种认知,让集体主义不再刻板,而是鲜活和灵动起来。

塑造中国式集体英雄,是《长城》对好莱坞电影的一次文化改写,也是对好莱坞英雄叙事惯例的一次突破。有人质疑,是外来者威廉射出了打败饕餮的一箭,拯救世界的还是美国人。这是一种不解故事规则的误会,也是合拍片必然要面对的宿命。好莱坞的故事标准之一就是把最灿烂的光辉留给第一主角。《长城》是面向世界的商业制作,这光辉一箭自然要留给众星中最有全球票房号召力的第一主角马特·达蒙。但导演在此做出了巧妙的平衡。整部电影不是“超人”威廉一个人的“达人秀”,相反,他在

无影禁军“集体主义”精神的感召下，从一个“个人主义”的西方雇佣兵成为抗击饕餮大军的重要一员。战胜饕餮也不是像好莱坞其他英雄大片一般，靠英雄孤军奋战来实现，而是众志成城、不怕牺牲的集体协作换来了最后的安宁与和平。还有人质疑，威廉从“为个人”转向“为集体（人类）”的可信度，将其归结为林梅（景甜饰）的几句说教之辞。其实，如果把“转变”理解为“揭示”，会更适合影片的语境。面对与饕餮的生死之战，另外两位西方人（托瓦尔和巴拉德）选择了带着黑火药趁机逃走，威廉则选择留下来与中国将士共同抗击饕餮。这是情节对主角深层性格的内在揭示——他向往这样可以托付信任的团体，他本身就期待这样的荣誉归属。这种选择其实在电影《与狼共舞》和《阿凡达》中早有前例，实在算不上一种“孤单”的另辟蹊径。值得一提的是，中国式集体主义价值和精神被巧妙且恰当地提炼为具有普适性的“信任”，堪称影片突破文化隔阂的一处妙笔。“信任”，一种对东方、西方都有重要价值的情感及伦理共识，在情节内感召着威廉，在情节外也更容易收获西方观众的理解与认同。当西方观众在“信任”的牵动下，对集体精神加以接受时，就在无意识中被输入和灌注了中国式的价值观。

三、《长城》与“中国文化走出去”

《长城》以秀的方式，传递出密集的中国文化符号和形象，突破了以往中国文化在好莱坞制作中尴尬的陪衬境地。这些以中国文化为根塑造的审美形象，能否在好莱坞的技术和故事包装下，真正收获他者的关注，甚至认同，成为中国文化走出去的一个成功范例呢？准确答案的出炉不仅需要全球票房实际数据的佐证，还需要耐心深入、宏微结合的跨国调查研究去支撑。可以肯定的是，导演遵守商业片规则，避免深层文化信息的介入，在故事上做减法，在思想上去作者化，力求文本的最大普适度，为不同文化背景的观影群体预留足够接受空间的行为，为他“借水行船”，推动中国形象（而不是中国故事）先走出去的理想创造了一个很好的开始。但这样的创作方式不可避免地带来形象呈现的扁平化与架空化。长城随时间沉淀的人文历史内涵被遮蔽，正如影片中，长城与自己的现实地基脱离，被移花接木在风景更奇幻的张掖丹霞之上。电影中被斩断历史根脉的架空的长城，到底是中国文化全球化呈现的一种必需的妥协，还是导演对自身驾驭能力的清醒认知？张艺谋不是李安，也不是宫崎骏，对电影，他有自己的天才之处，也有无法弥补的短板。正如著名导演小津安二郎的自我评说：“我这豆腐匠只能做炸豆腐和油方,炸猪排之类的恕不能为。"所以,把深度传播中国文化的使命和责任搁置在张艺谋的肩上,也许并不合适,也并非他一人所能。

论及民族文化的电影传播,英国遗产电影是一个值得比较的对象。它呈现的贵族文化,正如我们的古装武侠一样,是吸引他人目光的利器。但若论及世界范围的持续影响力,中国武侠大片还无法与英国遗产电影相提并论。莎士比亚、简·奥斯汀、E.M.福斯特等英国作家及其作品,英国皇室及相关历史,在西方乃至整个世界范围都具备极高知名度和文化影响力。这让取材于英国文学和历史,并常常以忠实于原著为创作旨归的遗产电影具有一种先天的文化高地。而缺少大量被世界深度认同的文学资源,中国电影需要从无到有地去创造出与世界的故事牵连,困难何其之大!

"中国文化走出去"是一个庞大、复杂,需要时间和耐心去规划与建设的系统工程,不是某一个人、某几部作品就可达成的,而是需要大量不同类型、不同风格的民族文化题材影片形成一股强大的传播合力。毕竟"文化的多元,是文化活力的前提"。长城等中国文化遗产,需要多元化、多维度的影像表述,才能真正实现与其人文历史内涵对等的有效传播。过多的架空设置与历史切割,只会导致一种对民族遗产虚无的刻板印象。《长城》的"借水行船"模式及创意文化秀般的形式风格,只是中国电影传播民族文化的一种方式、一种途径,虽有可赞之处,但绝不能成为唯一标准、唯一范本。2016年,《长城》与《小门神》《百鸟朝凤》《大唐玄奘》《夜孔雀》《大鱼海棠》等影片一起,汇聚成中国电影传统文化书写的一道壮阔且色泽丰富的景观。虽然票房和影响力各有不同,但正是这种不同创作意图和市场定位的多元与丰富,才能真正实现民族文化电影传播的受众最大化,推动"中国文化走出去"。

参考文献

[1]饶曙光.全球化与中国电影全球化战略[J].解放军艺术学院学报,2011(2).

[2][日]佐藤忠男.小津安二郎的艺术[M].仰文渊,等,译.北京:中国电影出版社,1998.

[3]尹鸿.全球化、好莱坞与民族电影[J].文艺研究,2000(6).

IP在文化产业链中的价值流动规律研究[①]

张 俊[②]

摘 要:产业大融合趋势下,IP(知识产权)在文化产业中的核心地位愈发凸显。通过分析IP在产业链中的流动路径可知,衍生是IP发挥核心价值的关键。文章基于衍生的视角对文化产业链的上中下游进行了梳理,在此基础上分析了IP在产业链中的衍生空间,并列举了3种典型的衍生模式。基于以上研究,可得出IP在文化产业链中的部分价值流动规律,这既有助于出版发行机构拓宽IP运营思路,也有助于整个文化产业更好地掌握IP的开发与运营规律,并通过IP驱动产业发展。

关键词:IP;文化产业链;价值流动;衍生

2015年度,IP几乎成为所有内容细分行业共同的一个热门关键词。[③]此处的IP并非新概念,它指的是知识产权(Intellectual Property),只不过传统知识产权运营更多地强调保护,而IP化运营强调的是最大限度地发掘并创造价值[④]。确切地说,IP热衷的"IP"更多是指知识产权中的版权,尤其是可产生范围经济效应和间接网络效应的形象、故事和世界观等。

IP价值的凸显是"互联网+"时代产业融合的必然结果,它不仅能促进文化产业各细分行业的转型升级,更有望培育出新的业态。与此同时,IP也有其自身的规律,盲目追捧或者滥用IP会带来巨大风险并影响产业发展。为使IP更好地驱动整个文化产业,有必要梳理IP在产业链上的价值流动路径,进一步探索IP自身的规律。

---

①本文系2016年重庆市社会科学规划项目"互联网+时代文博知识产权的衍生开发策略研究"(2016QNCB29);重庆邮电大学社会科学基金重点项目"互联网+形势下IP驱动文化产业发展策略研究"(2015KZD07)。原载于《科技与出版》2017年第1期。

②张俊,重庆邮电大学。

③王卉,张文飞,胡娟.价值爆发与生态初现——2015年数字内容产业热点追踪[J].出版发行研究,2016(3):33-36.

④刘峰.出版机构IP化经营:媒体融合背景下的创新策略探析[J].出版发行研究,2015(9):23-26.

英国文化产业之父霍金斯等人认为,IP是文化产业的内核①。这一点,透过产业融合背景下的泛娱乐等趋势也不难印证。在某种意义上,文化产业链的大部分领域均可看作IP在不同阶段或不同层面上衍生出的不同产品形态。正因为衍生,文化产业大融合才有了基础。可以说,衍生是IP能在产业链上产生核心价值的关键。因而,IP在文化产业链上的发展规律实质上就是IP的衍生规律。

一、基于衍生视角的文化产业链

在一条产业链中,上中下游的定义往往是相对的,上游通常指产业链的始端,提供原材料和初产品;下游通常与深度加工和改性处理有关;中游则介于两者之间。同样,文化产业链中的上中下游也是相对的,可有多种划分思路,如按价值链与供需链维度进行划分等。为了更好地研究IP的衍生规律,本文基于衍生的视角梳理了文化产业链,即按IP的价值流动路径来界定上中下游。

(一)上游

文化产业链上游位于IP价值流的源头,主要提供原始创意和初级产品,产业主体包括广大作者和出版发行机构,产品形态包含文学作品、漫画作品和音乐作品等。

以小说等为代表的上游是IP的主要来源,可提供丰富的形象与世界观并集聚人气。放眼国外,很多文学作品(如《指环王》《哈利·波特》等)在改编之后都名利双收。而在国内,国产小说和漫画IP的价值也已得到肯定。2013年一部热门网络小说的平均授权价约100万元;到2014年,价格已飙升至300万~500万元(其中有两个值得关注的案例:畅游以1.5亿元拿下了《秦时明月》的IP;而《不败王座》小说在IP成交时竟只字未写);到2015年,优质IP的平均价格已达数千万元,诸如《鬼吹灯》《盗墓笔记》《三体》等小说和《十万个冷笑话》等漫画已成为了超级IP。

但上游产业也有明显短板(尤其是国产小说和漫画),其中最明显的便是其自身盈利模式有限、变现能力不强,需借助产业链中下游实现增值,这也是国内出版业在文化产业融合背景下暂时处于下风的主要原因之一。

(二)中游

文化产业链中游的特点是产品形态多元化、传播/运营方式多样化,其细分行业包括院线电影、电视、游戏、广播、舞台剧、微电影和网络剧等,这些行业位于IP价值流中

①刘琛.IP热背景下版权价值全媒体开发策略[J].中国出版,2015(18):55-58.

段，其中大部分是在内容产业范畴内对IP进行演化，并将其加工为相应产品形态。

严格说来，文化产业链并非只有上游才能形成IP，中游亦有同样能力(如游戏《魔兽世界》等)，曾喧嚣一时的IP与原创之争中的"原创"实质上便是中游IP。[①]中游和上游的IP存在诸多共同点，比如两者都是某阶段的原创成果，且都能产生衍生价值，却被人为割裂成两个阵营。不过，相较上游，中游IP可能存在以下劣势：①中游IP的转化成本往往更高；②网络小说等上游IP通常已在网上获得成功，有了一定粉丝基础，更易拥有互联网基因，因而改编的成功率往往比中游IP高；③上游IP在改编前会有更多与粉丝互动的机会，易于借助大数据手段进行灵活调整，可进一步降低市场风险，甚至还能通过激发"众创"来打造长尾效应，这些都是中游IP难以企及的。

相较上游，中游的变现能力更强，近几年的电影票房收入、PC网游和移动游戏收入等数据足以说明这一点。但比起下游，中游的变现能力就相形见绌了，如《星球大战》系列七部曲在截至2015年4月创造的总收入中，只有15%来自票房，其余的85%均来自其他非票房收入。[②]

(三)下游

文化产业链的下游主要包括主题娱乐业、周边衍生消费品产业、广告和会展等产业，通常是在内容产业的后续范畴对IP进行深加工和改性处理。

其中，主题娱乐业通常指围绕某特定主题，利用现代科技手段将多种娱乐活动、休闲元素和服务设施集于一体的产业模式，包括室外/室内主题乐园、电影乐园、大型舞台秀、儿童乐园等业态。国外知名品牌有迪士尼、环球影城、乐高等。国内除了方特、华侨城、长隆等品牌外，万达等地产业巨头在文化地产转型趋势下也向主题娱乐领域大举进军，掀起了主题娱乐业的高潮。而周边衍生消费品则包括了玩具、服饰、文具、食品及其他获特许经营授权的周边产品。

文化产业链中，下游是变现能力最强的增值环节，尤其是周边衍生消费品往往能创造比中上游内容本身大得多的利润。如迪士尼的主题乐园和授权衍生品，占据了其全部价值链的大半个江山。

但下游也存在自己的短板：其品牌号召力的打造严重依赖中上游的IP。这是因为下游环节早已不是IP价值流的源头，缺乏培养原创IP的土壤；并且下游业态的特点决定了其要么只针对特定受众(如主题娱乐产业)，要么就是产品很难产生间接网络效应

①何厚今.IP开发与编剧原创，究竟在争什么[N].中国文化报，2015-12-07(005).

②彭侃.好莱坞电影的IP开发与运营机制[J].当代电影，2015(9)：13-17.

(如玩具等产业,其自身价值的实现也要依赖中上游产品的衍生),这也是美国Hasbro当初打造《变形金刚》系列动画的重要原因。由此分析,国内文化产业链下游繁荣背后存在一个潜在困境——因为缺乏像迪士尼那样深入人心的IP,国内的主题娱乐和玩具等产业很难形成强有力的品牌。如不能更好地与IP的中上游发展融合,则很难在核心竞争力上与迪士尼等抗衡。

二、IP在文化产业链中的衍生空间

综合分析文化产业链的上中下游,可看到每一环节都有长项和短板,这愈发让人意识到产业融合的必要性。事实上,一方面,文化产业链各环节都存在着相互衍生的可能,而IP恰好"有融合打通全媒体的天然优势"①;另一方面,IP能形成衍生的一个重要基础是它的跨媒介叙事能力,更能实现"叙事的连续性、体验的泛在性以及受众参与的广泛性"②,这顺应了当下体验经济时代的需求。为进一步了解IP,笔者从经济学角度来探讨IP在文化产业中的衍生空间。

(一)文化产业链的范围经济效应

文化产业在产生范围经济效应方面具有天然的优势。所谓范围经济是指企业在生产两种及以上产品的情况下,联合生产的成本小于各自生产成本之和。某个IP一旦具备了在产业链上衍生的能力,便可通过设备、管理和技术等资源的共享降低成本。

如上游的小说和动漫能为中游的电影和游戏提供丰富的剧情和世界观,可显著减少剧本策划和概念设计的工作量。又如同属中游的游戏和电影,两者之间不论是创意、制作,还是所用科技手段和设备,都可在一定程度上实现共享,或将电影震撼唯美的视效赋予游戏,或将游戏中的实时渲染和虚拟现实等先进技术引入电影制作。而下游的玩具等后续衍生品在得到游戏、电影的IP形象甚至3D模型后,更容易实现规模化生产,并实现有效的增值。

(二)文化产业链的间接网络效应

文化产业还有一个优势,容易通过打造产业链上下游之间的互补来产生间接网络效应。间接网络效应通常指某产品随着用户数量的增加,在与其形成互补的产品上产生的新价值。而文化产品的粉丝效应,很大程度上便源自于间接网络效应。

---

①陈守湖.IP出版的考察——流行文化、粉丝经济与媒介融合[J].出版发行研究,2016(4):19-22.

②孙松,周荣庭,何同亮.超媒介叙事视角下的动漫IP出版策略研究——以奥飞娱乐为例[J].科技与出版,2016(5):19-22.

尤其在文化产业链上游，热门网络小说和漫画通常都有庞大粉丝群，其覆盖范围广、用户大众化，很容易建立起衍生消费基础。而中游的影视与游戏也能形成互补，共同扩大受众覆盖面：一个产品（如影视）在获得成功后，便会形成口碑并建立起粉丝群，如再改编为另一个产品（如游戏），并进一步推动其IP背后的衍生开发，就有可能形成强大的间接网络效应，从而实现显著增值。

综上，IP在文化产业中的核心价值主要源自于产业链衍生时的范围经济效应和间接网络效应，反之亦然。由于IP是衍生的价值纽带，①文化产业能在衍生中产生这两种效应的根本正是IP的核心价值。IP作为一种拥有跨媒介叙事能力的文化载体，影响的人群范围往往很大，影响持续的时效较长，影响的方式也比较多元化。因此，优质IP在改编后更易引起目标受众的共鸣，既能提高产品成功概率，还有望延长产品的生命周期，并显著提升其商业价值。当下影视游戏等行业对优质IP的热衷，很大程度上便是要借用原作已培养的庞大粉丝群，将其作为市场推广手段，打造更高的品牌认知度，进而提升产品的核心竞争力。

三、IP的几种典型衍生模式

（一）全产业链衍生

全产业链的最大特点是从产业链源头做起，充分重视和挖掘产业链上中下游各个产业环节的价值，以实现整个产业的价值最大化。②全产业链衍生，就是能贯穿整条产业链上中下游的衍生模式。

早在20世纪中叶，好莱坞就已开始注重产业链的全方位开发与运营，其中的集大成者便是迪士尼。迪士尼的主要业务延展到了产业链的几乎每个角落，含影视、游戏、主题娱乐、特许经营消费品及传媒网络等，经济学者常用“轮次收入”③来表述迪士尼的全产业链盈利模式。

然而，除了迪士尼等少数产业巨头之外，大部分企业想单枪匹马覆盖整条产业链的方方面面谈何容易。好在贯穿产业链并不一定要将自身力量投射到其中的每个细分行业。对于国内企业，一方面，可通过强强联合、优势互补，共同打造一条完整产业链，尤其是实力相对雄厚的主题娱乐企业，可积极通过共同开发、入资、并购等手段尽

①高薇华.知识经济视野下的“动漫产业观”[J].现代传播（中国传媒大学学报），2014（5）：102-106.

②刘铭嘉，王勇，海江.论类型化网络剧的“全产业链”发展[J].名作欣赏，2016（14）：59-60.

③袁学伦.迪斯尼财富生产链：循环的轮次收入模式[J].经济导刊，2012（9）：58-59.

可能向全产业链延伸；另一方面，如能在把握核心IP的前提下打通一条从源头到末端的衍生路径，或者哪怕仅仅是为产业链上的各个环节搭起桥梁，也有可能让自身在产业链贯通后形成的一系列经济效应中得到价值体现。

(二)局部跨界衍生

相对于全产业链衍生，局部跨界衍生虽未打通整条产业链，但也同样有重要意义。

通常局部跨界衍生有“网络文学+影视授权”“出版社影视投资+反哺IP”“影游IP联动”等模式，[①]前两者属于上游与中游间的局部跨界，后者是中游内部行业之间的局部跨界。除此之外，中游与下游间也存在着“电影+主题娱乐/周边”的局部跨界衍生模式。

其中，“影游IP联动”迸发出的巨大衍生价值已让业界看到了不可限量的市场潜力，并催生出许多新商机。国外的影游跨界早已开始流行，不仅大量游戏题材被改编成为全球热映的电影(如早期的《生化危机》《古墓丽影》，以及2016年5月上映的由经典手游改编的电影《愤怒的小鸟》，和2016年6月上映的由网游巨作改编的电影《魔兽》等)，而且很多经典电影(《黑客帝国》系列、《指环王》系列和《阿凡达》等)也被改编成了热销游戏。

而中游下游局部跨界衍生的范例便是环球影城，它是“电影+主题娱乐/周边”的代表：以好莱坞经典电影(如《变形金刚》《哈利·波特》《侏罗纪公园》等)的再现为主题来打造各种新奇的主题娱乐业态，并衍生出大量的周边消费品，如此，中游与下游形成了完美互补。

(三)垂直细分衍生

还有一种在某个行业范畴内进行垂直细分衍生的模式，往往也能产生不容忽视的产业价值，尤其是本身已拥有强大变现能力的游戏产业。

按游戏运行的平台，该产业可细分为PC游戏、移动游戏、主机游戏、TV游戏等类型。在移动互联网时代，同一IP游戏的跨平台化成为大势所趋。此外，不同平台的游戏都有着轻、中、重度等级不同的数十种细分类别，如休闲益智类、卡牌类、MMORPG(Massive Multiplayer Online Role-Playing Game)类等。若几类游戏都基于同一个IP，则可在很大程度上共享同一套世界观，并能以较小代价继承角色和场景等内容，这大大减少了游戏策划和概念设计的工作量，且开发这些游戏所需的素材、软件及设备等也都可共享；更重要的是，一旦其中某个游戏(通常是成本较低、生命周期较短的移动轻

①江小妍，王亮.泛娱乐环境下的IP运营模式研究[J].科技与出版，2016(5)：23-27.

游戏)先期获得成功,粉丝达到了一定的量级,便会给其他游戏(通常是中、重度游戏)市场作铺垫:因游戏间的"共现"规律,游戏粉丝自身就更容易接受衍生后的游戏,并且他们还可能通过口口相传将更多玩家引入到衍生游戏中,因而游戏的用户转化率也会相应提高。这样,开发周期较长、成本较高的中、重度游戏就有了发挥强大变现能力的机会。

四、结语

本文对IP在文化产业链中的价值流动规律进行研究,从衍生视角对文化产业链的上中下游进行梳理,在此基础上分析IP在文化产业链中的衍生空间,并列举3种主要衍生模式。基于以上研究,本文提出以下几点建议。

首先,建议在IP创作策略上引入全方位营销理念。把IP的选题、创意和开发均作为营销的一部分,在选题之初就充分考虑未来产品的营销定位,具体可考虑借助大数据分析手段,对预期文化产品的形态、受众的年龄段/性别/受教育程度、预期产品类型的市场数量占比/收入占比/受欢迎程度等指标进行分析来探索选题规律和创作策略。我国拥有丰富的历史文化资源,如能很好地应用前述方法,将有望挖掘出更多、更有价值的优质IP。

其次,在IP与资本的对接策略上需跳出自身产业的思维定式。尤其对有更大衍生潜力的上游IP,相关出版发行机构可在原有定位之外,一方面建立起一套对目标IP是否优质、是否有衍生潜力的甄别机制,从而更有效地规避投资风险;另一方面,可更多介入IP的后续发展(包括IP的概念设计,Pre-Visualization和包装,甚至轻度手游等),从而实现高效的IP孵化①,并充分利用IP众筹等资本手段在实现IP价值基础上提升IP的活力②。

再者,在IP的运营策略上,跨界资源的合理整合对提升核心竞争力和品牌影响力有重要意义。一种新思路是将O2O(Online To Offline,即线上到线下)理念引入到IP运营中,以IP为核心来梳理线上与线下业态,并探索出一套相应的盈利策略③,有望在把握核心IP的前提下贯穿全产业链或至少为产业链上的各环节搭起一座桥梁,通过IP价值流动促进文化产业的发展。

---

①张俊.面向文化产业衍生的移动游戏发展策略研究[D].北京:中国传媒大学,2015.

②孙松,周荣庭,何同亮.超媒介叙事视角下的动漫IP出版策略研究——以奥飞娱乐为例[J].科技与出版,2016(5):19-22.

③张俊.面向文化产业衍生的移动游戏发展策略研究[D].北京:中国传媒大学,2015.

非物质文化遗产生产性保护与产业化发展探析
——以重庆传统手工技艺为例[1]

罗　敏[2]

摘　要:重庆非物质文化遗产的生产性保护与产业化发展,是符合重庆传统手工技艺自身传承规律的保护手段,也是重庆非物质文化遗产保护工作科学发展的必由之路。我们应使有效保护与合理利用相结合,完善制度,注重创新和培养人才,加大宣传力度,打造品牌,提升非物质文化遗产的影响力,促进重庆经济和社会发展,改善人民生活。

关键词:非物质文化遗产;生产性保护;产业化发展;传统手工技艺

2015年10月26日召开的党的十八届五中全会明确提出,要"构建中华优秀传统文化传承体系,加强文化遗产保护,振兴传统工艺"。振兴传统手工技艺上升为国家文化发展战略,是全面提升"非遗"保护水平的新契机,也是推动文化持续发展繁荣的重要方面。这为新时期我国传统文化的发展,为重庆"非遗"生产性保护与产业化发展指明了方向,更重要的是能促进重庆"非遗"项目的有效传承和民族民间文化的延续。

一、重庆非物质文化遗产概述

重庆3000多年的悠久历史孕育了源远流长、绚丽多姿的巴渝文化。川江号子、川剧、龙舞、摆手舞、蜀绣、漆器、石雕、折扇、夏布、陶艺、年画、竹帘、峡砚等一大批非物质文化遗产资源以其珍贵的历史文化价值在全国享有盛名。目前,重庆全市有国家级非物质文化遗产代表性名录项目44项,国家级非物质文化遗产项目代表性传承人40名,市级非物质文化遗产名录项目511项,市级非物质文化遗产代表性传承人562名,创建国家级文化生态保护实验区1个,国家级生产性保护示范基地1个,市级生产性保护示范基地35个,其中传统手工技艺类"非遗"生产性保护示范基地34个。通过积极整理、

①原载于《重庆文理学院学报:社会科学版》2017年第36卷第4期。
②罗敏,重庆市文化研究院助理研究员,主要从事非物质文化遗产保护和数据库研究。

申报,建立了国家级、市级和区县级三级非物质文化遗产名录体系、三级传承人和保护单位体系。

随着社会的发展,重庆"非遗"正在面临存续危机。一方面,有的重庆"非遗"缺乏个性特色,代表性传承人逐渐消失,后继乏人,有的"非遗"面临人亡艺绝、濒临失传的困境,过度开发、肆意滥用传统技艺的现象时有出现。另一方面,重庆"非遗"技艺的生产性保护缺乏创新,绝大多数设计作品还停留在传统形式中,未能与现代设计相结合并适应当代人生活,没有制订长远规划,且对本身产品文化内涵的发掘与宣传不足。因此,加强对重庆"非遗"的保护迫在眉睫。为有效保护重庆"非遗",我们要走生产性保护与产业化发展道路,挖掘民族民间文化特色,发展深化特色文化产业,把文化资源转化为生产力,创造经济效益,以经济效益确保重庆"非遗"的保护与发展,以保护带动开发,以开发促进保护,有力推动重庆"非遗"稳定发展。

二、"非遗"生产性保护与产业化发展的重要性

"生产性保护"与"产业化发展"作为重庆非物质文化遗产保护的重要方式,其重要性主要有以下三点:一是增加重庆"非遗"自身的"造血功能",增强自身的活力,推动重庆"非遗"保护更紧密地融入人们的生产生活中,促使重庆优秀的民族文化得到弘扬。二是"生产性保护"与"产业化发展"是在有效保护和传承的前提下进行的,符合"非遗"技艺自身的特点和传承发展规律,有利于传承和项目保护,培养更多后继人才,为重庆"非遗"保护奠定持久、深厚的基础。三是"非遗"的生产性保护与产业化发展还可以促进文化消费,解决"非遗"保护与发展的资金问题,推动"非遗"保护事业和重庆区域经济全面、协调、可持续发展。

三、重庆"非遗"生产性保护与产业化发展的策略性分析

(一)可行性分析

生产性保护与产业化发展要求在具有生产性质的实践过程中,以保持"非遗"的整体性、真实性和传承性为核心,将"非遗"及其资源转化为物质形态产品并使其产业化发展。笔者认为,"非遗"概念下的部分传统美术、传统技艺和传统医药药物炮制类在不违背传统手工生产规律和运作方式、保证其本真性与整体性、手工核心技艺和传统工艺流程的前提下,在生产与经营流通等环节中使此类"非遗"项目能够可持续发展是可行的。

(二)成功案例

重庆在非物质文化遗产生产性保护与产业化发展方面,专注于传统手工技艺非物质文化遗产产品生产、收购、加工、销售,通过不断开拓市场,加强对传统工艺流程的保护和传承,抓住传统优势,实现跨越性发展,将产业优势转化为经济优势,取得了不错的效益。

1.永川豆豉酿制技艺

永川豆豉为重庆市国家级非物质文化遗产名录项目,国家级非物质文化遗产生产性示范保护基地。现有市级代表性传承人6名,区县级代表性传承人20人。目前,重庆有永川豆豉厂7家,其产品畅销全国,远销日本、美国、澳大利亚、加拿大以及东南亚、欧洲等众多国家和地区,效益很好。

为更好地保护永川豆豉的酿制技艺,重庆采取了一系列具体措施:一是承担了豆豉国家标准的制订工作,已通过了国家标准委专家审核;二是和西南大学、原第三军医大学、成都调味品研究所等高校与科研院所合作,利用他们的科研平台,致力于永川豆豉的标准化生产和微生物生态环境的保护、功能成分的基础研究;三是组织成立了豆豉行业协会,组织召开了豆豉质量、保护与发展论坛;四是研究并制订了《永川豆豉酿制技艺保护规划书》,确立了"以保护天然毛霉微生物生态系统、传承场所、永川豆豉酿制技艺为切入点";五是对豆豉系列产品申请并获得了原产地标志注册保护、中华老字号保护;六是利用"非遗"进校园、各种协会、展会、报刊影视媒体等加强对永川豆豉产品和酿造技艺、酿造历史文化的宣传;七是外培调味人员3名(已获得相应证书),培训了豆豉技工45名,开展豆豉酿制技术讲座,邀请豆豉制作老工人回公司指导交流。

2.荣昌夏布

荣昌夏布为重庆市国家级非物质文化遗产名录项目。荣昌夏布现有国家代表性传承人1名,颜坤吉;市级代表性传承人2名,李俭康和黄仕惠;区级代表性传承人8名。目前,建设有夏布规模型企业10余家,其中有2家申报为重庆市非物质文化遗产生产性保护示范基地,荣昌夏布产品远销日本、韩国等国家以及东南亚、欧洲等,取得了很好的经济效益。

重庆市荣昌区政府制定了《苎麻产业发展规划》。在盘龙镇建成返乡农民工夏布微企孵化园,有100余家微企或作坊入驻;建成夏布项目保护重点企业荣昌天运麻纺织公司——夏布会馆1处,建于荣昌区板桥工业园内,扩建厂房,内设夏布编织车间、夏布工作室和技术研发中心等；建成荣昌夏布“非遗”文化园1处，约1500平方米，由壹秋堂夏布公司运营管理；建成加合夏布制品公司夏布研究所1处，集生产、培训、研发、展示于一体；建立荣昌夏布网站，在淘宝网和京东网等网站上推广销售；与旅游业相结合，在旅游景点宣传夏布产品，形成了人文生态整体共发展模式。

（三）措施建议

根据重庆非物质文化遗产生产性保护示范基地的成功经验，笔者提出以下建议。

1. 合理开发，掌握“尺度”

在重庆“非遗”保护过程中，我们必须要保持理性思维，坚持以保护传承为前提，掌握“非遗”项目在保护与开发之间的“尺度”，防止陷入误区。牢记“非遗”保护的宗旨：无论采用何种方式、方法，都必须以“非遗”项目的核心技艺（而不仅是技术）和核心价值（原本的文化蕴涵）得到完整保护为前提，而不是以牺牲其技艺的完整性、本真性和固有的文化蕴涵为代价。

2. 重庆“非遗”法律规章和政策机制的完善

立法保护是最根本的保护，对适合解决“非遗”传统手工技艺类生产性保护和产业化发展问题的法律制度需要逐步建立和完善。《重庆市非物质文化遗产条例》的颁布使重庆“非遗”保护步入有法可依的阶段，但仅涉及重庆“非遗”领域的基本问题，未对“非遗”的生产性保护和产业化发展策略做出切实可行的规定，所以目前迫切需要制定相关法律法规。

3. 加大政府扶持力度

重庆非物质文化遗产保护工作主要以重庆政府为主导，由文化委牵头，但重视仍不够。建议重庆政府应加大对“非遗”文化形态的扶持，制定相关政策，颁布具有针对性的重庆“非遗”法规，提供部分经费上的支持，对相关单位的管理和经营行为进行监督，并居中协调各方利益，鼓励大众和民间组织参与，坚持社会参与，提高民间团体、社会民间资本参与“非遗”生产性保护的积极性，并引导这些社会企业投资重庆文化资源，以集合众多力量的方式取得市场竞争中的实力优势。

4. 制订生产性与产业化发展规划

对传统手工技艺类的生产性保护与产业化发展，要坚持具体问题具体分析，根据传统手工技艺项目自身的特点，制订适宜的长远发展战略。例如，重庆永川豆豉酿造技艺制订了《永川豆豉酿制技艺保护规划书》，荣昌夏布制订了《苎麻产业发展规划》，对“非遗”项目生产性保护和产业发展做了总体规划和部署，有计划、有步骤地在整个生产性保护过程中注重产品的各个生产环节，以现代科技与传统工艺有机结合，不断加强项目的产业提升、开发和利用，建立以手工制作为核心的工艺生产研究所、工作室、车间、厂房等，推动“非遗”项目的快速发展。

5.创新“非遗”设计，走进现代生活

重庆传统手工技艺类项目的生产性保护与发展，必须在保持原生态的基础上进行创新和发展，融入现代人的审美需求和生活，科学开发利用，让传承人群在市场需求的变化中检验和改进自己的作品与产品，设计出既有重庆传统特色又时尚的适销对路的作品与产品，只有这样才能顺应时代的发展。例如，重庆荣昌夏布在合理开发创新设计方面，发展“项目+传承人+基地（协会、企业）”的模式，实现生活化、市场化活态转化。荣昌夏布在产品研发上创新求变，巧妙地将“非遗”元素融入产品中，如服装、鞋、包、床上用品等“非遗”创意产品，研发出全手工夏布纯天然植物染色技术。此项技术在国内属于创新项目，为传统夏布注入了新的活力。同时，荣昌夏布不断拓宽营销渠道，增强周边产品、服装、饰品、影视、玩具等衍生产品开发，做强产业链，带动荣昌夏布发展。

6.“非遗”产品和旅游业结合

在以文化体验为核心的旅游经济中，把重庆传统手工技艺与旅游业相融合，合理开发，成为重庆“非遗”稳定发展的重要因素。以永川豆豉为例，在具体策略上，一方面重庆可以将“生产—销售—旅游”三者的关系呼应起来，发展旅游特色产业。将茶山竹海、野生动物园、永川豆豉公司连成旅游线路，让旅游者在欣赏永川自然风光的同时，感受370年的永川豆豉文化精粹，并能购买永川地方特色产品——永川豆豉。另一方面，可以通过举办论坛和展览活动等形式提高公众对永川豆豉的兴趣和关注，通过市内外展览、产品设计大赛、手工技艺传承人评选等形式来整合设计界的优势资源。这有利于永川豆豉产品的推陈出新和良性发展。

7.充分利用数字化技术推动文化产业转型发展

利用数字化技术，赋予重庆非物质文化遗产新的生命力，是实现生产性保护与产业化发展的重要基础。重庆要抓住“互联网+”行动计划的契机，推动信息技术与文化产业的融合创新，支持商业网站设立传统手工艺展示和销售平台，搭建“PC网站+手机网站+微信网站+APP三站合一”四站一体网站，利用VR技术（虚拟现实技术）和AR技术(增强现实技术),打造线上线下互动结合,开发手机APP,使"非遗"手工技艺产品在网络上同步实现O2O销售、扫码、APP的展示。同时,利用"非遗"+众筹模式推广宣传"非遗"产品,更好地把握市场和顾客需求,提升创意设计水平、产品的市场化和时尚化,让更多人了解"非遗"项目和文化,激发年轻人对传统文化的浓厚兴趣,并有利于"非遗"的传承人队伍的建设。

8.加强人才队伍建设

对于重庆"非遗"保护所需要的专业人才和综合性人才匮乏的现状,可以采取如下措施:一是针对部分重庆"非遗"传承后继乏人的现状,要加大对"非遗"传承人的资助,减轻他们的生活压力,提供必要的传习活动场所,鼓励其带徒传艺,充分保障其利益。二是重庆全市各级各类中小学可以把非物质文化教育纳入素质教育教学活动。三是发挥重庆各大高校的优势和资源,将传统技艺形成科学的教学方案,开发校本教材和重庆民族文化特色课程,聘请重庆市非物质文化遗产项目国家级、市级代表性传承人担任学校兼职教师等。四是组建一批高素质的重庆非物质文化遗产保护工作团队,大胆引进具备丰富市场经验的非物质文化遗产高级策划设计人才,使之成为重庆"非遗"产品设计的领军人才,并加强对保护工作者的业务培训。

9.促进宣传,打造重庆特色文化品牌

增强各大媒体对重庆"非遗"的宣传力度,打造特色文化品牌,主要有加快重庆"非遗"数据库的建设,举办老字号暨"非遗"博览会和民间文化艺术之星比赛,出版重庆"非遗"图典,完善重庆"非遗"门户网站,让"非遗"项目进校园进课堂进社区、重庆《巴渝寻宝》电视栏目、报纸书刊专栏等,全力打造重庆传统手工技艺文化品牌,广泛调动全社会参与"非遗"保护的积极性,促进重庆"非遗"的合理开发与利用。

四、结语

重庆非物质文化遗产的生产性保护与产业化发展,是符合重庆传统手工技艺自身传承规律的保护手段,也是重庆非物质文化遗产保护工作科学发展的必由之路。我们应使有效保护与合理利用相结合,完善制度,注重创新和培养人才,加大宣传力度,打造品牌,提升重庆非物质文化遗产文化的影响力,促进重庆经济和社会发展,改善人民生活。

参考文献

[1]王文章.非物质文化遗产概论[M].北京:教育科学出版社,2013.

[2]赵农.非物质文化遗产与生产性保护[J].文艺研究,2009(5).

[3]谭宏.对非物质文化遗产生产性方式保护的几点理解[J].江汉论坛,2010(3).

[4]刘菊湘.我国世界遗产过度开发与利用研究[J].山东社会科学,2010(4).

[5]刘魁立.文化生态保护区问题刍议[J].浙江师范大学学报(社会科学版),2007(3).

重庆市出版物产业研究[①]

耿晓东[②]

摘　要:作为文化传媒产业的一部分,出版产业在国民经济、文化以及政治建设中发挥着十分重要的作用。近年来,在重庆市人民政府的扶持下,重庆市出版产业充分依托重庆的区位优势,立足重庆面向全国,发展迅速,取得了丰硕的成果。本文引用权威发布的资料,分别从宏观、微观角度对重庆市出版产业进行分析,并详细介绍了重庆市出版产业的现状,以及对重庆出版产业的发展方向进行阐述,最后从新媒体的影响角度对重庆出版产业如何应对新媒体影响提出相关的建议。

关键词:出版市场;宏观分析;微观分析;机遇

一、出版产业的相关概念

(一)出版与出版产业的相关概念

出版是指图书、报纸、期刊、音像、软件等的编辑(制作)、印刷(复录)和传播的统称,是通过可大量进行内容复制的媒体实现信息传播的一种社会活动。

出版产业广义上是指生产出版产品以及提供出版服务以满足人们精神需要的出版门类的总称。狭义上,出版产业与出版事业相对应,指把出版产品和出版服务作为一种经营性行为、按照一般的经济运行规律而从事的活动,不仅具有以上形态,而且是国民经济活动的一个组成部分,具有产业的特性。[③]

(二)出版物市场的概念

所谓出版物市场,即指围绕出版物商品交换所进行的各种经济活动以及由此而产生的各种经济关系的总和。

①原载于《新闻研究导刊》2017年第12期。

②耿晓东,重庆日报报业集团。

③王关义.中国出版业发展:现状趋势与变革[J].科技与出版,2010(1):53-57.

根据出版物商品供求关系性质的不同,出版物市场又分买方市场和卖方市场。卖方出版物市场是指在出版物供求关系中,卖方所提供的产品不能满足需方增长的要求时所出现的商品供不应求的市场状态。买方出版物市场是指在出版物供求关系中,卖方的产品发展超过了需方的要求时所出现的商品供大于求的市场状态。

出版物市场的构成要素主要有三个,即经营者、出版物商品以及消费需求。第一,经营者。要形成一定规模的出版物市场,不仅要有大量的经营者,而且还要求经营者具有合理的结构。生产商、批发商以及零售商三者之间要保持恰当的比例,并根据生产力的发展与进步而做出适当的调整。第二,出版物商品。出版物商品是构成出版物市场质的基础。出版物结构是否合理,品种是否丰富,上市时间及商品价格是否适合读者要求,对出版物市场的繁荣与否有着直接的影响。①第三,消费需求。读者是构成出版物市场消费需求的基本要素之一。读者的市场角色有决策者、影响者、倡议者、购买者和使用者之分。购买力和购买动机是影响读者实际购买出版物的两个关键因素。读者的购买力即读者购买出版物的货币支付能力。而只有读者具备很强的购买动机,且拥有一定的货币支付能力,才能实现由需求到消费的转化,并形成现实的消费需求。

(三)影响出版物消费的基本因素

影响出版物消费的基本因素主要有五个方面。一是文化教育状况。一个国家或地区的文化教育发展状况关系到消费者文化素质的高低。文化教育的发展有利于形成全社会良好的读书风气;文化教育的发展还能直接刺激教材、教学辅导读物等类型出版物的消费。二是经济发展水平。就消费个体而言,个人的购买力与国家的经济发展水平紧密相关。社会经济发展带动了居民人均收入的增加。只有居民收入达到一定水平后,其满足精神需要的出版物消费投入才能得到有效增长。就出版物市场的整体消费而言,经济发展的水平不仅影响出版物的消费水平,并且对消费结构,甚至对消费方式都具有重要影响。三是人口状况。一方面,人口数量决定出版物市场的总体消费量,另一方面,人口结构决定消费结构,另外,人口素质决定消费层次。四是书业状况。书业状况决定了出版产业对读者消费需求的满足程度,书业界向读者所提供的服务状况也直接影响出版物消费需求的实现。五是其他社会因素,包括文化传统、社会形势、语言特点等方面。

---

①郭虹.大数据时代出版发行业走向[N].中国出版传媒商报,2013-09-03.

二、重庆市出版产业市场宏观环境分析

下文从政策因素、人口要素、经济因素三个方面对重庆市出版产业所处的宏观市场环境进行分析。

(一)政策因素

重庆市人民政府十分重视对出版产业的培育和扶持。早在2012年,重庆市就修订出台了《重庆市出版专项资金资助项目管理暂行办法》,健全出版引导扶持机制,落实市财政500万元公益出版专项资助,经评审拟资助14个新项目。此外,在2012年,重庆市继续组织申报国家出版基金项目。重庆《大足石刻全集》《中国战时首都档案文献》《红岩风骨》《历史的轨迹——中国共产主义青年团90年》4个项目获得国家出版基金600万元资助。

2011年11月,重庆市人民政府就颁布了《重庆市文化产业"十二五"发展规划纲要》,在纲要中针对出版产业的发展目标为:积极培育新兴业态,加快出版发行业转型升级,促进企业集聚发展,到"十二五"时期,出版发行结构更加优化,基本建成我国重要的数字出版基地,争取行业销售收入、年产值增速高于全国行业和全市经济平均水平。通过培育企业核心竞争力,健全出版发行市场体系,打造满足多元化产品,加快出版发行基地建设,来做大做强重庆市的出版产业。规划中提到的"十二五"出版发行重点项目有重庆国家数字出版基地、重庆出版传媒创意中心、重庆新闻出版传媒产业中心、重庆光盘制作中心、新华畅快物流等。

(二)人口要素

随着重庆市城镇化进程和经济的快速发展,重庆市的城镇人口不断增多,这为出版产业的发展提供了一个很好的发展基础。根据重庆市统计信息网2015年2月5日发布的信息,截至2014年,全市常住人口约2991万人,与上年相比,增加了约21万人,增长率为0.71%,常住人口继续保持增长态势。2014年,全市居住在城镇的人口约1783万人,与上年相比,城镇人口增加了约50万人;居住在乡村的人口约1208万人,占全市常住人口的40%左右,与上年相比,乡村人口减少了约29万人。从人口年龄构成上看,在全市常住人口中,0~14岁的人口约占16%,与上年相比,比重上升了约0.03%;15~64岁的人口约占72%,比重下降约0.16%;65岁及以上人口约占12%,比重上升约0.13%。

(三)经济因素

从消费个体角度来看,个人的购买能力与国家整体的经济发展水平密切相关。只有社会经济发展强劲,居民的人均收入才能增加,当居民收入达到一定水平后,其满足精神需要的出版物消费投入才能有效增长。就出版物市场的整体消费而言,经济发展水平不仅影响出版物消费水平,而且对消费结构甚至对消费方式都能产生重要影响。重庆市统计局的数据显示,2014年重庆全市实现地区生产总值14265.4亿元,同比增长10.9%。其中,全年进出口总值954.5亿美元,同比增长39%,高出全国35.6%。

随着重庆市经济的发展,重庆市人均收入及可支配收入增加,这为重庆出版产业的发展提供了好的经济基础。来自重庆市统计局的数据显示,2014年重庆市城镇常住居民人均可支配收入为25147元,其中,人均工资性收入为15020元;人均经营净收入为2658元,增长10.4%;人均财产净收入2026元,城镇常住居民人均消费支出为18279元。农村常住居民人均可支配收入为9490元,其中,人均工资性收入为3196元;人均经营净收入为3402元;人均财产净收入252元。农村常住居民人均生活消费支出为7983元,比上年增长14.5%。

三、重庆市出版产业市场微观环境分析

(一)出版物市场需求

出版物市场需求,是指出版物市场的潜在消费群体想在市场上获得自己所需要的出版产品而又具有现实货币支付能力的愿望与要求。

第一,人均出版资源占用量不足。尽管重庆市出版物市场拥有巨大的潜在的消费群体和强大的消费能力,然而重庆市的人均藏书量、人均年购书费相对全国平均水平而言还是偏少的,在全国人均排名中靠后。这其中蕴含着巨大的市场需求和开发潜力。重庆市发布的2012年、2013年的公共图书馆全国位次如表1所示。

表1 重庆公共图书馆全国位次表

	本年新增藏量		人均拥有藏书		人均年购书费	
	万册	位次	册	位次	元	位次
2012年	186.06	9	0.38	20	0.759	12
2013年	106.64	15	0.38	22	0.972	16
同比(%)	–	–	–	–	28.06	–

注:数据源自文化部;新增藏量统计,2012年为新购,2013年为新增(新购–剔旧下架)。

第二,新媒体冲击与印刷数量的下滑。近几年来,随着新媒体对传统印刷媒体的冲击,越来越多的人倾向于使用新媒体阅读,这使得传统的纸质刊物的社会需求量快速下降。这一现象在重庆书报刊印数全国位次表也可看出,重庆市的图书、报纸总印数呈现负增长的情况,仅有期刊总印数有小幅的增加。尽管如此,重庆书报刊印数在全国的位次中依然排名靠后,参见表2所示。

表2　重庆书报刊印数全国位次表

	图书总印数		报纸总印刷		期刊总印数	
	万册	位次	万份	位次	万册	位次
2012年	13944	18	69200.00	22	5449.71	17
2013年	13941	17	62638.22	23	5663.65	16
同比(%)	-0.03	-	-9.60	-	3.93	-

(二)出版产业的生产者

目前,重庆市新闻出版系统有重庆日报报业集团、重庆出版集团、重庆新华集团三大国有集团,以及重庆出版社、西南师范大学出版社、重庆大学出版社3家图书出版社。这些文化集团和出版社是重庆市出版产业的主力军,构成了重庆出版产业的供应商。然而他们在行业内的评分、排名(除了重庆出版社)都不太理想。这也说明重庆市还缺乏在全国有影响力的出版企业,在培养有影响力、优秀的出版企业的道路上任重道远。重庆文化集团及重庆图书出版社的全国位次表分别参见表3和表4。

表3　重庆文化集团全国位次表

单位	2012年			2013年		
	评分	全国集团家数	位次	评分	全国集团家数	位次
重庆日报报业集团	0.0043	47	18	0.1650	47	15
重庆出版集团	-0.4280	33	17	-0.4986	33	18
重庆新华书店集团	0.1264	27	9	-0.0120	27	10

注:数据源自新闻出版广电总局;评分为综合各项经济指标的主成分分析法。显示相对位置,负数不代表负面评价。

表4 重庆图书出版社全国位次表

单位	2012年			2013年		
	评分	全国集团家数	位次	评分	全国集团家数	位次
重庆出版社	6.8656	552	3	6.8718	552	3
西南师范大学出版社	0.4945	552	60	0.4200	552	63
重庆大学出版社	0.1295	552	100	0.1021	552	98

注:数据源自据新闻出版广电总局;评分为综合各项经济指标的主成分分析法。显示相对位置,负数不代表负面评价。

一方面是巨大的出版产品市场需求和潜力,以及受到电子阅读、新媒体等阅读方式影响而不断下滑的受众人数,另一方面则是良莠不齐、缺乏竞争力的出版企业,不能出版满足市场需求的具有影响力的作品。如何破解当前的困境和难题,是一个亟待解决的问题。一个风险与机遇共存的时期,如何抓住重庆市给予的有利政策,如何利用重庆良好的区位优势和庞大的消费市场,是当前重庆市出版产业亟待思考的问题。

四、重庆市出版产业现状

(一)概况

重庆市出版产业在重庆市人民政府的支持下,充分依托重庆的优势,面向全国,近几年快速发展,不仅创作出一批在全国有知名度的出版书刊,如全国著名的电子期刊《电脑报》,还培育出了具有全国影响力的出版社和集团,如著名的重庆出版社。当前重庆市的出版产业的发展状况较好,规模也十分庞大,取得了巨大的成就。

根据《重庆年鉴(2013)》,2012年重庆市新闻出版系统有重庆日报报业集团、重庆出版集团、重庆新华书店集团三大国有集团,重庆出版社、西南师范大学出版社、重庆大学出版社3家图书出版社,6家音像电子出版社,12家互联网出版单位(新增重庆中电电子音像出版社);有报纸45种(含高校校报19种)、期刊135种、连续性内部资料550种;出版物批发企业180户,零售个体户2400户;印刷企业1670户,复(打)印个体户2200户;从业人员近7万人。全年全行业实现增加值82亿元、资产288亿元、收入252亿元、利润15亿元。重庆市近几年图书、杂志、报纸出版数量与速度指标参见表5所示。

表5　重庆市近几年图书、杂志、报纸出版数量与速度指标

指标	总量				速度指标		
	2000年	2005年	2011年	2012年	2000年	2005年	2011年
图书出版数量(万册、万张)	11198	11320	15597	13940	124.5	123.1	89.4
杂志出版数量(万册)	3480	4082	5183	5449	156.6	133.5	105.1
报纸出版数量(万份)	48674	54731	66057	69300	142.4	126.6	104.9

(二)重庆市出版产业的成果

第一,基础设施建设。重庆市新闻传媒产业中心正式签约立项,目前项目正在积极推进;2013年6月,重庆市出版传媒创意中心已全面完工并投入使用;现代印刷包装基地成功引进台湾正隆纸业,携手打造占地8公顷的现代化厂区;天健动漫产业基地准备调整部分用地为文化消费综合体商业用地,正进行平场建设。市书城网点建设取得实际投资达11亿元用于建设解放碑时尚文化城,江北书城拆迁工作已基本完成。重庆各区县的书城建设也取得实质性的推进。与市政规划对接的书报刊亭建设也正在推进。三峡报刊亭进一步规范设点、配置和经营。

第二,制定相关政策规划扶持出版产业。重庆市人民政府十分重视对出版产业的培育和扶持。2012年,重庆市修订出台《重庆市出版专项资金资助项目管理暂行办法》,健全出版引导扶持机制。2011年11月,重庆市人民政府就颁布了《重庆市文化产业"十二五"发展规划纲要》,在纲要中提到出版产业的发展目标就是积极培育新兴业态,加快出版发行业转型升级,促进企业集聚发展,到"十二五"时期,出版发行结构更加优化,基本建成我国重要的数字出版基地,力争行业销售收入、年生产增加值增速高于全国行业和全市经济平均水平。

第三,重大出版工程的突破。由重庆承担的《中华大典·法律典》已在2012年出版了《刑法分典》和《法律理论分典》,而《行政法分典》《民法分典》等相关法学经典也相继完成;重庆《红岩风骨》《大足石刻全集》《中国战时首都档案文献》等项目获得了国家出版基金的资助;此外,还推出了一批本土原创、文化传承、时政、惠民的畅销书。《忠诚与背叛——告诉你一个真实的红岩》获得中宣部"五个一工程"奖,《中国共产党重庆历史》填补了重庆地方党史的空白,《城市的精神》《冰与火之歌》等畅销书也持续热销。

第四,开展出版相关的宣传活动。一方面,开展全民阅读活动,重庆读书月系列活

动蓬勃开展。全市共38个区县、56个市级单位共同开展大众读书活动项目，吸引了市民约700万人次参与，形成了良好的全民阅读氛围。在2012年12月举办的首届重庆文化产业博览会期间，举办第五届重庆读书月书市，展出精品图书5000余种，吸引民众到场参观并购买图书60余万元。另一方面，加快书城书屋建设。2012年，中央和市财政共投入1540万元，全市8575个农家书屋完成首次续配出版物，每个书屋续配图书100余册、音像制品20余种，数字农家书屋的项目也已启动，已完成10万余种书屋图书特别是"三农"图书的数字转换。

第五，加强对出版行业的监管。重庆市加大对出版选题审核力度，2012年，审批图书方面的选题3474个，电子音像方面的选题217个，另外，撤销了210个选题，对41个重大选题进行备案，对354个选题进行更名。出版物鉴定工作，质检、年检工作进一步加强。同年，年检6家音像电子和11家互联网出版单位，176种报刊，2505家发行企业及个体户，3769家印刷企业及个体户。此外，重庆市还出台了县报管理意见，审读报刊增至42种，报刊审读编辑发行125期。关闭非法出版网站1个，查处非法网络出版物622种。

第六，推进绿色和数字化印刷等新技术的应用。重庆市在全国率先设立印刷资助专项资金，用于补贴本地印刷企业申报国家绿色环保认证。目前，重庆华林天美印务、涪陵区夏氏印务、出版集团印务、旭阳印务、新华印刷厂等5家龙头印刷企业已"转绿"成功。在此带动下，重庆在当年秋季中小学教材印制中首次实现绿色工程，覆盖近三分之一的图书品种，共计印刷468万册绿色教科书。以金雅迪数字印刷项目获得市文化产业专项资金100万元资助为契机，数字印刷连锁经营模式开始在重庆市形成并推广。

(三)重庆市出版产业的发展方向

首先，要培育企业核心竞争力。突出结构调整的主线，推动出版产业集约化重组和转型升级，打造适应现代社会发展的印刷、出版、发行、衍生"四大产业"体系。一是推动转型升级。大力加强原创作品生产，调整优化报刊图书出版结构，注重内涵发展，由数量型向品牌型、规模型、特色型、效益型转变。二是培育龙头企业。落实集约化战略，强化龙头企业在四大产业中的地位和作用。出版产业要全力支持出版集团打造百亿集团，确保3家出版社在"全国百强"出版社中保级升位，积极培育五大品牌报刊集群。发行产业要在推动新华集团打造百亿集团的同时，培育5家以上销售收入达到5000万元的民营企业。

其次，健全出版发行市场体系。一是培育市场主体。推进经营性报刊转企改制，力争实现报刊改革全覆盖。督导转企后的出版单位“改制”，使所有经营性出版单位完善现代企业制度，真正成为面向市场自主经营的法人主体。二是完善市场机制。逐步形成由市场配置技术、资本、人才、出版资源等生产要素的机制，发挥市场在推动“跨行业、跨媒体、跨所有制、跨地区”战略重组和产业转型升级中的基础作用。三是优化市场布局。鼓励扶持民营经济，进一步形成多元平等竞争的所有制格局。以动态配置书号、有选择地支持报刊更名等方式推进出版单位调整市场定位，形成产品互补、读者细分的“专、精、特、新”的市场格局，减少同质化竞争，凝聚核心竞争力。四是建设市场载体。打造西部一流的新华物流中心和书刊批发市场，建设远郊中心书城及社区、农村的基层发行网点，形成四个层次构建的市场载体。五是推进市场营销。一手抓“引进来”，力争每年举办一至二次全国性或区域性出版物展销活动；一手抓“走出去”，每年组团参与一至二次国际书展，进一步提升重庆新闻出版的辐射影响力。

再次，打造满足多元化需求的产品线。一是打造出版品牌。实施品牌战略和精品战略，着力打造和经营具有核心竞争力的出版发行文化品牌。启动实施“十二五”十大出版工程和十大经营性报刊工程。确保一批精品出版工程陆续面世，形成重庆出版的优势品牌、民生导向和特色定位。二是丰富出版物品类。以倾斜配置出版资源等方式，大力推动出版单位数字化转型，努力实现一个内容多种介质的全媒体发布，形成书报刊碟网、纸质、电子、视听读物等样式齐全、百花齐放、品类新颖的格局。三是扩大出版规模。力争每年全市新出图书增加500种以上，全市报刊期刊印量增加40万份(册)以上，数字出版产业总产出增长50%以上，使重庆出版规模、质量整体提升。

最后，加快出版发行基地建设。以重庆市主城区为核心，依托北部新区高新园打造国家级数字出版基地，依托出版集团、新华集团在主城区的出版、发行、销售网络打造图书出版发行基地，加快建设南滨路出版传媒创意中心、渝北传媒产业园和物流发行配送基地。依托六大区域性中心城市，布局区域性大型书城和出版物发行物流中心。重点抓好国家数字出版基地平台建设，以完善电子出版产业链为方向，积极引进汉王科技、中文在线、雅昌集团等国内新闻出版领军企业，积极支持重庆出版集团、西南师范大学出版社、重庆大学出版社、重庆新华书店集团、《重庆晨报》、《重庆晚报》、《重庆商报》、《电脑报》、《商界》、腾讯大渝网等市内数字出版企业向基地聚集，并规划引导重报、黔龙、华林等印刷企业发展配套产业。

五、新媒体,重庆市出版产业的机遇与挑战

(一)新媒体的冲击

互联网、手机、平板电脑的普及,以及微博、微信等新媒体的蓬勃发展,导致数字媒体越来越多地进入我们的生活,改变了我们的生活方式和习惯,包括阅读习惯。现在越来越多的年轻人倾向于使用新媒体阅读,获取信息。据中国新闻出版研究院公布的第十一次国民阅读调查数据显示,受数字媒介迅猛发展的影响,中国成年国民数字化阅读方式接触率持续增长。包括网络在线阅读、电子阅读器阅读、手机阅读、光盘阅读、PDA/MP4/MP5阅读等的数字化阅读方式接触率达到50%,首次超过总阅读量的半数。与此同时,亚马逊发布的一份通过在线调查得出的我国网民阅读习惯报告也显示,随着电子阅读器的日趋流行以及智能手机、平板电脑的普及,电子阅读已经融入了越来越多人的生活中,有超过七成的人表示会尝试阅读更多的电子书,有29%的调查者表示“会购买越来越多的电子书”。可见传统出版行业正面临着一个严重的现实挑战:随着手机、互联网、平板电脑等新媒体的普及,传统出版行业受众在日益减少,影响力在不断下降。

(二)抓住机遇,实现重庆出版产业的新突破

第一,培养“互联网+”思维,充分利用“互联网+”的浪潮来发展出版产业。“互联网+”在当今信息和数字技术高度发展的今天,是一个不可忽视的趋势,具有十分重要的意义。在这个“互联网+”的浪潮中,重庆市的出版产业应该抓住“互联网+”的机遇,努力培养“互联网+”的思维,积极利用“互联网+”来扩大自己的影响。一方面要做好自己的产品和服务,坚持内容为王,抵制粗制滥造,另一方面要积极利用“互联网+”的体验至上、去中心化、长尾理论的特点来开发、销售自己的服务和产品。

第二,积极利用数字出版、大数据出版等新技术。重庆市人民政府应当加大对数字出版的引导、发展和管理力度,引导社会资本投入到数字出版产业上来,为以数字出版为核心的新兴业态的发展在资源、资金、人才等方面提供基础保障和政策支持。一是加大产业发展必需的资金投入,建议设立出版产业发展专项资金,采取贴息、补助、奖励等方式,加大对创新型出版企业开发项目的支持。二是科学配置出版资源,对大型传媒集团公司以及转制到位的出版企业在出版资源上给予政策倾斜和优先配置,充分鼓励跨地区、跨媒体出版,提高出版资源配置质量和利用效率,为企业创新发展提供保障。

第三，重视客户体验，让客户参与进来，立足并细分市场，瞄准不同客户，推出差异化的特色产品和服务。重庆市出版企业必须树立一个用户主权的意识，让用户更多地参与到出版中来，增强他们的体验感和参与感，并立足自己的特色和优势，在激烈的市场竞争中找到自己的细分市场，然后瞄准这一市场，利用自己的优势，推出其他媒体所不能提供的信息和服务。

六、结语

近几年，重庆市出版产业在重庆市人民政府的扶持下，充分依托重庆的优势，立足重庆面向全国，发展迅速，取得了丰硕的成果，不仅创作出一大批在全国有知名度的出版书刊，还培育了具有全国影响力的出版社和集团，丰富了重庆人民的精神生活，满足了人民的文化需要。然而我们也要看到重庆出版产业在全国的发展水平中还是靠后的，在全国有影响力的出版集团和企业相对较少，这与重庆市的直辖市地位不相符，对于这些不足，我们必须有清醒的认识。此外，如今的出版产业正面临着新媒体的冲击，这既是一个挑战，也是一个机遇，希望重庆市的出版企业和集团能在这次浪潮中主动出击，在重庆市人民政府和人民的帮助下，在“互联网+”的浪潮下，发挥新技术的优势，实现跨越式发展，创作出更多优异的出版物，发挥更大的影响力。

重庆市三峡库区水物质文化遗产保护市场化途径研究①

吴　松　汪　强②

摘　要：重庆市三峡库区水物质文化遗产保护成效显著，尤其是在坚持“原真性”的实体保护方面。但在研究、传承方面仍存在不足。建议通过市场化手段，调动政府之外各方力量和资源推进三峡库区水物质文化遗产研究和传承。

关键词：三峡库区；水物质文化；保护；市场化

长江三峡水利枢纽工程（简称：三峡工程）的兴建使三峡库区文化遗产的深度发掘、开发保护成为重要的历史任务。自1992年4月三峡工程正式立项建设至今，已20余年，三峡库区文化遗产保护现状值得关注。

一、调研对象的选择：水物质文化遗产

三峡库区文化遗产众多，仅从有形的物质文化遗产来看，2000年6月，被国务院三峡建设委员会正式批准列入库区文物保护规划的就有1087处，其中近7成在重庆库区。

由于三峡库区地处长江上游干流，文化遗产与江水联系密切，涉及亲水、治水、用水等生产、生活各个方面。涉水文化遗产是三峡库区文化遗产的重要组成部分，其中，作为水文化传统习俗的物质凝结和载体的水物质文化遗产，其实体保护和文化研究、

①本项目系重庆市社科规划项目“重庆市三峡库区水物质文化遗产保护市场化途径研究”(2015YBJJ040)；重庆市教委科技项目“历史时期巴渝地区堰塘建设及管理经验”(KJL503703)；重庆市社科规划培育项目“历史时期西南地区水利社会研究”(2016PY27)。原载于《重庆科技学院学报：社会科学版》2017年第8期。

②吴松，重庆水利电力职业技术学院院长，校党委副书记，副教授，研究方向为水文化。汪强，博士，重庆市社会科学界联合会理论研究室副主任，重庆水利电力职业技术学院副教授，研究方向为思想政治教育和水文化。

传承，在整个库区文化遗产保护开发中更具有典型意义。为综合考察重庆市三峡库区涉水物质文化遗产保护现状，探索引进市场因素，加强水物质文化遗产保护及其文化的传承和发展，项目组于2016年7月赴云阳、巫山、涪陵三地进行了实地考察。

在具体考察对象的选择上，项目组设定了3个筛选条件：一是要涉水，比如水利设施工程、滨水建筑、摩崖石刻、滨江古镇等；二是要赫赫有名，拥有较高知名度和文化研究价值；三是保护方式要具有典型性。按照以上标准，项目组选定了被文物界列为三峡库区地面文物“三大件”的涪陵白鹤梁、云阳张飞庙和巫山大昌古镇作为实地考察对象。

二、三峡库区文化遗产保护现状

(一)大规模集中保护成效显著

三峡工程的兴建，虽然打破了库区文化遗产的原始存留状态，不可避免地对部分文化遗产造成了一定程度的破坏和影响，但总体上，对于三峡库区自旧石器时代开始便从未发生过断代的整个历史来说，却是一次前所未有的发掘、保护和传承的良机。在历时10余年的发掘保护过程中，1087处库区文物保护项目(364处地面项目，723处地下项目)被纳入保护规划，国家和库区各级政府投入发掘保护经费总计超过10亿元。在国家文物局的协调和动员下，80多支考古队伍，成千上万的专家、专业工作者和相关工作人员投入到三峡文物的世纪大抢救中。人、财、物大规模集中投入，为三峡库区众多文化遗产的勘测、发掘和保护创造了空前有利的历史条件。

经过10余年的努力，三峡库区文物保护获得了显著成效。一是出土了大批文物。现已出土文物20余万件，其中珍贵文物1.3万件，为三峡历史文化研究奠定了不可或缺的实物材料基础。二是构建了相对完整的三峡文化序列。众多遗址的发现和发掘，极大地丰富了三峡库区的考古发现。在此基础上，三峡地区文化发展的脉络逐渐清晰，三峡地区历史悠久且丰富多彩的文化发展历史序列得以呈现。三是一大批搬迁复建工程顺利完成。包括本次项目组实地考察的涪陵白鹤梁水下博物馆、云阳张飞庙古建筑群和巫山大昌古镇等在内的一大批具有三峡地区传统历史文化特色的古建筑、摩崖造像、碑碣、诗文题刻等，在最大限度地保证“还原”“保持原样”的前提下，通过搬迁、复建等方式，得到了较为妥善的保护。

总体上，包括涉水物质文化遗产在内的整个物质文化遗产保护进入了新的历史阶段。此次考察的白鹤梁水下博物馆于2009年5月落成，张飞庙整体搬迁于2003年7月完成并向游人开放，大昌古镇异地复建工程也于2007年5月全部完工。这意味着，对物质文化遗产有形物的实体保护已经告一段落，而蕴含在有形物之内的，或以有形物为载体的文化内涵的研究、挖掘、整理和传承则成为物质文化遗产保护的新任务。换句话说，让物质文化遗产的"形"最大限度地"保持原样"的工作基本完成，这代表保护的重点已经向文化遗产"精""气""神"的恢复转变。

(二)当前三峡库区水物质文化遗产保护存在的问题。

在实地考察过程中，项目组通过查阅资料、随机访谈和与管理方座谈的方式，对目前水物质文化遗产保护中存在的问题进行了疏理，主要包括以下四个方面：

一是水物质文化遗产的研究视角还未得到普遍认可。三峡库区处于长江上游干流区域，其文化发展与江水有着密不可分的联系。在众多的文化遗产中，凝结着三峡地区人民对水的特殊认知。因此，水是三峡库区文化遗产的一个重要主题或者发展脉络。以水为线索，探究三峡库区文化发展、传承之路，是合理的、可行的。因此，项目组根据研究需要，在理论上抽象出了水物质文化遗产这一概念。从实地考察来看，以水物质文化遗产为切入点，将文化遗产保护与水、水文化研究联系起来的研究视角还未得到普遍认可，在文化遗产的水文化内涵发掘、提炼和传承上还远没有形成理论和实践上的自觉。

二是重保护轻传承与开发。项目组在考察过程中发现，虽然时间正值暑期，但白鹤梁、张飞庙和大昌古镇作为三峡地区的知名景点，人气不旺，其中，张飞庙和大昌古镇，甚至"无人问津""门可罗雀"。对三处景点的保护都是经过专家反复论证，最大限度地遵照"原真性"原则有序进行的。例如白鹤梁，总投入达到1.23亿元，在国内外首次采用"无压容器"的方式兴建了水下博物馆，达到永久性保护题刻免受泥沙掩埋和冲刷破坏的目的；张飞庙，政府投入4000多万元专项资金，按照原物、原状、原材料和原工艺的要求，实施了整体搬迁复建；对大昌古镇的保护也是在"原汁原味"的前提下，实行了整体搬迁。上述工程不仅考虑到了遗产实物本身，也考虑到了遗产与周边环境之间的文化关联和影响，保存不可谓不完整、不周到。但造成"无人问津"的主要原因是，与有形物异地重建的"还原"不太一致的无形物，即支撑外在文化遗产的内在"精神""氛围""气息"的缺失。涪陵白鹤梁水下博物馆人气相对较旺，或与其地处闹市、位于道路要冲处有关。但参观后项目组成员均感觉，蕴含于白鹤梁题刻中的天人合一、敬畏自然的文化内涵并没有成为以猎奇、赏鲜为目的的游客们关注的重点,其文化应该具备的影响人、感化人的功能没有得到很好的体现。

三是保护、管理主体单一。经考察,三处遗产的保护与管理,均以行政管理为主。虽然不缺乏资金,但行政干预较多,可能影响到对遗产本身的还原和保护。例如:张飞庙搬迁后的开馆时间确定太过仓促,导致了保护上的欠缺;古镇原居民对大昌古镇搬迁要求其另觅住所的做法也颇有异议。此外,缺乏社会力量的参与也是造成重保护轻传承、开放的重要因素。在保护工程建设完成后,缺乏民俗文化专家、民众参与,使得保护更倾向于成为纯粹的行政行为,在社会参与度低下的情况下,文化遗产的文化的功能得不到很好的体现,更难谈得上深度的发掘和传承。

四是市场作用发挥不充分。三处遗产均与旅游相结合,并进行了相关文创产品的开发,但市场推广作用还没有充分发挥。据了解,白鹤梁博物馆的文创产品的开发、设计与运营,既无固定人员配备,也无其他机构介入。从收入占比来看,仅占年运行经费的2%。

三、三峡库区水物质文化遗产保护市场化途径的思考

深入保护库区水物质文化遗产,传承、发展库区水文化内涵,应从以下五个方面入手:

一是转变保护观念。对待文化遗产,从更加注重还原、注重保护,向以尊重历史原貌的保护为基础,更加重视发掘、传播蕴含在文化遗产内部的文化内核转变,从重实体保护向重管理开发转变。物质文化遗产不仅要留下来,更要传下去。如果仅仅是为了保护而保护,缺乏一种更全面、更有远见的文化、经济、社会和政治使命,是不能真正做好遗产保护工作的。水物质文化遗产是具有社会公共属性的人类共同创造和共有的社会财富。对它的保护和传承不只是政府的责任,而应是整个社会的责任,物质文化遗产保护的社会化势在必行。而在市场经济条件下,市场是激活、调动、整合各类社会资源最为高效的途径。因此,充分调动政府以外社会力量参与物质文化遗产保护,必须探索合理、有效的市场化运作模式。这里的合理、有效,指的是充分发挥市场在资源配置上的高效作用,达到文化遗产有效保护、传承的根本目的,而不是要将文化遗产的保护变成一个逐利的市场行为。

二是理顺产权关系。理顺水物质文化遗产的产权关系,明晰产权归属,是实现水物质文化遗产有序保护与开发的前提。产权模糊既不利于遗产保护,也不利于开展经

营管理活动,还会提高交易成本。因此,理顺产权关系,杜绝由于产权模糊而导致的保护资金缺位、过度使用、利益分配上的扯皮等问题(如大昌古镇里的温家大院)是必须开展的基础性工作。只有在产权清晰的市场环境下,市场机制才可能通过产权交易实现有效运作。具体来讲,需要在明晰遗产各类资源产权关系、加强法制建设规范经营权转让行为、明确利益主体间的利益协调机制、遗产价值评估体制、强化政府管理职能、加强社会各界有效监督等方面打牢基础。

三是丰富保护、管理主体。在遵守我国文物保护法等法律、法规的前提下,建立起科学、合理的市场准入制度(如设置文物保护资质的硬性门槛),吸引有专业知识、有雄厚资金实力、有文化保护意愿的社会各界加入到文化遗产保护和开发的行列中来。如莎士比亚故居采取的基金会运营、社会募捐的保护方式,吸引了社会资金和力量参与到故居保护中,且以市场化的运作方式去经营、管理这一笔资产,加强宣传营销,加大配套设施建设,让故居不单是几栋房舍,而成为了全世界文学爱好者朝圣圣地。又如苏州出台的《苏州市区古建筑抢修贷款贴息和奖励办法》,鼓励各种社会力量积极加入文化遗址的保护行列;《苏州市市区依靠社会力量抢修保护直管公房古民居实施意见》明确规定允许和鼓励国内外组织和个人购买或者租用直管公房古民居,实行产权多元化、抢修保护社会化和具体运作市场化。这两项政策极大地激发了苏州当地社会力量投身古建筑抢修保护的积极性,也使得苏州市区一批险情严重的古建筑得到了及时有效的抢修保护。国内外的成功经验都有力地说明,在政府之外,更多的管理、保护主体的加入,对于物质文化遗产的保护起到了积极的作用。

四是加强市场开发力度。在遵纪守法、明确公益与商业利益合理边界的前提下,物质文化遗产的保护面向市场,市场化运营维护大有可为。首先,这有利于遗产保护职业化,有效整合提升遗产保护水平。可以打破各文物保护单位各自为战、相互隔绝的状态,整合保护资源、促进统一技术标准的形成以及技术的研发和传承、稳定的专业化、职业化保护从业人员队伍的形成(如统一的职业技术资格认证)等。在这方面,日本国宝修复装潢师联盟运作模式具有一定的参考价值;其次,市场化的运营方式更有利于整合人财物等各种资源,高效利用,服务于物质文化遗产保护工作。同时,有利于物质文化遗产有形物之外的内涵的发掘和宣传传播工作,如文创产品的开发与推广、周边环境的打造和烘托等,市场化导致的文化受众面的扩大本身也是文化传承与发展的积极因素。

五是警惕物质文化遗产保护盲目市场化倾向。在物质文化遗产保护市场化过程中,要铭记保护与传承的初心,警惕盲目市场化倾向。首先,要警惕单纯追求经济利益的倾向。在物质文化遗产的保护中,经济利益的获取不是目的,而只是为物质文化遗产的保护提供经费支持的手段。其次,要注意经营权转让的不规范问题。物质文化遗产的保护,需要专业资质,经营权的转让必须以相应的文物保护资质为前提。再次,要切实维护物质文化遗产的公益性质,市场化运营不能从根本上损害公众利益。最后,要关注遗产所在地社区居民的传统权益。

参考文献

[1]尹鸿伟,李初.三峡:文物涅槃[J].南风窗,2005(12).

[2]梁福庆.长江三峡库区文物保护回顾及后续保护对策[J].三峡论坛(三峡文学.理论版),2010(1).

[3]观点:文物保护不必排斥市场化路子[J].中国经济周刊,2008(8).

[4]刘亚力.名人故居市场化不等于庸俗的商业化[N].北京商报,2010-11-11(03).

[5]金伟忻,耿联.苏州鼓励民资参与抢救百余处古建筑[N].新华日报,2006-06-09(01).

[6]黄荣光.文物修复的职业化与传统工艺的保护和创新——以国宝修复装潢师联盟的研究为中心[J].文化遗产,2008(2).

WENHUA CHUANMEI
文化传媒

浅析融媒体传播传统文化的方式[①]

张小玲[②]

摘　要:我国传统文化灿烂辉煌、源远流长,社会的发展与进步可以不断地从优秀的传统文化中吸取养分。在新的历史时期里,融媒体已成为媒体深度融合战略的必然之路,用融媒体的理念去对待、分析和解决传统文化的传承、创新与发展问题,是一种新的尝试。本文主要针对传统文化之“旧”与融媒体之“新”的结合问题进行探讨,分析了通过融媒体传播传统文化的一些方式。

关键词:融媒体;传统文化;传播方式

近年来“融媒体”这个词语被人们频繁提及,成为媒体深度融合战略的最大亮点,给人们创造了新的展示平台与话语方式。融媒体的传播特点是互动性强、传播速度快、传播范围广,传统文化借助融媒体的传播,可以实现形式更加新颖多样、传播落地率更高、传播效果更佳等目标。

一、融媒体对传统文化传播的影响

1.什么是融媒体?

融媒体不同于过去单一媒体或者少量媒体的传播,其实现了多种媒体形态(如图形、文字、音频和视频等)在不同媒介(如广播、杂志、书籍、网站、报刊、微信公众号与APP等)中的传播。融媒体不是某种具象的媒体形式,确切来说融媒体只是一种传播的概念,它仅仅是一种实现手段或过程。所谓的“融”实质是一种融入:“融”的是一种理念,一种思想,将当下的互联网思维尤其是其中的跨界思维成功地运用到事物的传播过程中,让传统的传播方式得以优化;“融”的是一个个媒体机构,一个个媒体团队,

①本文系重庆市教委人文社会科学科研项目“巴渝文化视觉呈现与传播策略研究以重庆火凤凰为例”(15SKG225)的阶段性成果。原载于《传媒》2017年第7(下)期。

②张小玲,重庆工程学院传媒艺术学院。

充分整合团队资源，优化扩张采集与传播信息的渠道；“融”是一种融洽的氛围，协同分工合作的氛围；“融”是一种接地气的融入，潜移默化地融入人们的工作、生活、学习场景里面去。

2.传统文化传承的现状与问题

中国近代以来，整个社会都存有对传统文化的误读和偏见现象，认为传统文化是现代化的拖累，象征着落后与守旧。改革开放以来，随着社会的不断发展，多元文化相互碰撞，各种思想不断滋生，新潮流与传统文化之间越来越疏离，人们为追求所谓的科学与先进，渐渐忽视了中国的传统文化，一些民俗节日慢慢被淡化，甚至被遗忘，优秀传统文化与学校教育之间的对接也越来越缺少。近年来，中国传统文化重新受到了党和国家的重视。社会多方呼吁保护和传承优秀传统文化，汲取其中的精华，升华其中的内涵，传承并弘扬传统文化。

目前中国传统文化的传承发展体系尚未形成，教育普及的程度与影响面过小，对保护传承、创新发展的认识不够全面，开展工作较为孤立，传播交流没有全面有效地利用多种媒体融合优势以及“互联网+”的优势，传播的方式相对单一。传统文化在形式上普遍存在过于学术化、不接地气，远离人们的生活，很难融入人民群众的学习、生产、生活当中去的问题。如古诗词纵然美妙，却很难时常挂在嘴边，四书五经纵然经典，却远离了学生的课本。传播还受到时间、空间甚至阅读能力的限制，传统文化中伦理价值文化阐释以文字表达传播居多，在传统的传播领域里无外乎是以各式各样书本读物为载体，纸媒的短板直接导致传承受限。

3.融媒体为传统文化的传承提供了新的途径与方式

目前媒体发展从“传统媒体”到“新媒体”到“全媒体”到“浸媒体”到“融媒体”，媒体形态变化万千，各种新的形态、新的产品、新的思路层出不穷。融媒体时代很多媒体形式中的“人人分享”“一键转发”“实时弹幕”“实时通信”等功能使融媒体的传播力、影响力远远大于传统媒体。对传统文化的传播与传承，应该充分利用融媒体的优势，在移动互联的融媒体环境下，从传播的各环节做起，通过网站、APP、短视频、自媒体等全方位的媒体平台，运用人工智能、大数据、云计算、虚拟现实（VR）等技术开展合作，传承优秀传统文化，必将促进传统文化可持续的良性传播。

二、通过融媒体传播传统文化的方式

1.通过融媒体在社会系统中植入传统文化

首先，可将中国传统文化植入整个教育系统，通过教材体系、课堂教学、微课、慕课、课内课外活动等,有机植入中国传统文化的教育。其次,利用“植入广告”的方式推动传统文化的传播。跨界融合让很多产业边界模糊,叠加上其他产业因素的认知,会使大量的产业变得更有价值。可以参照“互联网+”的模式来发展“传统文化+”,将传统文化植入到各产业里面去。比如可以在公共场所、车厢、路牌设立传统文化宣传海报栏、标语牌等。可以将传统文化植入到影视作品中去,通过节目道具、台词、剧情、场景、音效等方面融入传统文化。再次,借助融媒体优势打造传统文化的相关产品与品牌。利用融媒体开发具有中国特色的传统文化产品,打造品牌,再抓住品牌效应,拓展传统文化发展态势。中国传统文化每一个单项都有历史的沉淀与文化的底蕴,例如山西陈醋、潍坊风筝、苏州刺绣、京剧、川剧等中国传统文化,需要进行深层次的挖掘和开发,利用融媒体全方位地将独特的文化品牌加以推广,会带来广阔的传播效应。

2.通过融媒体的数字化手段挖掘、整合、再现传统文化

人工智能、大数据、云计算以及虚拟现实(VR)技术对传统文化传承也有着巨大的影响。人工智能的高效快捷,可以运用到人力不可及的传统古迹建筑的测绘、保护与修缮工作中去。人工智能可以从现存优秀书法作品的海量样本中获取某一字体书法特征,运用算法提炼再现传统的书法艺术。人工智能可以通过对数据库的重构,实现信息自动抽取功能,构建某领域(比如经典诗词)网络平台,供人们自助查询等。云计算与大数据可以通过数字化的方式对传统文化进行整合与再现,可以通过大量的数据统计挖掘出传统文化本身以及传承发展过程中更深层次的隐藏信息,预测某些趋势,便于改进目前的工作与决策。虚拟现实、增强现实、混合现实等计算机技术的结合更是目前信息领域的热点,是技术的革新,应用前景广阔。VR技术与传统文化的融合创新,可以让历史再现成为可能,让模拟现实变得更加真实:可以把传统礼仪看得更加透彻;可以把古典音乐听得更加真切;可以让人们到历史长河的任何一个片段中去体验停留;可以把中国传统建筑用三维视觉真实地营造出来;更可以让人身临其境,比如我们可以走进“清明上河图”,走进“全新的阿房宫”。VR技术可以为传统文化的传承带来更多便捷和惊喜的体验。

3.通过融媒体的移动互联技术传播传统文化

随着移动互联网的迅速发展,智能手机用户剧增,各种传播方式与媒体形态层出不穷,文字信息、图片信息、视听信息铺天盖地。尤其是直播和短视频成为互联网上一种重要的传播方式,自2016年开始火速升温,成为内容创业的下一个风口,据统计今日头条上每天有十亿次播放,其中93%都是十分钟以内的短视频。借此风口,传统文

化的融媒体传播可以推出一个个精彩的短视频。与微博、论坛、微信的分享与转发、摇一摇、扫描二维码传播等融媒体的结合,也让传统文化在社交网络上分发方便,互动也没有障碍,使得受众人数实现几何级数的增加,形成蝴蝶效应。再者,人们的时间越来越碎片化,移动手机正弥补了这个传播空档,同时还可以借助在线和离线下载的双重模式方便信息的接收。传统文化完全可以作为移动端的内容载体,以小网文、短视频、娱乐直播等方式多视觉传播,实现线上线下实时互动传播。

4.通过融媒体在公众活动中策划传播传统文化

中央电视台重点推出的大型纪录片《记住乡愁》,系列大型原创电视节目《中国成语大会》《中国汉字听写大会》《中国诗词大会》的热播,掀起了一股中华优秀传统文化热,这个现象反映出了民众对传统文化的热爱。其中《中国诗词大会》节目以"赏中华诗词、寻文化基因、品生活之美"为宗旨,邀请全国各个年龄段、各个领域的诗词爱好者共同参与诗词知识比拼,整个过程充满竞技性、娱乐性和视听美感,将传统文化通过电视媒体完美呈现。基于受众的诗词文化情结,整个传播是有效而成功的,这为策划更多传统文化活动的传播提供了良好借鉴与全新启示:我们可以借助融媒体的炫酷技术与特点,多策划和传播大众喜闻乐见的传统文化活动。

三、结语

融媒体传播传统文化也存在不足,那就是融媒体传播传统文化的体系性较差,应加强整体性、体系性的传播策划。由于融媒体涵盖了多种媒体形式以及多种媒体技术,因此利用融媒体很难全方位、系统化表现和传播完整意义的传统文化。所以传统文化传播的系统性、可持续性还有待提升,我们可以通过融媒体的数字化手段挖掘、整合、再现传统文化,逐步形成数据可查、资源可下、体验可感的单项传统文化体系以及中华优秀传统文化体系集合,以便促进传统文化的全面、持续传播。

参考文献

[1]周亚军.传统文化在大学生社会主义核心价值观教育中的价值及实现路径[J].职教培训,2017(7).

[2]融媒观察.融媒体的终极目标[EB/OL].2017-02-05[2017-07-15].http://www.myzaker.com/artide/5897fede1bc8e0a074000011/.

[3]李檬.内容创业随时可以开始,传统媒体人特别有优势[EB/OL].2017-02-27[2017-07-15].http://www.thepaper.cn/newsDetail_forward_1628231/.

论主旋律影视的“主流化”传播策略[①]

邓若伊　余梦珑[②]

摘　要：消费视域下，传统主旋律影视的主流化传播力和主流价值观影响力正逐渐式微，面临着制作模式化、传播碎片化、市场边缘化的危机，但这种危机的出现并未泯灭主旋律影视主流化传播的可能。2016—2017年，主旋律电视剧《人民的名义》、主旋律电影《湄公河行动》、主旋律纪录片《长征》均在市场与口碑上取得了良好成绩，印证了主旋律影视在大众消费文化盛行的今天仍具有主流化的传播力和影响力，其关键在于如何进行内容创作与有效传播。本文将从政治逻辑、艺术逻辑和市场逻辑三个基本维度出发，分析主旋律影视的政治意识话语表达、艺术思想价值塑造以及传播过程中对市场痒点、痛点与兴奋点的把握，力求全面分析在消费视域下主旋律影视的主流化传播策略。

关键字：消费视域；主旋律影视；主流化

主旋律影视剧是指反映社会主义核心价值观，体现主流意识形态，弘扬人文精神的艺术作品。作为一种特殊的文化商品，主旋律影视剧在长期的内容生产与传播过程中受政治因素影响较大，但进入大众消费时代，公众主体意识和选择性不断增强，对主旋律作品的要求也日益增多。要实现主旋律作品的主流化传播，就必然存在政治逻辑、艺术逻辑与市场逻辑三种价值体系的博弈。其中，政治逻辑强调的是，主旋律意识形态和社会主义核心价值观的传播与引导；艺术逻辑强调的是，对艺术价值的追寻与人文精神的探寻；而市场逻辑强调的是，适应市场化生存，实现资本利益。显然，三种逻辑的评判建立在不同的价值体系之上，但这三种逻辑并非完全对立不可融合，“具有艺术价值的影视剧文本所表现的精神世界，不是客观的或物质的实体性存在，而是超

①原载于《新闻界》2017年第8期。

②邓若伊，重庆工商大学文学与新闻学院副教授，中国新闻史学会传媒教育基地秘书长。余梦珑，重庆工商大学文学与新闻学院硕士研究生。

越了主体与客体、精神与物质二元对立的‘意向性’存在”。主旋律影视剧要实现其政治逻辑的主旋律价值引导,就必须在遵循市场逻辑的基础上进行具有艺术逻辑的内容创作与传播。2016—2017年,主旋律电影《湄公河行动》在国庆档以黑马态势破11.8亿票房;主旋律纪录片《长征》在央视播出后,迅速在网络平台引起热议和再传播;主旋律电视剧《人民的名义》全网平均收视率3.03,收视份额达10.24%,最高实时收视率破8,创近十年国产电视剧史最高纪录。这三部不同题材的现象级主旋律影视作品在市场与口碑上取得的良好成绩,印证了主旋律影视在大众消费文化盛行的今天,仍具有很强的生命力和传播力,其政治意识形态话语、艺术价值塑造与市场价值体系的平衡和主流化的传播策略也值得我们探析。

一、意识形态话语的现实主义表达

托马斯·沙兹指出:不论它的商业动机和美学要求是什么,电影的主要魅力和社会文化功能基本上是属于意识形态的,电影实际上在协助公众去界定那迅速演变的社会现实并找到它的意义。主旋律影视剧在社会文化功能上属于一种特殊的意识形态表达,主流价值观和主旋律意识需要通过故事文本和视听场景的方式呈现给观众,有目的地去实现既定价值引导。但在传统影视剧的意识形态引导过程中,观众更多的是站在被动的受众层面去接受政治意蕴较重的官方式引导。进入后现代主义思潮和消费文化充斥的现代社会后,传统主旋律影视剧“宣教式”的意识形态话语传播形式已不再适用。按照费斯克的观点,受众是“以主动的行动者(Agents),而非屈从式主体的方式,在各种社会范畴间穿梭来往的”①。先进的意识形态缺乏科学的话语表达体系,也很难得到认同与内化,而观众作为消费者在选择作为大众文化商品的影视剧时,也更倾向于选择贴近自我观赏性需求和价值性需求的作品。

因此,主旋律影视剧在传达其价值内核时,如何有效拉近与观众的心理距离,使观众从内心认同作品及其价值观,是主旋律影视剧创作的关键所在,而这种意识形态话语的现实主义表达可从以下三方面入手。

(一)“雅俗共赏”而非“曲高和寡”

意识形态话语在政治性与阶级性的影响下,在表达过程中常出现高度凝练、官方严肃、模式化的特点,用僵化的社会政治文化符号来呈现意识形态很容易产生晦涩难

①[美]约翰·费斯克.理解大众文化[M].王晓珏,宋伟杰,译.北京:中央编译出版社,2001:30.

解、远离群众等问题，并留以受众“假大空”的刻板印象，损害意识形态传播的原本意义。主旋律影视作品在意识形态的表达上应强调话语的大众化与通俗性，用受众能理解、能感受的贴近化表达方式来替代官话、套话的语言结构。《人民的名义》在表达主旋律意识形态时，把对党对国家的“忠”；对善事父母的“孝”；对不屈于压力，不为物质所惑的“节”以及公平公正的“义”，通过贴近受众的现实主义话语表达方式，把政治话语结构与大众话语结构巧妙融合，将“忠孝节义”的主旋律意识形态合理穿插于故事情节和话语表达中，让观众在看似意外又合乎情理的观影过程中，实现了对剧中价值观的认同。

（二）“真情实感”而非“照本宣科”

意识形态话语的传播目标是使受众接收、认可、内化其输出的价值观，但这种输出并非纯理性说教与填鸭式宣传。要与受众达成情感共鸣，就需要用感性的方式来表达理性的观点，在意识形态话语中注入情感，借助文化消费和道德情感实现与受众达成共识。如《湄公河行动》中正是通过塑造缉毒英雄的“极正”与毒枭的“极恶”，一正一恶两股力量形成对抗，在英雄牺牲的悲壮感和护国胜利的正义感中与受众形成强烈的“爱国”情感共鸣。

（三）“与时俱进”而非“一成不变”

主旋律意识形态的话语表达方式需要结合当下的社会文化背景和现实问题进行形式创新，用马克思主义发展的、变化的眼光去面对我国在特色社会主义事业建设过程中存在的主旋律意识形态引导问题。不同于以往关于长征主题的纪录片，2016版《长征》突破了传统以国内视角进行的历史纪实式的主旋律意识传播，更加注重国际化的表达，强调采撷国际性的内容，不仅把长征故事讲给中国人听，也讲给外国人听。

二、思想性、艺术性与可观赏性的融合

本雅明在20世纪初曾指出，艺术作品的感知方式正逐步从凝神专注式转换成消遣式，文化正在从传统的膜拜价值向展示价值转变，外观的美成为普遍追求。但消遣式感知并非对艺术作品的不尊重，而是一种现代人对待艺术作品更合适的方式，在愉悦的审美中释放对生活的压力。①消费视域下，主旋律电视剧的主流化传播需要有效把握当下受众对作品的选择、接收与内化形态，注重其思想性、艺术性与可观赏性的各自提升与彼此兼容。

①[德]瓦尔特·本雅明.机械复制时代的艺术作品[M].李伟，译.重庆：重庆出版社，2006.

(一)主旋律作品艺术感染力的提升

影视作品的艺术感染力主要表现为作品与受众间产生的情感共鸣力量,正如罗曼·罗兰所言,艺术是情感的传递。而这种情感的传递与艺术的感染力在主旋律作品中又主要通过艺术真实与现实真实来表现。法国电影理论家安德烈·巴赞曾指出,影视艺术所具有的原始的第一特征就是“纪实的特征”,其完整性在于它真实的艺术。①《湄公河行动》和《长征》均根据真实历史事件改编。《人民的名义》中,在国家某部委处长赵德汉家中搜出两亿现金的“小官巨贪”故事原型正是2014年前煤炭司副司长魏鹏远。源于现实的真实案件在给观众带来震撼的同时也能让其快速置身于戏剧氛围中。通过影视真实感的塑造与艺术作品感染力的提升,实现主旋律意识的“寄情”与受众的“移情”共鸣。

(二)主旋律作品戏剧张力的把握

影视作品戏剧张力的把握主要表现为两方面,一方面是戏剧冲突的制造,即将戏剧冲突与对比通过显性和隐性的手法表现出来,引发观众思考与讨论。如《人民的名义》中涉嫌贪污的汉东油气集团老总刘新建在被捕之前慷慨激昂地背起了《共产党宣言》的“显性”戏剧冲突;又如光明区上访窗口过矮,群众只能弯腰屈腿进行上访,政府工作人员的恶劣态度与信访大厅“阳光信访,为党分忧,依法信访,为民解难”的政府标语形成强烈对比的“隐性”戏剧讽刺。另一方面是叙事节奏的把握,要张弛有度。尤其注重在平缓的叙事中进行线索铺陈,适时加入未知因素,引发受众好奇心,增强主旋律作品本身的“可看性”。《湄公河行动》整体叙事节奏较强,环环相扣,引人入胜;《长征》整体叙事节奏较慢,但注重在八个独立又相互连贯的专题中对长征历程进行了全景式的展现;《人民的名义》通常采用几条故事明线与暗线交错进行的叙事手法,如在慢节奏的会议场景中穿插其他快节奏的追捕情节,将快慢紧松进行了有效融合。不同的叙事节奏带给观众不同的观影感受,电影、纪录片、电视剧需要根据题材类型和表现形式的不同,合理把握叙事节奏,构建作品张力。

(三)主旋律作品典型性的塑造

处于快节奏的大众消费文化中,传统的“隔靴搔痒”式主旋律作品已不能满足观众的心理需求。塑造出具有典型性的主旋律影视作品不仅是艺术价值追求,也是提升其可观赏性,实现主流化传播的要求。而这种典型性的塑造在影视剧中主要表现为人物塑造和作品塑造。

①[法]安德烈·巴赞.电影是什么[M].崔君衍,译.南京:江苏教育出版社,2005:282-285.

在人物塑造层面，主旋律作品中应注重对关键性人物的棱角塑造，从性格和情感逻辑入手，突出人物在特定背景环境下的灵魂内核，塑造出真实而又典型化的人物形象。如《人民的名义》中在塑造从缉毒英雄到滥用职权贪腐的祁同伟这一形象中，加入了对其家庭背景和个人境遇的描述，展现了现实的残酷性与剥削性，赋予这一角色以现实感与典型性。同时，人物形象的典型化塑造离不开好演员对作品的专业演绎。《人民的名义》中四十余位老戏骨同台飙戏，《湄公河行动》中张涵予和彭于晏的精湛演技都在很大程度上提升了其人物塑造的质量。

在作品塑造层面，主旋律作品典型性塑造中，有一个关键性元素是如何开发新领域或如何在旧题材领域中挖掘新元素。同类型题材或同视角切入点易使观众产生审美疲劳，主旋律影视剧应在创作过程中挖掘自身的创新性和典型性，凸显其价值。如《长征》创新性地采用国际视角对长征历史进行全方位解读，给观众带来观影兴奋感的同时，也塑造了自身的艺术典型性。

总之，艺术创作的逻辑是强调对艺术价值的追寻和精神世界的构造，使其符合艺术与大众间的共鸣审美。一部具有典型性的主旋律影视作品不仅需要注重对人物形象的塑造和题材新元素的挖掘，还要注重对作品内容的打磨和制作水准的把关，唯有如此才能在提升其艺术性的同时，增强作品的思想性和可观赏性。

三、直击痒点、共鸣痛点、制造兴奋点

主旋律影视作品并非单纯的政治宣传品，进入大众文化消费时代，主旋律影视作品正逐步从传统政治主导的乌托邦式理想主义转向政治、艺术与市场并存的多元实用主义。正如习近平同志在文艺工作会谈中强调的“坚持以人民为中心的创作导向”，主旋律影视作品在传播过程中如何有效把握受众的审美情趣，顺应其观赏心理的市场化规则，将主旋律意识形态以寓教于乐的方式赋予主旋律影视作品，是其实现主流化传播的关键。

（一）直击痒点，满足社会期待

在市场营销中“痒点”的概念，强调的是用户想要而不得，需要产品在情感和心理上回应用户期待。在传播学中，1984年帕姆格林和雷伯恩在“使用与满足理论”的基础上提出了“期待—价值”理论，指出个人对特定媒介及内容的信念和评价结合形成

“期待”,并产生媒介消费行为和获得满足。[①]两者都强调了个人心理的期待能动性与其消费影响性的直接关联。影视作品作为特殊的文化产品要实现其在消费市场领域的主流化传播,就需要在作品的内核创作与外延营销中,合理满足当下观众对作品的痒点期待。

1.作品内核的痒点期待

这是影视作品在创作之初就需要思考的问题,即受众对于这类题材作品的期望是什么,如何去把握受众的期待点?主旋律影视在作品内核中对观众痒点和心理期待的把握,首先要坚持用全面的眼光审视当下的影视传播环境;其次要坚持用动态的眼光挖掘作品创新点;最后要选择具有个性化和突破性的切入视角。具体的作品内核痒点塑造可以通过以下两方面:

第一,题材痒点。如十八大以来,我国反腐工作不断突破禁区,取得瞩目成就,反腐工作进入新常态。在这种高压反腐的社会环境中人们想要了解反腐工作与内幕的精神需求也日益增强。一方面是人们有这样的社会期待,但另一方面是近年来并没有出现一部真正有力度、有深度、有尺度的反腐影视作品。《人民的名义》很好地抓住了这一契机,以“13年来首次解冻的反腐剧”来填补观众的需求空白。

第二,制作痒点。制作痒点本质上是观众对优秀影视作品的期待。近几年,我国影视剧产业在粉丝经济盛行,资本不断加持的市场环境下日益浮躁。在制作上,越来越多地将制作成本投入到明星演员中,严重压缩整体制作经费。在演员上,鲜肉型演员虽自带流量与话题,但演技水平参差,甚至出现“数字台词”“倒模替身”“抠图演戏”等乱象。而这种高成本、高流量、低口碑、低品质的国产影视剧现状更催生了受众对优秀影视作品的期待。《人民的名义》《湄公河行动》《长征》用好题材、好演员、好制作抓住了现阶段的观众的需求痒点,回应了社会期待,同时也树立了新影视标杆,给当下浮躁的影视圈敲响了警钟。

2.营销外延的痒点期待

主旋律影视在进行痒点期待营销时,包括两个维度:其一是如何有效唤醒受众原有的潜在期待点;其二是如何有效引导受众的期待点与作品内核相契合。而要把握好这两个维度,首先,要转变观念,注重营销。相较于纯商业影视作品,主旋律影视作品的政治主导意蕴较浓,但传统的自上而下的传播方式并不适用于自主选择性较强的大

①[美]丹尼斯·麦奎尔.受众分析[M].刘燕南,等,译.北京:中国人民大学出版社,2006:93.

众消费时代,因此,恰当转变观念,在主旋律意识之下进行痒点需求挖掘,注重宣传与营销,是主旋律作品在市场环境下得以主流化传播的必然要求。

其次,要坚持适度原则,合理营销。主旋律影视关于“痒点期望”的营销要把握一个适度原则,即根据作品本身的特点结合对受众与市场的评估,进行恰当的营销。因为高期待与高回报并不成正比,过分营销受众的期望痒点带来的高期望值是一把双刃剑,一方面会增强受众的观看欲望,另一方面这种期望值使受众对作品本身提出更高的标准,若在观影后不能满足受众原有的期望值反而会形成落差,痒点转换为痛点。《湄公河行动》正值竞争激烈的国庆档上映,同期上映的还有《爵迹》等强IP、强营销、高期待的纯商业电影,但受众对《爵迹》的高期待与其作品本身的低质形成对比,票房口碑的扑街反而给原本低营销低期待的《湄公河行动》以契机,使其成为以口碑带动的票房逆袭的典范。

(二)共鸣痛点,反映社会现实

影视作品创作中需要把握的痛点是指受众在现实生活中的原有期待没有得到满足,进而产生心理落差与情绪不满的问题。主旋律影视作品要实现其主流化传播不能一味迎合受众的痒点期待需求,也要抓住受众在现实生活中解决困难或无法解决的社会痛点问题,反映社会现实,提升作品的内容深度,而要做到这一点就需要解决以下两个基本问题。

1.受众的痛点是什么?

在纷繁各异的痛点问题中,应如何进行取舍,又如何进行阐释?在主旋律影视作品中,这种对痛点的把握应坚持“抓主要矛盾,兼顾次要矛盾”的原则,即以某一特定核心的痛点元素为主线,辅以多种剧作类型为支线。其中,在制度、经济、婚姻、教育、医疗、养老等社会普遍关注的热点和痛点问题中,既要强调挖掘新亮点,同时也要辅以贴近叙事逻辑,与受众形成共鸣。如《人民的名义》在叙事上以反腐为主线,交叉悬疑、情感伦理等多种类型片元素。剧中关于痛点的把握不仅是剧中“现在老百姓对干部的感觉就是无官不贪,再不反腐,咱们党和政府的形象就要败坏完了”的反腐之痛,还有涉及普通百姓生活中方方面面的社会痛点:一是官僚体制之痛,有丁义诊式的不贿赂,不办事的“腐政”;祁同伟式溜须拍马,擅走捷径的“权政”;也有孙连城式的不贪不占不作为的“懒政”。二是经济之痛,有蔡成功“从商二十年,从未享受过正常国家利息贷款”的中小企业融资困难问题;有大风厂工人“股权被转移,安置问题无法解决”的资本家剥削工人权益问题;也有欧阳菁所处的京州城市银行借贷产业链中“银行返点”潜规则折射的经济体制内问题。三是婚姻之痛,有高育良和高小凤、祁同伟和高小琴的“婚外恋”问题;有人前恩爱高育良和吴老师式离婚不离家的“面子婚姻”,祁同伟和梁璐式“利益婚姻”等问题。四是教育之痛,有李达康式忙事业,在孩子成长过程中的“缺位”式教育问题;有钟小艾“不想让孩子输在起跑线上”与侯亮平“让孩子享受快乐童年”的家庭教育理念冲突问题;也有陈岩石夫妇对孙子小皮球过于溺爱的“隔代教育”问题。该剧直面社会现状,将这些痛点问题贯穿于整个故事线索之中,在细腻的生活场景和情感表达中,拉近与观众的距离,使其“移情”并形成情感共鸣,实现对作品本身及其价值观的认可。

2. 如何与受众形成痛点共鸣?

主旋律作品背景的官方性和题材的严肃性使其在与受众“对话”的过程中易产生距离感,且痛点问题不同于痒点和兴奋点,触及的是受众的敏感薄弱区域,若刻意营造与受众间的痛感共鸣很容易适得其反,增加受众厌恶感。因此在共鸣痛点的过程中要注意几个关键性节点,一是在叙事中注重情感线索的铺陈。如根据真实事件“湄公河惨案”改编的《湄公河行动》中对缉毒英雄方新武的刻画,是痞气与刚毅、冷漠与痴情共存的多元化人物性格,通过影片前期的铺陈,故事高潮安排在观众对角色注入情感后进行,因而当其牺牲时,更能牵动人心。二是把具体的事物转化为受众可以感受得到的情感。即先将主旋律意识形态具体化,再将具体化的事物情感化。如《长征》纪录片中对于长征精神这一主旋律意识形态的颂扬,制作方通过各种渠道获得了英国传教士薄复礼讲述被红军俘获经历录音、李德“反省录”手稿、埃德加·斯诺原声录像等从未公开的历史资料,通过电视荧屏向世界还原了长征原貌,将抽象意识具体化为受众可感知的历史情感共鸣。

(三)制造兴奋点

引导社会舆论。在主旋律影视剧的传播过程中,如何有效制造戏剧兴奋点,引起观众兴趣并引导其讨论与思考是其实现主流化传播的关键所在。而这种兴奋点的制造一方面表现为契合观众兴奋点的内容创作,包括题材选择、剧情起伏与精良制作;同时还需要借助媒体力量进行适度宣传,从而提升作品的综合传播力和影响力。

传统媒体整体造势与价值引导。《湄公河行动》由公安部直批,《人民的名义》由最高人民检察院影视中心出品,《长征》则是由中宣部、国家新闻出版广电总局主导。主旋律影视作品中的政治力量是其传播的重要因子。媒体作为党和政府的喉舌，在主旋律作品的传播中，发挥着举足轻重的作用，主要表现为造势宣传和价值引导。一方面，传统媒体的广告投放与宣传，能为主旋律影视剧的传播起到良好的造势作用。如湖南卫视作为传统媒体独播平台，在《人民的名义》开播之前进行了大量广告投放和强势宣传，为该剧进行了良好的造势。另一方面传统主流媒体的权威性能及时对主旋律影视作品的传播进行再扩散和价值引导。如《人民日报》对这三部作品的转评点赞，都在一定程度上扩散了其传播效应。这种传统媒体作品在新媒体平台发酵后，经由传统媒体引导又得到新一轮的扩散和传播，能确保主旋律作品在正确的价值导向中进行主流化传播。

新媒体制造话题兴奋点与讨论空间。开放互动的新媒体平台在口碑传播、话题制造与内容创作上的优势，往往能为主旋律影视剧在传播过程中制造更多的兴奋点，扩散其传播力，这种兴奋点包括：

(1)话题制造兴奋点。主旋律电视剧的传播并非单向度和单维度传播，在其传播过程中能否与受众形成有效互动，能否不断制造讨论空间与话题兴奋点是其能否实现主流化传播和引导社会舆论的关键。而这种话题性的制造既有剧方通过新媒体平台进行的话题营销，如达康书记“GDP由我来守护”；也有受众的自我设置议题，如《人民的名义》中网民关于阶级固化、公检法互黑等议题的讨论。

(2)次生创作兴奋点。这里的创作强调的是受众通过新媒体平台进行的内容创作，新媒体技术赋予公众以话语权，受众在进行意见表达时也不再囿于转、评、赞，而是加入了更多的能动性与创造性元素，主要表现为表情包的符号传播。如剧中“达康书记”“汉东男子天团”的表情包文化传播，都在社交媒体平台形成了以公众为圆心的新一轮次生裂变式传播效应。

(3)口碑传播兴奋点。优质内容带来的强大口碑效应。新媒体技术赋予公众以话语权，口碑传播的主要阵地也从线下的人际传播转移到线上的微博、微信、知乎等社交媒体平台传播。《人民的名义》《湄公河行动》《长征》播出后好评不断，而这种优质口碑正是通过新媒体平台进行传播发酵，在互联网场域内形成了以剧作讨论为核心的圈层效应，用口碑带动作品的传播扩散和影响力提升。

主旋律影视要实现其主流化的传播，在核心价值观和意识形态话语的表达上，要以符合大众日常生活逻辑和思维的方式进行，而非刻意拔高增加与受众的距离感。在内容生产与传播过程中，要合理融合政治、艺术与市场三种价值体系，有效满足受众的社会期待，反映社会现实，与受众形成内心共鸣与价值认同，制造话题与兴奋点，引领受众的广泛讨论与思考。在宣传营销中，要有侧重有取舍地利用跨媒体平台进行资源整合宣传，全方位地实现主旋律影视作品的主流化传播。

汉语搭桥“一带一路”的文化意义
——从央视中文国际频道节目《汉语桥》说起[①]

周　泉[②]

摘　要:《汉语桥》节目是国家汉办、中央电视台、孔子学院主办的大型国际汉语比赛活动,自2002年开播以来已连续举办了15届,为来自世界80多个国家的海外大学生架起了一座文化交流的桥梁。当下,我国正在实施“一带一路”倡议,作为交流工具的语言具有重要的文化交流作用。所以,旨在推广汉语的电视节目《汉语桥》在“一带一路”倡议中可以发挥重要的文化传播作用。

关键词:汉语桥;一带一路;文化价值

一、“一带一路”下《汉语桥》的文化先行力量

“一带一路”是“丝绸之路经济带”和“二十一世纪海上丝绸之路”的简称。“一带一路”倡议是实现“中国梦”和推进四个全面的重要途径,更是构建以合作共赢为核心的新型国际关系的重要推动力。当然,“一带一路”不仅仅是一个有关经济发展的倡议,它更是一个提升文化影响力的倡议。所以,“一带一路”倡议的基础是文化的发展与传播。

实施“一带一路”倡议为什么需要文化先行,原因主要有二,其一,文化遍布于人类世界的一切领域,在经济、科技、金融、政治等领域都渗透融合着文化。而每一个国家与民族的生命基调是文化,文化交往是各国家将自身最具代表性的精神产品进行交流与互鉴的过程。其二,国家的交往在于民心所向,人民是国家的基础,人是历史发展的主体,而文化是历史进程中人们的思想、意志、情感及精神的产物。“一带一路”沿线文明跨度大,地域所及广,除了中华文明之外,还有印度文明、波斯文明、埃及文明等等,

①本文系重庆邮电大学社会科学基金项目(K2015-08)和国际化教育教学研究项目(GJJY15-2-07)。原载于《新闻战线》2017年第4期。

②周泉,重庆邮电大学国际学院。

沿线国家都有自身的文化所向和文明复兴的夙愿，这意味着文化是共同的话题，文化交往是沿线国家经济合作与政治交流的基础，是构建海外友好力量的有力抓手。

电视节目《汉语桥》正是发挥了文化先行的力量。首先，《汉语桥》是由中央电视台、国家汉办、孔子学院主办的国际性汉语知识比赛，参赛对象主要是世界各国的大学生、中学生及在华留学生。来自不同国家的学生共同参与了这项传播中华文化的盛事，这不仅有利于各国学生友谊的建立，也有力地促进了各国文化的碰撞与交流。其次，《汉语桥》的核心内容是汉语，汉语不只是一门语言，更是中华文化世代流传的精粹。在《汉语桥》的刺激下，各国学生对汉语知识的学习和掌握促进了全球化大潮中中国与世界的交流，《汉语桥》节目也成为向世界展示中华文化的载体。最后，《汉语桥》作为一档旨在推广汉语与中华文化的节目，不仅给各国选手提供了展示汉语水平的舞台，也为他们构建了参与体验中华文化的平台。在历届《汉语桥》中，表演节目一直是传播中华文化的重头戏，世界各国的选手们亲身参与到节目中，表演极具中国特色的戏剧、朗诵等。这种对中国传统文化的切身体验丰富了各国选手对中国文化的认知，节目中传统与现代、历史与未来的结合更是在告诉全世界，中国一直走在发展的道路上。

二、《汉语桥》的节目精神与传播价值

《汉语桥》是一场国际性的汉语知识竞赛活动，报名、预赛等前期活动虽然是在线下完成，但其主办方之一是中央电视台，大赛的重头戏——决赛和颁奖礼都在央视平台播出。作为一档电视娱乐节目，《汉语桥》又是如何做到知识与娱乐共生的？虽然整个大赛基本上都是有关语言能力的测试，但测试内容却丰富多彩，如一道关于反问的试题，选项皆来自于当下流行音乐中的歌词，当然，还有的题目出自于当下热门的电影、网络用语等等。这种形式寓教于乐，不仅刺激了选手的参赛积极性，也娱乐了电视机前的广大观众。尤其是在决赛第二阶段的特定情境语言交际及第三阶段的产品推销中，将一些特色词汇和专业词汇打散融入题目，更是把这种知识与娱乐的共生发挥到了极致。这充分体现了《汉语桥》的节目精神即知识性与娱乐性兼备。在当下的语言文化类节目中，《汉语桥》为什么能够独树一帜？除了外国人参与赚人眼球之外，最大的原因正是这种知识与娱乐兼备、专业却不失趣味的内化精神，这种节目精神丰富了受众对电视传媒节目意义的认知，填补了当下电视娱乐节目“娱乐至死”后留下的人文缺失。

作为一档国际性的电视节目,《汉语桥》的国际传播价值又表现在哪些方面?首先,满足受众需求。《汉语桥》的受众最开始是在中国学习或生活的海外人群,但随着《汉语桥》赛事的不断发展,其受众群体也不断扩大,世界各地的华人和外国人都越来越关注这场国际性汉语赛事。而《汉语桥》凸显的节目精神满足了受众的娱乐和文化需求。其次,《汉语桥》充分发挥了电视媒体的"议程设置"功能。《汉语桥》的宗旨是中华文化的传播,在节目内容设置上,囊括了中国传统文化和现代文化,也涉及了中外文化的融合与交流。再次,引发了广大受众对汉语以及中华文化的关注和热爱,从而有效地推动了汉语国际教育的发展。最后,《汉语桥》以点带面,以汉语作为起始点,带动了中国与世界的文化交流以及在更多领域的对话。总的来说,《汉语桥》作为一档国际化的文化类电视节目,其国际传播价值就在于满足来自各个国家受众的需求,引发其对汉语及中华文化的关注和热爱,提供了国际汉语教育的有效平台,促进了国际汉语教育的发展,搭建了中外文化交流的桥梁。

三、《汉语桥》对国际汉语教育的启发

任何一门语言的教育都脱离不了听、说、读、写四项基本技能,汉语的国际教育也是如此。汉字里存在大量的同音字,能够正确发音是进一步学习汉语的前提。《汉语桥》节目中的小剧场、辩论等环节非常考验选手的口语交际能力,而语言的基本功能就是交流,所以在国际汉语教育中口语能力非常重要,口语技能能够使人在日常交流中自然准确地表达自己的想法。在对外汉语教育中,语言是有情境的,听说读写能力不能仅靠机械地重复练习,应针对不同汉语技能,设置相应的教学活动。在教学方法上,采取情境教学法、小组讨论法等激发学生的交流欲望。在教学内容上不局限于教科书上的内容,合理选择和巧加利用华语的电影、歌曲等,这些内容都能成为教学素材,丰富课堂教学。

四、《汉语桥》的文化内涵与时代意义

文化内涵是文化类电视节目的生命和价值所在。《汉语桥》的文化内涵在内容上体现在多样性和交流性,在形式上体现在艺术性与创新性。在节目内容上,题目的设置中既有诗经楚辞又有流行歌曲,既有成语古诗又有网络用语,蕴含着中国传统文化和现代文化。在节目表演上,更是融入了戏剧、武术等典型的中华文化元素。在节目形

式上,《汉语桥》节目通过文化主题的情境演讲、梦想职场以及中国经典古诗演绎等方式,展现了选手的汉语能力,给严肃的赛事增添了趣味性。同时,比赛还具有一定的对抗性和互动性,增加了作为电视节目的观赏性。

随着全球化时代的到来,《汉语桥》节目还有深远的时代意义。一方面,党中央把华文教育作为国家公共外交的重要组成部分和提高国家软实力、提升中华文化国际影响力的重要工作。党的十七届六中全会通过的《中共中央关于深化文化体制改革、推动社会主义文化大发展大繁荣若干重大问题的决定》提出,文化是民族的血脉,是人民的精神家园。十八届三中全会进一步提出,建设社会主义文化强国,增强国家文化软实力。而《汉语桥》节目正是紧密贴合了国家文化发展战略和目标,旨在将汉语知识和中华文化向世界传播与展示,促进汉语国际教育的发展,提升中华文化的世界影响力。另一方面,《汉语桥》搭建了中国与世界的合作之桥,当下的社会背景与国际环境决定了合作既是意愿也是出路。除此之外,《汉语桥》的意义还在于向世界传播和弘扬中华文化核心价值理念,促进"一带一路"倡议下文化发展目标的实现,让世界认识到中国的发展和发展的中国;深化海内外华人的价值共识,巩固共同的利益体系;构建海外的友好力量,为中华民族的长足发展奠定基石。

参考文献

[1]赵波、张春和.论"一带一路"战略的文化意蕴——基于世界文化交往思想的视角[J].学术论坛,2016(1).

[2]杨明.汉语国际推广的公共外交意义[D].济南:山东大学,2004.

[3]陆俭明."一带一路"建设需要语言铺路搭桥[J].文化软实力研究,2016(2).

《火锅英雄》中重庆视觉意象的文化符号探析[①]

李　新[②]

摘　要:电影《火锅英雄》匠心独运地抓住了一系列独具重庆特色的文化符号,巧妙地结合关于重庆这座城市的叙事,形成了丰富的关于重庆历史文化与现代城市发展的视觉记忆。影片通过一系列有形与无形的、历史与现代的、活跃与静止的符号的有机组合,不仅让观众充分地领略到这座城市古老另类而又充满青春活力的气息与魅力,而且淋漓尽致地将重庆文化与重庆人的精神品质予以充分挖掘,从而将重庆这座城市的本土文化特征形象生动而又立体地呈现在我们面前。

关键词:《火锅英雄》;重庆意象;文化符号;视觉记忆

对于重庆这座城市的影像书写,历来相对较少且缺乏精品。多年前曾冠名为《重庆森林》的电影,观瞻后几乎很难寻找到这座城市自己的踪迹。而后期出现的一些影片,如章明的《晚安,重庆》、章家瑞的《迷城》,重庆仅仅作为人物活动和电影叙事的环境存在而被虚化。第六代导演贾樟柯的《三峡好人》把视角和关注点放到了三峡农民身上,对重庆这座城市及一直生活在这座城市中的市民精神文化特质,依然缺乏具象的深度的解读。然而由杨庆导演,陈坤主演的《火锅英雄》,终于可以让我们看到完完整整的重庆影像,充分地领略到这座城市古老另类而又充满青春活力的气息和魅力。在这部电影里,编导和主创者找到了很好的切入点,匠心独运地将打斗悬疑等电影叙事及小人物的侠义英雄情节,与最能代表这座城市文化的种种符号巧妙地结合,通过一系列有形与无形的符号、历史与现代的符号、活跃与静止的符号的有机组合,将重庆历史文化与现代重庆人的精神特质充分地挖掘并展现出来,树立起了相对完整立体的重庆都市形象。

---

①原载于《电影新作》2017年第2期。

②李新,重庆科技学院人文艺术学院讲师。

一、有形符号与无形符号的包罗万象

物质与器具等有形符号的实在感。影片中,与火锅相关的画面贯穿了整部影片的始终:满锅沸腾翻滚的红油辣椒,令人垂涎三尺、飘散四溢的麻辣味鲜香气,再佐之以山城啤酒、江小白的催化,荟萃成重庆人任性生活的重要组成部分。在危急和打斗的时刻,生猛热辣的火锅又成为抵抗对方的有力武器。影片中火锅、山城啤酒、江小白等物质与器具符号,聚拢的是人气与热闹,诠释的是兄弟情、英雄结。江湖与市井,豪爽与耿直,借助这样的有形符号共同凸显出无处不在的重庆气质和重庆文化。重庆火锅历经时间和空间的考验,被一直保留和传承下来,成为代表重庆地域文化的重要符号。整部影片在让观众享受视觉盛宴的同时,更让人不自觉地去咀嚼与玩味被传承和延续下来的重庆这座城市独有的码头文化、本土文化,以及其中所蕴含着的博大精深而又兼容并包的侠义精神。

重庆人脾气的无形标志:重庆言子。故事发生的背景和人物活动都选择在重庆这座城市,那么在影片里也就必然会听到许多的重庆人口口相传的重庆言子,例如:胆大骑龙骑虎,胆小骑个抱鸡母(字幕里抱鸡母是老母鸡),“还要在老同学面前演戏,好臊皮哦”,通俗易懂、幽默风趣的语言彰显出重庆人自由洒脱的个性与脾气;“我干了,你们哪个不喝呢?”“不存在,你说嘛!”短小精悍、灵活多变的口语惟妙惟肖地传达出重庆人的善良热情、豪爽耿直。片中重庆演员陈坤地道的重庆言子信手捻来:“婆娘”“抱鸡母”,混合着麻辣烫,骂人不打草稿,张口就来。看似热辣、火爆,实则将重庆人的无拘无束及自由奔放的天性表现无遗。重庆人的脾气及秉性透过重庆言子外化为嬉笑怒骂,体现了这方水土养育下的人们对待生活的幽默与智慧,从而成为最能显示重庆人气质与性格的标签和无形外壳。重庆言子中这些粗朴率真的语言结合移民语言,呈现南北兼容的特色,将普通话以难以言状的情形自由地表达出来。影片中说着慢吞吞的普通话的于小惠在与刘波又快又顺溜的重庆方言交流中,显得格格不入。许多类似的重庆言子,特别是其中一些与重庆人脾气秉性相吻合的话语,随时可以从真正的重庆市民嘴里自由任性地脱口而出。这样的重庆言子,在历经世事时代变化后,被保留下来并经常出现在人们生活中,从而具有了极强的生命力。随着其传承本土文化的延续性和稳定性,最终发展成为具有浓厚的重庆地域色彩和巴山渝水独特韵味的城市符号。

影片中,火锅、山城啤酒、江小白等最能代表重庆的物质符号,再加上极具麻辣烫特色的重庆言子,让整个故事情节和人物形象都打上了重庆的烙印,从而巧妙地寓无形之重庆文化与气质于有形与无形之城市符号中，完整而立体地展现出重庆这座城市的形象特色，是这部影片值得观赏与称道的理由。

二、历史符号与现代符号的交错穿越

永不消逝的历史符号与现代的存续感。如今的重庆有各种高中低档的麻辣鲜香的火锅店，主创者却别出心裁地将火锅放到了防空洞里，赋予洞子火锅丰富的历史文化与现实生活气息。防空洞是抗战时期重庆人在大轰炸中的壮举，如今防空洞除了用作开火锅店外，还成了休闲娱乐场所，成了热闹的商场，成了再就业的聚合地。重庆山势地形复杂，布满了数不清的防空洞。如今蜿蜒穿行的轻轨和地铁隧道，地下部分也大多直接利用了防空洞改建而成。据新闻报道，重庆地铁1号线就有两公里多的隧道是由防空洞改造而成的。而重庆的轻轨则如飞龙盘旋蜿蜒于城市之中，时而在高楼大厦之间穿行，时而在绿色的森林与群山中徜徉，平添了这座山城的神奇与立体感。于轻轨之上，可近赏长江嘉陵江之胜景，可远眺江北渝中半岛灯火，更可见证重庆这座古老城市的旧貌换新颜与飞速发展。影片中，轻轨也成为男女主人公重新相遇连接过往青春的所在地。而重庆人也正是在从历史到现实的交错穿越中伴随着这座城市活色生香地腾挪跌宕着。曾经的历史遗迹防空洞如同现在的火锅一样，业已成为重庆这座城市不可替代的历史与现代符号，成了如今重庆人生活中不可或缺的一部分。不得不说，整部影片把这样复杂的历史与现实不可割舍的情结处理得非常到位。

现代城市符号的代入感。影片中除了这些依然存在的历史与现代的视觉符号之外，还有近乎消失的城市符号——索道。影片里，陈坤差点被从索道的窗户推下去的情节，固然增加了故事的动作惊险性看点，但透过这个场景，我们却看到滔滔长江之上几根铁索架起的南来北往的交通要道。这在其他城市里很难见到的交通工具，也是重庆区别于其他城市的地标符号之一。影片中这一闪而过的场景及特殊符号在极短的瞬间里却充分展示出了重庆这座城市的险要和宏伟的气势。这样的符号及其背景也能更充分地烘托出影片的英雄主题。除此之外，还有新建的现代城市具象符号，如重庆大剧院，一座带着文化艺术气息的绿色玻璃房子，则是这座城市在新的时代面前，提高城市文化素质需要的符号标志。这些正处在新旧交替中的城市符号，它显示着重庆不仅传承延续着历史赋予的码头文化、侠义文化的精神气质，还向人们展示着新的现代化城市所应具备的良好的城市文化素质。

三、静止符号与活跃符号的斑驳生猛

白象街、烟雨路——见证历史与现实变迁的静默地。透过白象街那些破败的中西结合的建筑,依然可以模糊地辨认出许多货栈、商行的字号。这里曾经是中华人民共和国成立前中国的"华尔街",是各地金融政要的聚集地,是歌舞升平的上层社会、富人区。如今它成了平民百姓热热闹闹涮着火锅、大声吆喝大口喝酒的生活区。在这里,刘波他们为扩大店面多赚转让金,打通了防空洞并发现了隔壁的银行金库。在这曾经的财富区与现在的银行金库所在地上演了一场良心与私欲的较量与肉搏战。钱财的诱惑最终抵不过穿越历史与现实依然不熄的道义人心。白象街这一历史遗留下来的静止符号见证了这里曾经的繁华热闹与衰败,也见证了新时代青年不畏强暴、扬善驱恶的英雄气魄。除了白象街外,现代高架桥下凹凸不平的烟雨路也在见证着重庆的起起落落。江北十八中,则是同学情、兄弟情、爱情的联系纽带,是青春往事与历经生活艰辛的见证符号。重庆这些老旧狭窄的街头巷尾从来都不排斥各类故事的发生,作为一种静止的符号,它只作静默的记录与守护。

活跃生猛的人物符号——重庆崽儿、重庆妹子。土生土长的重庆崽儿陈坤在里边演得得心应手。一口纯正的重庆话,耿直豪爽、讲义气,敢于承担责任,不断地证明和显示着重庆崽儿活生生的存在感。影片中他所饰演的刘波有在利欲诱惑面前的无奈与彷徨,更有敢于凭着一腔热血手无寸铁地与歹徒搏斗的勇敢。在面对良心道义、利欲诱惑及恶暴势力时,他最终断然地选择捍卫自己也是重庆人的尊严与正义。影片中白百何所饰演的于小惠虽不是特别能代表重庆妹子的火辣奔放、美丽张扬,但在刘波遭遇困顿和歹徒袭击之时,却也表现出了和重庆妹子一样的敢作敢为。而许东、王平川等人,则都和刘波一样,是生活在这座城市里的不为人知的小人物。在他们身上,既有重庆人血性的一面,也有所有小人物身上丰富而复杂的人性体现。影片真实而精彩地突显了在重庆特殊的自然与社会环境中形成并稳固下来的现代市民的性格特点,这既是生活在这块土地上的所有人的共同特征,也是重庆人的人格符号,更是重庆城市符号的组成部分。青少年时期曾经生活并熟悉这座城市的主演陈坤如是说,"就像这座城市,荒诞却又觉得非常合理"。

四、奇特的城市及其奇特的书写符号

在整部影片中,从极具麻辣烫特色的火锅、山城啤酒、江小白、重庆言子,到穿越历史与现代的防空洞、索道、白象街、烟雨路,再到义薄云天、活色生香的重庆崽儿与重庆妹子,事实上影片里最重要的也是表现最好的主角是重庆这座城市。这座层次感分明、山清水秀的山城,历来都是重要的交通要道和繁忙热闹的码头都市。抗战时期更以抗战陪都出名,借助复杂的地理优势与历史渊源,逐渐形成了其独一无二的汇聚南来北往各色人等的侠义江湖。未来重庆是像作品中刘波等四人一样在经历劫难后,自我修复重新投入到生活中,还是有更新更美丽的发展前景和希望?它会朝着怎样的方向去发展?这也是这部电影作品中结尾所思考的。然而整个影片营造出的热辣与激情,都让我们对重庆这座城市的未来充满了信心,因为这里生活着众多的耿直豪爽的重庆崽儿、重庆妹子。影片中的现代重庆,既有穿梭盘旋、飞舞于森林群山与高楼大厦的轻轨,也有无拘无束、自由奔放、爽快利落的重庆人,还有海纳百川、兼容并包的容量与气魄,相对于有的城市的温吞压抑与丧失生机,它透出的是满满的民间力量,这是一个充满活力与无限生机的城市。

影片中这众多的有形与无形的物质与非物质符号、历史遗留与现代发展的城市符号、活跃与静止的符号承载着重庆这座城市丰富的文化信息。影片抓住这些具有特征性的意象符号共同呈现出重庆这座城市神奇而又鲜活的人文特质,完整生动而又立体地将重庆这座城市的形象再现在我们面前,成为一部书写着满满的关于重庆历史文化与现代城市发展的视觉记忆。继《火锅英雄》之后,我们也期待有更多的见证记录重庆这座城市的历史与现代发展的作品出现,期待有更多优秀的描绘和书写这座城市和生活在这座城市中的人的视觉记录的作品产生。

参考文献

[1]刘溢海.论城市符号[J].城市发展研究(15卷),2008(1).

[2]李海霞.民间传统文化品牌形象的媒介传播——以少林寺为例[J].现代传播,2009(6).

[3]孙湘明,成宝平.城市符号的视觉语义探析[J].中南大学学报(社会科学版),2009(6).

[4]尹迪.角色、意象与空间:城市电影中的重庆符号[J].当代电影,2013(1).

[5]吕进,梁笑梅.深呼吸:巴渝文化与文学的现代理想[J].涪陵师范学院学报,2002(4).

[6]胡攀,彭劲松.地域文化与重庆城市形象塑造[J].西部论坛,2012(5).

[7]赵修渝,杨静.重庆文化的特点[J].重庆大学学报(社会科学版),2011(6).

微电影:网络时代电影艺术的新形态[①]

黄　莎　夏光富[②]

摘　要:微电影是电影艺术与网络媒介相遇而开启的新的电影世界。数字化技术、网络技术和移动通信技术的快速进步,创造了丰富多样的新媒体形态,带来了传播方式的变革,奠定了微电影兴起的媒介技术基础;在网络媒介技术普及应用的基础上形成的"网络文化"以及"微文化"生活方式,又进而构筑了微电影生成的社会文化基础。以网络媒介为生长基础,微电影在创作、生产、传播、审美欣赏、艺术时空和艺术表现方式等方面,开始突破传统电影工业模式的限制,呈现出不同于传统电影的一系列新特性,不仅正在形成一种新的电影艺术形态,而且深刻地体现了当代社会文化多元发展的态势。

关键词:微电影;网络;传播;媒介文化;艺术

近年来,微电影(Micro-film)凭借其不受传统"大电影"制作和传播法则约束的自由风格而流行于互联网,在计算机、手机和其他移动终端上广泛传播,展现为网络文化场域中一道光影斑斓的视听文化景观。微电影的崛起和发展,既与当今网络媒介技术的变革紧密相关,又呈现出一种电影艺术创造、传播和审美欣赏方式的变化;同时,它的诞生亦开启了网络媒介环境中电影艺术创造的新的可能世界。

目前学界对微电影探究的一种倾向是基于传统电影工业长期形成的实践模式和评价体系,坚守传统"大电影"工业形态的艺术理论思维框架,对微电影作为一种电影新形态持怀疑态度,认为微电影只是在网络平台播放的故事短片或微电视剧,远不能达到传统电影工业的制作标准,因此微电影或者与电影无关,或者不能视为相对独立

---

①原载于《重庆邮电大学学报:社会科学版》2017年第3期。

②黄莎,南京大学艺术研究院博士研究生,主要从事艺术学理论研究。夏光富,重庆邮电大学传媒艺术学院教授,主要从事广播电视艺术、数字媒体艺术研究。

的电影形态[①]。另一方面,大多数学者则肯定微电影是一种新生的电影现象,认为它是一种主要通过以互联网为代表的新媒体平台传播的新的电影形态,其特征是放映时长较短、有完整的故事情节、符合电影艺术特性、有一定的专业性、成本相对较低、技术相对轻量、制作周期相对较短等[②]。一些相关的论著对微电影的制作方式、规模体量、艺术手法、传播模式、受众接受等方面的特性作了概括和分析[③],有的论著也从网络媒介文化层面对微电影现象作了一定探讨[④]。但目前这类理论研究,或者同样在不同程度上采用了电影工业标准来衡量微电影的制作水平,或者集中于对微电影的具体形式特征、制作技术、影视批评等问题的探讨,使得对微电影的理论研究总体上还处于一种直观现象描述的层次。

尽管微电影还处于兴起之初期,但随着当代人数字化、网络化、移动化的虚拟生活的急剧扩展和深入渗透,作为网络时代视听文化的新生儿——微电影创作的增长之快、传播范围之广,远远超出了人们的预期。我们以为,面对新事物发展初期,人们对微电影表现出的热情瞩目和积极参与,理论研究的视野不应仅停留在对微电影现象的直观分析上,也不应仅停留在对微电影作为“存在者”的具体描述上,更需要着眼于微电影与网络媒介内在联结这一关键因素,深入媒介基础变革的根本层面,自觉地去探寻新媒体环境中电影存在形态变化的问题。由此,当前微电影的研究和实践,必须打破用微电影去贴近传统电影工业标准的思维定势,探究网络媒介对微电影形态建构的基础性影响,回应微电影对传统电影工业模式的变革和创新究竟是什么等问题,以预见和开拓微电影未来发展的可能性,助推微电影艺术创作、传播与消费的社会文化实践。

一、网络媒介作为微电影生成的媒介技术与文化基础

加拿大传播学家马歇尔·麦克卢汉曾经提出“媒介即是讯息”[⑤]。他认为,从人类传播演变的过程看,最重要的讯息不在于一个时代所传播的内容,而在于它所采用的传播媒介技术的性质。麦克卢汉这一观点的合理之处,是从一定的侧面揭示了媒介技术本

①倪祥保.“微电影”命名之弊及商榷[J].电影艺术,2012(5):60;乔燕冰.微电影火了之后[N].中国艺术报,2012-06-27(T01).

②金德龙,等.中国微电影(2014—2015)[M].北京:中国传媒大学出版社,2015:3.

③杜剑峰,汪竹青.微电影·微记录[M].北京:中国电影出版社,2014:19-21.

④邱章红,徐辉.第四票房:中国网络电影产业的发展[M].北京:中国经济出版社,2013:11-19.

⑤[加]马歇尔·麦克卢汉.理解媒介——论人的延伸[M].何道宽,译.北京:商务印书馆,2000:33.

身的变革对社会信息的生产和传播方式，乃至对社会生活及其文化形态变化带来的重大影响。电影是与技术进步结缘最为深厚的现代艺术形式，媒介技术的变革深刻地影响到电影形态的创新。从电影形态的媒介系统的构成上审视，微电影与传统电影之间最为根本的区别，首先在于它的媒介技术基础发生了重大变革。当代信息技术的数字化、网络化、移动化带来的传播媒介革命，在深刻影响社会与文化变革的同时，也给电影的生产、传播和消费等带来了重大改变，从而生成了微电影这一电影艺术的新形态。

现今的新媒介技术，主要是指互联网和移动互联网媒介技术。在这些媒介技术的应用过程中，形成了网络传播平台（博客、微博、QQ群与微信群、移动APP等）多种新的传播媒介形态，带来了传播方式和媒介环境的重大变革。目前人们普遍认为，网络媒介不同于传统大众媒介的技术和传播特性主要体现在：其一，网络媒介最基本的技术特征在于，所有的媒介形态（文字、声音、图像、视频等）在形式上都是数字化的、统一的。由此使得信息的复制、修改、压缩、传送等变得十分便捷，极大地提升了人类的信息存储、处理和传输的水平和质量；也使得多种媒介的融合成为可能，文字、声音、图像、视频等能够相互包容，为各类媒体提供共同的传播平台。其二，网络的“无中心”技术架构和开放互动的信息传播模式，从多方面打破了传统媒体对信息生产和传播的垄断状态，分散了传播控制的话语权，使大众广泛地参与到了信息生产和传播的过程中。开放性、互动性亦成为新媒介传播的本质特征。其三，网络传播既包罗了传统大众媒介点对面的传播方式，又生成了极为多样的互动传播模式，它既是面向大众的传播，又凸显出“小众”的、个性化的传播。手机作为“第五媒体”在社会交往和文化娱乐中的普及运用，打破了时间和空间的限制，使互联网及其所包含的一切媒介移动起来，筑造了人们随身携带的流动的精神家园，由此极大地诱发了人们对流动空间中“碎片化”时间的利用。其四，网络传播是全球互联的，且具有传统媒介无法比拟的时效性，通过网络尤其是移动网络媒介，人们可以即时即地把信息传送给全球范围的用户或参与远程互动交流。网络的这些特性，从技术基础和传播模式上塑造了微电影形态所固有的数字化、多媒体、网络化、开放性、互动性、个性化、多样化、碎片化、移动化等新媒介形态特征。

作为一场深刻的技术革命的产物，网络不仅改变了人们的信息交流、物质生活、社会参与和文化娱乐的方式，而且构筑了与现实社会并行和相互作用的虚拟社会交往空间，形成了网络文化（包括现今兴起的“微文化”）的虚拟文化生态，铺天盖地席卷了社会生活的各个领域和层次,"数字化生存""网络化生存""移动化生存"已然成为人们不可或缺的生活方式。以多样化、多元化为特征的各种网络文化潮流此起彼伏,进入电脑终端或手机等移动终端界面,充斥虚拟的数字化空间,连接人的感官和内心世界,影响人的思想、情感和需要。在由人们的信息共享、意见表达、情感交流、文化传播等构成的网络世界中,主流文化与各种亚文化并存共生,雅文化与俗文化交织互渗,传统文化、现代文化和后现代文化之间继承、碰撞和撕裂,外来文化与民族文化融汇和冲突,由之汇集成为多元交错、绵延无尽的精神文化场域和意义空间。受到多元文化价值观的影响,加之网络参与主体的广泛性及其利益诉求的多样化,网络文化内容的呈现更是极具多样性和复杂性:理性与感性、现实与自由、历史与未来、理想与梦幻、挚情与欲望共存交汇,反映出网络时代人们多方面多层次的文化生活需求。置身于广阔而复杂的网络文化生态之中,面对人类生命之鲜活流动甚或巨大涡漩,微电影创作无论是呈现与想象、娱乐与审美,还是肯定与批评、逐利与创造,都融入了当代社会文化多元发展的"影像"。

由此,我们认为,从电影系统本身最基本的构成看,网络的迅猛发展及其与电影艺术的联结,深刻地改变了电影艺术的技术基础和存在形态。上述网络媒介的技术和传播特性,重构了微电影形态的媒介技术"座架",改变了电影制作、传播和大众参与的模式以及艺术表现方法,形成了微电影作为"媒介系统"较之传统电影相对独立的属性和特质。电影又是在"媒介系统"之上生成的"想象系统",它以形象的方式与观众经验中的现实同构,构筑和演绎出一个基于影像叙事的"想象"的世界①,从这一层面看,以网络媒介为基础的网络文化形态的生成,为微电影提供了媒介文化基础:微电影作品的创作,在很大程度上是意指于网络文化生活中人们极为多样的情感体验和文化娱乐的需求;而开放的、互动传播的网络世界,亦成为最适于微电影创造和展开的场域。所以,只有以网络媒介技术和媒介文化为基础,才可能深入地把握相对独立的微电影新形态不同于传统电影形态的新特质。

二、微电影对传统电影工业模式的突破和对电影艺术时空的拓展

电影作为一种社会文化现象,涉及由一系列复杂的社会文化因素构成的运作系统。对此,法国电影理论家克里斯丁·麦茨曾把传统"电影"描述为由生产机器(指外部

①王志敏,赵斌.电影学[M].北京:北京大学出版社,2015:25-26.

机器、物质机器,包括金融投资、物质资料及其分布和使用)、消费机器(指内部机器、精神机器,包括电影观众及其观赏心理机制)和促销机器(指批准机器和保证机器,包括电影批评家、电影史家、电影理论家及其工作系统等)构成的复杂的社会运作系统①。另一位法国电影研究者J.伍蒙则从电影作为一种社会文化现象的层面,把"电影"定义为:"电影一词包括一系列不同的对象:一种司法与意识形态意义上的制度,一种企业,一种美学意义的生产,一种消费实践的总和。"②对比传统电影工业的整体构成,我们可以看到,以网络媒介为基础而形塑的微电影形态,从生产、传播、消费以及体制规范等方面,开始突破传统电影工业模式的框架和视域。

微电影的创作和传播赋有显著的大众参与、交互的特质,它开始打破传统电影工业中资本和专业制作者对电影艺术的话语垄断,使微电影呈现为大众可以参与的电影文化形态。传统"大电影"是工业时代的典型艺术形式,它的生产和传播涉及由资本、企业、制作、发行等一系列实体因素构成的庞大的运行系统,其制作所需的巨额资本、专业的编导和表演、优越的设备技术条件、多层次的发行渠道等,实际上形成了资本和专业制作者对电影作品的垄断权,电影艺术的创造受到商业逻辑的塑造,观众基本上被排除在电影直接生产之外。数字媒介技术的进步和普及运用,则为打破传统电影工业体制,开放电影生产过程,推动大众参与微电影生产和传播提供了可能的条件。现今,人们只要拥有一台家用摄像机或数码照相机,甚至一部智能手机,加上一台普通的电脑就可能完成微电影的前期拍摄和后期编辑流程,并通过互联网轻易地实现发行。这种低成本的投入和大众化的技术要求,大大降低了电影制作和传播的门槛,调动了大众参与的积极性和创造性。目前,在微电影的生产和传播过程中,生产和制作的主体明显多样化:既有专业影视公司和专业团队精心打造的微电影,电影爱好者群体(如青年学生群体)拍摄的微电影,也有普通大众利用触手可及的数码工具如摄像机、DV和手机等参与制作的微电影。此外,通过网络交互,观众还可以参与微电影剧本创作、电影批评等活动。由此,造成了一种人人皆可成为导演、演员、影评人的情形。大众参与微电影的创作和传播,分散了电影作品的话语权,使电影艺术进一步普及化;从另一个方面也可以说,大众的参与和创造,在根本上构成了微电影得以生存发展的动力之源。

微电影所具有的"碎片化"、移动化传播和网络扩散等传播特性,既规定了微电影

①王志敏,赵斌.电影学[M].北京:北京大学出版社,2015:8-9.

②李幼蒸.当代西方电影美学思想[M].北京:中国社会科学出版社,1986:3.

的“微”制作方式，也影响到其传授方式及商业模式，正逐步建构着它显著区别于传统电影工业的传播模式，并形成了新的微电影文化生活形态。传统电影的制作、发行与放映主要针对影院传播模式，在固定的时间、场所，采用仪式化的封闭的群体观影方式，依循经典的宏大叙事方式和追求震撼声画效果，营造想象与现实相混合，乃至梦幻沉浸的影像空间，满足大众影视娱乐或审美需要，并主要依赖电影票房收入和商业广告等来获得利润。随着信息时代的来临，社会生活节奏加快、流动变化增强，人们越来越习惯于依托网络媒介平台和移动通信终端，利用随时随地的“碎片化”时空接收和传播信息。微电影的制作和传播主要针对的就是新的网络传播模式。由此，首先要求微电影的制作具有“微”型的体量和相对较短的播放时长，以适应影像快速传播和观众“碎片化”观影的需要；其次，微电影传播强调大众的互动参与性质，人们可以随时随地按照自己的审美趣味选择观看何种微电影，还可以通过网络直接与其他观众或主创人员进行交流，使微电影观赏转变成一种电影生活空间；再次，微电影的传播虽然在一定程度上仍然需要由制作方或官方组织宣传推广，但更为根本的则是依循网络信息扩散的模式，因观众的认可、喜欢而不断转发、共享，以“病毒性扩散”的方式迅速蔓延。此外，在用户主动的网络生存环境中，微电影的制作方亦改变了电影的发行和赢利模式，他们可以选择多种渠道上传自己的微电影作品，并采用更灵活方便、更容易被广告商和受众所接受的软性营销模式来赢利生存，网络平台广告、互联网影院与手机影院的开拓，都迅速成为微电影行业赢利的主要方式。

微电影拓展了开放的、多样化的和个性化的电影艺术时空。微电影生发于信息传播最为自由的网络环境中，网络传播的高度开放性，尤其是各种社会交往工具所具有的“自媒体”性质，给用户参与微电影的创造与传播过程提供了自由的条件，在较大程度上突破了传统电影工业中各类“把关人”对信息生产和传播的话语控制。在遵守法律法规、社会公德等规范的前提下，微电影的创造者和参与者更有可能表现自己对生命存在的本真感受和体悟，挑战商业意识形态和一些陈旧落后的传统观念，呈现人的生活和世界的极为鲜活多样的影像，揭示人的生命存在的意义。我们可以看到，目前践行中的微电影已经开始呈现出极为多样化、多元化的生活主题表达，建构着复杂多样、光影交错的电影文化的网上精神世界。基于网络媒介的“真正的个人化”传播、“由所有人面向所有人进行的传播”方式，微电影的传播彻底打破了传统电影仪式化的集体观影方式，形成了一种由观众个性化的观赏所聚合而成的大众狂欢的文化娱乐场景。一方面,观众通过计算机和手机等观赏和参与微电影作品,是以身体不在场或远程出场的方式实现的,在时间、空间、内容的享有上都极为个性化,其是否参与以及参与的深度,都与个人的生活阅历、情感态度、兴趣爱好相关联,基本上不受外部压力的限制。另一方面一部好的或精彩的、新奇的微电影作品,如果得到观众的认可,就会通过地域分布极广但兴趣品味相近的观众的在线点播、参与、共享,形成网络虚拟广场中的大众狂欢场景,而这种狂欢参与的规模之大,却是传统影视世界难以达到的。微电影的兴起和发展,向我们展开的是一种广阔的电影艺术发展时空。

三、微电影不同于传统电影工业的艺术与审美发展的可能性

如前所述,微电影作为一种新的电影形态,在生产、制作、传播和消费等方面,业已逐渐突破传统电影工业的体制和模式。但所有这些只是给微电影创造开辟了可能的场域,它作为一种新的电影艺术形态,必须在网络媒介文化空间中,成为其自身所是的东西。也就是说,它还必须成为一种适应人们网络文化生活的需求,具有独特风格,作为艺术和美学意义的生产,以真正生成自身内在的生命力的艺术形态来赢得观众的认同和参与。目前,不同于传统电影工业的艺术表现方式,微电影已然呈现出以下一些主要的艺术与审美发展的可能趋势和可能形态。

我国学者王一川较准确地概括了微电影的一般艺术美学特性,他认为微电影规模微小但又容量丰盛,在微小规模上集中惊人的意蕴丰盛,可以更自由地从事反常规的刻画①。在艺术表现上,微电影既保持了电影媒介存在的本体属性,以电影的综合性、视像性、运动性、蒙太奇等艺术或技术规定性为基础,又渐而形成了见微知著的叙述方式和短时长内凝聚深邃意蕴的"微"表现风格,通过电影叙事与艺术表现,乃至戏仿、幽默、拼接等表现手法,使观众在观赏娱乐的同时,或体验到自然、社会和人生之美的深意,或批评、超越社会现实的不足,参与到主题极为多样化的艺术世界之中。从艺术美学观念上审视,微电影凸显出一种见微知著、带有游戏意味的、充满跳跃性与流动感的自由创造精神。与放映时长100分钟左右的传统电影相比,微电微必须依靠巧妙的创新构思,以一种带有颠覆性的独特创意,采用新颖的拍摄视角,将观众熟悉的各类影视主题在短时长内呈现出来。这就需要调动创作者的想象力以及电影语言的组织和表现能力,让短时长的微电影体现出完善的审美境界。这个道理与中国艺术要求作品具

①王一川,等.名人微电影美学特征及微电影发展之路[J].当代电影,2012(6):102.

有意境之美的主旨是相近的。在中国古典绘画中,寥寥松石虫鸟、几枝梅兰竹菊均可表现充盈于宇宙间的生命气韵。微电影的艺术特色也有相同之处,其放映时长短,必须超越传统电影的宏大叙事手法,使影片于生活的细微处展现出韵味深长的生命感知和体悟。例如,北京电影学院2012届毕业生创作的微电影《惊喜先生》,通过讲述一个玩偶努力离开安身立命之所,不断追寻众人的关注,最终发现其真正归宿的小故事,表达了人的生存价值的多样化意蕴。观众可以把该片理解为人对自我价值定位的追寻,也可解释为人往往借他者的目光而审视自身。可以说,《惊喜先生》以日常平凡的事物和细节表现出了人对理想、美和自由的追求与苦闷,以及探寻过程中的欢乐与淡然。可见一部优秀的微电影无须靠传统电影宏大场面和叙述长度,亦能传达出作者对人之生命存在的深切感受,并追求一种自由创造之美、一种富有游戏性质的艺术之美。

在网络环境中,电影爱好者和普通大众参与微电影的创作和传播,敞开了一种电影艺术真正回归大众的可能性。这种社会各阶层的人皆可参与的创作与欣赏模式,突出了微电影具有的大众娱乐文化性质。但我们更应当看到微电影作为艺术的属性,追求微电影创作的艺术性与思想性相融合的审美品质。一方面,人们不宜用传统电影工业的技术标准和风格来苛求大众对微电影作品的创造,而需要鼓励普通大众参与到多层次、多形态的微电影创作和鉴赏活动之中;另一方面,微电影的大众化形态,并不掩蔽其艺术的和美的特质,而是要求人们把生活转换成艺术,又把艺术转换成为生活①,以凸显日常生活之美。艺术是人类具有审美属性的创造活动,它融合于人的生命活动之中,并为人们建构着一种自由的、美的、创造性的精神存在方式。因而,大众的微电影创造活动的重心,不是刻意追求电影制作的高技术水准(当然这并不排斥其表达艺术不断臻于完美的需求),也不在于倾力打造主流商业大片所倚重的视听特效,而在根本上是通过创造微电影"有生命的影像",去呈现人和世界、现实和理想,揭示人的自由生命活动的价值和意义,构造出一个极为广阔又多样化的微电影艺术世界。

微电影不仅正在以微叙事与深意蕴、生活化与审美化等特质,形成自身独特的叙事方式和艺术表现风格,而且,以网络媒介为基础,打破了传统电影作品叙事所具有的封闭性,展露出一系列具有开放和互动参与性质的微电影创造的可能形式。微电影可以利用其体量小、时长短的特性,借用影视系列片的形式,创作微电影系列片,并广泛吸收观众参与后续电影故事的编剧,把微电影作品转化为大众情感体验和生活梦想投

①[英]迈克·费瑟斯通.消费主义与后现代文化[M].刘精明,译.南京:译林出版社,2000:94-96.

射的世界。制作者也可以运用微电影观影的互动特征,开放影片的叙事情节,创作观众可依据自己的情感趋向,选择故事展开过程和结局的“选择型”微电影。制作方还可依托微电影传播过程中观众互动参与的便捷性,设计带有游戏性质的观影与参与模式,适应网络文化互动传播的特性。因此,我们以为,在微电影的类型中,基于其创作和传播的一个重要分类标准,应当是看微电影作品是否具有显著的互动参与性。其中,“互动参与型”正体现了微电影形态不同于传统电影最为显著的特征。

从社会文化层面考察,微电影的风靡,又显著地体现出现今人们思想和情感更为多样、观念更加开放和包容的多元发展态势,呈现了当代文化境况中现代性与后现代精神相互交织、抗争又不断融合的状况。后现代精神体现着“对多样性、差异、非连续性和开放性的强调”①,而网络文化作为典型的后现代文化场域,其基本特性就是去中心化、分散话语权力,倡导多样、差异、开放和创新。生成于网络文化生态中,质疑、批判和追求新异的精神,也构成了微电影创作的重要趋向之一。微电影有意背离传统电影大片的经典叙事方式、类型化风格与固定的、充满仪式感的放映范式,并试图用幽默与反讽的艺术表达、碎片化和开放性的传播模式,颠覆传统电影商业主流话语地位,反抗当代电影中一些封闭的、僵化的影视文化模式,表达当代人在传统与现代、现实与理想、情感与理性等矛盾冲突中遭遇的困惑、无奈和求索。因而,带有明显的先锋审美的特质,展现为一种以大众娱乐的形式、糅合反思与表征的影像艺术形态。微电影创作中的这种趋向,体现了生命流变过程的永恒变化特性,呈现出电影作为“有生命的影像”的本性,因此也是微电影创作的重要价值追求和重要视域。从这个角度看,微电影是一种以“他者”身份存在于影视文化领域中的新型媒体。但微电影的“他性”不能被理解为一种与传统影视艺术的二元绝对对立和排斥,也不能陷入强调绝对差异、否定所有传统观念的另一种形而上学之中,否则,只会使微电影的艺术观念和实践陷入文化虚无主义的泥沼。微电影的“他性”体现了网络时代电影艺术的拓展和创新,它可以在传统“大电影”难以触及的广大领域里得到长足发展。它既是对传统电影宏大叙事风格与仪式化传播范式的消解,又需要秉承其追求真、善、美的诗性精神,吸取其丰富的艺术表现方法,遵循电影美学的基本规律,并通过微电影艺术实践和创新,在艺术上达到去伪存真、去芜存菁的美好境界。

①王治河.后现代哲学思潮研究[M].北京:北京大学出版社,2006:25.

四、结语

综上可见,尽管微电影尚处于发展的初期,但已彰显出它对电影存在形态的深刻变革。在我们看来,这种改变主要体现于三个基本层面:其一,微电影诞生和植根于数字化、网络化时代,网络媒介的新媒体特性革新了微电影生产和传播的媒介技术基础与模式,多元化、多样性的网络文化奠定了微电影存在的基本场域,由此生成了电影艺术存在的新形态,建构了大众参与的网上微电影文化生活世界;其二,基于新的媒介技术基础和网络文化环境,微电影已经开始突破传统电影工业生产、传播和消费等方面的体制和模式,拓展了新的电影艺术时空,形成了新的网络化、移动化的电影传授和互动参与方式;其三,微电影正以微叙事与深意蕴、日常生活审美、自由创造等特质,形成自身独特的叙事方式和艺术表现风格,并表现出具有互动参与性的电影艺术创造的多种可能形式。因而,我们认为,只有把握微电影的媒介技术和媒介文化基础,了解微电影文化的存在状态,驾驭其可能的发展趋势,深谙微电影艺术存在的价值和意义,不懈探求微电影艺术的创新,才可能使其真正成为网络时代富有生命活力的电影艺术新形态。

重庆本土电视剧地域文化特色探析[①]

周 莹 王 烨[②]

在我国电视剧的发展史上，重庆本土电视剧曾经取得过不俗的成绩：在第二十五届中国电视金鹰奖评选中，电视连续剧《民主之澜》荣获电视剧评委会特别奖；《山城棒棒军》获全国"五个一工程"奖；《傻儿师长》获全国一等奖；《解放大西南》《民主之澜》《医者仁心》《敢死队》也曾在中央电视台黄金时段播映。近年来，重庆更是成为很多影视作品的取景地。因而重庆本土电视剧在地域文化表现上的特色、成因和不足值得进一步的总结。

一、重庆本土电视剧和地域文化特色

重庆本土电视剧本应指取材于重庆人民的历史和现实生活，能充分表现重庆人特有的性格特征和思想情感，展现重庆特有的人文风情和自然风貌，在视听语言与叙事风格上具有明显重庆特征，主要依靠重庆本地创作力量完成的电视剧。但因重庆电视剧产业整体处于弱势，为获得丰富的研究文本，本文也将外地团队在重庆制作的关于重庆题材的电视剧算在研究范围内。

重庆本土电视剧最活跃的两大类当属抗战、谍战、革命历史题材剧和方言剧。就抗战、谍战、革命历史题材剧来说，它的受欢迎与重庆深厚的革命历史沉淀有关。一方面，红岩文化对老重庆市民的熏陶培养了这样的受众市场；另一方面，这些剧作记载了这座城市曾经的沧桑，成为那段记忆的活化石，受到创作者的青睐。而另一类方言电视剧，早几年颇受欢迎，这些年虽然面临一些尴尬，却仍然是重庆本土观众的收视热门。

而地域文化，按照中国传媒大学的曾庆瑞教授的说法，它是指在同一地域生活的人们在漫长的历史中，在不断的物质和精神生产实践中逐渐形成的具有地域特色的独特的文化传统和文化体系。

①原载于《现代传播》2017年第8期。

②周莹，重庆工商大学文学与新闻学院副教授。王烨，重庆工商大学文学与新闻学院讲师。

二、重庆本土电视剧地域文化特色的表现

(一)"爬坡上坎"的山城文化

在重庆本土电视剧中,我们经常会看到一种"爬坡上坎"的景象,这是因为重庆城"无梯坎无建筑"这样一种特殊的地理环境所造成的。重庆人从出生到老死都在这样的爬坡上坎中度过,并磨砺出一种坚强的性格,我们把重庆这种独特的地理环境及其滋生的文化称为"山城文化"。体现在电视剧中,除了取景,还反映在当地人生活的习惯中。以重庆方言剧的经典之作《山城棒棒军》为例,剧中的棒棒军就是爬坡上坎、交通不便的产物。这些吃苦耐劳、朴实善良的人力搬运工靠着手中一根竹棒,挑起了人生百味,勾勒出20世纪90年代最具代表的重庆生态。

(二)山地民族的人物性格

通过重庆本土电视剧,我们看到的人物的性格往往是义气耿直、重情重义、雷厉风行,有时还有些火爆火辣的。这是一种地域特征非常明显的山地民族性格,不同于苏杭的绵柔和西北的粗犷。在《山城棒棒军》中,蛮牛为救何氏老夫妇牺牲了自己的生命,没有一点纠结、犹豫,而对于蛮牛死后众人的表现,剧中用了很多细节来展示重庆人的重情重义。比如蛮牛死了,新的棒棒来到工棚住宿,因不知情而将放在蛮牛床上的白花扔在了地上,遭到了全工棚棒棒的痛打,打完之后,梅老坎大叫一声"蛮牛",人与人之间质朴的情义得以升华。该剧就是这样通过对人物性格的勾勒,塑造出一个个具有典型重庆地域特色的人物形象。

(三)特有的三峡移民文化

三峡文化是一个极具地域特色的创作题材,一方面因为在一次次移进移出中,南北文化有了更多的交流与碰撞;另一方面也因为这是一个极具中国特色的事件,包含了背井离乡的个人感情和人类迁移的社会意义。以重庆宣传部、中央电视台、江西出版集团等单位联合推出的电视剧《国家行动》为例,该剧以三峡移民为故事背景,以移民后不同文化的交流和碰撞为故事基线,取景于三峡和重庆周边的地理风貌,还原了一场真实的国家与人民的行动,收视反响不错。

(四)悬疑传奇的革命特色

与其他地区的革命历史题材相比,重庆本土电视剧的特色在于它的悬疑性和传奇色彩,强调情节叙事。比如在《一双绣花鞋》中,第一集就抛出悬念,棺墓打开,却只有一双绣花鞋,尸体在哪里?而后,绣花鞋多次出现,在推进剧情发展的同时也加深了悬

疑性。而另一部重庆本土电视剧《双枪老太婆》的人物更是充满了传奇色彩。应该说，悬疑性和传奇色彩是重庆本土电视剧对革命历史电视剧的一大贡献，具有浓郁的地方特色。悬疑、传奇和革命特色的完美融合不仅丰富了剧情，也拓宽了革命历史题材的受众范围，加强了可看性。

(五)诙谐幽默中见智慧的“言子儿”文化

1988年《凌汤圆》一炮而红后，伴随着《山城棒棒军》《傻儿师长》《爬坡上坎》等优秀剧作在全国观众中影响的加深，一批带有重庆地方特色的词语也得到广泛流传。这些“言子儿”不光运用于人物对白，在旁白中也显示了独特魅力。以《傻儿师长》为例，剧中樊傻儿有一句“嗨(hai阴平)袍哥”非常有名。一般不了解旧社会袍哥的人很难理解“嗨”字的内涵，它包含了“当袍哥”“在袍哥圈里求生活”“混迹于袍哥圈儿里”“以袍哥身份在众人面前夸耀或横行霸道作威作福”等多重含义，语意非常丰富。这些形象生动、粗朴率直、通俗而不低俗、幽默中见智慧的语言文化不仅让电视剧更加贴近老百姓的生活，也让全国观众从重庆“言子儿”中更真切地感受到了巴渝风情。

三、重庆电视剧地域文化特色的成因

(一)地理与风土人情

重庆别名山城，经过地理演变，山地结构极富层次感，其中山地面积占重庆总面积的70%。这种特有的地形特点使得早期的重庆无法像平原城市一样统一规划，基本上都是逢山开路、遇水搭桥，道路崎岖蜿蜒，层次感极强，这为重庆本土电视剧带来了独特的取景效果。《山城棒棒军》就是最有力的代表。因重庆的地理条件滋生了棒棒军这个行业，而棒棒军肩挑重担爬坡上坎和他们住的吊脚楼，成为那个时代外地人眼中的重庆地域形象。

三千多年的历史，刻画出重庆人特有的生活方式与习俗——打麻将、摆龙门阵、熏香肠腊肉、汗流浃背地吃夜火锅……虽然重庆人火爆，但真正了解重庆人的人都知道，重庆人在面对困境时，往往采取举重若轻的处理方式，再大的事情都可以调侃着解决。以《街坊邻居》为例，在这部电视剧中有这样一幕场景：两车追尾后，被撞司机下来看了半天，没吵没闹，只是笑嘻嘻地对肇事司机说：“喔霍，你娃儿的书包又飞球了。”这是重庆人特有的“幽默”。

(二)巴渝文化的影响

起源于巴文化的巴渝文化是长江上游地区最富有鲜明个性的民族文化之一,是巴族和巴国在历史发展中所形成的地域性文化。重庆文化是对巴渝文化的传承和发展,山歌、号子、川剧、龙门阵……以及山地环境所造就的坚韧豪迈的巴人性格,这些出现在重庆本土电视剧中的元素其实都是巴渝文化的体现。

以2014年播出的本土电视剧《兄弟兄弟》为例,该剧讲述了一个发生在巴渝大地的盐商家族的故事。剧中不仅有保路运动、抗日战争等与巴渝地区相关的重大历史事件,还选择在巴渝古镇拍摄,许多场景都保留了百年前的巴渝风情。

(三)重庆方言的影响

方言有其独特的美感和魅力,运用到影视剧中,能够使语言更富生活化,让人物更加生动形象,更贴近生活原型。重庆地处内陆,偏安西南,相对比较保守,普通话的普及程度较低,这一点对重庆本土电视剧的影响尤为明显,所以我们看到方言剧在重庆本土电视剧中盛行。不管是表现寻常居民生活的《街坊邻居》《爬坡上坎》,表现底层人民生活艰辛的《山城棒棒军》《凌汤圆》,还是用轻松搞笑的方式刻画重庆人的《方脑壳的故事》,这些剧作如果抛开方言,就都呈现不出现有的效果。

(四)红岩历史的影响

重庆是一个有着深厚革命历史背景的城市,作为抗日战争时期的陪都,世界反法西斯战争的重要指挥阵地之一,渣滓洞、白公馆、烈士墓、重庆大轰炸等遗址记载着重庆人民与这片土地深厚的革命情结。以电视剧《红岩》为例,该剧以重庆渣滓洞、白公馆监狱为拍摄背景,真实地反映了地下革命工作者和敌人之间惊心动魄的斗争。这部电视剧于1984年开始播出,创作者希望通过它一方面达到唤醒记忆、呼吁大家勿忘历史的目的,另一方面也鼓励人们学习红岩精神,更好地生活和工作。出于这样的考虑,重庆电视剧制作团队还相继推出了《江姐》《小萝卜头》等红色电视剧,构成了重庆又一显著地域文化特色——红岩文化。

此外,重庆本土电视剧在地域文化表现上存在诸多不足。一方面城市形象偏落后老旧,都市面貌反映不足。方言剧和历史革命题材电视剧一直是重庆本土电视剧中收视率较高的两支,本地人尤其喜欢看,但在这两类电视剧中,外地人却很难看到重庆的现代化和国际大都市范儿。另一方面,方言剧的局限性,较难走出去,因为重庆方言中的“言子儿”不如东北话易听易懂。

总之,重庆本土电视剧在地域文化传播上的问题,归根结底还是因为没有兼顾与全国视野的接轨。如何让重庆电视剧的地域文化特色吸引全国的观众,重庆的本土团队需要在表现手段上下功夫,这是关系到重庆电视剧的地域文化特色能否吸引全国观众的关键所在。

“渝刊”出版创新与服务区域发展[①]

游　滨[②]

摘　要:从学术影响力、社会影响力、国际影响力等方面分析“渝刊”发展现状,总结“渝刊”出版创新与服务区域发展举措:通过政策支持与项目扶持,引导机制创新,增强文化发展活力;通过集约化布局与精品化办刊,发展模式创新,提升科技综合实力;通过服务功能拓展与交流平台构建,服务方式创新,拓宽社会发展空间;通过刊网互动与平台打造,传播手段创新,加快媒体融合步伐。提出进一步提升“渝刊”舆论引导力、信息传播力、品牌影响力的对策建议。

关键词:“渝刊”;出版创新;引导机制;发展模式;功能拓展;平台构建;媒体融合;区域发展

一、“渝刊”发展现状

重庆现有期刊135种,其中科技类期刊79种,社科类期刊56种。科技类期刊主要包括综合性科学技术期刊以及医学制药、材料科学、机电工程、土木建筑、交通运输、电子通信、农业技术等专业期刊;社科期刊主要包括综合性人文社科期刊以及政治、经济、法律、文化、教育等专业期刊。在资源配置上并无先天优势的“渝刊”,通过坚持“集约化布局、精品化办刊、内涵式发展、数字化转型”战略,以及政策支持、项目扶持、资金资助、工作指导等多措并举,5大期刊集群(时政财经类、学术类、教育类、医卫类、人文科普类)轮廓尽显,办刊整体实力不断增强,影响力日益扩大,形成全国和区域有影响的品牌期刊60余种,5刊上榜2015年“中国百强报刊”,获社会广泛关注。

①原载于《编辑学报》2017年第4期。

②游滨,重庆大学期刊社。

(一)学术影响力不断扩大

约占"渝刊"总数67%的91种学术期刊中,有50种期刊入选国内重要核心期刊和来源期刊,入选比例为55%。其中中科院CSCD核心(扩展)期刊20种,南大CSSCI核心(扩展)期刊6种,北大中文核心期刊35种,中信所中国科技核心期刊43种,社科院"中国人文社会科学期刊评价AMI"核心(扩展)期刊12种,武大RCCSE权威、核心(扩展)期刊35种。同时入选CSCD核心、北大核心、中国科技核心、RCCSE核心的科技期刊有10种,同时入选CSSCI核心、北大核心、社科院核心、中国科技核心、RCCSE核心的社科期刊有5种。有32种期刊的"影响力指数(CI)"位列全国同类期刊前30%。重庆学术期刊数量仅占全国学术期刊总数的1.53%(列全国第23位),但其RCCSE核心学术期刊率为36.84%(列全国第4位)。由此可见"渝版学术期刊"整体办刊质量较高,学术声誉较好。

(二)社会影响力显著增强

在媒体融合和转型发展的大环境中,"渝刊"明确定位,坚持特色化、品牌化、精品化发展战略,取得了良好的社会效益和经济效益。多种期刊荣获国家期刊奖百种重点期刊、中国百强报刊、百种中国杰出学术期刊、中国精品科技期刊、中国国际影响力优秀学术期刊、中国高校精品科技期刊、中国高校精品社科期刊、中华医学会优秀期刊、全国期刊数字影响力100强等荣誉称号,并入选中国科技期刊国际影响力提升计划、国家社科基金资助期刊、教育部高校哲学社会科学学报名栏建设项目、重庆市社科规划资助期刊、重庆市出版专项资金资助期刊项目等。多家出版单位获评中国出版政府奖先进出版单位、数字出版转型示范单位、国家文化产业示范基地、全国科普教育基地、重庆市文化产业示范基地等。

(三)国际影响力有待提升

"渝刊"总体发展态势良好,在文化"走出去"战略背景下,大力提升期刊的国际影响力尤为重要。目前重庆有CN号的英文期刊仅3种,总体数量偏少。总体上看,入选国际权威数据库的期刊数量偏少。近几年,部分高校和科研单位为加强国际交流,采取与国际出版集团合作出版的方式创办了一些仅有ISSN号的英文刊,但这些英文刊的创办时间短,其国际影响力有待进一步提升。

二、"渝刊"出版创新与服务区域发展举措

期刊是国家创新体系建设的重要组成部分，是反映知识创新研究成果的重要载体，也是展示人类文明成果、科学研究与工程应用水平的重要窗口，是培养创新人才的重要阵地，在促进学术交流和知识传播、推动文化传承创新和繁荣科学文化事业的过程中尤为重要。创新驱动发展，改革促进变革。分析"渝刊"出版创新与服务国家、区域发展的实践经验，总结发展中的制约因素和不足之处，有助于推动"渝刊"不断提高办刊质量和水平，不断增强舆论引导力、提升信息传播力、扩大品牌影响力，充分发挥期刊在创新型国家建设和文化大发展大繁荣中的重要作用。

(一)政策支持与项目扶持：引导机制创新，增强文化发展活力

重庆市期刊管理部门高度重视期刊的建设发展工作，重庆市文化委员会从2012年12月开始实施品牌期刊工程和重点学术期刊建设工程，每年设立200万元的"重庆出版专项资金期刊资助项目"，发挥了很好的引导、示范和扶持作用。品牌期刊工程重点扶持"全国知名、市内前茅和行业领先"的优秀经营性期刊。重点学术期刊建设工程重点扶持国家基础、前沿、新兴交叉学科中具有全国乃至国际影响力的学术期刊。

从2012年至今，资助工作已连续开展5年，累计资助经费达1000万元。该项目的带动作用成效显著，对促进"渝刊"方阵建设、推动重庆市文化大发展大繁荣具有重要意义，大力提升了重庆市期刊出版工作的整体质量和水平。项目要求期刊主办单位提供不低于1∶1的配套经费支持，充分发挥了财政资金的导向和杠杆作用，通过引导性的政策支持与项目扶持，聚集更多资源投入期刊建设，加大了期刊的资助力度，为期刊的健康发展提供了坚实的政策和经费保障。

重庆市期刊管理部门高标准严要求，要求期刊编校差错率不超过万分之二。通过建立强有力的期刊审读队伍，不仅从管理上加强监督检查，还与推动期刊的建设发展紧密结合，对期刊的选题策划、内容质量、编排规范等开展定期审读，系统总结期刊工作亮点，全面分析存在的问题，致力于引导期刊取得更大进步。

此外，为促进和引领行业健康发展，推动期刊建设取得更大进步。重庆市期刊协会、重庆市高校期刊研究会、重庆市科技期刊编辑学会充分发挥行业组织的桥梁纽带作用，除积极协助期刊管理部门开展期刊综合质量考核、编校质量考核、年检、调研等工作外，还积极组织编辑业务培训班、编辑学术研讨会、青年编辑学术沙龙等，设立期刊编辑学研究科研项目，开展期刊、编辑评优表彰活动，通过多种举措引导各办刊单位

加强编辑队伍建设，提高编辑人员素质，高水平的编辑队伍为期刊可持续发展提供了重要的人才保障。

(二)集约化布局与精品化办刊：发展模式创新，提升科技综合实力

重庆期刊中50余种由高校主办，40余种由科研院所、医院主办。在文化体制改革的背景下，伴随高校合并和科研院所整合，为优化资源配置，扩大办刊规模，提高办刊效益，各高校、科研院所纷纷对所属期刊实行集中统一管理，形成了学术期刊集群，如重庆大学期刊社、西南大学期刊社、重庆工商大学学术期刊社、重庆邮电大学期刊社、重庆理工大学期刊社、重庆医科大学期刊社、四川外国语大学期刊社、重庆交通大学期刊社、重庆功能材料期刊社、重庆五九期刊社等。有些刊社采取“人、财、物集中统一管理”的运行模式，有些刊社采取“集中管理、分灶吃饭”的运行模式，有些刊社还进行了转企改制方面的积极探索，如2014年9月成立了重庆理工大期刊社有限公司。

通过资源整合和集约化发展，各刊社改善了办刊条件，提高了办刊水平，扩大了期刊品牌影响力。同时，通过加强制度建设和编辑队伍建设，优化人员配置，建立起以目标管理为导向、以团队管理为核心的运行模式。例如：重庆大学期刊社的工作理念为“目标牵引入主流，集中力量办大事，多元文化多包容，和谐氛围聚人心”；西南大学期刊社的社训为“笑声产生力量，和谐创造辉煌”，通过打造和谐团队、实行和谐管理、建设和谐文化促进和谐编辑部建设。积极进取的工作氛围提高了编辑人员的归属感和对期刊社的认同度，为期刊的质量提升提供了强有力的保证。

在办刊过程中，各刊群坚持精品化办刊和内涵式发展思路，锐意提高期刊质量，追踪前沿和热点问题，加强选题策划和栏目建设，注重新兴学科、交叉学科、跨学科的专题研究，促进了科技发展与学术交流，形成了鲜明的办刊特色和品牌效应。如《第三军医大学报》重视对创新科研成果和突发公共卫生事件的快速优先报道：刊发的有关“数字化人体”的研究成果从投稿到刊出仅23天，为作者奠定了在该学术领域亚洲首发、国内领先的学术地位；刊发的有关医疗队赴利比里亚协助抗击埃博拉病毒病的成果从投稿到刊出仅25天，获得学界广泛关注。期刊的学术质量不断提高，6次荣获“百种中国杰出学术期刊”称号。该刊与《中华烧伤杂志》《中华创伤杂志》《中华肝脏病杂志》《重庆医科大学学报》《中国药房》《重庆医学》等优秀的医学期刊共同组成的“渝版”医学刊群，为国家、地区医疗卫生事业的发展做出了重要贡献。

“渝版”高校刊群也多次荣获百强、百杰、精品期刊称号，为国家、地区的科技发展

和社会进步做出积极贡献。如《重庆大学学报》《土木建筑与环境工程》《地下空间与工程学报》以重庆大学机械、电气、动力、材料、建筑、资源、环境等优势学科为依托，突出理论联系实际，发表的众多原创性学术成果为国家重要战略和重大工程建设项目，如西部大开发、三峡工程建设、"一带一路"建设、西电东送、城乡统筹、抗震防灾、山地城镇建设等提供了重要的学术支撑和理论支持。《西南大学学报（自然科学版）》《重庆师范大学学报（自然科学版）》《重庆邮电大学学报（自然科学版）》等高校科技期刊立足研究前沿，关注学术热点，推动学术交流，为国家、地区的农业现代化建设、生态环境保护、通信技术发展等搭建了重要的学术交流平台。

（三）服务功能拓展与交流平台构建：服务方式创新，拓宽社会发展空间

学术期刊要为学术发展服务，学者需要的不仅是获取期刊内容，更多的是要获得增值、个性化服务。

在医学刊群中，《第三军医大学学报》长期坚持服务学术交流和学科建设：聘请医学专家、资深编辑讲授临床科研设计、数据处理、论文撰写与投稿知识，帮助作者提高科研能力和写作水平；协助编委和审稿专家完成学术专著、会议论文集出版印刷以及学术会议组织承办工作；为重点学科在课题申报、成果评定、期刊创办、编辑人才输送等方面提供有力支撑。这些满足用户（读者、作者、审稿专家）个性化需求的服务活动，提高了用户对期刊的认可度。《重庆医学》编辑部以公益形式到各医、教、研单位开设讲座，主动为科研、临床工作提供学术支持，服务范围涉及渝、川、黔、湘、鄂等地区，产生了良好的社会反响。

在高校刊群中，重庆大学期刊社于2008年4月成立学科服务及信息化工作部，除完成期刊社办公自动化及期刊的数字化、网络化建设任务外，还创建了面向校内的高水平论文专业服务网站和数字化全文数据库，为学校科研评价和科学决策提供支持。同时，参与主办20多场学术资源利用、科研方法培训、论文写作培训等学术报告会，为科学研究和学术写作搭建良好的交流和服务平台。西南大学期刊社在提高期刊质量、推动学术进步的同时，多方面面向社会服务，在学校科研成果转化和科技信息传播中发挥了重要的桥梁和纽带作用。

在专业科技刊群中，重庆市科学技术研究院将科技期刊归口科技发展战略研究院统一管理，这种运行机制延伸了科技出版产业链，有助于促进资源流通互动，推进技术成果转化，为科技期刊服务地方科技、经济和社会发展提供更便捷的交流渠道。功能

材料期刊社为更好凝聚功能材料学科资源,推进科技成果产业化,提出“倾力打造中国功能材料核心服务平台”的发展目标,依托中国仪表功能材料学会、中国仪表功能材料行业协会等,通过举办各种学术会议、高层论坛、研讨会等搭建学术交流平台,加强学术界、产业界和资本界的沟通与联系,促进了科研、生产与应用的有机结合。重庆五九期刊社以“以科技进步推动产业发展”为办刊理念,搭建以期刊出版、专业学术交流、宣传活动策划、技术咨询服务为核心内容的服务平台,组织各种技术研讨会,积极参与专业建设,努力促进学术交流,为我国国防工业技术发展做出积极贡献;《材料导报》以“创新引领材料科技未来、实践助力材料产业升级”为主题建设服务平台网站,研讨当前先进材料领域的前沿问题,交流材料研究的最新成果,促进科技创新,助力国家新材料科技进步。

(四)刊网互动与平台打造:传播手段创新,加快媒体融合步伐

“渝刊”立足自身特色,利用原有的业务优势和内容资源,选择最适合的方向发展数字出版,期刊内容以网站、数字杂志、微博、微信、微刊、独立App等各类形态出现。通过构建多元化传播机制,打造开放共享传播平台,推动传统期刊向数字化转型,加快媒体融合步伐。有3家刊社获得“数字化转型示范单位”称号,5种期刊获得“全国期刊数字影响力100强”称号。

经营期刊的数字化转型工作成效显著,如课堂内外杂志社注重交互式社区学习和教研成果的转化,打造了一条集终端生产销售、平台运营与服务、数字教育云出版为一体的产业链。商界传媒集团致力于打造以期刊和衍生出版物为核心内容的数字出版平台,在为读者提供丰富阅读内容的同时,还可为广告主提供更精准的投放效果反馈和用户数据分析。《摩托车信息》杂志打造的“摩信网”集行业新闻、独家评论、信息服务、互动交流功能于一体,充分发挥了杂志在推动摩托车行业发展方面的重要作用。《电工技术》杂志打造的“电工学习网”集技术文库、行业资讯、电工论坛、电工群组、培训等为一体,在实用电工技术方面占据比较明显的市场优势。《国际检验医学杂志》以“中华检验医学网”为中心打造综合媒体平台,融学术性、综合性、资料性、服务性为一体,已发展成为国内领先的检验医学专业平台。《中国药房》杂志打造的“中国药房教育平台”在线学习知识系统,为从业人员提供一个高效、便捷的自主学习平台,有助于大力提升医师、药师的职业素养和业务水平。

学术期刊也一直在探索数字化转型路径,如西南大学期刊社和武汉理工数字传播

工程有限公司在2016年5月联合成立RAYS(Readers At Your System)西南运营中心,RAYS可为“互联网+”出版形态下的内容提供做好“系统支撑+运营策划”的全方位服务,有助于更好地传播作者的科研成果、提升期刊的阅读价值、扩大期刊的影响力,目前多家刊社都签订了RAYS合作协议。重庆理工大学期刊社新媒体部通过筛选、优化、组合等方式对刊发论文进行微信公众号传播,采用“视频+文字”的方式推送会议新闻、专家访谈等信息,形式新颖,扩大了阅读量,取得了很好的传播效果。重庆大学期刊社通过多种举措促进媒体融合:建立学术期刊与数据库出版平台合作机制,实现传播主体多元化;与相关机构和期刊网站建立链接,构建横向交流机制,实现资源互传共享;建设学术期刊专业网站,优化编辑出版流程,加强论文开放获取、主动推送、优先出版等,促进网刊互动;利用新技术新应用创新学术传播方式,加强学术传播能力建设。随着各刊微博、微信公众号的开通,用户可通过PC端和移动端的自由切换,实现期刊信息获取、稿件查询、论文检索、原文阅读、过刊浏览等功能,方便快捷的数字化传播,有效地提高了期刊的显示度和下载量,提升了期刊的传播力。

三、提升“渝刊”舆论引导力、信息传播力、品牌影响力的对策建议

我国正处于创新型国家建设和促进文化事业大发展大繁荣阶段,习总书记的“广大科技工作者要把论文写在祖国的大地上”的号召,为期刊事业的发展指明了方向,国家支持科技、文化创新的系列政策为推动期刊改革和发展提供了重要的政策支持,媒体融合技术的发展为期刊的数字化转型升级带来了新的机遇。

重庆是西部大开发的重要战略支点,处在“一带一路”和长江经济带的连接点上,在国家、区域发展和对外开放格局中具有独特而重要的作用。“渝刊”如何在建设城乡统筹发展的国家中心城市、长江上游地区经济中心、西部创新中心、内陆开放高地的战略定位中更好地发挥作用,值得我们认真思考。虽然“渝刊”的办刊实力不断增强、影响力日益扩大,为推动国家和地区的经济社会发展、科技文化进步做出过重要贡献,但还存在总体规模偏小、竞争力偏弱、国际化程度偏低等不足,期刊综合实力和办刊水平还有待进一步提升。唯有坚持“创新、协调、绿色、开放、共享”发展理念,做好期刊发展总体规划,以品牌建设为核心,以内容建设为根本,以社会需求为目标,以转型升级为抓手,不断提升期刊的舆论引导力、信息传播力、品牌影响力,才能推动“渝刊”在服务创新型国家建设中发挥更大的作用。为此,需要加强以下几方面工作。

做好期刊发展规划，制订期刊发展战略。“十三五”是期刊发展的重要机遇期，因此要抓住机遇，调整期刊结构，创新办刊机制，鼓励期刊探索新形势下的多种出版模式，适度扩大期刊规模，构建期刊管理新体系。既要盘活存量，推动现有期刊的办刊质量和影响力提升；又要抓好增量，探寻期刊发展新的亮点和增长点。不断提高办刊水平，推动期刊上档升级，使更多期刊成为国内外有影响的精品、特色品牌期刊。

继续加大政策支持和项目扶持力度，加大经费投入，改善办刊条件。除已设立的期刊资助项目外，增设“重庆市期刊国际影响力提升计划”项目，培育打造高水平国际化期刊，大力提升“渝刊”的国际影响力。一方面支持和鼓励有条件的刊社创办代表国际前沿、填补国内空白的外文期刊；另一方面推动中文期刊提升国际竞争力，把期刊打造成为具有国际专业水平的学术成果交流与服务平台。吸引科研人员把论文发表在国内的期刊上，加强中国学术的国际话语权。

按照“以质量求生存，以特色求发展，以创新求突破，以融合求变革”的发展路径，推动期刊实现从传统出版向现代出版的战略转型。学术期刊要立足于国家和地区发展需要，着眼于重大战略方向，充分依托重庆市的学科与人才资源优势，瞄准学术发展前沿，不断提高期刊的学术传播力；经营期刊要兼顾社会效益和经济效益，明确市场定位，多元化经营，延伸出版产业链，扩大经营规模，提升竞争优势，占领市场份额，不断提升期刊的品牌影响力。

加强期刊之间的交流与合作，组建“渝刊”出版创新联盟，汇聚各种优势，促进联合发展，共同应对数字化浪潮的冲击。建立期刊资源共享机制，方便从业人员获取全面的专业信息，共享出版资源和渠道资源。充分利用传播的规模效应，发挥品牌期刊集群对相关学科、相关产业的辐射带动作用。

积极适应时代的需求，利用数字技术改造传统出版方式，打造数字化传播平台，构建全方位、立体化传播体系，优化传播内容，提高传播质量，增强传播效果，促进传播内容与渠道深度融合，延伸数字出版产业链，力争更多“渝刊”实现数字出版转型的跨越式发展。推进期刊网络版建设，将科技成果的网络出版置于优先地位，从政策上支持更多期刊获得互联网出版资质和“网络连续型出版物”刊号，探讨期刊网络出版范式下的多指标和多维度评价问题，建立有助于加快期刊数字化转型升级的保障机制和激励措施。

重视高素质编辑队伍建设，多途径提高编辑人员的业务素质和办刊能力。开展新媒体技术、版权保护知识培训，提升编辑人员的媒介素养和版权保护意识，增强其新媒体运营能力，防范数字化传播风险，保障数字出版工作的顺利开展。制订“出版领军人才”和“青年编辑人才”培养计划，把编辑人才纳入重庆市和单位人才引进与培养规划，支持编辑人员参加国内外学术会议和编辑业务培训，拓展其国际化视野和知识服务能力，在设岗聘任、职称评聘、出国进修等方面给予政策支持，增强编辑人员的事业心和归属感，保证办刊队伍的相对稳定。

要树立用户思维，推动期刊从编辑出版向知识服务转变。构建开放共享的期刊知识服务“云出版平台”实现资源整合和协同创新，聚合目前分散、独享、碎片化的数字内容资源，建立以知识、利益共享为纽带的“渝刊”知识服务联盟，利用数字技术开发内容资源，提供满足用户个性化需求的精准、定向、增值服务，实现合作共赢、优势互补、自主经营，推动期刊舆论引导力、信息传播力、品牌影响力的全面提升。

参考文献

[1]李炳仁，张元靖．“渝刊”崛起引广泛关注[J]. 传媒，2015(17).

[2]邱均平，等．中国学术期刊评价研究报告(武大版)(2015—2016)：RCCSE权威、核心期刊排行榜与指南[M]. 北京：科学出版社，2015.

[3]中国高校科技期刊研究会．国际检索[EB/OL].[2016-12-27].http//www.cujs.com/list.asp? classid=26.

[4]游滨，等．高校学术期刊质量保障体系建设的思路与举措[J]. 编辑学报，2012(2).

[5]汤兴华．建设和谐编辑部的三个设想[J]. 编辑之友，2010(4).

[6]冷怀明.《第三军医大学学报》：以质量和服务取胜[J]. 传媒，2016(9).

[7]简渠，林雪涛．产业激活行业，科技助力出版——课堂内外杂志社的思路转变与产品创新[J]. 传媒，2015(17).

[8]魏艳君，等．学术期刊的碎片化传播[J]. 编辑学报，2016(4).

[9]习近平．为建设世界科技强国而奋斗：在全国科技创新大会、两院院士大会、中国科协第九次全国代表大会上的讲话[EB/OL].(2016-5-30)[2016-4-27].http:/news.xinhuanet.com/politics/2016-05/31/c_1118965169.htm.

[10]重庆市国民经济和社会发展第十三个五年规划纲要[N]. 重庆日报，2016-03-21(1).

[11]游滨．学术期刊数字化发展趋势及因应策略[J]. 编辑之友，2016(11).

[12]颜帅，等．往者不可谏来者犹可追——中国科技期刊“十二五”回顾与“十三五”展望[J]. 科技与出版，2016(1)：35.

谈国家出版基金项目的策划与实施
——以《中国西南古建筑典例图文史料》为例[1]

张 婷[2]

摘 要:重庆大学出版社历经多年准备,策划、申报了《中国西南古建筑典例图文史料》国家出版基金项目,使得西南地区四处经典古建筑群的珍贵资料得到整理校核并得以更好地保存、延续,实现了文化责任与社会责任的承担。本文以该项目为例,对选题策划、项目申报、项目实施中的一些重要过程进行了一定思考与总结,希望能够为类似项目的开发提供一些参考和借鉴。

关键词:国家出版基金;古建筑;出版;编辑;策划

历经多年孜孜不倦的努力,重庆大学出版社《中国西南古建筑典例图文史料》国家出版基金项目终于在2015年圆满完成,《梁平双桂堂》《平武报恩寺》《大足石刻与古建筑群》《镇远青龙洞古建筑群》四册方正凝练的古建筑图书带着诚诚之意呈献于世。

《中国西南古建筑典例图文史料》项目是重庆大学出版社第一批国家出版基金项目,四个分册约380万字,8开共千余面,几千幅测绘图与百余幅照片,将一批经典的西南古建筑图文史料整理、完善并记载于册。作为项目负责人与主要责任编辑,笔者对该项目从策划到出版的多个方面进行了回顾与思考,总结了一些体会与经验,希望有益于此类专业图书的策划与出版。

一、选题策划

(一)发掘出版资源

出版资源的深度发掘可来自于地域文化积淀。我国西南地区悠久的历史上曾经

①原载于《出版发行研究》2017年第4期。

②张婷,重庆大学出版社。

有过光辉灿烂的建筑文化,反映了早期中国建筑形制及其优秀的建筑文化技术水平。明清以来西南地区遗存的古典建筑呈现多元化和地域化特色,它们是极为丰富的文化遗产和技术遗产。但古建筑的设计施工主要靠世袭工匠言传身教,尤其是地方性、民间性的古建筑,更是少有文献记载,更无图纸档案留存。要系统整理这笔巨大的遗产,需要大量而艰苦的田野调查,尤其是准确的建筑测绘资料整理。重庆大学出版社地处西南重庆,依托重庆大学建筑城规学院(原重庆建筑工程学院建筑系)的建筑学科,对西南地区古建筑相关选题的发掘充分利用了其优势资源。

(二)凸显社会效益

选题突出的社会效益体现在对古建筑保护修复意义重大,及其促进优秀传统建筑文化的传承与交流。四川平武报恩寺、贵州镇远青龙洞、重庆梁平双桂堂、重庆大足石刻与古建筑群都是西南地区极具代表性的古建筑群,分别反映了西南地区不同历史时期的建筑及其地域特色。对这些古建筑进行资料整理、保护修复及各方面的研究等,都具有重要学术、历史、文化及社会价值。其成果是国家及地方文物保护单位的必备资料档案,可为文物保护修复设计提供技术支持。例如,在2008年汶川大地震中平武报恩寺遭到了摧残,而它的历史测绘资料,其用于修复设计的价值便凸显出来。

(三)依托作者团队

重庆大学建筑城规学院是全国历史最悠久的八所建筑院系之一,创办该院系的老一辈学者早在20世纪30年代就参与了中国营造学社对西南地区传统建筑的调查与研究。20世纪70年代始,学院建筑历史与理论研究所全面展开了对西南地区古建筑的调查测绘、研究和保护。几十年来,结合教学与科研工作,建筑系的师生测绘了上百项古建筑,并留下大量测绘图文资料档案,其研究成果丰富、学术积淀深厚、地域特色鲜明。该丛书主要作者都是来自重庆大学建筑历史与理论研究所的专家、教授,具有丰富的研究、实践经验,掌握第一手的内容资料。项目的素材出自重庆大学建筑专业教师和多届学生的辛勤积累,以重庆大学建筑历史研究所的张兴国教授及骨干教师组成项目主创人员,并由张兴国教授等担任丛书总主编,是高水平的研究成果得以呈现的保障之一。

二、项目前期准备与基金申报

(一)项目优势分析

从专业水准与出版实力两方面对项目的出版价值给予科学评价。

专业水准:该项目有着充分的原创性,具有重要的文献价值和学术意义。结合古建筑保护修复设计任务,应用最新古建筑测绘技术,对相关古建筑进行了全面的整体测绘和多次补充测绘,并通过数字化手段重新将几代人积累下来的古建筑珍贵测绘资料整理、校核,从而形成完善的第一手测绘成果,且使其更好地保存、延续。这也是中国西南地区历史文化遗产的第一手珍贵资料,是西南地区(特别是地震多发的区域)古建筑保护与修复的重要、可靠的图文依据,也为今后进一步深入研究提供了可靠的研究基础。

出版实力:重庆大学出版社地处西南地区,依托重庆大学,优质建筑类教材、专著、图书的出版是出版社重点发展思路之一。契合出版社自身优势,如地缘特色、内部资源、品牌特点等,可在有准备的领域发掘特点鲜明、具有创新性和绝对优势的选题。围绕以西南这一特定区域所开展的古建筑选题就成为项目开发的重点之一,早在2008年就开始了此类选题的探讨与准备。其一,它能够涉及历史文化意义重要但因其地理、经济条件而关注度不高的西南地区的古建筑,而这是中国古建筑保护急需的一部分;其二,由于西南地区的古建筑资源还有着大量整理与保护的空间,且作者方、出版方对资源的调取较为方便,它能够成为长期开发的项目板块,形成可持续发展。

充分利用国家出版政策。首先《国家出版基金资助项目管理办法》第二条明确了国家出版基金设立的目的是"用于鼓励和支持优秀公益性出版项目的出版"。而该项目所做的正是整理、保存、保护、弘扬中华建筑文化精品,对传承、传播中华文化有着重大意义。项目特点和原创特色鲜明,不同程度覆盖了"重大性""精品性""公益性""传世性"这些国家出版基金特别强调的社会效益。其次,仔细解读《国家出版项目基金申报指南》资助要求后,确认该项目符合"中华优秀文化传承与建设""自然科学工程与技术"两方面条件。特别是符合"中华优秀文化传承与建设"所要求的"具有重要思想价值、学术价值、艺术价值和重大文化积累价值,对传承和创新中华文化有重大意义"的条件。

鉴于该选题的社会意义充分,重庆大学出版社将其列为重点项目并尝试争取申报国家出版基金项目。出版社组建了国家出版基金项目组,由社长、总编辑作为项目总负责人,由建筑分社社长、与选题作者联系密切的专业编辑作为项目责任人,总编室、财务部、出版部的负责人等负责项目申报或后续出版的相关环节。

在前几年西南古建筑文化类选题探索的基础上,项目组与主要作者(总主编)张兴国教授等多次沟通，根据该选题的资源情况及特点，确定了“中国西南古建筑典例图文史料”作为项目名称，决定首批整理编撰具有代表性的前述四处古建筑群的测绘资料与图文史料。接着进一步对各分册大纲进行了研讨，确定了各册书稿的编写人员，对各册图书所涉及的图文资料进行了梳理和甄选。经过各方面的准备，于2011年下半年开展了2012年度国家出版基金项目申报。但由于缺乏经验特别是稿件形成情况与申报要求还有一定差距，此次申报未能成功。

鉴于对建筑文化类选题的跟踪与调研，笔者对该项目的丰富内涵与社会价值十分确信，再次与作者们进行商讨，获得了他们对该项目进一步的支持。向总编辑汇报了项目进展后，经出版社讨论，该项目获批开始了2013年度国家出版基金项目的申报工作。

结合前次申报的经验，不再局限于既有资源条件，开始关注申报的连续性和可持续性，着眼于更完善的体系设计和更严谨的内容结构。第二轮的申报为我们争取了更多准备时间，笔者作为主要责任编辑也提前介入稿件编写阶段，对稿件进行了持续的跟进，向出版社提供了详细的书稿进度及内容情况，使得项目组得以在准备期间进行多次项目方案论证与调整。此次申报过程也是书稿不断推进的过程，项目组与主要作者及作者团队有着良好的互动，共同邀请到权威专家审核大纲、样章并撰写推荐意见，得到了东南大学齐康院士、故宫博物院前副院长晋宏逵先生及重庆市历史文化部门专家、学者们的推荐。

项目组严格参照《2013年度国家出版基金项目申报指南》进行资料准备与填写，并按当时的申报要求提供了各分册完整的书稿（初稿）电子文件。申报材料对项目进行了充分论证，尤其是对项目的背景、重要性、社会效益分析、可行性分析、实施条件与优势等方面进行了详尽且重点突出的阐述，提供了翔实、信服的资料数据，拟定了可行性较强的项目实施计划书。总编室、分社、出版部、财务部合作完善申报材料，经反复审核，保证材料内容充实、合理、优势突出、佐证充分，保证资助预算编制准确合理、实事求是。

经作者、编辑、出版社相关部门的共同努力，项目顺利通过了2013年度国家出版基金项目的评审，终于获得了出版基金的资助。

三、项目实施

(一)确保项目质量

在基金申报阶段,已协助并督促作者完成了对各分册所涉及的海量图文资料的梳理和甄选,对不满足出版要求的测绘图纸、实景照片采取修订或调校,按照审核通过的大纲完成了全部初稿内容。但初稿形成后到定稿的过程中,还有着巨大的工作量和众多环节,作者的任务十分艰巨。为了争取达到书稿的最佳质量要求,社长与总编辑亲自带领项目组与作者团队开展了几次编写会议,制定好丛书编写及交稿要求,涵盖封面、扉页、目录、正文、附录及参考文献等全部要素,正文要求细化到章节标题层次、图片格式与精度处理等,测绘图根据制图规范对线性进行统一编排。编辑与主编建立起密切的联系与良好的反馈,出版社恳切地给予作者们最大的支持。

(二)把握时间进度

定稿阶段,总主编对四册书稿进行了多次审阅,提出不同程度上的内容增补与修改要求,涉及测绘图校核、重绘以及图片、史料文字的精编。为得到更为确凿的数据资料和更佳的图片效果,作者团队多次重返古建筑现场进行补充测绘、补充拍摄。这些工作耗时大大超出了预期。根据项目实际进展反馈,参照“预计完成时间”及“实施计划书”,项目组加强关键环节的落实,及时调整了工作节奏。通过项目组的督促与作者们的争取,《梁平双桂堂》首先定稿,为另外三册提供了完整的参照,使接下来的工作周期有所缩短。但是项目的进度还是受到较大影响,致使该项目申请了一次延期。因此,对于重点出版项目,前期策划的重要性更为突出,出版社与作者越早进入合作越可能掌控作品内容的方向或质量,控制好将来项目实施的节奏。

(三)掌控出版流程

1.审读与编校

各分册的审稿与编辑加工由资深专业编辑承担,笔者作为项目责任人也是主要责任编辑,副编审或编审把关复审、终审环节。在严格执行三审、三校、一核制度的基础上,出版社制定了重点书编校制度,包括在清样前增加第四校次,安排业务素质深厚、经验丰富的校对员担任责任校对,采取重大项目印前审读措施并请前社长亲自承担印前审读工作。

每册书稿约涉及古建筑测绘图五百幅以上,按照制图规范,每组图都配有比例尺,多数测绘图有精确的尺寸标注,细节繁多、信息量巨大;同时史料内容包括地理及历史沿革、文物信息详述、碑碣等考古资料记录、大事记及名录等，逐条都要客观、准确，不能出现矛盾。在三审和编辑加工的环节，责任编辑与作者联系频繁，为主编分担涉及书稿细节推敲、编写工作协调等各方面事务。在编校过程中，责任编辑从内容、结构、形式等方面均为书稿建设提出了不少建议，这些建议相当一部分得到作者的称赞与肯定。责任校对也较早发现了一些尺寸数据的错误，从而及时提醒作者加强了对标注尺寸的校核，确保了重要数据的精准可靠。

2. 整体设计与印制

该项目四册书的整体设计与定稿同时进行，由具有建筑文化类图书设计经验的设计师与笔者共同完成。笔者参阅了众多古建筑图书的封面设计和建筑测绘类图书的版式设计，根据该项目书稿图文特点、内容体量，将开本确定为8开，再与设计师商讨，结合所使用全张纸的规格，将成品尺寸确定为260毫米×370毫米。考虑古建筑文化的所指及本书稿重在古建筑测绘图的特点，制订了丛书色彩方案和封面设计方案，在此基础上根据书稿章节形式进行了篇章页及辅文版式的设计。封面、样章设计效果图得到作者认可后细化设计方案。从封面设计到内文设计的各种细节，包括纸张甄选、封面印制工艺、封面插图挑选、目录层次设计、篇章页插图选用、插图特效处理，等等，都是经过多方推敲而确定，编辑、作者、设计人员的专业特点得到充分配合与发挥。

（四）加强项目管理

制度是项目实施的保证。社长、总编辑等主要社领导亲自抓落实，组建了国家基金重点项目管理机构对所属项目统筹管理，制订了项目整体规划及实施管理程序，并定期检查，包括重要作者的维护、编审质量的控制、排校工作的协调、印前审稿的安排、印制过程的掌控等重点内容。项目组定期提交中期检查报告，汇报项目进展情况，提出可能存在的问题并由重点项目管理机构协调解决，保证了项目推进的力度。

四、总结

重点项目策划与国家出版基金申报是从项目培育、储备，到遴选、申报，到项目管理，再到宣传、后续开发的全面而连续的工作。《中国西南古建筑典例图文史料》项目成果的申报和出版，为类似项目的开发提供了重要的参考和借鉴。重庆大学出版社已累计获得10项国家出版基金资助项目，出版社将国家出版基金项目作为常态化建设工作，贯穿选题策划、业务开展、人才储备等工作常态。

（一）出版导向

出版管理层做好出版结构顶层设计，科学制订长期发展规划，合理规划阶段性目标，通过政策支持与引导保证重点项目与学术图书的内容质量。重庆大学出版社成立了学术出版中心，将重点图书的打造与学术出版战略统筹起来；完善了重点选题论证机制，设立重点项目出版基金，激励和推进优秀著作出版；社长或分管总编辑牵头，协调重点项目整体运作和管理。

（二）出版储备

“人才支撑项目，项目培养人才。”优秀的人才队伍是出版社发展的根基，也是策划和完成国家出版基金项目的前提。经过了本项目的运行，笔者获益良多。重点选题的策划提升了骨干编辑的专业素质和能力，而骨干编辑能力的提高反过来又促进了重点选题的开拓。通过重大项目的引领，有利于培养高素质的策划、编辑队伍，有利于带动出版社对品质的更高要求及对文化责任、社会责任的承担，还可能有效带动学术专著、专业图书的策划与出版。重庆大学出版社便是将自身定位为学习型出版社，期望培养学者型编辑，注重编辑精品项目策划的能力。加强编辑人才队伍建设，引导编辑沉稳的学术作风，营造良好的成长环境也正是出版社所需提供的保障。

（三）价值提升

《中国西南古建筑典例图文史料》项目使几十年、几代人积累下来的古建筑珍贵测绘资料得到整理、校核并得以更好地保存、延续。这些是全民族共同的财富，出版单位需承担其传承文化的责任。丛书出版后，通过全力的推广与宣传，包括作者通力配合下的多场学术会议宣传、宣讲充分的图书馆配会宣传等，让出版成果得到了尽可能多的分享、交流，让项目产生尽可能大的社会效益。

参考文献

[1]国家出版基金规划管理办公室.2013年度国家出版基金项目申报指南[Z].2013.

[2]冯媛媛，宋秀全.新时期出版社加强出版基金、奖项申报工作实践与探讨[J].中国编辑，2016(1).

[3]朱同芳.重点选题策划出版的实践与思考——以南京出版社为例[J].出版发行研究，2016(1).

发挥传播媒体在文化建设中的引领作用

——“传播媒体与文化建设高端论坛”综述[①]

董天策　梁辰曦　戴瑞凯[②]

重庆大学新闻学院主办的“传播媒体与文化建设高端论坛”,2016年12月16日在重庆大学举行,来自中国人民大学、复旦大学、清华大学、北京大学、中国传媒大学、浙江大学、武汉大学、南京大学、四川大学、重庆大学、上海大学、暨南大学、西南大学、天津师范大学、上海师范大学、四川外国语大学、重庆工商大学、吉首大学等高校的二十多位学者,以及新华社、人民网、重庆市记协的资深专家齐聚重庆,围绕传播媒体与文化建设这一主题展开深入的研讨。

一、以人为本,树立文化自信,讲好中国故事

习近平总书记在庆祝中国共产党成立95周年大会上的重要讲话指出,要坚持中国特色社会主义道路自信、理论自信、制度自信、文化自信。文化自信是更基础、更广泛、更深厚的自信。对此,不少学者积极建言献策,从理论和实践两方面论述了传播媒体和文化自信之间的关系。重庆市委宣传部副部长张永才列举了唐诗与重庆历史文化遗产的保护、重庆全民阅读的开展、川剧《金子》的创新三个例子,阐明传播媒体对于挖掘传统文化价值、树立民族文化自信具有重要作用。重庆市记协原主席周勇认为,文化自信是中国进步的标志和文化传播的灵魂,他以“重庆中国抗战大后方历史研究工程”为例,论述了媒体与学界之间的互动对于文化建设的重要性。天津师范大学新闻与传播学院刘卫东教授则从“文化主权”的角度来阐释文化自信:中国梦的实现需要从文化主权的角度来思考中国文化的现代转型,以文化主权来构造中国文化的现代价值形态。新华社原副社长兼常务副总编辑马胜荣结合自身的新闻工作经验,以穆青的

①本文系教育部重大课题“大众传媒在文化建设中的功能和作用机制研究”(12JD020)。原载于《新闻界》2017年第1期。

②董天策,重庆大学新闻学院院长,教授,博士生导师。梁辰曦,重庆大学新闻学院/法学院博士研究生。戴瑞凯,重庆大学新闻学院硕士研究生。

三部新闻作品为例讲述了新闻作品在文化传播中的重要功能,指出新闻媒体的文化传播有助于增强我们的国际话语权、有助于推动跨文化传播。重庆大学新闻学院汤天甜副教授以《大国工匠》为例,探讨了主流电视专题片在家国情怀视角下的形象建构与叙事策略,认为该片在展现国家实力与国民形象方面做了很好的尝试。

一些学者还从"人"的角度论述媒体与文化建设。中国人民大学新闻学院郑保卫教授指出:文化传播要"以人民为本"把人民群众作为文化传播的根本和主体,把满足人民群众的精神文化需求作为文化传播的出发点和落脚点,把为人民服务作为文化传播的天职。北京大学新闻与传播学院陆地教授认为:媒体的文化建设其实是人的建设。首先,媒体要有"人性",不具有人性就不会亲近人民,人性是媒体的第一本性;其次,媒体要反映"人心",反映人民的呼声、向往和追求;最后,媒体要有自己的"人格"和风格。

二、以社会主义核心价值观为宗旨,重视新媒体环境下的文化建设

在新媒体蓬勃发展的今天,新媒体已成为塑造文化形式、影响文化生态的重要因素。本次论坛的一个热点就是"新媒体与文化建设"。复旦大学新闻学院教授童兵、上海师范大学谢晋影视艺术学院王宇副教授指出:新媒体具有便利性、自主性和互动性的特征,无论是对社会公共文化还是对文化产业来说,都具有推动文化建设的使命与任务。清华大学新闻与传播学院陈昌凤教授以"今日头条"为例,分析了基于算法的信息推荐模式所带来的众多值得深入研究的问题:"这类科技运用对新闻价值判断和内容产生了什么影响""工具理性和价值理性应如何协调""新闻专业主义在技术时代应如何变迁"。

在新媒体环境下出现的各种文化现象也受到众多学者的关注。人民网股份有限公司原副总裁官建文通过对网络围观、网络流行语等文化现象的分析,阐述了"媒介的文化拓殖"这一命题。他认为,媒介不仅是传播、承载和播散文化,而且拓殖了新的文化。如去中心、参与、合作、共享等,这些都是新媒介出现后带来的文化现象。南京大学新闻传播学院丁柏铨教授批评了炒作明星绯闻、矮化民族英雄等不良文化现象,认为引导文化心理建设不仅是新闻媒体的责任,更是文化建设的重要任务。西南大学新闻传媒学院秦红雨副教授分析了"双十一"这一由多种媒介共同缔造的"媒介神话",并做了深刻的文化反思。西南大学新闻传媒学院韩敏教授通过对博客和微信这两种社交媒体的考察,分析了网络社交在形成圈子、表达符号、意义传播三方面的窄化现象。重庆大学新闻学院郭小安研究员通过"帝吧出征"这一网络事件探讨了网络民族主义运动中的米姆式传播与共意动员。吉首大学文学院陈文敏副教授则阐述了"网络反语言的情感传播"。

暨南大学新闻与传播学院陈伟军教授认为，新媒体带来了异质符号播散与多元价值的冲突，面对杂糅的文化生态，要用社会主义核心价值观来引领，努力解决前进中出现的各种深层次价值冲突，消除不和谐因素的引爆动力，为社会良性发展构筑文化的生命线。暨南大学新闻与传播学院王玉玮副教授也指出：新媒体话语权的分散导致了价值茫然、价值错误和价值虚无等问题，要从理念、主体、对象、方式、机制五个方面来构建社会主义核心价值观的话语体系。

三、关注文化产业发展升级，拓宽传媒与文化建设的理论进路

十八大报告提出，要促进文化和科技融合，发展新型文化业态，提高文化产业规模化、集约化、专业化水平。在此背景下，传播媒体与文化产业的发展升级受到关注。武汉大学新闻与传播学院石义彬教授论述了大文化视野下传媒行业发展的现实挑战与因应策略。他提出，文化传媒行业的发展要发挥国家经济换挡转型期的价值作用，利用国家大力发展、推进文化产业的政策机遇，扩大传媒发展的政策红利。浙江大学传媒与国际文化学院李杰教授认为，文化创意产业发展与经济发展转型升级是一个共同的目标，实现这个目标需要具体的路径选择和相应的政策配套，而“互联网+”背景下的“杭州模式”是一种有意义的路径探索。上海大学中国艺术产业研究院吴信训教授指出，新媒体是文化艺术创新的引擎、杠杆和本体，在新媒体拥抱文化艺术的时代，“科技”和“原创”应成为文化创意产业发展的引擎力和生命力。重庆大学美视电影学院彭吉象教授从自身专业出发，探讨了数字技术时代的影视业面临的机遇和挑战。重庆工商大学艺术学院殷俊教授分析了新闻出版与广播电视产业融合的方式、障碍以及对策。

中国传媒大学陈卫星教授通过阐述文化工业、公共领域等概念，探讨了传媒文化的媒介学生态与文化正当性。四川大学文学与新闻学院蒋晓丽教授从荣格和弗莱的原型理论出发，研究了情感传播的原型沉淀机制及原型功效。她认为，理解原型即是理解事件背后的文化；在情感传播中，原型具有激活个体情感、引起情感共鸣和加剧情感张力等三种功效。重庆大学新闻学院董天策教授从文化生态学研究的两个视角，探讨了研究“新媒体对文化生态的重构”这一问题的理论进路和研究方法。四川外国语大学新闻传播学院严功军教授梳理了“内爆”和“外爆”的关系，并据此对融媒体的生态及现代性的消解等现象做了批判性的解读。重庆大学新闻学院研究员龙伟采用历史分析的方法，研究了中国五十年代的传媒变革与工人阶级文化建设之间的关系。

抗战大后方电影期刊的文化救亡[①]

沈艾娥　黄轶斓[②]

摘　要：抗战时期的电影文化在分流中出现断裂趋向。大后方的电影期刊应势而生，扎根于当时中国电影的本土语境之中，成为承接中国电影艺术历史演进中的必要一环。深重的民族灾难，严酷的军事对抗，使得大后方电影期刊负载着抗战文化宣教、民族情感排遣等多重诉求，成为战时国家政略和战略需要的舆论工具，具有强烈的战争工具属性与文化宣教属性，与同一时期的商业性电影期刊划开了明确界限。复杂的成长背景，为其多重底色的形成做了最为有力的注脚。围绕文化救亡这一主题，抗战大后方电影期刊显现出工具性、民族性、现代性等多种特征，其经营也呈现出使命化色彩。大后方电影期刊在极度艰难的情况下，以主导之姿引导社会价值与民众认知，对当前的期刊出版具有重要的借鉴价值。

关键词：抗战大后方；电影期刊；文化救亡；全能主义政治

如果说20世纪20年代中国电影期刊是各电影公司的商业宣传阵地，20世纪30年代中国电影期刊开始向理论探讨转变，那么抗战时期大后方的电影期刊，则以抗战宣传文化救亡为首要任务。围绕着这一任务，抗战大后方的电影期刊迥异于此前及同时期其他地区的所有电影期刊，呈现出其特有的文化意蕴。

1938年诞生于武汉的《抗战电影》，作为中华全国电影界抗敌协会的会刊，率先在电影期刊界扛起了抗日救亡的大旗。特殊的时期与特殊的地理位置赋予了抗战大后方电影期刊特殊的使命，对其进行深入的研究，不仅有助于管窥中国早期电影期刊在20世纪40年代初的生存状态，且有助于准确把握彼时中国电影人的价值取向与从业心态，丰富和完善中国抗战电影史中一些鲜为人知的真相。

---

①本文系重庆市社科规划培育项目“抗战时期陪都电影期刊研究”(2015PY54)。原载于《编辑之友》2017年第5期。

②沈艾娥，博士，西南政法大学新闻传播学院副教授，主要从事影视文化研究。黄轶斓，海南师范大学博士生，重庆师范大学教育科学学院讲师，主要从事抗战文化研究。

一、背景:西迁中的电影生态

抗战的爆发,迫使中国电影中心由上海转移到内陆后方各地。1937年,随着"八一三"淞沪战役的打响,上海沦为战区,当时中国电影主干企业,如明星、联华、新华、艺华、天一等驻沪电影公司纷纷停止制片,电影人才辗转西迁。与此同时,原设立在南京的国民党中央党部所属的中央电影摄制场,于1937年12月迁至重庆,并专门设立"中电电影服务处"。原设立在武汉的国民政府军事委员会所属的中国电影制片厂,于1938年9月迁至重庆。电影人才的集结、中央电影摄影场与中国电影制片厂的迁抵,使重庆成为这一时期中国电影的中心地。

(一)民族主义情感的笼罩

抗日战争爆发后,中国处于空前严重的民族危机之中。中国素有的"文以载道"文化传统,加之五四运动开启的以启蒙与救亡为标志、创建现代民族国家的观念意志,在抗战时期叠加成一种强大的民族主义情感,影响着中国各界知识精英。"抗日战争作为20世纪中国大地上发生的重大事件,立即影响到了全国各行各业,电影界也不例外。战前就为拍摄抗日国防电影而大声疾呼的电影艺术家们,立即以不甘于任何人之后的姿态投身于抗日洪流,力图为抗战做出自己的一份贡献。"①在抗战的特殊历史时期和社会语境下,充溢情感的呼吁较之逻辑化的说理,对于多数文化教育水平不高的普通民众而言,在激发斗志与凝聚人心上效果更佳。不少电影人士通过报刊或电影杂志,高声疾呼"让我们的电影为这样神圣光荣的民族战争服务罢"。②抗战大后方的电影界,就是通过把这种民族主义情感灌注在抗战电影中,把散沙般的民众凝聚和动员起来,把分属不同党派和社会阶层的人们唤醒和组织起来,悲壮迎击民族压迫和挑战。

(二)全能主义政治式的文化统治

针对当时的国际国内形势,抗战大后方在以挽救亡国灭种危机为旨归的民族主义情感笼罩下,自上而下形成了一种全能主义政治式的文化统治理念,为抗战大后方电影的国策化奠定了基础。"我们是主张民主自由的,但在今日,为抗战利益计,则须加强国家战时的军治化,全国凝结成一个整体……一切归其统率、一切听其指挥,而一切统治指挥皆以军事的利益为依归。"③全能主义政治认为政治机构的权力可无限制地 控制社会的每一个阶层每一个领域。

---

①朱剑,汪朝光.民国影坛[M].南京:江苏古籍出版社,1997:262.

②郑伯奇.谈国防电影[J].电影画报,1936(9):4.

③国家战时军治化[N].大公报(武汉),1938-01-14.

事实上,20世纪30年代于上海兴起的左翼文化思潮,其源头"普罗文化"即植根于阶级斗争理论的全能主义政治文化。1931年11月,左联执委会提出"普罗"电影三项"最基本的原理",其中第一项就是注意中国现实社会中的题材,抓取反对帝国主义的题材。[①]

左翼文化思潮随着抗战的持续,深入到以重庆为中心的抗战大后方。与此同时,全能主义政治式的文化统治理念快速向电影领域拓进,苏联电影给中国电影界人士提供了一个电影国策化的借鉴样本。抗战文艺人士王平陵在其《从苏联电影谈到中国电影》一文中指出:"苏联政府认识了电影的重要,一律收归国家经营以后,首先做到把全苏的电影院管理权,在中央所设置的机关下,集中管理。而后进一步设立一个制片中心与租片机关,以适应全苏的需要。唯有这样,才能避免从前少数电影院因供给与需要不均所发生的混乱状态,且可使制成的片子得到充分利用的机会,使国营电影事业普遍地发展。"[②]1940年10月5日,"中国电影路线问题"座谈会上,电影界人士呼吁"树立电影行政新体系",建立战时统一的电影指挥机关,即后来的国民政府军事委员会政治部及"第三厅",也就是"中华电影界抗敌协会"。1942—1943年期间,国民政府在重庆先后筹建中华教育电影制片厂与中国农村教育电影公司。此外,官方组建多个电影流动放映队,为大后方的民众和各战区的士兵提供电影放映服务,如军事委员会政治部下设的电影放映总队,中央宣传部所属的中电流动放映队等。

(三)电影工具理性的凸显

在抗战这一特殊时期,全能主义政治统治理念的施行,使得"启蒙""救亡"两种口号沉重而悲壮地叠合在一起,大后方电影界紧密地应和着这一双重变奏,原本价值至上的电影界精英,开始重视电影的宣传教化功能,价值理性让位,工具理性得到凸显。"我们电影国策的准绳,应该是达到训育感发大众为目的,使他们担当复兴国家民族的任务,帮助我们的社会、科学和政治的进步。"[③]

为引导和改变公众对抗战的认知与行为,激发其抗敌热情,电影界人士强调电影作为大众传播工具的重要性。"神圣的抗战开始之后,同时开始了精神的总动员,而电影却正是最伟大的宣传武器"[④],"抗战中的中国电影该服从于我们国家的基本国策"。[⑤]

①王平陵.从苏联电影谈到中国电影[J].中苏文化,1940(4):24-28.

②王平陵.从苏联电影谈到中国电影[J].中苏文化,1940(4):24-28.

③罗静予.论电影的国策[J].中国电影,1941(1):59-62.

④袁牧之.关于国防电影之建立(之六)[J].抗战电影,1938(1):3.

⑤郑用之.民族本位电影论[J].中国电影,1941(3):10-13.

二、底色:多重诉求的合成

大后方电影是中国电影史上最为错综复杂的电影现象之一,呈现出"杂陈态势"。[①]同样,生长在抗战时期的大后方电影期刊,围绕文化救亡这一主题,显现出工具性、民族性、现代性等多种特征,复杂的成长背景,为其多重底色的形成做了注脚。

(一)工具性

利用电影期刊进行抗战文化宣教,是抗战时期大后方文化传播的重要现象之一。抗战时期,大后方的电影期刊在严酷的军事对抗中求生存,战时的社会情形投射到电影期刊的发展走向中,使其具有鲜明的战时指向。

"有人认为看电影刊物比看电影还有趣味,因为看电影一定比买一本电影刊物的价钱贵,同时好多人看电影都是因为看多了电影刊物,才对电影发生更多的趣味。"[②]正是基于这种认识,抗战大后方电影期刊的编创,均不同程度地利用电影期刊进行抗战宣教,对抗战电影进行宣传与关注。大后方电影人士普遍意识到:"神圣的抗战开始后,同时开始了全民族的精神总动员,而电影正是能有力地肩负起这一伟大历史文化使命的、威力最强大的宣传武器。"[③]在大后方电影人士看来,电影不仅可用来做抗战宣传,还可教育大众,"抗战电影课本化很有必要,要成为壮丁训练的活教程,成为士兵的课本;抗战电影更要成为国民基础学校的立体'千字课'民众教育馆的通俗书词之'演义'"。[④]1938年3月31日创刊于武汉的《抗战电影》,作为中华全国电影界抗敌协会的会刊,是抗战初期一本重要的电影刊物,不仅记录了电影界抗敌协会成立的过程与情形,且探讨了《关于国防电影之建立》。主编唐纳在该刊《发刊词》中大声呼吁:"要求开末拉为中国人民的解放斗争服务,并且在困难的环境中用开末拉的笔写出了若干的国防意义的作品。"[⑤]"中影"厂长郑用之在该刊撰文《起来银色的战士们》,公开呼吁电影界人士应利用电影艺术为抗战服务。

(二)民族性

"民族危机不可能不影响中国电影,它要电影走上另一条道路。这就是说,中国社

---

①虞吉.杂陈共生,蓄势促发——抗战时期"大后方电影"的特殊历史作用[J].文艺研究,2005(9):81-87.

②亦云.关于电影刊物[J].国民公报."电影战线"副刊第64期.

③关于国防电影之建立[J].抗战电影,1938(1):3-6.

④阎哲吾.门外汉的观感[J].中国电影,1941(3):42-44.

⑤唐纳.发刊词[J].抗战电影,1938(1):1.

会的变动要求电影面对现实，和现实的关系密切一点，为变动社会尽自己的力量。”①为强化国人的民族意识和国家观念，大后方电影人在强调电影民族化时，也利用大后方电影期刊展开了一系列关于电影“民族本位”与“民族路线”的探讨。郑用之1941年刊发在《中国电影》第1卷第3期的《民族本位电影论》一文，是众多关于电影民族化文章中的佼佼者。不仅如此，抗战时期电影格局的改变，引发出一系列新的问题。大后方电影的主要受众不再是都市市民，而是农民和士兵，“电影下乡”“电影入伍”成为当时电影界面临的现实，这些也影响着大后方电影期刊的内容。1941年1月1日创刊于重庆的《中国电影》，刊发了大量关于农村电影的探索文章，如《农村电影制作问题》《中国电影的路线问题》等。中国电影制片厂厂长郑用之在《中国电影》中提出“抗建电影”的概念，认为抗建电影就是民族本位电影，强调应“能反映民族生活、风俗、习尚、传统和生活方式，具有民族风格，民族气派和与此相适应的特定题材手法和样式的电影”。②

（三）现代性

抗战时期，大后方电影期刊是当时中国电影理论研究和争鸣的重要阵地，其理论批评一方面延续、深化着抗战前的某些热点议题，另一方面开启了战后的一派新风，主要涉及抗战电影理论、农村电影理论、电化教育理论、记录电影理论，以及贯穿整个抗战时期的关于抗战电影通俗化、大众化与电影民族形式问题的探讨。由于受现代学术意识的影响和现代学术规范的建立，这一时期的大后方电影期刊，逐步从传统的点评式的审美感悟，过渡到系统的理论探讨，实现研究方法的科学化与期刊类别的专门化。1942年3月15日创刊于成都的《电影与播音》（后改名《影音》月刊），是以教育电影的知识普及与理论探讨为主要内容的专业化月刊。该刊每期封面都印有办刊宗旨：“电影与播音之技术及施教方法；各种传播文化最有效之新工具；各省及国外电化教育实施近况。”1943年始增“中央地方推行电化教育之政策法令”。在内容编排上，该刊可分为理论探讨、技术研究、佳片介绍、人物介绍、海内外信息等板块。《电影与播音》是民国时期由金陵大学创办的专业化学术期刊，其中不少论文是电化教育领域的开山之作，如陈普仪《用电影辅助化学教学》（第一卷第4期）、曹守恭《一个电影施教机构应具备些什么器材？》（第四卷第6期）、孙明经《电影教室设计》（第五卷第4、5期合刊）等。该刊既是中国早期电化教育的权威见证，又是现代教育技术研究开启的重要标志。与

①刘念渠.在银幕上创造典型[J].中国电影，1941(1):22-25.

②郑用之.抗战电影论纲[J].中国电影，1941(1):19-20.

此同时,《电影与播音》在电影技术方面也有较为深入的探讨,如曹守恭《袖珍放映机之剖视》(第三卷第6期)、《Q型袖珍放映机之构造及使用法》(第三卷第9、10期合刊)等。

对于抗战大后方的电影期刊而言,斑驳的底色不仅源于成长背景的繁芜,更来自于编创诉求的杂存。在"抗战"这一特殊时期、"大后方"这一特殊地区,深重的民族灾难,严酷的军事对抗,使得编创人员将抗战文化宣教、民族情感排遣等诉求加诸电影期刊之上。于是,抗战大后方的电影期刊已超出文艺边界,成为隶属于战时国家政略和战略需要的一种特殊舆论工具。为适应抗日战争的战略要求,抗战大后方的电影期刊具有明显的现代国家民族主义意识形态特征,具有强烈的战争工具属性与功利性文化宣教属性,与抗战之前具有市场盈利和满足市民阶层娱乐需求的商业性电影期刊划开了明确界限。

三、经营:使命化的生存

抗战大后方的电影期刊,既需维持自己的商业生存,又需坚持抗战宣教、启蒙民众、文化救国的使命。在商业性与文化性的双重负载下,其经营状况总体看来,成就与缺憾共存。既有短命早夭者,如《抗战电影》《影剧论坛》,也有积日累久者,如《电影与播音》《时代电影》《今日电影》等。这一现象不仅脱离不了当时特殊的时代背景,也与电影期刊自身的经营路线大有关联。抗战大后方电影期刊的经营状况如表1所示。

表1　抗战大后方电影期刊的经营状况

刊名	创刊地	创刊时间	停刊时间	发行期数	主创	备注
抗战电影	武汉	1938年3月31日		1期	唐纳	中华全国电影界抗敌协会会刊
中国电影	重庆	1941年1月1日	1941年3月1日	3期	郑用之 何然	官营性质,以电影理论研究为主要内容
电影纪事报	重庆	1941年6月25日	1942年8月	6期	罗学濂 唐煌	主要报道抗战期间国内电影事业的发展状况,不定期出刊
电影与播音	成都	1942年3月15日	1948年9月	63期	孙明经	以国内外影音资讯、影音技术及电影理论探讨为主要内容,月刊
今日电影	重庆	1943年4月1日	1946年6月	56期	何酩生	主要报道抗战时期大后方、沦陷区及好莱坞影坛动态
影讯半月刊	重庆	1943年12月	不详	不详	黄新犹 潘泽七	主要报道影坛动态

续表

刊名	创刊地	创刊时间	停刊时间	发行期数	主创	备注
戏剧电影	重庆	1944年10月		1期	郑庆龙 方平	电影与戏剧的综合型刊物
影剧论坛	重庆	1945年 4月10日		1期	张尧军	电影与戏剧的综合型刊物
时代电影	成都	1945年 12月5日	1947年5月	3期	万绍烈	关注国内外影坛讯息，偏重通俗性娱乐报道

从上表可以看出，抗战大后方的电影期刊有近三分之一只出版发行了一期便停刊，早夭者(出版发行期数不超过6期)则达一半以上，只有《电影与播音》《今日电影》《时代电影》这三类期刊生存时间较为长久。抗战大后方电影期刊生存艰难，究其原因有二。

第一，随着抗战的持续，大后方物资越来越短缺，电影期刊也陷入经济困顿之中。作为官营性质的电影刊物，《中国电影》的创办单位为中国电影制片厂(简称“中制”)，当时“中制”每个月的经费相当于美国一个普通演员一周的薪水。[①]在这种状况下，自身难保的“中制”对《中国电影》无暇顾及，于是，《中国电影》只出版三期便停刊了。《中国电影》对自身经济困窘的局面并不讳言，第二期“编后·红墨水”云：“在大后方的印刷制版上的困难，事实上常有超乎想象之外的，譬如第一期，就在印刷所里印了四十七天之久。”第三期“编后·红墨水”云：“我们非常惭愧，出了三期，就换了三家印刷所，同时因为纸张的昂贵(且不易购得)制版的困难，因此，从本期起暂时不用插图，这也应该在读者面前告罪的。”官营性质的电影期刊尚且如此，其他电影刊物的生存状况可想而知。

第二，抗战爆发后，电影期刊的生存环境日益恶劣，为在竞争中盈利，很多期刊一味追求商业刺激性。“抗战以来，上海香港各地出版了不少电影刊物，检阅起来，大半都是些歪曲的东西，不是谈某人的大腿，就是替下意识影片辩护，良好的影刊，真是若晨星之寥寥。”[②]部分大后方电影期刊为了自身的生存，也在向商业化靠拢，如《今日电影》《时代电影》，均以国内外影坛讯息为主要内容，偏重通俗性娱乐报道，其寿命较大后方其他电影期刊而言相对长久。然而，绝大部分担负着抗战宣教与文化救亡的大后方电影期刊，其商业竞争性明显不及一味追求刺激性的同时期其他电影期刊，在经济萧条的大后方难以为继，实属情理中事。

---

①郑用之.抗战电影论纲[J].中国电影，1941(1):19-20.

②电影界的新生力量《中国电影》即将问世[N].国民公报，1940-12-8.

《电影与播音》则是大后方电影期刊中一个较为独特的存在。事实上，创办过程中，《电影与播音》也面临着大后方其他电影期刊同样的经济问题，“至于收入方面，因本刊坚持学术立场，购订所得距印刷成本远甚。因此经济问题常为本刊最严重的问题”。[①]即便如此，该刊发行达7年之久，共出版63期，是抗战大后方电影期刊中持续时间最为长久者。究其原因，以质取胜是其中关键因素。该刊是我国电影史上最早由高校主办的专业性期刊，它善于将国内外影音资讯、影音技术、电影思潮合理统筹，兼顾学术理论与实际技能。其创办单位金陵大学，在创办该刊之前，就利用电影进行辅助教学已近10年，《电影与播音》的诞生是金陵大学影音实践的经验使然。该刊也承担着抗日救亡的使命。《电影与播音》在第二卷第1期专门设置了“还我河山”专栏，以增强读者的爱国热情；激发其抗战斗志。不仅如此，该刊极其注重读者的感受，每年年底都会刊出这一年的总目录索引，以便读者反复细读；第二卷第5期增设了英文说解，方便海外人士阅读。1943年，美国国会图书馆来中国搜集国内知名出版物，《电影与播音》“有幸被索取数份，寄美国交各大图书馆珍藏”。[②]然而，与同时期其他以娱乐性为主的电影期刊相比，偏重学术研讨与技术介绍的《电影与播音》，在受众面窄、发行量低的情势下举步维艰：“其间困难重重，随时有停刊之虞。”[③]但该刊在业界的口碑为其存续赢得了众多资助，上至教育部，下至社会团体或个人，均为该刊进行过捐赠。

不可否认，抗战大后方电影期刊在日军军事和文化的双重围剿下，尽管生存艰难，但其不仅多层次地传播了电影文化，且实现了民族救亡与文化传承的使命，为当时的大众指引了方向，所起的主导作用不可估量。

四、结语

抗战时期的文化迁徙，使得当时的电影文化在分流中出现断裂趋势。大后方的电影期刊应势而生，扎根于当时中国电影的本土语境之中，成为承接中国电影艺术历史演进中的必要一环，不仅见证了那段特殊时代电影的发展历程，且传播了当时电影的新观念，既是学者的理论研究基地，也是电影爱好者学习交流的平台，同时还是记录抗战时期社会变迁的参与者、启迪民智的倡导者。对抗战大后方电影期刊的追怀，不仅有利于中国早期电影期刊史的建构，也有利于当前我国文化建设和期刊出版的发展。

①魏学仁.本刊三周年纪念：追述草创经过[J].电影与播音，1945(2)：1.

②编者.本刊之荣誉[J].电影与播音，1943(1)：2.

③编者.编者语[J].电影与播音，1946(1)：63.

对抗战大后方电影期刊的分析发现，真正能立足于市场的文化传播，不在于一味迎合受众，而在于既关注现实需求，又注重价值传承与文化引导。抗战大后方电影期刊在极度艰难的情况下，以主导之姿引导社会价值与民众认知，对当前的期刊出版发行具有重要的借鉴价值。

我国数字音乐市场的正版化改革路径探析[①]

陶 宇[②]

摘 要:中国音乐市场的改革近年来主要是围绕着数字音乐的正版化而展开的。目前,中国数字音乐市场的正版化运动已经取得了有目共睹的成绩,但距离世界上其他较为成熟的数字音乐市场还有一定的差距。本文通过梳理我国数字音乐正版化改革取得的成果和存在的主要问题,且立足于长久以来数字内容产业打击盗版所依赖的关键技术——数字版权管理(DRM)技术,对我国数字音乐版权的改革路径提出建议。

关键词:数字音乐;版权;改革;数字版权管理

数字音乐的诞生源于数字声频技术。以数字信号格式储存的音频能够被随意传输、转换、编辑和再生,这些天然的优势决定了数字音乐能够取代传统的CD、录音带等媒介成为音乐传播的主流介质。自2014年起,全球数字音乐与实体音乐就实现了收入持平,而截至2016年底,全球共有1.12亿付费音乐流媒体订阅用户,数字音乐收入也首次占到总收入的50%。

得益于文化改革、技术、新的政府政策等多种因素影响,中国数字音乐市场的发展速度也即将追赶上世界市场的步伐。据统计,2016年我国数字音乐市场排名上升至全球第9位,而正是数字音乐的飞速发展使中国音乐市场在世界的整体排名从2014年的19位上升至了2016年的12位。在这种积极变化下,不论是国内还是国际业界都将中国音乐市场视作"下一个伟大的全球机遇"。这离不开数字音乐市场的版权改革。以往,销售、传播盗版音乐是造成国内数字音乐平台与国外主流平台之间差距的主要原因,而近两年来在全行业开展的"独家版权"变革无疑向数字音乐正版化迈出了成功的第一步。

①原载于《重庆文化研究》2017年第4期。

②陶宇,重庆市文化研究院。

一、我国数字音乐正版化成果梳理

伴随着正版化改革,国内外业界普遍将2015年看作是中国数字音乐乃至中国音乐产业"走向真正的交易市场"的第一年,至今已走过了两年的时间。这其中离不开多个市场主体的通力合作:

数字音乐服务商的积极行动。由腾讯音乐联合多家唱片公司于2013年正式组建的"数字音乐维权联盟",率先掀起了打击平台盗版的行动。2014年,腾讯音乐娱乐集团推出首张数字专辑《哎呦,不错哦》,让数字音乐产业在以会员体系为主的增值服务中找到了新的突破口。

国家行政层面的重视。虽然有腾讯音乐这样的"先行者",但真正促使整个数字音乐行业行动起来离不开国家政策的助力。2015年,国家版权局出台《关于责令网络音乐服务商停止未经授权传播音乐作品的通知》,被称为"史上最严版权令",此后各大平台开启了自查盗版、主动下架未授权内容的风潮,因此该法令可以被看作中国音乐产业从盗版时代到正版时代的分水岭。

全行业的积极响应。除开平台与政府,改革自然也需要正版化运动的保护对象和获益主体——音乐创作者和唱片公司的配合。只有与平台服务商共同协商,寻求多方获利的音乐授权方案,才能减少改革的阻力。此外,也应当看到我国普通音乐受众在版权保护意识方面的觉醒。华纳音乐亚洲总裁Simon Robson认为,中国音乐市场盗版率曾高达90%,长时间以来,数字音乐、网络音乐的随意收听、随意下载给国民造成了"音乐免费"的不正确认识。因此,从"免费"到"付费"的认知和习惯扭转,必然要经历一个艰难的过程。而如今,超过90%的90后用户都有了付费听歌的经历,付费人群稳步增长的大趋势说明,越来越多的人正对收听正版音乐持有开放和接纳的态度。

正版化改革产生的积极作用是多方面的。对音乐创作者来说,它有利于保障该群体取得合法性收入;对数字音乐平台来说,它意味着免费提供盗版音乐,且主要依赖广告收入的盈利模式已经过时,取而代之的将会是更加符合市场规律的新模式。当然,新的运营模式的探索、改革后的市场份额的争夺,必然会带来平台之间更为激烈的竞争。版权令下发以来,以阿里、腾讯为首的互联网巨头相继完成了自己在在线音乐市场的布局,音乐版权的价值也愈发受到重视。

对于普通用户来说,正版化有利于培养公民自觉尊重知识产权的基本法律意识,养成良好的收听在线音乐和数字音乐的习惯。更为根本的改变,是有偿服务也意味着作品之间的优胜劣汰。因为听众不会愿意为不具备欣赏价值的,粗制滥造的音乐而买单,所以创作者会以更加认真严肃的态度对待音乐创作,以期用优质的作品吸引听众,这种因果关系将引导音乐市场环境往更为健康、有序的方向发展。

二、现阶段正版化所遇到的问题分析

虽然得到了国内业界和国际唱片业协会的一致看好,但是目前数字音乐产业转型升级中出现的障碍也不容小视。主要有以下两个:

(一)市场竞争失序

如前文中所提及的,正版化改革带来了数字音乐服务商——主要是在线音乐平台之间新一轮更为激烈的竞争。各平台一边陆续下架盗版、无版权音乐作品,一边不得不向各大唱片公司和著作权人提出交易请求,以支付一定费用的方式获得相关音乐的授权。为了留住原有的平台受众,各服务商也不得不就谁能优先获得正版音乐授权,谁能获得更多正版音乐授权展开竞争。这使得音乐的著作权人、唱片公司在授权定价上拥有了主导权。

最终,失衡的买卖双方关系催生出了一种中国特有的数字音乐授权模式——独家授权。在其他国家,版权所有者对数字音乐服务商进行的版权转授往往是有条件的,例如美国通过立法规定"交互式的流媒体服务所需的录音制品许可可以直接从唱片公司获得,权利人对任何交互式服务(商)进行的数字音频传播录音制品表演权的独家许可期限均不得超过12个月。"而在中国,独家授权意味着表演权一经售出,便可以是永久有效的,权利人也永不得再次转授给另外的服务商。

独家授权模式给唱片公司带来了更多溢价能力。据报道,世界五大唱片公司之一的环球唱片在今年寻求新一轮中国在线音乐合作方的竞标活动中,最初授权报价仅为三四千美元,在众多竞价者中,授权费被哄抬至3.5亿美元现金。最终腾讯赢得该唱片公司的独家授权。

这种以争取在线音乐市场份额为出发点的竞争给平台听众带去的影响是显而易见的:一是正版环境下,高昂的授权费终究还是将转嫁到数字音乐消费者身上。尤其是当平台利用"独家授权"这一优势形成市场竞争壁垒时,消费者的合法权益也将难以得到保障;二是独家授权竞争会造成不同平台上,所拥有的正版曲目各不相同。因而消费者在使用在线音乐平台时,往往会因为单个平台难以满足自己的收听需求而被迫下载、注册多个在线音乐平台,并且不断地在平台间来回切换。

(二)版权保护仍有不力

尽管正版化改革持续推进,仍有相当大数量的中国听众选择免费的途径收听数字音乐,哪怕收听的是未经授权的盗版音乐。互联网上,能够提供播放、下载免费资源的渠道可以说是比比皆是,网友或专门从事资源分享的组织将自己手头的正版音乐或盗版音乐分享至各大论坛、各大网盘以及专门分享免费数字音乐资源的网站。

不可否认的是,这种现象恰好体现了Web2.0时代重在分享和去中心化的本质精神。而出现这种普遍现象的原因主要有两个:一是非法下载和非法上传的便利性。一方面,网友能够通过各种公开的破解办法无偿下载在线音乐平台上的付费音乐,也能通过国外平台获取数字音乐文件;另一方面,无论是通过非法破解取得的资源,还是通过付费的合法方式下载的资源,都能被轻易地上传至各大网络平台,供他人使用。二是反盗版的监管力度并没有与非法分享同步。从国家层面来说,并没有将非法下载和非法上传资源的行为纳入互联网执法坚决打击的范畴;从数字音乐服务商层面来说,其反盗版行动也只限于各平台本身,而对于专业性不强、非音乐平台的各种网站服务商来说,他们既难以受到国家版权法约束——要求其自觉处理每一次非法分享,也没有足够的人力、物力、财力去完成如此庞大的工作量。

三、关于是否应当使用DRM技术来防止盗版的讨论

围绕上述新问题,有学者提出各在线音乐平台应当引入DRM技术作为解决方案。DRM全称为Digital Rights Management,中文名称为数字版权管理,它泛指一系列通过控制、限制数字内容访问权限,从而阻止使用者对内容进行被许可范围之外的技术操作。在世界范围内,该技术被出版商、硬件生产商、版权持有者和个人广泛地应用于防止内容盗版问题。在音乐产业中,最典型的应用案例要数美国苹果公司的"iPod+iTunes"模式。在在线音乐平台还未普及的时候,数字音乐需要借助各大硬件厂商开发的音乐播放器进行收听。对于购买苹果公司"iPod"MP3播放器的消费者来说,必须要首先下载苹果独有的音乐商店"iTunes"购买音乐,而购买后的音乐通过一个叫作"FairPlay"数字版权管理系统进行数字加密后,拥有一个独特的格式文件,只有苹果的设备可以播放。

因此,有分析认为,只有引入DRM系统,首先在版权保护技术上向这一国际惯例看齐,国内各大数字音乐平台才能在与唱片公司的协商中拥有更多的话语权,要求唱

片公司将中国与世界上其他国家平等对待，采用一致的授权购买模式。同时，只有引入DRM系统，从技术上增加非法分享音乐资源的成本和难度，才能从根源上解决盗版音乐层出不穷、防不胜防的问题。试想，为了收听一首数字加密的歌曲，用户必须经历“购买——注册获取专属密钥——系统验证密钥——在限定条件下收听”这样严密的流程，且系统通过加密禁止用户拷贝、移动该歌曲文件到系统以外的任何位置，那么用户将这首歌曲分享给他人的愿望也会极大地被阻断。

然而，关于DRM技术本身的合法性与合理性却一直充满争议。支持者认为DRM是数字化时代的产物，是对传统的版权保护手段(例如著作权登记)，在新时代的一个有力的延伸和补充。更重要的是，在网络环境下，DRM能有效地防止盗版和侵权的发生，使版权方免于被动提起诉讼和追诉赔偿。反对者则总体表达了两类主张。第一类观点认为DRM虽然保护了版权方的合法权益，却损害了用户的合法权益，因为它难以对合法用户和非法用户进行甄别，也就难以满足合法用户意图对已购买产品进行某些更符合个人需求的操作的正当需要。值得注意的是，第二类观点主要来自服务商。他们相信，数字版权管理在表面上维护了版权方的持续收益，在长远意义上却会扼杀企业组织的创新力，因为受DRM保护的资源会逐渐成为唯一的竞争壁垒。

经过了长达十几年的争论，在今天看来，国际上的DRM反对者阵营已经占了上风。仅就音乐产业来看，不论是数字CD时代还是在线音乐时代，服务商们都是要么最终放弃DRM，要么将自己的DRM调整得兼容性更好，不肯改变的，诸如索尼开发的Connect，则陷入了市场反响上的滑铁卢。这样的胜利自然也影响到了中国舆论界对DRM的普遍认识。

但是，如果全盘吸纳国外对DRM的反对意见，我们就忽略了两个重要的事实：首先是中国数字音乐产业所立足的国情不同。引入DRM究竟是利大于弊还是弊大于利，在于一个国家，一个音乐市场的消费具有多大程度上的反盗版自觉性。当一个国家的人民在多年的积累下学会了主动尊重知识产权，自愿为其价值付费时，那么DRM的存在将会如反对者们所说，是得不偿失的。相反，如果市场消费者普遍缺乏这种自觉性，那么比起行政手段，DRM技术能够更高效地调节消费者的认知和行为。其次，还应该看到DRM的作用的对象应不仅限于普通用户。既然当DRM技术被应用于全体用户时会损害合法用户的利益，那么是否可以将DRM控制的范围缩小到某一类细分群体？除了服务商，市场是否可以探索一下DRM还可以为哪些市场主体(例如具有公益性质的组织协会)所用？

有关数字音乐市场下一步改革路径的建议也正是基于上述观点。笔者认为,应当一分为二地看待DRM在正版化改革中的意义。西方国家广泛使用DRM技术来促进正版化运动的那个阶段,正是中国文化创意产业尤其是音乐产业所没有经历过的。因此要有条件地吸收西方国家的实践经验,客观、全面地看待数字版权管理在中国数字音乐市场的应用。

四、关于正版化改革路径的建议:从DRM说开去

(一)作为数字版权管理新形式的数字资产管理系统(DAM)的应用

DRM在现实中的推行之所以会遇到越来越多的阻碍,不仅在于其本身的巨大争议性,还在于大量应用DRM系统的雇主对如何令其发挥好效用并没有一个清晰的设计。一项面向75个美国文化创意企业的调查研究发现,大多数企业管理者虽然明白做好关于DRM的员工培训工作的重要性,却往往连公司数字版权管理基本规章都没有制订,更不用说定制企业专属的DRM日常运维系统了。

为此,咨询公司Canto的营销总监Leslie Weller认为建立一个完善的数字资产管理系统是提高DRM运行效果的前提条件。数字资产管理(Digital Asset Management),简称DAM,指的是基于数字信息的采集、加工、存储和发布等一系列管理技术。当代文化创意企业往往在日常的经营中,积累了大量的数字媒体内容,这就需要企业通过专业的数字资产管理技术,将数字媒体内容整理归档,以便于日后的检索查询和再利用等能够产生价值的行为。数字资产管理的实际表现形式又以DAM系统为代表。通过具体的查询指令,在数据库中提取相关联的元数据,从而指向媒体文件的具体位置或信息,构成了一个DAM系统的基本工作流程。

鉴于数字资产管理系统的功能适应面广,而数字版权管理系统在目前看来又具有许多无法消除的局限性,作为文化创意产业的一部分的数字音乐产业应当考虑借助DAM而不是DRM来辅助版权管理。在实践中,这样的系统面向除消费者以外的市场主体会更有意义。例如,可以建立一个一站式在线音乐版权管理系统,集多种功能于一体。该系统可供音乐人登记作品的版权信息、支持数字音乐服务商查询音乐及其版权信息、并且发起购买需求,最终与版权方在线达成交易。而以上不同数据的录入、更新和相互链接,会不断地完善该系统,最终使该系统具有良好的行业公信力。

(二)作为改善用户体验、提供优质附加服务的数字资产管理系统(DAM)的应用

从面向消费者的角度来设计,DAM系统同样也可以起到替代DRM系统的作用。笔者认为问题关键在于如何通过改良数字资产管理系统来改善用户体验,或者提供优质附加服务。帮助大企业实现版权资源的垄断是DRM技术得到的诟病之一,那么企业为自己创造更多的可竞争资源,防止垄断形成便是解决之道之一。数字音乐服务商可以从多个方面入手,思考如何打造除"独家授权"音乐数量之外的优势。例如,通过改进自己的DAM系统,为打造功能精准的搜索引擎提供必要条件;或是通过整理系统分类,从而为用户提供更准确的音乐门类划分。如果正版平台能够提供给用户任何非法获取音乐途径都不可替代的优质体验,那么用户自然会逐渐为之放弃盗版音乐。

(三)其他技术革新

此外,国外最具代表性的数字音乐服务商,他们所走过的正版化历程同样能给我们一些启迪。例如,流媒体音乐已经成为国外在线音乐市场的主流产品,而在中国,流媒体服务还并未如此受到重视。利用流媒体技术来引导中国消费者转变音乐收听习惯,"独家授权"的不合理模式也会随之被市场淘汰。又如,在线音乐广播"潘多拉"(Pandora)利用大数据技术,对用户进行个性化音乐推荐的特色功能,也是一个技术革新的典例。

五、结语

数字音乐市场的正版化改革是中国音乐产业走到今天必然的一步,能否顺利完成,决定了中国音乐未来的发展命脉,也决定了中国音乐产业能否真正跻身世界音乐市场的前列。更重要的是,正版化改革的成功,将会对我国其他文化创意产业形成示范效应,成为文化改革背景下,文化自我革新的一个典范。

针对我国数字音乐产业的基本情况,以及两个影响当前正版化改革的主要问题,本文认为数字版权管理系统仍然可以为我们发挥较积极的作用,其关键在于我们能否正确认识它的优缺点,并且不拘泥于DRM的固定形式——数字加密,而是创新性地结合其他技术,例如DAM系统的特征优势,革新数字版权管理概念,改造数字版权管理技术,创造我们的正版化新路径。

WENHUA YICHAN

文化遗产

"非遗"活态传承的另一种表达:"古为今用"
——学习毛泽东文化遗产观的启示[①]

谭　宏[②]

摘　要:毛泽东以历史唯物主义的态度对待文化遗产,在自己长期理论思考的革命实践中,形成了独具特色的文化遗产观。其"古为今用"的观点是他对待中华民族文化遗产的基本方针。这个方针对于当下的非物质文化遗产保护工作具有重要的指导意义。在非物质文化遗产活态保护和传承的过程中,按照"古为今用"的方法,会真正地使非物质文化遗产保护进入生产和生活的实践中,使非物质文化遗产真正在活态的环境中得到有效的保护和传承。这是"古为今用"给我们的重要启示。

关键词:古为今用;非物质文化遗产;活态保护传承

毛泽东在中国革命和建设的实践中,非常重视对中国古代文化遗产的保护和传承,形成了颇有特色的文化遗产观"古为今用",反映了毛泽东文化遗产观的内核,是毛泽东对文化遗产在中国革命和建设中具体实践的归纳和总结,对于当下保护和传承非物质文化遗产具有重要的指导意义。

一、非物质文化遗产活态传承的传承需要"古为今用"为指导

《中华人民共和国非物质文化遗产法》明确提出非物质文化遗产是人类"世代相传并视为其文化遗产组成部分的各种传统文化表现形式"[③]。在这里,"世代相传"的可持续发展是非物质文化遗产得以传承的重要标志。毛泽东在对待文化遗产的问题上,充分运用了辩证唯物主义和历史唯物主义的世界观和方法论来审视人类文化遗产的连续性。他多次发出了"要尊重历史","不能割断历史"的警告和呼吁:"今天的中国是

①原载于《毛泽东思想研究》2017年第2期。

②谭宏,重庆文理学院教授。

③中华人民共和国全国人大常务委员会.中华人民共和国非物质文化遗产法[N].中国文化报,2011-02-26.

历史的中国的一个发展。”①“中国现时的新文化也是从古代的旧文化发展而来。”②由此，毛泽东号召全党同志要“学习我们的历史遗产”③。我们“不但要懂得中国的今天，还要懂得中国的昨天和前天”④。毛泽东还特别强调：“我们信奉马克思主义……这并不意味着我们忽视中国文化遗产”，中国历史遗留的“很多好东西……我们必须把这些遗产变成自己的东西”⑤。文化遗产“要为新时代所用”⑥。在这个问题上，毛泽东还以全球眼光说出了向外国学习时要避免用“全盘西化”的方式割断历史的问题。中国在建立和发展自己文化的时候“应该大量吸收外国的进步文化，作为自己文化食粮的原料”⑦。当然，这种吸收应该是“今天我们用得着的东西”，“所谓‘全盘西化’的主张，乃是一种错误的观点”⑧。一个国家和民族的历史文化反映着其“特有的民族精神和民族心理”，体现了一个民族或族群的“共同信仰和遵循的核心价值观”⑨。一个民族或国家文化的延续和发展，一定是建立在对历史文化继承、改造、发展的基础之上。非物质文化遗产是一种“活态文化”，因而活态传承是非物质文化遗产保护和传承的最重要方式，也是其得以可持续发展的重要保证。作为非物质文化遗产来说“世代相传”绝不是简单地把它放在博物馆中做静观“展品”式的世代相传，而且要在具体的社会历史环境中活态相传，这样才能增强非物质文化遗产的认同感和持续感。非物质文化遗产活态传承的观点，也得到了世界各国的共同认同，并且，在非物质文化遗产保护的实践中，得到了普遍实施和推广。毛泽东在20世纪60年代提出的“古为今用”观点，特别是一个“用”字，非常经典地概括和诠释了非物质文化遗产保护和传承中最为核心的话题：活态传承。在新中国建立之初，1956年8月，毛泽东就非常鲜明地指出：“向古人学习是为了现在的活人。”⑩这句话充分体现了其遗产观。

毛泽东的文化遗产观以及“古为今用”的方法论是在漫长的革命实践和总结文化

①毛泽东选集：第2卷[M].北京：人民出版社，1991：534.

②毛泽东选集：第2卷[M].北京：人民出版社，1991：708.

③毛泽东选集：第2卷[M].北京：人民出版社，1991：533

④毛泽东选集：第3卷[M].北京：人民出版社，1991：801.

⑤毛泽东文集：第3卷[M].北京：人民出版社，1996：191-192.

⑥臧云远.亲切的教诲——记一九三八年在延安毛主席接见时的谈话[A].人民文学出版社《新文学史料》丛刊编辑组.新文学史料(1979年第2辑)[C].北京：人民文学出版社，1979：112.

⑦毛泽东选集：第2卷[M].北京：人民出版社，1991：706.

⑧毛泽东选集：第2卷[M].北京：人民出版社，1991：707.

⑨贺学君.关于非物质文化遗产保护的理论思考[J].江西社会科学.2005(2)：103-109.

⑩毛泽东文集：第7卷[M].北京：人民出版社，1999：82.

发展规律的基础上形成的,是基于中国革命和建设的实际需要而提出的。中华民族几千年的文明"创造了灿烂的古代文化",利用这些文化为现在服务"是发展民族新文化提高民族自信心的必要条件"[①]。从革命战争年代开始,毛泽东和他领导的中国共产党人就开始了"古为今用"的理论和实践的探索。1938年10月,他在《中国共产党在民族战争中的地位》中说:"一切有相当研究能力的共产党员……都要研究我们民族的历史。"对于中华民族几千年历史留下的"珍贵品","我们应该给以总结,我们要承继这一份珍贵的遗产"。[②]1942年2月,毛泽东在《反对党八股》中说:"我们还要学习古人语言中有生命的东西。"[③]1942年5月,毛泽东《在延安文艺座谈会上的讲话》中说我们要继承"丰富的文学艺术遗产和优良的文学艺术传统"[④],"我们必须继承一切优秀的文学艺术遗产"[⑤]。毛泽东在革命实践中,不断地运用中国丰富的民族民间文化遗产教育人民、指导战争,取得了丰硕的"古为今用"实践成果。早在1936年,他在《中国革命战争的战略问题》中对于战争中如何把握土地的得失与战略的胜利之间的关系,运用《老子》的"将欲取之,必故与之"的思想,提出了"'将欲取之必先予之'的原则"[⑥]。1945年6月11日,在中国共产党第七次全国代表大会闭幕式上的讲话中,就运用了在中国流传很广的传统寓言故事《愚公移山》来说明在建立新民主主义的中国的过程中,就要有愚公移山的精神,挖掉"帝国主义"和"封建主义"的"两座大山"。[⑦]1956年,毛泽东在中国共产党第八届中央委员会第二次全体会议讲话中提出对于经济"是进还是退,上马还是下马,都要按照辩证法"。为了生动形象而又富于哲理,毛泽东还特别地借用了《庄子》的《天下篇》的思想:"飞鸟之景,未尝动也。"来说明客观世界是处于"这样一个辩证法:又动又不动"[⑧]的状态。毛泽东在中国革命和建设的实践中对中国传统文化优秀资源非常精准地做到了"古为今用",在新的历史条件下为中国传统的思想、寓言、故事,赋予了新的时代意义。

毛泽东提出"古为今用"遗产观,不仅与其信仰辩证唯物主义和历史唯物主义的哲

①毛泽东选集:第2卷[M].北京:人民出版社,1991:707-708.

②毛泽东选集:第2卷[M].北京:人民出版社,1991:534.

③毛泽东选集:第3卷[M].北京:人民出版社,1991:837.

④毛泽东选集:第3卷[M].北京:人民出版社,1991:855.

⑤毛泽东选集:第3卷[M].北京:人民出版社,1991:860.

⑥毛泽东选集:第1卷[M].北京:人民出版社,1991:211.

⑦毛泽东选集:第3卷[M].北京:人民出版社,1991:1102.

⑧毛泽东选集:第5卷[M].北京:人民出版社,1977:313.

学观和世界观有极大的关系，而且与他深受中国传统文化的实践观有极大的关系。“毛泽东的文化心态、个性品质、思维方式、行为方式、思想理论，无不受着传统文化基本特征的影响。”①从青年时代开始，毛泽东就非常提倡“学以致用”。李维汉在回忆年青时候的毛泽东说：“润之是实践家。”②这种实践观影响了毛泽东的一生，他曾说：“读书是学习，使用也是学习，而且是更重要的学习。”③正是这些思想的影响，使毛泽东创造性地提出了对文化遗产的继承应该采取“古为今用”的态度和方法。当下，非物质文化遗产保护工作正在如火如荼地进行。在保护中利用非物质文化遗产的内容和样式，在“用”中实现非物质文化遗产的“活态传递”，才能真正取得非物质文化遗产保护和传承的良好效果。我们在非遗保护和传承的实践中所提倡的“合理利用”就与“古为今用”具有相通的意味。当下特别倡导的生产性保护方式，更是通过非常具体的生产实践把非物质文化遗产的保护直接融入了当下的生产、生活和消费之中，更体现了“用”的意义。所以，对于非物质文化遗产的保护和传承，我们更应该在“用”字上下功夫，要“实现非物质文化遗产保护与经济社会发展的良性互动”④。中华民族在五千年的文明中，创造了丰富多彩的非物质文化遗产的内容和样式，对于它的保护和传承更需要我们在当下的社会实践活动中不断地运用，不断地发展和创新，并在保护中使其得到可持续发展。

二、非物质文化遗产活态传承的选择需要“古为今用”为指导

在联合国《保护非物质文化遗产公约》中对“保护”二字的解释是：“确保非物质文化遗产生命力的各种措施。”⑤《中华人民共和国非物质文化遗产法》对“保护”的解释是：“对体现中华民族优秀传统文化，……采取传承、传播等措施予以保护。”⑥《保护非物质文化遗产公约》强调了非物质文化遗产的“生命力”，《中华人民共和国非物质文化遗产法》强调了“优秀传统文化”。这也就是说，对非物质文化遗产的保护和传承是有

①陆卫明，李秀芳，等．中国现代化的思想历程[M]. 西安：陕西人民出版社，2002:96.

②李维汉．新民学会和蔡和森同志[A]. 回忆蔡和森[C]. 北京：人民出版社，1980:29.

③毛泽东选集：第1卷[M]. 北京：人民出版社，1991:181.

④安葵．传统戏剧的生产性保护[N]. 中国文化报，2009-11-27(03).

⑤联合国教科文组织．保护非物质文化遗产公约[R]. 中华人民共和国全国人民代表大会常务委员会公报，2006(2).

⑥中华人民共和国全国人大常务委员会．中华人民共和国非物质文化遗产法[N]. 中国文化报，2011-02-26(01-02).

一定的选择性的。人类社会几千年的文化和文明,正是在历史不断的演进中,一些优秀的文化和文明被人类一代一代"接力"地保护和传承了下来,使之得到延续。今天,我们提倡保护和传承人类的非物质文化遗产,就是为了保护人类优秀的文化遗产,不断地在活态传承中延续它的生命力,而使其不被淹没在历史的尘埃之中。毛泽东在他的"古为今用"的遗产观中,全面地阐述了"批判地继承文化遗产"的思想,特别强调了对文化遗产的继承不是照单全收,而是有选择的。我们必须"批判地吸收其中一切有益的东西"[①]。

毛泽东的"古为今用"的文化遗产观,其核心要求是:继承遗产不能全盘否定、诀别传统,也不能全部接收,照搬传统。对此毛泽东有过一系列精辟的论述。他说:"否定不是破坏一切,一刀两断","先行的东西""包含有后来的东西","后来的东西""包含有先行的东西"[②]。这在实际中表现在两个方面,一是"扬弃"即"克服旧物事(事物)之主要的不适于保存的东西";二是"肯定"即"把旧事物中某些还暂时适于生存的东西给以合法的地位而保存起来"[③]。一个国家、一个民族文化发展的过程也是如此。对文化遗产的继承和运用,是对其中的合理的,有生命力的,值得借鉴、能够吸收的因素的肯定。毛泽东在自己的革命实践中,就非常有分寸地把握了对于传统文化中一些涉及信仰、习俗的文化尊重的原则。他在《湖南农民运动考察报告》中,针对各地推翻祠堂、列女祠、节孝坊、菩萨等过激行为时说,时机成熟时:"农民会用他们自己的双手丢开这些菩萨。"进而提出工作的策略是:"引而不发,跃如也。"[④]这说明了毛泽东认为对于传统文化中的一些旧观念、旧习俗应该用"文化"的方式进行引导和处理,而不是简单地用"暴力"的方式来解决。因此,毛泽东指出:"我们决不可拒绝继承和借鉴古人和外国人。"[⑤]毛泽东进一步对"古为今用"的具体操作方式和方法进行了精细的阐述"决不能无批判地兼收并蓄"[⑥]。由此,毛泽东在依据辩证哲学观和具体实践的基础上,对"古为今用"提出了"弃其糟粕,取其精华"的具体操作方法,提倡对历史文化遗产"决不能生吞活剥地毫无批判地吸收"[⑦]。1960年12月,毛泽东说:"对中国的文化遗产,应当充

①毛泽东选集:第3卷[M].北京:人民出版社,1991:860.

②毛泽东哲学批注集[M].北京:中央文献出版社,1988:121.

③毛泽东哲学批注集[M].北京:中央文献出版社,1988:124-125.

④毛泽东选集:第1卷[M].北京:人民出版社,1991:33.

⑤毛泽东选集:第3卷[M].北京:人民出版社,1991:860.

⑥毛泽东选集:第2卷[M].北京:人民出版社,1991:708.

⑦毛泽东选集:第2卷[M].北京:人民出版社,1991:707.

分地利用，批判地利用。”[①]在1957年上海干部会议上，毛泽东用《三国演义》的故事，生动地对“干群关系”作了说明：刘备得了孔明，说是“如鱼得水”……群众就是孔明，领导者就是刘备。一个领导，一个被领导。人民就像水一样，各级领导者，就像游水的一样，你不要离开水，你要顺那个水，不要逆那个水。[②]干群之间的“鱼水”关系，在毛泽东那里得到了全新而生动的“中国化”诠释，既继承了传统，又丝毫不显复古之气，尽显充满贯通古今的人文精神，使人更易理解和接受。

“弃其糟粕，取其精华”的“古为今用”原则和方法，对于我们今天的非物质文化遗产保护具有重要的指导意义。联合国《保护非物质文化遗产公约》特别强调了要保护的是顺应可持续发展的非物质文化遗产。2005年，中国政府就确定了“保护为主、抢救第一，合理利用、传承发展”[③]的16字非物质文化遗产保护的工作方针，在2011年颁布的《中华人民共和国非物质文化遗产法》中规定：要在有效保护的基础上，合理利用非物质文化遗产。非物质文化遗产的“合理利用”其实质就是“古为今用”。对于当下的非物质文化遗产之“合理利用”来说，具有重要的现实意义和指导意义。中国非物质文化遗产保护热兴起以来，充分挖掘和利用非物质文化遗产的潜在价值，为当下的经济文化建设服务，也是这一热潮中的重要话题。但是，从实际的情况来看，这种利用，更多的是采用了无选择地“兼收并蓄”方式，没有进行必要的“弃其糟粕，取其精华”过程。毛泽东曾对传统戏剧的利用有过生动的说明：“关于继承文化遗产问题，我并不赞成牛鬼蛇神，可以让它演出来。”但在拿不出更好的东西出来的时候“就让它演吧！对牛鬼蛇神，戏是看，鬼不一定相信”[④]。在非物质文化遗产保护和传承的现实中，也有许多需要进一步理清的问题。如在传统饮食的利用上，一些宣扬封建奢靡之风的所谓“宫廷宴”曾大行其道，成为人们争相“喜爱”的重要传统“饮食文化”。而实际上，这些“宫廷菜系”所造成的人力、财力、物力的浪费以及对生态环境的破坏，是我们现在绝不能提倡的。而在传统习俗、仪式的利用中，一些宣扬风水、测字、算命的“糟粕”，打着非物质文化遗产的旗号，也找到了“合理”的市场。在非物质文化遗产旅游开发和利用中，更是把一些封建糟粕的东西拿出来作为“特色”进行打造和突出。对于非物质文化遗产旅游，不能为了突出它的特色就大量宣传和扩散封建迷信内容。而一些明显违反

①毛泽东文集：第8卷[M].北京：人民出版社，1999：225.
②毛泽东选集：第5卷[M].北京：人民出版社，1977：451-452.
③国务院办公厅关于加强我国非物质文化遗产保护工作的意见[R].中华人民共和国国务院公报，2005(14).
④毛泽东文集：第7卷[M].北京：人民出版社，1999：257.

人的基本权利的传统仪式和习俗(如“割礼”“太监”“裹脚”等)更是属于文化“糟粕”。所以,在非物质文化遗产“古为今用”(旅游开发、生产性保护、演出展示等等)中,一定要做好“弃其糟粕,取其精华”的工作,使真正优秀的人类非物质文化遗产得到保护和传承。

三、非物质文化遗产活态传承的创新需要“古为今用”为指导

在保护与传承非物质文化遗产的工程中,是否需要创新,是一个值得关注的重要问题。由于在非物质文化遗产的保护中有一个基本原则就是“原真性保护”,所以,在保护实践中固守传统与改革创新已成为非物质文化遗产保护过程中一对既无法回避也无法调和的矛盾。对于这个矛盾关系,毛泽东曾作过辩证的阐述:矛盾“存在于事物发展的一切过程中,又贯串于一切过程的始终……新过程又包含着新矛盾,开始它自己的矛盾发展史”[①]。人类文化就是在被不断地再创造中而延续的,过去的成功传承也多是在不断地创新中实现的。这也是人类社会的文明和文化不断向前发展的一个基本的规律和法则。中华民族在几千年的历史演进和发展中,创造了丰富多彩的非物质文化遗产的内容和样式,并且在世代相传中使这些内容和样式得到了不断的丰富和发展。其每一次演进和创新的逻辑起点,就是过去时代所创造的一切优秀文化遗产的总和。传统是相对的,今天过去以后,在明天就可能变成“传统”。但传统不是静态的,一定会发生变化,必然要被从上一代继承文化遗产的每一新生代加以再创造。在毛泽东的“古为今用”中,也是充分体现了创新的内涵的,其辩证法思想对于我们当下的非物质文化遗产保护和传承工作具有重要的思想启发和方法论意义。

在毛泽东的“古为今用”文化观中,是把继承和创新作为一个有机的对立统一体来加以考察和论证的。在毛泽东的遗产观中,“古为今用”本来就是与“推陈出新”紧密联系在一起的。早在1942年,毛泽东就提出了“推陈出新”的思想,1951年,他给中国戏曲研究院写下了“百花齐放,推陈出新”的题词。1956年,毛泽东在中共中央政治局扩大会议上的讲话中对此作了追忆“我就写了‘百花齐放,推陈出新’”。[②]在毛泽东看来,继承和创新是作为矛盾的双方,互为依存条件的,即:继承是为了创新,而创新又必须以继承为前提。从哲学视角看,创新就是表明通过“飞跃”而出现了新事物“飞跃的

①毛泽东选集:第1卷[M].北京:人民出版社,1991:307.

②毛泽东文集:第7卷[M].北京:人民出版社,1999:54.

瞬间，旧质消灭，新质产生(以旧质为基础)。”[①]在文化遗产“古为今用”的活态传承中，创新是否定遗产中一些不合理的、无用的、无益的内容或样式，肯定遗产中合理的、有生命力的，值得借鉴、吸收的内容和样式，在保证文化遗产富有生命力的“核心内核”的前提下，对文化遗产进行有效的合理的改造，进行有效的创新，增强非物质文化遗产的生命力。毛泽东对此作了深刻的阐释“这些旧形式到了我们手里，给了改造，加进了新内容，也就变成革命的为人民服务的东西了。”[②]“继承和借鉴决不可以变成替代自己的创造。”[③]毛泽东的这些“古为今用”的文化遗产观，在延安时期的文化建设实践中得到了贯彻。1944年1月，毛泽东在观看了齐燕铭新编评剧《逼上梁山》之后，大加赞扬说：“旧剧开了新生面，所以值得庆贺。”“这个开端将是旧剧革命的划时期的开端。”[④]传统戏剧是非物质文化遗产的重要内容。几千年来，中国各地各民族人民在长期的生产生活实践中，创造了种类繁多、艺术特色鲜明的戏剧样式，这些戏剧曾为丰富中国各民族的文化生活做出了巨大的贡献，也展示了中国各民族人民杰出的艺术天赋和智慧。但是，随着时代的演进和文化生态的变化，在“古为今用”中我们继承传统戏剧的“艺术形式”是应该的，但不能“完整”地照搬其内容，因为有些内容已经是“旧”的东西了，已经不适应新一代民众的需要，更不能适应建设新文化的需要。一定需要进一步地改造和创新。正如毛泽东说的要把“由老爷太太少爷小姐们统治着舞台”“颠倒过来”[⑤]。

事实证明，传统文化通过改造和创新，适应了现代社会的需要和变化，使之产生了新的生命力，能够得到更好地保护和传承。在毛泽东自己的实践中，更是对传统文化在继承的基本上进行了杰出的创新和发展。1937年，毛泽东在所撰写的《实践论》和《矛盾论》中，更是对中国传统的知行观和丰富辩证思想进行了革命性改造和创新，成为中国式认识论和辩证法思想的重大结晶，表现出中国特有的文化意境。毛泽东对中国传统文化的创新，在两个著名的论断即中国共产党“实事求是”的思想路线和“为人民服务”的宗旨中得到了完整的体现。1941年，毛泽东在延安干部大会上，借用《汉书·河间献王传》的用语，提出了“实事求是”这一中国共产党的思想路线。毛泽东在此

①毛泽东哲学批注集[M].北京：中央文献出版社，1988:60.
②毛泽东选集：第3卷[M].北京：人民出版社，1991:855.
③毛泽东选集：第3卷[M].北京：人民出版社，1991:860.
④毛泽东书信选集[M].北京：人民出版社，1983:222.
⑤毛泽东书信选集[M].北京：人民出版社，1983:222.

结合中国革命的实践,把传统文化中表述治学精神的思想,进行了全新的富有哲学思维的阐释。“实事”就是客观存在着的一切事物,“求”就是我们去研究,“是”就是客观事物的内部联系即规律性。[①]这种富有创造性的“新诠释”,使之实现了现代转型。1944年,毛泽东在纪念张思德的讲话中引用了司马迁的“人固有一死,死有重于泰山,或轻于鸿毛”的核心意义,明确地提出了:“为人民利益而死,就比泰山还重。因为我们是为人民服务的。”[②]在此基础上“为人民服务”成为中国共产党人的宗旨。另一个对传统创新的典型就是邓小平把中国传统文化中的“小康”概念用来解释中国式的现代化之“小康社会”。《诗经·大雅·民劳》中说:“民亦劳止,汔可小康。”“小康”由此成为中华民族追求“安乐、休息、安宁”的生产和生活方式的重要文化观念”。邓小平也是利用和创新中国文化的大师,早在改革开放之初的1979年他就说继续坚持“百花齐放、推陈出新、洋为中用、古为今用的方针”[③]。源于这一思想,1979年,邓小平在会见时任日本首相大平正芳时,用“小康”对中国社会主义初级阶段的“四个现代化”作了具体的阐释,“四个现代化,是中国式的四个现代化。……是小康之家。”[④]1986年,邓小平在接见海内外荣氏家族成员时,又对2000年中国实现“小康社会”目标进行了具体的描述:“所谓小康社会,就是虽不富裕,但日子好过。”[⑤]这种把“现代化”用中国式的“小康社会”来进行解读,是邓小平的创举,体现了中国特色。这一解读对小康赋予了新的含义,也使得当时的国人对四个现代化有了具体的认识。当然,随着中国经济社会和现代化的发展“小康社会”的内涵和外延都在不断地进一步丰富和完善。党的十六大提出了要在21世纪的头20年,全面建设惠及十几亿人口的更高水平的小康社会。

“古为今用”是对文化遗产的具体保护和利用,而进一步地说,通过“古为今用”为解决文化遗产的传承和创新提供了新的视角和方法。就非物质文化遗产来说,传承和创新涉及两个方面:一是内容的传承与创新;二是形式的传承和创新。内容的传承和创新,就是要根据新的文化生态环境变化,在传承非物质文化遗产技艺核心、价值追求等核心内容的基础上,对非物质文化遗产植入适合于新的文化生态和文化需要的新内容,使非物质文化遗产在内容上得到创新、丰富和发展。形式的传承和创新,就是要根

①毛泽东选集:第3卷[M].北京:人民出版社,1991:801.

②毛泽东选集:第3卷[M].北京:人民出版社,1991:1004.

③邓小平文选:第2卷[M].北京:人民出版社,1994:210.

④邓小平文选:第2卷[M].北京:人民出版社,1994:237.

⑤邓小平文选:第3卷[M].北京:人民出版社,1993:161.

据新的文化生态环境变化，在保存非物质文化遗产所展示的核心形式的基础上，对一些形式进行改善和创新，创造出一些符合核心形式要求的新形式来，使非物质文化遗产的样式得到丰富和发展。“古为今用”向我们展示了在现代化浪潮的冲击下，如何有效地保护和传承非物质文化遗产的一种新的、科学的方法指导。在实践中，对于中国这样一个有几千年文明史的国度来说，积淀了丰富多彩的非物质文化遗产的内容和样式，在保护和继承的过程中，要通过古为今用、推陈出新不断地延续中国非物质文化遗产的生命力，绝不会是一蹴而就和一劳永逸的事情。非物质文化遗产要能够在现实状态下得到活态传承，就是要在基本保存和保护非物质文化遗产核心内容和样式的情况下，不断地进行改造和创新，在内容和形式上赋予其时代新意，与时俱进地在利用中满足人民的文化需要，以增强自己的生命力，使之得到更有效的保护和传承。

重庆土司地区口传音乐文化特征研究[①]

肖 罡[②]

摘 要:重庆土司地区是汉族和土家族、苗族、回族、满族等世居少数民族的聚居区,与西南各省市一起催生和发展了特色鲜明的西南土司文化。口传音乐是重庆土司地区重要的民间文艺形态,研究该地区口传音乐文化的特征对于明晰土司治理下当地民族民间音乐文化形成和发展具有十分重要的价值和意义。这里对重庆土司地区口传音乐的主要内容进行梳理和分析,归纳出该地区口传音乐呈现的“乐观”“即兴”“口头”等文化特征。

关键词:土司制度;口传音乐;文化特征

土司制度是历史上中央政府为加强对边境少数民族地区的统治和管辖而实施的一种特殊的国家政治制度。从元代一直到20世纪50年代,我国西南地区的云南、贵州、四川、重庆、西藏等省市的少数民族地区在土司制度治理下经历了漫长的800多年,重庆土司是西南地区土司的重要组成部分。在行政区划上,重庆土司地区主要指酉阳、秀山、石柱、彭水等地,文化的浸染性往往使地域区划边界模糊,因此在进行文化研究时,应将研究范围适当外延至周边的黔江、武隆、涪陵等地。历史上这里长期经济发展滞后,交通不便,还被冉氏、杨氏、马氏等几大土司家族世袭统治,体现出宗族制度下的族群统治特征。因此,在土司治理下,这里的民族民间文化积淀深厚,特色鲜明,独树一帜。为便于传唱,该地区民族民间音乐多以口传形式散见于民间流传的各种集本和唱本中,内容涉及山歌、号子、情歌、薅草歌、啰儿调、锣鼓牌、说唱等,内涵丰富,流传广泛。大量的口传音乐文本承载着该地区社会文化发展过程中的艰辛历程,因此,研究该地区口传音乐文化对明晰重庆土司地区民族民间音乐文化的形成和发展具有十分重要的价值和意义。

---

①原载于《长江师范学院学报》2017年第33卷第1期。

②肖罡,长江师范学院乌江流域社会经济文化研究中心。

一、文献背景

到目前为止,我们还没有找到对重庆土司地区口传音乐文化研究最为直接的参考文献。不过,这里仍然可从理论文献和音乐文献两个方面进行梳理。

(一)相关理论文献

一方面,学界专门对重庆土司制度进行系统研究的文献还不够丰富,仅能找到为数不多的少量著作和不足30篇的学术论文。其成果主要以李良品的《历史时期重庆民族地区的土司制度》、彭福荣的《酉阳冉氏土司的沿革、族属与民族关系》、杨花的《明代渝东南地区土司制度研究》等为代表。另一方面,还没有找到重庆土司地区口传音乐文化研究直接的参考文献。通过搜索,以"土司"和"口传音乐"为关键词的学术著作还没有,而具有一定相关性的学术论文也不足30篇。其中对"土司音乐"的研究,主要是熊晓辉、李萍等少数学者的学术成果,以熊晓辉的《土家族土司制度与土司音乐文化》《土家族土司音乐源流考略》《明清时期土家族土司戏曲音乐生态生成与特征》、李萍的《巫事活动·土司制度·歌舞天赋——新论壮族末伦文化的起源与发展》等为代表。"口传音乐"方面的研究,在为数不多的研究成果中,学者们从民间音乐"口传"传承方式的阐释到"口传音乐"的人类学意义,再到挖掘和保护等方面做了一定的探究,如林琳的《传统音乐"口传心授"传承方式的艺术人类学阐释》,问楚寒的《从中国传统乐学理论特征看中国传统音乐"口传心授"的合理性》,小岛美子、俞人豪的《音乐史学与民俗音乐学——关于口传文艺研究的方法》等。

(二)相关音乐文献

我们收集了辑录酉阳、秀山、黔江、石柱、彭水、武隆等重庆土司地区口传音乐的6本民歌集本,其中包括4本手抄本和2本印刷本,共约630首民歌,加上120首相关音像资料,共计约750首口传音乐文献。通过对这些口传音乐文献进行整理、分析和研究,形成了一些初步研究成果,可以作为本文研究的直接参考文献。

综上可见,在与本文直接相关的理论文献缺乏的背景下,这里主要借助口传音乐集本作为参考文献,对重庆土司地区口传音乐文化特征进行分析,也赋予了本文研究一定程度的学术意义。

二、重庆土司地区口传音乐内容

博特乐图认为口传音乐是音乐的创作、表演、传承等方面通过口头传播途径来实现的。重庆土司地区以土家族、苗族等少数民族为主，历史上没有本民族的文字和记谱法，因此，"口传"便成为其主要的音乐文化传播方式。我们从收集的该地区口传音乐文献中挑选了460首民歌进行分析，发现其表达的内容主要体现在信仰对象、情爱伦理、劳动生活等三方面。

（一）多样化的信仰对象

在土司社会，被统治区域的社会环境相对封闭，其风俗习惯根深蒂固，不过由于历史上多次民族交融的影响，外来文化深刻地渗透到该地区人们的精神和文化中。因此，该地区口传音乐涉及的信仰对象丰富多样。主要表现为两类，其一是对先人和历史人物的信仰，如《长江船工号子》中出现了"刘王（刘备）、二叔（关羽）、三叔（张飞）、曹贼（曹操）、四弟、诸葛军师"等历史人物；《倒采茶》中有"关云长过五关斩六将"；《鲁班号子》中以鲁班为先师保佑船工出行平安；《秀山小河号子》出现了杨宗保、穆桂英等人物；《平路号子》中的"李老君"；《十二月古人》中的"朱洪武、胡大海、程咬金、庞涓……"等历史人物。其二是对鬼神的崇拜，如《土地老儿不多高》中的"土地老儿"；《土地公呀土地公》中的"土地公"；《绣十辈古人》中的"吕洞宾、蓝采和"；《十把扇子》中的"刘郎、周天子"；《风箱号子》中的"扯箱蹬得紧，拜观音，搭胸膛，扯床絮"；《劝郎歌》中的"五阎君"；等等。

（二）臆想化的情爱伦理

由于土司制度以本地土官管制为主，流官为辅，土官拥有世袭的特权，其统治下的社会制度在很大程度上还保留着农奴制性质，在封建制度的步伐上明显落后。在这样的社会背景下，一方面，自由的爱情往往成为精神上的臆想，具体反映为茶余饭后、劳动生活中的调侃，如《郎在对门打伞来》中"郎在对门打伞来，姐在房中绣花鞋"；《送郎送到豇豆林》中"要学那豇豆成双对，莫学茄子打单身"；《峨眉号》中"月亮弯弯两头翘，情哥要想娃娃抱"；《榨菜号子》中"情妹，一枝花，你今去哦，我又来"；《郎是山来姐是山》中"郎是山来姐是山，二人的年纪一般般，郎是笋子才冒土，姐是太阳才红山，好一朵芙蓉赛牡丹"；《郎是天上对月星》中"郎是柱头姐是瓦，柱头还要瓦遮身"。另一方面，传统的伦理道德如枷锁般禁锢着人们的思想，但同时发挥着很好的教化作用，如《乌江号子》中提到"行孝安分、四书孝经"；《正月逢春好散花》中"亲家儿子会写字，亲家女子会纺花"；《太阳落坡又落黑》中"哥哥说叫嘞拿炮喂打……打了母子丧了德"；《一进歌堂接歌声》中"陪伴亡魂是天明"；等等。

(三)写实化的劳动生活

千百年来,口传音乐文化如实地记录了人们生产劳动和民俗生活的场景。一方面,描写生产劳动,如《乌江夺夺号子》中“搬了一趟又一趟”;《收草头号》中“平阳大坝捆草头”;《你歌没得我歌广》中“大田栽秧行对行,一对秧鸡在歇凉”;《山歌好唱难起头》中比喻“山歌好唱难起头,铁匠难打铁狮子,木匠难修转阁楼,石匠难打石绣球”;《清早起来去上坡》中描写打猎的情形是“清早起来去上坡,背上背个火药角,看到金鸡翻了坳,还不开火要打脱”;《手拿镰刀割苕藤》中描写割苕藤的情景是“手拿镰刀割苕藤,割了一弯又一弯,割了一坪又一坪”。另一方面,描写民风民俗,如《下水号子》中“正月里来才把龙灯要,二月里来才把风筝扎”;《赶忙薅来赶忙薅》中描写春海椒的民俗“赶忙薅来赶忙薅,十七八岁的姑姑春海椒”;《唱起来合起来》中“唱起来合起来,唱个灯对灯,唱个油壶高吊起,唱个十八小姣车摇”的灯歌;《散花》中的“回乡、回娘家、打伞”和“散花、饮酒、坐旧衙”;《正月好唱祝英台》中描写过年的热闹场面“打花鼓、闹花灯、闹阳春、闹元宵、打锣打鼓”;《正月绣龙头》中节庆时“绣龙头、绣龙腰、绣龙尾、绣鸳鸯”;《十二月采茶》中“挂堂、挂灯笼”的风俗;《清早起来雾罩多》中描写日常生活场景“又要做饭要烧火。水一烧开滗米汤,顺手又把娃娃摸。又要挑粪把菜泼,还要放牛上山坡”;等等。

三、重庆土司地区口传音乐的文化特征

重庆土司地区口传音乐内容丰富,表现了人们生活的方方面面,时时散发着浓郁的人文情怀。田光辉、田敏认为土司往往“以文化认同加深国家认同”,以国家认同的姿态维系统治区域社会文化的个性化存在和发展。历史上,土司地区文化发展策略的相对保守,使当地多数文化事象得以完好地遗存,这对于现在来说也许是最可贵的。同时,也不难发现,土司制度直接或间接地影响着这里民间音乐文化的发展。熊晓辉认为,土司音乐的内容和特征是与土司统治下的社会环境、土司审美情趣、人们的生活态度等因素紧密相关的。通观之下,这些口传音乐文献主要表现出三个方面的文化特征。

(一)生活的乐观性

在土司制度下,中央政府对土司征税,土司就向统治区域的民众大势搜刮、强取豪夺,加之平日里超负荷的生产劳作,使广大的平民大众背负着沉重的生活负担,生活充满疾苦。但是,他们没有被生活的压力压垮,反而以积极乐观的姿态笑对生活,通过民间歌舞、生活游戏、节庆狂欢、田间调侃等形式来释放现实生活中的辛酸和困苦,从而

追求精神上的愉悦和超脱。在本文分析的口传文献中有超过110首歌曲的歌词中表现了这种乐观的生活态度;如《除场号》中的“喜盈盈”表现演唱者把除场劳动作为非常快乐的事情;《唱个山歌解忧愁》中“人人说我是穷快乐……唱个山歌解忧愁”表现了人们对精神富足的崇尚和追求;《说起唱歌我都爱》中的“说起唱歌我都爱,沿山沿岭儿我还是要来,我端起把椅儿当堂坐,一个一个唱起来”表达了唱歌这种简单的愉悦方式对人们日常生活的重要性;《翻身花》中的“翻身花开在人心怀,人人心欢喜”;《石榴打花叶又青》中的“花叶又青,你把盘歌唱起来”;等等。这些歌词无不表达出人们热爱生活、崇尚自由和美好生活的乐观心态和愿景。

(二)创作的即兴性

《辞海》中对“即兴”的解释为“对眼前景物有所感触,临时发生兴致而创作”。从本文收集的口传音乐文献来看,同一地区或相邻地区的音乐要素大致固定,而歌词内容却纷繁各异、指向丰富,正如武陵山乡民间艺人甘玉兴描述的那样:“我们唱歌是见什么唱什么”,道出了口传音乐文献中“曲体相近唱词不同”的普遍现象,反映了该地区民歌所体现的即兴性特征。该地区口传音乐的即兴性主要表现为借物言志或借景抒情,多为依生活劳动场景的即兴创作,或直接表达夙愿和愿景的即兴创作,如《苦儿媳妇》中“挖土的忙啊,我拿起锄头无心挖。砍柴的忙啊,我拿起刀刀无心砍。插秧的忙啊,我拿起秧子无心插”,借日常劳动场景表达受苦受难的儿媳妇的困苦心情;《太阳出来照北岩》中“太阳出来照北岩,金花银花一起开,金花银花我不爱,我就爱情妹好人才”,用太阳下的金银花开来对比所爱之人的才貌,直接表达内心真实爱意;《小娇坐在溪河溪口溪那边》中“你小娇死打要穿青绸黄绸五色花绸,我小郎死打变个小小裁缝熨斗压尺钩针钩线又来连”,表达了“今生不能在一起,但愿来世有姻缘”的质朴的爱情夙愿;《天上有雨又不落》中“凉风绕绕天要晴,庄稼只望雨来淋,庄稼只望雨来长,情妹儿只望郎来行”借“庄稼盼雨”比喻“情妹盼郎”;等等。可见,人们已经把即兴创作作为闲暇愉悦、田间调侃、抒情达意、言物叙事的重要手段,是一种不可或缺的重要生活技能。

(三)语言的口头性

一方面,中央政府为加强对西南土司地区意识形态的管理,大力鼓励和推行民众接受汉儒文化教育,但重庆土司地区当时设立学校的地方非常少,大部分民众还无法接受正统的汉儒文化教育,只能接受传统的家族教育。由于当地世居民族没有自己的文字,家族教育的内容基本没有文字载体,只能是家族长老以口传心授方式进行教授,很多史诗性和传说性的民间文艺作品均靠口头传授方式一代一代进行传承。另一方面,民间音乐多从劳动生活场景中产生,所想即所唱,口头传唱的方式是最简单、最直接、最有效的传承形式,许多优秀的民间音乐作品均依赖口头形式进行传播。由此可见,重庆土司地区民间音乐体现了典型的口传性特点。既然是口口相传,就必然离不开语言的口头性。与其他地区的民间音乐口语性不同,重庆土司地区民间音乐的口语在整个歌曲中所占的比重更大,我们曾对口传音乐文献中的口语词做了词频统计,发现"哟""嘀""哦""吔""喂""啰""嘿""呵"等口语衬词在所有文献中占了相当大的比重,如"哟"字出现了612频次,频率约6%;"嘀"字出现了378频次,频率约4%;等等。有不少口语词在具体的歌曲中所占比例超过50%,如《郎在对门打伞来》中的"嘞、哟、吔、呀",《清早起来去照牛》中的"哦、哩、呐、哪",《哥在高山打哨音》中的"哟哩那、哟、哟吼、喽",《久没唱歌忘记歌》中"呃、哟嘀、唉唉嘿、哟哦嘀哦、哟嘀嘀"等,均为这种情况。另外,民歌中还有大量"薅草""扯""莫""幺姨妹""幺婶""奶娃娃""造孽"等口头语言。这些口头语的大量出现,很好地说明了口传形式在当时的盛行。也正是因为保留了语言的口头性,该地区的民间音乐文化流传更广、内涵更加深厚。

参考文献

[1]李良品.历史时期重庆民族地区的土司制度[J].重庆邮电大学学报(社会科学版),2011(3).

[2]彭福荣.酉阳冉氏土司的沿革、族属与民族关系[J].长江师范学院学报,2011(1).

[3]杨花.明代渝东南地区土司制度研究[D].重庆师范大学,2011.

[4]熊晓辉.土家族土司制度与土司音乐文化[J].南京艺术学院学报(音乐与表演版),2013(1).

[5]熊晓辉.土家族土司音乐源流考略[J].重庆三峡学院学报,2013(1).

[6]熊晓辉.明清时期土家族土司戏曲音乐生态生成与特征[J].三峡大学学报(人文社会科学版),2013(1).

[7]李萍.巫事活动·土司制度·歌舞天赋——新论壮族末伦文化的起源与发展[J].广西师范学院学报(哲学社会科学版),2007(1).

[8]林琳.传统音乐"口传心授"传承方式的艺术人类学阐释[J].音乐探索,2015(1).

[9]问楚寒.从中国传统乐学理论特征看中国传统音乐"口传心授"的合理性[J].北方音乐,2016(19).

[10][日]小岛美子,俞人豪.音乐史学与民俗音乐学——关于口传文艺研究的方法[J].中央音乐学院学报,1997(3).

[11]何雪.评《表演、文本、语境、传承——蒙古族音乐的口传性研究》[J].内蒙古大学艺术学院学报,2013(4).

[12]田光辉,田敏.湘西永顺土司的社会治理与国家认同[J].学术界,2016(1).

基于文化再生产理论的川剧传承路径研究[①]

高 翔 王 宇 杨如安[②]

摘 要:在文化强国战略以及国家推动中华优秀传统文化传承发展工程的背景下,川剧迎来新的发展机遇。针对川剧传承中出现的问题,本文以文化再生产理论为依据,认为应该畅通川剧文化的再生产过程,提出川剧的三个主要传承路径分别是校园传承、行业传承和社区传承,并从文化交流、川剧创新、川剧资源数字化、川剧与旅游融合发展等方面对川剧的传承提出建议。

关键词:川剧;非物质文化遗产;传承;文化再生产

为建设社会主义文化强国,增强国家文化软实力,实现中华民族伟大复兴的中国梦,2017年1月,中共中央办公厅、国务院办公厅印发了《关于实施中华优秀传统文化传承发展工程的意见》,中华优秀传统文化的保护和传承再次成为热点。中华优秀传统文化作为最深厚的文化软实力,不仅是建设文化强国的根基,而且有助于培育和弘扬社会主义核心价值观。川剧作为我国优秀传统文化的重要组成部分,在此背景下迎来了新的发展机遇。

一、文化再生产理论对川剧传承的启示

布迪厄在20世纪70年代初提出"文化再生产"的概念。布迪厄承认文化对行动和行动者的强大影响,但同时也指出文化的制约力有范围限度,人们在实践中必然根据

①本文为重庆市社会科学规划一般项目"渝东南少数民族民间文化'五W'传承模式研究"(2013YBSH043)、重庆市教育科学"十三五"规划课题"渝东南地区城镇化建设中旅游产业集聚与人才培养研究"(2016-GX-198)及重庆市人文社科重点研究基地重点项目"乌江流域民族文化社会价值研究"(14SKB004)的部分成果。原载于《四川戏剧》2017年第9期。

②高翔,重庆旅游职业学院讲师,中国农业大学人文与发展学院博士研究生。王宇,重庆旅游职业学院讲师,西南大学西南民族教育与心理研究中心博士研究生。杨如安,重庆师范大学副校长,西南大学教授、博士生导师。

主观需要、客观条件对文化有所继承、发展。从一定意义上来说,文化也是人们不断再生产的“产品”。文化再生产理论指出文化是动态的、不断发展变化的,是一个处于不断再生产中的过程。布迪厄对结构与行为(文化与个人)之间关系的辩证分析是其理论的精彩之处。在不否认社会、文化对人的巨大作用的同时,布迪厄强调文化也是人的产物,是人在一定的社会条件下,创造性、适应性改变的结果。文化人类学家认为,文化传承实质上是一种文化的再生产。这种文化再生产不是单个人的自我行为,而是民族群体的自我完善。民族文化通过“传—承—积累—传”这样一道过程,就像一道文化加工厂的生产工序,随人类自身的代代繁衍而形成文化的再生产和社会的再生产。根据以上理论,我们认为川剧文化是在一定社会条件下人们活动的产物。而川剧之所以面临传承难的问题,其原因是随着时代的变迁,川剧文化的再生产过程不通畅。因此,只有找到正确的川剧传承路径,建立完备的川剧传承体系,通畅川剧文化再生产的路径,才能更好地将川剧文化传承下去。

二、川剧的传承路径

“场”是布迪厄进行关系分析时使用的一个概念。他曾简要地把“场”概述为“由不同位置之间的客观关系构成的一个网络,或一个构造”。同样,川剧文化传承场由不同位置之间的客观关系构成。紧紧围绕川剧文化再生产的过程,本文认为在当前的社会文化环境下,川剧主要有校园传承、行业传承和社区传承三个主要路径。

(一)校园传承

教育是一种人类社会文化的传承方式。文化通过教育的方式进行选择、继承和创造,受教育者在教育过程中得以增进知识、技能,获得身心的发展。教育是文化传承的主渠道,校园传承是川剧传承的主要路径。川剧本身的特质使其具备了校园传承的基础,川剧的历史、故事、独特的音乐美术和表演形式均可以作为教育资源进行校园传承。通过校园传承川剧,在某种程度上为川剧行业的发展提供了观众和演员基础。横向上,川剧的校园传承主要有三方面,分别是进入课堂传承、在第二课堂进行传承、融入校园文化进行传承。纵向上,川剧的校园传承同样有三方面,分别是在幼儿园传承、在中小学校传承、在高校进行传承。

川剧进入课堂传承。课堂是学校教育的主要场所,川剧进入课堂主要有两种方式,一种是开设川剧特色课程,另一种是将川剧作为教学资源融入其他课程中。将川剧的乐器演奏、技艺表演、剧目创作等根据难度进行分级，开发出适合不同阶段的教材或者课程资源，以适应不同年龄段学生的认知。例如，开发出适合学龄儿童的川剧认知课程，适合中小学生的川剧表演课程，适合大学生的川剧选修课程。有条件的高校可以开设音乐表演或技艺表演（川剧表演方向），进行川剧专业人才的培养。此外，高校可以通过校企合作的形式，与川剧团联合培养川剧专业人才。

川剧在第二课堂进行传承。所谓第二课堂，是相对于第一课堂而言的，是指在教学计划规定的教学活动之外，以学生成才为目标，以个体兴趣为起点，以培训基本技能、提升综合素质为重点，由学校对学生实施的有目的、有组织、有计划的各类教育活动。在第二课堂，学生可以组建川剧兴趣社团，自发组织川剧的学习和表演，将川剧融入各类课外活动中。

川剧融入校园文化进行传承。马克思指出："人创造环境，环境也创造人。"在校园环境中，师生共同创造了校园文化，校园文化反过来影响师生发展。将川剧融入校园文化能够让师生时刻感受到川剧文化的气息，形成一种潜移默化的传承。广义上讲，校园文化涵盖了课堂文化，因此川剧进入课堂和第二课堂，实际上也是融入校园文化的表现之一。此外，川剧文化的校园展示、川剧特色的校园活动、川剧课间操等等均可以作为川剧校园文化的重要组成部分。

为实现川剧在校园的顺利传承，需要从政策、经费、教材、师资、设施设备等方面进行全方位保障。需要注意的是，川剧进入校园传承不仅要传承川剧的形式，更要传承其中的价值观，与社会主义核心价值观紧密切合，传承川剧文化的同时注重挖掘川剧的教育价值。

（二）行业传承

川剧行业是川剧传承的中坚力量。文化产生于一定的社会环境，并随着社会的发展而发展，文化传承离不开文化本身所处的社会环境。因此，与校园传承不同的是，川剧行业传承需要考虑市场经济因素。川剧行业发展的好坏很大程度上影响川剧社会传承的效果。如果川剧行业萎靡，看川剧的人越来越少，剧团和演员收入下滑，那么川剧必将处于人才流失、后继无人的危险境地。川剧行业传承的主体主要有剧团、演艺公司、影视公司和传承人等。

川剧的产生和发展都离不开川剧团，川剧团是川剧传承的重要载体。据调查，目前川渝两地正常运营的川剧团总数量仅30个左右。许多川剧团存在演出市场萎靡，经费不足,演员年龄结构老化、演员大量流失等问题,其中民营职业川剧团面临的这些问题尤为突出。虽然川剧团存在发展难的问题,但川剧在剧团传承依然是一个重要的传承路径。为了培养川剧后备人才,除了拜师学艺,一些剧团开始联合文化学校进行招生培养,经常组织专题学习等,取得了一定的成效。

川剧在演艺公司和影视公司的传承,是市场经济背景下发展的结果。在市场需求的刺激下,一些演艺公司将目光投向川剧,招募川剧表演人员进行商业表演。也有一部分影视公司和导演拍摄川剧题材的电影,如2014年上映的《川剧往事》就是一部反映本土川剧演员命运的电影。

传承人在非物质文化遗产的传承和保护过程中起着重要的作用。在川剧传承过程中传承人的重要作用主要表现在以下方面:一是在传承、传授、总结和整理川剧的表演艺术中起着重要作用;二是在川剧经典剧目的恢复与表演方面起着重要作用;三是在选好和带好徒弟方面起着重要作用;四是在创造和创新川剧作品方面起着重要作用;五是在川剧历史资料、档案的收集以及经验的总结方面起着重要作用。因此,川剧的行业传承应该更加注重依托和发挥传承人的核心力量。

(三)社区传承

川剧的社区传承是适应城镇化发展的传承路径。社区文化包含物质生活条件、精神风貌、生活规范和社区团体、组织等四项基本内容。社区具有广泛的覆盖面和群体影响力,将川剧文化融入社区文化,让更多的社区居民认识川剧、表演川剧,扩大川剧的观众群体,进一步促进川剧行业的发展。川剧在社区传承,一是将川剧融入社区居民的文化生活,鼓励川剧玩友自发组织开展川剧表演交流活动,推进川剧文化进社区活动。二是将川剧融入社区文化设施和文化场所,如文化活动室、文化广场、社区图书馆、人文景观、公园等。川剧进社区不仅能够传承川剧,而且能够提升社区居民的生活品质,丰富社区居民的文化生活,培养社区居民的价值观、人生观、审美观、艺术修养和生活情趣。

此外,川剧的兴趣班传承作为社区传承的一部分,是一种补充的传承路径。在社区开办川剧兴趣班不仅给了学员更多的兴趣选择,而且为部分立志投身川剧事业的人提供了学习机会,为专业川剧人才的选拔和培养提供了一个后备途径。当前社会环境下,川剧兴趣班的学员对象不限于中小学生,同样面对广大青年人甚至中老年人。川剧兴趣班的举办主体多元化,既可以是青少年宫,可以是民间机构,也可以是老年大学。通过兴趣班传承能够在一定程度上扩大川剧的观众群体。

三、川剧传承的建议

(一)加强文化交流,提升川剧文化影响力

通过文化交流能够提升川剧文化影响力,有利于川剧的传承。从国家的角度上讲,既要加强川剧文化在国内的交流,也要让川剧文化走出国门,同各国各民族文化进行交流。从组织的正式程度上讲,既要加强官方的文化交流,也要加强民间的文化交流。例如,充分运用海外中国文化中心、孔子学院、文化节展、文物展览、博览会、书展、电影节、体育活动、旅游推介和各类品牌活动,助推川剧文化的国际传播。通过与“一带一路”沿线国家文化交流合作,发展对外文化贸易,让川剧文化产品走向国际市场。依托我国驻外机构、中资企业、与我国友好合作机构和世界各地的中餐馆等,传播川剧文化。

(二)合理创新,提升川剧文化吸引力

任何文化的传承并不是一成不变的,文化传承的过程同时也是文化发展的过程。当川剧传承问题凸显的时候,应该思考其中的原因。为什么川剧市场萎靡,观众减少,川剧表演对广大群众的吸引力下降。一方面由于受到多元文化的冲击,人们的休闲娱乐方式多元化,看川剧的人逐渐减少;另一方面,由于川剧在一定程度上存在较难理解的情况,许多年轻人没看过川剧表演,很多看过川剧表演的年轻人在无字幕的情况下甚至不知道川剧在表演什么。因此,在市场经济的背景下,川剧行业发展应更加注重市场因素。应该在保留川剧核心文化的基础上加以创新,迎合大众需求,提升川剧文化的吸引力。近年来,不少川剧传承人在编剧、音乐、表演、导演等方面取得了一定的创新成果。例如,川剧编剧魏明伦、隆学义等着力于开创新的主题、新的表现手法以适应现代背景下观众不断变化的审美诉求,演员沈铁梅、孙勇波、黄荣华、谭继琼等则大胆运用多种表现手法,与西洋音乐激烈碰撞,产生了新的声腔及音乐形式。这些传承人通过不断的探索和创新,让川剧重获生机。

(三)建立川剧资源共享平台,推进数字化保存和传播

2005年,国务院办公厅发布《国务院办公厅关于加强我国非物质文化遗产保护工作的意见》(国办发〔2005〕18号)中提出“要运用文字、录音、录像、数字化多媒体等各种方式,对非物质文化遗产进行真实、系统和全面的记录,建立档案和数据库”。此后,四川省非物质文化遗产保护中心建立非物质文化遗产网站“记忆四川”(http://www.scview.cn/),重庆市文化艺术研究院网站设立“非遗工作”栏目(http://www.cqwhysyj.

cn/)，推动两地非物质文化遗产的数字化保存和传播。同时还建立了“中国川剧网”(http://scopera.newssc.org/)，为公众提供了一个获取川剧知识、川剧演出信息、川剧在线视听和川剧交流的平台。但是尽管如此，川剧的数字化保存和传播仍然刚刚起步。据不完全统计，川剧有六千多个剧目，其中传统剧目有两千余个，对川剧的数字化保存是一项庞大的工程。也有学者提出建立“中国川剧文化艺术公共信息服务平台”，该平台基于在线实景地图漫游、在线综合电子商务功能，集“三媒合一”理念、“云服务”理念和Web 3.0技术于一体，全面创新川剧文化场馆设施全景可视化应用和管理系统，致力于未来川剧市场运作的数字化、信息化，以及互动体验模式下的综合服务。通过技术手段推进川剧数字化保存和传播已是川剧未来发展的一个趋势。

(四)融入城市文化，与旅游深度融合

在旅游市场的带动下，越来越多的传统文化被发掘出来，这些具有本土特色的传统文化被当作旅游资源加以开发利用。传统文化与旅游的深度融合一方面为传统文化的生存、发展提供了经济支撑，让传统文化展现出新的生机和活力。另一方面，对传统文化加以开发利用，能够促进旅游业的发展，带动了饮食、住宿、购物、交通、娱乐等第三产业乃至整个地方经济的发展。因此，将川剧文化深度融入城市文化，纳入城镇化建设、城市规划设计，合理应用于城市雕塑、广场园林等公共空间，营造川剧文化氛围；将川剧文化与旅游深度融合，作为旅游资源，开发出具有川剧特色的旅游产品、景点、演出等。旅游产业的发展促进川剧文化的传播和发展，推动川剧文化的传承。

但需要注意的是，在这种方式下，文化作为“引诱资本之物”(Lures for Capital)被引入市场，走向市场的传统文化必然要遵循市场的逻辑，其原始的文化生存土壤悄然发生变化，文化被仪式化、舞台化、娱乐化，成为被观赏的对象。这个过程必然影响文化本身的再生产。这印证了近年来川剧进入市场后遇到的一些问题，如人们视川剧变脸为杂技而不足为奇。因此，在川剧文化与旅游深度融合的过程中，在旅游市场强大的力量对川剧文化传承的影响下，应注重川剧文化价值的传承和利用。正因如此，本文提出的三个川剧传承路径中行业传承与市场紧密相关，而校园传承和社区传承则均与教育和文化生活密切相关。通过这几种路径，在川剧文化再生产的过程中既能让川剧传承获得足够的市场经济支持，也能保证川剧文化核心价值的保护和传承。

参考文献

[1]宗晓莲.《布迪厄文化再生产理论对文化变迁研究的意义——以旅游开发背景下的民族文化变迁研究为例[J].广西民族学院学报(哲学社会科学版),2002(2).

[2]赵世林.论民族文化传承的本质[J].北京大学学报(哲学社会科学版),2002(3).

[3][法]布尔迪厄.文化资本与社会炼金术 布迪厄访谈录[M].包亚明,译.上海:上海人民出版社,1997.

[4]王钢.个体民族意识与学校教育[J].青海民族学院学报,1999(3).

[5]梁耀相."准职业人"视域下高职第二课堂活动体系的构建[J].高等工程教育研究,2012(5).

[6]徐艺乙.传承人在非物质文化遗产生产性保护中的作用[J].贵州社会科学,2012(12).

[7]刘庆龙,冯杰.论社区文化及其在社区建设中的作用[J].清华大学学报(哲学社会科学版),2002(5).

[8]秦勤.非物质文化遗产川剧传承人创新探究[J].重庆大学学报(社会科学版),2014(2).

[9]赵梦天.建设川剧文化艺术传播与推广新平台——"中国川剧文化艺术公共信息服务平台"的探索与建设[J].四川戏剧,2014(11).

[10][英]迈克·费瑟斯通.消费文化与后现代主义[M].刘精明,译.南京:译林出版社,2000.

从石窟寺到摩崖寺
——巴蜀摩崖佛殿的空间演变及地域性表达[①]

刘天琪　王　旭[②]

摘　要:摩崖佛殿是以印度石窟寺为原型,在中国本土文化影响下的地域性产物。本文通过对文献及典型实例的研究分析,论证巴蜀特色摩崖空间的形成与佛教文化中土化及时代社会背景的相互作用关系。分析总结巴蜀造像与佛殿空间对传统石窟寺的继承与创新,以及对巴蜀佛教特色的空间表达,以期对现代及未来山地空间的建设有所助益。

关键词:摩崖佛殿;佛教文化;空间演变;地域表达

摩崖佛殿是印度石窟寺地域性转型的产物,目前已有许多关于石窟或摩崖空间的研究。张勃在《汉传佛教建筑礼拜空间探源》中结合佛教教义论述了汉传佛教的起源及发展;黄河涛在《禅与中国艺术精神的嬗变》中论述了佛教的中国化过程,描述了石窟寺演变为摩崖的过程;郭璇在《巴蜀摩崖佛寺研究》中进一步研究了巴蜀地域特色的佛寺空间的由来及构造特色。从石窟寺到中土摩崖,再演变为巴蜀地域摩崖的过程与不同历史时期的文化传播、社会背景、行为活动等相互影响,亦与地域气候、建筑体系差异等紧密联系。本文从地域佛教文化的差异及演变入手,从文献及现存实例中探寻巴蜀摩崖佛殿的形成与佛教文化的相互作用,总结建筑的时代演变规律,以期为当代佛殿建筑研究提供借鉴。

一、摩崖佛殿的空间原型——石窟寺

(一)石窟寺建造的文化源起

“竹园精舍”和“祇园精舍”等修行建筑是石窟寺的早期形态,最初佛教僧团在精舍

①原载于《西部人居环境学刊》2017年第1期。

②刘天琪,重庆大学建筑规划学院硕士研究生。王旭,重庆大学建筑规划学院博士研究生。

中聚集诵经，其暂住的精舍逐渐变成常驻场所，这就是佛教伽蓝的开始。随着佛教的宣传与规模的扩大，出于对更大空间的需要，教众便开始寻求修行模式的转型与精舍的选址新建。

（二）早期的特殊选址

在早期的教义道推广中，人们将佛法镌刻在岩石上以便长时间保存和宣传，久之以镌刻法为传教核心的石窟寺开始兴起。将偏僻荒芜的山崖石窟寺作为修行之所，一是因为选址可满足承载石刻佛法的物质需求，二是因为注重选址蕴含的佛教含义对僧徒的心理暗示。

1.修行需要

粗犷的崖壁象征着隐世、苦修，这也是古印度最重要的修行阶段。隐世强调从物质及心理上远离世俗纷扰，因此选址自然应是远离闹市的偏远地段，山崖处于城市边缘，正是适宜隐世清修的不二选择之地。苦修作为古印度修行的思想核心，“苦”是为了磨砺身心，坚定精神与决心，从而达到专心悟道、追求涅槃的境界。

2.气候影响

印度为热带季风气候，夏季炎热，成为修行时凝气静心的阻碍。石窟建筑利用天然崖壁形成厚重的围护结构，降低了外部热量的传递率，故石窟内温度波动小、稳定性高，冬暖夏凉，为修行创造了良好的气候环境。

（三）石窟寺的空间模式

1.石窟空间的组成模式

石窟多在自然崖壁上挖进一定空间，且有若干不同功能、大小和主次层级的窟室，作为僧徒打坐礼佛和生活的空间。石窟寺的空间由两部分组成：一是用于清修及生活的窟室，二是佛塔（窣堵坡），后者是石窟空间的视觉焦点及精神支柱。早期窣堵坡是印度当地的坟墓，直至释迦牟尼去世，僧徒从窣堵坡半球形的塔身和细长的塔刹中得到启发，认为其象征着释迦牟尼钵承托细长禅杖的组合形式，从而以塔喻人，赋予了窣堵坡神圣、特殊的含义。由此信徒将窣堵坡作为佛祖真身的象征来膜拜，久之作为坟墓的窣堵坡就成为供奉佛陀遗物、舍利的佛塔。

2.早期石窟寺的空间类型

石窟寺是为满足僧徒清修与生活之需而修建的，因此衍生出两种不同的功能类型：礼佛和生活，与之对应的是不同侧重的石窟类型：精舍窟和支提窟。

精舍窟满足生活功能:四方形的平面中,三面均被开凿有龛状禅室的崖壁包围,仅在一面设置出入口。侧重礼佛功能的支提窟则采用中轴对称的平面布局方式,以佛塔作为狭长廊道的空间高潮。支提窟平面呈U形,以围合式布局突显礼佛空间的中心性。佛塔高耸的拱形轮廓线在石窟内外均强调了空间的主次关系,佛塔所在的穹顶则限定了内聚空间,成为僧徒礼佛时的焦点且增加了佛境。本文将着重研究侧重礼佛功能的支提窟,通过对早期支提窟空间模式及类型的分析,结合佛教传播路径等因素,尝试推断中土及巴蜀摩崖的演变过程及变型空间的形成。

二、石窟寺的延续及变型

佛教传入中土①的时间目前大致被认为是在两汉之际,经由陆路丝绸之路到西域②,传人河西走廊③,最后到达中土腹地。印度佛教文化在传播途中逐渐融于多元的当地文化,其所附着的空间模式亦出现了地域性的差异。

西域敦煌、云冈等石窟的造像艺术不同程度地反映了印度犍陀罗文化初步转型的成果,为其进一步传入中土奠定了基础。敦煌作为河西走廊西端的要塞,也是文化融合与传播的重要节点。通过对敦煌、云冈地区重要石窟的分析,可总结出印度佛教文化及石窟空间模式初步转变的方式。

(一)塔柱具象化——与地域要素融合

北魏中期出现的中心柱窟型源于西域龟兹国,是印度支提窟传入西域而出现的空间变型,是北朝的典型石窟模式。敦煌莫高窟的工匠更注重功能需求:一是支撑窟顶的结构需求,二是便于右旋进行朝拜,所以柱身不再是圆形,而被凿成方形,且在四面凿龛供奉神明象征物,便于右旋时观看。

该时期的石窟以中心柱划分前后室空间,以不同主题的壁画渲染佛境,后侧留有狭长的通道象征涅槃,即光明与黑暗的过渡。但随着佛教向大乘佛教④的分支转变,从坚持“自我解脱”的个人修行转向“普度众生”的众修,原始教义中个人的修行与涅槃

①本文中的“中土”代指关内范围。秦汉时及古代,在陕西建都的王朝统称函谷关或潼关以西为“关内”。

②西域在中国古代文献中多指玉门关、阳关以西的地区。在丝绸之路影响下,西域特指汉、唐两代中国政府安排的行政机构所管辖的今中国新疆大部及中亚部分地区,位于欧亚大陆中心,是丝绸之路的重要组成部分。

③河西走廊位于今甘肃西北,祁连山以东,合黎山以西,乌鞘岭以北,甘肃、新疆边界以南,是中土通往西域的要道。

④大乘佛教与小乘佛教由早期佛教分化形成,大乘佛教信徒自称能“救度一切众生”成就佛界,小乘佛教则追求“自我解脱”。中国佛教大多为大乘佛教。

被弱化，象征涅槃的后室逐渐退化为后壁，前室则成为礼佛的主要空间。且前室逐渐融入了人字坡、脊枋、椽子等木构要素，甚至窟前出现木构构架，如莫高窟九层塔，成为洞窟与外界的过渡空间，空间形式与木构建筑更为接近，表明印度石窟经由丝绸之路的传播逐渐融入地域要素，实现了空间模式与构造方式的地域化转变。

敦煌莫高窟的变型体现在中心佛塔与窟室的关系上，云冈石窟则延续了敦煌石窟的空间布局，并在中心柱的细节装饰上进行了地域融合。云冈石窟的中心塔柱上还雕出各层仿木结构的塔檐及斗拱，进一步推动了中心塔柱向木构建筑形制的演变。

(二)塔柱消失——礼拜空间的汉化

敦煌莫高窟的空间改造虽然是佛教文化及石窟形制演变的重要节点，但依然延续了印度佛教右旋礼佛的习惯。而右旋是印度佛教中礼佛的特有方式，在其他地域推广颇有难度。结合中土“三跪九叩”的习惯以及大乘佛教“众修”的思想，右旋式礼拜最终顺应民俗差异变为叩拜，中心塔柱随之彻底消失，仅石窟后壁保留了放置佛像的龛。如覆斗型石窟即为将坡顶覆盖的礼佛空间向前推移，最终形成的以叩拜为主的单室石窟。

(三)材料的地域化转变

印度气候炎热，日照充足，石窟寺多建在崖壁内部。而在中土的自然及人文背景下，传统建筑以木构为主，木头取材方便，所形成的结构及空间轻盈通透，结合榫卯等节点构造方式，更能形成石窟无法实现的大空间。佛教文化经由西域从北部进入中土，随着大乘佛教在隋唐时期的迅速发展，容纳更多信徒的大空间成为必需，石窟因而逐渐木构化，除入口加入木构构件外，内部空间亦逐步向崖壁外侧推移，崖壁的开凿量随之减小。后期只保留了摩崖石刻造像的传统，在崖壁表面融入传统木构建筑，使建筑用材完成了从全石材—木石结合—全木构的转型，同时摆脱了狭小洞窟对内部空间的限制，外观上则与木构摩崖佛寺相差无几①。

三、巴蜀摩崖佛殿的传入与繁荣

巴蜀地区佛教造像源于东汉末年，目前基本公认的该地区最早开凿的石窟群是位于四川的广元石窟，从其带有北方同时期特点的造像风格可以判断，巴蜀地区的佛教造像受到佛教北方传入路线的影响。

①冯棣，张兴国.西南石窟寺石刻形象反映的建筑类型特征研究[J].南方建筑，2014(3):92-96.

广元石窟的开凿年代和北方造像风格为巴蜀摩崖造像的进一步演变提供了依据：隋统一后，通过甘肃、陕西入川的便捷路线，北方佛教造像向川中腹地迅速传播，并以处于军事、交通、经济重要地位的州、郡为重点，再扩展至附近的各县区，最终形成石窟造像体系。

盛唐后，随着佛教的日益兴盛，人们开始利用天然山崖开凿巨大佛像，或以雕刻大型群像的方式叙述佛经中的故事情节。“安史之乱”后，北方地区受战争影响，经济上受到巨大冲击，不再具备大规模开窟的条件；而巴蜀地区因位于西南，受冲击较小，且皇帝先后驾临，使得政治活动南移，该地区的摩崖造像反而出现了新的高潮（如下表）。

从石窟寺到巴蜀摩崖佛殿的阶段性演变表

发展阶段	空间形态	塔柱（造像）特征	空间模式
印度早期石窟寺	崖壁上开凿空间；平面为U型；佛塔为中心空间	圆形佛塔，右旋礼佛	支提窟
印度—西域	支提窟变为中心塔柱窟；石窟形成前后室布局	方形塔柱供像，右旋礼佛	中心塔柱式窟
西域—中土	屋顶变为坡屋顶；后室弱化，无涅槃象征；结合木构元素	方形塔柱具象化，出现木构出檐形态	中心塔柱式窟
中土—内陆	后室消失；木构佛殿体系融入	中心柱消失，变为龛；右旋变为叩拜	覆斗型窟
	外观与木构佛殿基本无异	浅龛凿刻佛像，兴起造大佛	木构摩崖佛殿
内陆—巴蜀（由南向北传播）	以大佛为空间核心的多层楼阁式佛殿	以摩崖石刻大佛为叩拜中心	木构摩崖佛殿

巴蜀地区地势险峻，具备较多的天然崖面，摩崖造像可充分利用自然环境，减少开凿量，因而巨大佛像相继出现，广元石窟之后，乐山、潼南等地开凿的佛像尺度堪称前所未有。这一时期的佛殿建筑外观多模仿木构佛寺，使得兼具木构佛殿特色与巨大摩崖造像的巴蜀摩崖佛殿迅速兴起，为巴蜀地区摩崖造像的兴盛繁荣奠定了基础。

四、巴蜀摩崖佛殿的空间策略

（一）儒、佛、道融合的文化观

1.巴蜀佛教文化的转型

佛教中土化时，与儒教、道教融合，形成了符合中土社会价值需求的本土佛教文化，佛教不再只为少数人及精英提供解脱法门，而是解救众生的大众佛法。随着佛法的大众化，顶礼膜拜的对象亦发生了改变，由对释迦牟尼的单一膜拜推及至对观音、罗汉等的群体膜拜。信徒固然崇敬释迦牟尼，但觉其神秘且难以高攀，而观音在《法华经·普门品》中是救苦救难的象征，以及罗汉的住世护法，从而获得了民间的广泛认同和接受，佛殿中开始出现群像崇拜的现象。

(2)群像崇拜的佛教转型

佛教文化的转型导致巴蜀地区出现了群像崇拜的佛殿空间。涞滩二佛寺下殿中石窟群像表现的是释迦牟尼为众多菩萨、罗汉、弟子说法的场景，并结合参观流线贯穿建筑。释迦牟尼像通高12.5m，呈善跏趺坐，手抚左膝，位于崖壁北侧正中①。释迦像前后左右均被各佛教人物包围，如身后的菩萨、上方的千佛、两侧的散财童子和龙女上方的五百罗汉等，都从属于“释迦说法”这个表现主题，各色人物以不同的姿态呈现，生动形象地渲染和衬托了佛境。

(二)适应山地特色的环境观

1.基于佛教文化的独特选址

佛教为能在中土这样的“异域”有效地推广传播，分化而成的大乘佛教逐渐融合当地儒、道等多元文化，随着进一步的地域化，更因修行方式的不同而分化出“八宗”②。唐宋时期是巴蜀地区佛教最为鼎盛之时，禅宗兴盛，而禅宗的理念是“静心禅修，农禅合一，自食其力”，故禅宗寺院多选址于幽静山林或丘陵地区，便是与佛教文化相互影响的结果。

随后佛教在巴蜀地区发展迅速，建立起深厚的社会民众基础。明清逐渐发展成城市型佛寺，秉承“普度众生”的思想而融入社会大众，如元人费著在《岁华纪丽谱》中描述的成都大慈寺、昭觉寺等佛寺佛殿即为当地民众岁时游散之所。有的佛寺增加了庙会商贸功能，政府在寺前设场镇，使佛寺进一步融于社会生活。

2.烘托佛殿的环境景观

石窟寺向摩崖佛殿转型的过程中，空间模式、建筑外观、选材用料都发生了巨大的变化，但石刻造像的文化却在巴蜀地区一直延续，展示了巴蜀丰富的崖壁景观和地域特色。精美的装饰与宏大的佛像将石刻收放自如的美充分展现，在烘托观瞻氛围的同时塑造了地域性环境景观。

①龙红，高一丹.重庆涞滩二佛寺摩崖造像的艺术成就[J].民族艺术研究，2012(2)：82-85.

②八宗：佛教传入中土后在唐代形成宗派。慈恩宗、三论宗、天台宗、华严宗多偏于教理的解说；禅宗、密宗、净土宗、律宗偏于讲行。

3.“天平地不平”的环境融合策略

巴蜀地区兴建佛殿的主要目的是保护佛像。天然崖面凹凸不平,巴蜀地区的崖壁更是陡峭异常、近乎垂直,使常规木构建筑体系难以适应。因此设计需因地制宜,贯彻“法无法,乃为至法”的创作理念。摩崖佛殿的营造中蕴含了多种紧密结合地形地势的策略,使建筑如同从自然环境中生长出来,与环境巧妙地融为一体。

(1)靠崖与爬崖。靠崖与爬崖是楼阁式摩崖佛殿的典型形制,二者皆为摩崖建筑适应山崖的营造手法。靠崖建筑的屋架和檐与平地建筑一样,只是被山体削去一部分;爬崖建筑则紧贴崖壁表面,屋面顺应崖壁,层叠递进攀爬而上,形成覆盖山体的气势磅礴的垂直建筑与景观,如潼南大佛寺、江津大佛寺等。

(2)吊脚。巴蜀地区气候湿热且地形陡峭曲折,故建筑多采用底层架空或吊脚的干栏建筑手法,巴蜀摩崖佛殿也运用了类似手法来适应多变的山地地形。吊脚既可增加佛殿内部的使用空间,也能形成局部架空以隔绝地面湿气,更能加强摩崖佛殿与自然环境的融合程度。

(3)退与让。巴蜀地区因崖壁陡峭,房屋建设基地窄小,且多有巨石阻挡,“佛殿的布置不规则都是因势附形,随宜而治,宜方则方,宜曲则曲,对环境条件采取灵活变通的处理,不过分改造地形原状”。有些场地本可全用于建造佛殿,但因有意保留大树或独特山石,反而增强了环境特色。涞滩二佛寺下殿中佛殿与崖壁之间的退让空间就形成了爬崖而上的特色步道和敞厅,成为封闭崖壁空间中的停留节点。

(三)以大佛为中心的秩序观

1.“因佛成殿”的构建特色

以大佛为中心的巴蜀摩崖佛寺多“因佛成殿”,以摩崖造像的开凿为前提,修筑佛殿保护佛像,使佛殿与大佛成为有机整体,并提供舒适的礼佛空间,吸引更多僧徒。《登乐山凌云寺》中对凌云寺的描述,大佛像开凿于开元年间,历经90年完成,之后修建13层木质楼阁用于保护佛像,这印证了“因佛成殿”的构建理念。

2.大佛对宗教活动的空间引导

佛教将充满物质诱惑的尘世看作恶的象征、痛苦的根源,而佛寺及佛殿则让人们的精神暂时游离于社会。为让信徒融入佛教氛围中,通过对佛教的象征——佛像的空间塑造,使人与教产生视觉及心理上的呼应,增加对宗教的皈依感。“佛、法、僧”(即佛陀、论经制度和修行僧人)是佛教存在的必备条件,佛殿中的佛像被作为佛陀的象征来膜拜,在拜佛、瞻佛、悟佛的宗教活动过程中成为视觉及心理焦点。

(1)拜佛空间的视觉通达。巴蜀摩崖佛殿为适应高大的佛像,建筑体量普遍较大。为加强佛像空间的视觉效果,通过对大木作尺度的调整反衬出佛像的“顶天立地”之感,强化佛像在室内空间中的统治地位。

大佛是摩崖佛殿佛境塑造的核心,而“佛眼视众生”,佛头佛眼则是最传达灵魂的部位,古代工匠通常会对佛殿的构架及观瞻视线进行重点设计。巴蜀地区摩崖佛殿构架因地制宜,穿斗与抬梁构架结合:下殿穿斗节约木材用料,上殿抬梁保证视线通透,避免穿斗构架引起的视线遮挡。潼南大佛寺大佛阁正是两种构架扬长避短巧妙结合的体现。此外,明间常常为了确保适宜的水平视角及容纳拜佛群众而调整得异常宽阔,如合川涞滩二佛寺明间宽约7 m,江津大佛寺明间则达9 m,相比北方佛殿,有较大的空间创新与结构突破。

(2)瞻礼佛像的视觉引导。有的佛殿结合围绕大佛的通高空间设置了多层回廊,以保证从不同高度均能瞻仰大佛。U形回廊向主佛中心空间围合,使僧徒在室内空间游览时均能感受到佛像的存在。也有佛殿利用柱子形成与天然崖壁间的狭长空间,强化瞻礼过程中与大佛的视线交流,如涞滩二佛寺下殿空间。巧妙的瞻佛视线设计不断烘托着瞻礼过程中大佛的中心感,提升了佛殿空间的佛境。

(3)感悟佛境的视觉凝聚。通过对佛法的修行得到个人精神的升华是佛教的重要思想,“光”则是象征光明世界及涅槃的点睛一笔。佛殿中对光的引入主要依靠两种方法,一是调整大木作构架,二是利用小木作进行空间设计。

结合佛殿选址,利用敞厅或架空层渗透室外的山水景观,使供奉大佛的明间具有良好的自然采光效果,并与次间形成明暗对比,突显空间的主导性。如涞滩二佛寺坐北朝南、依山傍水,南侧面朝江水,视线开阔无阻。下佛殿入口架空采光,使被山石包围的幽暗空间豁然开朗,结合大佛与江的对景,增强了佛殿的灵性,给予了僧徒的心理暗示。

窗户的设计亦能增加佛殿空间的层次并烘托佛像。巴蜀摩崖佛殿多在下层与上层开窗,将佛像的头部与脚部照亮,中部则较为幽暗。由亮变暗再变亮的光照效果使佛像显得更加高耸伟岸,增强了神圣感。涞滩二佛寺佛殿底层利用敞厅及架空加强叩拜区的采光;二层利用高窗削弱采光,使佛像中部变得昏暗;三层以舒朗的直棂窗增加佛像头部的局部采光。自然光线与不同形式窗的结合突出了作为视觉焦点的佛像头部,增强了宗教空间的感染力。

五、结语与展望

巴蜀地区得天独厚的自然环境资源以及历史上作为佛教文化中心的历史机遇使得巴蜀佛教建筑自成体系，而巴蜀摩崖佛殿则是建筑与自然环境、地域文化融合共生的典型代表。巴蜀摩崖佛殿展现了建筑在不同时代与地域环境中的适应性发展，反映了不同时代统治阶层、民间群众、佛寺信徒间的信仰与生活的联系，突显了建筑与自然、人文融合而产生的地域性特色和差异。不论是处理高差的靠、爬、吊等手法还是室内空间与行为活动的相辅相成，抑或环境景观对文化氛围的烘托渲染，都呈现出巴蜀建筑与地域环境融合、互动的设计思想，为今天及未来宗教文化影响下的山地佛殿空间创作与研究提供了思路和借鉴。

参考文献

[1]王贵祥.东西方的建筑空间 传统中国与中世纪西方建筑的文化阐释[M].天津：百花文艺出版社，2006.

[2]王濛桥.印度佛教石窟建筑研究[D].南京：南京工业大学，2013.

[3]冯棣，张兴国.西南石窟寺石刻形象反映的建筑类型特征研究[J].南方建筑，2014(3).

[4]李先逵.川渝山地营建十八法[J].西部人居环境学刊，2016(2).

[5]龙红，高一丹.重庆涞滩二佛寺摩崖造像的艺术成就[J].民族艺术研究，2012(2).

[6]郭璇.巴蜀地区摩崖佛寺的流变[J].重庆建筑大学学报，2005(6).

[7]郭璇.巴蜀摩崖佛殿空间类型及营建手法初探[J].重庆建筑大学学报，2004(4).

[8]冯棣.略论印度石窟寺在中国的发展演变[C]//2011世界建筑史教学与研究国际研讨会，2011.

[9]黄河涛.禅与中国艺术精神的嬗变[M].北京：商务印书馆国际有限公司，1994.

[10]龙显昭.巴蜀佛教的传播、发展及其动因试析[J].西华大学学报(哲学社会科学版)，2009(6).

[11]王媛，路秉杰.中国古代佛教建筑的场所特征[J].华中建筑，2000(3).

[12]徐炯炯.巴蜀传统楼阁式建筑研究[D].重庆：重庆大学，2009.

生态翻译视域下世界文化遗产译介
——以大足石刻为例①

覃海晶　王　东②

摘　要:以中国的世界文化遗产——大足石刻——的译介为例,立足于生态翻译学的视角,运用"综观整合"的方法,从"译者中心""多维整合"和"译有所为"的角度来探讨世界文化遗产译介中的问题并从中得到启示。

关键词:大足石刻;生态翻译;世界文化遗产;译者中心;外宣

近年来,世界文化遗产受到越来越多的关注和重视,其传承和保护分为两个方面:一个是空间上的横向播布,另一个是时间上的纵向延续,只有在纵向和横向上同时对世界文化遗产进行保护,才能够使其不断延续下去,成为人类历史上永久的瑰宝。中国的世界文化遗产保护不应仅局限于国内,要想使其有更大的传播空间,必须走出国门,走向世界。

世界文化遗产要走出国门就必然会涉及各个行业对世界文化遗产的对外宣传,包括新闻业、旅游业、文体及娱乐业,乃至建筑业。无论是哪个行业的涉及,对外宣传都离不开翻译活动的参与。孕育于中国本土的生态翻译学走过了十余年的发展历程,并取得了迅猛的发展。生态翻译学是在中国"天人合一"的哲学思想指导下产生的一个具有跨学科性质的译学研究途径,是一个立足于生态视角"综观整合"的翻译研究范式。生态翻译学强调翻译活动的主体译者对生态环境的适应和选择,并且十分重视译本带来的客观效果,即译本读者的反应,这就是生态翻译学中所提到的"译有所为",如果译文丧失了"语后效力"(perlocutionary force),那么就要对译作进行"事后追惩",淘汰劣质的翻译文本。本文拟立足于生态翻译学的视角,结合大足石刻外宣文本的分析,旨在发现现有译介中的不足并进行改译,从而得到整合适应选择度最高的译作。

①原载于《沈阳大学学报(社会科学版)》2017年第4期。

②覃海晶,重庆文理学院外国语学院。王东,重庆文理学院旅游学院。

一、生态翻译学的活态性

首先,原文、原语和译者是翻译活动的三大因素。译者是翻译活动进行的主体和前提条件之一。生态翻译学提出了“译者中心”的翻译理念,研究的是译者与翻译生态环境之间的关系。这里要特别强调的是生态翻译学并不是片面强调译者在翻译过程中的主体意识,而是兼顾译者和文本之间的平衡。生态翻译学是对以“译者中心意识”为主要体现形式的“人本主义”和过分强调“原文至上”的“文本中心”的解构。[①]之所以说翻译活动具有活态性,是因为每个译者的成长背景、生活环境、教育程度、语言能力、世界观、价值观都各不相同,这就决定了每个译者所进行的翻译活动都是具有活态性的。其次,翻译的适应选择论是生态翻译学的基础研究。对于译者来说,在翻译过程中既要适应又要选择。“适应”是指译者对外部环境的“选择性”适应,而选择则是对译文进行“适应性”选择,这就体现了生态翻译学的生态性,译者需要适应生态翻译环境,译入语(Target Language)也要充分适应译出语(Source Language)的语言环境和文化环境。再次,生态翻译学提出了“多元共生”原则,这里的“共生”就是指不同文本的共生(Symbiotic)。不同译本是不同译者在生态翻译活动后的结果。最后,生态学强调“优胜劣汰”“汰弱留强”。生态翻译学中的“事后追惩”指导思想是指对译文和译者中存在的“不适应”“弱者”等进行否定和批评,也就是说,能够保留下来的译本或者能够继续进行优质翻译活动的译者才能够“生存”下来。

二、生态翻译关照下的世界文化遗产译介

生态翻译的研究方法之一是“综观整合”[②]。生态系统本来就是一个注重“整体关联”、讲求“动态平衡”涉及“生态群落”及其相互关系和相互作用的系统。换言之,在研究生态翻译时,不能够孤立地把作用因素局限于某一个生态系统,需要同时关照不同的生态系统之间的关联和整体性。[③]世界文化遗产的外宣翻译更多的是注重信息的传递,因此,鉴于文化和认知心理的差异,译者更应该在最佳适应原文或原语的基础上对译文进行选择。译者在进行翻译活动的时候,对外部环境的适应是“选择性”的适

①王宁.生态文学与生态翻译学:解构与建构[J].中国翻译,2011(2):10-15,59.
②思创·哈格斯.生态翻译学的国际化进展与趋势[J].上海翻译,2013(4):1-4,20.
③胡庚申.生态翻译学的研究焦点与理论视角[J].中国翻译,2011(2):5-9,92.

应,对译文的选择则是“适应性”的选择,这两者都充分体现了译者的主导作用。[①]本文将结合生态翻译的“综观整合”研究方法从三个方面,即翻译主体能动性,翻译过程中的“多维整合”和翻译的“译有所为”,对世界文化遗产译介进行研究,从而讨论译者的生态、翻译环境的生态和译本的生态。

(1)“译者中心”是生态翻译学中提出的一个重要指导思想,但要明确指出的是生态翻译中的“译者中心”与生态学里的“人类中心主义”是两个截然不同的概念。“人类中心主义”强调的是人类的利益,而生态翻译学中的“译者中心”是彰显译者在翻译过程中为了达到更好的翻译效果而实施的主观能动作用,具体体现在译者在翻译过程中“适应”翻译生态环境,并根据生态环境决定对译文的“选择”,也就是译者要综合各个因素,权衡语言、文化、意识形态、翻译目的等各个要素之间的关系,对原文和受众进行分析,再通过思考和精心设计翻译话语来达到预期目的。[②]当然,译者的主体性也可以通过作为译者对翻译对象的选择,作为读者对原文生态环境的适应和作为作者对译文的选择来彰显和体现。[③]总而言之,译者在翻译生态系统中居于核心地位,而翻译的其他主体,包括作者、预期译文读者和翻译研究者相互依赖和制约,构成一个独立的、开放的翻译主体生态系统。[④]

(2)对译文的选择适应就必然会涉及“多维整合”。生态翻译学中的“多维整合”包括语言维、文化维和交际维。语言维是从词汇学、修辞学、句法学等语言学的角度分析语言的使用。文化维则是强调异域文化差异在翻译活动中的恰当处理。当然,也有研究表明,从文化传播和宣传有效性的角度来看,建议在文化负载词的翻译上更多地使用异化策略,旨在更好地在英语语境中推广和传播汉语文化负载词。交际维则着眼于文本对信息的传递并关注读者在阅读文本之后的反应,相对于内容而言,交际维更强调语用等效。正如当代翻译理论家纽马克指出:当信息内容和效果发生矛盾和冲突时,交际翻译重效果而不是内容。[⑤]

---

①董爱华,高越.生态翻译学视角下实用文本翻译的语用等效研究[J].东北师大学报(哲学社会科学版),2011(3):129-132.

②陈小慰.对外宣传翻译中的文化自觉与受众意识[J].中国翻译,2013(2):95-100.

③林燕.翻译适应选择论视阈下的译者主体性——以外宣翻译中的取舍度量为例[J].沈阳大学学报(社会科学版),2016,18(4):488-493.

④朱月娥.翻译主体生态系统中的译者主体性[J].中国科技翻译,2010(1):55-58.

⑤[英]纽马克·翻译教程[M].上海:上海外语教育出版社,2001:12.

(3)生态翻译的“译有所为”主要表现在两个方面:一是译者进行翻译活动的主观动机;二是翻译出来的译本所能够达到的客观效果。从后者来看,“为”在促进交流沟通中广为引发语言创新;“为”在激励文化渐进;“为”在催生社会变革;“为”在推动译学发展;等等。①世界文化遗产译介“为”在通过译者主观能动性的发挥积极处理各个维度所存在的问题,从而得到高质量的世界文化遗产译介来保护弘扬我国世界文化遗产,加快我国世界文化遗产的国际化进程和脚步,进而“为”在扩大我国世界文化遗产的世界影响力中发挥积极作用。

综上所述,生态翻译学指导下的翻译活动是一个各个因素、环节、内容相互影响、相互制约、共同整合的过程。因此,单一环节的有效性并不能够使生态翻译效果最优化,生态翻译下的文本应该是各个作用成分相互影响和制约的结果。在这种条件下所产生的译本才能够在最大限度地保持原文特征的同时,又可以把原文的内在可译性发挥到至极。

请看下例:

例1:大足石刻是重庆市大足区境内所有石窟造像的总称,迄今公布为文物保护单位的达75处,造像5万余尊,其中尤以北山、宝顶山、南山、石门山、石篆山石窟最具特色。造像始建于初唐,历经唐末、五代,盛极于两宋,是世界石窟艺术史上的最后一座丰碑,代表了公元9—13世纪世界石窟艺术的最高水平。

大足石刻植根于巴蜀文化沃土,在吸收、融合前期石窟艺术精华的基础上推陈出新、极工穷变,开拓了石窟艺术的新天地。以鲜明的民族化、世俗化特色,成为具有中国风格的石窟艺术的典范。1999年12月1日,大足石刻被联合国教科文组织列入《世界遗产名录》。

译文:The “Dazu Rock Carvings” mainly refers to all the cliff-side carvings within Dazu District, Chongqing Municipality. There are 75 cave temple sites, including more than 50 000 statues, being protected for their historical and artistic values at different levels. Among them, rock carvings of Baodingshan, Beishan, Nanshan, Shimenshan and Shizhuanshan are exquisitely sculpted with themost distinctive style. Started in early Tang Dynasty, the Dazu Rock Carvings went through the late Tang and the Five Dynasties and then went into its golden time in the Northern and Southern Song Dynasties. The Dazu Rock Carvings

①胡庚申.关于“译者中心”问题的回应[J].上海翻译,2011(4):7-9.

representing the highest level during the 9th and 13th century is the last monumental works in the history of world cave temple art.

Based on the centuries-old culture of Bashu area, the Dazu Rock Carvings with innovation and diversification is a great example of cave temple art featuring Chinese style for its nationalization and secularization. On Dec. 1, 1999, the Dazu Rock Carvings was inscribed into the World Heritage List by UNESCO.

文本对大足石刻的基本情况进行了简单介绍，并就大足石刻在中国乃至世界石窟艺术上的重要地位进行了说明，且在最后提及大足石刻被列入《世界遗产名录》来说明大足石刻所具有的保护价值和意义。文本充分体现了中国解说文本的特点。从对文本的分析来看，第一段属于信息性文本，对大足石刻的基本情况进行了相关介绍，如所处的地理位置、造像数量、代表性石窟以及大足石刻在石窟艺术上的重要地位。第二段运用了一些叠词偶句来达到行文的工整，相对于第一段朴实真切的表达，第二段的表述更加突显形美和意美的效果。

中文文本的第一段共两句话，译文为五句话，译者在译文第一段很好地发挥了主观能动性，较好地处理了中文重意合和英文重形合的区别，充分体现了生态翻译中的“译者中心”。后面的“北山、宝顶山、南山、石门山、石篆山”等地名译者均直接用汉语中的拼音表示，虽然部分国外读者能够读懂拼音，但是这些对他们来说并无太大意义，简单的陈列只能够让国外读者看来这部分的信息毫无价值和意义，所以，译者应积极发挥其主体能动性，译为“Rock carvings at Beishan (North Hill), Nanshan (South Hill).”。在文本介绍的最后一段，“推陈出新，极工穷变”译为“with innovation and diversification”，“民族化、世俗化”译为“for its nationalization and secularization”，这两处对于外国游客来说并无实际意义，“推陈出新、极工穷变”“民族化、世俗化”这都是中文语言表达的特色，就是力求语言工整，常常用对仗或排比的方式体现语言的力量，并且追求韵律美的效果。但是这样的语言内容直接翻译成英文，对于外国读者来说并不完全被接受，这样的信息在译文中并不具有很大的交际价值，反而会使文本变得冗长，降低译文预期读者(Target Addressee)的信息预期值。所以，译者应该发挥自己的主观能动性，对文本内容进行编译或是摘译，这对达到生态翻译是非常具有必要性的。

从语言维来看，译文中出现了不少语法错误，如单复数一致问题、介词使用问题等。首先，在译文中出现“at different levels”表达的意思并不明确，是指(各级)文物保护单位还是石窟造像分为了不同的等级和级别,译文的表达并不清楚。此外,“处于……位置的石窟”,在英文中应用介词at而非of。文中“尤以北山、宝顶山、南山、石门 山、石篆山石窟最具特色”译为“the most distinctive style”是不恰当的。因为文中提及北山、宝顶山等多个石窟,“the most”是译文中出现的另一个语言维的错误。建议用“particularly”或是“especially”来强调它们与其他地方的石窟有着显著的不同。除语言维的问题之外,文化维也出现一些问题。如文中“最具特色”的译文为“the most distinctive style”,从语言维角度来看,这在内容上完全没有问题,但是从文化维的角度出发,这也是比较具有争议的一个译法。汉语中常常会因为对某一个事物做出较高的评价而用到“最具特色”“最具代表性”“十分罕见”等字样,然而,在国外读者的眼中,这样的评价往往出自专家或者是业内人士,如果真要对某个事物进行类似的评价,必须诉诸客观事实根据,这也充分体现了中西方较大的文化差异。译文中“……representing the highest level……”部分也是具有异议的。在外国读者看来,这句话的意思是含混不清的,“highest level of what?”代表了什么的最高水平没有表达清楚,这就给读者留下了疑点与晦涩难懂之处,不符合生态翻译学中交际维的适应选择。此外,正如前面所提到的,没有事实根据或者非官方数据引用的都是不具有说服力的,这也再次表明了出现在文化维的问题。

在译文“Started in early Tang Dynasty, the Dazu Rock Carvings went through the late Tang and the Five Dynasties and then went into its golden time in the Northern and Southern Song Dynasties. ”中,对于外国读者来说,“Tang Dynasty”和“Five Dynasties”这两个表达并不能够让他们具有明确的时间概念,他们从译文中得到的仅仅是两个时期的客观表述而已,至于这两个时期具体是在中国历史上的哪个时间段并不清晰。所以,此处译者要想实现更好的“译有所为”,让读者更好地了解中国历史,就应该对这两个时期进一步的解释说明。

作者调查了多位外国读者的读后感受,综合他们的意见和建议,并结合生态翻译的理论视角,将大足石刻的英文介绍文本改译如下:

The Dazu Rock Carvings mainly refer to all the cliff-side carvings within Dazu District, Chongqing Municipality. There are 75 cave temple sites, including more than 50 000 states, being protected for their historic and artistic values. Among them, the rock carvings at Baoding Mountain, Bei Mountain, Nan Mountain, Shimen Mountain and Shizhuan

Mountain are exquisitely sculpted with particularly distinctive styles. Begun in the early Tang Dynasty (618–750 AD), the Dazu Rock Carvings continued to grow throughout the late Tang(750–907 AD) and Five Dynasties periods (907–960 AD), experiencing a golden period during the Northern and Southern Song Dynasties (960–1279 AD). The most impressive of the Dazu Rock Carvings, carved during the 9th and 13th centuries, represent the last monumental works in the history of world cave temple art.

Based on the centuries-old culture of the Bashu area, the Dazu Rock Carvings are a great example of cave temple art featuring Chinese style. On Dec. 1, 1999, the Dazu Rock Carvings were inscribed into the World Heritage List by UNESCO.

下面再看另外一个例子。

例2:宝顶山石刻景区以大佛湾、小佛湾石刻为中心,四周环绕圣寿寺、广大寺、转法轮塔,以及大足石刻博物馆等建筑群。

大佛湾是世界石窟中唯一一座有总体规划设计的石窟。造像形态万千,构思独具匠心,是佛教艺术中国化、世俗化的典范。小佛湾为"圣寿本尊殿"遗址,是大佛湾造像的"蓝本"。

紧邻小佛湾石刻的圣寿寺,自宋以来即为巴蜀名刹。其山门前的圣迹池中刻有释迦佛大足印。与圣寿寺遥相对应的转法轮塔,因其塔身上大下小,被誉为中国佛塔建筑的一大奇观。广大寺位于大佛湾西侧,因其山水相拥,自成一趣,香火旺盛,故又称"小宝顶"。

位于参观主轴线东侧的大足石刻博物馆,集中展示了大足石刻的精粹。内设大足石刻展览、环幕影院、4D影院,以及其他旅游休闲服务设施等。

译文:With Dafowan and Xiaofowan Rock Carvings as the center, the Baodingshan heritage site is encircled by Shengshousi Temple, Guangdasi Temple, Dharmacakra Pagoda? and the Museum of Dazu Rock Carvings? etc.

Dafowan is the only cave temple with an integrated and meticulous design all over the world. Blessed with diversity and originality, those exquisite carvings in Dafowan are representative artworks that jointly show the localization and secularization of Buddhism in China. Xiaofowan, which serves as a blueprint to build the carvings of Dafowan, is a historic site of Shengshoubenzun Temple. Next to Xiaofowan stands Shengshousi Temple, which has been renowned in Bashu area since Song Dynasty. In front of the temple is Shengjichi Pond, where Sakyamuni^s footprints are carved. Dharmacakra Pagoda facing the temple is one of the wonders in architectural history of Chinese pagoda for its top larger than the base. To the west of Dafowan is Guangdasi Temple, which wins a reputation of Xiaobaoding for both its charming natural scenery and high popularity with pilgrims.

On the east side of the main route stands the Museum of Dazu Rock Carvings. Collections inside the museum intensively show people the essence of the Dazu Rock Carvings. The museum is also equipped with recreational facilities such as circular-screen and 4-D movie theatres.

宝顶山石刻介绍总共分为四个段落,对其布局进行了详细说明。第一段为宝顶山石刻的总体介绍,第二段介绍大佛湾和小佛湾,第三段介绍圣寿寺、广大寺和转法轮塔,最后一段介绍大足石刻博物馆中相应的配套设施。

从译文来看,译者几乎是对中文文本进行了逐一对应式的翻译,使译文显得冗长复杂。作者也调查了多位以英语为母语的译文预期读者,他们表示原译中除了语法、措辞、逻辑和表述问题之外,普遍认为语言太过累赘,建议文本应该更加简洁和直接,避免一些花哨的修饰语。从生态翻译学中的"译者中心"来看,译者并未对原文进行很好的"适应",从而对译文进行很好的"选择"。这样看似详细的译文并不能够让读者对宝顶山有一个清楚的认识,反而会增加读者的阅读负担,译者应当对原文内容进行删减和精炼,适度摘译,译出符合预期读者期望的译文。

从三维之一的"语言维"来看,译文出现较多的语法错误。①"as the center"中的"as"建议改为"at";②连接词"and"和"ect"不能够同时出现在同一个句子里面;③"etc"是在省略内容,对于读者来说是非常清晰明了的情况下才能够使用;④在地名以及寺庙的前面要加上定冠词,如:"the Shengshousi Temple""the Guangdasi Temple""the Dharmacakra Pagoda";⑤"……artworks that jointly show the localization and secularization……"建议改为"……artworks that show both the localization and secularization.";⑥"serves"一词的时态应该为过去时,建议改为"served"。

译文的第二部分,第一句话就出现了与上一个文本中类似的问题,"only…all over the world"这一表达用得过于绝对。从"文化维"角度来看,没有确凿事实根据的陈述不免会引起外国读者的质疑和怀疑。这就从某种程度上影响了读者对世界文化遗产译介的信任度,对于世界文化遗产形象有一定的负面影响。正如上一个文本所建议的,在“Song Dynasty”部分应该加上具体的年代说明,并且在朝代的前面应当加上定冠词“the”。文中提到了释迦佛大足印,也就是释迦牟尼佛的大脚印,译文翻译为“Sakyamuni's footprints”,对于不太熟悉佛教的外国读者来说,释迦牟尼并不是众人所周知的,所以建议译者将其处理为“the Sakyamuni Buddha”。这样意思就较为明确了。

“Dharmacakra Pagoda facing the temple is one of the wonders in architectural history of Chinese pagoda for its top larger than the base. ”这一句话从语言维来看并无问题,但是从生态翻译中所提到的“交际维”来看,这个句子并未达到很好的交际目的,建议改为“Dharmacakra Pagoda, which faces the temple, is a wonder of Chinese architectural history, as this unique pagoda's top is larger than its base.”或是 “Dharmacakra Pagoda, which faces the temple, is a wonder of Chinese architectural history, with a top that is larger than its base.”在第二部分的最后一句译文中提到“wins a reputation of Xiaobaoding ……”也存在交际维的问题,中文为“故又称‘小宝顶’”,译文语言上并不存在问题,但是“又称小宝顶”这一表述对于外国游客来说毫无概念和意义。此外,“high”也是多余的表达,此句建议改译为“To the west of Dafowan is Guangdasi Temple, which has a reputation for its charming natural scenery and popularity with pilgrims. ”译者在此处处理得较好的是对“山水相拥,自成一趣,香火旺盛”进行了省译,这样的音美、形美和意美的中文表达如果译为英文并无实际意义,反而会让预期读者感到费解。

现改译如下:

With Dafowan and Xiaofowan Rock Carvings at the center, theBaoding Mountain heritage site is encircled by the Shenghousi Temple, the Guangdasi Temple, the Dharmacakra Pagoda, and the Museum of Dazu Rock Carvings.

Dafowan is the cave temple with an integrated design. The exquisite carvings there are representative artworks that show the localization and secularization of Buddhism in China. Xiaofawan serves as a blueprint for the carvings of Dafowan. You can find the Shengjichi Pond and the Sakyamuni Buddha's footprints in the Shenghousi Temple, which has been renowned in the Bashu area since the Song Dynasty (960–1279 AD). Dharmacakra Pagoda, which faces the temple, is a wonder of Chinese architectural history. The Guangdasi Temple has a reputation for its charming natural scenery and popularity with pilgrims.

Collections inside the well-equuippedmuseum of Dazu Rock Carvings show people the essence of Dazu Rock Carvings.

从以上两个文本的分析看来，译者在翻译活动中的能动性还发挥不够，在对原文的“适应性”选择和对译文的“选择性”适应中并未充分调动积极性，在内容上的选择适应不够准确。在语言维、文化维和交际维的处理没有达到最佳状态，这样的结果就是译文的预期效果不尽如人意。当然，在世界文化遗产外宣翻译活动中，如果译者能够得到一份关于翻译目的的“翻译要求”(Translation Brief)，如译文的预期功能、预期读者、译文的接受时间、地点和空间以及译文的传播媒介等①，并综合考虑翻译活动的外部和内部环境，发挥译者的能动性，就能够提高译文质量并达到更好的传播效果。译者应当对存有中西方文化差异的文化事象进行适度的补充说明，以避免出现文化维问题。从交际维来看，对中国人语言习惯中绝对的、过于浮夸的表达要进行适当处理，以免给外国读者造成一种不真实的印象，同时避免一些主观性描述语言。从翻译策略来看，为了让文化的传播更加具有有效性和影响力，同时，为异域文化注入新的文化因素，外宣翻译中更建议用异化策略来保证原文与译文之间的生态平衡。为了使外宣文本达到最高程度的选择适应，可采用多种翻译手法，如释义、类比、删减、改译、模糊对等等。显然，所有涉及因素的高度整合绝大程度上取决于译者的主动性。

三、结语

生态翻译学采用的是一个从整体上去把握翻译过程的翻译方法，强调各个因素的“综观整合”，当然，在所有因素中，译者的主观能动性是绝对不能够忽视的，因为译者要根据不同的文本类型、文本功能、翻译目的、预期目标读者来决定翻译策略和方法来获得最能够实现译文预期功能的译文文本。译者在翻译时要充分发挥自己的主观能动性，积极分析和“适应”原文文本，再从语言维、文化维和交际维来对译文进行“选择”，达到译文真正的“译有所为”，传播我国的世界文化遗产。

①陆国飞.旅游景点汉语介绍英译的功能观[J].外语教学，2006(5):78-81.

摆手舞名称、性质的质疑与辨证[①]

杜　娜[②]

摘　要：土家族“社巴日”祭祖仪式，用汉文字记述为“摆手”“摆手舞”“摆手活动”名称，定为传统舞蹈性质，在流播过程中产生了有悖于本真原貌的负面影响。笔者根据“社巴日”的内容和祭祖仪式实际，提出了恢复其土家语“社巴日”“社巴歌”“社巴舞”“社巴戏(毛古斯)”名称，性质定为“祭祖仪式戏剧”的观点，正本清源，让后人准确记住和认识土家先民创造的这份传统祭祖文化。

关键词：摆手舞；名称；性质；辨证

一、“社巴日”称为“摆手”的由来及其影响

(一)“摆手”名称的由来

“摆手”名称的来源与土家族对已故土著酋长进行祭祀的祭祖仪式“社巴日”有关。“社巴日”系土家语。“社巴”，即土著酋长；“日”，即敬奉之意；“社巴日”，即敬奉土著酋长。也有的称此为“舍巴日”，或“舍巴格痴”，或“舍把把”。其意则泛指祭奠祖灵，系土家族祖神崇拜的集中体现。

土家族有语言而没有文字。在清代雍正年间实行“改土归流”后，在汉人编纂的志书里，他们将“社巴日”活动中颇具代表性内容的以上肢摆动的舞蹈动作用汉文字加以表述，便出现了“摆手”一词。如清代乾隆二十八年辛巳岁(公元1762年)镌刻的《永顺府志》卷十《风俗》写道：“各寨有摆手堂，又名鬼堂，谓是已故土官阴署。每岁正月初三至十七止，夜间鸣锣击鼓，男女聚集，跳舞长歌，名曰摆手。”之后的清代同治年间刻印的《永顺县志》卷八《祠祀》写道：“土司祠，阖县皆有，以祀历代土司，俗称‘土王庙’。每年正旦后、元宵节前，土司后裔或土民后裔鸣锣击鼓，舞蹈长歌，名曰‘摆手’。”清末光

①原文发表于《四川戏剧》2017年第9期。

②杜娜，重庆市文化研究院助理研究员。

绪四年刻印的《龙山县志》卷七《风俗》也写道："土民设摆手堂，谓是已故土司阴署，供以牌位。黄昏鸣钲击鼓，男女聚集，跳舞长歌，名曰摆手。有以正月为期者，有以三月、六月为期者。"光绪三十三年刻印的《古丈坪厅志》，卷七《民族下》又写道："土俗各寨有摆手堂，每岁正月初三至初五、六夜，鸣锣击鼓，男女聚集，摇摆发喊，名曰摆手，以祓不祥……神为旧宣慰社把，如彭王、田大汉、尚老官，人云皆彭王之臣。"

在一些文人的诗文中，也沿用"摆手"一词来记述社巴日祭祖事宜。如清代贡生彭施铎在《溪州竹枝词》里写道："福石城中锦作窝，土王宫畔水生波。红灯万点人千叠，一片缠绵摆手歌。"清代乾隆辛巳岁（公元1761年）镌刻的龙山县西湖乡却甲寨舍巴堂碑文："盖闻朝廷有宗庙，乡党有宗祠。庙也者，神之居宫室也；神也者，我撒卡三房众族之主也。自我彭公爵主，历代建庙，供养侍奉以来，数百有余岁矣。每岁逢三月十五日进庙，十七日圆散，男女齐集神堂，击鼓歌舞，名曰'摆手'，以为神之欢也盖亦乡人傩之意也……同议孤人，早晚侍奉香灯，朝夕香火不断，灯火不息。"

也有的用"摆手舞""摆手活动"作为社巴日祭祖仪式的称谓。随着时光的不断流逝，这种以"摆手""摆手舞""摆手活动"尤其是"摆手舞"来代替社巴日祭祖仪式的称谓便流传开来。从一些科研专著中可看见这样的例子："摆手舞，土家方言称之为'舍巴日'，分大摆手舞和小摆手舞两种。"[①]"古代土家族人跳摆手舞叫'舍巴日'，是在节日里的自娱性舞蹈，是一种综合的传统艺术活动。"[②]《重庆民族民间舞蹈集成》中记载："在靠近湖南的秀山石堤、宋农和酉阳酉酬、大溪、后溪一带，历史上曾以跳'舍巴'（即'摆手'）为祭祖的主要活动。……"[③]2002年出版的《酉阳县志》第二十一篇"文化"中"舞蹈"部分对摆手舞的描述是："'摆手舞'，是土家族在狩猎劳作收获之后，表示丰收、以谢天地、祖先的祭祀仪式。"[④]2007年，摆手舞成为重庆市首批公布的市级非物质文化遗产项目，其申报书中，对摆手舞的内容介绍也包括了四部分：一是祭祖仪式；二是唱摆手歌；三是跳摆手舞；四是演毛古斯。

（二）"摆手"的性质及其影响

史志诗文中的"摆手"所记述的是社巴日祭祖仪式中最具代表性的社巴舞的舞蹈其性质也就被确定为传统舞蹈而在历史长河中予以流传。

---

①杨铭.土家族与古代巴人[M].重庆：重庆出版社，2002：180.

②邹明星.酉阳土家摆手舞[M].重庆：西南师范大学出版社，2003：76.

③王洪华，邹速.重庆民族民间舞蹈集成[M].重庆：西南师范大学出版社，2003：754.

④曾汉轩.酉阳县志[M].重庆：重庆出版社，2002：488.

20世纪50年代以后，这种祭祖仪式因故沉寂了30多年。1980年以来，开始为人们所重视。酉阳县党委和政府努力将古老的摆手文化融入现代生活，让全县人民尤其是土家人民既唤醒民族的历史记忆，又体尝它的现代审美意味。摆手舞的发展进程大致经历了挖掘整理、舞祭兼行、重舞轻祭、舞操相融的四个阶段。

摆手舞在当代社会生活中的发展历程告诉我们，有关部门为其发展做了大量工作。他们与时俱进，努力使其融入当代人们的社会生活，并取得了显著的成效。同时也告诉我们，作为祭祖仪式标识的“摆手”所具有的“舞”与“祭”的关系发生了巨大变化：“祭”由淡化而消失，离它的本真原貌越走越远。究其原因有多个方面，其根本原因或是对“摆手”性质的认定不准；或是为迎合所谓的时代审美，而人为地选择性地抛弃了一些被轻率地认定为糟粕的文化元素。这种对传统文化做“整形手术”的保护方式，或许正好符合了当下的文化需求，但不可忽视其可能造成传统艺术本源流失的风险。酉阳摆手舞的发展轨迹中，其本源的祭祀内容逐渐流失，这正是人们将其仅仅认定为传统舞蹈而产生的必然影响。

那么，它的性质应该是什么呢？这得从祭祖仪式的产生年代与基本内容说起。

二、“社巴日”的产生年代与基本内容

如前文所述，土家族的祭祖仪式，土家语称其为“社巴日”，史志中汉文记其为“摆手”。要探索其本真原貌，还是用土家语为宜。

（一）“社巴日”的产生年代

社巴日活动起源甚早。据湘西土家族苗族自治州文艺创作研究所张子伟先生考察，其产生于土家族先民大迁徙之前的渔猎部落时代。他认为，在社巴日活动的舞蹈中保留了不少原始初民的渔猎动作和对动物的模拟动作，如“赶猴子”“摸团鱼”“跳蛤蟆”“岩鹰展翅”“野鸡拖尾”“水牛打架”等。这些渔猎动作的模仿，便是土家族劳动人民在长期狩猎过程中的产物。它说明社巴日产生于土家族进入农业社会之前。在社巴歌里，也有与社巴日有关的内容。例如，在《民族迁徙歌》中，当部落大迁徙起程的时候唱道：“卦子莫忘记，路上一路神要敬。渊王龙也尺莫忘记，路上社巴做要哩。”歌词大意为：竹卦要带来，路上还要敬神明。王龙也尺要带上，路上还要敬社巴。此外，在产生于部落时代的《落蒙挫托》和《日客额地客额》这两部叙事史诗的长歌里，也唱述了关于社巴日的内容。

（二）"社巴日"活动的圣地与主持者

社巴日活动一般都在社巴堂和堂前的坪坝（称为社巴坪）里举行。社巴堂亦称鬼堂、土王祠、摆手堂、客厅。在清朝雍正"改土归流"前的一段时期，是社巴日活动最兴盛的时期。那时，土家族地域里形成了"村村有社巴堂，人人跳摆手舞"的景况。如前列举的碑文和志书所记，土家族的各个村几乎都建有社巴堂。据有关人士统计，龙山县五个区就有社巴堂120个。所以，在土家族中，流传着"九十九堡吴着厅，天王老子数不清"的俗语。吴着冲，是土著酋长；吴着厅，就是供奉土著酋长的厅堂，即社巴堂。在社巴堂附近，一般都划拨几亩地作为神田，由村民轮流耕种。其收入用于社巴日活动所需之经费。

在一般情况下，只要是土家族人都可以参加社巴日活动，人数众多时可达上万人。活动的时间有三天、五天、七天不等。社巴日活动的全权主持者为掌堂师，一般是由村里德高望重的长者，如族长、村主任担任。活动中祭祀仪式的指挥者为掌坛师，由村寨内的梯玛担任，亦称掌坛梯玛。"梯玛"是土家语，指村寨中从事祭神驱鬼的巫师，俗称土老司。掌坛梯玛统领其他帮师梯玛将社巴堂内的请神、安神、酬神、送神等祭祀仪式按规定程序进行，并且还要唱梯玛神歌，带头对歌盘歌，带头跳摆手舞等。

（三）"社巴日"祭祖仪式的程序

祭祖仪式的具体程序因地区不同而各有差异，但其基本结构大体如下：

1.排甲入场

在正式举行祭祖仪式之前，先进行"排甲启程"和"闯驾进堂"。排甲，土家语指排列队伍次序；排甲启程，即各村寨的参祭者按一定次序启程前往社巴圣地。闯驾进堂，即各队竞争，以胜负确定进入神堂、神坪的先后次序，胜者优先，负者随后。实际上，"排甲启程"和"闯驾进堂"是一种颇受土家人重视的独特入场仪式。特别是在大社巴日活动中，此程序尤为隆重。

2.扫邪净坛

参祭队伍进入社巴堂或社巴坪之后，梯玛即在祭坛前开始进行扫邪净坛仪式。扫邪，土家语叫"若达"。运演时掌坛梯玛摇动八宝铜铃，口念咒，手掐诀，在祭坛前起舞作法。然后用法水遍洒东、南、西、北、中五方，解除坛中污秽。其余的帮师梯玛一边唱若达巫辞，一边用扫把遍扫五方。若达巫辞的主要内容是：天的日子请帮忙用用力，水的日子请帮忙堵塞污泥浊水，羊的日子请帮忙明察秋毫，死的日子请别讲不吉利的话，土的日子请把土孔堵住……把大斗进小斗出的人、斛砣换秤的人、使阴谋诡计的人、使心计的人、偷抢东西的人、暗中唆使别人的人等这些害人的渣滓扫除干净。

3.请神祀神

梯玛扫完之后，丢开扫把，在祭坛周围急跑三转，祭仪即进入请神、安神、颂神、酬神和祈神几个具体步骤。

请神，土家语叫“嗄梅请”。帮师梯玛在掌坛梯玛的带领下，跑到祭坛前吟唱祖神赞歌，并依次恭请始祖、远祖、近祖和其他神明降赴祭坛，领受牲祭。掌坛梯玛以竹卦占卜，如打胜卦，即证明众神已临祭坛。这时，呈牲队将献上百鸟肉、百兽肉，将鲜血淋洒在祭坛边，再将羽毛和皮子挂在场边的粗绳上。祭坛前还特设一张方桌，上置一整头杀死洗净的生猪，头与背均用网子油(猪肚内似网状的脂肪层)网住，象征猎物被置于天罗地网之中。有的地方还保留远古时代血祭祖神的遗风，将尚未杀死还在惨叫的猪肚割开，取出滚热的五脏，供献在祭坛前，并在祭器上沾毛带血。呈牲队在献牲醴时，掌坛梯玛即运作安神仪式。安神，土家语叫“嘎墨翁”。掌坛梯玛念完安位咒语后，即安顿众神入座，并向神敬酒，土家语叫“惹撮”。然后，即祈请祖神保佑后裔子孙五谷丰登、六畜兴旺、人氏安泰、百事吉祥。其间，梯玛们还要唱吟相应的巫辞，施行一些咒诀法术，寓意让祖神笑纳酒醴，喜降祯祥。

4.跳摆手舞

摆手舞作为社巴日活动中独具特色的重要项目，其以整齐、刚劲、粗犷为基本特色，以摆手为基本动作。它内容丰富、形式独特，在我国各民族的地方舞蹈中占有非常显著的地位。按其规模，可以分为大摆手舞和小摆手舞两大类；按其内容，可以分为军事舞、生产舞、生活舞和祭祀舞。

大摆手舞，一般三年举行一次，其规模盛大，参加的人数众多，动辄数以千计，甚至数万人。小摆手舞一般一年举行一次，参加的人数相对较少，一般在社巴堂里举行。大摆手舞重点模拟各种军事动作，当然也有一些狩猎、农事等舞蹈。除集体舞蹈外，还穿插进行“冲锋陷阵”“登长竿”“比武”等军事竞技比赛。小摆手舞以模拟土家族人的生产生活为主，其内容丰富，富有浓郁的土家乡土气息。

摆手舞中的军事舞，包括造旗舞、绞旗舞和跳马舞。舞蹈动作多模拟行军演阵、竞技搏击和骑马战斗等场景。生产舞和生活舞，则模仿各种农事劳动、围山打猎、挽麻纺棉纱，以及日常生活的打草鞋、晒太阳、梳头、钓鱼等动作。

摆手舞中的祭祀舞带有浓厚的宗教色彩和崇奉祖神的鲜明思想观念。它包括祭神舞、降神舞、娱神舞、驱祟舞等。祭神舞，参舞者将供神、祭梅山等动作舞蹈化，步履庄重,舞姿稳健,气氛肃穆。降神舞,参舞者模仿祖神降临祭坛享纳酒醴的神态和举止,其动作有单摆、双摆、回旋摆、走步单摆、侧身摆、侧身下摆、下摆、臂扭身摆、轮手摆、颤摆、悠摆等。娱神舞,在祖神降临祭坛享纳供品时,参舞者以各种柔媚的舞姿,让神愉悦。主要舞姿有美女梳头、黄龙缠腰、古树盘根、团圆手、转身团圆手、顺拐、犀牛望月、斩龙腰、岩鹰叼鸡等。驱祟舞,主要由梯玛在做扫邪仪式时,将驱赶白虎的背箭、射箭动作舞蹈化,以及扫堂时的扫堂摆等。

5.唱社巴歌

社巴歌的内容相当丰富,篇幅也十分浩繁。其内容大致包括天地和人类起源、民族迁徙、英雄故事以及农事劳动等内容。在祭祖仪式中所唱的祭祖神歌和颂神神歌,也属社巴歌的范畴。

6.演毛古斯

社巴日活动还有一项十分重要的内容是演社巴戏,即演毛古斯。毛古斯,土家语,汉译为浑身长毛的祖先。它一般安排在跳摆手舞、唱社巴歌之后和送神扫堂之前,实际上是祭祖庆典中的压轴节目。

7.送神扫堂

毛古斯演出之后,即送神返驾,恭送诸众神明各自回到自己的神殿圣府。然后,梯玛们即行扫堂。掌坛梯玛领唱,寓意把害人的白虎、恶蛇、火星、病疫等全部赶走,帮师梯玛一边合唱"扫出去了",一边用扫帚横扫。有的地方则由众梯玛做出背箭、射箭等动作,示意驱赶射杀白虎以及其他害人灾星。最后,掌坛梯玛还需向参祭者封赠吉言祥语,祭祀仪式在喜气洋洋的气氛中结束。

三、"社巴日"是颇具民族特色的土家族祭祖仪式戏剧

从前文的简略叙说中,我们可以清晰地看到,土家族社巴日祭祖仪式,在悠久漫长的历史演进中,形成了形式多样、内涵丰富、底蕴深厚、颇具民族特色的综合性传统文化。其性质远不能以传统舞蹈予以概括,只能以传统的综合性艺术力加以厘定。笔者认为,以颇具民族特色的土家族祭祖仪式戏剧予以概括为宜。

(一)鲜明的土家民族特色

社巴日祭祖仪式的民族特色,突出表现在以下三个方面:

1.独特浓烈的祖神崇拜

土家族是一个特别重视祖神崇拜的民族。几乎村村寨寨都修有社巴堂供奉祖神。他们认为,社巴堂是已故土司在阴间的衙署,也就是祖神寓居处所。因此,在社巴堂里,供奉着土家族人虔诚敬祀的祖神。不同地区的社巴堂内,供奉的祖神不完全一致,但就一般情况而言,大致包括始祖、远祖、近祖三大类祖神。

除以上祖神之外,社巴堂还供奉民族神白帝天王、猎神梅嫦(也称梅山)、科东猫人、土司神吴着冲等。此外,梯玛在作请神仪式时,还将圣像画轴挂在祭坛上。神轴上,从天神到地狱共有11层,包括天神、梯玛、人祖、鬼魂等90多位神鬼。在社巴堂内,除供奉前述神明外,还要在祭坛上设置不确指神名的泛神位。神位供奉的是四个纸菩萨。纸菩萨用极为粗糙的黄草纸撕成"凸"状,似人形,忌用剪刀剪裁。纸菩萨用竹条夹着,竹条长度为一手肘加一巴掌。将竹条夹着的纸菩萨插在盛有小米的木斗内,即成神位。梯玛在运作请神祀神程序时,恭请前述祖神临坛,以鲜血淋漓的牲口祭祀神,颇有"人祭廪君"的遗风。

2.丰富古朴的戏剧元素

祭祖程序中,以原始古朴的毛古斯为压轴节目。演毛古斯是指扮演浑身长毛的原始先民生产生活的故事。扮演者赤裸身体,结草为服,即以茅草、粽叶或稻草披身。演出中他们多屈膝行走,模仿人类祖先两脚直立行走初期的形态。对白时也故意结结巴巴,怪声怪气,模拟祖先开始运用语言进行交谈的情态。演毛古斯有明显的原始生殖崇拜特点,凡上场的男性角色均要配备一根长一米、粗五至八厘米的木棒。这种象征男子性器的道具,人们称之为"神棒",亦曰"草祖"。毛古斯演出以神堂或神坪为固定的场所;有明确的角色,如祖神、女儿神、农神、猎神、渔神等;有歌、舞、念、做杂糅一体的演出形式;还有固定的剧目,如《做阳春》《赶肉》《捕鱼》《抢亲》等。

除专门程序的毛古斯戏剧运演外,在舞蹈中也有戏剧运演。在一些土家族村寨,还将彭公爵主智擒吴着冲的传说编入摆手舞中,使之具有故事情节、人物装扮和代言体的唱词宾白,而成为摆手戏舞。

3.历史文化的传承模式

土家族没有本民族的文字,其民族的历史和生产、生活的经验,主要依靠历代长辈口传身授。唱社巴歌,跳社巴舞便是众多口传身授方式中最重要的一种。它们记载了土家族的起源、迁徙、战争、生产、生活,以及神话传说、英雄故事和习俗风情等,并继续以歌唱和舞蹈的形式流传后世。因此土家族人对其十分重视。他们既借此抒发自己对先祖的崇敬之情,又从中接受和传播本民族的历史和文化,是土家族历史文化的重要传承模式,也是人们了解土家族历史的重要途径。

(二)典型的祭祖仪式戏剧

社巴日祭祖仪式是一种综合性传统艺术,属戏剧艺术范畴。它不是我们常见的观赏戏剧。它的各个环节都在祭祖仪式的框架之内,受仪式制约。扫邪净堂、请神祀神和送神扫堂,本身就是祭祖的仪式,唱社巴歌、跳社巴舞、演社巴戏(毛古斯),为的是愉悦祖神,属祀神中的酬神仪式,因此,它是仪式戏剧。说得更具体确切一些,它是巴渝仪式戏剧中的阴戏品种。

巴渝仪式戏剧,就是巴渝地区流传的,根植于人类天然乐生的本能需求和社会思想、祈求神明驱凶纳吉、满足人们祥和安泰生存和繁衍愿望的,主要由巫觋主持、运作的装扮性祭祀仪式展演。它包括阳戏、阴戏、神戏三大品类。阴戏就是阴事活动中戏剧运演。社巴日祭祖仪式,由梯玛主持、运作,在安神、酬神时祈神,就是祈求祖神保佑后裔子孙人氏安泰、五谷丰登、六畜兴旺、生活幸福,进行若干装扮性的运演。它的社会思想、戏剧情境、神明信仰、趋吉功利和装扮形式等,都与巴渝仪式戏剧的阴戏一致,因此,笔者认定它是巴渝仪式戏剧中的阴戏品种。

四、结语

土家族社巴日祭祖仪式被定名为“摆手”或“摆手舞”或“摆手活动”,其性质确定为传统舞蹈,至今已约300年。如此定名、定性,对于曾经在土家族长时期广为流传的标识性民族传统文化,有以偏概全之虞,致使这种颇具民族特色的传统文化在流播中偏离了自身应有的发展轨迹,产生了有悖于历史原貌的负面影响。这种影响,在20世纪80年代以来,尤其是21世纪开展非物质文化遗产保护以来,愈演愈烈,大有难以遏止之势。这份土家先民创造的传统文化将被人为的因素促使其加速消亡,从土家后起的新生代的记忆中彻底抹去,乃至在中华民族思想文化史上留下一页“本不该如此”的历史。有鉴于此,笔者呼吁:中华文化界的有识之士,关注土家文化史上这一非同小可的事件。首先给其正名,还其“社巴日”“社巴歌”“社巴舞”“社巴戏(毛古斯)”之名,按其综合艺术之内容和祭祖仪式之实质定性为“土家族祭祖仪式戏剧”。然后,对其历史、演变、现状开展深入研究,还其本真原貌,不求在现实保护传承中起“扭转乾坤”的作用,至少在保存这份传统文化历史上有所作为,正本清源,让后人准确记住和认识土家先民创造的这份传统祭祖文化。

说明:本文在撰写时曾参考了张子伟先生的《湖南省永顺县和平乡双凤村土家族的毛古斯仪式》和胡天成老师的《巴渝仪式戏剧通览》中的相关内容,特在此致谢。

渝东北地区古镇地理经济选择与文化内涵探析[①]

江　亮[②]

摘　要:为促进传统文化及民居建筑在古镇现代化进程中的继承和发展,探索其文化深刻内涵,从渝东北地区古镇的地理经济空间特征出发,分析了其文化内涵,指出保护特色民居,尊重地域文化,制定完善,细化修建规划,以人为本,努力挖掘古镇深厚的历史积淀和独特的人文景观,是弘扬传统文化、尊重现代化背景下的发展模式。

关键词:渝东北;古镇;地理经济;文化内涵;建设发展

渝东北的地域范畴广阔,是重庆主要欠发达地区之一,经济总体水平较低,涵盖了万州、奉节、丰都等11个区县,是国家重点生态功能区和农产品主产区、长江流域重要生态屏障和长江上游特色经济走廊、长江三峡国际黄金旅游带和特色资源加工基地,是以提高基本公共服务水平,突出发展理念和发展方式转变,引导三峡后续人口相对聚集和梯度转移的生态文化旅游业资源环境可持续和承载发展区。

地域性文化的传承与发展,离不开特定的历史文化背景和自然条件。渝东北地区属三峡库区,有许多古镇,汉、土家、苗等民族杂居,民风民俗深厚。由于长期相对封闭的自然条件、社会环境和地理经济,时代变迁的促进和时代文化的制约,加之融入了气候特点和山地特征,以及顺应生活实用需要发展和生产方式的多样化物质表现,使其整体风貌、传统民居、特色街区得以延续和保留,有效地追念、认知和把握了空间结构、建筑规制和独有风格,是社会、经济、文化、自然等因素影响的综合反映,成为真实的历史积淀和传统文化的载体,流露出了最朴实的审美观和最深厚的文化内涵。

---

①原载于《重庆工商大学学报(自然科学版)》2017年第1期。

②江亮,重庆工商大学艺术学院。

一、渝东北地区古镇地理经济空间特征

(一)空间环境特性

历史上,渝东北原属川东地区,其长江三峡通道是人们出入四川的两条主要通道之一。许多古镇多以贸易转运陆路交通线(驿道、盐道)和江河水运为中心轴,多选择建在山环水绕之地,呈点状态势特征,形成货物转运贸易网络。商业活动和商人群体的勃兴,更是奠定了其枢纽的地位。在自给自足的自然经济和农业社会中,渝东北地区的乡村和古镇中,有山有水的地方几乎都有吊脚楼。作为一个时代的符号,它的演化与嬗变也同时折射着时代、文化和生产力的发展历程,这一因山就势、因势就形、叠落而建的吊脚楼民居,俨然是一种生存尊严的外在表现,从开始的选址到以后的修建,都与地域文化有着很大的联系,人们生息劳作,民重义气,流风余韵,敦厚朴实,几乎把全部的价值观和对生活的热爱都熔铸到里面,在建筑格局上表现出独特的定势与格局,空间形态自然,完全融于自然环境之中,成为通向历史记忆的重要信道。

(二)空间建筑特色

吊脚楼是南方地区典型的民居建筑规式,由于地理位置与自然环境的差异,产生了建筑殊异。透视建筑图像特质,渝东北地区地质构造控制明显、山多岭陡、沟壑纵横、高低悬殊,气候呈潮湿多雨、夏热冬冷特征,吊脚楼形成与自然环境有着极大关系,为杆阑式和半杆阑式,或存江河岸堤,枕水而立,或伴壁高架,形若楼阁,以坡就势,依崖而建,层层叠叠,错落有致,鳞次栉比,以青石为基,檐口悬挑轻盈,翘檐斗拱,空间构图简洁,细部处理精致,色彩清明雅致,对应与再现,丰富了建筑的立面造型。其中的木雕艺术,是衡量建筑工艺水平高低的重要标志,手法细腻,内涵丰富,有象征地位的、有祈求吉祥的、有反映生活的、有表现农耕的、有记录风情的、有教育子孙的,栩栩如生,寓意深刻。承重山墙与悬山式穿斗木结构结合,利于防火、通风,白墙黛瓦,底层架空用于储藏、饲养牲畜,采用木板夹墙或竹壁土墙,二层有绕楼围廊,围廊出挑较大,占地面积小,除少数土木或砖木结构、四合天井瓦房外,多为土砌瓦盖或土砌茅盖,对建筑个性局部折射而言,意涵表现强烈。

(三)空间体系特征

文化不是来自于同一源头,所以必然存在差异性问题。渝东北地区毗邻湖北、陕西、四川,民风民俗颇受荆楚文化、秦汉文化、闽浙文化、湘赣文化、巴僰文化的熏陶及影响。历史资料显示,元末明初和明末清初,两次外省大规模移民,也就是历史上的

“湖广填四川”，大量移民来自湖北、湖南和江西等省，外来财力和文化素质，因缘际会，与当地原著文化频繁发生矛盾冲突，最终不同文化流派和生存习性相互吸收融合，形成了丰富的移民文化和乡土文化，使地区传统村落的建筑规模和数量，伴随人口的增加而空前扩大，商业麇集鳞聚，从而为古镇的兴起与发展奠定了坚实的基础，达到发展巅峰时期。抗战时期，重庆“陪都”地位的确立，刺激着外来人口的再度大规模流入，文化的多样性、多元性、兼容性的历史延续功效，对古镇演变发展和文化风貌转变，无疑是一个极大的鼓励。加之，奇特的山水环境中造就的民风民俗，已然成为一本记载人类生存发展的史书和活的社会化石，演绎出浓厚的三峡文化。

（四）古镇空间特点

清末至民国中期，川江航运繁荣，使许多古镇工商同业，凝聚并存。街道多为宽不过盈丈的青石板铺就，被岁月磨砺的光滑痕迹的街路与民居和谐相依，空间组合散发出浓烈的乡土气息，充盈着明代的疏朗淡雅、清代的精美繁复风格。其中，具有文化地标特征的古镇主要有：开县的温泉镇、忠县的石宝镇、奉节的兴隆镇、巫山的大昌镇、巫溪的宁厂镇、石柱的西沱镇等，可谓“土瘠民贫，商农相半”。古镇中，与商品集散、利于经营有关，吊脚楼商住合一，大多为下店上宅式或前店后宅式，各节点相互依存，在平面布局和空间组织上自由度不大，纵深方向变化较多。木质火板墙沿街排列，每个宅子之间防火墙与砖墙风格融为一体，大挑檐屋顶相连，给人一种一气呵成的感觉，加强了街市的整体效应，让你用脚步就能够丈量出沧桑的历史感，是地域经济文化背景下的一个凝结的可观意象，与周边环境融为一体，宛若天成，呈现“天地合一”的美妙境界和空间意境，饱经深刻自然哲理，建筑的符指与载体有利于遮风避雨，有利于沿街摆摊设点，形成公共交通和交流空间，满足了人们最基本的居住功能，街区肆中各式营生依行业分布，无论坐店或走街，每逢赶集墟场，人流如织，肩舆塞路，人们的血缘关系和邻里亲情得到展示充分，张扬了农耕时代人们多元意识与多样观感的崛起，是社会活力的一种指向。

（五）空间规则透视

农村是中国最基层的社会架构体系，具有十分的乡土品性和草根品质，乡土社会存在的价值就是安土重迁，生于斯、长于斯、死于斯，满足人们最基本的生产生活需要，向自然获取资源。古镇或因临河而聚，或因驿站而成，或因盐道而兴，或因物流而起，结构布局多样，发展步履蹒跚，同一性强，功能薄弱，以初级产品流通为主。剥蚀残篇，在用地规模、结构体系、建筑规式等方面受多种外界因素的牵引、作用，基本靠乡土传统而保守的“礼治”社会秩序完成自我维持与自我约束，这种社会秩序作为一种文化，不需要定式规律。其实，在人类发展过程中，任何文化，包括民族文化、地域文化等本身就是传统，虽然是充满矛盾的历史遗产，著名社会学家费孝通先生曾语：“传统文化是依赖象征体系和个人记忆所累积的经验，是被社会不成问题地加以接受的规范。”在古镇的发展规则中，它们所传承的文化意义、文化要素、文化脉络和文化资源之根基，在于从商业语境中推衍出来的地缘社会关系，而不再是有限的血缘社会关系，古镇性质从血缘结合社会转变到地缘结合社会，这种转变需要互为因果、稳定并进的，地缘是契约社会的基础，也是社会历史潮流变迁的肌理和动能。

（六）古镇风貌例证

1.巫溪县宁厂镇

兴于先秦制盐业，地处后溪河与大宁河交汇处，是“秦巴古道”的重要节点，布局蜿蜒伸曲，依山傍水而建，盐商席丰履厚，舟马不绝，梭船游弋，沿江石堤架立斜柱支撑的吊脚楼，穿斗木结构，木质火板墙首尾相连，街与街之间过街楼穿插其中，空间开合有序，建筑与山水环境相携，黛峦烟雾缭绕，河水幽深，鱼翔浅底，风貌古朴清秀，集聚“小桥流水人家”的诗情写意。

2.巫山县大昌镇

地处小三峡中段，大宁河水紧环，为历代郡县治地，码头埠道，不同时代风格的建筑群与传统生活形态保存完好，山、水、建筑融为一体，房屋多为穿斗木结构，雕梁画栋，题材丰富、精美绝伦，古风浓郁，充满生活气息，临街建筑多为两层，底层为店铺，屋檐有单檐和重檐出挑，历史街区完整、陈旧、清新、沉着、静谧、温馨，古树森森、遮天蔽日。

3.奉节县兴隆镇

地处大巴山余脉七曜山与巫山连接带腹地山谷平坝，从明朝正德年间开始商贾云集，是渝湘鄂边区重要的物资集散地和交通驿站，有绝世奇观——天坑地缝喀斯特地貌，殊风异俗，足以观采，颇具规模的明清宗祠、庄园建筑群，土家族风格迥然，底蕴深厚，山地垂直地势建筑物形态各异，老屋夹道蜿蜒成街，狭窄拥挤、清幽如玉的石板路，难掩昔日繁华，四合院、穿斗屋特色彰显，昼行肩夫，夜歇客商，富足热闹数百年，街区、建筑、民风、市景和至今完整保存的古驿道遗迹，依然沧桑凛然、古朴优雅，颇增添了许多思古幽怀之乡愁。

二、渝东北地区古镇的文化内涵

(一)地域文化内涵

气候、河流、地形曾为人类定居所考虑的首要因素,不同的时代、不同的地域、不同的人类都有自己特有的文化背景,中华民族从战国时期就已经具备了朴素的动态循环观,传统文化基因中的轮回循环和包容思想日趋炽盛,早已深深植入人们的思想意识之中。它要求人们对自然地理环境严格约束,注重强调人与自然、人与环境的相互作用,有序地引导和改造人们,促使其营建出具有良性生态循环、民族特色和传统文化的生存空间,做到天遂人愿、人不违天地。古代农耕文明进程是连续性的,对自然鲜少破坏,没有影响到人和自然的和谐关系。在过去交通和信息不畅的情况下,在生态环境、地理因素、气候条件、经济方式、社会结构、文化传统、伦理规范、审美情趣、历史渊源等的独特性、系统性、关联性的作用下而形成的古镇,在逐步形成和发展过程中,不同人口组合、不同地域文化、不同文化流派的激荡、碰撞、侵染和交融,形成地域性、一元性、差异性的文化属性、文化特质和文化品格。性质、用途不同的具体建筑物,集中反映了历史的变迁,是时代感较强的地域文化空间遗存和空间背影,在以人为本的思想和动态思维的指导下,体现了生态设计、生态文化、生态精神,体现了人与自然的和谐相处共生,充分迎合了古代先哲“先天而天弗违,后天而奉天时”的“天人合一”的儒家思想观念,倡导了道家和谐包容、顺其自然的理念。

(二)历史文化内涵

历史上和现实中,各种不同的时代之所以能够区别开来,是因为它们拥有自己的血缘体系、信仰体系、世俗体系等,这些象征体系的性质,在很大程度上影响到社会的有效发展。古镇的生成脉络,空间逻辑关系,质朴活性乡情,演绎和遵循了丰富的人文文化内涵,历史上形成的移民文化、宗教文化、码头文化、乡土文化的脉络精神,谱系着这片土地,已成为古镇历史与现代连接的纽带,这些文化横向延伸出来的文化现象和实体,由它纵向发展而来的文化在历史斗争与融合中不断完善、丰富和发展,至今仍被现代人所遵循,并作为文明人的标识,产生了深远影响,还原了居住功能性、文化多元性、建筑表征性、村落联动性、资源主体性。诸多可视珍贵的建筑遗存和文化遗产,至今仍然鲜活立体地散发着浓浓的属地情味。而今,古镇在建设过程中加入了现代人文元素,空间有了复兴,文化有了挖掘,品质有了提升,历史味道有了保存。在青山绿水间,一栋栋黛瓦白墙、雕花木窗的特色民居与古老建筑群交相辉映、动静相隔,古街、古树、古道、古风的景观和感知作用,成就了建筑文化卷轴,益形稳固强势,高雅和世俗在这里都能够找到栖身之地,驻足聆听,能够感受风吹来历史的声音。“将那些在现代生活中仍具有积极意义的非物资文化遗产合理有序地注入到那些被保护下来,或者修复的历史场所中去,也能促使优秀的传统文化在原生态的空间环境中得到再生。”

(三)人文文化内涵

儒的“礼”,道的“无”都是中国传统文化的至尊,无不体现着浓厚的人文精神,人本价值出于重中之重的地位,这种根深蒂固的社会人伦观深深地影响着中国社会的各个方面,古镇的形成与发展就建立在这一套伦理价值之上,并与之密切相关,空间的营造,需要为现实的伦理秩服务。中国传统文化强调时空统一、天人合一、知行合一、情景合一,强调整体至上,人伦道德,中府和谐,这是中国文化的精髓之所在。如果翻开每个古镇厚重的史籍,在每一条大街小巷都能找到一个精彩的传奇,古镇是有生命的,每一片瓦,每一块砖,每一棵树,每一级石阶,都向你讲述一个个厚重的历史故事。20世纪英国著名文化人类学家马林诺夫斯基说过:“在人类社会生活中,人类需要已转化为文化的需要,以文化为本位,以生活为基础,以现代为导向。”任何忽视文化资源传承,漠视传承效应的行为,最终必将遭到文化法则的无情惩罚,谁尊重它、发扬它,谁才会取得传统文化发展繁荣的积极回报。文化所形成的传统,具有极强的惯性,效应都不是孤立的。古镇的文化记忆,赋予了文化主题,承载了曲折故事。深入各个古镇,不仅能够看到实体的民居建筑、宗庙寺院、茶楼酒肆、古树名木、青石古街、车船舟楫,能够感受到民风民俗、歌谣该语、农耕特产等非物质文化的厚重,感受到饮食文化和移民文化。体验到人与自然之间的和谐、自然与建筑之间的协调、动与静的统一。置身其中,阅读民居、兴衰、风情、辞声、乐舞、乡愁,一切遗留下来的历史碎片、叙述方式、传统理念、特殊诠释,是感知史学、社会学、民俗学的重要元素和难得的文化瑰宝。

三、综论

渝东北地区旅游资源丰富,山水资源广博,不同民族,不同时代,不同环境造就了不同文化观念和民风民俗,直接或间接得到表征。历史上,集镇数量不多,规模发育不健全,资源配置缺乏协调,区域性经济辐射力滞后,独有的风貌特点、历史传统特点、民风民俗特点未能得到有效体现,处于发展初期。虽具有交通、旅游、矿产等资源和一定程度的区位优势,但对优势推展不够,缺乏特色经济职能,未能形成职能和优势互补,建设瓶颈问题突出。多年来,缺乏个性的现代建筑不断渗透,而充满乡土特色、地域特色和民族元素的民居建筑一直呈现低度发展态势,恰恰反映了人们失去坚守自我生活方式的信心和对地域传统文化的迷失,而今这一冲突仍然在不断进行。建筑具有时代性,是艺术文化的结晶,民居集中反映了一个民族的生存状态、审美情趣和文化特色,保护好特色民居,是保护民族文化的重要措施。

传统文化是一个宏大概念,总是以生物遗传和社会遗传的形式进行时代延续,已经深深融化在人们的思想意识和行为规范中,内化为人们的一种心理和性格,并渗透到社会的政治、经济和精神生活的各个领域,成为制约社会进步发展和人的思想准则的强大力量。一些古镇在建设战略选择上存在常规基调和惯性思维,忽略了对自然环境、非物质文化遗产、生活真实性、保护与发展关系、特色差异性等保护,过度强调旅游经济效益,缺乏生活与产业之间的平衡点。破坏性建设和盲目复古性建设,在本质上不可避免地变成某种主题公园,其实,传统文化是一种具有强烈现实性和实践性性格的文化,文化虽有差异,但无优劣之分,古镇的发展既是物质性的,也是精神性的,其建设行为应该合理维护和解释各种建筑文化符码,应该为建设发展和建设文化特质提供价值导向,任何片面的"跨越式"文化继承和苛责定势,都是值得商榷的。

人们秉承着特有的审美情趣和强烈的认知需要。美国著名心理学家马斯洛是现代人本主义的创始人,其"需要层次理论"最核心的阐述,就是人的行为是由动机引起的,动机起源于人的需要,而人的需要是以层次形式出现,由高到低依次排列,需要具有复杂性、系统性和动力性。古镇的建设,不应忽略传统文化的深刻背景与心理需求,同样需要层次理论,需要考量传统文化脉搏,需要传统建筑空间内涵,需要建筑艺术文化价值和精神功能。建筑是构成古镇的核心意义符号,不仅仅只具有物质属性。传统建筑文化应该体现尊天地、重人本、讲亲和的价值理想,达到人和而天和,人乐而天乐的天人和乐的和合境界,以更有活力、更加自信的姿态呈现在大众面前,日益重视中国传统文化中的"天人合一"观念,进而激发古镇的更新与生长,避免短视思维,以及商业化偏执过度和缺乏"以人为本"的思想。

古镇建设必须尊重地域文化,一个古镇想让更多的人来旅游,就是找故事、讲故事、卖故事,而且跟这个地域的文化一脉相承,因为本土有它的根,有它的历史和地理环境,要尊重本土的个性,这才是世界上最主流的价值观。古镇的保护必须考虑建筑风格、建筑体量、建筑形制和商业价值上的协调,既保留老城当地文化,又实现商业价值。古镇包括历史文化遗产方面的保护与传承是一场革命，未来的古镇改造应该让民间、市场的力量参与进来，减少行政干预，但必须避免开发商在改造过程中过分重视利益，政府过分重视业绩，要形成整个社会的共识。

古镇需要总体规划和修建性详细规划，可拆除不合理部分，但不能打乱原来那种错落的感觉，更多的是做外立面的整饰。古镇改造必须避免简单粗暴模式，避免大拆大建，因为拆一个东西的时候，不是拆一栋房子而是拆一段历史，有时候改造就是破坏。理性的古镇改造的标准，是把新文化、新价值、新功能融入传统历史里面，带来一些完全超乎以前的价值。一方面是引导，另外一方面就是利益的门槛，如果经济目标是最重要的考量指标，就会出现千城一面的状况，会导致疯狂城镇化浪潮中的从业人员的无奈和委屈。

在一个利益多元化的社会，法制应当是价值共识的最大公约数，更是古镇发展的最大保险系数。《中华人民共和国文物保护法》《中华人民共和国旅游法》《中华人民共和国城乡规划法》《村庄和集镇规划建设管理条例》《历史文化名城名镇名村保护条例》《重庆市村镇规划建设管理条例》等在法律法规层面，明确历史文化镇村地位，《全国特色景观旅游名镇(村)认定标准(试行)》在行政管理上确定了民族文化特色镇村概念。古镇建设不仅是概念支撑和主题探讨，也不仅是关联与感应现象，而是更大层面上把握传统文化精华和内在价值的，并在切实的基础上把文化精华加以提炼，固守元气，变成社会共同资源的一种态度。

古镇建设应该建立统一协调的空间规划体系，切实增强规划的前瞻性、科学性、可行性，强化规划战略引领和刚性约束作用，要按照空间集约高效、生活环境适宜、山清水秀的要求，提升建设管控，彰显古镇特色和品质，促进协调发展，出发点和归宿点都是具有建设性的。而传统文化形态里最核心也是最直观的呈现，莫过于原生态的生活场景与原住民的生活方式。重视规模、职能和梯度发展轴及重点发展区域调整，扎实做好基础设施建设，培育和丰富传统文化和地域文化特色，推进投资建设多元化、开发资源综合化，开发开放全方位化。思近谋远，坚持把环境生态型、生活舒适性和群众方便性结合起来，建设发展与民众需要不能够生活在两个话语系统当中，应该广纳民意，培育批判精神。通过规划，产生继承性、渐进性和延展性，让群众对本地所拥有的资源状况心中有底，扬长避短；对发展目标心中有点，对比算账；对建设背景心中有形，逐步建设；对实现的预期目标心中有路，量力而行，避免认知模糊。古镇的改造需要民众参与，避免过于人工化缺乏味道，不断改变农民原来的生活方式，保留原生态乡村味道，提升大家的幸福感。

古镇对空间经济结构的改造，必须针对不同个性的古镇深厚的历史积淀和独特的人文景观进行追求和思考，深度挖掘整合，通过政策引导、市场激励、集中突破，遵循合理布局、结构完整、规模适度、层次分明、风貌独特、职能明确、环境良好、优势互补、协调发展、利益兼顾、社会进步、城乡共荣、共同富裕的原则，不断探索传统文化思维与现代文化思维、传统技术与现代技术、传统审美与现代审美意识的差序化结合方式，把传统文化最有特色的精华部分赋予新意，树立当前可承受、未来可持续发展的理念，并贯穿现代文化之中，来重新建构古镇记忆，在继承中发展，在发展中继承。通过道德哺育、情操导引、文明汲取，产生的涟漪作用和政策效应，形成了一个历史内涵丰富、文化个性鲜明、具有不可复制性的文化创意品牌，取得良好的社会价值、历史价值和经济价值，体现较为合理的区域性城镇化水平。

四、结语

渝东北地区古镇是地域文化的象征与载体，需要珍惜和爱护，在谨慎继承和发展传统文化精神的同时，理性思考当代意义，尊重现代化背景下的发展模式，避免将其当作提高借鉴性的饰品和套用文化的符号。需要站在更高的地方，从弘扬传统文化的现实中，体会对历史的理解，体会内涵的文化精神及人文价值归属，并不断积累、沉淀和深深蕴涵，不断发扬光大。

参考文献

[1]刘敦桢．中国古代建筑史[M].北京：中国建筑工业出版社，2008.

[2]陈世松．大迁徙湖广填四川”历史解读[M].成都：四川人民出版社，2010.

[3]费孝通．乡土中国[M].上海：上海人民出版社，2006.

[4]季富政．巴蜀城镇与民居[M].成都：西南交通大学出版社，2000.

[5]阮仪三，袁菲，葛亮．新场古镇 历史文化名镇的保护与传承[M].上海：东方出版中心，2014.

[6][英]马林洛夫斯基．文化论[M].费孝通，译．北京：华夏出版社，2002.

[7][美]亚伯拉罕·马斯洛．人类激励理论[M].许金声，等，译．北京：中国人民大学出版社，2007.

当前戏曲传承与创新问题的理论反思[①]

于海阔[②]

摘　要:关于戏曲传承与创新问题,目前业界存在一些认知误区,如过分强调模仿,缺乏逻辑思维;惧怕引进新元素,反对创新努力;漠视观众需求,违背艺术规律。从社会文化角度看,崇古思维、农业思维和江湖思维是戏曲创新面临困境的思想根源。对于戏曲传承与创新,我们应采取的正确态度是:动态传承祖先文化,辩证看待传承与创新;以开放心态重视观众需求,促进艺术融合;以史为鉴,尊重艺术规律,推动创新;解放思想,以包容心态促进戏曲评论发展。

关键词:戏曲;创新;传承;传统;艺术

戏曲既需传承也需创新,这是业内的基本共识。然而,近年来由于一些创新尝试未收到理想效果,有人便将创新和继承对立起来,认为戏曲乃至文化需要保守,不必创新,要"守住老腔老调"。[③]对此,很多学者提出质疑。中国戏剧家协会副主席罗怀臻表示:"近些年来,在戏曲创作领域,个别创作者秉持一种'票友心态',把创新和继承对立起来,保守风气弥漫,尤其是昆曲等戏曲艺术进入世界非物质文化遗产名录之后,创新对于一些创作者来说,几乎成了贬义词,创新精神的阙如,制约了当代戏曲创作。"[④]笔者拟在现有研究基础上,结合戏曲艺术发展的实际,从社会文化角度分析戏曲创新的困境,论述传承与创新的辩证关系,为业界提供参考。

①原载于《中州学刊》2017年第7期。

②于海阔,重庆师范大学国际汉语文化学院讲师。

③传承or创新"西湖论坛"给你终极答案[EO/OL].嘉兴文艺网.http://old3w.cnjxol.com/gov/jxwyx/content/2015-08/18/content_2583302.htm.

④举精神旗帜　立精神支撑　建精神家园——文艺界热议中央政治局会议审议通过《关于繁荣发展社会主义文艺的意见》[N].中国艺术报,2015-9-18(1).

一、当前对于戏曲创新的认知误区

(一)缺乏逻辑思维,主张模仿和复制

京剧演员张火丁以传统戏取得成功后,有人便以不具普遍性的"张火丁现象"为由坚称戏曲必须演老戏,过分强调模仿前人,以个别传统剧目的市场成功证明不应鼓励戏曲上演现代戏。对戏曲"要么创新、要么保守"的观点,陷入了"非此即彼"的二元对立思维误区。因创新尝试遭遇失败就不敢再做创新的努力,或认为只有保守才是出路,反映了逻辑思维的欠缺。马也指出:"有些眼花缭乱的甚至是胡作非为的创新不应该成为倒退(京剧回到过去)的借口……傅谨先生坚持'保守',反对'创新',是错把艺术生产部门当成了非遗保护部门;或者以为,既然创新没有创好,还不如回到过去,也是逻辑上有问题。"①

随着时代的发展变化,戏曲艺术不断被赋予新的内涵。如果戏曲一直固守原有形态,只强调复制和模仿,恐怕早在数百年前就衰亡了。突破前人、挑战世俗、敢于创新,这是每个时代取得伟大成就的艺术家的共性。诚如张之薇所言:"没有一位永载史册的京剧名伶是靠模仿或重复而成就自己的,这在过去是如此,现在是如此,未来也必然是如此。"②梅兰芳以坚定的信念和博大的胸怀不断为改革京剧而努力,他眼界开阔,博采众长,除表演技巧之外,还从化妆、灯光、服装、舞蹈、剧目创作等多个方面进行大量探索,可谓"剧剧有创新,剧剧有新腔"。尚小云、荀慧生、于连泉也正是因为具有超越前人的理想和切实的努力,不满足于停留在雷池之内照猫画虎,才能够在强大的保守情绪笼罩之下突破藩篱,从而成为新流派的创始人。③

(二)惧怕引进新艺术元素,反对创新努力

针对目前戏曲发展存在的问题,中国戏剧家协会分党组副书记、著名戏剧评论家季国平先生认为,戏曲的创新必须以坚实的传承为基础,是传承中的创新,是"推陈出新"是"返本开新","戏曲创新不等于嫁接"。④笔者认为,对于不同艺术元素的嫁接是否属于创新,需要具体问题具体分析,不能一概而论。嫁接本身并没有错,创新成功与

①马也.对京剧发展的点滴思考 上海京剧院的启示[J].中国戏剧,2015(7):49-52.

②张之薇.如果只有模仿,戏曲终会怎样?——就"张火丁现象"与傅谨先生商榷[EO/OL].浙江文艺网,2015-9-6.http://www.zjwenyi.cn/orgs!xhDetail.do?id=402880834ecd4910014fa175df990e58.

③刘厚生.刘厚生戏曲长短文[M].北京:中国戏剧出版社,1996:169.

④戏剧评论家季国平:戏曲创新不等于嫁接[EO/OL].中国经济网,2015-5-6.http://www.ce.cn/culture/gd/201505/06/t20150506_5294826.shtml.

否关键在于观众接受不接受。学习和吸收新元素既不丢人,也不会影响我们的理论自信。如果能科学、合理、灵活地运用其他剧种及艺术形式的新元素,探索出一条能够被大多数观众接受的创新之路来,也未尝不是一件好事。这种积极交流很有可能成为新艺术形式出现前期的可贵萌芽。艺术具有相通性,歌剧、音乐剧、话剧、小品、相声、快板、歌曲等都曾多方面吸收养分,难道唯独戏曲是铁板一块?戏曲嫁接的成功例子不胜枚举,以中国戏曲嫁接印度梵剧的粤剧《璎珞传》就是典型代表。"从该剧中,可以看出有着浓厚民族特色和地域风格的粤剧对戏曲传统的尊敬与保护及其对艺术兼容并蓄的开放精神"。①

"不必创新,只演老戏"的观点鲜明地反映了一些人对封闭、保守的农业社会的留恋。某些学者的尴尬之处在于知道戏曲需要改革,承认观众需求的重要性,但不知具体的路在何方,对各种创新产生抵触。其内心建构的理想体系便是完全依靠中国戏曲的自含性,侧重于自我调节,即不依赖任何外来元素,独立成长。他们对少量技术性的借鉴也充满戒心,更害怕中西结合。有些狭隘民族主义者面对理想与现实之间的巨大差距时,无法真正做出客观判断。这种偏执心理,导致戏曲从业者无论做出怎样的创新努力都会招致一片批评。即便创新得到观众认可,某些专家的姿态也一样充满傲慢,甚至会得出自相矛盾的结论:观众喜欢,那是观众错了;观众不喜欢,则说明创新失败。对于成功的创新是什么,他们又说不出具体的评判标准。其观点总结起来便是:创新失败意味着对传统不敬,创新成功更意味着不敬传统。

更有甚者,竟讥讽创新者患了"嗜新症"。如果嗜新为多数观众所钟爱,这个"新"就不容小觑。戏曲发展史告诉我们,今日"打着创新旗帜的胡言乱语",明天有可能成为被广泛接受的精华元素,或许仍称戏曲,或许改叫它名。在新剧种名称诞生前,暂栖身于原剧种的母体又有何妨?这需要宏观的艺术视野和一定的艺术敏感性才能做出合理判断。人们可以偏爱保守的戏曲,但不能阻止观众对"新"的追求。生活中的恋旧是种宝贵情怀,艺术中的"恋老"却有丧失活力的危险。因而"嗜新"作为艺术发展的一般规律和社会前进的动力,不值得大惊小怪。

(三)漠视观众需求,违背艺术规律

当下有一种新的说法:"不能把观众是否喜欢当成戏曲成功的标准。"这种说法实质上是对艺术规律的漠视。只有把观众爱不爱看作为出发点和归宿点,才能挽救戏

①冯冬.中国戏曲与印度梵剧的"时尚"搭配——评大型粤剧《璎珞传》[N].中国艺术报,2015-11-23(8).

曲。戏曲是给广大观众服务的,不单是给少数专家服务的。评论家有评判的权利,但无权否定观众的判断。"盲目创新给戏曲传承带来灭顶之灾"的观点可谓典型的"受害者思维",不仅危言耸听,也令人怀疑评论者的诚意。创新是盲目的还是正确的,专家说了不算,观众说了才算,专家还是少泼冷水为好。青春版《牡丹亭》的成功就是一个很好的证明。通俗地讲,人家创新人家的,你传承你的,大家可以友好竞争,如果连这点竞争的勇气和自信都没有,戏曲还谈什么民族瑰宝、文化遗产?导致戏曲衰落的主要原因是保守,而非创新。即使没有所谓的盲目创新,戏曲也一样在衰落。文艺评论应讲求逻辑,不能凭主观臆想"跟着感觉走"。

戏曲创新是一个长期的系统工程,需要社会各界的共同努力。无论遇到多大阻力,将观众需求摆在首位都是重中之重。游本昌指出:"艺术不是为艺术家自己过瘾,艺术是为人服务的。"①没有了观众,戏曲的归宿就只能是博物馆。吸引观众走进剧场是舞台艺术永恒的主题。戏曲工作者应以谦虚的姿态研究观众、理解观众,从观众的角度思考问题,否则戏曲发展无异于南辕北辙。在戏曲辉煌的时代,观众是被吸引来的,而不是培养出来的。观众不认可,就会用脚投票。戏曲演出如不能打动观众、引起观众的浓厚兴趣,戏曲也就成了无源之水、无本之木。若不能吸引普通民众,戏曲就会慢慢耗尽血液中的养分,最终成为一具僵尸,那样戏曲就真的没戏了。戏曲只有让观众心甘情愿地走进剧场才有出路,使用行政手段以保护的名义要求观众背负强烈的历史使命看戏,效果只会适得其反。观众不爱看,该反思的是戏曲从业者自己,从业者应向观众寻求支持,而不是居高临下地去"培养"或者埋怨观众。

二、戏曲创新面临困境的思想根源

对上面提到的典型问题,业内人士已有不少分析,这些认识误区的产生有着深刻的思想根源。戏曲多年来走不出困境,决不仅仅是艺术本身的问题,也有着文化背景上的深层原因。中国文化中的崇古思维、农业思维和江湖思维深深制约着戏曲的创新发展。

(一)崇古思维的影响

作为中国文化的重要特征之崇古尚古已演变为一种带有宗教色彩的心理倾向,影响广泛。这种思维深深地蕴含在儒家文化之中,如孔子自称"述而不作,信而好古"。

①游本昌.哑剧不哑[J].科技潮,1999(5):66.

按此原则,对祖先传下来的东西就只能陈陈相因,不能创新发展。刘厚生曾指出:“现在也还有一种风气,总是吹嘘传统戏曲在文学上,艺术上是如何优美、完整、甚至越老越好……这种不以观众不懂为忧,反以返古为美的风气如何能够争取新的观众?”①

“厚古薄今”是崇古思维的典型表现。在各种比赛、会演、晚会中,演出剧目以古代戏居多,现代戏少之又少。在某些领导、评委、演员心目中,古代题材才是正宗,而学术研究更是有重古代、轻现代的倾向。戏曲要重新获得生机还是得年轻起来,老气横秋没有出路。正如王嘉所说:“戏曲注定是要老吗?现代戏难道表演不出当代青年人的生活?”②世界在发展,我们应继续前行,而非原地踏步,更不应使文化变成封闭和排他的体系。

(二)农业思维的影响

每一种文艺形式都在特定的社会生态环境中生长,并随时代的发展而演变。但遗憾的是,中国戏曲未能根据时代的要求及时做出相应调整。戏曲诞生于农业社会的广大乡村,同古老的民俗活动紧密地结合在一起。进入工业社会以后,社会、经济、文化环境发生了巨大变化,人们的生产生活方式早已同过去大不相同。现今农民教育水平显著提高,农民身份出现模糊化特征,农村人口构成也趋向复杂化。老年观众基于审美惯性和怀旧情绪对戏曲仍较有感情,而多数年轻人对传统戏曲的一些价值观及表现方式已难以产生共鸣。目前,农业文明逐渐被工业文明代替,但农业思维却“威力尚在”,其主要特征,如因循守旧、墨守成规、闭关自守、盲目排外等,在一定范围内仍存在。

传承戏曲最重要的是传承其自强不息、与时俱进的精神,在继承传统基础上不断自我完善和更新。可惜的是,不少人深受农业思维影响,向往原始的、纯粹的、以农业文明为根基的不受任何外来因素影响的中国传统文化,并期望世代相守。一旦有人尝试将新元素应用到戏曲时,往往会遭到冷嘲热讽,被视为对祖先的不敬之举。在戏曲发展过程中,有时狭隘的小农意识占了上风,直到最后积重难返,使得戏曲从业者眼看大批的剧种衰亡而无力回天。

(三)江湖思维的影响

戏曲的发展深受江湖思维的阻碍。带有神秘色彩的江湖文化由来已久“江湖艺

①陶雄.红氍毹上[M].北京:中国戏剧出版社,1987:2.

②王嘉.戏曲现代戏创作不可轻视当代青春大主题[N].中国艺术报,2015-11-6(3).

人""闯荡江湖"等说法就是生动的写照。旧时的戏曲艺人自称为江湖中人，他们社会地位低下，生存环境恶劣，个别戏曲艺人在江湖文化浸润之下，一定程度上沾染了保守、封闭的陋习，也给戏曲艺术披上了极为深厚的神秘主义色彩。这种风气直到今天在一定程度上仍然存在。白燕升不无感慨地说："相当一些戏曲从业人员，包括一些'角儿'，只关心自己的'一亩三分地'，对于送上门来的好戏'漠然视之'，对于和自己'同宗同源'的兄弟剧种也是不屑一顾，很狭隘很封闭，让人遗憾和痛心。画地为牢地闭门造车能出什么好戏?"①

（四）三种思维的相互作用

崇古思维、农业思维和江湖思维是戏曲发展面临困境的主要根源。具体说来，崇古思维造成戏曲界的"厚古薄今"倾向和宗派意识的强化；农业思维导致对传统的过分依恋，容易形成艺术壁垒；江湖思维则促进了戏曲界的保守封闭意识以及急功近利的浮躁心态的形成。三者相互交织，具有"汰优"的后果，导致戏曲在现代社会出现种种不适应，前面所论述的认知误区便是这三种思维的集中反映。崇古思维和农业思维是保守派的理论来源，江湖思维则是其行动指针。邓晓芒深刻地指出："不论我们在精神文化上曾经取得过多么辉煌灿烂的成就，我们在文化心理和思维模式上仍然是发育不良的，也就是未能将人所固有的理性思维能力充分发扬起来。这就为我们今天在这个客观上变化了的国内外环境中的极端不适应、沉醉于主观梦幻而不自知埋下了隐患。"②三种思维相互交织最明显的结果便是不讲逻辑，形成戏曲界惧怕、蔑视甚至打压创新的风气。保守派的特点是先入为主的偏执，例如，有人说"有观众抱怨老戏老演，老演老戏，问题在于今天我们会的老戏太少"③，更有人得出"老戏老演是市场和传承需要"④的论断。这些缺乏逻辑性、罔顾事实的话语是思维僵化和世界观狭隘的深刻反映。喜欢保守的戏曲没有错，但不能阻止观众对"新"的追求。著名京剧表演艺术家尚长荣先生指出："传统经典剧目是好，但是老戏老样子的老演，是对传统的不敬。"⑤

①张漪．央视名嘴白燕升出新书 谈戏论人生[EO/OL]．人民网，2009-3-12.http://media.people.com.cn/GB/40606/8949361.html.

②邓晓芒．武侠小说与常识[J]．湖湘论坛，2014(3)：51-53，84.

③徐馨、朱少军．不跑奖的京剧节[EO/OL]．人民网，2014-11-25.http://culture.people.com.cn/n/2014/1125/c1013-26085585.ht-ml.

④傅谨．老戏老演是市场和传承需要[N]．新京报，2014-10-20(02).

⑤尚长荣．老戏老样子的老演，是不敬[EO/OL]．凤凰网，2013-1-31.http://ent.ifeng.com/zz/detail_2013_01/31/21797492_0.shtml.

三种思维在戏曲门派上表现得十分明显。中国戏曲门派不同于西方的艺术派别，它不仅指一种风格，更类似于带有"门阀"色彩的宗法制度。各门派之间壁垒森严，师承关系受到极端重视，甚至成为本领域的通行证，艺人若无门无派则难有成功机会，并且继承传统常被简单地理解为对前辈的模仿。模仿作为学习手段是重要的一种方式，但如果过分强调，就会形成一种保守倾向，客观上向艺人灌输了"古人高于今人""前辈不可超越"甚至"祖宗之法不可变"的意识。在一些人的潜意识中，师父肯定比徒弟厉害，师爷又肯定比师父厉害。宗派意识至今在戏曲界仍然有很大影响。这实际上是一种认为文明是在不断倒退的历史观，不利于艺术的现代化。

三、对于戏曲传承与创新问题的正确态度

(一)动态传承祖先文化，辩证看待传承与创新

世界已进入信息时代，传统农耕社会中的一些价值观念(如三纲五常等)，已明显不适合当今社会。极少数人坚持的"戏曲必须保守，不必创新，提倡复制和模仿大师"的观点，无异于让观众的审美观念永远停留在古代社会。每个时代的观众都有自己对世界的感知方式和心理倾向，中国人的审美家园也不会一成不变。在全球化的新时代，抱残守缺的农业思维是没有出路的，戏曲发展克服种种不适应的最好方法便是以积极主动的姿态融入世界。

祖先的文明是今人的骄傲，今天的传统其实是昨天创新的结果。我们不仅要传承现有曲目和表演方式，更应学习和继承前人的探索精神，而非永远沿袭祖宗之法，仅以"活化石"传播者自居。如果把祖先崇拜演化成现代人对祖先的刻板模仿，那么传承的就只是文化的外壳，而非灵魂。正如刘厚生所言："现在的所谓'传'多是传其外在形式，所谓'梅兰芳演的是《洛神》，而你演的是梅兰芳'是也。"①

尊重经典、不忘传统是对的，但若以保护为由拒绝吸纳新鲜元素，则无异于刻舟求剑。戏曲所谓的传统，是经过当时时代验证适合市场的东西。某些剧种在尚未成形还是民歌小调的时候，小调就是传统；剧种成形后，通过"歌舞演故事"并吸收其他剧种精华以丰富自身后就是新传统。可见，传统不是用来死守的，它也是不断发展变化的，是允许并且终将要被打破的。戏曲需要确立更符合当代的新传统，这种新传统又要供后人学习和借鉴。如果下个世纪的人说"守住21世纪的老腔老调才是传承，只要模仿，

①刘厚生.我的心啊在戏曲(下)[M].北京：中国戏剧出版社，2012：747.

不必创新”,这显然是种悲哀,也是对今天戏曲人的背叛。

艺术传承绝对不等于接过接力棒就万事大吉,而是要做出我们这一代人应有的贡献。提倡创新不等于古代东西都不要了,而是提倡积极探索出一种动态的保护模式,在把握艺术规律的基础上,鼓励各艺术形式之间、各剧种之间相互交流和融合,广泛吸收古今中外一切有益元素,用艺术的魅力将观众征服,让这门古老艺术焕发出新的活力。

(二)以开放心态重视观众需求,促进艺术融合

戏曲衰落的现实无法回避,然而用戏曲研究的增多来证明戏曲并未衰落,是在偷换概念,以舞台上常演老戏的现象证明戏曲不需要创新,显然存在逻辑问题。曾经的300多个剧种目前能够常年演出的连1/3都不到,甚至还出现了众多剧种的“天下第一团”(即一个剧种全国只剩一个剧团)现象,令人唏嘘不已。演出场次骤减、观众人数萎缩且以老年人为主,这些都是不争的事实,对此我们需要认真面对。戏曲应以争取多数观众为目标,否则保护就失去了理论支撑。

非物质文化遗产所传承和保护的主要应是灵魂。传承戏曲不仅要重视稳定性,还要关注到变异性。假如以孤立、静止的世界观看待戏曲,将其密封在保险箱里孤芳自赏,与其说是保护,还不如说是加速灭亡。一定意义上讲,保护戏曲的最终目的,就是要提供满足观众需要的高质量艺术产品。既反对戏曲变成“博物馆艺术”,又反对戏曲进行实质性的变革,在逻辑上是站不住脚的。

对于已经消亡的剧种,应尽快做好抢救式记录;针对健在的老艺人,应注意做好访谈、录音、录像、文本整理工作,以供研究。对于尚未消亡的剧种,则应努力吸收其他艺术元素以增强自身竞争力,采取开放包容的姿态,同其他剧种、其他艺术进行融合,以最大诚意促进戏曲创新。保护绝不等于对原有东西照单全收和不再改变,更不等于排斥市场竞争。戏曲成为“扶贫帮困”的对象并不值得自豪,也与其瑰宝的称谓不相符,历史上也没有靠救济能长久存活的艺术。戏曲要想重放光彩,必须跟上时代脚步,早日自立自强。只有用艺术魅力让观众心驰神往,才能使戏曲真正“有戏”。

祖先留下的宝贵文化遗产,我们当然有责任继承,前人把观众当上帝的这种情怀我们更要继承。如果对活生生的观众缺乏敬畏之心,以一种居高临下的姿态对待观众,完全按照古人的模式来经营戏曲,实际上就是将戏曲控制在一个封闭不动的状态,逐渐打造成一个古董,抽空创新的活力,从而以爱戏曲的名义为已经奄奄一息的戏曲

打上了死结。观众是戏曲艺术的衣食父母,符合观众的审美要求是振兴戏曲艺术的命脉,也是文艺工作者的努力方向。

(三)以史为鉴,尊重艺术规律,推动创新

回顾戏曲史不难发现,每次巨大的创新成功都是在多次失败所积累的宝贵经验的基础上获得的。我国数量众多的地方剧种是历代艺人根据观众需求不断调整,在碰撞与磨合中探索和创造出来的。旧时戏班在外地演出时,常吸收当地歌舞、民歌、方言,乃至形成新的剧种,京剧就是典型的例子。针对"京剧必须姓京"的说法,陶雄指出:"京剧的父母并不姓京,是姓徽、姓汉,京剧的子孙也不一定姓京。"①历史上很多剧种消亡,但新的剧种也不断产生。过去的民间戏班和艺人可以作为推动新剧种形成的主要动力,在信息传播发达的今天,戏曲反倒难以产生新剧种和新流派了,这种现象值得深思。

那么,我们应怎样看待有些创新尝试的失败呢?放眼望去,人类历史上的伟大发明都是建立在不断尝试的基础上。即便是最具智慧的科学家,在充足的经费支持下,也常常是在经历无数次失败后,才取得重大成果。我们不能苛求戏曲的每一步改革和创新都毫无失误和失败。如果每排一个新戏想获得百分之百成功,并成为可以留传后世的精品,这明显违背自然规律。我们不应因个别剧目创新的不成功,就怪罪于创新。

也有人说创新要有节制,对此,我们不要忘记,戏曲当前犹如重病患者,与其留恋旧法等死,不如多试新方,出现转机也未尝没有可能。金莹建议"就让各种挑战与尝试自由生长,或许才能长出最适合这个时代的戏曲形式";郑永为则建议一些底子薄、成熟度较低的新生地方戏"轻装上阵,大胆实验、勇于创新,探索戏曲音乐剧的发展道路";蒋晗玉认为,"要放手戏曲新剧的排演,不管是靠近传统或远离传统、糅杂传统、中西结合,它们或可带来戏曲发展新的可能性"。②对于戏曲创新应以鼓励为主,不宜谈"新"色变。只要不违法,不违背道德,不搞色情、恐怖、封建迷信,就应允许大胆尝试,更应允许失败。正如罗怀臻所说:"创新从来没有枪枪命中,都是大浪淘沙、沙里淘金,几代人辛勤努力,创作无数作品,最终能有一点收获,那将是一个时代的标志,会对今

①刘厚生.我的心啊在戏曲(下)[M].北京:中国戏剧出版社,2012:730.

②中国戏曲如何走向未来——中国青年戏剧评论家"西湖论坛"首届论坛发言摘登[N].中国艺术报,2015-8-14(06-07).

后产生深远影响。……在充分继承传统的前提下,怎么强调创新都不为过。”①

倾向于简单思维的人喜欢将复杂问题口号化,如反对所谓“戏曲话剧化、歌剧化,小戏大戏化,地方戏京剧化”。刘厚生指出:“地方戏的最高理想是什么?应该是成为全国性剧种。”②某些地方小戏没有这种理想,坚持自己的小天小地,只供本地区的人自娱自乐,一旦本地观众不再看戏,便无法自救,从而向政府呼救。地方戏积极向全国性的大剧种学习,这是一个值得称颂的现象,表明其视野开阔和目标远大。对此,若以防止其失去特色为名加以反对,实际上是杞人忧天。至于对戏曲“话剧化和歌剧化”的指责,其诚意令人质疑。戏曲艺术创新成功与否的关键在于观众是否接受,如果多数观众认同,戏曲“话剧化和歌剧化”的尝试也不应一味反对。

(四)解放思想,以包容心态促进戏曲评论发展

在戏曲评论中,崇古思维、农业思维、江湖思维表现十分明显。由于历史和现实的复杂原因,部分评论家缺乏独立思考能力,要么陷入先入为主的偏执,要么困于人云亦云的窘境。其实,戏曲创新的必要性说穿了就一句话——是原地等死,还是与时俱进地找个突破口生存下来。

在戏曲从业者积极进行大量的创新尝试时,评论家应多些宽容,更应照顾到多数观众的感受。掌握着话语权的理论家应为年轻人做出表率,不要用自己的偏见误导人。创新可能使原有体制下的人受到冷落,出现一代新人换旧人的局面。新人的出现有时会打破原有艺术圈的生态平衡,这时最需要的就是老一辈的高风亮节。有的人嘴上说支持创新,实际则为保守辩护,不惜连篇累牍地指责创新尝试,甚至不走正常的争鸣途径,利用职权打击异己,体现出浓重的江湖习气。将个人喜好当作真理,高高在上地指手画脚,为口舌之快而置戏曲前途于不顾,那不是对观众、对艺术负责的态度。

评论家应沉下心来,多些担当,多做真正有益于艺术,有益于大众的事,把精力放在研究观众需求上面,专注于我们的时代能给将来的人留下什么,不要只想着击鼓传花。评论家可以有自己的见解,但胸怀要博大,心态要开阔,艺术视野要宽广,面对创新的努力和尝试,不应动辄全盘否定,而应以最大诚意去分析哪里好、哪里不好,哪里还有改进的空间,不要在无意中充当了历史发展的绊脚石。这需要评论家具备较高的艺术功力和道德修养,拥有一种真正为传统、为艺术、为天下百姓服务的大情怀。青年

①举精神旗帜　立精神支撑　建精神家园——文艺界热议中央政治局会议审议通过《关于繁荣发展社会主义文艺的意见》[N].中国艺术报,2015-9-18(1).

②刘厚生.论地方戏的地方性[J].戏曲研究,2010(2):1-11.

学者要培养独立思考的能力,树立“吾爱吾师,吾更爱真理”的意识。无论持什么意见,都应该尊重事实,不应凭主观好恶妄加评说,以臆想代替事实。

四、结语

解决好戏曲的传承与创新问题,需要宏观的视野。当我们沉醉于戏曲艺术的博大精深时,不妨自问一句:中国已经多久没有产生新剧种、新流派了?天地万物都有其生长衰亡的生命过程,我们应以健康平和的心态看待戏曲各个剧种的发生、发展及演变。戏曲艺术的前途不是模仿和复制,当代戏曲人的历史使命是在吸收传统精华的基础上继续开拓创新。开放、包容、博采众长,是艺术发展的精髓,联系和发展的观点是厘清传承与创新关系的关键。

有些人“热爱”传统文化,其热情令人钦佩,但在戏曲传承与创新问题的认识上,逻辑有问题,观点有偏误,方法不正确。说到底,这是世界观、艺术观出了问题。诚如庞井君所指出的:“传统文化的时代转换必须走融合之路。……传统是我们来的地方,但不是我们要去的地方,我们要去的地方在未来、在远方。”[①]

①庞井君.我们要去的地方在未来、在远方——中国青年戏剧评论家“西湖论坛”成立仪式暨首届论坛开幕式致辞(摘要)[N].中国艺术报,2015-8-14(06-07).

时代化视域下抗战历史文献研究[①]

王兆辉　闫　峰[②]

摘　要：站在新的历史发展起点上，审视抗战文献可顺应世界潮流、把握国内趋势。时代化视域下审视抗战文献具有时代所赋予的历史使命和时代发展的精神引领作用。新的历史时期研究和探讨抗战文献，有利于深刻理解抗战文献所蕴含的历史文化价值，也有利于推动抗战文献的时代化发展。

关键词：时代化；抗战文献；文化形态

一、抗战文献与时代化

抗战文献，是指在1931—1945年间中日战争的历史语境下，记录或描绘知识信息的一切载体。[③]抗战历史文献作为特定时代语境下产生的历史文化载体，不仅是中国抗日战争的主要文本载体，而且也是世界反法西斯历史文化遗产。同时，抗战文献还承载了中华民族由弱变强、由小变大的发展复兴，铭记了中国人民艰苦卓绝的抗日民族解放战争。今天，站在新的历史发展起点上，从时代化视域下审视中国抗战历史文献，有利于深刻理解抗战文献所蕴含的历史文化价值，也有利于推动抗战文献的时代化发展塑造。

时代化，是指人类发展的社会时代性的形态演变过程。换言之，“所谓时代化，就是以符合时代性的内容和形式呈现自己。就此意义而言，一切文化现象都存在一个时代化的问题，哲学亦不能例外”[④]。可以说，时代化是事物与时俱进的内在品格，在本质上是时代发展的内在要求。抗战文献也需要时代化，亦有一个时代化的发展形态。

①原载于《图书馆工作与研究》2017年第1期（总251期）。

②王兆辉，重庆图书馆副研究馆员。闫峰，重庆商务职业学院讲师。

③王兆辉.重庆抗战文献资源建设的SWOT分析[J].现代情报，2013(10)：139-142，148.

④高秀昌.旧邦新命 冯友兰研究 第2辑[M].郑州：大象出版社，1999：50.

抗战文献的时代化,就是要不断赋予抗战文献时代内涵,增强和实现抗战文献的时代价值。抗战文献的时代化,就是要将抗战文献与时代发展相结合,顺应时代发展潮流,把握时代发展的需要。只有不断“时代化”,抗战文献才能满足自身发展的时代要求,才能发挥历史先进性,永葆时代生命力。

二、抗战文献的时代化“三维度”

(一)顺应世界潮流

世界历史是一个人类的整体进程,是各国人民同呼吸共命运的总体历史。英国历史哲学家杰弗里·巴勒克拉在为联合国教科文组织编写《当代史学主要趋势》时指出:“认识到需要建立全球的历史观——即超越民族和地区的界限,理解整个世界的历史观——是当前的主要特征之一。”[①]对于中国人民抗日战争而言,中国战场是世界最早开展的反法西斯战争东方主战场,中国人民的抗日战争是世界反法西斯战争不可分割的有机组成部分,中国与美国、英国、苏联平等协作,不仅成为世界反法西斯四大同盟国之一,而且也成为联合国的创始国之一,奠定了当代世界政治和平发展格局。“中国最早举起反法西斯战争的旗帜,经历战火的时间最长。”[②]毛泽东也指出:“现在全世界结成了整个的反法西斯战线,任何国家都不是孤立作战。”[③]可以说,世界反法西斯战争的最终胜利离不开中华儿女前仆后继、英勇献身的牺牲奋斗。对于中国抗战历史文献而言,抗战文献既承载了世界反法西斯战争中国人民抗日战争的历史进程,记录了日本法西斯犯下的罪恶滔天的战争罪行,又展现了美国、苏联等同盟国对中国抗战的国际主义支援,表现了中美、中苏、中印等友好互助的国际主义精神。因此,我们要将中国抗战文献自觉纳入到世界反法西斯历史文化遗产之中,纳入到世界反法西斯历史文化保护体系之中。只有在世界历史文化整体之下,中国抗战文献才能彰显出中国人民抗日战争暨世界反法西斯战争的历史价值;只有在世界历史进程之中,中国抗战文献才能彰显出中国作为世界反法西斯四大同盟国之一,且为联合国创始国之一的历史真谛。

(二)把握国内趋势

胡锦涛指出:“中国人民抗日战争,是近代以来中国反抗外敌入侵第一次取得完全

①[英]杰弗里·巴勒克拉夫.当代史学主要趋势[M].杨豫,译.北京:北京大学出版社,2006:193.

②韩永利.第二次世界大战与中国抗战地位研究[M].北京:商务印书馆,2010:307.

③中共中央文献研究室.毛泽东文集 第3卷[M].北京:人民出版社,1996:29.

胜利的民族解放战争。”①从此，中华民族逐渐觉醒，慢慢屹立于现代世界民族强族之林，并开始走上了民族复兴的探索道路。历经多年的历史磨砺，中国共产党领导中国人民，打破了旧时代列强霸权与殖民主义的世界体系，维护了战后国际和平与安全的发展格局，开辟了新时期中国特色社会主义道路。时至今日，习近平也强调：“全党全国各族人民要牢记由鲜血和生命铸就的中国人民抗日战争的伟大历史……珍视和平、警示未来……坚定不移维护世界和平，万众一心把中国特色社会主义推向前进。”②2014年2月27日，第十二届全国人民代表大会常务委员会第七次会议通过决定，将9月3日确定为中国人民抗日战争胜利纪念日，将12月13日设立为南京大屠杀死难者国家公祭日。这表明，国家通过立法形式确立了中国人民抗日战争纪念活动的正义性与持续性，展示了中国人民抗日战争纪念活动的庄重与威严，使中国人民抗日战争纪念活动上升到了国家与法律的层面，凸显了抗日战争对于中国人民与中华民族的历史意义。由此，这对新时期下抗战文献的整理开发提出了时代要求，对抗战文献的深化拓展强化了政策保证。为此，我们要将抗战文献与国内历史传承及社会发展进行连接，为中华民族的伟大复兴提供历史积淀，为“中国梦”的实现提供历史精神力量，为塑造新时期时代精神景观提供历史文化资源。

（三）推进现实路径

抗战文献的时代化，不仅要顺应世界潮流、把握国内趋势，而且还要从实际出发，结合社会现实，贴近民众生活，解决现实问题。譬如，对于国共两党合作与海峡两岸和平统一问题，抗战文献便是国共两党摒弃前嫌、共赴国难的历史见证，也演绎了国共两党兄弟阋墙、外御其侮的第二次合作的历史进程。胡锦涛、习近平都曾经指出过：国民党指挥下的正面战场与共产党领导下的敌后战场都为中国人民抗日战争的胜利做出了重要贡献。同时，抗战文献也是中国近现代史上海峡两岸同胞同根同祖、血脉相连的文化共同体的一个闪亮点。可见，抗战文献是促进新时期国共合作的重要历史资源，是凝聚海峡两岸民族认同的重要桥梁纽带，是推动祖国和平统一的重要历史遗产。由此，新时代下抗战文献的整理开发有利于增进国共两党的共识，增强两岸同胞的民族情感与民族凝聚力，最终服务于祖国和平统一大业。③再譬如，对于当前的中日关

①胡锦涛.在纪念中国人民抗日战争暨世界反法西斯战争胜利60周年大会上的讲话[N].人民日报，2005-09-03(01).

②张烁.牢记中国人民抗日战争伟大历史万众一心推进中国特色社会主义[N].人民日报，2015-07-08(01).

③王兆辉，闫峰.构建重庆中国抗战大后方历史文献中心的探索与思考[J].抗战文化研究，2014(8)：243-249.

系,对于批评日本右翼势力,对于解析钓鱼岛等历史遗留问题等,抗战文献都是至关重要的历史文化资料。抗战文献记录了日本发动法西斯战争的历史过程,记载了日本侵略中国期间犯下的战争罪行,是驳斥日本右翼势力否定侵华历史、美化侵略战争的最直接有力的历史证据,也是解决中日钓鱼岛争端的重要史料,更是值得两国人民珍视和平、共谋发展、可资借鉴的历史资源。总之,抗战文献要贴时代,接地气,只有与时代发展特征紧密连接,抗战文献才能真正显示其历史价值与现实意义。

三、时代化视域下抗战文献的价值取向

"在文化地图上的完善形态,其纵向轴,负荷着民族文化精神之贯通与传承;其横向轴,是由上项激发而来的庄严义务与当下之处世。纵观精神曰:文化使命;横向义务曰:时代担当。"①基于此,对于抗战文献而言,一方面要肩负起时代赋予抗战文献所承载的历史文化使命;另一方面要发挥时代发展下抗战文献所蕴藏的精神引领作用。

(一)肩负起时代所赋予的历史使命

1.铭记抗战历史

伟大的中国人民抗日战争暨世界反法西斯战争是一场人类正义与非正义、侵略与反侵略的世界战争,也是一场规模空前、影响深远的中华民族解放战争。抗战文献作为这场战争的原始史料,是当代中国人民铭记抗战历史的最重要的历史文化遗产之一。这些抗战文献既有抗战历史的学术探讨,又有抗战形势的实际分析;既有抗战政治军事的论述,又有经济文化的研究;既有共产党相关的重要抗战文献,又有国民党相关的重要抗战文献;既有国际抗战局势的把握,又有国内抗战进程的总结。如毛泽东等执笔《抗战中的党派问题》,朱德等著《抗战必胜论》,周恩来等著《论目前抗战形势》《怎样进行持久抗战》,八路军留守兵团政治宣传部辑《国共两党抗战成绩比较》,国民政府军事委员会政治部编《领袖十年来抗战言论集》,冯玉祥著《抗战哲学》,胡愈之著《抗战与外交》,胡愈之编《苏联革命与中国抗战》,马寅初等执笔《抗战与经济》,王明、周恩来、博古等著《我们对于保卫武汉与第三期抗战问题底意见》,何应钦著《五年来之抗战经过》,郭沫若等著《最近国际形势与我们抗战前途》,侯外庐著《抗战建国论》,田汉等著《抗战与戏剧》等,不胜枚举。总而言之,抗战文献完整记载了中华民族波澜壮阔、气壮山河的抗战历史,为世人描绘出抗战期间从宏观政治、军事、经济管理到军民

①劳承万,蓝国桥.中西文化形态论[M].北京:中国社会科学出版社,2014:249.

社会生活、战地人生百态的百折不挠、可歌可泣的历史画卷。①

2.传承抗战文化

中国人民抗日战争是近现代以来的中国由半殖民地半封建社会到争取民族独立和民族解放的斗争，它将建立一个拥有平等主权国家的现代国际政治关系的斗争推向了崭新阶段。在这场战争中，习近平指出："无论是正面战场还是敌后战场，中国人民同仇敌忾、共赴国难，铁骨铮铮、视死如归，奏响了气壮山河的英雄凯歌。"②对于这段历史，抗战文献勾勒出了中华民族屹立于世界民族之林、走向民族复兴的道路，演绎出了一种空前的民族精神自觉和时代文化自觉的历史厚重感，体现了中华民族的凝聚力、向心力和生命力，可谓渗透到中华民族生命与文化精神最深处的文化结晶。并且，抗战文献衍生了各种题材的出版媒介场域，其所发挥的场效应，诠释了中华民族不屈不挠、坚忍不拔的抗战文化内涵，为全国人民各个阶层建立了一道坚不可摧的心理防线。③由此可见，抗战文献是抗战文化的重要载体，抗战文化则是抗战文献的内在价值。透过抗战文献，我们可以还原中国人民抗日战争的全部过程，可以让人们感受到中华民族遭受的苦难历程，可以让人们传承中华民族艰苦卓绝的抗战历史。同时，我们还可以抗战文献为纽带，加强与香港、台湾地区的联系沟通，加强与美国、俄罗斯、英国、韩国等国家的合作交流，不断提升中国抗战历史文化的国际影响力，继而推动构建世界反法西斯历史文化资源的共建共享体系。④

3.弘扬抗战精神

抗战精神是支撑中华民族自强不息、奋勇向前，最终取得抗日战争胜利的精神力量。中国人民抗日战争不仅是军事力量的对抗，而且也是民族精神的比拼、民族意志的较量。抗日战争促成了中国人民共赴国难的空前团结，激发了中华民族民族精神的迅速觉醒，形成了中华民族精神家园的一枝奇葩——抗战精神。毛泽东指出："中华民族决不是一群绵羊，而是富于民族自尊心与人类正义心的伟大民族，决不让日本法西斯不付出重大代价而达到其无法无天的目的。我们的方法就是战争与牺牲，拿战争对抗战争，拿革命的正义战对抗野蛮的侵略战。这种精神，我们民族的数千年历史已经

①王兆辉，王祝康.重庆抗战文献整理开发的价值探讨[J].大理学院学报，2014(1):71–74.

②习近平.在纪念中国人民抗日战争暨世界反法西斯战争胜利69周年座谈会上的讲话[N].人民日报，2014-09-03(01).

③王兆辉，肖军，闫峰.出版媒介场域对抗战歌谣的传播研究[J].重庆邮电大学学报(社会科学版)，2015(3):133–137.

④王兆辉，闫峰.重庆中国抗战大后方历史文献中心的建设现状与发展研究[J].图书馆，2015(9):41–44,49.

证明,现在再来一次伟大的证明。"[①]正是发扬了中华民族以抗战精神为核心的民族精神,决定了中国人民抗日战争立于不败之地。对此,胡锦涛也总结指出,抗战精神体现了"坚持国家和民族利益至上、誓死不当亡国奴的民族自尊品格,万众一心、共赴国难的民族团结意识;不畏强暴、敢于同敌人血战到底的民族英雄气概,百折不挠、勇于依靠自己的力量战胜侵略者的民族自强信念,开拓创新、善于在危难中开辟发展新路的民族创造精神,坚持正义、自觉为人类和平进步事业贡献力量的民族奉献精神"[②]。由此,发掘抗战文献,弘扬抗战精神是时代赋予抗战文献的重要历史使命。

(二)发挥时代发展的精神引领作用

1.顺应时代需要

恩格斯指出:"每一个时代的理论思维,从而我们时代的理论思维,都是一种历史的产物,它在不同的时代具有完全不同的形式,同时具有完全不同的内容。"[③]同理,抗战文献既有抗战历史语境下的思维主张,又有当下时代发展下的主题倾诉。在抗战时期,抗战文献是鼓舞中国人民抗战士气的有力武器,一篇篇抗战文献仿佛一面面旗帜,飘扬于每位中华儿女的心坎;一篇篇抗战文献犹如一把把长枪,投向穷凶极恶的敌人的心脏。在和平与发展为时代主题下,抗战文献及其整理开发研究新的时代特征应运而生。对于抗战文献的整理开发研究呈现出更加多元化的时代要求,抗战文献成为各个学科理论与技术方法交叉研究探讨的重要历史文化资源。为此,我们要将抗战文献渗透到社会时代发展语境中,赋予抗战文献现实的生命形态。譬如,在文化传播学视域下,揭示抗战文献关于历史政治语境与文化艺术形式的统一;在历史文献学视域下,探析抗战文献的史料价值、学术价值、文物价值等文化特征;在历史学与民族史视域下,用抗战文献来把握抗战历史发展的脉搏,用抗战史实来论证抗战文献的内在逻辑及其文化形态。

2.把握时代脉搏

对于抗日战争战略局势的确立,毛泽东认为:"就是时代的特点。"[④]对于中国社会改革发展的方向,邓小平指出:"我们要赶上时代,这是改革要达到的目的。"[⑤]对于抗

①中共中央文献研究室.毛泽东文集 第2卷[M].北京:人民出版社,1993:113.

②胡锦涛.在纪念中国人抗日战争暨世界反法西斯战争胜利60周年大会上的讲话[M].北京:人民出版社,2005:6.

③[德]马克思,恩格斯. 马克思恩格斯选集 第4卷[M].北京:人民出版社,1995:284.

④毛泽东.毛泽东选集 第2卷[M].北京:人民出版社,1991:451.

⑤邓小平.邓小平文选 第3卷[M].北京:人民出版社,1993:242.

战文献而言，我们同样要紧跟时代发展的潮流，把握住时代脉搏，将抗战文献融入国家改革、社会进步及民众生活之中，赋予抗战文献“与时俱进”的时代形态。一方面，围绕国家图书馆“民国时期文献保护计划”的政策方针，认真考察和严谨论证抗战文献的历史特色和历史价值，深化人们对抗战文献的理解和认知；更新抗战文献的保护理念，服务社会民众的发展诉求，以适应现代图书馆关于抗战文献资源建设的发展需求。另一方面，把凸显抗战精神与民族精神作为抗战文献文化形态的核心内容，展示抗战历史文化深厚的民族底蕴和独特魅力，彰显民族精神的文化定位，适应时代精神的价值追求，打造海峡两岸同胞共圆“中国梦”的历史文化引擎。此外，我们还要注意发挥图书馆的社会教育功能，挖掘抗战文献的时代内涵，批驳日本右翼势力的奇谈怪论，引领社会积极的时代文化，激发和传递社会正能量。

3.引领时代精神

时代精神是一定时代的精神主流和基本价值取向。它是一个社会在最新的创造性实践中激发出来的，反映社会进步的发展方向、引领时代进步潮流、为社会成员普遍认同和接受的思想观念、价值取向、道德规范和行为方式，是一个社会最新的精神气质、精神风貌和社会风尚的综合体现。”[①]对于抗战时期的中国人民而言，抗战文献所承载的抗战精神与民族精神，所表现出的英勇无畏的革命精神，所展现出的前仆后继的献身精神，就是抗战时期中国人民最显著的时代精神。经过历史的积淀，抗战文献所蕴含的中华民族的优秀历史文化传统与人文精神价值依然是促进中华民族发展壮大的永不磨灭的原驱动力，也是永葆其生命活力的时代特性。在新时代发展语境下，我们要用抗战文献来淬炼时代精神，用抗战历史来演绎时代价值，用抗战文化来塑造时代面貌，并将抗战历史文献与抗战历史旧址等结合起来，将抗战文献与社会休闲活动相融合，将抗战文献的历史文化信息融人现代城市发展进程与社会民众的日常工作生活之中，构建一种引领时代精神价值的抗战历史文化的立体发展形态。[②]

①王兆辉.构建抗战遗址及抗战文献利用的立体形态研究[J].大学图书情报学刊，2014(3)：52-55.

②韩震.社会主义核心价值体系研究[M].北京：人民出版社，2007：187.

文化:关系向人的生成
——兼论非物质文化遗产的文化规定[①]

崔狄生[②]

摘　要:从汉语的"文""化"或西方语言的"文化"(culture)出发,文化可以定义为:关系向人的生成。文化主要包含人与自然、人与社会、人与精神三重关系,而如何在当代生成新的人与自然、人与社会、人与精神的关系成为当代文化问题的中心。非物质文化遗产的本性为文化规定,其意义在于所聚集的人与自然、人与社会、人与精神等关系的当下呈现。

关键词:非物质文化遗产;文化规定;文化;关系

一、文化现象的突出与对文化定义的探讨

文化现象伴随着人类历史的发展,在当代,文化现象成为一个突出性的问题,文化也因此成为思想的主题。从思想的发展来看,西方传统思想始终在人自身之外为人的存在寻找和确立根据,在古希腊,既显示为"诸神",也显示为毕达哥拉斯的"数"、柏拉图的"理念"以及亚里士多德的"形式"。在中世纪显现为"上帝",在近代显现为人自身的"理性"。这样的传统文化构成了西方"人神同在"的历史。但是,1885年尼采借查拉图斯特拉之口宣布"上帝死了",其意味的正是从古希腊的"诸神"到近代人自身的"理性",这些"上帝"不再具有对人的规定性。这一发现从根本上动摇了自古希腊时期以来所形成的西方精神道统。其后,存在主义宣称:人没有死!存在主义所谓的"人没有死"是强调人"存在着"。而正是"存在着"的人一直被似乎牢不可破的"客观真理"所遗弃。当一切"客观的"价值和意义都分崩离析之时,"人存在着"这一事例本身仍然是

①原载于《广西社会科学》2013年第7期。

②崔狄生,重庆文理学院文化与传媒学院讲师。

一个富于意义的事例。于是,“人存在着”成为思想关注的中心,但思想对“人存在着”的关注不可能走客观化的老路,因为这里的存在“已被合适地理解为终极的、无条件的存在中心,它是行认识的理性所无法进入其中的,它不包含知识,不包含任何确定的、有条件的内容,它是可能性”。如此可能性的“人存在着”,在思想层面上显示为文化的主题,文化成为思想主题的标志性事件是1984年在罗马尼亚召开的哲学大会,其被人们认为世界哲学的重点真正由科学转向了文化。与这一转向密切相关的,是西方学者从文化的角度对未来进行新的判断和构想,最为突出者有二:一是哈佛大学教授约瑟夫·奈提出不同于由经济、科技、军事实体等表现出来的“硬实力”,文化和意识形态吸引力体现出的“软实力”将在未来极大地影响着国与国之间的竞争。二是哈佛大学政治学者塞缪尔·亨廷顿提出21世纪发生冲突的根本原因将不主要是意识形态因素或经济因素,人类的大分裂以及冲突主要将是来自文化(或文明)。当然,就我国的实际情况来说,文化现象成为突出性问题,还在于文化的发展与整个社会其他方面如经济和政治等发展的失衡。

与文化成为突出性问题直接相关的,是学者们对文化定义的探讨。美国学者克虏伯和克勒克洪在《文化——关于概念和定义的评论》一书中列举了关于“文化”一词的161种定义,这些定义包括:文化是一套价值观念;文化是习得的行为规范;文化是一种结构符号;文化是人类的生物本性;文化是一种社会机体论;文化是人类在社会历史过程中创造的物质财富和精神财富的总和,以及其他各种纷纭不一的说法。而在学术界影响最大、最权威的“文化”定义应该是英国人类学家泰勒提出的:“文化,或文明,就其广泛的民族学意义来说,是包括全部的知识、信仰、艺术、道德、法律、习俗以及作为社会成员的人所掌握和接受的任何其他的才能和习惯的复合体。”泰勒用现象描述性的方法来定义文化,还从对象、范围、原则和方法等开创了文化学这门新的学科。就定义的方法来说,除泰勒为代表的现象描述法外,还有社会反推法、价值认定法、结构分析法、行为取义法、历史探源法、主体立意法,等等。

显然,定义文化本身已成为一种文化现象乃至一门学问,但众多的定义并没有让人们对文化的认识越来越清晰,反而是越来越复杂甚至混乱。譬如泰勒的定义,作为现象描述,其能够通过对文化现象中核心要素的列举而让人们对文化有一定的感性印象,但在描述中,首先,文化与文明没有区分,文化与文明是否应该区分,如果不需要区分,那么“文化”与“文明”两个概念并存的必要性何在;如果需要区分,那么又该怎么区分。其次,知识、信仰、艺术、道德、法律、习俗以及作为社会成员的人所掌握和接受的任何其他的才能和习惯中,“知识”“信仰”“艺术”“道德”这四类显然受到西方传统理性划分的“知、情、意”结构的影响,但“法律”“习俗”和“作为社会成员的人所掌握和接受的任何其他的才能和习惯”与它们能否构成并列关系,这值得商榷。最后,泰勒说,“人类社会中各种不同的文化现象,只要能够用普遍适用的原理来研究,就都可成为适合于研究人类思想和活动规律的对象”⑨,但描述列举的方法是否都符合文化现象并保证“普遍适用”,这也是疑点之一。和泰勒的定义一样,其他的定义也都或多或少地给人们留下疑问与困惑。为避免出现这样的疑问与困惑,让人们对文化有一个明晰的认识和把握,方法之一就是回到语言自身,让人们倾听语言的言说。

二、文化作为“关系向人的生成”

倾听语言的言说,不仅要倾听它的所说,也就是语言已经说出的;还要倾听它尚未说出的和想要说出的。当然,古汉语里并没有现代意义上的“文化”一词,但古汉语说出了“文”和“化”,正是以上这些使得现代汉语用“文化”来言说西方“文化”(culture)成为可能。因此,我们可以先倾听古汉语对“文”和“化”的言说,再倾听西方语言对于“文化”(culture)的言说。

就汉语言的典籍来看,《易·系辞下》:“物相杂,故曰文。”《礼记·乐记》:“五色成文而不乱。”《说文解字》:“文,错画也,象交叉。”首先,“物相杂,故曰文”。“相杂”表明“物”为多,而不是一,唯有“多”物才会有“相杂”,如此的“相杂,故曰文”,表明“文”所意味的不是“物”,而是“相杂”。如果是这样,“物相杂,故曰文”未说出和想说出的,正是“文”,在这里通过“物”被规定为“相杂”。“相杂”是关系向人的生成:简单的关系,复杂的关系;直接的关系,间接的关系等。其次,“五色成文而不乱”。“五色”表明“色”为多,而不是一,只有色“多”,才会有“成文”,只有色“多”,才有所谓“不乱”。也就是说,“五色”因其“不乱”才“成文”,或说“五色”因为“成文”才“不乱”。这里,“不乱”区分于“乱”,意味着秩序、规范、规矩、规则乃至规律。如果说“物相杂,故曰文”意味着关系向人的生成,那么在此进一步表明向人生成的关系是被“不乱”所规定的关系,也就是有着秩序、规范、规矩、规则乃至规律的关系,这正是“五色成文而不乱”未说出和想说出的。再次,“文,错画也,象交叉”。这里“文”的要义并非在“画”,而是在“错”。何谓“错”,即“象交叉”。“交叉”所显现的,先是构成画的线条之多,而不是一,唯其“多”才有所谓“交叉”;

再者是“文”在这里通过“画”而被规定为“交叉”，如此的“交叉”正是关系，是线条与线条之间显现出来的关系。无论多么错综复杂的花纹，都必须依赖于线条与线条之间“交叉”的关系。如此“交叉”的“关系”，就是文。

“物”的“相杂”、“色”的“不乱”、“画”的“交叉”，作为关系向人的生成，恰是“文”的本性的敞开，正是因为“文”的本性向人敞开，世界得以向人生成和敞开：“成文而不乱”，是为“天文”“地文”“人文”。但作为“不乱”的“关系”而向人敞开的“文”，还是难以显现出“关系”自身的动态与变化，于是，人们要倾听语言对“化”的言说。

在甲骨文中，“化”由一正立之人和一倒立之人构成。从正立之人到倒立之人，是人翻筋斗的游戏，在翻筋斗的游戏中显现变化。因此，“化”的本意为变化。对于文化来说，“化”的本性显现为变化、动态向人的生成。所谓造化、大化、伦理德行的化成，和“惟初太始，道立于一，造分天地，化成万物”的“化”一样，都源于“化”之变化的基本规定。变化，聚集着从无到有的生成、从一物（或状态）到另一物（或状态）的转变、从有到无的消失，如此这般，“化”本性上是生成的，不是静止不变的。

由此，文化作为“文”和“化”的聚集，本性上应该是关系向人的生成。所谓关系向人的生成，先是意味着不是向物的生成，再者意味着动态而非静止，是有生命的而非僵化死亡的。但是，这是否切中了现代汉语中“文化”的本性，既然现代汉语中“文化”是对西方语言中“文化”（culture）的言说，有必要先来倾听西方语言中“文化”（culture）所说、未说和要说的。在西方语言中，英、法文的“culture”，德文的“kultur”，在语源学上来自拉丁文“cultus”，其词根是“col”，来自希腊文中的“koa”，是农业的意思。从“农业”这个本意出发，“cultus”（同时也就是culture）说出了如下含义：其一，耕种；其二，居住；其三，练习；其四，留心或注意；其五，敬神。从“耕种”来看，最根本的是敞开了人与自然的关系，与人相区分的自然就是天和地，因此，“耕种”敞开的是人与天、地的关系；从“居住”来看，虽然人总是居住在苍天之下大地之上，但“居住”首先要表明的恰恰是从天地自然抽身出来，进入一个人所建立的场所，人群居而不独处，人的群居形成了社会，因而“居住”敞开的主要是人与社会的关系。从“练习”看，虽然练习相关的是对工具的把握和利用，但“练习”所敞开的主要还是人对自身的熟悉和把握，练习召唤人建立与自身的关系；从“留心或注意”看，是进一步走向人自身，并最终敞开了人与理性、精神的关系；从“敬神”来看，这里敞开的是人与神的关系，当然人是为神所规定的。综上所述可以看到，西方“文化”（culture）所言说的、未言说和要言说的，恰恰是各种关系向人的生成,唯其如此,它才能在现代汉语中表达为“文化”。

综上所述,西方“文化”(culture)和现代汉语“文化”所敞开的正是各种关系向人的生成。正是“关系向人的生成”使得文化区别于纯粹的自然,文化一定是相关于人的文化。“关系向人的生成”看起来错综复杂,难以把握,但实际上究其大端不外乎三种关系:其一,人与自然的关系;其二,人与社会的关系;其三,人与精神的关系。人处身于其中的世界,正是由这些关系编织而成的,任何文化现象都是这些关系的显现。当然,由于人与人之间存在地域的、种族的、历史的等方面差异,这三种关系也会因人而有不同的生成。譬如,西方人与自然是主客二分的关系,我国是“天人合一”的关系;人与社会在西方是契约关系,而我国是血缘关系;人与精神在西方形成“人—神”关系,而中国没有形成精神与人自身的区分,因此,西方形成了“天—地—人—神”的文化世界,而我国则是“天—地—人”的文化世界。当代文化的突出问题是如何在当代生成新的人与自然、人与社会、人与精神的关系。区分西方传统的“天—地—人—神”(神是规定者,人和天地是被规定者),也区分我国传统的“天—地—人”(天、地是规定者,人是被规定者),让天、地、人同时生成、相互生成,才是当代世界文化努力的方向。

三、非物质文化遗产的文化规定

与文化在当代成为一个突出性问题密切相关的是非物质文化遗产(下文简称“非遗”)的研究、保护、传承与开发。对“非遗”进行产业开发式处理会带来破坏其本性的危险,由此,需要首先厘清“非遗”的本性,进而依乎其本性探索保护、传承及开发的路径。

如何把握“非遗”的本性?“非遗”的本性在其现象中显现。然而,并非所有的现象都能显现本性,有些现象只是假象,“(假象)似是而非,看起来如此却并非如此,或者反过来看起来并非如此却是如此”。就文化来说,如此的假象恰恰遮蔽了其本性。还有些现象只是表象,“(表象)如同疾病的某种症候,显示出某种自身不显现的东西”,因此,作为表象的文化现象,文化同样不显现自身,不显现本性。因此,只有第三种,也即作为现象学意义上的文化现象才能显现文化的本性,因为“只有第三种现象,即现象学意义上的现象才与存在是同一的……它是作为显现自身的显现者。而它正是存在自身。在此存在和现象的矛盾得以克服”,现象学意义上的现象又称之为真相,显然,从假象和表象出发对非遗的研究、保护、传承及开发,因其不能切中非遗的本性,很可能对“非遗”带来根本性的破坏。唯有从作为真相的“非遗”现象出发,才能够凸显非遗本性,做到真正的研究、保护、传承与开发。但如何能够把握作为现象学意义上的“非遗”现象,这依赖于通过与他物的区分而划定“非遗”自身的边界。“边界是一个事物的起点和终点。正是在边界上,一物与他物相异而成为其自身,获得自身的规定。”“非遗”自身边界的划定依赖于如下的区分。

其一,“非遗”以“遗产”区分于当下现实。因为“遗产”是先人所遗留下来的财产。这里,“先人”区分于当下现实的人,表明财富的创造者不再现实地生存;同时,“遗留”区分于当下现实地创造,表明已经存在或已经发生,并且继续存在和发生成为可能;而且,“财产”意味着有价值,以此区分于无价值,表明无论是过去、现在甚至未来,它的存在对人的意义。其二,“非遗”以“非物质”区分于“物质”。“非遗”的“非”,不是对于“遗产”的,也不是对于“文化”的,而是对于“物质”的,也即“非遗”凭借于“非”区分于“物质文化遗产”。但“非物质”并不是“反物质”或“无物质”,任何文化遗产都不可能完全脱离物质世界而存在。因此,“非物质”与“物质”的区分在于凸显文化遗产价值内涵的构成上的不同,也就是说,在“非遗”的文化价值构成上,文化遗产的物质性不起规定性的作用。较之于“非遗”,“物质文化遗产”文化价值的产生和保持则依赖于物质性的规定。首先,意味着在成为遗产之前它现实地发挥着物质的实用功能,比如,长城现实地作为军事设施。其次,意味着正是在物质的实用价值基础上滋生了文化的和遗产的价值,甚至在其成为遗产之后,这类物质遗产依然可能现实地发挥实用功能。最后,“物质文化”的物质性还意味着可视、可触、可定形,即让物质文化遗产具备一个确定的形体占有一个确定的时空。但与此不同,“非遗”以其口头性或行为性而超越物质的功利,因而无须依赖于物质的实用性而获得自身的价值。其三,“非遗”以“文化”作为自身的本质性规定,以此区分于“非文化”的遗产(当然,严格意义上的“非文化”遗产是不存在的)。“非遗”作为“遗产”,必然显示出遗产性,遗产性通过遗产化而形成,并使遗产处于遗产化状态之中。遗产的遗产化开始于其成为遗产的时刻,它抗拒着遗产自身现实地敞开,由此让遗产自行归闭。如果是这样,“非遗”的研究、保护、传承及开发,首先就是寻求对其遗产性的克服,而如何克服,这不是与现实财富的区分,也不是与物质实用价值的区分,而是文化的规定,让克服遗产性成为可能。何谓“非遗”的文化规定,就是在“非遗”中积淀了曾经的人与自然、人与社会、人与精神的关系,即聚集了过去世界的天、地、人。“非遗”作为“非遗”而存在,也一定是在文化现象中存在,于是,“非遗”就参与了新时代作为文化的各种关系向人的生成，因为作为当代世界的文化，不可能从虚无中开始，只能从已经存在的文化发展而来，而“非遗”聚集的正是“已经存在”的文化。

因此，对“非遗”的研究、保护、传承与开发，一方面是要让“非遗”作为“非遗”敞开聚集于其中的文化，即敞开过去人与自然、人与社会、人与精神等诸关系；另一方面是让人们进入到“非遗”所敞开的诸关系中，让以上关系与人们共同生成、相互生成。唯有这样，“非遗”才能在当代世界得到真正的保护，从而是其所是，才能作为当代文化的营养源泉，润泽着人们去探索健康和谐的人与自然、人与社会、人与精神的关系。

参考文献

[1][德]卡尔·雅斯贝尔斯.时代的精神状况[M].王德峰，译.上海：上海译文出版社，1997.

[2]衣俊卿.文化哲学：理论理性和实践理性交汇处的文化批判[M].昆明：云南人民出版社，2001.

[3][美]约瑟夫·奈.美国定能领导世界吗[M].何小东，等，译.北京：军事译文出版社，1992.

[4][美]塞缪尔·亨廷顿.文明的冲突与世界秩序的重建[M].周琪，等，译.北京：新华出版社，1998.

[5]赵林.告别洪荒——人类文明的演变[M].武汉：武汉大学出版社，2005.

[6][英]爱德华·泰勒.原始文化：神话、哲学、宗教、语言、艺术和习俗发展之研究(重译本)[M].连树声，译.桂林：广西师范大学出版社，2005.

[7]陈华文.文化学概论[M].上海：上海文艺出版社，2001.

[8]段玉裁.说文解字注[M].杭州：浙江古籍出版社，2002.

[9]彭富春.哲学与美学问题——一种无原则的批判[M].武汉：武汉大学出版社，2005.

YISHU YANJIU

艺术研究

古为今用的语境新变
——中国当代艺术回归传统文化精神之趋向探析①

张宏伟②

摘　要:中国当代艺术从根上不是从自己母体生长出来的,而是全盘西化转移而来。而其结果是容易缺失自我母体的文化价值取向,在艺术全球化语境下也容易丢失自我的文化身份。而近几年中国当代艺术正在回归传统,在传统文化的精神母体中吸取营养,用东方的精神内涵加以当代西式的形式语言进行融合创作,使其语境发生新的变化,以期建立东方性的艺术价值观。而本文对这一现象和在探索研究的艺术家进行了探寻和分析。

关键词:当代艺术;传统精神;语境新变

2013年底,美国纽约大都会艺术博物馆举办了一场较为特别的展览:“水墨:当代中国的古为今用”(Ink Art:Past as Present in Contemporary China)。这个展览最有意思的是将中国当代艺术创作与传统艺术的经典代表作品同堂并置,使其昨天与今天、古代与现代,时空交错,让传统传承与演变的文脉直观呈现。展览策展人、大都会亚洲艺术部主席何慕文先生解释说:“这个展览,重点展现这些当代作品与传统美学和传统艺术是如何关联的,并且这种关联与用全球化的视角审视这些作品同样重要,所以,展览的意图正在于把一切打散,并重新呈现一个全新的语境中。”

而我们知道,中国当代艺术30年的历程中,经历过上世纪80年代的“文化焦虑”,90年代的“身份焦虑”,2000年以来的“语言焦虑”。改革开放后,中国当代艺术一直在和西方碰撞交流中,寻求自我发展。在“反传统”与“接轨西方”的文化策略下,虽然具有相对的历史合理性,但也带来了极其严重的“去中国化”,即在西方艺术的牵引之下,

①原载于《大众文艺》2017年第8期。

②张宏伟,重庆三峡学院美术学院。

中国当代艺术逐渐丧失了自身的语境,因为中国当代艺术并不是从传统文化中自然延伸与生长出来的,它的视觉资源、观念资源主要还是来自于西方。这样在全球化的艺术语境下,其文化身份会陷入尴尬的境地。而这种状况近年正在发生转变,最为显著的特征是艺术家都自觉地与传统文化发生关联,语境上重新呈现出回归中国传统文化精神之趋向。艺术家们回到历史长河中去寻找、挖掘、吸取养分,运用本土化的思维逻辑和视觉资源,进行挪用嫁接、解构重组、并置融合等当代性视觉形式的转换。而评论家何桂彦把这种新的语境转变称为"再编码",具体表现在艺术家能自觉地与西方现当代艺术的表达方式拉开距离,注重表达上的修辞与叙事方式,强调作品与传统绘画和本土视觉资源直接或间接的关联。在艺术全球化的语境下,古为今用而又语境新变,这样的探索能够彻底地与西方艺术的文明背景形成强烈的对比而凸显自我文化价值和艺术精神性,同时也体现了中国当代艺术家的创作智慧与文化上的自信,也是建立中国当代艺术内在价值和文化身份的重要根基。由于做这一探索的艺术家较多,因而本文只能以部分艺术家为例做其证述。

尚扬,中国当代著名艺术家,他的绘画是具有中国画风格特点的综合材料的新型绘画,这其中"董其昌计划"系列最为明显,其画面中借鉴采用了董其昌的山水图式,运用传统绘画方式再加上数码图像媒介的拼贴融合,呈现出董其昌山水与现代山水之间巨大的视觉反差,并以多幅图像并置的方式来呈现自然环境的变化。这种变化是被当代商业社会和人的物欲所网络化而腐蚀风化了。在这样的处理中,既有东方思维的哲学气息,又有当代艺术的视觉形式表达。作品展现的是中国式的价值态度和当代文化语境下的矛盾与反思。同时,尚扬的作品也触碰到了中国绘画在当代语境下的建构问题,以及中国当代艺术的现代化转型、创新和边界等一系列问题。而尚扬的作品为中国当代艺术的转化提供了一种视觉样本参照和新的可能性。

周春芽,著名画家,20世纪90年代从德国回国后,寻求在东方化的语汇中与自我气质融合的表现性语言。他从传统绘画中寻找思想灵感,系统地研究古代人文绘画,尤其是在元四家、八大山人、董其昌的图式形态中找到了兴趣点。稍早的"石头"系列,是他结合传统绘画形态的开始,他以中国画的水墨大写意、西方新表现和抽象之间的综合性风格,保持现代色彩的鲜艳性,再将中国式书写性笔法、布局和图像符号等传统文化资源融入画中,呈现出了传统的中国化表达方式。而近期的"桃花源"系列,他则运用了中国民俗的风景构图和色彩方式,使之更具有中国式的图像语言,体现了传统文化基因对当代艺术的影响。

徐冰，当代艺术家，他的成名作《天书》刻印数千个“新汉字”，以图像性、符号性等议题深刻探讨中国文化的本质和思维方式。这件作品也成为中国当代艺术史上的经典。而在英国V&A博物馆的中庭花园创作完成的《桃花源的理想一定要实现》这一作品，他从各地选出8种不同的山石作为装置的主要材料，分别对应传统绘画中山石的8种画法，且有意选择扁平形状的山石，制造出介于二维绘画与现实三维之间的效果，模拟出理想中桃花流水、福地洞天之美景，呈现出了一种自然、平等、和谐的生活状态，是一个触手可及又遥不可及的理想之地。

蔡国强，当代艺术家，作品以“火药”为媒材，以破坏性的爆破方式进行创作。作品《草船借箭》和“烟火”系列，其艺术语汇的运用很具有中国性方式，且融入对比传统与现代、创造和毁灭的观念。作品展现的是东西方文化艺术的互相融合，用东方文化思维表达了艺术家的世界一体化理念。

张洹，行为艺术家，在2005年开始信佛，中国传统文化精神与宗教给了他新的力量和新的生命力。他的作品《家谱》《问孔子》《大佛》《推背图》等具有中国古典文化的气韵。他通过回归中国传统的古典文化，来重新竖立东方文化的哲学思维与精神内核，对物欲横流、生态失衡的当代文化进行个人化的直觉性的反思与批判。

邱志杰，新媒介艺术家，他带有禅宗意味的《重复书写兰亭序1000遍》中，物质形态表现的有文字、纸和墨，其用中国书法形式重复书写使作品在表达样式和材料上呈现出现代性，而作品内在意境却表现出传统性。该作品由书法走向行为，由行为直接而明确地表达了艺术家东方式的艺术智慧。

如上所述，在这转换之路上，努力探索的艺术家越来越多，涉及的领域和媒介也越来越广。他们的创作方式很西化，而其内容、元素及思维方式却很中式。

总之，融合西方的创作方式和东方文化内涵是近年艺术家创作的主要方向，也是中国当代艺术确立自身文化身份的最有效的可能性路径。

参考文献

[1]高岭.高岭自选集[M].太原：北岳文艺出版社，2015.

[2]鲁虹.鲁虹自选集[M].太原：北岳文艺出版社，2015.

视觉文化形态下的艺术公众及角色[①]

闫 国[②]

摘 要:公众作为艺术公共领域的基本要素在不同的历史阶段有不同的指涉范畴,它与所处时代特点、社会教育以及技术发展密切关联。在日常生活审美化和视觉图像审美化态势下,凭借技术与艺术传播的融合,艺术公众不断拓展、壮大,随着视觉文化对艺术民主化的不断促进,公众作为视觉文化形态下艺术活动的参与和共创角色已成为无可辩驳的事实,其参与和共创在当下艺术活动中具有践行意义。

关键词:视觉文化;艺术公众;艺术活动;管理

一、文化形态下的公众与艺术

从艺术社会学的角度来看,根植于"共同的视野、共同的思想抱负、共同关切的事物和共同的生活方式与风俗习惯"的"文化心理基础""视本地方言创作出来的诗歌"为共有财富并广为传播教育(像荷马史诗)的族群意识、共同的文化荣耀与认同等因素,促使希腊时代表现民族主义集体精神的哲学和戏剧等艺术在城邦资助下公开演出。通过城邦政府赞助艺术活动,公民自发组织、规划、参与艺术活动,实现"国家精神"——责任感、使命感、荣誉感与集体荣耀的公众教育和普及成为时代特点。此时期,艺术公众作为行使公民责任、完成义务和接受教育的指涉群体存在。

在启蒙运动下,思想解放和印刷技术的发展推动了社会公众获得知识和理性判断的能力,在此推动下,公民的自主精神获得解放,"公共"的观念也由君主作为广大民众的全权代表向对社会有独特看法的群体范畴转变。启蒙理性下的言论、出版自由借助

①本文为2016年重庆市教委人文社科项目"图像、传播、消费:当代艺术管理中的主体与客体问题研究"(项目批准号:16SKGH123)与2015年度四川省哲学社会科学重点研究基地现代设计与文化研究中心项目"视角文化视角下的当代艺术管理主客体行为研究"(项目批准号:MD15E015)的阶段性成果。原载于《四川戏剧》2017年第3期。

②闫国,四川美术学院教师。

印刷技术,依托纸质传媒和新发展的公众舆论,推动公众获取的知识不断拓展,公众话语权不断扩大,这种趋势发展到艺术领域则促成公众对艺术的关注与判读,公众获得了美学上的判断权利,形成了公众在艺术方面的"公众判断"。而此时期,反专制的民主运动的发展使特权阶层将私人艺术资源和空间予以公开,并通过沙龙展览满足公众参与艺术的需要。新的艺术活动机制对公众参与艺术活动、拓展艺术公共空间起到积极作用,公众参与艺术的公共空间和舆论平台不断出现、发展,如卢森堡美术馆、科里塞艺术沙龙展等官方或非官方艺术公共空间,以及《艺术、科学及文学报》等公众舆论平台的出现。在由普通民众参与艺术的判读能力、艺术公共环境和空间的建设、艺术活动的开放机制和大众舆论平台建构的现代艺术公共领域中,艺术公众由见证官方体制艺术辉煌的民众向独立参与艺术判断问题的群体,由精英主义向杜·波斯笔下的受教育群体转变,直至19世纪拓展到普通的艺术大众。

因此,通过对不同历史阶段公众与艺术活动及组织管理的关系梳理不难发现,艺术公众作为一个不断变化的概念和指涉范围与人类所处时代特点、社会教育以及技术发展密切关联,这些要素左右了不同时期艺术公众的呈现范围及其与艺术活动、组织管理的关系。

二、公众的"迫切":视觉文化形态下的公众与艺术

随着社会的进步和科技文化的不断发展,可供公众参与的艺术公共领域建构越来越丰富,尤其是19至20世纪以来,文化表现与科学技术不断融合,印刷文化逐步走向读图时代的视觉文化,以数字媒介技术为基础的视觉文化形态开拓了新的艺术公共领域。当下的艺术公共领域比以往任何一个时期与公众及其日常生活的联系更为紧密。其表现在:首先,在视觉取得文化艺术传播主导地位的当下,公众更容易凭借视觉技术的便利进入艺术公共领域。视觉文化形态中,视觉取代文本、影像覆盖文字,使文字地位削弱,公众借助图像和声音技术逾越语言、文字、教育背景的鸿沟,仅仅通过"看"这一日常行为便可以欣赏由艺术名作改编的数媒艺术作品,使得公众把握艺术的难度大大降低。其次,依靠数字传媒技术的覆盖,公众获取艺术的平台和空间越来越多元、简便。从书籍、报纸、杂志、广播、电影等传统艺术传媒平台到电视、互联网、手机等现代艺术传媒平台,其开放、兼容、简便使艺术公共资源和空间具备了开放和直面公众的特点,在便捷的准入平台和机制作用下,公众参与艺术的平台、空间更便捷与多元,在以

虚拟数字视觉技术构筑的艺术公众平台和空间中,公众足不出户只需借助互联网和媒介终端来实现艺术欣赏,而不必担心不在场而失去艺术参与。

从本雅明机械复制艺术的理论来看,复制技术带来了艺术与受众关系的革命性改变,它使公众在艺术获得上人人平等,因为通过复制技术任何人都可以去领略艺术作品的精髓和心灵冲击,艺术不再是少数人的特权和享受,而成为共享的资源。它促使艺术受众群体得以迅速增长,使更多的人获得观赏原本作为私人领域的、少数人的优质艺术作品的机会和能力。尤其是在视觉媒介背景下,当代艺术生产与机械复制技术、数字仿拟技术结合,艺术的机械复制借助影像技术成功地脱离原有情境并与原环境剥离,使艺术脱离母体被不断地创造并迎合大众口味,以视觉再造的"新奇、轰动、同步、冲击来组织社会和审美反应"来主动拉近与艺术公众关系,从电影艺术中《变形金刚4》《X战警》等影视形象创造的85亿元高票房(占当年所有进口片票房的64%),到新媒体艺术创作中克利斯塔·佐梅雷尔(Christa Sommerer)和劳伦特·米尼奥诺(Laurent Mignonneau)创作的互媒虚拟艺术作品"生命的空间(Life Spacies)"在东京ICC-NTT Inter Communication博物馆长达两年的展示和数以千计的公众反馈,再到北京奥运会开幕式上借助数字技术实现的巨幅中国水墨艺术画卷等吸引了世界45亿公众的目光等,无不说明了在声音和影像,尤其是影像美学统率的大众审美文化"霸权"下,艺术公共领域不断拓宽和发展,且具备准入快捷、简便、开放的特点,公众参与艺术的不必在场和艺术对于公众日常生活的占领形成了公众艺术参与的自主性和被动性,在多重因素的促使下,公众"在场"或"不在场"、自主或被动下的壮大成为视觉文化形态下艺术公共领域的显著特点。公众对艺术的参与在视觉文化的不断催化中变得"迫切"需要。这不仅对当下艺术生产至关重要,同时它促使艺术活动的组织管理机制与艺术公众角色也发生了变化。

三、公众的角色:视觉文化形态下的公众参与和共创

在当下文化形态中,公众在网络媒介技术和数字虚拟影像技术的支持下,逐步摆脱了以往单向艺术传播的被动与孤立,通过虚拟交互技术的优势来获得决定"看什么、怎么看"的主动选择权,艺术公众已不再是文化工业和大众媒介下缺乏深层文化关怀的易被影像左右的被动、服从的群体。在视觉文化特征下,一方面,公众身份发生变化。视觉文化与消费主义结合推动的审美大众化和泛审美化对传统美学的特权地位

大大消解，正如丹尼尔·贝尔所说，“目前居‘统治’地位的是视觉观念。声音和景象，尤其是后者，组织了美学，统率了观众。在一个大众社会里，这几乎是不可避免的”。在“形象”的生产、传播、消费与图像的增值及泛审美化中，艺术家与公众的界限逐渐被打破，精英文化和大众文化界限越来越模糊，艺术与日常公众生活间的距离也来越近。这造成视觉文化形态下的公众既可以是艺术作品的欣赏者、消费者，又可以是参与者和创作者。另一方面，艺术组织机构定位发生变化。受后现代主义思潮和视觉文化的影响，与艺术活动密切联系的博物馆、美术馆等艺术机构的权威性和审美价值至上原则得以改变，其侧重由专业性向社会性，由对展示物研究向关注观众和观众参与体验研究方向拓展。在新的思路下，公众成为艺术机构组织、管理机制中“积极、活跃和具有自反性的主体”，艺术活动的组织与管理在向公众感受与体验拓展中积极通过提升“看”的对象的社会服务因素来确保公共文化对公众的吸引力，以扩大艺术文化的有效性（达成组织共同目的的能力）和能效性（满足参加者欲求的能力）。

在2015年中英博物馆对话活动中，米德尔斯堡现代美术馆馆长阿利斯泰尔·哈德逊提出现代博物馆的意义由博物馆与公众共同建构，作为艺术机构的博物馆已经进入到“由公众共同构建博物馆意义”的3.0时代。在这一思路下，艺术机构通过创造性开展“由公众讲述当地关于艺术故事”的活动方式，将公众引入艺术项目的组织与决策过程中，由公众参与艺术项目策划和艺术活动专项研讨。由此，表现出在开放的艺术社会服务要素下，当代艺术机构活动组织和管理中协同公众共同完成艺术组织、参与、创造、管理使命的公众立场。泰特美术馆的杰西·林厄姆认为：充分利用数字技术与社交媒体，将日常生活通过视觉文化的推广融入艺术机构对潜在艺术公众进行争取的活动的组织与管理，能够使“艺术与艺术之外的人关联”（吸引公众），能增强公众由艺术带来的愉悦、参与感受，并能通过媒介导向下的身体参与和互动，强化公众及其主要角色要素，实现艺术公众以及潜在艺术公众对于艺术的理解、关注。正如王璜生在《美术馆与当代艺术》中所言，“博物馆美术馆已经从一个传统意义上居高临下，以专业身份自居，对公众进行自上而下教育、指导为目的的场所，逐渐蜕变为一个从观众的期待和需求出发，积极引导不同观众进行自我塑造、自我教育、自我完善为目的的机构。博物馆、美术馆不再只是一个传递固定知识的地点，而成为一个通过真诚沟通，让公众产生生命体验和审美经验的别样空间”。由此可以发现，视觉文化形态中的公众与以“个体”为基础的公众艺术参与作为基本要素在当下的艺术活动组织、管理中不断被提升和重视，艺术机构的组织与活动以公众参与和共创为原则，进而形成重视与公众的探讨、交流、互动，形成双向关系，以及吸收公众（或群体）创造以达成共创的特点。

视觉文化形态下的公众逐渐成为实实在在的艺术活动的践行者，这反映在当下，即艺术获得的组织与管理在视觉媒介时代的公众角度—艺术活动的组织与管理由公众教育逐步向协同公众共同创造与创新、强化公众（或群体）角色方向拓展，通过艺术机构的组织与管理机制转变谋求公众对艺术及其公共活动的参与、关注与认同，实现艺术公共投入的社会效益，这与时代形态与文化科技下公众的个体文化自主权、民主权的不断获得与发展息息相关。

四、结语

公众作为构成艺术公共领域的基本元素在不同的历史时期有具体指涉，其在艺术活动中的位置与角色在时代背景下不断丰富和变化。视觉文化形态下公众及审美价值和创造作为被艺术管理主体关注、认同的对象与角色，其参与和共创在当下艺术活动的践行意义已成为不争的事实。尽管对于公众的选择和判断依然面对"机械复制下读图的快感、视觉满足、平面化、碎片化"形成的艺术深度、整体辨识不足，然而，从艺术的社会性来看，在实现艺术社会价值和效益，促进艺术普及与传播中，视觉文化及技术扮演了让更广泛的大众逐步摆脱"文化他者"身份和地位的角色，促成了文化资源可视化和广泛参与性。在这一层面上，公众的选择同样重要，因为从互动关系的角度来看，艺术品的意义是在与受众对话中不断地检验其创造的、打破原有美学符号系统的艺术隐喻是否新鲜方面有意义，而其意义也只有在被更多的人及其群体接受时才能真正影响现有的、得到社会普遍认可的世界观，形成新认知和思维，艺术的社会功能才会在惠及更广泛的参与体和公众支持中更好地实现。

参考文献

[1][英]阿诺德·汤因比．人类与大地母亲（上卷）[M].徐波，等，译．上海人民出版社，2012.

[2]周宪．视觉文化与消费社会[J].福建论坛（人文社会科学版），2001（2）.

[3]刘永孜．当代西方博物馆的资本与权力更新[J].贵州大学学报（艺术版），2015（6）.

[4]周田．浅析艺术管理学科的基本观念及其社会意义[J].美与时代（下半月），2008（5）.

[5]王璜生．美术馆与当代艺术[EB/OL].2016-08-19.http://art.chim.cn/voice/2009-12-18/content_3302264.htm.

论中国当代少数民族文学的空间表征①

肖太云②

摘　要:中国当代少数民族文学具有强烈而自觉的空间表征意识。空间具有“支援作用”,当代少数民族作家通过对审美空间的构建,以自身的生存体验和空间经验为基础,运用诸多表现手法,恢复空间的地方场域性,回归空间的日常生活性,提炼空间的民族精神性,从而打造出一个融构自然地理、社会生活、精神文化于一体的多重立体空间,拓殖了文学的表现范围,增殖了文学的表达深度。

关键词:民族文学;空间表征;三重空间;文化意蕴;精神内涵

人类与空间关系密切,人类文明就起始于对宇宙世界的惊异,人是空间性的存在者,此存在只要在世就必定占有空间。因此,法国空间学大师列斐伏尔非常重视空间之于人类的特殊意义,并创造性地将人类空间区隔成自然、社会和精神三个空间维度;美国学者索亚的第三空间理论则试图更加明确三者之间的三元辩证关系。借助列斐伏尔和索亚的三度空间理论,去探析中国当代少数民族文学是如何对民族空间进行表征和诠释的,不仅是一个研究的新角度,也是一项富有意义和意味的工作。

一、当代少数民族文学自然空间的建构

中国当代少数民族作家有着浓厚的乡土依恋情结,其血液里流淌的“地理基因”不管是祖辈遗传还是耳濡目染而成,不论日后是出走乡村还是留守本土,始终不曾消退,还“监督”着作家有意识无意识地去表现、再现甚至是复制记忆中的审美故乡,以具体鲜活的事象、物象、景象等空间意象去生动演绎呈现故乡的山水自然空间。

由于诸多历史原因,少数民族多居于地理边缘或边塞地区,位置偏僻,交通不便,

---

①原载于《长江师范学院学报》2017年第1期。

②肖太云,博士,长江师范学院文学院副教授,主要从事沈从文和吴宓文学研究。

但往往风景绝佳，因此，对家乡的景貌描写几乎是每一个少数民族作家自觉的文本追求与文学承担。伊丹才让的《雪山集》《雪域集》《雪狮集》《雪韵集》拈取雪的意象，“以雪狮般的吟啸歌唱雪域，描绘茫茫雪域的自然风貌”[①]；玛拉沁夫《科尔沁草原的人们》以“草浪”奔腾在“草原的海洋”形象呈现大草原的旷远无垠；张承志《北方的河》以河的意象呈写北方河流激荡雄壮的景色；苗族作家赵朝龙《蓝色乌江》《豹子沟》《野鹰岩》借助山、水、岩、藤、沟等意象，以如椽笔致绘制梵山乌水的山地峡谷风光。民族作家们自幼浸淫在家乡景观中，善于调用独特的事象、物象、景象来凸现“边地风光”，贴切传神，为作品情节的展开奠定了坚实的物质基础，为文本社会空间和精神空间的构造、展开提供了有力的背景支撑。曹文轩在《小说门》中宣称，中国当代文学是一个“失去风景的时代”，呼唤重拾风景写作[②]，而相对处于边缘位置的当代少数民族文学的重“风景写作”难道不能对当代主流创作构成的一种有益的借鉴和补充吗？

另外，少数民族作家对地名的选择和设置也寄寓深意。当代少数民族文学中，众多有特色的地名就承载着丰富的历史内涵，积淀着深厚的文化意义，甚至烙有民族精神的印痕。如端木蕻良和玛拉沁夫笔下的科尔沁草原（“科尔沁”蒙语意为“著名射手”），是蒙古科尔沁文化的发祥地，历史上它曾是成吉思汗之弟哈斯尔的领地，科尔沁水草丰美，那里的人们安居乐业、心地宽广。玛拉沁夫《科尔沁草原的人们》和端木蕻良《科尔沁旗草原》承袭、发挥了“科尔沁”的空间历史内涵与空间文化积蕴，建构和传承了草原人民勇敢、善良及渴望和平幸福生活的主旨与内蕴。渝东南土家族作家阿多的作品中反复出现的苦竹寨（“苦竹”土家语意为“两面都是高山”），建于唐宋，盛于明清，曾是澧水上游的繁荣古寨，地势险要，地方民生艰难但民风古朴，阿多的《羊的故事》《流失女人的村庄》《日子》俱以苦竹寨为故事衍生地，彰显了山寨的险要贫瘠、封闭原始及山寨人的淳朴憨厚、思变求富，既延伸了苦竹寨的历史与地理空间内涵，又张扬了土家族性格。作家对诸如此类老地名的有意取用与文本征显，不仅显示出空间演变过程中地名语义的发生、延续，是保留下来的空间语义化石；更能接续上民族古老的空间结构，展示民族古老的文化传统在当今的传承演变及现代命运。

二、当代少数民族文学社会空间的呈现

根据空间构型特征，人类社会历程的空间类型大致可分为前现代空间或传统空

①李鸿然.中国当代少数民族文学史论（上）[M].昆明：云南教育出版社，2004：456.

②曹文轩.小说门[M].北京：人民文学出版社，2010：338.

间、现代空间和后现代空间。新中国建立后，现代空间虽加速建构，但少数民族地区特定的地理环境，使它在很长一段时间内仍处于传统空间范畴。在此生存空间中出生、成长的少数民族作家，熟悉的乡土环境和顽强的乡土空间体验，使他体悟到的内在生命经验依然偏向于传统乡土，其笔下少数民族人民的生活充盈着古典式的温馨与宁静。乌热尔图《七岔犄角的公鹿》《琥珀色的篝火》表现的虽是20世纪后半期大兴安岭地区鄂温克族的民族生活，但鄂温克人的生活仿佛与世隔绝，不受现代文明的干扰和污染，尤其是猎人生活原始古朴，充满人性光辉，是“鄂温克族人民美德的新唱”。①小说呈现的空间是一个生机勃勃、生命跃动、意义充盈的生存性世界，一个诗意栖居的审美世界。甚至在进入新时期后，一些少数民族作家仍怀有深厚的民族传统空间情结，如哈尼族青年女作家黄雁不管外面世界的潮起潮涌，始终不让自己心爱的女性形象走出大山；佤族青年女作家董秀英的长篇小说《摄魂之地》专注佤族鲜为人知的生活状态和民族文化，并将佤族原始生活、独特观念和奇异风俗穿插其中。

但时代前进、社会发展的巨轮是任再高的大山也挡不住的。进入改革开放，特别是20世纪90年代以后，少数民族地区经济得到极大发展，交通迅速改善，信息流通方式日新月异，造成明显的吉登斯所谓的“时空分延”(Time-space Distanciation)现象。它意味着在民族地区，时间和空间的分离以及民族空间范围的拓殖，更为重要的是民族空间从具体场所中“脱域”而出，社会关系从地域性、民族性关联中脱逃出来，民族空间阻隔被彻底打破，在场与缺场纠缠在一起，远距离的社会事件和社会关系与民族地方性场景交织在一起。民族地区不再封闭孤立，时空的压缩(哈维)和空间去距离化的快速位移，形成重组时空(吉登斯)，使域外现代空间的文化很快传播进来，与民族地区传统空间的文化搅拌发酵、掺杂互渗，影响在民族区域内生活的人们的思想，甚至改变了他们的思维与行为方式、生活理念。而民族空间物质基础和空间实践的改变必然导致民族文学空间表征的变动。作为对时代生活改变最敏锐的感知者，当代少数民族作家将民族巨变的时空经验、生存体验和文化感受寄寓于文学作品中，体现到当代少数民族文学领域的一个直接结果就是：文本中民族传统生活时空的裂变与现代生活空间的调适，更多表现为二者的矛盾并存、相互羼杂与渗透互动。

当代土家族文学的奠基者孙健忠(《醉乡》《舍巴日》)，及蔡测海(《远处的伐木声》《母船》)，将湘西传统生活空间与现代生活空间交错并置，传统空间规约着现代空间的

①阎纲.鄂温克人得奖了——评乌热尔图的优秀短篇小说[J].民族文学，1993(5).

民族内涵,现代空间指引着传统空间的前进方向,二者相互制约、共同发展。藏族作家扎西达娃在《西藏,隐秘岁月》《西藏,系在皮绳结上的魂》中呈写的藏族村庄,虽还笼罩着浓厚的传统神秘气息,但时代的进步,使其传统空间向现代空间的转型已不可阻挡。贵州土家族作家田永红在《青龙河畔的古檬树》中塑造了一个百年古檬树下的古老幽静小山寨——洋荷坳的"悲与喜",悲的是山寨"古规"的"突破",喜的是破了"古规"的新思想、新事物能造福一方百姓;主人公二公作为小寨子里辈分最高、话份最重的老人,他矛盾纠结的心态和最终对权力的放手,表达了老一辈人对传统空间的依恋、对现代空间的调适。而新时期成长起来的少数民族青年作家则多已无传统的负担,他们肆无忌惮地去建构、表现新时代背景下的民族现代生活空间,譬如藏族实力派青年作家江洋才让的《低音炮》、重庆土家族青年作家吴加敏的《鸭子塘之夏》的小说空间中,人们思想前卫,举止潮流,追逐新风尚,传统生活空间已消失无踪,但"鸭子塘"的世界中人性阴暗堕落,亦是一个物欲化的全新、全异世界。

因此,现代空间的开放一方面确然给传统民族空间带来欢欣与变化,故有渝东南土家族作家苦金的《远寨》中及宁夏回族女作家马金莲在《鸾蛋马五》中对外界科学新风的朦胧企盼。但另一方面,在现代空间的快速建构中,民族地区的传统美德却在加速沦丧,自然、人文环境在逐步异化,苗族作家第代着冬的《那些月光的碎屑》、满族作家苏兰朵的《香奈儿》表征在素朴传统空间熏陶成长的乡亲,在现代欲望空间的诱惑下,淳朴本性的逐渐消失、人性的逐渐堕落;当代优秀仡佬族女作家王华的代表作《桥溪庄》则极力呈现工业化膨胀给民族地区带来的环境破坏、人种退化、人性萎缩、生命停滞。福柯说:"我们时代的焦虑与空间有着根本的关系,比之时间的关系更甚。"[①]法国作家布朗肖将文学空间理解为一种内在的、深度的、孤寂的生存体验空间。面对现代空间汹汹物欲的冲刷袭扰,一些有良知和忧患感的少数民族作家以自身的空间性处境体验为基础,劈开生活的表层,沉潜到民族生存的渊薮之中,开始反思并反拨现代空间的文明弊病,呼吁重建温馨、多样、和谐的生存空间环境。当代彝族诗人吉狄马加说:"面对这个世界,面对这瞬息即逝的时间,我清楚地意识到,彝人的文化正经历着最严峻的考验。在多种文化的碰撞和冲突中,我担心有一天我们的传统将离我们而远去。"[②]他的诗歌力作《被埋葬的词》表征现代空间对传统民族空间的湮没,"我"决心要寻找并重建民族传统空间,《守望毕摩》更是要守住川西南彝族传统空间的诗歌宣言。

①包亚明.后现代性与地理学的政治[M].上海:上海教育出版社,2001:20.

②吉狄马加.吉狄马加诗选[M].成都:四川文艺出版社,2010:323.

土家族作家李传锋的《最后一只白虎》、仡佬族作家赵剑平的《困豹》、蒙古族作家陈萨日娜的《流泪的狐狸》则批判人类对动物生存环境的挤占与破坏,传达万物有灵的空间分享理念,呼吁善待众生、空间平等的空间实践。

当代少数民族作家,敞开丰富、敏锐的空间体验,对民族空间的场域性、社会性进行了圆满的建构与表达,真正做到了"入乎其内"。但当代少数民族的生活空间,不仅是一个充满自然风情、社会经验与人生体验的差序世界,更是一个充满意义追寻和精神深度的价值世界。当代少数民族文学怎样才能做到"出乎其外""得其环中"呢?

三、当代少数民族文学精神空间的彰显

分析当代少数民族文学作品如何表现特定地理区域中的场景环境及生存状态,还没有深入民族空间生产的隐秘之处。空间学大师列斐伏尔和索亚的三度空间理论就认为须从精神的方面去理解空间才是完整的空间辩证法。当代少数民族文学对自然空间和社会空间的建构与表现,最后旨归于完成对民族精神空间的传达与阐释。空间中积淀凝练着民族的气质性格和文化精神,民族文学作为一种特殊的民族文化生产方式,极力营构表征性空间并赋予空间以特定的文化意蕴与精神内涵。

中国是一个多民族的大家庭,民族文化质态丰富多彩。不同的文化形成不同的文化时空观的价值体验,而这不同的价值体验又规定着不同文化的建构。如土家族,虽然是新中国成立后才被追认身份的少数民族,但在武陵山清江酉水流域活动已久,汉代就有五溪蛮之称,保存有完好的文化质态。苦金的《远寨》等小说在对土家族生活区域的自然空间和社会空间的呈现背后,就寄寓着对土家族娱神悦己的民族审美心理、天人合一的民族哲学理念及泛神崇拜的民族宗教意识等土家文化意蕴的凸显与思考。

当然,民族文学空间表征的落脚点不仅在于对民族文化意蕴空间的表现,更在于对民族精神价值空间的归结与提炼。文学作品如果缺少对精神内质的深切关怀与思考表达,其文学的内在价值与意义必然会大打折扣,甚至丧失殆尽。在现代或后现代的时代背景下,中国当代少数民族的价值理念在现代空间中已发生演绎、变迁,既有与时俱进,革除守旧野蛮的民族精神劣根性的一面,更有价值萎缩、失根、无根(虚无化、空心化)状态严重的异化一面。在经济全球化、文化同质化日趋加速的当代,少数民族文学应如何进行精神空间的生产,使民族的精神价值空间能吐故纳新、除旧布新,从而保持精神空间中民族优秀价值内核的传承与发扬,是摆在每一个少数民族作家面前的

挑战和共同课题,他们也给出了自己的应对方式和文本回答。就田永红来说,他虽是贵州思南的小地方作家,但创作视域不拘一隅,开放创新,主动求变,其小说敏锐注意到了外在空间的价值理念给土家族人们精神上带来的困扰与迷惑,但基本内核依然为宣扬土家族民族空间优秀的精神气质与价值质态,《行走的婚床》《不朽的奏疏》张扬土家族人刚健自强、发扬蹈厉的血脉和根基,《走出峡谷的乌江》《炸滩》展示土家族崇力尚勇、富于反抗的民族气质,《沉重的航道》《湾里》征显山区土家族淳朴耿直、重情尚义的民族性格,而《端阳正涨水》《山妹子的歌》则诠释土家族男女炽热奔放、忠贞不二的爱情婚姻观。更不用说一些成名已久的少数民族作家,更是自觉将民族优秀精神的弘扬和增值作为自己的责任与担当,老舍《正红旗下》表征老北京满族子孙承续的温文尔雅、谦让礼恭的八旗传统;张承志《心灵史》极力彰显回族人民忍辱负重的苦难和牺牲精神,荡气回肠且百折不回的反抗气质;晓雪诗歌《月下听歌》《舞》《织》编织赞颂苍山洱海地区白族诗性灵动的民族气质和蕴含悠远的民族性格,俱栩栩如生、刻画传神。

四、结语

平心而论,不排除部分暂不知名的少数民族作家有借特殊的民族身份和奇异的民族空间而出奇制胜、吸引眼球甚至博得迅速出名的俗念俗举,故有些民族作家如广西仫佬族作家鬼子刻意淡化自己的民族身份,消减甚至解构创作中的民族空间特征而去关注全人类空间的普世话题。但整体而言,通过空间对文学的圈限、型塑、固化、展演与支援,中国当代少数民族作家以自身的生存体验和空间经验为基础,运用表现、再现、象征、意指、隐喻等诸多艺术表现手法,恢复空间的地方场域性,回归空间的日常生活性,提炼空间的民族精神性,将空间场所化、生活化、语境化,从而打造出一个融构自然空间、社会生活空间、精神空间于一体的多重立体世界,实现了空间的符号化和符号的空间化的良性互动,拓殖了当代少数民族文学的表现范围,增殖了当代少数民族文学的表达深度。

文艺之道，贵在有“自然”情怀
——关于生态文艺批评的一点思考

杨　琼[①]

摘　要：二十世纪以来，中国的文艺批评几乎是在西方文艺话语的框架下进行的，这种现象在改革开放后表现得尤其明显。全球化的生态危机不仅把人和自然的关系置于水火之境地，而且波及了社会、文化、精神之领域，这种状况日益明显。中国文化一直以来都强调人与自然的亲和关系，正是中国文化发展的精神生态的体现。文艺作为“人艺”，本质上就应该是精神的、生态的、形而上的，重拾文艺批评的生态空间对于文艺创作、文艺批评尤其具有时代的意义。

关键词：文艺创作；文艺与自然；生态意识；生态批评

生态文艺批评不是将生态学、文艺学、文学，甚至其他学科简单组合在一起进行量化的文学分析方法，而是将生态哲学最本质的观念引入文艺批评，即生态文艺批评意味着从人和社会、人和自然的语境中考察文艺作品——而不仅仅是单一的文本分析——并从中发现文艺作品所具有的精神生态价值。说到底，生态文艺批评是一种以生态观念、生态意识以及环境责任意识对文艺创作和批评进行分析、批点和评量的评价方法。

一

生态文艺批评尽管不是什么新鲜的概念，但也不属于流行的“××主义”一类，甚至连小众都算不上。在今天这样一个物质至上、自然观念缺失的时代，尽管环境保护的口号也喊了不少年，生态文艺批评似乎应该有一个良好的发展空间才是，然而事实并非如此，因为作为反映时代呼声的文艺创作似乎还在实践着唯物论和唯心论的二元论调子。这些年，以叶舒宪先生为代表的《神话——原型批评》和文学人类学学科的交叉

①杨琼，四川省华侨书画院艺术理论研究员，研究方向为文学理论、艺术批评。

研究得到了长足的发展,理论上说应该对生态文艺批评起到相应的带动作用,因为前者认为文学研究需从解读神话入手,从源头上揭示文学所承载的社会功能,说到底就是研究文学的精神生态问题,正可作为生态文艺批评的理论依据或与生态文艺批评互为发展。同样是一个"边缘"学科,文学人类学在萧兵、叶舒宪、徐新建、彭兆荣等学者的探索与带领下,已经从"一种跨学科的研究方法或范式,拓展到成为一门新兴交叉学科",阵营不断扩大,甚至越来越多的高校开始"围绕着文学人类学的专业方向招生,或培养研究生",为新时期的文学研究拓宽了道路。尽管生态文艺批评也曾引起重视并有所发展,但就目前的情况而言并不容乐观,是百年来的西方文艺思想观念的影响过于强大,还是理论家们不愿淌生态文艺这趟隐学学科的浑水,使得生态文艺批评的声音如此之弱小。

想来,不管是东方还是西方,自然的概念在古人那里应该是一样的罢。如古希腊哲学家泰勒斯就把自然比作"母牛",认为水是形成自然万物的始因;而中国哲人老子则把自然比作"玄牝",是衍生万物的根本。这两种文化最初都把自然当作生命的源泉,是一个完整的、独立的、生机勃勃的存在,而人不过是这个整体中的某一个个体。如果我们把生态文艺批评看作是探讨文艺创作、文艺批评与自然环境之关系批评的话,那么问题就显得简单多了。对此,"彻丽尔·格罗特费尔蒂进一步解释道:'所有生态批评仍然有一个基本的前提,那就是人类文化与物质世界相互关联,文化影响物质世界,同时也受到物质世界的影响。生态批评以自然与文化、特别是自然与语言文学作品的相互联系作为它的主题。作为一种批评立场,它一只脚立于文学,另一只脚立于大地;作为一种理论话语,它协调着人类与非人类。'"这一论断对今日生态文艺批评无疑具有导向之作用。

在西方,随着文明的进程,自然的观念就开始偏离了它的原点,理性主义、经验主义的兴盛是自然被边缘化的重要标志。在西方主流思想——如哲学家培根、笛卡尔之流那里,自然是和人的社会相对立的存在,自然是作为人类所要征服的对象出现的,人才是这个世界的主体。黑格尔无不坚定地认为,自然不过是"绝对精神"的影子、躯壳。西方文化对"科学技术无所不能"的崇拜使自然变成了被人类掠夺、奴役的对象。这一事实在文艺创作中的表现就是人与自然的疏离,尽管文学艺术家们总是企图千方百计地表明自己是在表现自然,但此自然已非彼自然,它离那个原始的本真的"自然"已经很远了。

对于自然的观念，中国文化的情况似乎要好一些，尽管中间也会出现一些“自大”的似乎“反”自然的论调（如荀子的“人定胜天”观点，董仲舒的“罢黜百家，独尊儒术”的思想），但主流思想依然是敬畏自然，推崇天地人合一的，这种观念也是根深蒂固的。因此，尽管二千多年来各种文艺流派之间可能存在学术分歧，但总的来说在对自然的观念上始终没有离开那个初始的“自然”原点，而是在这个原点的基础上加以丰富和发展。直到十九世纪末，这种状况才开始改变。在接下来的百余年中（尤其是最近的四十年），由于受西方现代思潮的冲击，自然的原始观念在国人的意识里被颠覆了，人们不再把自然当作是有生命的，甚至高于人的那个令人敬畏的“天”，而是源源不断地为人类提供生活资料、金钱财富的物质域。这种观念反映在文艺创作和文艺批评中就是，过分强调唯物主义、科学主义、实证主义、自然（物质）主义的作用，以致在创作和批评中艺术家们无法摆脱唯物论、唯心论甚或阶级论的成见，自然就局限了对文艺作品的诠释。

二

和西方文明把自然当作一个物理的世界、它是具体存在的观念不同，中国文化对于自然的诠释历来是充满形而上意味的。自然有时候是宇宙，有时候是道，有时候是天，有时候是地；自然是一个混沌的、动态的、生生不息的存在。追根溯源，文艺的发生和发展始终是离不开自然的，甚至是以自然为中心，所以在古代的文艺作品中，我们所欣赏到的自然是和人类和谐共处的，甚至是作为神明一样光照着人的灵魂。尤其像王维作品中那种“诗中有画，画中有诗”的境界，更是沁人心扉。如其《竹里馆》云：“独坐幽篁里，弹琴复长啸。深林人不知，明月来相照。”《鹿柴》云：“空山不见人，但闻人语响。返景入深林，复照青苔上。”借景抒情，寓情于景，情景交融，何处是人？何处是物？实已“两相忘”矣。这就是中国古代文艺作品中的人与自然之间的关系。这类例证不胜枚举。这是一种非常可贵的思想，十九世纪以前，中国文化一直承传着这种优良的传统。

刘勰在《文心雕龙》“原道篇”中说：“夫文心者，言为文之用心也。”为文之道，即“自然之道”。只有符合“自然之道”，才能真正体现、实施“为文”的功用，因为“文之为德也，大矣，与天地并生者何哉”，“道沿圣以垂文，圣因文而明道，旁通而无滞，日用而不匮”。文艺的作用和意义是重大的，大到可以和天地“并生”的程度。一方面，文艺要符合“自然之道”，才能充分发挥它深刻的思想和审美的力量；另一方面，圣人只有掌握了

"自然之道",才能充分利用文艺来"传道",即进行教化育人。从某种意义上说,中国文化发端于太极、阴阳、道等核心概念(思想),在发展过程中又不断充实和丰富了这些概念的内涵及外延。它是中国文化得以立足于世界文化之林的根本,故"为文之用心"太重要了,其在教化育人,使人"止于至善"中意义不言自明。故刘勰认为,文辞(这里的文辞不仅仅指文章的语言形式)之所以能鼓动天下,就是因为它符合"自然之道"的缘故,所谓"辞之所以能鼓天下者,乃道之文也"。尽管这种观点不乏儒家学说说教的色彩,但从中国文化的本源出发,"为文"符合宇宙之道、自然之道不能不说是一种高明之论——它既是"为文"的本体论,亦是"为文"的认识论,更是"为文"的方法论。

但是今天(应该说近百年来),情况变得非常糟糕。在文艺创作和文艺批评中,我们的艺术家们似乎有意无意地遗漏了固有的思想传统和民族立场,始终在比照着西方文艺的葫芦画着中国文艺的瓢,并乐此不疲。是创作和批评观念的变更(表面上看是当随时代,说到底就是倾慕西方)还是失去了文化自信(在精神上早已与传统割裂)?这个问题不解决,中国的文艺创作和文艺批评也将继续偏离"自然之道"这个原点,行走在追随、膜拜西方的"单行道"上。

20世纪是一个各种文艺现象、文艺流派争芳斗艳的世纪,象征主义、存在主义、表现主义、超现实主义、未来主义、达达主义、意象主义、意识流等,唯独没有生态主义或自然主义(生物学和精神心理学意义上的自然)。可见,关于生态(自然的情怀)的理念已经淡出了文艺创作和文艺批评的界域。在西方文化思想的范畴里出现这种现象几乎是自然而然的,但中国文化一直来都是强调人与自然之间的和谐关系的,或者说人的社会是存在于一个完整的"自然"之中的,出现这种"自然"被剥离的现象是非常奇怪的,而且是令人痛心的。是什么力量让几千年来国人对自然的观念、认识和情感一夜之间就被颠覆呢?

由此,我不得不多问一句:构建中国文艺及其批评的精神生态空间,何以可能?

三

中国文化素来有文艺不分家之说,文学的观念就是艺术的观念,文学所要表现的也就是艺术所要表现的,"文以载道"和"艺法自然"说到底就是一回事。不管是文艺创作还是文艺批评,都应该自觉地和传统建立起一种对话关系。生态文艺及其批评就是要把基点建立在"自然之道"这个原点上。

当然,不是说你书写了自然,或图画了大自然的风景,你的作品就是生态的。自然不是物质的客观存在于外界的"物自体",也不仅仅是岩石丛林、田野牛羊、瓦房炊烟、小桥流水(尽管这些都是构成自然的重要部分,但格局太小),而是和人类之精神意识高度融合的那个神圣的存在(这才是大格局)。当我们把自然当作是客观的"物"时,自然已经不再是我们原始观念中的那个自然,即老子所谓的域中"四大"——人、地、天、自然——的那个自然。

文艺的产生和发展始终和它周围的自然环境和生态质量有着密切的联系,生态文艺批评就是利用生态(自然的情怀)的眼光去审视、批评文艺作品或文艺现象,进而引导文艺创作,使文艺作品具有明显的精神生理性格。我曾多次说过,中国的文艺是在诗性智慧的环境中发生并发展的,这种特性注定了文艺作品中的自然不是作为物质的"客观存在",而是"万物有灵"。只有万物有灵,人才能和其进行交流、对话,而不是素描、复制。然而,教科书告诉我们的是:人类的历史就是人类不断改造自然、战胜自然的历史。所以我们把诸如"后羿射日""精卫填海""愚公移山"这样的神话故事,解释为"人与自然的斗争""人对抗自然的胜利"——人与自然变成了敌对关系,而不是相互依存的关系。把诸如"采菊东篱下,悠然见南山"(陶渊明《饮酒》),"木末芙蓉花,山中发红萼。涧户寂无人,纷纷开且落"(王维《辛夷坞》)这样生动的语言所创造出来的美妙的意境,看作是诗人逃避现实、思想消极的表现。如此种种,俨然把文艺当成是纯粹为意识形态服务的工具了。

人类"征服"自然的历史,换一种表达不过是:人类的发展史(或文明史)是人类掠夺、践踏自然的历史。这是人类中心主义不断膨胀的结果。英国历史学家汤因比在其生命的最后几年创作了一部充满"生态意识(自然情怀)"的作品——《人类与大地母亲》。在这部著作中,汤因比无不痛心地表达了他的忧虑和忏悔,并明确指出:就人类"把自己看作宇宙中心这一点而言,他在道德上和理智上都正在铸下了大错",因为大地是人类的"母亲"。难怪"野蛮"的印第安酋长这样抗议:"你要我剪割草地,制成干草并将它出售,成为像白人一样富裕的人!但是我如何敢割去我母亲的头发?"想想那些让机械日夜轰鸣、为饱食一餐而不惜大开杀戒的行径,"剪割草地"的敬畏是怎样的一种讽刺。就此看来,古人在对自然的认识上的确要比今人明智得多。难怪胡成兰先生在他的《中国文学史话》一书中表达了这样的观点:自然不是我们日常挂在嘴巴上的那个风景的世界,自然是神本身,离自然最近(即离神最近)的文学就是最好的文学。在胡氏看来,文艺没有必然进步的规律,真正的文学,都应该能够与自然“素面相见”。作家朱天文在《中国文学史话》一书的代前言中这样写道:“胡先生写文学亦不讲文学,而先来讲‘大自然的五基本法则’,定其坐标也”——以自然法则作为文学史书写的坐标,亦可谓“文学之道,道法自然”也。如此看来,古人离自然最近,其文艺作品自然也是最好的。这也是胡氏的观点。如果把近现代的文艺作品与古代的文艺作品做一比较,结果会怎样呢?这个由读者自行去判断取舍罢。

四

俗话说,文学是人学。这句话可以理解为:文学是人为(人所表现的对象)的一门学科,或者文学是表现人的行为(社会行为和心理行为)的一门学科。但鲁枢元先生认为,文学不仅仅是人的文学,还应该是人与自然的关系学,是人类的生态学。二十世纪的西方学界,海德格尔对“人与自然的关系学”的批评功劳颇大。在他的存在主义哲学中,对存在的理解似乎可以与自然同义。海德格尔认为,人只有在存在(如果存在等同于自然的话,那么海氏的自然观和道家的自然观是有其内在联系的,事实上,海德格尔受道家思想的影响是比较大的)中才能发现自己存在的真实本性,人与存在共在。在对同乡荷尔德林诗歌的阐释中,海德格尔的自然观体现得更为明显,其中“诗意地栖居”这句诗因为他的推崇而无人不知,以致人们常误认为这句诗是海德格尔写的。在一首“长而非凡”的诗中,荷尔德林写道:

充满劳绩,然而人诗意地
栖居在这片大地上。

海德格尔认为这是一个“中心句”,他这样诠释:“‘诗意地栖居’意思是说:置身于诸神的当前之中,并且受到物之本质切近的震颤。此在在其根基上‘诗意地’存在——这同时也表示:此在作为被创建(被建基)的此在,绝不是劳绩,而是一种馈赠。”在某种意义上,海德格尔的存在论指的就是生态存在论。

马尔库塞作为海德格尔的高足,他对文艺生态的批评是否也受到老师的影响呢?如他在《审美之维》一书中指出:“人类与自然的神秘联系,在现存的社会关系中,仍将是他的内在动力,创造着他本身的元社会维度。”可惜这一呼声没有能引起人们的足够重视,也不能让西方“文明”社会对自然的态度在本质上有所改变。抛开政治因素对生态环境的影响,文艺到底能为自然(精神生态)做些什么?马尔库塞的观点是,“艺术通过让物化了的世界讲话、唱歌甚或起舞,来同物化做斗争”,“在增长人类幸福潜能的原则下,重建人类社会和自然界”,同时,“艺术不可能让自己摆脱出它的本原。它是自由和完善的内在极限的见证,是人类根植于自然的见证”。这才是文艺作品的本质,可以说马尔库塞不仅是著名哲学家、美学家,亦是杰出的生态文艺批评家。

生态文艺批评要能在现实面前展示自身的尊严,并赋予读者以尊严。我认为,重塑“生态意识”是当下文艺创作和文艺批评走出“二元论”价值判断误区,重新焕发生命力的重要途径。种种迹象表明,古人在文艺创作过程中,表现人与自然的关系时是充满敬畏的,自然被当作是一种有生命的存在体,人和自然是生命之间的声息相通,彼此相依为伴的。文艺不是单纯的意识形态,更不是意识形态的组成部分,评价文艺作品不能简单地以唯物论、唯心论或阶级论为出发点。要知道,判断一件艺术作品是否真、善、美,根据的不是作品所叙述的内容,亦不是作品采用了怎样的形式,而是内容和形式相碰撞所形成的另一种“生命的形式”,我们可以把它理解为“审美形式”“审美情感”或“审美精神”。

是该重新审视和诠释文艺的功能的时候了,但构建生态文艺批评的空间,使文艺重新回到“自然之道”这个原点,人类的精神重返“诗意的居所”,似乎还有很长的路要走。荷尔德林诗云:

那邻近本源而居者,终难离弃原位。(《漫游》)

致谢:

向我的老师鲁枢元先生致敬,先生是国内生态文艺批评的先驱,感谢他曾经的教诲。

参考文献

[1]叶舒宪.文学人类学走向新学科——《20世纪前期中国文学人类学实践研究》代序[J].百色学院学报,2017.(5).

[2]王诺.生态批评:界定与任务[J].文学评论,2009.(1).

[3][美]卡洛琳·麦茜特.自然之死——妇女、生态和科学革命[M].吴国盛,等,译.长春:吉林人民出版社,1999.

[4]鲁枢元.生态批评的空间[M].上海:华东师范大学出版社,2006.

[5][德]马丁·海德格尔.荷尔德林诗的阐释[M].孙周兴,译.北京:商务印书馆,2000.

[6][美]赫伯特·马尔库塞.审美之维[M].李小兵,译.桂林:广西师范大学出版社,2001.

重庆民间吹打乐探析

邹俊星[①]

吹打乐是广泛流传于重庆乡村的一种民间音乐，由唢呐和锣鼓（打击）两类乐器演奏，它的特点是唢呐乐器和锣鼓（打击）乐器并重。除了有唢呐乐器演奏、两类乐器合奏的段落外，还有锣鼓（打击）乐器单独演奏的段落，民乐界称为“鼓段”。“鼓段”是区别吹打乐和鼓吹乐的标志，吹打乐中有“鼓段”，而鼓吹乐中却没有“鼓段”。

重庆民间吹打乐是汉族民间音乐中的一个重要乐种，它与乡（村）民的生活紧密相连。在重庆各区县的乡村，唢呐和锣鼓不仅是乡（村）民自娱自乐的一种方式，而且成为民间民俗活动中的重要内容。吹打乐班在节日和其他群众性的喜庆活动中，为自娱自乐性质；而在乡（村）民的红白喜事和其他吉事活动中，带有专职营利性质。重庆民间吹打乐的主要演奏场合为庆典、节日、婚丧和农闲季节的祭祀活动等。

重庆民间吹打乐的演奏形式分为“坐乐”（又叫“坐堂”）和“行乐”两大类。因演奏形式不同，故乐曲亦有区别。“坐乐”适宜演奏大套乐曲，所奏曲目又分长调（亦称大调）、小吹两种。长调多为套曲或复乐段乐曲，演奏时以唢呐为主，辅以锣鼓击拍，小吹是以高音唢呐领奏。曲调来源于民间音乐中的小调及民歌曲调，乐曲短小，优美动听。“行乐”则擅长演奏短小而热烈的乐曲，分为迎亲和送葬。迎亲的吹打乐班结合婚礼程序，吹奏喜事乐曲；在送葬中，吹打乐班选用悲痛情绪的乐曲。

流行在重庆各区县的吹打乐品种繁多，但主要以唢呐为主奏乐器，配以灵活多变的重庆锣鼓，形成民间吹打乐独特的风格，有别于全国各地所流行的“粗吹”。在重庆民间吹打乐中，闻名全国的有接龙吹打、永城吹打、金桥吹打和渝北小河锣鼓等。

一、接龙吹打

接龙吹打之所以在重庆乃至全国闻名，其主要原因是所具有的巴渝吹打的鲜明特

①邹俊星，重庆市文化研究院助理研究员。

征:①接龙吹打乐的品种齐全。至今仍广泛流行且有影响的乐曲有:丫溪调、下河调、青山调、教仪调、昆词、将军锣鼓、伴舞锣鼓7大类,基本上集中了巴渝吹打乐的各类乐曲,尤其是昆词,重庆市只有巴南区的石庙、接龙,綦江的横山有所保存,而接龙就有10个乐班之多。另经研究表明,将军锣鼓属古典军乐,仅在接龙才有所发现。②接龙吹打乐的乐曲丰富。据2004年详查,其乐曲总数为983首,其中吹打乐曲385首、锣鼓乐曲432首、吹打唱乐曲166首。③接龙吹打乐班、乐手众多。经2004年普查统计,接龙镇有民间吹打乐班260多个,乐手近2000人(含女子吹打乐团和少儿吹打乐团)。④接龙吹打形成5大色彩片。一是沿丫溪河流域的丫溪调色彩片。二是沿五步河上游的下河调色彩片。三是与万盛、綦江毗邻的青山调色彩片。四是与巴南区原石庙、陈家等乡镇毗邻的昆词色彩片。五是处于接龙中部地区的综合色彩片。关塘村的将军锣鼓,虽构不成色彩片,但属该村仅有。⑤接龙吹打乐演奏水平较高。1999年,接龙吹打乐在重庆市首届民间吹打乐比赛中荣获特等奖。2004年,接龙民间艺术团表演的四声部吹打乐合奏,是从单声部向多声部发展的首次突破。接龙吹打乐还有较多的演奏绝技,如一口吹两支唢呐、抛打马锣、唢呐模仿马风声和天鹅声、吹奏叶笛和草笛、一人演奏三件打击乐器、堂鼓模仿快马奔驰和雀鸟啼鸣等,这些绝技,提高了接龙吹打乐的演奏水平。

由于篇幅所限,本文重点选介接龙吹打的丫溪调、下河调及青山调。

1. 丫溪调

丫溪调是接龙民众自己创造而又吸收巴渝其他地区民众创造的,并以源于接龙而注入五步河的丫溪河命名的吹打乐种。丫溪调吹打乐曲的最大特色是由乐器“大”而形成慢节奏的大吹大打,多用于反映接龙民众山乡的农耕、畜牧生活。如丫溪调吹打乐曲《鸭子下滩》,此曲为徵调式。由宫音散起经五度大跳,散落宫音进入$\frac{4}{4}$拍的抒情旋律。这种反映山区农民自耕自牧、自给自足的乡村乐曲,经过乐手们长期反复地演奏,已使乐曲蕴含着一种舒缓恬淡、古朴机趣的味道。

2. 下河调

下河调是接龙地区吹打乐手对毗邻处于五步河下游的姜家、木洞地区流传的吹打乐的称谓。下河调最大的特点是勇于创新,吹打的“花头”比丫溪调多,较丫溪调深沉古朴的风格上更显多彩多姿。乐手们在吹奏唢呐时,常用指颤、弹舌、咔腔等技巧,使乐曲显得比较“花哨”;打击锣鼓时,则在唢呐不同主音的基础上,根据情绪的变化进行

"插花"。如下河调《稀火巴烂》全曲不仅吹出了酷似丫溪调唢呐吹奏的呵、噗等天鹅鸣叫声,而且在"小快板"中,运用了高、低、缓、急的交错手法,吹奏出逼真的喷嚏声,人们听后不仅忍俊不禁,油然生起一种悠然陶然之情,产生一种妙不可言的美感效果。由此,下河调被引入接龙地区之后,既有本土气息,又有近地风味,在相互交融的同时,显露出它独特的韵味,形成接龙吹打乐中既自生又融入的重要乐种。

3.青山调

青山调是太平天国将领石达开带兵西进,路过万盛青山征战失利,败兵留驻而流传下来的一种吹打曲调,后经当地民众融入本地吹打乐曲因素,而以地名命名的民间吹打乐种。青山调中有相当数量的调式旋律与京剧音乐的调式旋律相近似。就调式而论,青山调的宫调式和徵调式为最多,而这两种调式便是京剧常用的【二黄】和【反二黄】。这一发现,无疑将提升青山调的学术研究价值。青山调的另一特点是唢呐吹奏的"马风声"。如同丫溪调、下河调唢呐吹奏的"天鹅声"一样,吹不出"马风声"就不能叫青山调唢呐。诸如【西湖堂】【新三朝】【壮途】等曲目,对"马风声"的表现都比较明显。

从以说明接龙吹打乐【青山调】,蕴涵着丰富的京剧音乐的调式旋律。事实说明接龙乐班的无穷智慧——他们是娴熟地吸收运用民间音调的能手,往往在运用民间音调时,能随机应变,千变万化,使民间音调在他们的演奏中,与京剧结合得十分自然,水乳交融,浑然一体。

同时,从引证的实例中可见,青山调吹打乐曲以"小"见长,其节奏是快慢相间而又以轻快为主,音乐旋律具有刚柔相济、寓繁于简、脆响亮堂、干净利落的特点,与丫溪调、下河调乃至巴渝吹打乐中节奏较慢的大吹大打相比,风格各异。因此,青山调在接龙乃至巴渝吹打乐中均独具一格。

二、永城吹打

綦江县永城吹打以刘家乐班为代表。刘家乐班民间吹打历史悠久,文化底蕴深厚,极富音乐艺术魅力。

明末清初由刘仕文发起成立的永城刘家乐班,迄今已传十八代,有300多年的历史。至今,由传承人刘道云主持该班,以业余演奏为主,采用农村生活为题材,根据民间音乐曲调创编演奏曲目,具有浓郁的乡土气息。

永城刘家乐班由大、小不同的五支(现在已用十多支)唢呐和一组打击乐(锣鼓)组成,有自制的口哨、鸟鸣器烘托气氛,演奏以粗犷泼辣、气势磅礴见长,属“马风声”派。该班能演奏上百首民间器乐曲,以【闹春耕】【百鸟朝凤】(别于北方同名唢呐独奏曲)【鸡公喊黄莺】【上天梯】为代表乐曲。该班领奏刘道云先生擅长制作低音唢呐,其吹奏出的声音更加突出了永城吹打的特色

綦江永城刘家乐班对吹打乐《闹春耕》整个乐曲,从节奏的对比、气息的收放,到韵味的揣摩、曲调的顿挫,都做了精心的处理。乐曲从打击乐(锣鼓)开始,在板上衔接唢呐吹奏,一开始前三小节的曲调旋律,从“徵”开始经“商”过渡,三次出现“徵”音,使人听起来有朝一种鸡叫天明的清新感觉。随后,唢呐第一次放长音即“商”,几经节奏的放宽和收缩的变化,然后回到“徵”音。特别是全曲反复三次出现唢呐放散高吹,曲调旋律大起大落,高低交错,一波三折,跌宕有致,配合锣鼓相映生辉的烘托,将一幅百鸟歌唱、鸡叫人欢、人勤春早的农村美好画图鲜明而生动地展现在人们面前。整个乐曲节奏鲜明、层次清晰、粗犷有力,如春潮奔涌,一浪高过一浪。【闹春耕】的演奏特点,基本上代表了永城吹打“马风声”派的演奏特点。通过谱例分析研究,我们可以对“马风声”派这一概念做如下界定:

这一流派是由最优秀的民间乐手(刘道荣及其父亲刘树华)创立的;经过长期演奏实践磨炼形成的;在继承优秀传统的基础上再汲取民间歌曲、歌舞音乐、说唱音乐和戏曲音乐而形成的;具有鲜明个性特点(尤其是唢呐的演奏艺术)的;并具有一批优秀保留曲目的演奏艺术体系。

以上从刘家班吹打乐的特点可见,永城吹打是綦江本土人民群众创造的结晶,它作为社会文化现象的折射,从不同角度反映出綦江县文化艺术的精神面貌和本土人民群众良好的心理素质。以刘家乐班为代表的永城吹打,所具有的浓郁的乡土气息和民间音乐的时代感,给我们留下了宝贵的非物质文化遗产。

三、金桥吹打

金桥吹打始于明末清初,至今已有300年历史,70多个乐班,800余乐手,1000多个乐曲。从清代的刘多二起,金桥吹打经刘汉卿、向义云、向紫钦、翁庆华到张登阳、徐才林,一共经历了六代传承和发展,使唢呐吹奏模仿的战马嘶鸣声与鼓点模仿骏马奋蹄的“得格斗”声共鸣,造成万马奔腾的气势,形成名闻遐迩的“马风声”派之金桥吹打。

“马风声”派创始人刘多二，是青山乡(现重庆万盛经开区金桥镇)马头桥村人。10岁开始吹唢呐，11岁即创建自己的吹打乐班。在当时的拜师仪式上，徒弟一定要背诵“谒语”，因此，他熟练地背诵了“锣鼓原由唐朝起，只因臣子死亡阴魂不散。锣响鼓鸣，清洁太平。将他历史演唱，金殿安乐无事。每个百官归天时，就为锣鼓起事”这样的谒语后，拜师学艺。刘多二中年时在綦江、南川一带很有名气，颇受乐班的主人和同行的尊敬。有一次，刘多二带领乐班到綦江莲花演奏，在回家经马鞍山时摔了一跤，既摔坏了唢呐哨子又摔伤了自己的脚，他重新扎制唢呐哨子骑上马再吹奏时，听到唢呐声在群山丛林中回荡，即问大家这种声音像什么？回答说：“像马的叫声”。刘多二叫来打鼓手刘云池，以击鼓模仿快马奔跑时发出“得格斗”的声音，配合他吹奏唢呐所模仿的“马的嘶叫声”，曲终，他对大家说：“这就是我们的马风声”。从此，刘多二被认定为青山(金桥)吹打“马风声”派的创始人。

金桥吹打有“天下第一唢呐，人间第二奇鼓”之美称。其吹奏方式是由两人抬着唢呐，一人吹，两人奏，五人共同完成。唢呐乐器的选择十分讲究，共有6种不同规格：①海笛(特高音)，②二台(高音)，③三台(中音)，④头台(低音)，⑤莽台(超低音)，⑥特大唢呐(长4米，喇叭口直径1.8米)。打击乐器由鼓、锣、钹等组成，由于“马风声”的需要，鼓又分为冬瓜鼓、排鼓、堂鼓、大堂鼓、小堂鼓、二鼓、青山鼓、饼鼓、板鼓和盆鼓。

金桥吹打的乐曲按形式分为：花打、大曲牌、朝牌、宫堂、品打、挑打、散打、干打、夹打、挑散打、竹叶吹奏、口哨等。按类型分为：喜庆、丧事、生产生活、民间传说四大类，其中，喜庆类有花灯、婚嫁、竹叶吹奏、公堂、朝牌等乐曲；丧事类有演唱、吹奏、干打等乐曲；生产生活类有【鸡公调】【快乐的山村】【蛟龙翻身】【老二排鼓】【新二排鼓】【春到养鸡场】【哪里哪里抬起来】等曲牌；民间传说类有【上山东】【下山东】等曲牌。

金桥吹打第五代传人翁庆华于1959年创编了《蛟龙翻身》。该乐曲是快节奏的徵调式，【引子】由唢呐从商音散起高吹，经五度大跳至角音收，模拟出骏马奔跑时发出的嘶叫声，配以由慢渐快、由弱渐强的鼓点模拟骏马奔跑时发出的“得格斗”声，使人听起来有一种骏马奔跑的感觉，表现出了“马风声”派的特点。接着该乐曲转入【小快板】，在高低起伏的旋律中，不仅配以鼓点和铛锣，更在三次徵放长音时，用强烈的锣鼓烘托，整个音乐旋律高亢、细腻，乐曲古朴典雅、音正节稳、音质纯净、快捷清楚，反映出金桥吹打的又一特点。

翁庆华生前，经他改编的花打、大曲牌、朝牌、宫堂、品打5类吹打乐曲共60多首：

根据传统曲牌改编创作的高腔有【花大姐】【上水沟】【小四番】等;根据民间山歌创作的有【黄莺调】【风耳松】【青山水落音】【采桑调】【车子调】等,被很多吹打乐班选用,广泛流传于本乡和相邻的区县。

四、渝北小河锣鼓

渝北小河锣鼓虽是由吹打乐和清锣鼓乐所组成,但片面地认为它就是清锣鼓乐是不确切的。由于嘉陵江流经渝北地域,过去称嘉陵江为小河,因此人们就以渝北小河锣鼓冠名。

渝北小河锣鼓是重庆民间器乐的一个组成部分。重庆民间器乐是指民间传统乐器演奏的民间音乐,按演奏形式的不同分为独奏乐与合奏乐两种。清末以来,普遍将民间乐器分为吹、拉、弹、打四大类。打击类乐器较少作为独奏乐器,所以,独奏乐器一般只有吹奏、拉弦和弹拨三大类。其合奏乐有清锣鼓乐和打击乐等。由此可知,渝北小河锣鼓中的锣鼓乐属重庆民间器乐合奏中的清锣鼓乐,而吹打乐同属合奏乐中的一个重要品种,因此,说渝北小河锣鼓是由吹打乐和清锣鼓乐所组成。本文只选介渝北小河锣鼓中的吹打乐。

渝北吹打乐是以唢呐为主(一般用两支,其音色高亢明亮,长于模仿各种声音),配以盆鼓领奏的打击乐器:包锣、大锣、铛锣和钹组成吹打乐队。其演奏曲目十分丰富,常用的有【猴子爬岩】【一条青】【五更虎】【豹子头】【点水雀】【乱弹纱】【断头】【蛇上坡】【问荅】【月月红】【笛子音】【闹五更】【送妹】【长五句】【兰花调】【送客调】【京腔调】【将军令】【万年青】【笛子音】【五幺】【六幺】等。其中,【京腔调】【将军令】【万年青】等曲牌,早在宋元时期的南北曲中即有这些曲牌名称,因此很有研究价值。

渝北吹打乐为什么会有如此丰富的乐曲?一方面是因为历史上的南北文化交流,渝北具有长江、嘉陵江水路交通之便,凡外地来渝的达官贵人或经商旅客,均有民间艺人相随,从而将外地的音乐元素带到了渝北。另一方面,随着时代的发展,外地移民迁入者很多,特别是明末清初,发生了历史上史称“湖广填四川”的外地人口的大迁徙,这对渝北而言,引来了较多的文化习俗和各类民间音乐。通过艺人们长期艺术实践,大都入乡随俗,有的已经变化了曲调音乐旋律,绝大多数已经完全改变了语音,以适应渝北民众的审美情趣,形成外地文化与本土文化相互交融、相依并存的渝北文化。

在渝北吹打乐中,具有代表性的乐曲是《蛇上坡》。此曲调式是徵调式,适用于表

现悲哀情绪。全曲为$\frac{2}{4}$拍、中速,骨干音节是| **2 3 1 6** | **5** – |,在全曲中反复出现,并借商、角、羽的落音将全曲分成好几个曲段,这几个曲段又和徵调式形成鲜明音乐旋律上的对比,从而更好地突出了丧俗类吹打乐的特征。整个乐曲的音乐旋律比较深沉凝重,经小二度、五度和六度的音差对比使乐曲高低起伏,表现出了亲人们心中的悲切之情。

总的说来,重庆民间吹打乐一是伴随民俗活动产生和发展的民间传统音乐文化现象,民俗活动是它赖以生存和传承的根基。在长期的流衍过程中,它已经融入民俗活动,成为民俗活动的组成部分。因此,它对民俗活动具有鲜明的依存性特征。二是在它长时期所依存的民俗活动中,形成了与各种民俗内容和主旨相一致的行为模式。随着民俗活动的程序,演奏与其内容和主旨相一致的乐曲,因此,形成了它参与民俗活动的程序性特征。三是曲目形成的来源多种多样:①源于巴渝歌舞的纵向继承;②在生产、生活中多种现象的模拟创造;③对民间音乐、民间歌曲、时令小调、戏曲音乐、曲艺音乐的广泛吸收。以上三个基本特征是重庆民间吹打乐赖以生存、发展的基础之一,曾经对重庆民间吹打乐的产生和传承发生过重要作用,因此,对研究重庆民间吹打乐的历史有一定的学术价值。

试论中国本土歌舞片特征及其困境反思[①]

孙 岩[②]

歌舞片作为一种类型电影起源于好莱坞，在20世纪三四十年代进入兴盛时期。好莱坞歌舞片的商业成功又催生出中国最早的歌舞片类型——歌唱片。一般认为，1931年出品的第一部有声片《歌女红牡丹》是中国本土最早的歌舞片。三四十年代，我国歌唱片一方面借鉴好莱坞的经验，另一方面根植于中国传统文化，如《马路天使》《渔光曲》《夜半歌声》等，迎来了中国第一个本土歌舞片的小高潮。继而在五六十年代，本土歌舞片发展出歌剧片、舞剧片、歌舞纪录片等更为丰富的形式，更加具备歌舞片的类型特征，并创作出《阿诗玛》《刘三姐》《五朵金花》等至今仍然脍炙人口的作品。之后受“文革”影响，歌舞片产量走低，一度陷入停顿。直到改革开放之后，本土歌舞片再度发展起来，而且在审美风格与主题意蕴上都不同于之前的歌舞片，呈现出新的特征，但并没能恢复到旧时的兴盛态势。本文将通过回顾本土歌舞片发展的阶段性历程，解读其审美风格与叙事主题两方面的特征及其原因背景，并借此对当下本土歌舞片的发展困境进行反思。

一、歌舞叙事的审美风格特征：传统元素与现代元素的消长

好莱坞歌舞片的诞生与发展依赖于美国本土的流行音乐文化与音乐剧。中国本土歌舞片的产生不乏对好莱坞歌舞片经验的借鉴，但仍然是根植于中国的传统土壤而发展起来的。对比好莱坞歌舞片与美国戏剧的亲缘关系，中国本土歌舞片是在中国传统戏曲文化中发展起来的。王国维说：“戏曲者，谓以歌舞演故事也。”戏曲与歌舞片都

①本文系国家社科基金艺术学项目“少数民族电影：神话学与民族文化形象建构”(13EC140)的阶段性成果；国家社科基金西部项目“中国当代艺术的大众认知途径及其理解模式研究”(15XSH011)的阶段性成果；重庆师范大学基金项目资助(15XWB017)；重庆市高等教育学会2015—2016年度高等教育科学研究课题：“重庆高等学校办学规模数据预测研究”(CQGJ15051C)的阶段性成果。原载于《当代电视》2017年第2期。
②孙岩，重庆师范大学文学院。

是用歌舞叙事的方式来进行艺术表演。本土歌舞片从诞生起就表现出与中国戏曲艺术形式的天然亲缘性,更加符合当时中国观众的审美习惯。中国第一部歌舞片《歌女红牡丹》中出现了许多经典的戏曲唱段,如《玉堂春》《穆柯寨》《四郎探母》《拿高登》等片段。在这一时期的歌舞片如《董小宛》《西厢记》《梁山伯与祝英台》等也都脱胎于戏曲故事,在歌舞叙事形式上与戏曲艺术十分相近。新中国成立后,本土歌舞片在艺术表现形式上有了更多的拓展,但仍然保留着戏曲意味。如轰动一时的歌舞片《刘三姐》,其题材来源于彩调剧《刘三姐》,艺术形式在一定程度上也借鉴了彩调剧的艺术特色,彩调剧是广西桂林农村的一种戏曲形式,属于灯戏系统。同时期的电影配乐汲取并提炼了壮族民歌与地方戏的优点加以融合。影片《阿诗玛》同样大量采纳了少数民族的民歌素材与民族舞蹈的编排方式,在少数特定场景中存在的程式化舞蹈动作也与戏曲有着紧密关联,而在服装、置景方面,影片更是原汁原味地保留了云南少数民族建筑、服饰以及民俗的特色。

在改革开放之后,新时期的本土歌舞片与国际接轨,突出现代感,譬如宏大华丽的歌舞场面、夸张的舞蹈表演,将歌舞表演与剧情叙事相结合。如2005年出品的歌舞片《如果·爱》,该片突出了华丽的歌舞场面,而其不同于好莱坞传统歌舞片的是,该片的歌舞场面仅仅存在于主角的幻想之中,整个歌舞场面呈现间离效果,更好地展现了"戏中戏"。该片还表现了更为丰富的歌舞艺术形态,如交际舞蹈、新型舞蹈以及马戏班激情舞蹈等各种现代舞蹈形式都被融入了影片之中。

综上所述,传统与现代元素的此消彼长,和与之所在的具体文化语境紧密相关,也反映了当时人们的审美态度。这种审美风格特征的转变其实也与影片所要表现的歌舞叙事主题的转变呈相互照应关系。

二、歌舞叙事的主题意蕴特征:现实生存观照与乌托邦精神的交织

歌舞片相较其他类型的电影而言极富形式美感,但这并不意味着歌舞片会在主题意蕴与思想内涵上空无一物。纵览本土歌舞片叙事主题,其经历了一个漫长的演变,我们粗略地以21世纪以来的电影作为分界阐释叙事主题的大致走向。相较之下,前一时期的电影在革命语言的建构下同时又体现了对普通百姓生存状态的观照而折射出淳朴的特征,后一时期则相对削弱了现实主义关怀,而更突出了一种浪漫精神与乌托邦精神。当然,这种生存观照与浪漫精神并不能截然区分开来。

创作于新中国成立之前的本土歌舞片由于技术、社会文化等方面的种种限制，形成了与同时期好莱坞歌舞片迥然不同的特征。众所周知，好莱坞歌舞片是被认为最能体现好莱坞的神话、梦想特质以及艺术性质的影片类型。20世纪三四十年代的好莱坞歌舞片在一片欢歌艳舞下成了逃避现实苦难、感情寄托的一个港湾。而同时期中国的歌唱片则更多地反映了普通民众的生活现状。歌唱片所传达出的主题思想与价值直接影响了之后的本土歌舞片创作，在此之后的歌舞片也表现出了对人民现实生活的关切。较具代表性的歌舞片《马路天使》，它通过对几个小人物悲喜遭遇的展示，生动地描绘出20世纪三十年代中国城市下层人民的艰苦生活，他们的善良与那些富商的为富不仁形成鲜明对比。可以说，这种叙事主题十分切合中国现实，具有非常典型的中国式特征。

在新中国成立之后，歌舞片更多具有英雄主义的特点，从而具有更明显的政治宣传功能。例如《红鹰》《红珊瑚》《春雷》《洪湖赤卫队》等表现了反抗国民党的主题，前文提到的《刘三姐》《阿诗玛》及《白毛女》《小刀会》等表现了反封建的主题，《红霞》则反映了抗日战争的主题。

“文革”时期，歌舞片一度衰落至低谷，直到改革开放以后才重新绽放光彩，这时候的歌舞片加入了“青春”“梦想”“励志”的主题，如《摇滚青年》《疯狂歌女》，以及《精舞门》第一部与第二部、《歌舞青春中国版》等。这一时期的歌舞片在叙事方面比较薄弱，故事性相对较差，普遍缺乏较为深刻的主题意蕴。但进入21世纪后，我国出现了观照现实主题的歌舞片，如改编自贾平凹的小说《高兴》，叙述了一个底层人物奋斗的经历。剧中两位拾荒的兄弟一同到大城市来寻求机会，住在最差的楼房中，结识了同样身处社会底层的一名按摩女，通过歌舞形式串起了底层人民生活的故事。

三、对当下本土歌舞片发展困境的反思与展望

通过对本土歌舞片主要特征的阐释与总结，我们可以看出本土歌舞片的创作无论是在叙事审美风格还是叙事主题意蕴上都呈现了向国际歌舞片迈进的趋势。然而21世纪以来，本土歌舞片的发展现状却不尽如人意。这与当下歌舞片缺乏与本土观众趣味相适应的审美风格以及进一步深化的主题意蕴是有关系的。本文就其原因做如下几点推测及反思。

其一，歌舞片陷入审美传统不继，且与国际衔接不畅的尴尬处境。在将来的歌舞

片创作中,更应注重其艺术形式中传统元素与现代元素的调和。事实证明:一味模仿国际歌舞片而忽略本土歌舞片发展经验的做法并不明智。一方面,我们不能盲目跟随世界歌舞片的步子,也不能否定早期这类意识形态电影的艺术价值,我们应该回归传统,在本国的传统土壤中挖掘新的可能。另一方面,我们也要分析当下的时代背景,对传统和现代元素兼收并蓄,避开抄袭的窠臼,从而更好地借鉴国际歌舞片的优点来创作。

其二,歌舞片艺术形式与大众审美之间的隔离感。这种隔离感来自于两点:一是与歌舞片本身的性质有关。歌舞片这种电影形式是一种舶来品,我们要考虑它与中国本土审美文化传统的兼容程度。歌舞这种艺术形式是中国文化的重要组成部分,歌舞作为一种情感表现与传达方式是一种人类的本能。中国的民族审美心理具有自然朴素、内向深沉之美,反对夸张做作的表演。而许多西方的民族审美心理则更倾向于张扬、华丽的形式。歌舞片是民族审美心理的表现,所以若是本土歌舞片按西方歌舞片的套路来进行创作,难免会导致"水土不服"。二是歌舞片对大众的审美经验也提出了更高的要求,歌曲、舞蹈的艺术形式都需要有相应的审美基础来支持。

其三,歌舞片所需的剧本与人才的匮乏状态。与其他类型影片相比较,歌舞片叙事有其特殊性。如何创作出适应歌舞叙事形式的剧本,主要体现在两个方面:一是如何将歌舞与具体情节自然交融而不会出现脱节情况。二是如何利用歌曲特性来实现叙事功能,实现曲子好听、歌词与故事对应的目的。

纵观本土歌舞片的发展,本土歌舞片所根植的传统土壤对外来歌舞片的接受程度,决定了其歌舞叙事所呈现出的传统元素与现代元素此消彼长的审美风格特征。本土思想文化与政治经济的影响,又造就了本土歌舞片在叙事主题上形成现实观照与乌托邦精神的交织特征。这些特征影响着我国当下歌舞片的发展。21世纪以来,本土歌舞片更要把握自己的发展方向,离开抄袭的窠臼,吸收国际歌舞片的养分,培养专业人才,才能创作出"接地气"的、适应本土观众审美需求的、引人入胜的歌舞影视作品。

中国戏曲现代戏重点院团剧目建设研讨会会议综述[①]

吕霖枫[②]

2017年6月5日，由中国戏曲现代戏研究会、重庆市文化委员会、重庆市万州区人民政府主办，重庆市万州区文化委员会承办的中国戏曲现代戏重点院团剧目建设研讨会在万州区举行。

中国戏曲现代戏研究会会长、中国剧协分党组书记、驻会副主席季国平出席开幕式并讲话，重庆市文化委员会副主任江卫宁出席开幕式并参加相关活动。开幕式由中国戏剧现代戏研究会顾问、文化部艺术局原副局长姚欣主持，重庆市万州区政府副区长吴宏伟在开幕式上做了重要讲话。中国戏曲现代戏研究会副会长、国家京剧院原党委书记刘孝华、文化部政策法规司原司长康式昭、《中国戏剧》原主编姜志涛等，以及来自全国20多个重点戏曲院团领导，重庆市川剧院、重庆市京剧院领导，重庆市戏曲界人士等50多名专家学者应邀参会。会议围绕戏曲现代戏剧目建设的创作机制、戏曲艺术本体、人才培养、戏曲市场等方面展开讨论。各院团领导相互交流，分享创作经验教训，讲述成功剧目的创作历程，为推动中国戏曲现代戏剧目建设的发展和繁荣提出宝贵意见。

中国戏曲现代戏研究会会长季国平说，在“第十一届中国艺术节”上的19台地方戏剧目最为抢眼，其中现代戏占比超过半数，豫剧《焦裕禄》、评剧《母亲》、淮剧《小镇》、秦腔《狗儿爷涅槃》、评剧《红高粱》、滑稽戏《探亲公寓》、川剧《尘埃落定》、淮剧《月亮粑粑》等都是佼佼者，得到了观众和专家的交口称赞。综观戏曲现代戏剧目题材丰富、风格多样，特别是农村题材的现代戏更为丰富和成熟。十八大以来，中央高度重视文化建设，大力扶持戏曲发展，推动了戏曲艺术的振兴和发展，也给戏曲现代戏创新发展带来了历史机遇，但是戏曲艺术也面临着西方文化和现代舞台艺术的严峻挑战。戏曲现

①原载于《重庆文化研究》2017年第4期。

②吕霖枫，重庆市文化研究院。

代戏的创作，特别是现实题材戏曲剧目的创作，直接关系到戏曲艺术在当代的传承和创新发展。所以，此次戏曲现代戏重点院团剧目建设研讨会，对现代戏剧目建设发展和当代戏曲艺术发展有重大意义。

一、现代戏剧目建设创作机制

艺术创作是灵感与智慧并存、组织与创造相兼的特殊生产形式，艺术生产机制要尊重艺术发展规律，需要良性养成和实效作为。良性的艺术创作机制，是文艺精品的根本保障。研讨会上，各个重点院团对自身的创作机制进行了深刻剖析、深入探讨，并提出了不同意见和看法。

河南省文化厅原副厅长董文建分享了其主管剧目建设管理经验，将其归纳为艺术管理人员培养机制、艺术创作人才激励机制、剧目建设科学规划机制、剧目建设项目遴选机制几个方面。他认为，要想抓好剧目建设，第一，艺术管理人员是关键，艺术管理人员要学习掌握戏剧创作知识，把握艺术创作规律，提升文艺精品生产的鉴别和管理能力。第二，政府对院团的行政管理，包括对文艺精品生产进行目标考核，建立表彰激励机制。第三，加强重点剧目规划，把河南特有的“焦裕禄精神”“红旗渠精神”“愚公移山精神”，作为三个重大题材进行创作规划。每年公布当年全省重点剧目建设名单，调动各地政府艺术精品生产积极性。同时，早做准备，“抓实当年，储备来年，着眼后年”。第四，建立长效项目遴选机制，坚持举办河南省优秀剧本评选和戏剧大赛，通过大赛选拔，促进剧目建设。最终河南省创排出《红旗渠》《焦裕禄》两部优秀现代戏，并获得“文华大奖”。

中国评剧院副院长侯红认为，现代戏剧目建设创作机制主要抓两个方面。第一，立足剧院、剧种特点，抓好重点选题研究。第二，选定题目之后，组建优秀团队，深入实地采风，感受生活环境，丰富创作素材，寻找创作灵感。该院为纪念抗战胜利70周年，早在2013年就开始着手准备，2014年敏锐地抓住了社会热点，确定了选题，最终推出了评剧现代戏《母亲》。

安徽省黄梅戏剧院院长蒋建国认为，该院团的困惑主要在于每年有大量的创作任务，每逢重大节庆、重大活动，以及各大艺术节，都会有“指令性”创作任务。地方政府部门、院团领导好大喜功，对院团进行“命题作文”式的艺术创作指导，追求“批量化”的艺术生产，花费了很多人力、物力、财力，但是没有取得应有的社会效益、经济效益。特别是一些院团领导，缺乏艺术创作规律认识，一味力求标新立异，反而限制了艺术创作人员的创作空间，阻碍了艺术创作发展。

云南省滇剧院院长郭维平认为，现代戏近年来的发展很大程度上与政府的重视支持力度紧密相关，然而领导的重视对戏曲创作而言利弊双显。各部门领导的重视无疑能推动现代戏的发展进程，但是领导过分重视，想抓出成绩，往往容易把戏剧艺术当成报告文学、表扬稿，从而产生了一些标语式、口号式的文艺作品。

江苏省盐城市淮剧团院长张正余谈到，一些院团管理松散，组织纪律相对较差。该院团不仅采用严格的考勤制度，军事化的管理体制，并且不断提高艺术人员的思想意识、作风意识、责任意识。院团成为一个大家庭，通过多种方式提高院团工作积极性，很大程度上促进了艺术作品的创作。

中国戏曲现代戏研究会副会长、湖北省艺术研究所原所长胡应明在谈到其担任院团管理职务时，提出“服务向下，艺术向上”的指导原则，主要帮助和扶持地级市、县院团进行剧目建设，帮助处在边缘地带的艺术团体、相对弱势的地方剧种走出困境。

在现代戏剧目建设创作机制上，问题主要表现在创作管理体制、创作管理人员培养机制不够健全，导致创作人员多以主观意识进行创作，缺乏对艺术创作规律的认识。在创作中缺乏科学规划机制，多数现代戏创作以时代先锋模范人物为蓝本，以当下重大节庆、重大活动以及各大艺术节为创作时间节点进行创作，功利性较强，多为“指令性”创作、“命题式”创作，较多出现“标语式”“口号式”的作品。此外，缺乏剧目建设的遴选机制，导致了现代剧目建设缺乏多元性。

二、现代戏剧目建设艺术本体问题

中国戏曲现代戏研究会会长、中国剧协分党组书记季国平把戏曲现代戏发展现状总结为“题材丰富，形象鲜活，风格多样，喜剧突出”，戏曲现代戏的创作，特别是现实题材戏曲剧目的创作，直接关系到戏曲艺术在当代的传承和创新发展。时代前进了，新的生活、新的形象呼唤新的表述方式和演出样式。因此，只有丰富和创新表现现代生活的艺术手段，戏曲艺术的表现力才能随时代而发展和提高，但是戏曲现代戏的发展也面临着诸多问题。

季国平认为，现代戏创作需要借鉴现代舞台艺术，包括话剧、歌剧、音乐剧、舞剧等，但不能盲目崇拜西方舞台艺术。用话剧改造戏曲，用写实改造写意，用所谓的现代性改造戏曲的民间性和草根性，会造成戏曲个性和独特魅力的自我迷失。再则，盲目过度使用现代舞台技术，大制作、高成本，重物质、轻艺术，同样是迷失了戏曲的本体和价值的表现。

云南省滇剧院院长郭维平认为，现代戏的一些剧作者回避社会深层矛盾，写作流于表面，对于当下深层的社会问题缺乏关注，不少作品停留在正面歌颂好人好事的层面，这样很容易落入真人真事表扬稿的窠臼。其次，在现代戏冲脱程式性束缚的同时，极易丢失传奇性、戏剧性、虚拟性的艺术本质。一些"英模戏""行业戏""名人戏"缺乏必要的戏剧冲突，缺乏对人物内心的深入挖掘。戏曲表演过白、过实、过满、过尽，伤及戏曲表演文学传统。一些现代戏无视剧种个性，他认为剧种性就是地方性，每一个剧种总是和某个地方的生活、习俗、语言、艺术、道德、趣味等等联系在一起，表现着那个地方民众的思想感情，并且构筑起地方审美意识的独特表达形式，所以无视剧种个性，是违背戏曲化要求的。

安徽省黄梅戏剧院院长蒋建国介绍该院外请创作人员带来的剧种创作问题，该院主要依靠外请人员，包括编剧、导演、音乐、舞美等。外请人员一定程度上会带来弊端，如剧目整体"趋同化"倾向、剧种个性渐趋淡化等。

重庆市三峡歌舞剧团《移民金大花》编剧伟巴认为，现代戏中的现实题材作品很少，因为很难把握，涉及方方面面的问题，所以很难下笔。现实题材的终极关怀就是人文关怀，但是在人文关怀上，我们常常显得不足，在文学深度上同样如此。当英雄远离人的正常情感时很难让人信服，我们对英雄人物情感的挖掘是远远不够的。

上海京剧院院长单跃进认为，近年来上海京剧院在现代戏的创作上乏善可陈，虽然京剧的现代戏在过去红遍大江南北，但是京剧的现代创作其实有很大难度。其浅层原因主要有两个：第一，京剧界的京剧改革趋于保守，对于现代戏的创作有抵触；第二，"样板戏"般的现代戏达到了一定的高度，很难逾越。

文化部政策法规司原司长康式昭认为，现代戏创作中存在一个理论性的问题，就是解构主义介入戏曲创作。解构主义本来是文学批评理论，但是传入国内后变成了指导创作的理论。解构主义引入之后，颠倒了善恶美丑的观念，对于戏曲的创作、对于戏曲的"寓教于乐"的功能有一定的损害。

中国戏剧现代戏研究会顾问、文化部艺术局原副局长姚欣在谈到戏曲现代戏的创作问题上说，现代戏应该有现代的审美，很多现代戏缺乏现代的审美意识，旧瓶装新酒。

戏曲现代戏艺术本体上的问题主要表现在，人物角色缺乏深入挖掘，故事难以触及社会深层矛盾，创作同质化问题显现，舞台艺术受到姊妹艺术影响，戏曲失去自身本体和价值，受到西方现代思潮特别是解构主义思潮影响等。

三、现代戏剧目建设人才培养

现代戏剧目建设创作的问题，追溯其根本原因在于剧目建设中的人才问题。青年戏曲人才是戏曲传承与发展的未来和希望，但是当下各个院团面临着戏曲人才匮乏的状况，从编剧到导演、从演员到舞美，台前幕后各个环节都存在着人员缺乏的情况。

贵州省花灯剧院面临人才问题。由于剧种和剧团的生存环境较差，演员们生活和工作条件艰苦，收入较低，且无专业院校持续培养花灯戏人才。当前花灯戏面临后备人才不多、花灯戏曲专业演员越来越少、行当缺失以及人才流失等问题，这些问题已成为院团发展的瓶颈。

吉林省戏曲剧院吉剧团主任刘玥谈到，现在各个剧院都面临着编剧匮乏、导演匮乏的局面。编剧是有地域性的，如果编剧不了解吉剧，在唱腔、语言地域特色上不能灵活应用，那我们排出来的戏还能不能称为吉剧？

云南省滇剧院院长郭维认为，剧种的不同、演员的不同、师资的不同，导致艺术人才在发展上受限。该院团以年轻成员为主体，又要继承传统，又要让演员能够尽快走出来，对于艺术人才的发展来说，是有一定难度的。

陕西省戏曲研究院艺研中心艺术指导王化武在艺术人才培养上谈到，各个院团艺术人才的缺乏是普遍的，但院团的人才培养是一个长期的过程。该院团试图去解决院团人才缺乏的问题，输送了大概30个学生到艺校学习，但是等到他们能胜任至少也需要七八年。

山东省吕剧院院长蒋庆鹏分享其人才培养经验，他认为人才特别是主创人才的缺乏越来越掣肘戏曲事业发展。该剧院对症下药，以戏找人、以人带戏，有针对性地分析演员们的自身条件，并结合各自的水平、年龄等具体情况安排角色，深挖发展潜力。同时大胆启用一批80后青年演员担纲主演。创作人员中除导演、编剧、舞美设计外，作曲、灯光设计、服装设计、化妆设计等主创均为本单位中、青年创作人员，这样促进了老中青三代交流，实现了人才梯队良性循环。

现代戏剧目建设人才问题主要集中表现在：戏曲演员、编导以及专业的技术人才缺乏。各院团教学培养团队参差不齐,戏曲人才培养困难。戏曲人才专业的培养学校较少,戏曲人才培养难以为继,且戏曲人才招生比较困难。戏曲人才缺乏的主要原因有:第一,戏曲艺术对人才专业性要求较高,优秀的编导人才缺乏。第二,戏曲行业式微,尤其是地方剧种很难得到社会普遍关注,面向社会招聘戏曲人才比较困难。第三,戏曲人才培养周期漫长。

四、现代戏剧目建设票房市场

上海市戏曲艺术中心艺委会主任、国家一级编剧李莉认为,应该对现代戏进行个性式、麻雀式的分析:现代戏的市场影响力怎么样?它的总投入是多少?总收入是多少?有多少票房来自市场?有多少是政府购买?其中演职员究竟得到了多少?通过这样的案例分析,对于现代戏创作会有实际的指导意义。上海沪剧院倾向于做一些特别好看的、符合剧种本质的、能走市场的、能演出的戏,如何在当前大力推动现代戏往前走的同时,能把现代戏扎根在市场和观众之中,使得它具有生命,这是非常重要的问题。

中国戏曲现代戏研究会副会长、湖北省艺术研究所原所长、研究员胡应明认为,戏曲市场化是不充分的,简单地说,市场化我们吃了不少亏。政府采购、惠民演出、企业认购,都是市场化的行为。

安徽省黄梅戏剧院院长蒋建国则提到,通常认为有社会效益就一定有经济效益,或者说有经济效益就一定有社会效益,到底两者之间的关系是不是这样。可能在某个剧目上是这样,或者说在某个剧院是这样,但普遍来看,这还有待进一步研究。现代戏创作带有盲目性,这个是相当普遍的。

吉林省戏曲剧院吉剧团主任刘玥谈到,该剧院每年必须完成100场下基层的演出任务,重要的活动也要演出,除此之外,每周必须在剧场演出两场。以2016年为例,该剧院完成了100场下基层的演出,周末公益演出65场,“优秀青年演出季”演出12场,国家艺术基金演出项目全国巡演演出53场。这样每年几乎没有时间去走市场,因为要完成以上这些演出很辛苦,并且这些演出任务都集中在7月到10月之间,所以无暇顾及市场。

江苏省盐城市淮剧团院长张正余谈到,该剧院每年演出平均200多场,周周有3场演出,因为涉及剧团为改制,所以没有走市场,但是演出吸引了很多观众,取得了很好的社会效益。整个院团的运营情况较好,形成了良性的运营机制。

在现代戏剧目建设的票房市场上,普遍缺乏市场分析,缺乏市场判断。一方面由于部分院团未改制,没有考虑院团的现代戏市场问题;另一方面,很多现代戏创作为取得各大艺术节重要奖项,在创作上也未对剧目进行票房预估。此外,院团承担了大量的"指令性"创作任务、演出任务,根本无暇顾及市场。纵观整个大的艺术环境,无论是电影,还是话剧、歌舞剧、音乐剧等,都缺乏专业的市场分析,但戏曲票房市场的好坏直接关系到各院团的经济收入,关系到戏曲从业人员的经济收入、社会地位,从而直接影响戏曲艺术的可持续发展。

五、现代戏剧目建设重点院团经验和措施

河南省豫剧院三团副团长王文全介绍了《焦裕禄》的创作经验。《焦裕禄》打破了长期以来主旋律戏剧惯用的高大全创作模式,在树立崇高形象时没有回避问题,在进行艺术想象时没有扭曲历史,在进行人物刻画时没有违反逻辑,通过对历史的追思与反思,重新认识"焦裕禄"这一题材的历史价值和审美价值,塑造了一个平实、真实、可亲、可敬的县委书记形象,让观众看到了一个不一样的焦裕禄,同时也获得了一种不一样的审美情感。

湖南花鼓剧院罗维谈到,在创作过程中,需要注重从生活中寻找素材,深入人物性格,接通现代审美心理。戏曲现代戏需建立在继承传统戏的基础之上。

安徽省黄梅戏剧院院长蒋建国谈到,在题材内容上,找准剧作主旨与当今时间之间的契合点;在表现形式上,找准本体精神与现代品格之间的契合点;在市场分析上,找准老戏迷的观赏期待和新观众的审美心理之间的契合点。剧本欠缺一直是该院院剧目建设的难题。

陕西省戏曲研究院艺研中心艺术指导王化武分享了其创排过程的经验:一是分析文本、分析场次,解剖人物之间的关系以及他们在舞台上的作用和任务。二是理解唱词表达的深邃意义。三是把握好现代戏舞台节奏(包括内心、形体的把握)。四是抓住人物情感表达的碰撞点。五是注意内心情感,外部肢体表达及语言的统一性。六是做好舞台时空转换的舞台处理。七是认识音乐表达现代戏的属性等。通过以上的分析讲述,青年演员对现代戏表演才会有一定的认知。

六、小结

综上所述，现代戏剧目建设的主要问题集中在创作机制、戏曲艺术本体问题、人才培养、票房市场。四个方面的问题错综复杂、纵横交织。第一，创作管理体制不够健全，创作中缺乏科学规划机制，缺乏市场意识，其结果直接关系到现代戏艺术本体问题，直接关系到现代戏的整体市场，而剧目建设遴选机制的缺乏，阻断了戏曲人才自下而上的培养渠道。第二，现代戏艺术本体上出现的诸多问题，如人物角色缺乏深入挖掘，故事难以触及社会深层矛盾，创作同质化问题显现，舞台艺术受到姊妹艺术影响，戏曲失去自身本体和价值等问题。这些问题又直接关系到戏曲作品质量的好坏，关系到现代戏整体市场。同时，如果戏曲现代戏不能符合观众的现代审美，戏曲角色脱离群众，不能得到观众认可，那何谈戏曲人才的培养？第三，戏曲演员、编导以及专业的技术人才缺乏，戏曲人才培养困难等问题，直接影响到戏曲创作，尤其是当下戏曲编导人才缺乏，导致现代戏出现同质化现象。同时，戏曲艺术人才的缺乏也影响到了戏曲艺术质量。第四，戏曲现代戏的市场票房收入，直接关系到院团的整体运营，关系到戏曲从业人员的经济收入。戏曲从业人员收入微薄，社会地位较低，难免会导致戏曲人才的流失，同时在青年戏曲人才培养上缺乏雄厚的资金扶持，很难吸引广大青少年投身戏曲行业。

经过梳理，现代戏剧目创作机制是造成其他三个方面问题的根本原因，创作机制在现代戏创作中居于核心地位，引导着艺术创作方向。而人才培养问题在现代戏剧目建设当中承担着基础作用，是现代戏能够可持续发展的动力。现代戏能否一直保持生命力，关键在于能不能持续提供优秀的艺术人才。现代戏的艺术本体问题、票房市场问题则成为表象，其根本原因在于现代戏剧目建设中的创作机制。推进现代戏剧目建设创作发展，最为本质的要求就是要优化艺术创作机制，尊重艺术发展规律，建立良性的艺术创作机制，为现代戏剧目建设提供根本保障。

2017中国现代戏曲发展语境下的中国戏剧“万州现象”[1]

蒋长朋　周津菁[2]

一、全国戏曲现状谈：中国现代戏曲发展的机遇和挑战

当前，中国现代戏曲的发展正面临着机遇和挑战。

机遇主要来自国家政策对戏曲事业的支持和保障。自2014年10月15日习近平总书记主持召开文艺工作座谈会以来，国家已经把作为民族文化载体的戏曲艺术上升到中国人的精神家园的高度，认为它关系到民族文化的传承以及现代民族国家的文化竞争软实力和文化安全的重大问题。2015年，国务院办公厅印发了《关于支持戏曲传承发展的若干政策》(国办发〔2015〕52号)，戏曲发展迎来了21条顶层设计。《政策》既为戏剧工作者指明了传承发展的方向和目标，又具体涉及戏曲剧种的保护、剧本创作的扶持、戏曲演出的推广、戏曲院团生存条件的改善和发展、戏曲人才有效培养机制和保障机制的建立、戏曲的普及和宣传等方面内容，为保护和发展民族艺术提供了政策保障。此后的几年，从国家到地方，一系列戏曲利好政策相继出台，地方戏曲的保护与传承更是成为全国文化工作的重点。

挑战主要来自现代戏曲行业自身的发展瓶颈。

第一是自身艺术瓶颈。整个戏曲行业受到了多元文化的激烈冲击，市场萎缩，生产乏力。而从艺术本体来看，这是戏曲这种传统艺术形式在反应和表现当下社会内容时的“不适应症”。古典的行当、程式及表现方法，在缺乏创新活力的艺术生产体制下，很难谈深、谈透、谈准当代人的思想感情，这使得观众对戏曲艺术形式的接受度大打折扣。这一问题在戏曲现代戏(这个“现代戏”是指“三并举”当中与“传统戏”和“新编历史剧”并列的戏曲种类)的创演中显得尤为突出，传统戏并没有为可以直接表现当代生活的现代戏提供新颖的艺术形式和方法，演员的舞台呈现捉襟见肘，戏曲理论界讨论

①原载于《重庆文化研究》2017年第4期。

②蒋长朋，重庆市文化研究院助理研究员。周津菁，重庆市文化研究院副研究员。

了几十年的“旧瓶装新酒”问题，并没有得到根本解决(注：五四新文学运动以后，文艺理论家们常以“旧瓶装新酒”来指称或比喻以“文言和旧形式”来表现新的“社会内容”的文艺现象。“旧瓶装新酒”逐渐成为中国现代文艺评论界用于指代“形式”落后于“内容”，或“形式”与“内容”不相适应等现象的专用名词)。而要解决这个问题，戏曲界的创新活力需要得到更大激发。

第二是地方政策瓶颈。虽然从中央到省市级，关于振兴戏曲的利好政策在不断出台，但是真正可以被基层戏曲工作参照和贯彻的政策细则却始终未能落实。特别是在区县一级，基层院团常常苦于没有具体的政策支撑而找不到工作的方向和依据。2017年6月，在万州召开的中国戏曲现代戏重点院团剧目建设研讨会上，来自全国各地的剧团代表都谈到了“创作机制”“艺术本体建设”“人才培养”“票房市场”等方面的问题，这些老大难问题的“解决拖延症”一方面是由文化体制的历史原因造成的，另一方面则是因为很多地方的行政主管部门还没有形成具有充分效能的、可以落实的政策，将中央的利好政策充分转化为地方的利好政策，从而对基层院团的发展方向进行科学有力的引导。

第三是创作机制瓶颈。在地方政策未能积极落地之前，作为一种更为灵活的工作方式，创作机制的效能就成为地方戏曲事业发展兴衰的关键性因素。而目前的状况是，全国很多地方的戏曲创作都缺乏对艺术创作规律的深刻分析，创作管理体制不够健全，创作管理人员缺乏专业素养，现代戏创作成了完成“指令性”创作任务的“命题式”创作，甚至出现了不少“标语式”“口号式”的现代戏剧目。有的地方，现代戏剧目创作成为地方政府的政绩工程，不仅造成戏曲人力资源上的浪费，而且给戏曲本体艺术发展带来了伤害。此外，剧目建设遴选机制的缺乏，导致了现代剧目建设缺乏多元性。艺术创作“要从人民群众中来，到人民群众中去”，缺乏自下而上的剧目遴选机制，就失去了与人民群众的沟通渠道。说到底，地方戏曲创作机制上的“短视”，极大地阻碍了“精品力作”的诞生。

第四是人才资源瓶颈。中国整个戏曲界都面临着戏曲人才缺乏的状况。首先是戏曲编剧、导演的缺乏，造成各院团在现代戏剧目建设中纷纷聘请外来人员。而一窝蜂地选用“几位名家”的外来剧本，也造成了现代戏创作上的“趋同化”。除了编导的缺乏，优质的戏曲演员作为戏曲舞台上最鲜活的“表现力”，也出现了严重断档情况。传统戏曲的“戏”是写意的，是主要由演员进行表现的。而优秀的戏曲演员技能要求高，成才速度慢，必须经过科学的长期的计划性培养才能成才。发展艺术事业，是一种持续涵养艺术人才的过程，没有了继承者，就丢掉了戏曲的技巧、绝活、精魂和血脉。无论是编剧、导演还是演员、乐者，戏曲人才的缺乏，已经成了阻碍我国现代戏曲事业发展的重要瓶颈之一。

二、重庆川剧现状谈：专业院团“花开两枝”，区县剧团“亟待振兴”

受地缘因素影响，川剧成为重庆市最具代表性的地方戏曲剧种。就重庆当前的川剧发展现状来看，重庆市川剧院和重庆市三峡川剧团成为重庆两大川剧艺术重地。近年来在公共财政投入不断增加的情况下，硬件设施逐步完善，演出市场保持稳定，“川剧进校园”活动开展得有声有色，对外文化交流活动频繁，这对川剧的传承和传播具有重要意义。重庆市川剧院在有政策保障、资金扶持的背景条件下，依靠剧院多年的艺术积淀和艺术家们的坚守，起到了引领重庆川剧发展的作用。重庆市三峡川剧团自1952年成立以来，经历了戏曲鼎盛、全国戏曲衰败、三峡工程移民搬迁、重庆直辖等各个重要的历史阶段，剧团职工从鼎盛时期近百人到现在45人，在万州区委、区政府和历届文化主管部门的鼎力支持下，一直保持艺术力量中青年结合，行当齐全，尽管举步维艰，仍然取得了一系列成就。

但是，重庆市大多数区县基层川剧院团的发展是不尽人意的。“上世纪八九十年代，我国艺术院团数量众多，处于活跃度的鼎盛时期，此后艺术院团尤其是县级院团不断减少。”①重庆基层的川剧演出团体在经历改制、转企、撤销等一系列社会改革后，因为观众锐减、市场萎缩等原因，不少基层剧团步履维艰：现如今很多团体都只保留了一块牌子，用于管理退休职工，已不具备演出能力；有的演职人员相继离开工作岗位，从事与川剧不相干的工作，尤其是一批老艺术家故去以后，基层的川剧演出活动主要依托地方文化馆、剧协开展。据统计（戏曲普查），当前重庆市保留的区县级国有院团且还能保持川剧演出的仅有3个，历史上曾经备受追捧的川剧在区县的整个文化体系中已经黯然失色。不可否认，基层川剧的不景气，也是当前全国戏曲“式微”的缩影。

近年来，在国家的文艺方针大导向下，各区县在戏曲方面都出台了相应的政府购买政策，但问题在于，一些区县因为戏曲院团的撤销，造成了“无戏可买”的局面。有的区县本身没有丰富的戏曲资源，迫于无奈，只能将购买的产品变更为运行周期短、创新

①黄金子.戏曲发展迎来21条顶层设计[N].人民日报（海外版），2015-07-24(07).

率高、经济效益和社会效益生产快的“歌舞类”演出,但有个别区县原本具备戏曲资源,却因偏爱“歌舞”而忽略戏曲演出。地方政府“戏曲”购买政策无法落地,也是阻碍重庆地方戏曲振兴之路的瓶颈之一。

有一些区县也在创新思维方式,努力发展戏曲事业。如万盛经开区2014年成立的重庆梨园艺术团,依托万盛旅游市场的人气,已连续举办三届万盛梨花文化旅游节,邀请重庆市川剧院、重庆市京剧团,与梨园艺术团联合演出,让戏曲文化通过众多的游客得到了有效传播。永川区则是让永川文化体育服务中心施行“一套班子,两块牌子”,注册成立了“重庆草木人文化传播有限责任公司”,用企业模式将永川川剧保留下来,并常年保持川剧演出常态化。不论是万盛的旅游演出,还是永川的企业模式,抑或是万州的文化坚守,都为当前其他缺乏戏曲资源的区县提供了以资借鉴的宝贵经验。万州戏曲的发展经验对于重庆市区县地方戏曲事业有着典型意义。万州抓住机遇,应对挑战,走出了自己的艺术发展之路。中国戏剧“万州现象”无论对于重庆市地方戏剧,还是对于中国戏剧发展大势,都具有深刻的文化意义和实践价值。

三、中国戏剧“万州现象”

近20年以来,具有深厚戏剧历史传统的万州区,发挥渝东北库区区位优势,发展特色戏剧文化事业,逐渐成为重庆市各大区县舞台艺术事业发展的翘楚。万州不仅代表了重庆市区县舞台艺术的高水平,甚至以其不断提高的艺术水准,多次代表重庆舞台艺术,向中国文艺界展示重庆风采。先后成功推出了大型方言话剧《移民金大花》《三峡人家》,现代青春川剧《鸣凤》,大型现代川剧《白露为霜》和音舞诗画《梦回三峡》等大戏。这种突出的社会影响力和精进的文化探索力被戏剧界誉为中国戏剧“万州现象”。

2006年,《移民金大花》曾获全国“五个一工程”优秀作品奖,入选“国家舞台艺术精品工程30强剧目”,在全国各地演出300余场,行程2万多公里,观众达30余万人次。2008年,万州又排导了方言话剧《三峡人家》,荣获第十三届中国文化艺术政府奖——“文华优秀剧目奖”。现代川剧《鸣凤》于2009年首演,随后即引起了各界关注,其后获得中国戏剧节优秀剧目奖和国家舞台艺术精品30强,主演谭继琼获第25届“梅花奖”,备受瞩目。现代川剧《白露为霜》成功入选“文化部、财政部国家艺术基金资助项目”,荣获重庆市第十四届精神文明建设“五个一工程”优秀作品奖,并于2016年7月与全国遴选出的31台剧目共同进京参加中宣部全国基层院团戏曲会演。歌舞诗画《梦回三峡》被市委宣传部、市文化委、市文联纳入“2015重庆市舞台艺术重点资助剧目”。

在前文中我们谈到，由于各方原因，在国家提倡振兴戏曲发展的大背景下，重庆市各区县舞台艺术发展相对迟缓，而万州的异军突起就显得特别有价值。2017年，中国戏曲现代戏重点院团剧目建设研讨会上探讨的问题，在重庆市戏曲舞台艺术创作中也频频出现。而万州这些年的实践和探索，为重庆其他区县，甚至中国现代戏曲的振兴提供了可行的思路。

第一是万州政府有作为。

首先，万州和重庆市其他区县一样，都经过了文化体制改革的洗礼。而万州区文化主管部门工作精细，他们对自身艺术事业的优点和特点进行了深入的分析，并长期将“继承万州文脉，发挥万州戏剧特色，弘扬优秀戏剧历史传统”作为工作的重点。这是“实事求是”“因地制宜”的工作态度在文化工作中的体现。此外，万州是一个有着戏剧历史传统的地方。万州地处三峡库区腹心，区位独特，历为渝东北、川东、鄂西、陕南、黔东、湘西的重要物资集散地，显要的地理位置使之成为抗战时期中国重要的交通枢纽，也成为那个时期戏剧文化的繁荣地，如从1938年的国立戏剧学校，到1939年郭沫若领导的“孩子剧团”以及1945年的抗敌演剧九队，在这一段时期，曹禺、陈白尘、郑君里、郭沫若等曾在万州留下戏剧作品，播下戏剧文化的种子。万州不仅铭记了这一历史过程，万州区文化主管部门更将其作为重要的精神遗产进行继承，把对历史传统的敬重付诸脚踏实地的舞台艺术建设之上。正视优秀历史文化传统，并积极发扬光大，这就是在文化建设中“坚持以人民为中心的工作导向，坚持以社会主义核心价值观为引领，坚持创造性转化、创新性发展”。近年来，万州依靠库区经济的发展势头，已成为长江上游的核心区域之一。正如当年“处于抗战交通枢纽之地的万州搞戏剧”一样，戏剧事业的兴旺，是当下万州经济与社会协调发展重要表现之一。

其次，万州区政府制定了一系列切实可行的地方文艺扶持政策。万州区政府遵循“区别对待、分类实施、稳步推进”的总体思路，积极稳妥地推进文艺院团体制改革；对有一定市场运营能力的三峡歌舞剧团、三峡杂技艺术团实行“事转企”改革，鼓励他们轻装上阵，灵活机制，开拓市场，提倡“改制不丧志，转型更远行”；划转三峡曲艺团、三峡川剧团为非遗保护传承中心，在做好非遗项目保护传承的同时，鼓励创排舞台艺术作品；在推动院团改制的同时，建立相关考核机制，把舞台艺术创作作为各文艺剧团年度目标考核的重要内容，作为演职人员职称评定、职务晋升、年度评优的一项重要指标,促使各院团形成了“出作品、出精品、出人才、出效益”的可喜局面。区委、区政府为了鼓励文艺创作和舞台艺术精品剧目的打造,先后出台了《关于参加国家级、市级文化艺术比赛经费补助及配套奖励办法》《关于国有文艺专业单位演出场次政府补贴暂行办法》和《第二届“重庆市万州区文学艺术创作奖”评选办法》等文件,进一步激励院团的创作和排演,形成文化投入扶持的长效机制。

再次,万州对文化事业的扶持政策有着延续性,并不会因为更换领导而改变策略。这一点在重庆区县文化事业发展中是难能可贵的。文化的振兴需要一个长期涵养过程,如果地方文化政策持续性差,很多事情就做不下去,尤其是目前生存艰难的基层戏曲事业。必须指出的是,重庆部分区县文化主管部门还存在着“当一天和尚撞一天钟”“政绩观当前”“官本位至上”“文化懒政”等情况,造成了对文化资源极大的浪费。说到底,有持续性的文化政策是地方领导有文化襟怀和文化担当的体现。

第二是培养戏剧人才有激情。

十年树木,百年树人。对地方艺术事业的建设也是培养人才的过程。万州区剧协自1986年成立以来,常年组织创作人员定向深入基层,深入群众,从实践中观察和发现,积累第一手素材。对剧协会员创作的作品,组织专家定期召开创作研讨会,帮助作者修改完善,提升戏剧作品的艺术价值。万州剧协组织的戏剧创作研讨会历来都由编剧、导演、表演、评论构成,互不吹捧,坚持说真话、找问题,坦诚直言,长此以往,形成了良好的艺术氛围,也因此创作出了符合时代特征的戏剧作品,这也是习近平总书记在文艺工作座谈会上谈到的“坚持以人民为中心的创作导向”“创作无愧于时代的优秀作品”的具体体现。

在万州区政府的有力支持和协调下,三峡川剧团近五年来实施了强有力的人才培养计划。一是采用联合办学的形式,和重庆市文化艺术职业学院共同培养了十名青年川剧学员,这些学员目前学业进度良好,已能胜任部分演出。二是积极寻找政策支持。2016年12月,该剧团科学利用研究类、传承保护类机构的戏曲艺术表演团体身份,经过层层挑选和淘汰,面向社会招收了5名打击乐专业艺术人才①,并实施“名家传戏——戏曲名家收徒传艺”计划,采取“一带一、一带二”等方式传授戏曲表演艺术精粹。三是积极寻求与各类青年剧作者、导演的沟通与合作,为下一步创作计划做准备与涵养非本单位的艺术人才。

①按照事业单位工作人员公开招聘政策要求组织实施招聘;对高层次、急需的优秀艺术类专业技术人才,按规定程序报批后,采取考核招聘方式招聘。

第三是尊重艺术创作规律。

从区政府的文化官员到川剧团的普通演员，万州戏剧界秉承实事求是的工作作风，将艺术规律奉为圭臬。总结起来，万州一共做到了以下几条。第一是扎根土壤。万州推出的几部大戏，无论是川剧《鸣凤》《白露为霜》，还是方言剧《三峡人家》《移民金大花》，在艺术处理方面都是贴近生活，富有土壤气息，能为普通观众所理解和喜爱。通过艺术加工，用朴实生动的语言、人物内心的刻画，辅以现代光影技术和舞美设计，创造了饱含人文深度、浸染现代气息的作品。第二是追求高度。万州戏摆脱了很多区县所惯有的“盆地意识”，敢于挑战经典，超越万州的、重庆的本土文化，去讨论全人类的文化主题。这使得万州的作品先天就具有一种思想上的高贵气息，追求自由的鸣凤，不甘沉沦淤泥之中的陈白露——用川剧来演绎这些戏剧史上闻名遐迩的女性形象，展开了重庆地方文化与中国文化、世界文化之间的对话。万州舞台艺术不是某一个文件的翻译机器，也不是某项政策的传声筒，却用生动的表现力和悲剧的震撼力，呼唤善良，呼唤正能量。这才是有力量的艺术作品。万州的川剧艺术在这样的经营下，显示出了艺术技巧和思想价值的双重高度，这在重庆各区县中独树一帜。第三是兼顾创作选题的自由度。在2017年6月的中国戏曲现代戏重点院团剧目建设研讨会上，很多来自全国各地的代表都谈到了政府对院团选题的“指令性”要求。对于这一点，万州区文化主管部门积极保护院团的原创思维，最大程度给以选题上的自由。院团也很积极主动地在选题上兼顾社会效益和艺术性，已经形成较为灵活、有效的作品创作机制。

话剧《原野》的川剧化
——论现代川剧表演艺术形态中的《金子》剧本改编①

周津菁②

摘　要:川剧《金子》的成功实际上是话剧《原野》戏曲化、川剧化的成功,说到底,就是以川剧的表演艺术形式,成功地完成了对《原野》主题意义、故事结构和人物形象的创新表达。表现形式由话剧变为了川剧,这不仅仅是"脱皮换形"地移植,而是伤筋动骨地"改编",虽然作品的内核还是曹禺的,但皮肉筋骨甚至更深层次的东西已被川剧这种表演艺术形式所改变。本文详细讨论了川剧形式对曹禺"金子"形象的重置和该剧在川剧传统形式革新实验中的心理剧特色等问题。

关键词:话剧《原野》;川剧《金子》传统形式;改编

著名剧作家隆学义根据曹禺原著《原野》改编创作的川剧《金子》,入选了首届"国家舞台艺术精品工程"十大精品剧目,并荣获了包括文华大奖、中国艺术节大奖、中国戏曲学会奖在内的各类大奖34项。

由1997年的川剧剧本《原野》到2003年较为成熟的川剧现代戏剧本《金子》,剧本被修改百余次。当初修改的主要目的是:如何寻找到合适的川剧表演艺术形式去表达话剧《原野》,使得表演技巧和舞台方法与原主题更为合拍和恰当,以期达到形式与内容相统一的圆融艺术境界。而在为内容寻找形式和技巧的同时,剧组还意外地实现了另一个目的,即调整并发展了曹禺《原野》的主题,实现了由"复仇主题"到"宽容主题"的转化,从而创造了一个更加中国化和地方化的"金子"角色,戏剧风格也由原始"野性"和粗犷的"自然性"转化为"伦理性"和"心理性"格调。目前,《金子》仍保持了话剧《原野》的基本故事走向和人物形象,这体现了曹禺原剧内容层面的"经典"与"强大";而《金子》

①本文系2016年度重庆市社会科学规划项目"川剧艺术创新发展视阈下的隆学义川剧创作研究"(项目批准号:2016YBYS147)成果之一。原载于《四川戏剧》2017年第1期。

②周津菁,重庆市文化研究院副研究员,艺术研究室主任。

之所以会发展出新的思想高度和戏剧格调，则是川剧表演艺术形式的成功。

在不断打磨的过程中，川剧《金子》主要完成了以下两个转变：第一个是在“伦理化”的人物关系设置中，花金子的性格由“野性”向“内敛式”转变，这一点，促成了川剧《金子》“宽容主题”的确立；第二个是伴随着现代川剧对唱词、技巧和表演形式的精细化打磨探索，加深了刻画人物心理的功力，使得这个作品由《原野》中的刻画幻觉转化为刻画心理，朝着“心理剧”方向迈进。

一、在川剧“形式”传统中重置“金子”形象

1997年1月，隆学义根据曹禺同名话剧，创作了川剧现代戏《原野》，这部作品是川剧《金子》的第一个版本。这个作品在人物关系、基本情节和主题意蕴上都完全遵循着话剧《原野》的套路，用导演胡明克的话来说：“《金子》的第一个版本，是‘移植’，而不是‘改编’。”[①]如话剧《原野》一样，仇虎是这个戏的第一主角，而整个戏的主题，仍旧是“复仇”。

曹禺讲述了一个“农民复仇的故事”，[②]而他着力描绘和渲染的则是一种与大自然与动物天性相呼应的“野性”和“生命力”，并将此作为与封建社会的黑暗罗网进行抗争的利器。曹禺要在仇虎这个原野中的人身上发掘一种摆脱一切束缚的真正的人的巨大力量。

仇虎这个人物形象的设计是和曹禺所探索的“生命”主题息息相关的，仇虎的野性、生命力投射在他粗犷的性格中。在曹禺搭建戏剧框架的过程时，故事情节是由性格生长出来的，命运与性格铸就了这场鱼死网破的复仇悲剧。花金子是造成这场悲剧的重要原因之一——对于仇虎来说，仇人的儿子大星“霸占”了自己的未婚妻。花金子同样是被命运捉弄和压迫的人，和仇虎有着相似的境遇。而《原野》中所展示的金子，是一个深受压迫、充满欲望、性格丰富甚至诡谲，而又具有草莽野性的女人。她很好地衬托了仇虎的形象，成为野性和性欲的投射物。整出《原野》都被一种原始的、野性的、雄强的自然力所包裹，它表达的重点就在于以自然的蛮力与封建主义斗狠的过程。

1997年1月的川剧《原野》创作紧紧跟随着曹禺的步伐。时任重庆市川剧院院长的胡明克邀请了著名川剧艺术家熊正堃执导此剧，由时任川剧院当家花旦沈铁梅扮演金子，以“丑角”入行学川剧的赵勇扮演仇虎。初演过后，评论家们给出了两条主要

①2016年4月底，本文作者在原重庆市文化艺术研究院采访了胡明克先生。

②朱栋霖.论《原野》[M].//邹红.曹禺研究1979-2009.长春：吉林文史出版社，2010：457.

意见：一是赵勇虽然扮相合适，却表演吃力，沈铁梅的优秀演唱能力还没有得到很好的发挥。二是全剧对话太多，唱词少，存在“话剧加唱”的状况，而川剧一唱三叹长于抒情的艺术强项没得到发挥。可以看出，评论家们的意见多是从川剧表演基本的“形式规范”角度给出的。

1998年，川剧《原野》进入第二稿修改和打磨。胡明克担任导演，他决定以主要人物的调整来牵动整出戏的改进计划，启用能唱擅演的沈铁梅担纲饰演第一主角，这就意味着沈铁梅所扮演的金子即将取代仇虎，成为整出戏的核心。川剧《原野》的剧名也因此被替换为《金子》，同时在舞美、服饰等方面，增加了浓重的巴渝本土文化味儿。在这样的修改计划中，隆学义写作的第二稿《金子》重新设定了人物形象，清理了人物关系，铺陈了戏剧故事，还在重点段落中设计了核心唱段，进一步发挥了沈铁梅的演唱特长。

沈铁梅的担纲，是《金子》排演史上的重大事件。其意义不仅是发挥了演员个人的特长，更重要的让戏剧内容能获得更好的戏曲形式表现力。

（一）旦角行当对“金子”形象的预设

前面我们说到，曹禺的花金子是野性和生命力的投射物，所有戏份也都为了表现野蛮的复仇行为。而当川剧将金子这个女角作为第一主角的时候，情况便不再如此。戏曲舞台的第一表现力并不是“诡谲”的“思辨”，而是形式美，即表演的唱、念、做、打如何做到赏心悦目。川剧舞台上的女性，虽然也是性格万千，但从总体的审美特征上看，是温润的、纤秾的、俏丽的，她们的一举一动，都是考究的程式，举手投足都有着成熟的规范，如果再以川剧金子的形象去表演野性的、性欲的、狂暴的人格，是不合适的。因此，金子的性格需要重新设定。事实上，在第一版川剧《原野》中，川剧金子就比话剧金子在性格上更显内敛，多了几分封建闺阁女子的顺从和哀怨，而少了几分秋草原野的“蛮性”。此时，金子成为主角，这就意味着她的性格将被进一步深挖，而用以表现她性格的程式动作也将得到深入打磨。

事实上，对曹禺笔下“金子”的人物形象进行川剧表演表达，是现代川剧旦行表演所遇到的大难题。这个女人充满欲望，却又不是一个可憎的荡妇；这个女人不是节妇贞女，却率真、泼辣，敢爱敢恨，令人爱怜。脸谱化的青衣、花旦或是摇旦，都不能单独胜任她的表演。这决定着沈铁梅必须以一种开放的状态，吸收各个行当的艺术存量，来完成对金子人性的立体表达。这个“开放”还不能仅仅针对川剧本身，还应当是对多门其他姊妹艺术的学习和对戏曲程式的创新式运用。

沈铁梅在《我演金子》一文中总结了她如何运用传统程式和创新程式去生动地表现金子的形象。例如，当她表现与仇虎久别重逢时，她睁大一双诧异的眼睛，沉默一会儿，待辨认清楚，确认无疑之后，随即双膝半蹲，双手拍脚，哽咽地喊出："虎子，你还没有死呀?!"接着便是一个化于传统的现代指法，在激动的帮腔声"你、你、你……"中，飞步奔向仇虎，借鉴传统"托举"，充满激情地跃到仇虎手臂上，顺势一个空中旋转，而后热烈地拥抱仇虎。这一串动作，贴切地表现了一对情侣久别重逢的情景，而金子的可爱、坦率、热情的形象已经准确表达出来。再例如，为表现金子与仇虎的亲热情景，铁梅运用了传统的调情的身段，一只脚在身前身后来回晃动，加以美化，突出金子的浪漫情怀。[①]这样的范例在《金子》全剧中不胜枚举。沈铁梅以丰富的表演技能去塑造一个丰富的金子，她已经突破了"行当"的桎梏，而以创新的方法来融会贯通。川剧金子性格内涵的丰富，是一种基于传统川剧女性表演形态基础上的丰富，是一种在带有几分闺秀气质的、内敛性情基础上的野性和浪漫。

(二)"伦理"戏剧文化对"金子"的形象设计

戏剧人物关系的"伦理化"设计，是传统川剧文学的重要传统之一。在长期的舞台实践中，这个传统不断加强，并随着戏剧程式的形成渐渐固化下来。例如，在老旦、青衣、花旦、闺门旦等行当及程式的形成背后，隐藏着长幼尊卑的伦理逻辑；再例如，家族伦理故事常常发生在闺房、庭院、磨坊，这些场景不仅帮助讲故事，还帮助固化伦理故事的套路。而对于表现如此苦难深重的女性，传统川剧是有着深厚基础的。《西厢记》中的崔莺莺、《桃花扇》中的李香君、《琵琶记》中的赵五娘……哪一个不是深居闺阁、备受束缚的女性形象，而中国戏曲赋予了她们内敛、隐忍、幽怨的品格，即或是刚烈，也是在隐忍、凄丽的外套下表现，比如怒沉百宝箱的杜十娘。

在沈铁梅饰演的金子被立为第一主角之后，所有的家庭伦理关系都围绕着她而展开。这就是胡明克导演所谈到的，从《金子》第二稿开始的全剧人物关系的根本性调整。

胡明克在《导演阐述——导演的话》(胡明克提供)一文中谈道：《金子》所展现的故事是在封建桎梏下的社会中必然发生的典型事件。它是社会的，家庭伦理的，又是人性矛盾的综合体。因此，表现它，可以让人在欣赏艺术的同时，从社会的、伦理的，特别是从人性的角度去反思。

①沈铁梅.我演金子[M]//薛若琳，等.继承与创新——川剧《金子》评论集.北京：中国戏剧出版社，2006:15.

全剧总体艺术形象为：罗网下的墓穴，黑暗社会透出的一缕亮光。封建制度下的社会，家庭伦理与道德观念，犹如一张无比巨大的网，在这张网下，村庄、社会以及人们的命运结局犹如一座墓穴。不仅如此，它还引导人们对这样的“现状”不满，引导人们去寻求光明，哪怕是黑暗中的一点亮光。这是导演留给观众的“剧终感受”和对全剧总体把握的目标与要求。

在这样的文化背景下，胡明克导演一直强调：“金子”的表演不能太野、太过，因为她毕竟是身在封建礼教束缚中的女子。按川剧“程式”来设定：一个美的金子，应该首先是丈夫的妻子，婆婆的媳妇，族弟的嫂嫂……她在表现她的独特个性之前，首先应该表现得温婉、隐忍、善良、规矩。她不能与自然天性对话，而只能与家庭关系对话；她不能讲欲望，而只能讲纯洁的感情——这是一个被传统戏曲样式所设计的，被伦理“极端束缚”的金子形象。而事实上，隆学义笔下的川剧金子，带着曹禺话剧的锐气，已经突破了那种极端的、典型人伦关系中的“淑女”形象。他的金子是泼辣的、敢爱敢恨的，燃烧着情欲，这一点是对川剧女性形象的一个新创意。川剧金子成为善良、隐忍、欲望和保守的混合体，这激发了沈铁梅一次又一次对新程式的探索。隆学义虽然突破了传统川剧女性形象，但是他文学想象的基点，仍然是建立在伦理关系上的。

川剧金子脱离了“原野”的野蛮，是隆学义笔下“野叉叉”的女性，她的“野”是建立在她的娇俏、她的善良和她追求自由和反叛封建家族的正义光环之下的，她也想做父母的乖乖女，嫁给爱的人，再做丈夫忠贞的贤妻。可命运使她和虎子分离，敢爱敢恨的她，背叛大星有着不得已的苦衷。她的身上有着崔莺莺、李香君对爱的“忠贞”，也有着杜十娘式的无奈，川剧金子和这些女性人物之间有着深厚的渊源。此外，金子在舞台上又必须是美的，不能是野蛮的，应该是程式的、节制的，而不应该是轻狂的。无论从戏曲文化上，还是从舞台表现上，川剧金子都必然不会是话剧《原野》中“野性”的金子。剧组对金子人物的深入打磨，无疑挖掘了更多的传统程式与程式所携带的传统女性文化，并选出适当的程式，用以丰富金子的表演。与其说是编剧和导演确立了川剧金子的形象，不如说是戏曲文化本身塑造了川剧金子。

善良风情的金子被卷入复仇的风潮之后，会有一个必然结果，那就是选择善良到底。女性本是世间真、善、美的代表，金子在作为第一主角之后，她的戏剧动机只有一个：阻止虎子的复仇行为——她想跟虎子远走，去到黄金铺路的地方，了却仇虎心头的夺妻之恨；她想留住大星、焦母还有小黑子的性命，因为“冤冤相报何时了”，可是仇虎一心陷入复仇深渊而无法自拔。到这里,川剧《金子》的主题已经与话剧《原野》有距离了:《原野》讲述的是农民复仇的故事,戏剧主要冲突在仇虎与焦阎王、寡妻、焦母之间直接展开;而《金子》的矛盾中心在于“金子想要阻止仇虎复仇而不能”。阻止复仇,即倡导着以宽容去化解仇恨。宽容——这便是《金子》创新的戏剧主题。

二、在现代川剧形式实验中打造的“心理剧”

打磨《金子》,实际上同时推进了两件事情:第一件,是为川剧《金子》找到一个最佳叙事结构;第二件,则是去除“话剧加唱”,让川剧的声腔、舞蹈、动作等表达方法能融入进人物性格的表达。

一唱三叹的川剧高腔在表达人物的心理方面是有着显著特长的。伴随着第一主角的转移,新主题的开辟,隆学义对现代川剧文学结构方式的探索也在向前推进。他生前曾经对本文作者说,传统戏曲文学的优点和缺点都是同一个,那就是线性思维。用“线”的方法可以帮助作者讲一个完整的故事,但也时常会将戏剧推入“以歌舞讲过程”的俗套范式。只有将川剧的经典唱段、优美的舞蹈与动作用于塑造人物、表达主题,这个戏才能活。《金子》的打造,是隆学义突破传统线性思维,为川剧寻找最佳表达结构的过程。《金子》不是铺叙故事,而是为写人物而结构戏剧。去除线性,意味着戏剧的结构方式发生了变化——它不是以表达故事情节为主要目的,而是以塑造人物为宗旨,而故事情节的清晰明确,是为了让人物性格更加准确和鲜活。人物的鲜活则根本在于心理状态的充分表现。这就是隆学义常说的“写戏在于写人,写人在于写心”。

随着对《金子》的不断打磨,“话剧加唱”的状况得到改善,演员的表演形式对戏剧内容的表达更加合理贴切。“话剧加唱”是现代川剧演出的一大痼疾,其根本原因在于现代川剧还没有探索创新出足够的程式去表达现代生活。早在刘怀叙的时事时装戏时期,川剧艺术家们就已经在探索表现现代的舞台形式。川剧是分行当的,而一般的现代戏都是以小生和小旦作为主角,饰演反抗封建旧家庭的新式人物,而丑和净等行当则作为配角,多作为反面人物。小生和小旦的演出方法主要借鉴着西洋传来的话剧,注重描绘心理状态;而表现封建势力的“遗老遗少”,则以丑角或净角应工,他们的程式动作都是现成的。民国时期的现代“生”“旦”的演出,虽然“走心”,却没有特别丰富的程式动作。一直到革命现代戏时期,“生”和“旦”的现代戏表演技巧都还没有得到很好的改善和提升。在这样的舞台实践历史面前,《金子》剧组将探索现代的生和旦的优质表现方式作为了这个戏的前进方向之一。这个对表演方式的寻找过程,潜隐在该剧整个舞台打磨过程中,势必会影响到剧本修改工作。

就这样,隆学义以“调整戏剧结构的方式”,一边集中地写人写心,一边和剧组共同探索川剧的现代程式和创新表演方法。其结果就是,精巧考究的程式被不断创新,恰好用在了对人物内心的刻画上。

《金子》剧本不断成熟的过程,也是各个精彩戏剧桥段愈加成熟地塑造人性格,展示人物心理的过程。该剧中有一个金子、仇虎和大星喝“碰头酒”的段落。在1997年到1998年最初的几个版本中,剧作者安排这场“碰头酒”主要是为了展示“当年兄弟情”,化作“今朝仇人恨”的戏剧情境,例如,1998年8月版本里仇虎有唱段:

当年风雨同过舟,

上学放学手牵手。

坡前坡后放歌喉,

堰塘中大星拼命把我救。

我怎能以怨报恩结冤仇?

敬他心好人忠厚,

悲他今生胎错投。

恨他占我金子久,

只怪我不罢休时却罢休……

这个戏剧情境,只是被展示了出来,却还没有伸发出去,也还没有随着金子作为第一主角的转变而将“戏”落在金子身上。没有伸发的戏,就仅仅是一个情节桥段,感情没有表达完整,也没有深刻地展示人物心理。到了1999年2月,这段戏有了生长:不仅有角色在台上讲台词,叙述“当年情”,而且有了新的舞台调度和表演,创新的身段、身法和程式,方便更加生动直观地展示金子、仇虎和大星当年的情分。这一段戏是这样表现的:金子和仇虎、大星三人追逐嬉戏,仿佛回到了儿时。台上一桌二椅依稀成了坡丘、岩洞等嬉戏的地方。三人趁酒兴玩起“逮猫”,在“坡丘”跑上跑下,在“岩洞”钻进钻出……二人捉住金子,让她坐肉轿子。金子坐在“轿”上,闪悠闪悠,一脸妩媚,灿笑,快活极了。这一段戏有效地利用了传统戏曲“假定性”“写意性”特长,但是在对人物性格的塑造和感情的渲染上还有深入的空间。于是,胡明克导演要求剧作者写一段戏,在“当年兄弟情”化作“今朝仇人恨”的情境中,让三个人的情感表现到极致。于是,隆学义先生写作了著名的“一半儿”唱段。这是一个帮腔的唱段，借用的是电影电视剧插曲的手法，当金子给仇虎和大星倒酒，饮酒，三人无言以对的时候，由女帮腔在幕后以川剧高腔帮腔的形式演唱。台前的三人尴尬难当，仇恨，忏悔，怜爱之情纠缠不清，而幕后的帮腔则婉转清丽，深情苦涩。这个【一枝花】唱段如此唱道：

急煎煎情仇碰面，

金子心，破两半。

一半儿爱倾情哥，

一半儿怨洒孽缘。

一半儿悬，忧逃犯危险，

一半儿乱，哀懦夫可怜。

痛煞煞爱恨搅拌。

这一个唱段只讲一个东西，就是金子的“心”，这是一段心理描写的典型戏剧段落。用这样的帮腔和表现手法，实际上是继承和创新了川剧的表演程式。“帮腔”的表现形式是川剧高腔音乐中最具特色的表演程式之一。《金子》中“一半儿”唱段的帮腔，是从前比较少见的“只帮不唱”，而用影视方法的“帮”则又是对川剧音乐表演程式的创新。这个创新，更加精确、生动、鲜活地刻画了金子的心灵挣扎。程式的创新，是和文学创作同时推进的，唱段的写作、修改过程，都掺入了导演、作曲者和演员的反复实践经验。因此，我们可以说，对新程式和表演方法的打磨融入了剧作者对戏剧情境的想象和对人物塑造方法的选择过程。川剧的剧作者随时都在戴着“传统形式”镣铐跳舞，隆学义于《金子》也不例外。但是，这个镣铐一方面是文学想象的束缚，而另一方面，则是表达的平台和方式。

在《金子》里，讨论和展示人物心理的戏处处皆是，而最让观众记忆深刻的，是金子、仇虎、大星和焦母的那段展示各自心理状态的轮唱。隆学义先生有效地将“背唱”“轮唱”和“倒宝塔”的唱词结构法融汇到一起，让戏剧矛盾在各个人物的心理坦白中纠结、激荡和狂奔，一气呵成，荡气回肠。

金　子：（背唱）老屋朽，挡不住般般罪恶滴滴漏，

土墙厚，遮不住种种耻辱深深羞。

仇　虎：（背唱）仇恨埋藏十年久，

时刻爆炸在心头！

焦大星:(背唱)当年我父下毒手,
父辈作恶儿辈羞!
焦　母:(背唱)为把儿孙性命救,
满河撒下钓鱼钩。
金　子:(背唱)愿与虎子长相守,
难与大星共白头。
仇　虎:(背唱)报仇恨焦家老小不遗漏,
焦大星:(背唱)天大丑事一笔勾。
焦　母:(背唱)瞎子肚中圈套有,
金　子:(背唱)愿虎子莫为旧恨结新仇!
仇　虎:(背唱)今夜当下手,
焦大星:(背唱)苦苦去哀求。
焦　母:(背唱)软索把虎扣,
金　子:(背唱)一走远离忧。
仇　虎:(背唱)手发抖!
焦大星:(背唱)脸带羞!
焦　母:(背唱)风莫透!
金　子:(背唱)心变柔!
仇　虎:(背唱)要杀?
焦大星:(背唱)要留?
焦　母:(背唱)要揪?
金　子:(背唱)要走?
仇　虎:(背唱)杀!
焦大星:(背唱)留!
焦　母:(背唱)揪!
金　子:(背唱)走!走!(自言自语,暗示仇虎)风停了,雨停了,我们该走了。

对传统程式有继承,更有融汇和创新,隆学义幸运地将自己关于文学的奇思妙想付诸川剧舞台实践,这是文学的成功,更是舞台呈现的成功。在这似鼓点铿锵顿挫的轮唱节奏中,戏剧的张力如心脏的跳动,以川剧的方式,直露准确地揭开了人物的心灵世界。

在曹禺的《原野》和川剧《金子》的参照系中，川剧表演艺术形态帮助“金子”完成了从“人物”到“戏剧格调”的转变。而正因为这种“传统”与“现代”的纠结和转换，川剧《金子》为当代川剧建立了一种旧形式与新内容互溶表达的范式，让现代内容得以用创新的传统程式进行生动表现。这也使得川剧《金子》成为中国现代戏曲史上具有“革新”标示意义的优秀作品。

试析东西方哲学精神对中国油画发展的影响[①]

黄剑武[②]

摘　要:中国绘画至今始终没有完全摆脱欧洲哲学精神的影响,或说是观看方式的根本改变。中国古代哲学的主客体合一的精神,影响着中国绘画的形成和发展。中国油画处于东西方哲学语境中,其本土化的进程必然受到东西方哲学思维方式和成果的影响。西方油画中国化的历程,是西方油画中国哲学化的历程。油画中国化的进程,则需要上升到东西方哲学精神上的认识、贯通和开拓,才会走出藩篱,真正形成自己的语言特征、审美范式和精神品格。

关键词:哲学;理性;思维方式;精神;中国油画

哲学是时代的灵魂,反映时代的内在脉搏,引导时代艺术的发展。油画起源于欧洲,在中国至今已发展近百年,它受东西方哲学精神的影响甚大。

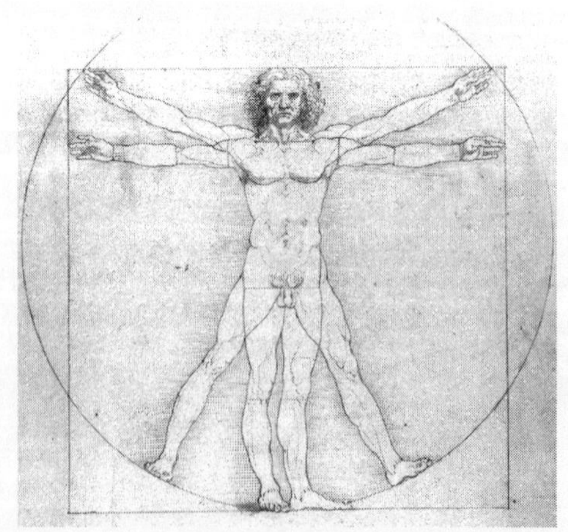

维特鲁威人(人体黄金比例)　达·芬奇　意大利

①原载于《西北美术·西安美术学院学报》2017年第3期。

②黄剑武,重庆市文化研究院副研究员,编辑部主任,研究方向为美术创作与理论、艺术评论。

希腊最伟大的哲学家苏格拉底(前469—前399年)、柏拉图(前427—前347年)、亚里士多德(前384—前322年)被称为“希腊三贤”,他们所代表的欧洲哲学观念皆推崇理性。其中柏拉图认为人应当通过理性,把纷然杂陈的感官知觉纳为一个统一体,从而认识理念,并为发展理性,设立全面丰富的课程体系,进行教育教学,认为模仿自然是艺术的本质。亚里士多德认为分析学和逻辑学是一切科学的工具,把思维形式和存在联系起来,并把理性的发展当作是教育的最终目的,他还认为艺术的创造是模仿的创造。从亚里士多德再到黑格尔(1770—1831年)的辩证法先应用到关于概念、判断的学说上,再应用到认识的逻辑上。所以,在欧洲哲学史、美学史中,理性是占主导地位的,也深深影响着绘画艺术的发展,影响着绘画艺术的思维方式和认识自然对象的方式。如绘画构图的黄金分割率、骨骼结构、人体比例、光源、透视、空间、体积关系,皆是理性主义思维方式在视觉上的体现,是一种外向的认识论。即“人”与“物”,“心”与“境”对立而视,人与世界对立,或欲以小己体合于宇宙,或思戡天役物,伸张人类的权力意志,其主客观对立的态度则为一致的观点。达·芬奇曾宣称:“绘画的确是一门科学。”这是绘画之于哲学理性认识的典型表现。

从19世纪到20世纪初,法国印象派画家从室内走到室外,认为一切色彩皆来自于光,在阳光下依据眼睛的观察和现场感受作画,准确表现物体在光源下的色彩变化,其实是光学下的色彩科学的运用和发挥,也是理性思维为主的延续和发挥。后来的超现实主义、表现主义、达达主义则受到哲学家叔本华、尼采和弗洛伊德的精神分析学说的影响,走向了非理性的一面。强调自我意志的表现,理性及表现形式也是意志和欲望的表现,甚至呈现出对理性的否定和批判,将生命意志置于理性之上,则是内向的认识论。故而,绘画的表现方法倾向于个人情感意志,呈现出梦幻的、荒诞的、夸张的、变形的视觉结果,这些画家和实践者反对现实的客观性,反对艺术的目的性。代表画家有:凡·高、劳特雷特、霍得勒、蒙克和杜尚。西方绘画在外向与内向、理性与非理性四者关系中是采取单一的方法。

20世纪20年代以来,中国美术教育受西方教育模式影响甚大,包括油画的学习和借鉴,也是理性主义思维方式占主导。故中国美术教育主要是对西方哲学观察对象方法的学习和体验,强调绘画主体外向训练的过程。到了20世纪50至80年代中期,以写实油画为主的表现方式则是欧洲早期哲学思维方式的反映,中国美术院校在这方面的教学和学习的时间较长。近些年,欧洲现代哲学家的思想,如弗洛伊德的精神分析学等学说对中国油画有所渗透和影响,但始终没有完全摆脱欧洲哲学精神的影响,或说是观看方式的改变。中国老庄有富于思辨的、形而上学的哲学特征,其出发点及归宿点落脚在现实人生,是尊重人性的自由和解放。《庄子外篇·天运》谓:“中无主而不止,外无正而不行。”即内外向的统一关系,内向认识之极可以洞照外物,外向认识之极可照彻内心。“外向的观察”与“内向的体验”在艺术上的运用形成主体和客体合一的认识论,体现在绘画作品上是达到天人合一的融合境界。如中国画论里唐朝张璪“外师造化,中得心源”,便是内外合一的具体体现。中国画则于外向与内向、理性与非理性四者关系中采取全面的有机复合的方法,这是中国画家历来注重画家的学术修养的原因。

青春期　油画　蒙克　挪威

老庄哲学的思维是理性和主观感受的统一认识。理性是抽象的外在特征和绘画规律,主观情感是绘画偶然性的体现。落实到绘画上即如黄宾虹所言:“惟绝似又绝不似于物象者,此乃真画。”齐白石也认为:“画妙在似与不似之间,太似则媚俗,不似则欺世。”这其实都是在理性和感性、主观和客观认识上深入体验的贴切表述。既要符合客观事实,又要具有形象上的主观把握和创造;既要尊重绘画客体的客观描绘,又要倾注出画家主体认知自然世界的蓬勃生命力。所以,中国绘画的最高境界不是摹写对象,而是根据自然的形象用自己的精神去创造对象。

禅是中国人接触佛教大乘义后体认到自己的心灵深处,而将其发挥到哲学层面和体验艺术的境界。禅宗在晚唐至北宋盛行。禅宗的教义和道家老庄哲学有相近之处,即希望从自然中吮吸灵感或了悟,从而获得心灵的解放。禅宗的"明心见性"要落实到艺术上的认识,必须超越对绘画艺术本身的认识上升到更高的层面,或者说是哲学意义的层面,用精神和人格去完善艺术的至高境界,达到超越绘画本身意义的目的,而道家认为,"技进乎道,须道法自然"。这些中国传统的哲学理念,为中国画家的作品创作奠定了思想基础。从有限的认识发挥到无限认识的空间,是艺术创新的飞跃。以文养画、悟道养气,提升绘画的品格。中国文人画多以此来评价艺术家和作品的最终水平,很明显,这具有文学上之于绘画上的认识。因此,画外功显得尤为重要,以诗文咏画,以诗文发挥画意,进而以诗境开阔画境,从技到道的层面需要艺术家在作品实践外的学术修养。中国古代能在绘画上进入到画境的大多是文人,原因就在于此。古代文人将文学和绘画紧紧联系在一起,把文学的审美观点用在绘画上,用文学创作的标准看待绘画标准,形成对诗人、书画家进行评论的一种批评范式。留世的中国古代书画论对书画的品评甚多。

南朝谢赫《画品》中将魏晋至齐梁时期28位画家分为六品进行品第。唐张彦远《历代名画记》卷二"论画体工用拓写"条有谓:"夫失于自然而后神,失于神而后妙,失于妙而后精,精之为病也,而成谨细。自然者为上品之上,神者为上品之中,妙者为上品之下,精者为中品之上,谨而细者为中品之中。余今立此五等,以包六法。"张怀瓘《画品》将书画分为神、妙、能三品,另加逸品,取代庾肩吾、李嗣真的上中下三品,使三品的具体内涵、艺术特征及创作技能有了相对明确的品鉴细化。张彦远列为上品的"自然",也接近于张怀瓘的"逸"之意。其外,还有黄休复的《益州名画录》里提出的逸神妙能四品进行品第,将逸品位置从前人的神妙能逸四品之末,提到最前,该观点在北宋被大家公认,对后世绘画影响深远。台湾学者徐复观则认为首推逸品,不始于黄修复,实始于黄约百年前的张彦远,此处不再累赘。古代书画品评者众多,此处也不一一列举了。诸多古代文学艺术家认为书画的品第是客观迫向主观,由物形迫向精神的升进,达到主客合一,物相和精神冥合为一,从而得到精神自由和解放。

由于清政府面临内忧外患的特殊的政治环境,中国近代哲学处于迷茫探索时期,基本趋势是中西哲学的融合,以求救亡图存。其表现形式是西方形式逻辑的兴起与中国传统哲学的直觉弘扬,这一时期的康有为、谭嗣同、严复、章太炎,比较系统地提出自己的哲学思想,这标志着中国近代资产阶级哲学开始形成。后由熊十力、冯友兰、金岳霖再继其成。五四运动之后,马克思主义哲学在中国迅速传播发展,与中国革命实践相结合,形成中国化的马克思主义哲学,即毛泽东思想。它的产生是中国历史上的哲学革命,为正确解决中国革命的发展问题奠定了基础,对中国革命成功起到了关键的指导作用。近代中国艺术家也在此时创作了不少革命主题绘画,但极少落实到艺术本身问题的思考上,故而对绘画本体影响不大,对后来中国油画实践发展的影响也不大。对中国绘画影响深远的依然是中国古代哲学,即释家和道家的哲学,尤其是庄子的哲学。

因此,中国古代哲学的主客体合一,实质上是物相和精神内外合一的复合认识规律,始终影响着中国绘画的形成和当下油画的发展。中国绘画呈现的规律可以说是中国哲学认识社会、自然世界和对个体人生的态度。艺术家追求的至高境界其实是中国哲学之于人生的境界。中国油画处于东西方哲学语境中,其本土化的进程必然受到东西方哲学思维方式和成果的影响。西方油画中国化的历程,是西方油画中国哲学化的历程。中国油画要置身于国际艺术语境,发展到更高的层面,中国当代油画家不能仅仅局限在对绘画本身的实践和研究上,或停留在西方古现代哲学和中国古代哲学思维认识上,要推动油画中国化的进程,则需要上升到东西方哲学精神上的认识、贯通和开拓。如此,中国当代油画才会有更大的研究和实践的空间,走出藩篱,真正形成自己的语言特征、审美范式和精神品格。

参考文献

[1]宗白华.美学散步[M].上海:上海人民出版社,1981.

[2]李德仁.东方绘画学原理概论[M].太原:山西人民出版社,2016.

[3][唐]张彦远.历代名画记[M].俞剑华,注释.南京:江苏美术出版社,2007.

多重视野下传统工艺品牌化建设与创意设计的结合[①]

黄亚玲[②]

我国悠久的传统文化孕育了丰富多彩的传统工艺，其技艺精湛、门类丰富。自古以来，传统工艺品与大众的日常生活息息相关。工业革命后，传统工艺品逐渐被机器化大生产背景下大规模制造的产品所替代，传统的手工艺逐渐远离消费主流市场。由于传统手工艺品市场逐渐萎缩，许多传统工艺品变成了仅供人们欣赏的文化“艺术品”，失去了作为日常用品的意义。

一、多重视野下的“传统工艺”保护与发展

新中国成立以来，我国传统工艺行政隶属机构经历了几次重要的调整。传统工艺作为出口创汇的主要途径，曾得到繁荣复兴。1954年11月，国务院决定成立中央手工业管理局。1958年5月，中央手工业管理局与轻工业部合并。1959年6月，中共中央发出中央关于重新建立手工业管理机构的指示，合并一年后的手工业管理局重新单立。1965年初，国务院又决定撤销中央手工业管理总局，改建成立第二轻工业部，同全国手工业合作总社合署办公。1970年4月，第一轻工业部、第二轻工业部、纺织工业部合并为轻工业部。1978年1月，轻工业部与纺织工业部分开……从轻工业部到中国轻工总会，再到中国轻工行业协会，工艺美术从1950年以前的个体作坊变为手工业合作社，再到国家行政管理范畴的集体企业，最后在机构改革的背景下又回到个体，形成了目前传统工艺以个体为主的基本传承发展模式。改革开放以后，随着工业化程度进一步提高，传统工艺美术从出口创汇的繁荣发展时期逐渐成为被“保护”的对象。1997年5月20日，我国颁布了《传统工艺美术保护条例》。1998年，国家教育部颁示全国普通高等学校专业目录，将沿用半个世纪的“工艺美术”专业改名为“艺术设计学”专业，

---

①原载于《重庆文化研究》2017年第3期。

②黄亚玲，重庆市文化研究院助理研究员。

“艺术设计”这一学科门类得以确立。在艺术设计人才越来越多的同时,传统工艺美术人才却越来越紧缺。以往工艺美术涉及图案设计、装饰、服装染织、工艺等多个方面,此后,“工艺美术”逐渐回到传统工艺的范畴。

传统技艺(包括饮食制作技艺)作为非物质文化遗产的重要组成部分,近年来得到了极大地保护。传统工艺涉及的项目主要是传统技艺中除开饮食制作技艺的项目和传统美术部分项目的部分。2005年3月,国务院印发了《国务院办公厅关于加强我国非物质文化遗产保护工作的意见》;同年12月,国务院颁发了《国务院关于加强文化遗产保护的通知》,唤起了人们对传统文化的保护意识。2011年,又颁布了《中华人民共和国非物质文化遗产法》。近十年来,传统工艺相关项目作为“非遗”保护与传承的对象,得到了政策、资金等方面的支持。同时,在“非遗”保护的视野下,各类“非遗”展示展演活动不断开展。不仅如此,传统工艺还在各类设计展及博览会中呈现,以“传统工艺”“民艺”等为关键词的展览活动,为传统工艺的传承与传播起到了积极的作用。同时,各地兴起的“民宿”热潮及旧房改造中融入的民间工艺元素也为传统工艺融入生活提供了诸多成功的案例。虽然传统手工艺重新回到大众视野,但它依然是“小众”的,在现代化的冲击下,传统手工艺的传承与创新面临着严峻的考验。

同时,国家在政策方面不断加大对于“传统工艺”的保护力度。2011年,通过的《中共中央关于深化文化体制改革、推进社会主义文化大发展大繁荣若干重大问题的决定》提出了建设社会主义文化强国的目标和任务,2012年的十八大报告再次重申建设文化强国的战略决策。2014年5月,工业和信息化部出台《工艺美术行业发展的指导意见》,全面推进行业转型升级。2014年7月,文化部、工业和信息化部和财政部又共同发布了《关于大力支持小微文化企业发展的实施意见》,制定了给予包含工艺美术文化企业在内的小微企业的具体扶持政策。在传统工艺亟待保护的当下,党的十八届五中全会明确提出了要“构建中华优秀传统文化传承体系,加强文化遗产保护,振兴传统工艺”,将振兴传统工艺上升为国家战略。2016年1月4日,全国文化厅局长会议对文化工作做出安排部署,提出传统文化融入日常生活,推动传统工艺振兴,制订实施传统工艺振兴计划。2017年1月,中共中央办公厅、国务院办公厅印发了《关于实施中华优秀传统文化传承发展工程的意见》,并要求各地区各部门结合实际认真贯彻落实。2017年3月12日,文化部、工业和信息化部、财政部联合起草的《中国传统工艺振兴计划》经国务院同意,进入贯彻执行阶段。传统工艺振兴计划上升为国家战略,这对于传统工艺行业的发展来说既是机会,也是巨大的挑战。

二、传统工艺品市场面临的现实问题

随着时代的发展,越来越多的手工艺品成为“艺术品”,实用功能减弱,在造型与外观上具有审美性,但是无法实际应用。在逐步推进传统工艺的核心技艺传承发展的基础上,如何让产品融入日常生活,进入市场,是目前传统工艺发展必然面对的问题。这不仅需要产品内在方面具有较高的文化价值,更需要在生产体现商业价值。目前,传统工艺的发展依然面临一些问题。

(一)以个体小作坊生产为主

目前,大部分传统工艺品生产依然依托小作坊进行,以非物质文化遗产代表性传承人为核心,少数人帮扶,在项目所在地开展工艺品制作。受到加工方式的束缚,除了少数掌握核心技艺的人员具有较好的制作能力,其他作品粗制滥造现象明显。

(二)品牌意识薄弱

品牌,是人们对一个企业及其产品、售后服务、文化价值的一种评价和认知,是一种信任。当品牌文化被市场认可并接收后,品牌才产生出其市场价值。绝大多数传统工艺生产企业还没有建立品牌意识,市场上的手工制品样式单一、缺乏独特性。

(三)市场定位的偏颇

传统工艺品的主要消费人群是在项目保护地的当地居民,例如竹编、木器制品的主要受众是当地的居民,工艺品与当地民俗活动紧密相关,一般售价在几十元以内。另一方面,随着人们物质和精神水平逐渐提高,部分工艺品在成为艺术品之后,受到文化层次、经济收入较高的社会“顶层”人士的青睐,这些工艺品一般定价极高,只有少数人能消费得起,例如一件刺绣、木雕作品价格上万元。这就造成了消费群体的两极分化。然而,中端消费人群是最具消费实力的群体,传统工艺品市场应对此类人群有更多的关注。

三、传统工艺品牌化建设与创意设计结合的案例

创意设计是通过一定的造型形态来表达设计意图的创造性行为,除了包含有物质技术的内容外,还是一种高层次的艺术思维活动,这不可避免地要受到文化因素的深刻影响。传统手工艺品从一件“作品”转变为“产品”,是将所制作的一件作品当作“艺术品”销售的思维向“市场化”思维转换。我们在生产一件手工艺品的同时,首先需要了解市场,掌握目标群体,然后再有针对性地设计产品,在市场上寻求突破。如今,传

统手工技艺的发展通过国家扶持、非物质文化遗产的传承保护、文化产业的相关政策、旅游业的市场带动等途径，取得了一些可喜的成绩，在可持续发展的道路上，未来还有很多可能性。

近年来以名人、设计师牵头，以跨界合作共同进行资源整合、推动传统工艺发展的方式，为传统工艺发展注入了活力。通过品牌的建立，产品设计的优化及市场推广，以及设计师与传统手工艺人及消费者的有效连接，促进了行业的发展。

2016年8月29日，中国原创设计代表品牌“看见造物”携手京东众筹与太火鸟，发起“民艺复兴，看见初心”行动，旨在以“为手艺人代颜”为视角，通过覆盖互联网、设计、艺术、金融等公共领域的品牌影响力，让更多人支持传承中国传统工艺与匠人文化，为手作传承寻找现代社会的新生。

占据社会主流的新中产阶级，主导了当下消费升级的风口。花钱消费，不再是单纯的购买行为，人们希望通过消费感受到价值认同和共通的品牌气质，并注重生活美学体验。“为手艺人代颜”将那些熟悉又陌生的精湛工艺及传承人故事重新纳入公众视野当中，在传统文化与现代生活之间达成精神共鸣。

著名音乐家朱哲琴于2009年参加了联合国“世界看见”民族文化保护与发展亲善行动，并在2012年团结匠人、设计师、产业人士延伸出“看见造物”的品牌愿景，继而推出“看见民生——中国新品质”的当代生活产品系列，以手作与设计结合制造原创生活产品，获得市场追捧购买，让弥足珍贵的手工匠人得以生存发扬。同时将销售额10%的利润捐助到“世界看见——‘1+5’民族文化传承计划”，以当地一名老传承人带五个年轻人的方式，切实支持匠人工坊保护部分中国传统工艺，使其得以存活。

除此之外，还有由设计师蒋琼耳与法国爱马仕集团携手创立的当代高尚生活品牌“上下”。以“家”为原点，“上下”的每一件作品都呈现出当代设计、中国文化以及最上乘的品质，演绎绚烂而平淡的现代雅致生活。“上下”品牌的产品将中国传统元素与当代设计充分结合，通过“家”的概念打造家居、服装等产品，有竹编、陶器、瓷器等。

除了将消费人群定位为高端用户，在传统工艺振兴过程中，还有不少通过资源整合促进当地传统工艺发展的例子。例如，重庆的壹秋堂夏布坊，依托重庆荣昌夏布制造技艺这一国家级非物质文化遗产项目，从原料加工到成品设计，从简单的布料到加工复杂的工艺品，涉及家居产品、服装、日用品、纪念品等多个方面，将夏布的文化、艺术、实用价值发挥到极致，成了荣昌的一张名片。产品贴近生活，关注普通消费人群，这是资源整合与创意设计为传统工艺发展注入的希望。

同样的例子还有位于杭州的“From余杭融设计图书馆”。该图书馆是非营利组织,分为四部分,第一部分是中国传统材料图书馆,把历年对传统手工艺的研究,对材料的解构与分解,陆续进行整理,在图书馆向设计师公开;第二个部分是设计图书馆,有100位设计师推荐和捐赠书籍;第三部分是设计概念店;第四部分为设计展空间。通过设计图书馆这个载体,余杭周边的传统工艺得到了很好的推广。

这些项目将中国传统元素与当下审美相结合,挖掘传统内涵,值得借鉴和思考。因此,在传统手工艺的传承与发展过程中,我们要以文化品牌的产品形式面向消费人群,找准市场定位,将品牌化建设与创意设计结合,通过对产品本身及周边产品的设计,创造出符合社会审美观和功能需求的产品,使传统手工艺产品融入日常生活,让传统工艺发展充满生机。

世情与俗趣的诗意书写
——明清戏曲小说美学精神的近代转型[①]

张 冰[②]

摘 要：明代中晚期，中国美学出现近代转型。这种转型的深层基础是当时的经济发展、商业活跃和城市繁荣。它的具体表征是审美通俗化取向的出现，小说、戏曲等俗文艺走到历史前台。在对俗文艺的写作及理论构建中，明清士子表达了对百姓日常人生诗意的肯定以及对俗文艺社会功能的肯定。虽然明清美学通俗化取向在一定程度上可以与19世纪末以来的现代美学价值观念相对接，但就其自身而言，并没有突破以儒学为主、三教合流的传统文化和思想框架。

关键词：俗文艺；市民阶层；劝世；审美通俗化；戏曲与小说

明代中晚期，由于经济发展，出现了前所未有的资本主义生产关系萌芽，在这一社会基础之上，美学的自然发展流程中也出现了所谓的“异端”，具体表现为冲破儒学禁锢的重重藩篱，走向崇性灵、逐意趣；尚激情、纵享乐；轻雅正、倡通俗等与正统观念相悖的新潮流。论及这种新变，戏曲与小说美学理应占有突出位置。一代又一代之文学，唐诗、宋词、元曲、明清小说，这是谈到传统时我们自然会例数的文化瑰宝。这种说法表明，到了明清时期，能够代表时代美学取向的，不是被奉为文学正宗的诗歌，而是小说。它取代诗歌，成了那个时代的符号。谈到戏曲，徐渭的“四声猿”，汤显祖的“临川四梦”尤其是《牡丹亭》，常让人津津乐道。戏曲与小说存在共通性，它们都有广泛的欣赏群体，在雅俗二分中，都属于俗文艺，它们进入美学的视野，体现了明清以来新美学观念与价值的孕育。因此，我们把它们放在一起来考察美学走向近代的转型新趋势。

①本文系西南大学2016年度中央高校基本科研业务费专项资金项目创新团队项目（SWU1609104）。原载于《社会科学战线》2017年第2期。

②张冰，西南大学文学院教授，研究方向为文艺学基础理论。

一、市民阶层的崛起与美学通俗化转向

每个时代的思想文化都由当时的社会状况所决定，有怎样的社会，就会有与之相适应的思想。明代中后期美学新变的萌生，与当时社会血脉相连。简言之，明中晚时期，由于经济发展、商业繁荣、城市兴起，催生出雏形期的市民社会，市民阶层的文化逐渐占据显著位置，由此给整个社会吹来一股清新之风，促成审美趣味通俗化、娱乐化的近代转型。

市民文化、市民文艺的繁荣，并非自明代开始，宋人孟元老在《东京梦华录》中曾记载过都城汴京商业和市民文化的盛况：勾栏瓦肆五十余座，大者可容数千人，瓦舍中货药、卖卦、饮食、令曲等无所不有；早有早市，晚有夜市，歌馆楼台，夜可继日。京瓦伎艺，李师师、封宜奴的小唱，任小三、张金线的傀儡戏，杨中立、张十一的讲史，王颜喜、盖中宝的小说，孔三传的诸宫调等不可胜计，观看者“不以风雨寒暑”“日日如是”。[①]张择端的《清明上河图》更是为我们提供了一幅东京梦幻般繁华的史诗画卷。汴河边店铺林立，彩楼相对，旗旆相招，市民生活多彩多姿。在这种市井氛围中，新的艺术样式，如杂剧、平话等悄然兴起。这些新艺术娱乐性强，故事曲折，语言通俗，题材往往是一些佛经故事、野史传奇、爱情、公案等。然而它们并不被时人所重视。韩进廉在《中国小说美学史》里曾提及宋代一则故事：苏轼为胡微之的传奇《芙蓉城传》配长诗《芙蓉城》，王安石见而技痒，挥毫奉和，却又说：“此戏耳，不可以为训。”[②]

对俗文艺的这种轻视态度到了明代中期发生了很大变化。这与当时城市经济和商业繁荣以及由此引发的整个社会观念的变迁直接相关。明朝立国近三百年，明初主要致力于战后的生产恢复，经过百余年的社会承平和经济积累，到了明中期，社会经济达到前所未有的昌盛，出现了资本主义萌芽。农产品商品化，经济作物大量种植，脱离农业生产的单一手工业者大批出现，人口往往聚集在一个区域，形成市镇等。相较于前代，明代城市数量多、规模大，并有从封建城市向近代城市转型的迹象。人口过百万的城市有北京、南京、苏州、开封等，主要城市有50余座，小市镇则有数千个。工商业初具规模，出现工业区，如松潞纺织区、苏杭丝织区、芜湖染布区和宣山制纸区等。与之相应，国家政策也做出调整，鼓励经商。据史料记载，明朝政府在下发的劝农诏谕中，鼓励农民农闲时经商，“生意”一词在小说中开始出现。[③]为保障流动到城市的商

①(宋)孟元老.东京梦华录[M].郑州：中州古籍出版社，2010:89.

②韩进廉.中国小说美学史[M].保定：河北大学出版社，2004:69.

③陈宝良.明代社会生活史[M].北京：中国社会科学出版社，2004:38.

人和手工业者的权益,国家还进行了户籍改革,除民籍外,增加客籍和商籍等。在经济洪流的冲击下,社会阶层也出现新变。明人姚旅才曾提出"二十四民"说,即在传统的士、农、工、商"四民"外,增加了医者、卜者、娼家、小唱、优人、杂剧、弈师、驾长等,新增之民,都属于不稼不穑之民,换句话说,都属于城市阶层类型。这意味着,随着经济发展,社会结构已发生深刻变革,市民阶层开始崛起。相应地,他们的文化、价值取向、审美趣味等必然会成为时代文化的重要组成部分。随着他们在经济上具有越来越多的主动性,在社会中发挥的作用越来越大,其文化选择自然也会走上历史舞台。

相比于精英阶层对诗歌传统的热忱,市民阶层更容易接受的是通俗文艺。这种通俗性体现在两个方面:其一,从题材内容上来看,通俗指的是文艺再现的生活,往往是百姓日常人生。这是因为市民阶层对国计关注少,却对民生喜闻乐见。其二,从语言形式上来看,多用白话。这是因为市民阶层受教育不多,对文言接受有难度。在这种需求下,戏曲、小说等通俗性艺术样式备受青睐。不仅如此,艺术对于市民阶层而言,其意义和作用也与精英理念大不相同。中国正统艺术观是诗学传统,它基于士大夫的精英立场,虽以抒情为特质,但这种情,不是日常生活的世俗情感,而是"以一国之事,系于一人之本",是把国家大事借一人之口传递。这种诗学理念,强调精英对大众的感染和教育,体现士大夫的家国意识和忧患情怀。然而,市民阶层对这些宏大主题的兴趣不大,他们更感兴趣的是娱乐性强的艺术品,对他们来说,诗歌里的家国忧思距他们的世界有些遥远,读小说、听戏,也不是为了受教育,而是为了闲暇时光的打发和日常生活的享受。正是在这种氛围中,不同于正统观念的新美学旨趣得以孕育,通俗化取向浮出历史地表。

然而,仅仅是市民阶层喜爱,还不足以完全扭转社会的审美风尚,在这一过程中,文人的力量是不可忽视的因素。明代中晚期,社会人口激增,但科举名额并没有随之做大幅度调整,这就使得当时的科举考试成了千军万马过独木桥,能中举者十分有限。很多人皓首穷经,也难金榜题名。文徵明曾描述过大部分士子在当时的生存状态:"有食廪三十年不得充贡,增附二十年不得升补","白首青衫,羁穷潦倒,退无营业,进靡阶梯,老死牖下"。[①]这种看不到前途的科举制度使很多士子放弃通过科举改变命运的生存方式,改投其他方式,于是经商和转成职业文人成为他们的选择。这使明代产生两种突出的现象。其一,士商互动成为时代景观。很多商人出身儒门,这使明代出现

①(明)文徵明.甫田集(卷25)[M].文渊阁四库全书影印本:5.

大批文化商人,他们促进了当时文化市场的繁荣,同时也提升了商人的整体文化水平和社会地位。其二,职业文人出现,改变了艺术正统观念。这是因为,职业文人的创作是一种面向市场的活动,他们的作品,不仅是个体性灵的书写,同时也需要考虑市场需求。当市场购买方(市民阶层)需要的是通俗化、充满趣味性、娱乐性的产品(作品)时,文人作为售卖方,只能提供符合其要求的产品。

历史的书写是由文人知识分子完成的,因而在书写过程中,他们会自觉不自觉地依照自己所处环境来审视和思考世界,并将自身所处群体的行为合法化和崇高化。当文人市民化,成为商人或职业文人,他们会很自然地为商人和通俗艺术辩护,提高其社会和文化地位。随着文人士子对通俗文艺的参与和认同,并从学理上论证它们的价值,审美趣味的近代转型在明代晚期变得清晰可见。于是我们发现,明代开始出现文人独立创作小说,整理民间歌谣,编纂传奇,评点小说、戏曲等现象,并且在明清文人的笔下,小说、戏曲不再是宋人所认为的不足为训的游戏之作,而是经外别传、有补于世的精品。陈继儒评《例国志传》:“与经史并传可也。”①袁宏道评《金瓶梅》:“云霞满纸,胜于枚生《七发》多矣。”②戚蓼生赞《红楼梦》:“如《春秋》之有微词,史家之多曲笔。”③曾经难登大雅之堂的通俗文艺,在明清文人的视野中,被看作是可以与儒家经典《春秋》、史书一样流传,比汉赋代表作枚乘的《七发》还要精彩的作品。在这种价值判断的背后,传统文化中固有的雅俗二元对立观念被模糊,俗文化获得了新的定位。

雅与俗,从很早开始就存在着泾渭分明的界限。孔子曾说:“恶郑声之乱雅乐也。”(《论语·阳货篇》)郑声是指通俗音乐,雅乐则指庙堂音乐。郑声乱雅乐,一定程度上暗示了雅俗的分野和对立。这种观念和价值判断一直贯穿于中国传统文化中。无论是音乐,还是其他艺术和文化样式,雅都属于精英和贵族,俗则属于民间和市民,雅意味着雅正、有品位和经典,俗除了意味着通俗、平民化外,还意味着品位低下、瑕瑜互杂。俗文化、俗文艺一直作为潜流在历史长河中流淌。然而,在明中晚时期,情形却发生了逆转。商品经济的发展、城市的繁荣,使市民阶层和他们的俗文化进入历史的视野。原本属于精英阶层的文人也参与到通俗艺术的创作中,为俗张目,肯定俗的价值,认为通俗文艺与高雅艺术一样,源自儒家经典,是其变体,同样对民众和社会起到教育、感发和移风易俗的作用。并且俗文艺比高雅艺术具有更多优越性,它更贴近百姓生活,

①朱一玄.明清小说资料选编(上)[M].天津:南开大学出版社,2012:4.

②朱一玄.明清小说资料选编(上)[M].天津:南开大学出版社,2012:4.

③朱一玄.明清小说资料选编(上)[M].天津:南开大学出版社,2012:4.

通俗易懂，百姓更容易接受和理解。很明显，在晚明新的历史语境中，中国传统审美趣味高雅化走向的自然发展出现了拐点，对通俗文艺的重视和肯定成了新的审美选择，美学通俗化取向逐渐形成气候。

二、从庙堂走向民间

明代中后期美学通俗化取向的凸显，是由当时社会和经济状况所决定的，然而这种凸显，实际上又具有总体性。也就是说，在社会和经济发生变革的基础之上，整个社会意识领域都会出现相应变化，各种变化彼此呼应，相得益彰。晚明审美趣味近代转型的出现，是当时社会文化整体发展趋势的一个重要组成部分，与时代的政治、艺术、文学等多方面的发展都有密切联系，尤其与当时的哲学思想关联更是紧密。明代的代表性哲学是阳明心学，它及其后继发展出来的泰州学派为美学通俗化走向提供了有力的理论支持。

明代哲学、美学以及文艺都是在中期之后逐渐崭露时代个性。阳明心学就产生于这一时期。王阳明是明代传奇人物之一，文治武功俱称于世，曾带领一群文吏和裨将小校剿灭巨寇，仅用时35日即平定宁濠之乱。然而由于当时朝政混乱，王阳明的仕宦生涯多遭磨难，军功被冒领，惨遭廷杖几乎丧命，曾因直谏犯君下狱，贬斥贵州，还曾被迫闲居讲学。但正是宦海沉浮成就了独与天地精神往来的王阳明。据史料记载，谪居贵阳龙场驿时，王阳明中夜“大悟”，明格物之旨，心外无理，[①]次年始论知行合一，晚年论“致良知”。这是阳明心学非常重要的三个方面。对格物致知的阐发是他与宋儒分道扬镳的开始，也是他哲学的立论基础，知行合一使其思想充满行动性。致良知是其晚年论学宗旨，也是知行合一精神的具体体现。随着阳明心学影响越来越大，他思想中包孕的近代维度被后来的继承者踵事增华，进而促成明代思想的转型。具体说来，可以阐发为如下几个方面：其一，主张心外无理，理在人心。人皆有心，因而人人皆可达理和成圣。这种观念意味着一种转折，它取消了圣人与普通人的等级区分，暗示了社会关注重心的下移，即由社会上层转向民间大众，从观念层面肯定民众的价值。其二，心是本体，它具有道德性，是良知之心。人心具有良知，故而所行之事无不中理。心作为本源，是依据，因此心是真、是善，以此为基础，能够生发出重真心、真情的新维度。其三，吾性自足。因此，求理就不假外求，只需修我即可。传统士大夫的价值观念

①王守仁.王阳明全集(下).[M].吴光，等，编校.上海：上海古籍出版社，2011：1354.

是修齐治平，即实现“内圣”“外王”，而在阳明心学这里，转向了内部，即价值实现不在外在的齐家、治国、平天下，而只在自我提升。这在一定程度上意味着放弃对“外王”的追求而回归自我。这种对“内圣”的探寻与张扬自我等现代价值有相通之处，也是后来泰州学派王艮、颜山农、罗汝芳及其后学李贽、袁宏道等人所竭力彰显的面向。其四，“内圣”，即自我之修，包括修身和修心。阳明对心的强调，一定程度上使修身成为他思想的点缀品。这就能解释王阳明自己的行为，饮宴时必有妓女相伴，却并不妨碍成圣，因为“心不动”。对修心的强调，对修身的忽略，就使人缺少了外在约束，为明代文人行为上的大胆和放浪形骸提供了理论支撑，为通向个性解放、自由等现代意识铺设了道路。

王阳明之后，以其弟子王艮为代表的泰州学派以及他们影响下的士子，如李贽、“公安三袁”等，突出了阳明心学中拓民间、重心灵、崇内在自由的维度，打通了“俗人与圣人、日常生活与理想境界、世俗情欲与心灵本体”①之间的界限，肯定日常生活与世俗情欲的价值，从而挑战了当时的正统观念和社会秩序。这种走向世俗人生、不再关注庙堂观念的最有力的倡导者便是李贽。在哲学上，李贽倡导“异端”，反对迷信孔孟，反对以孔子之是非为是非。在美学上，他主张真心真情，提倡“童心”，反对人工和情伪。他指出“童心者，真心也”，“绝假纯真，最初一念之本心”，②这种纯真的童心，是没有受到任何道理闻见影响的本心，是人的初始情感。道理闻见则指儒家正统思想，它们来自后天学习。李贽认为，正是这些道理闻见，使人成为假人，写出的文也是假文，如果欲使童心不失，则需防道理闻见的侵入。这是对儒家思想旗帜鲜明的批判。由美学到文学，在李贽看来，《拜月亭》《西厢记》是真文，是能夺天地之“化工”。这两部戏都在才子佳人模式中表现出追求自由的婚姻和爱情，反对封建礼法，反对等级制度等观念，又都属于通俗文艺。李贽对它们的肯定，是对通俗文艺的肯定，也是对反封建的解放意义的肯定，同时还是对民间及其审美趣味的肯定。

从王阳明到李贽，一条从哲学、美学到文学的世俗化、通俗化的近代思想启蒙线索清晰可见。阳明心学放弃了对君主知遇的幻想，将希望寄托于民众，主张人人皆有良知，修道是反求诸己的过程，从而转换了哲学关注的重心，以心为本体，使明中晚期之后的哲学聚焦于对心灵的解读、对人人皆可为尧舜的向往，暗示出民众的价值。泰州

①葛兆光.中国思想史(第二卷)[M].上海:复旦大学出版社,2001:317.

②(明)李贽.焚书续焚书[M].北京:中华书局,2011:146.

学派的王艮、罗汝芳等人将哲学方向引向民间，认为"百姓日用即道"，[①]"圣人之道，无异于百姓日用"，[②]消除圣人与百姓之间的距离，肯定大众的世俗人生，歌颂"赤子之心"。[③]李贽接过左派王学的价值观念，更进一步从美学、文学等角度将这些观念普遍化、践行化，反对对儒家正统思想的执迷，反对文学和美学上的复古主义，肯定通俗文艺，甚至把《水浒传》称为忠义发愤之作，有国者不可不读。李贽之后，这条启蒙线索继续向前延伸。汤显祖的"至情'，"公安三袁"的"性灵""师心不师道"，李渔的情色描写，金圣叹的才子书，石涛的"法由我立"，曹雪芹的"情种"等，都不同程度地脱离了儒家正统规范的轨道，体现出个性解放、情的释放，出现了从庙堂走向民间的近代倾向。

三、世俗人生的情与真

新的视野开启新的天地。明代从社会、思想界到文艺内部的各种变局，使精英文艺和美学观念陷入困境。然而危机也是契机，正是社会各个层面的转型为精英文艺汲取新资源提供了机遇，倒逼精英阶层选择另外一种视角，重心下移，回到民间，重新思考艺术的真谛。这带来晚明文艺崭新的面貌。具体而言，随着正统美学观念和文艺的式微，明清文人在小说和戏曲这两种通俗艺术样式里发掘出艺术发展的新路径，进而也将它们带入新境界，这不仅促进了小说戏曲在创作上前所未有的繁荣，而且在理论话语方面也颇有建树，共同表现了美学的近代性。

无论是小说，还是戏曲，都不是明清时代的新发明。就小说而言，东汉时期，班固在《汉书·艺文志》中已经对小说做过颇有影响的探讨："小说家者流，盖出于稗官，街谈巷语，道听途说者之所造也"。当我们追溯小说源流时，常会提到秦汉神话、魏晋志怪、唐传奇、宋话本等。就戏曲而言，王国维考证，戏曲源自俳优，但二者有区别。俳优"以歌舞及戏谑为事"，汉代之后间演故事，而能够"合歌舞以演一事者"，肇自北齐。[④]这是戏曲的萌芽状态。唐有参军戏，宋有滑稽戏，金有院本，元有杂剧。然而，只有到了明代，这两种艺术才大放异彩。虽然在金元时期，戏曲已经成熟，出现了董解元《西厢记》诸宫调与"荆刘拜杀"、高明《琵琶记》、关汉卿《窦娥冤》、王实甫《西厢记》等，但主要是北曲繁盛，南曲为主的传奇并不完备；明代则是南北曲并驱发展，因此从戏曲形式上

①(清)黄宗羲.明儒学案[M].北京：中华书局，1985：710.
②(清)黄宗羲.明儒学案[M].北京：中华书局，1985：714.
③(清)黄宗羲.明儒学案[M].北京：中华书局，1985：763.
④王国维.宋元戏曲史[M].上海：华东师范大学出版社，1999:7.

来说，明代戏曲更臻完善。还值得注意的一点是，无论是小说还是戏曲，我们今天所能看到的明前作品，基本上都经明人整理。戏曲自不待言。明太祖朱元璋非常重视戏曲，责令有司整理修订，元刊杂剧全本成于晚明。小说四大名著中的三部《三国演义》《水浒传》《西游记》，明前或口头流传，或部分形诸文字，但都完善于明人之手。明代是小说的时代，这不仅体现在文人长篇小说的创作，前代小说的整理、编纂上，同时也体现在戏曲的“小说化”上。随着商业繁荣，明代真正进入了印刷时代，小说钞本流传模式被大量印刷所取代，本来供表演参考的戏曲脚本，也借助大量刊印获得更加广泛的流传。这在一定程度上改变了戏曲的存在方式，使之向小说靠拢。在这种文化语境下，明清文人透过小说、戏曲，将自己的价值诉求表达出来，成为一个时代的标志性景观。在这种价值诉求中，对情与真的探索最为突出，并且，这种情与真与对世俗人生的诗意肯定紧密联系在一起，从而为后者注入了新的意义。

对“情”的思考。在明清文人的笔下，情是本体，是构成天地人“三才”的基质。天地有情，故而生万物，万物有情，故能生生不息。不仅宇宙有情，人亦有情。“人生而有情”，[①]“人生堕地，便为情使”。[②]因此，情是成人的肇端，人生由有情开始，有情是人之所以为人的特质。艺术作为人性灵的产物，处处显现的都是情。戏曲小说最美处，正在于对情的书写。汤显祖叹《牡丹亭》：“天下女子有情宁有如杜丽娘者乎。梦其人即病，病即弥连，至手画形容传于世而后死。死三年矣，复能溟莫中求得其所梦者而生。如丽娘者，乃可谓之有情人耳。情不知所起，一往而深，生者可以死，死可以生。生而不可与死，死而不可复生者，皆非情之至也。”[③]杜丽娘为情死，又为情复生，是《牡丹亭》最生动之处。李渔也认为，戏曲之美在于情。然而，这种情与正统诗学观念的抒情传统有别。正统诗学观所抒之情，是借个人之口，抒家国忧思，因而具有社会性和集体性。但明清文人视野中的情，是日常生活中的私情，是世俗人生的儿女情长，是爱情，也是激情，甚至是自然情欲。这种情，带有强烈的个性解放色彩，一定程度上是对封建礼教的挑战。杜丽娘眼中没有家国等集体性情感，只有灵肉交织的爱情；《金瓶梅》里几乎没有正常的情爱，更多的是人的自然欲望；《浪史奇观》以情欲结篇，说尽主人公梅彦卿一生韵事。这种书写方式直接是对“发乎情，止乎礼义”正统观念的突破。

对“真”的思考。明人对“真”的思考，也是由人及文。李贽认为，真人方能做真文，

①（明）汤显祖.汤显祖全集（二）[M].北京：北京古籍出版社，1998：1188.

②（唐）徐渭.徐渭集（第四册）[M].北京：中华书局，1983：1296.

③（唐）汤显祖.汤显祖全集（二）[M].北京：北京古籍出版社，1998：1153.

因此真人是前提,他提倡“童心说”,诗化初心。受他影响的袁宏道提出“真人”,这种人“无闻无识”,没有受到礼教闻识的淫染,没有理障,故能发真声。真人发真声,才有真文。董其昌说:“凡文章必有真种子”,①“真”是文章的主宰。这种“真”包含多个层面。在历史演义类作品里,这种“真”是指事真,即以历史事件为依托,在此基础上敷衍,有据可查。如《三国演义》,实写帝王实事,真实可考。在虚构类作品里,这种真是指理真,是指作家的想象要符合人情常理。世情类作品自不必言,本就是对日常生活的书写,自然会以符合人情世态为准的。即使是像《西游记》这种神魔小说,神魔妖怪的生活情态也与现实生活相类。例如,阴间崔判官营私舞弊,如来佛的亲戚为非作歹,猪八戒好色贪吃,唐僧胆小怕事、懦弱啰唆等,都是在作家营造的奇幻世界中曲尽人情世态。真还指自然真实。艺术究其实是人想象的产物,是人的创造,在人工处不见人工,巧夺天工,就是自然,也是真实和真挚的表现。金圣叹夸赞《西厢记》是“天地妙文”,②并非《西厢记》真由天地创造,而是自然真实,看不出雕琢痕迹。贺贻孙说:“大文必朴,……修辞立诚。朴诚者,真之至也。”③真正的真,是朴质,是自然,是真纯。

情与真作为两个重要范畴,二者只有结合在一起,才能使我们对明清文人的思考有完整认识。由情看,是真情;由真观,是情真。在小说和戏曲世界里,表现的情,有真情,追求的真,有情真。冯梦龙整理过俗俚歌调,他指出,由于诗坛尚雅,民间流行歌谣无法被收录,然而这些歌曲虽属于郑卫之声,但表达的感情却十分真挚,是性情之响,因此有整理收录的价值。章学诚认为:“凡文不足以动人,所以动人者,气也。凡文不足以入人,所以入人者,情也。气积而文昌,情深而文挚;气昌而情挚,天下之至文也。”④真正的好文章,是情意深挚、有感染力的作品。

在对小说戏曲的理论探索中,明清文人一定程度上突破了美学正统观念长久以来对他们的束缚,没有让艺术生于民间、死于庙堂的命运重演,而是依据俗文艺固有的特质来思考,肯定通俗化带给艺术的新生命力,肯定世俗人生本身的诗意。他们激赏小说戏曲世界里的情与真,比背负着沉重历史文化包袱的高雅艺术更自然、更诚挚,虽然通俗,但俗得生动、俗得活泼、俗得有趣,给艺术发展带来了新曙光。

---

①北京大学哲学系美学研究室.中国美学史资料选编(下)[M].北京:北京大学出版社,1981:149.

②北京大学哲学系美学研究室.中国美学史资料选编(下)[M].北京:北京大学出版社,1981:200.

③北京大学哲学系美学研究室.中国美学史资料选编(下)[M].北京:北京大学出版社,1981:297.

④(清)章学诚.文史通义校注(上)[M].叶瑛,校注.北京:中华书局,1985:220.

四、文人劝世情怀的延伸

小说戏曲进入历史的视野，与明清文人的介入有直接联系。文人士子借助自身享有的话语权利，使俗文艺在美学中占有一席之地。然而，也恰是因为文人的介入，他们与生俱来的精英情绪，必然会影响到对俗文艺的理解，因此俗文艺在进入美学视野时，虽然仍旧沿着自己的轨道独立发展，但也不可避免地被点染上精英文艺的色彩。

明代统治者从蒙元手中接过政权，为确立合法性，在文化上推行复古主义，崇尚“存天理、灭人欲”的朱熹理学。文坛与之相应的是前后“七子”的复古主义，他们主张“文必秦汉，诗必盛唐”。在这种纲领的引导下，精英文学就像“摹临古帖”，到处都是“古人影子”。复古主义使文坛死气沉沉，假声假文。这种情形下，一些渴望突破的文人选择“异端”，从心学、民间等多个视角寻求突围。小说戏曲被挑选出来，它们固有的乡土气息，大胆、自然、真率的情感表达方式，成为医治已经变得虚假的精英文艺的一剂良药。

当俗文艺被视为医治精英文艺的良方，这在一定程度上意味着它被转换成精英话语的延续。于是我们看到，文人士子在俗文艺中开掘出的，仍然是正统美学观所需要的价值。他们认为俗文艺情感真实、自然，对生活的再现生动活泼，可以看作是经典的延续。李贽的观点比较有代表性。在他看来，六经、《论语》、《孟子》是假人假文的源头。反之，诗文不必尊古，质文代变，六朝诗文、近体诗乃至传奇、院本、杂剧等戏曲样式、小说等，都是好文章。肯定俗文艺由经典衍变而来，这为文人们从正统美学观念审视俗文艺提供了合法性。他们的阐释活动也恰好能够证明这一点。汤显祖认为，戏曲“可以合君臣之节，可以浃父子之恩，可以增长幼之睦，可以动夫妇之欢，可以发宾友之仪，可以释怨毒之结，可以已愁愦之疾”。①戏曲用生旦净丑几个角色，演尽世间离合悲欢，教化百姓，使君臣相和、父子相洽、长幼相亲、夫妻相顺、朋友相敬，疏导怨愤愁闷之情。汤显祖对戏曲功用的这种表述方式，是自《毛诗序》以降儒家诗教观念最传统的表达模式。除此之外，很多评论人如犀脊山樵、西湖散人、王希廉等人评《红楼梦》，也常会用微言大义、不失温柔敦厚之旨等儒家诗教规范语汇来解读俗文艺。

之所以会出现这种情况，与文人士大夫传统有直接关系。自先秦时始，中国士阶层就具有了自己的特征，用余英时的话来说，就是“过问恺撒的事”，②即关注和参与整

①(明)汤显祖.汤显祖全集(二)[M].北京:北京古籍出版社,1998:1188.

②(明)余英时.中国知识分子论[M].郑州:河南人民出版社,1997:9.

个社会的管理和建设。在这种文化观念里,文学和艺术不是个人独白,而是有着明确的道义责任。作为道统和文统的掌握者和引领者,士大夫需要借助文艺实现他们对社会秩序的规划。于是在中国传统艺术观念里,工具论一直是比较突出的面向,文艺被视为教化民众的一种手段。戏曲小说作为俗文学,虽然生于民间,但当文人介入时,其特有的劝世情怀作为强大的文化历史惯性,自然会闪烁其间。

俗文艺来自民间,贴近百姓生活,情感表达自然真率,语言浅显晓畅,没有精英文艺的刻意雕琢,这些都是它的长处,然而与之相伴随的是内容的庸俗芜杂。戏曲表演里常常穿插其间的低俗插科打诨,世情小说中对性的自然主义描写等,具有明显的感官享乐主义倾向,这些都与精英文艺的高雅品位不相容。如何解决这种裂痕,也是明清文人的理论任务。一般说来,明清文人主要采取两种方式。其一是有意忽略这种低俗,将之视为自然真率的题中之意。如冯梦龙收集民间歌谣编成的《山歌》,主要以私情为主,很多内容直白粗俗,但他却认为这正是乡野俚曲真率的表现。其二是把这种低俗内容进行价值转换,将之视为劝世的手段。这从很多明清小说结尾就可以看出,无论在作品中描写了多少淫秽之事,最终都要归于对世人的规诫、对俗世的超越。明清文人也往往以这一立场来展开批评。在他们看来,像《金瓶梅》《品花宝鉴》《青楼梦》《隋炀帝艳史》等作品,虽极摹人情世态,但都曲终奏雅,劝世人有所惧、有所警,归以正路。

虽然明清文人认为当时的戏曲小说在世俗的自然主义描写中,包蕴着对现实人生的劝诫和规训,但这并不能洗清一种嫌疑,即对自己生活另一面的粉饰。明代文人,由于国家富足,整体生活都趋向享乐主义。袁宏道在给友人的书信中提到人生有不可不知的五种"真乐",①包括极声色、口腹之欲,高朋满座、朱环翠绕,金银无忧、继以田土,寄食娼家而恬不知耻等。张岱曾描述过自己少年时的纨绔:"极爱繁华,好精舍,好美婢,好娈童,好鲜衣,好美食,好骏马,好华灯,好烟火,好梨园,好鼓吹,好古董,好花鸟……"②这种享乐主义与儒家颂扬的孔颜乐处完全不同,它是对温柔富贵的市井繁华的深深眷恋。而这种眷恋会投射在文人的各种活动中。明清时代的俗文艺的一个显著特征,就是文人参与、文人创作、文人刊印、文人阅读、文人评点,这意味着,虽然是俗文艺,但传播的圈子其实是精英圈,对民众的规诫也许只是一个幌子,只不过是精英阶层为逃避自身世俗化找寻的一个可以明言的借口。

①(明)袁宏道.袁宏道集笺校 上[M].上海:上海古籍出版社,1981:205-206.

②(明)张岱,(清)昌襄.陶庵梦忆·影梅庵忆语[M].北京:文化艺术出版社,2015:9.

任何一种历史现象的出现都是诸因素合力的结果。明代中晚期审美取向的近代转型，是商品经济大发展、城市繁荣、市民阶层崛起的必然结果，是文人生存状态转变，开始世俗化、市民化的结果；是当时社会小环境政治松弛、朝野混乱、民心涣散的结果，也是封建社会走到末世，自身生长出对抗性力量的结果；是儒家正统观念寻求新变，解决自身困境的结果，也是文艺内部精英观念发展陷入困局，向民间寻求生命源泉的结果。多种力量交汇在一起，带来晚明以降中国美学和文艺新景观。我们强调这种新景观具有近代性，是因为它们的通俗化取向，对百姓日常人生的关注，对白话语言形式的肯定，以及对大众的启蒙教育等观念能够直接与19世纪末以来的中国美学、艺术发展相对接。从最明显的方面来看，中国文化的现代转型是在民族危机出现的被动情形下发生的，是在接受了西方影响后，对民族图存现实的一种被迫应对。在很长一段时间里，美学和艺术的现代性构建，也是在这一思路框架下得到诠释的。然而，我们又不能不看到，早在明清的小说戏曲世界里，已经存在一股潜流，可以将历史的未来引向现代。在所谓的才子佳人幻境里，杜丽娘对性爱的渴望开启了个性解放的先河；孟丽君点将拜相，抗拒婚姻，凌驾夫纲之上，女权意识已有萌芽；贾宝玉对“文死谏、武死战”的怀疑与困惑，暗示了封建价值观的崩坍。在理论想象的视野中，明清文人重视通俗文艺，认为它们对百姓有规诫作用，这种观念与蔡元培的“以美育代宗教”，梁启超的以小说新国民，鲁迅“揭出病苦，引起疗救的注意”，文学研究会的“文学为人生”等思路可谓一脉贯通。因此，中国美学的现代转型，不能够单纯视为受西方影响的结果。然而还需补充的是，明清时期小说戏曲美学表征的近代转型，只是一种趋势，与后来的现代美学价值诉求之间有着完全不同的社会语境和话语逻辑。这种趋势，在当时没有真正脱离以儒家为主、三教合流的边界，只是一种边缘嬉戏而已。

审美形式的文化反思与当代书法标准的构建[①]

李阳洪[②]

艺术需要通过审美形式来实现,艺术家的审美体验、经验、认识、情感必须借助相应的外在形式来展现。审美形式是艺术美不可或缺的构成因素。从物质层面说来,书法形式是书法审美的具体化。清理形式发展的理路,对于书法评价标准的建设具有关键作用,而书法形式在当代发展变化较快,亟待进行深入探讨。

一、书法现代转换与评价标准的新语境

中国文化艺术的现代转换,绘画一门尤其突出。因为有同样的形色描绘,中国绘画对西洋绘画观念更容易接收和化用。书法自身的独特性决定了很难找到可资借鉴的艺术形式:书法不直接模仿自然物象,点画组合成字形,与绘画语言很难有具体形式的直接交集,更多的是内在造型规律的一致。西方基本造型技巧不会对书法形式特征有直接的引导,而现代艺术理论到达中国、对书法发生影响需要一个过程。现代以来,有的画家(如潘天寿、陈树人等)对书法结构的夸张应用并非主流,书法传统中既有的审美形式因为拓片传承的限制逐渐失落,而传统审美根深蒂固,主张把字形当作某些含义的附着,或者纯粹是一种经验图式,点画墨迹更是一种气质和气息的彰显。因为书法本身的实用意义,审美以干净整洁为第一位,中小学基础书写教育自不用说,高校美术学科中的书法课也只重视对绘画的基础作用和题跋需求,所以对书法形式主义的极致追求脱离了实用的艺术化、创作型的书写。

20世纪80年代,比赛性质的展览盛行,书法陈列以展厅为主,推动了书风的发展和形式主义趋向。"展厅效果"所要求的视觉张力、形式夸张、点画对比、空间开合,取代了书法点画内蕴的审美取向。传统形式的审美倦怠导致了书法评审重视形式的"新",

①本文为重庆市教委人文社科项目(15SKG044)、重庆师范大学博士项目(15XWB019)、中国博士后科学基金项目(2016M600178)阶段性成果。原载于《美术观察》2017年第2期。

②李阳洪,重庆师范大学教师,中央美术学院博士后。

求新求变的创作导向在短时期内直接推出了多种流行风格，这与西方现代绘画的发展如出一辙，与形式主义美学理念异曲同工。

如何看待这一时期的书法形式化、“美术化”的审美发展？今天我们回顾这一风潮对当代的影响，并希望能够在传统的点画、结构、章法的理论之外，找到更加具有包容性的理论，为当代书法标准的重新构建——这一新现象是回避不了的——做出更完善的阐释。西方形式主义美学的建构和理论发展或许能引导我们更加清晰、深入、透彻地认识这门古老艺术的发展空间，旁观者的印鉴也许更能映射出其本质。形式主义审美与书法现代探索审美形式有其自主性，在一个自在自为的世界中重建另一种法则，构筑新的人性化世界，折射出社会的异化状态以及自然与人的潜能。审美形式在艺术与现实间筑起屏障，抵挡技术理性的侵蚀，从而否定并超越了现实。这也是艺术进入现代阶段形式美学发展的内驱力。个体审美感知伴随着快乐，这种感受来自对作品审美形式的知觉，甚至只是对纯形式的直觉感受，与对象的材质、内容、目的都毫无关系。这与人的感性层面相关，艺术以形式存在，不需要范畴和理性的介入，对艺术家和观众皆是如此，尤其对于书法这样不以具体物象为对象的艺术门类而言更是如此。

现代艺术中的形式应用，若提炼成功，自然会应和到形式审美的规律。个体独特的形式采用，夸张的“这一个”，其实是某种形式规律的具体化和集中体现。书法进入现代审美转换时期，在当代产生了很多不同的审美形式。以“流行书风”为例，无论王镛碑派楷书的奇崛，李文岗、张羽翔帖派行草书的夸张布白，还是沃兴华的碑帖结合，都有着对结构的解构、变异、设计、重组的现象，是典型的现代形式美感。当然，他们笔下独特的造型突破古典书法结构，是否能称为经典还有待时间检验。

就评价标准而言，因为不遵循现实的法则，艺术必须以其内部系统的尺度进行评判：审美形式是“美”之所托，是艺术自主自为的内在规定性，是艺术的真伪优劣的准绳，必然成为艺术自律性的重要准则。作为评价标准的审美形式，我们必须要注意到对其锤炼的两个方面：一是陌生化，就是用另一角度来看世界。在对事物如此机械化地进行认知时，必然造成感觉迟钝，感性不起作用，审美也不会发生——在形式主义美学家眼里，陌生化是艺术审美发生的重要前提。现当代章草重新兴起的内在缘由与此有涉：借助出土文献，王蘧常遍临秦汉简牍、布帛、砖石、瓦当文字等，运用碑派技法，使其陌生化；李一在继承中以晋代楷书化人，增加字形内的险绝错落，拉大章法中的布白，造成形式的陌生化效果。

艺术家运用扭曲、变形、反常、夸张等手法将对象改造为所谓“新视像”，审美形式变得丰富、复杂，感觉难度和时间长度都会增加，创造了多样的审美感受。如邱振中的形式探索，越过平面构成，从三维的建筑、雕塑等艺术形式中进行借鉴，形成了某些独特的空间效果，当这一运用再融汇到传统结构中时，必然出现新的审美内蕴。陌生化不仅仅是为了造成跌宕起伏、轻重缓急、开合对比的书法结构形态、章法布局，在创造和接受方面也成为重新审视书法、重新审视美的一种途径。同时，陌生化引导艺术家和接受者“学会看”世界，甚至教导人们用一种批判性的眼光去发现世界。艺术的魅力往往并不在于所表现的对象，而在于如何去理解、表现对象，体验对象的艺术构成，即体验艺术本身。书法有着汉字这样抽象的表现对象，更是如此。

二、形式的专横

这可以理解为书法作品中的任何一个点画、一个字、一处章法的生成都不能更换，即一笔不可移易。形式主义美学家必然是形式要求的完美主义者：形式上的无法更改，才可能接近完美的极致。对形式完美的要求便是对艺术元素内在系统自律性的要求，这使得评价的标准转向了作品内部，以书法点画、结构形式的完善与否衡量作品是否完美。

值得一提的是，这样的形式追求并不是完全不理会内容的要素，也不是要跳入“技巧为王”的狭窄井底。毕竟，同样的内容可以用不同字体、不同的形式表达，同样的材质、情性可以有不同的应用、抒发的方式，而这些作品必然存在真伪、优劣的程度区别，审美形式便成为非常关键的评价标准：书法形式是否完整、和谐地融入同一节奏，是否天衣无缝地成为一件作品；书法形式的自主性、自律性和独特性是否得以饱满地阐发。当然，“形式的专横”也要求陌生化的手段符合视觉审美的规律和书法内在的规定性，当代注重形式意味的作品是否把握了这一规律，值得商榷。

三、书法当代评价体系中的形式审美反思

由于马克思主义美学在中国的传播，黑格尔“形式—内容”的二分法理性分析的影响一直比较大，易产生重内容轻形式的倾向，因此现代形式主义美学家探索有着艺术审美特质的理论，是非常有意义的。但他们强调美感经验、作品形式完整性、形式概念、技法的演变等，其作为最高层面的审美标准的合理性是需要值得追问的。贝尔的

理论有着很大的影响力,自康定斯基、蒙德里安以来,形式主义更加纯粹,各种形式层出不穷,但与生活越来越远,愈加无法表达人类情感,程式化的问题和缺陷逐渐暴露。形式主义的宇宙爆发完成之后,剩下的却是空洞和贫乏:仅把表现技巧当作艺术本体,艺术完全形式化,在这样的路上狂奔,最后必然只剩下难以直观感受的图式,从反对概念的理性思维跳回了理性概念介入解释的老路。形式主义完胜之后,现代的绘画艺术走向了滑坡,当代艺术登场。若想探究一番书法艺术的评价标准,必然不能从书法行为、书法装置艺术中去寻找("当代艺术"也不可能有具体的标准)。

因此,形式化进入书法的当代评价体系,除了注意到它的价值、意义、特性,还应该看到书法点画墨迹本身的内涵,注意其表达的自然和规范。运用陌生化的技巧唤起新的审美感受,绝不是趋怪出奇,不可与无故夸张、胡画乱描等而视之。注重形式构成的新颖,也必须达到使这种夸张的视觉形式"透明性"。即是说,极端形式的追求、形式的张力伸展必须让观众感觉是自然的,无论这种观感是震撼、强迫、刺激的,还是柔和、吸引、非强烈对比的。只有在长期探索和实验的基础上,才可能不突兀地彰显形式,或者说,作品中的特定形式是艺术家的风格选择、表达需要,是在不得不用、需要如此运用方能表达作者的情感状态下采用,以实现形式和情感的融合。这既需要理性的思考,更需要感性经验的随机生成,直至将形式的运用与书法作品的整体风貌如盐入水般融汇。

李泽厚曾将贝尔的形式理论理解为一种人的心理形式,文化不断积淀的结果——社会的、理性的、历史的东西累积沉淀成个体的、感性的、直观的东西。这与贝尔对纯粹形式自身的知觉并不在一个层面,但在某种程度上十分契合书法形式的审美衡量。当代书法在评价理论的构建中必须注意这一特点,辩证地探讨形式化审美的重要内容:一方面,书法形式本身具有的单纯"形式美",如何提炼当代书法视觉化图式的经典性,需要相应的理论深化;另一方面,当代书法艺术的形式审美,必然符合人类生理、心理特点,具有普世价值,同时又有自身的民族、文化独特内涵,由此衍生出新的审美形式,这对于书法创作、理论研究必是有益的推进。

作为现代国家手段的市场与传统：中印经典文本影视剧比较研究[①]

刘　静[②]

摘　要：冷战结束以来，绝大多数发展中国家迎来了一个相对稳定的长期发展阶段，这其中包括今天被誉为“金砖五国”的中国和印度。在这一发展过程中，以影视剧为重要代表的文化创意产业，开始逐渐确立自身在产业结构与参与全球竞争中的独特地位。就中印两国历史经典文本的系列现代影视剧翻拍的内容对比而言，故事主题始终基于各自的理想、使命与现实命运间的张力展开，且各自建构在一套既有的人物角色关系与行动机制之上，“传统”折射国家内在当代整合的叙事需求。中印两国在选择并有效推进市场经济为主导的现代国家治理机制的同时，也开启了文化共同体新的话语机制，现代性意义上的“国家叙事”需要面对整合“传统”的挑战。

关键词：经典文本；影视剧翻拍；传统想象；现代性；中国；印度

一、背景：市场经济建设与影视产业

（一）“后冷战”时代的中国与印度

自20世纪90年代“冷战”结束以后，绝大多数发展中国家迎来了一个相对稳定的长期发展阶段，这其中包括今天被誉为“金砖五国”的中国和印度。

也有分析指出，这一发展周期从属于自20世纪70年代开始到2008年金融危机结束的新自由主义意识形态驱动的全球化进程。主张释放市场力量的新自由主义主导了许多国家的公共政策范式，自由化、私有化和放松规制成为许多国家公共政策的主导性议程，以各种释放市场力量的努力作为解决此前多年保护社会(Social-protection)的努力带来的经济低效率的措施，带动了诸多发达国家和发展中国家财政与金融的扩张，进而促进了全球贸易与生产的扩张，世界进入到一个新的全球化时代。得益于价值链理论

①原载于《华东理工大学学报：社会科学版》2017年第4期。

②刘静，博士，西南政法大学全球新闻与传播学院讲师，研究方向为文化社会学、文化产业。

的启发和信息革命的支撑,在这一全球化发展周期中,全球生产体系的兴起在发达国家和发展中国家引发了外包(Outsourcing)的潮流并带来外国直接投资的快速增长。全球生产的基本原理简明易懂:因为发展中国家有廉价的劳动力,只要他们能够以同等质量和效率进行生产,跨国公司将生产基地转移到发展中国家就是更经济的选择。①

作为“接包商”的发展中国家,中国与印度基于其国家内在的发展逻辑,在这一以全球生产为特征的全球化进程中顺应大势,根据各自国情和国内发展的实际情况于不同时间分别将发展“市场经济”作为基本国策,并在世纪之交前后约30年的时间内不断推进,取得了举世瞩目的巨大成就。

中国自1979年开始进入以经济建设为中心的“改革开放”发展时期,并逐步确立了“市场经济体系”在国民经济中的重要地位,2001年末加入世界贸易组织(WTO)。对外,依托劳动力、土地及相关生产要素资源低成本优势,通过吸引外国直接投资积极参与国际分工与全球生产体系,以代工起步,形成“中国制造”的庞大产业体系。中国成为世界工厂并迅速在高端、中端和低端技术产业中获得竞争力。对内,在外向型经济拉动的同时,依托城市化与基础设施建设的巨大投资拉动,有效培育并撬动内需市场,使中国经济得以在一个较长期的发展阶段中持续保持稳定的中高速增长态势。据报道,2010年中国超越日本成为仅次于美国的全球第二大经济体。②

印度经济在经历20世纪80年代后期一系列冲击与调整后,1991年由当时的总理纳拉辛哈·拉奥与财长曼莫汉·辛格主持正式展开经济自由化改革。改革的主要举措有:取消投资、工业及入口“牌照制度”(Licence Raj),结束国营公司的垄断,同时放宽外来投资,免除了多个行业的外资审批制度。自此奠定了印度经济自由化的主导方向,并且在此后的政党轮替中得到持续贯彻。③新世纪以来,印度的经济增长速度一直仅次于中国,在全球主要经济体中排名第二,并于2015年超越中国,成为当前全球

①“从1970年代开始,随着布雷顿森林体系崩溃和两次石油危机的出现,资本主义经济又经历了新一轮的剧变:主张释放市场力量的新自由自主主导了许多国家的公共政策范式,世界进入到一个新的全球化时代,这一轮的全球化在2008年达到顶峰,全球金融危机的爆发使全球化进入下行的轨道。”参见:高柏.全球化逆转的因果机制[EB/OL].文化纵横,2016-12-02.http://www.21bcr.com/a/shiye/shijieguan/2016/1203/3581.html.

②“对日本内阁1412发布的数据显示,2010年日本名义GDP为54742亿美元,比中国少4044亿美元”。参见日本公布2010年GDP数据 被中国赶超退居世界第三[EB/OL].环球时报,2011-02-14.http://finance.huanqiu.com/roll/2011-02/1494570.html.

③印度总理曼莫汉·辛格:从“救世主”到“怠工王”[N].广州日报,2012-7-22(AT).

发展速度最快的大型经济体。①

(二)国家对"文化产业"的双重期待

在经济建设取得长足进步的同时,以影视剧为核心代表的文化创意产业,也分别在中、印两国的国家建设与参与全球竞争中逐步确立了自身的独特地位。

中国影视剧产业与国家市场经济改革相伴随,在20世纪八九十年代经历了从既有的计划经济体制向市场经济体制转型的过程。电视剧行业从1980年进入市场导入阶段,1990年进入高速成长期。通过"制播分离"等一系列改革,电视剧内容制作与国有电视台渠道管控在一定程度上切割分离,为民营经济的进入打开通道,极大地激发了电视剧创作的活力。21世纪之后中国电视人口覆盖率以每年0.3%~0.5%的速度增长。近年来,我国电视剧产量维持在每年400~500部的水平。2008年至2014年,按取得发行许可证口径统计,我国电视剧产量从14498集增长至15983集,复合年均增长率为1.64%。2015年1—6月,按取得发行许可证口径统计,我国电视剧产量为6330集。②目前,电视剧行业内制作机构数量众多,根据国家广电总局公布的数据,截至2015年,持有《广播电视节目制作经营许可证》的机构达到8563家,并呈逐年上升趋势。持有《电视剧制作许可证(甲种)》的机构数量则大致保持在130家上下,较为稳定。③电影方面,1993年原广电部发布的《关于当前深化电影行业机制改革的若干意见》,是中国电影产业市场经济体制转型发端的标志。经历了20世纪末的转型阵痛与不断探索,为适应加入WTO的相关要求,2000年国家广电总局、文化部联合下发了《关于进一步深化电影业改革的若干意见》,之后2002年《电影管理条例》及系列管理方案的出台不断为电影产业市场化松绑,民营企业快速成长,适应市场经济规则的中国电影产业运作体制逐步形成。从市场反应看,2004年中国商业电影进入发展快车道,直至2012年前后年产量达到峰值,当前基本年均产量逾400部。从2003年至2015年,中

①"世界银行最新发布的《全球经济展望》显示,2015年,印度国内生产总值(GDP)的增速将加快至7.4%,明年达7.8%,2017年至8.0%;相比之下,中国经济增速今年为7.1%,2016年放缓到7.0%,2017年则降至6.9%。'印度将是全球增长最快的大型经济体,未来两年,印度较中国增速的领先优势将扩大。'世界银行的报告并进一步表示"参见:2015年印度经济增速将首超中国 官方数据被指夸大实力[EB/OL].时代周报,2015-6-16.http://finance.ifeng.com/a/20150616/13778998_0.shtml.

②2015年电视剧行业供求状况分析[EB/OL].中国产业信息网,2015-12-21.http://www.chyxx.com/industry/201512/371256.html.

③2016年中国电视剧制作行业现状及发展趋势分析[EB/OL].中国产业信息网,2016-06-12.http://www.chyxx.com/industry/201606/423075.html.

国电影市场一直保持平均35%的市场增长率。据国家新闻出版广电总局电影局数据显示，截止2015年末，全国影院总数达到7000家，银幕总数达31627块，与全球最大的北美市场只差约7000块。2015年中国电影总票房业达440.69亿元人民币，同比增长48.7%，全年观影人次超过12亿。①

印度电视剧从1984年开始发展，产量巨大、观众众多。20世纪80年代后期，越来越多的印度居民开始拥有自己的电视机。1991年，中央政府在纳拉辛哈·拉奥总理领导下推出了一系列经济和社会改革。根据新政策，政府允许私人和外国的广播电视台在印度从事有限的运营，这个过程一直在政府监管下进行。2013年底，印度全国有748个政府许可的卫星电视台，政府电视台有30多个，其中印地语电视台占绝大部分市场份额。根据TAM（电视观众调查）2014年度报告，印度已有2.77亿人拥有电视机，其中超过1.45亿是有线电视或卫星电视用户，包括7800万个家庭是卫星直播电视用户，数字电视用户相较2013年上涨32%。印度现在有500多个电视频道，覆盖了这个国家所有的主要语言。②印度电影产业历史悠久、风格独特，"宝莱坞"享誉全球。印度的电影业在20世纪初起步，第二次世界大战前已有相当规模，二战结束后，特别是印度独立之后，电影业成为印度文化产业的排头兵。印度电影巧妙地将歌曲与舞蹈结合在电影当中，这样的表达方式突出了电影中的民族性。在20世纪80年代，印度每年生产839部电影，1990年，印度影片产量达到创纪录的948部，名列世界第一。③虽然年产量较高，但20世纪80年代，由于制作僵化、剧情刻板和电视媒体的冲击，印度电影业一度十分萧条，本土市场严重萎缩，票房下降，这一境况一直持续到20世纪末。2001年电影业成为印度政府认可的正式产业，开始给予各种政策支持，印度电影产业逐渐崛起，赢得了全球的瞩目。④2001年至2014年，印度共生产电影17479部，平均每年产影片约1249部，始终保持着高产状态。2015年印度电影产量达到1903部，国内总票房增幅达到8.5%，首次突破千亿大关，达到1014亿印度卢比，约100.9亿元人民币。2015年，印度电影的总收入为1382亿印度卢比，增长了9.3%。2015年印度的银幕数约有11100块。与中国相似，其银幕数远未饱和，相对于12多亿的人口来说，未来

---

①2016年中国电影行业现状分析及发展趋势预测[EB/OL].中国产业信息网，2016-07-01.http://www.chyxx.com/industry/201607/427713.html.

②毛小雨.南亚次大陆的生活镜像——从历史、制作、受众看印度电视剧的三重维度[J].河南大学学报(社会科学版)，2015(6)：115-123.

③赵伯乐.浅析印度现代化进程中的文化产业[J].南亚研究季刊，2002(3)：54.

④庄廷江.新世纪以来印度电影产业述论[J].中国电影市场，2015(5)：22-25，13.

的增长空间巨大。①

就中印两国近30余年影视剧产业发展来看,国际环境处于主张市场力量的新自由主义全面推进的全球化进程中,国内环境又都处于各自政府力推"市场经济"制度建设的发展背景下。此外,就影视剧产业而言,电视机、私人电脑与互联网,以及手机等移动终端不断出现与快速普及,与"大众文化"的兴起互为助力,其结果是以影视剧为核心代表的文化产业,一方面成为民众日常生活的组成部分,另一方面也被国家决策所重视。面对2008年全球金融危机,2009年7月中国第一部文化产业专项规划——《文化产业振兴规划》由国务院常务会议审议通过,继钢铁、汽车、纺织等十大产业振兴规划后出台,标志着文化产业已经上升为国家的战略性产业。印度宪法中有专门的保护民族文化、促进文化发展的条款,政府制定的五年计划对文化的重要性予以充分肯定并制定了相应的发展计划。在印度国家计划委员会编制的第九个五年计划文本中,有专门的段落对文化进行评价:从中央到地方政权中的文化部门每年都可以得到经费的支持来发展文化产业。为了加强与其他国家和地区的文化交流,印度政府还专门成立了印度文化关系委员会(ICCR),这是一个权限很大的机构,除了进行官方的和非营利性的文化活动之外,这个委员会还十分重视将印度的文化产品向世界推介。②

从中印两国政府的期待来看,不难看出影视剧产业被赋予的多重功能:一方面,作为新兴的第三产业重点行业,影视剧产业被政府赋予带动GDP、调整产业结构以及提供就业岗位,进而参与全球市场竞争等在市场经济逻辑下的"创富"功能;另一方面,由于内容与精神分享的特殊属性,影视剧产业在传统文化传承、社会人文层面的影响力,以及在国家共同体内部认同与整合中独到而重要的作用,国家同样予以重视,并在制度建设层面不断探索、不断推进。

二、研究对象:中印经典翻拍

本文以中印两国传统经典文本的影视剧翻拍作为比较研究的切入点,研究文本分别选择《西游记》与《罗摩衍那》。

经典文本翻拍,是影视剧产业实践中惯用的手段与策略。凭借经典文本自身所拥有的受众基础与市场影响力,可以降低新作品的市场营销成本,更重要的是经典文本

①谭政.2015年印度电影产业观察[J].贵州大学学报(艺术版)2016(5):16-23.

②赵伯乐.浅析印度现代化进程中的文化产业[J].南亚研究季刊,2002(3):53.

的“故事”叙事，是经历时间打磨了的、在受众中具有接受基础的“好故事”，这是影视剧作品市场成功的基石；此外，同一文本的不同影视剧作品之间，可以形成一定程度上的互文关系，建构出更多的想象与话题空间，从而也为市场收益增加助力。《西游记》与《罗摩衍那》古典题材现代影视剧翻拍系列及其社会影响，为我们观察中印这两个在世纪之交均以“市场经济”建设为国家现代化支点以求在新世纪全球化语境中自证大国身份，同时又对自身深远辉煌的前现代文明史怀有深切自豪感的国家，提供了研究的视角。

《西游记》在中国可谓家喻户晓，是古典长篇小说四大名著之一。故事讲述了东胜神洲的傲来国花果山的一块巨石孕育出了一只明灵石猴，石猴后来拜师须菩提习得七十二变，具有了通天本领，于是占山为王，自称齐天大圣。玉帝派太上老君下凡招安，大圣上了天庭，遇诸多不满便大闹天宫。如来佛祖见局势不可收拾，于是将大圣镇压于五指山下。五百年后，唐僧被观世音菩萨选为西去取经普度众生的人，大圣受观音指引拜唐僧为师。后唐僧又收猪八戒、沙悟净为徒，师徒四人一路抢滩涉险、降妖伏怪，历经八十一难取回真经，终修正果。古典长篇小说《西游记》为明代小说家吴承恩所著，取材于《大唐西域记》和民间传说、元杂剧、宋诗话等。其中，唐僧这一人物以唐代历经艰辛到达印度佛教中心那烂陀寺取真经的玄奘法师为原型。根据《西游记》为母本或母题创编的文学、戏曲、戏剧、美术、音乐等艺术作品为数众多，它更是近现代影视剧作品翻拍的宠儿。

《罗摩衍那》又名《罗摩传》，梵语为“Ramayana”，意思为“罗摩的历险经历”，与《摩诃婆罗多》并列为印度两大史诗。电视剧《罗摩衍那》的核心故事讲述了印度古阿育陀(Ayodhya)的十车王因与其妻子之约，将本该继承王位的大儿子罗摩流放到森林中。罗摩的妻子悉多(Sita)和他的弟弟罗什曼坚持与罗摩一起被流放，他们在森林里共同生活了14年。悉多因美貌被楞伽城的魔王罗波那(Ravan)所觊觎而遭绑架，罗摩和罗什曼与罗波那家族展开了激烈的搏斗并最终救出了悉多。几年后，他们三人回到了阿育陀，但罗摩却听信谣言说悉多曾被罗波那强奸，于是将已有身孕的悉多赶出了阿育陀。悉多得到森林里一位智者的庇护，生下一对双胞胎。这对兄弟长到10岁时帮助他们的母亲证明了清白，并最终让一家人得以团聚。但悉多拒绝与罗摩一起返回阿育陀，此时，大地裂开将悉多吞噬其中。同《西游记》在中国广受追捧一样，《罗摩衍那》在印度也是家喻户晓，在南亚次大陆及东南亚印度教人口中也影响广泛，以《罗摩衍那》

为题材母本的影视剧在印度也为数众多。

不同的是,《西游记》原文本是浪漫主义长篇神怪小说,而《罗摩衍那》除经典文学地位外,还是印度教的经典文本。印度教传统认为罗摩是毗湿奴的化身,他杀死魔王罗波那,确立了人间的宗教和道德标准。有一说法:"只要山海还存在,人们就仍然需要阅读罗摩衍那。"对于印度教教徒占总人口80%以上的印度而言,《罗摩衍那》题材影视剧作品在印度社会的影响,与《西游记》题材影视作品在中国的社会接受程度存在着巨大差异。但就本文立意所要对比的经典文本当代影视剧叙事、传统与现代国家认同及市场经济语境下现代文化产业意识形态属性等几个层面,两个系列文本是具有一定可比性的。

纵观近三十年来《西游记》《罗摩衍那》题材的影视剧作品,故事娱乐化、特效技术的应用等市场经济意义上的产业手段在实践中不断丰富。就内容而言,1986年中国央视版电视剧《西游记》、1995年周星驰版电影《大话西游》,以及2015年动画电影《大圣归来》,与1988年印度国家电视台电视剧《罗摩衍那》、2008年Sagar Arts公司出品的电视剧《罗摩衍那》,以及2010年动画电影《罗摩衍那:史诗》,在不同时段市场反响巨大,并在不同程度上引发社会讨论成为相应年度文化事件,因此以二者作为文本分析对象。

三、《西游记》与《罗摩衍那》:从叙事逻辑到"国家往昔"

(一)故事主题:理想使命与现世命运

两国的影视剧翻拍都是市场行为,需要受众接受才能达成市场收益,因此故事讲述的主题包括传达的方式,三十年来始终在与中、印两国的社会发展、受众情绪之间进行着深刻的互动。

1986年,中央电视台拍摄的电视剧《西游记》(以下简称"86版《西游记》"),被奉为当代西游题材影视剧"无可超越"的典范之作。在事业单位的制度框架内,86版《西游记》是由国家立项拨款、全国范围动员筛选演员,包括学术研究者在内的相关专业人士在"计划经济"的政府资源调控整合机制下进行创作,可谓"举国之力"创制的艺术作品。电视剧故事整体采用线性叙事,删略了原著中复杂阴暗的斗争与血腥狰狞的想象,对于现实社会的讽喻也恰到好处,人物性格与故事叙事更为柔和、亲近,可谓"真人童话版"的西游记。艺术表现上可谓精益求精、精雕细刻,在一定程度上继承了"样板戏”叙事美学特征，并从传统戏曲美学中充分汲取养料：戏剧冲突鲜明、情节推进有力、节奏张弛有度，演员的形象与表演融入了传统戏曲美学元素，肢体动作借鉴戏曲动作程式富有表现力，表演声情并茂、追求意蕴。电视剧故事讲述分前后两段：前段，美猴王横空出世，不谙世事，自封“齐天大圣”，是桀骜不驯的秩序挑战者，并最终受到惩罚——被压在五行山下；后段，大圣受观音指引拜唐僧为师，为普度众生勇担重任、不畏艰险、降妖除魔保唐僧西天取经，法号“行者”。从“大圣”到“行者”前段，观众为浪漫主义激情所染，获得“破”的快感；后段，观众为理想主义、大仁大义所感，投诸“立”的同情。联系当时中国社会所处转型期，前途未卜，无所顾忌的追逐与“尽兴”之后，艰苦跋涉、责任与担当才是求法之道，如电视剧片尾曲唱到的“路在脚下”，是当时社会情绪的一个很好的注脚。

1995年，香港电影《大话西游》问世，正值大陆电影产业由既有的计划经济、事业体制向市场化过渡的艰难时期，也正是香港电影的黄金时代以及大规模投放大陆市场的时期。《大话西游》是其主演周星驰独具个人特色的“无厘头”电影的巅峰之作。“无厘头”风格以反崇高、反精英、反逻辑，无所顾忌，讽刺调侃一切内容的特立独行和不同寻常为标志，往往在天马行空的搞笑幽默与出人意料的解构主义狂欢中启发新的思维视角，令人深省。《大话西游》又得益于网络的兴起与传播，一时成为中国最具文化影响力的文化现象。《大话西游》的故事以《西游记》为蓝本，打破线性叙事，讲述了一个卑贱的小人物——自得其乐的山贼，在一系列时空穿梭、误打误撞中并非情愿地膺服宿命担当起了“大圣”的身份，走上了西去取经之路。其中错综复杂的爱情因果纠缠又真挚灼热。担当大任的宿命与梦境，对于一心只想做个快乐的“山贼”而言陌生且充满不安，加之师父毫无英雄气概、善良却偏执唠叨，师弟一个心怀鬼胎，一个有同性恋倾向，面向荒漠的漫漫西去之路变得了无生趣。最终“山贼”选择戴上紧箍咒成为“大圣”真正的动机是为了救赎“曾经的一份真挚的爱情”。求取真经、普度众生的使命与意义，在爱与不能的宿命悲情中被消解得可有可无，为了成就一个凄美爱情故事，伟大的使命、盖世的神功都不过是必要组件，指向世俗生活的“一份真挚的爱情”位于价值与意义的金字塔的顶端。

2015年，动画大电影《大圣归来》横空出世，为中国影视产业与观众带来了无限惊喜，以良好的口碑引发观众追捧、媒体热议，以社交媒体网络传播为契机骤然成为当时国内的热点文化事件，《人民日报》也专门发文给予肯定，最终影片以9.56亿票房成为中国大陆影史上票房最高的动画电影。《大圣归来》的问世，时值世纪初完成市场化转型、进入发展快车道的中国电影产业发展逾十年的时间点上。在这一新的发展时期，中国电影全面汲取全球商业电影产制经验，并在新技术开拓的电影应用浪潮中不断尝试。这些特征与影响，都可以在《大圣归来》中找到端倪：影片采用了好莱坞的经典叙事结构，配合通行全球的3D特效，瑰丽的场景“既有《阿凡达》式的魔幻森林，又有《指环王》般的天宫与魔堡”①，诸多形象与动作设计又弥漫着日系动漫的东方风情，而这一切的“拿来主义”在“温暖世界的侠义情怀”叙事中被接受，②被认为“很世界，也很中国”。故事讲述了被如来佛祖镇压后的大圣消沉迷失，遇到了对他信赖与崇拜的僧童江流儿（唐僧的转世），江流儿用自己的勇敢善良、真挚与执着感化激励了大圣。理想主义再一次被赋予光芒，大圣再一次承担起了自己的责任勇斗妖魔，找回了无敌神力、初心与情怀。

纵观以上三部不同时期具有广泛社会影响的西游题材影视剧，不难发现，其叙事主题都是围绕着理想使命与现实命运之间的挣扎而展开的，决定理想与现实如何选择的关键变量是世故人情。86版《西游记》中的美猴王，随着命运的际遇不断成长成熟，告别年少时的莽撞轻狂，在现实的磨砺中成为大仁大义、勇当重任的英雄。1995年《大话西游》中，与使命担当、救世理想相博弈的是难得圆满的爱情，没有了人世间的真情，理想也会黯然失色。2015年《大圣归来》重新唤起大圣的英雄情结并实现突破的，是僧童江流儿的信赖与真情。经历现世命运与人情世故，是担当超越日常生活经验更大的抽象共同体意义上的使命与理想的前提与基础，也是其获得滋养的力量源泉。中国式英雄是现世的，是从人情中成长并不断升华，这是中国人愿意接受的英雄叙事。

印度《罗摩衍那》题材的影视剧作品，在近三十年印度及全球影视产业蓬勃发展的背景下被不断翻拍。不同版本间的差异主要在内容规模上——电视剧78集或151集，以及电影约100分钟，不同规模体量决定了对经典文本庞大的分支情节的筛略有所不同。与中国西游题材影视剧作品故事创编不断变化不同，印度罗摩题材影视剧作品始终都有鲜明的宗教属性，故事叙事始终严格遵循古典文本的基本叙事框架，人物角色与戏剧冲突始终遵循既定设置，眼神、面部表情、说话语气、手势、姿态等表演在不同时

①《西游记之大圣归来》英文先导预告片发布[EB/OL]. 新华娱乐，2015-01-12.http://news.xinhuanet.com/ent/2015-01/12/c_127379374.htm.

②《西游记之大圣归来》曝光 讲述唐僧悟空小时候的故事[EB/OL]. 新快报，2015-01-13.http://news.xkb.com.cn/yule/2015/0113/369520.html.

期的影视文本中也始终遵循既有程式。从某些角度来看，观众对于罗摩衍那的熟悉程度恰是其受众接受的基础。加之广受欢迎的印度电影的表现手法、传统的表演方式、民间舞蹈的编排被融入影视剧叙事表达中，通过使用背景音乐和歌曲抒发特定的情绪和情感，使观众一听到这样的音乐和歌曲，就会想到《罗摩衍那》中的各种神，这是广受欢迎的印度电影常常使用的表现技巧，它们已经成为根植于观众脑海中的一种象征手法。①

对于印度教的教徒来说，电视剧《罗摩衍那》"很正确"地讲述了罗摩的传说，反映了"印度历史"和"印度文化"。"（电视剧）就是一个好国王和一个好人在努力履行对他的国家、妻子和家庭的职责"，《罗摩衍那》就是一个围绕义务和职责的故事。②《罗摩衍那》即罗摩一生的历险经历，是一个神圣人生的典范，故事的讲述与听受具有宗教的仪式性功能。不同影视版本中的罗摩，不论遭遇怎样的处境，总是语气和缓、姿态优雅，神圣而威仪，充满超脱世俗的神的纯然力量。面对来自父王的不公正待遇，罗摩毫不贪恋王位，而是平静地接受被流放的命运安排在森林里度过了14年；面对爱情，罗摩走上比武台折断了神弓，迎娶了美丽的悉多为妻，并发誓一生只忠于唯一的妻子；面对魔王罗波那的挑战，罗摩勇敢迎战，不畏艰险与强敌，机智地组织自己的力量，最终战胜罗波那救出妻子。于父于民、于妻于子、于兄弟于朋友、于敌人于考验，罗摩都为众生提供了参照的榜样。当罗摩怀疑妻子被玷污将其驱逐，即便最后误会澄清，最终他还是失去了自己的爱人，圣人也要面对现实的悲怆。在这里，罗摩要向世人昭示的是不完美的人生该以怎样一种完美的态度来面对。罗摩会犯错，罗摩的错误与苦难就是世人的错误与苦难。

在市场收视与票房都得到正面回应的前提下，通过现代影视剧产业机制建构在观演之间的关系，仍然在一定程度上延续着宗教布道的功能。《罗摩衍那》在文化上无人可及的重要性，可以从生活在南亚次大陆以及东南亚的很多地方的数百万印度教教徒将其视为他们日常生活体验、做重要决定和处理人际关系的道德和文化源泉上得到证明。③罗摩的故事向世人昭示了充满修行意味的神圣道德与人生意义，即对日常生活

①[美]普尔尼马·曼克卡尔.观文化，看政治——印度后殖民时代的电视、女性和国家[M].晋群，译.北京：商务印书馆，2015：287.

②[美]普尔尼马·曼克卡尔.观文化，看政治——印度后殖民时代的电视、女性和国家[M].晋群，译.北京：商务印书馆，2015：263.

③[美]普尔尼马·曼克卡尔.观文化，看政治——印度后殖民时代的电视、女性和国家[M].晋群译.北京：商务印书馆，2015：256–257.

行为操守的坚持,对世俗责任的担当,以及对现世苦难的坚韧。

(二)情节逻辑:关系秩序与行动机制

《西游记》与《罗摩衍那》的故事情节,都是建构在一套既有的人物角色及其关系谱系,以及行动机制之上的。

纵观三个版本不同时代的西游题材影视作品,其人物角色及关系谱系可以大体分为两个系统:第一个是社会性的"公"权力体系,是超越个体之上的一套既有的庞大等级秩序,各路神仙鬼怪于其中各安天命。"公"权力体系有其向"公"的明文规则,在这套权力网络中的身份位置高低,是决定相应行动者能够获得系统威权、调动系统资源的基础。个体在"公"权力体系中的位置是具有流动性的——升迁或者罢黜,个体形象是个性化的,千姿百态、不一而足,妖可以是可爱的妖,神可以是犯错的神。第二个是私人性的关系网络,是以个体为圆心,根据血亲与个体生命经历机缘而形成的一套亲疏有别的"差序格局"。这一以个体为圆心的"差序格局"理论上可以由"家"而"国"而"天下"向外延伸通向"公"权力体系;但每一圆心上的个体是存在差异的,由千差万别个体推导出的"公"权力是不可能具有真正统一的公共性的,因此,"公"与"私"是两套系统。在"公"权力体系中,每一个具体权力位置上的个体都拥有自身的私人性关系网络。实际控制行动逻辑的是"公"与"私"两套体系的合力:个体在面对社会性"公"权力体系行动时,既要遵照其向"公"的明文规则规矩,也要顾及在"公"权力体系相关具体位置上具体个人及其牵连的私人关系网络。这一点,在孙悟空保驾唐僧取经的路上面对妖魔鬼怪的处理方式上可以得到充分的说明:如何处置取决于妖魔鬼怪的背景——其主人或相关亲朋在权力网络中的位置。这套公私交互的系统既漏洞百出,又难以撼动。无论多么光鲜伟岸的神明灵物,作为个体面对这套系统行动时,都难得周全、有所不能,或必有妥协。

私人关系系统是个体情感纽带的制度基础,是个体行动获得策动力及得以补续的能量池,个体在私人关系网络中得到的支持往往是不计利害得失的,相较"公"权力体系中的利益交换更加纯粹、更得人心。私人关系系统也是行动者推己及人,判断处于"公"权力网络具体位置上的个人的情感顾及的参照。行动者要讲"情义",不但要顾及自己的私人网络,也要能顾及即便是通过"公"权力网络相识的另一个个体的私人网络。对这套公私嵌套、权力与人心交结的游戏规则的认知与掌控程度,是行动个体成熟与否的标志,也在很大程度上决定了其行动的成效。

电视剧《罗摩衍那》以罗摩之名搭建起了一个等级分明的权力体系,提供了被神圣化的、充满政治秩序概念化的表达方式(Pollock,1993:264),在其中宣扬统治者对被统治者的仁慈、丈夫对妻子的关爱、父亲对家庭的守护、高种姓对低种姓的爱护、老师对学生的疼惜。[①]但从印度社会不同群体的接受来看,《罗摩衍那》完全可以视为代表北印度地区上层信仰印度教的教徒的主流文化。印度教神话电视剧《罗摩衍那》在国家掌控的电视台播出,塑造印度文化中的"常识性问题"归属感以及在民族纷争中最终实现的身份认同。电视剧参与到国家、文化和社区话语的重新建构中,是对印度教民族主义的一种强化。而女性、低种姓人群和文化"他者"往往处于边缘化的地位。[②]

《罗摩衍那》中罗摩的妻子悉达(Sita)是印度古代文学中的正面女性形象的代表,反映了文化制度对于女性的行为期待与规范:她们以家庭、丈夫为生活的目的和信仰,以温顺、宽容、勤劳、善良为行为规范,尤其乐意为自己的丈夫做出自我牺牲。印度妇女可以说是完全依附于家庭的,丈夫就是她们的最高主宰,家庭就是她们的全部世界,妇女的敢言必须受限于服务家庭这个标尺。新时期印度女性的主体地位是在与自身的反复协调和谈判中建立起来的,而这种主体地位的建立恰恰回避了对家庭中力量关系的批判。她们即使是独立的职业女性,往往也会因为婚姻变故而身败名裂。[③]

对于宗教与文化上的"他者",电视剧《罗摩衍那》的核心内容给我们提供了一个"他者"即妖魔的符号化框架。[④]"罗刹"常常成为其他种族和文化他者的化身,他们通常身强体壮,在身型上比人类庞大,长着大而尖突的牙齿和浓密的眉毛。这种外形特征常常会让观众把他们和野兽联系在一起。这种异化在表现"罗刹"中的女性角色时尤为突出,她们往往性欲强盛,身体健壮,肤色暗沉,喜欢用羽毛和珠串来打扮自己,再加上一头蓬松而浓密的长发,这些"女性罗刹"看上去充满原始的野性和阳刚之气。在《罗摩衍那》中,陀罗迦就被描述为一位力量"抵得上十头大象"的强女子,她留着一头

①[美]普尔尼马·曼克卡尔.观文化,看政治——印度后殖民时代的电视、女性和国家[M].晋群,译.北京:商务印书馆,2015:284.

②[美]普尔尼马·曼克卡尔.观文化,看政治——印度后殖民时代的电视、女性和国家[M].晋群,译.北京:商务印书馆,2015:250-261.

③[美]普尔尼马·曼克卡尔.观文化,看政治——印度后殖民时代的电视、女性和国家[M].晋群,译.北京:商务印书馆,2015:230.

④梵语学者谢尔登·皮洛克(Sheldon Pollock)指出,在南亚的历史上,《罗摩衍那》多次在不同的时间点上被"用于"政治斗争。11世纪和12世纪,在经过一个急速发展的时期后,《罗摩衍那》被当作"(印度教)表达其政治想象的一种语言"(1993:264)。为统治阶层精英们提供了一套他们在面对"外来"入侵者时可以用于强化其统治的话语。[美]普尔尼马·曼克卡尔.观文化,看政治——印度后殖民时代的电视、女性和国家[M].晋群,译.北京:商务印书馆,2015:259.

没有光泽的及腰波浪长发，脖子上带着一圈用人的头盖骨做成的项链，她最终被罗摩和罗什曼杀死，罗摩的神性再次得到彰显。除了这些外表特征，“罗刹”区别于神与人的“他性”更多地体现在他们的文化、生活方式以及最为重要的道德的低劣上。他们常常被描述为成天与婆罗门作对，到处掠夺人类来满足他们的性欲的种族。通过把“罗刹”及其文化与罗摩家族及其神职人员所延续的刹帝利和婆罗门的各种特征加以对比，这些“罗刹”的“他性”得到了进一步凸显。①

对比西游题材与罗摩题材影视剧所呈现的中印叙事依托的关系秩序与行动机制，首先，两个秩序体系均建构在血统秩序之上，父子、君臣、兄弟、夫妻关系是建构庞大关系秩序的基础。其次，在中国叙事关系中，非血亲关系的“师徒”“师兄弟”“朋友”等可以根据日常生活亲密交往的程度，获得类似血亲关系的亲密性与价值认同，而这样的私人关系相对独立于“公”权力体系的森严等级秩序；但在印度故事叙事中，明确森严的等级秩序是占绝对统治地位的，不同等级间，如女性、“妖魔化的他者”等边缘群体不具备向上流动的制度基础。

（三）“国家往昔”建构传统与对话“西方”

西游题材与罗摩题材影视剧系列，是作为“传统”经典文化的现代面貌出现的，对于中、印这两个拥有辉煌文明史且始终引以为傲的国度而言，沉淀“国家往昔”种种想象的“传统”必然倍受珍视。《罗摩衍那》表达了对“辉煌的印度教往昔”强烈的怀旧情结，在那个时代，印度是一个充满仁爱关怀的国度，统治者正直而诚实。“（追忆）国家往昔”成为整部电视剧真正的叙事主线。②“故乡”“国家往昔”作为一个单一的概念已然难以立足，概念实际上是斗争、历史、议程等种种世俗万象共同作用的结果。③“传统”始终是一个不断被建构、再加工，折射国家内在整合的叙事需求。

20世纪80年代是中国社会发展转型的重要时期。随着中美建交，中国的外部环境由“对抗”走向“合作与发展”，国家内部启动以全面发展经济为核心的“改革开放”建设时期。86版《西游记》中，师徒四人面对前路未知艰险的毫不畏惧、坚定不移的“取经”决心，折射了当时中国对于发展道路既迷茫又决心坚定。刚刚打开国门的中国人

①[美]普尔尼马·曼克卡尔．观文化，看政治——印度后殖民时代的电视、女性和国家[M]．晋群，译．北京：商务印书馆，2015:268.

②[美]普尔尼马·曼克卡尔．观文化，看政治——印度后殖民时代的电视、女性和国家[M]．晋群，译．北京：商务印书馆，2015:282-284.

③[美]普尔尼马·曼克卡尔．观文化，看政治——印度后殖民时代的电视、女性和国家[M]．晋群，译．北京：商务印书馆，2015:57.

被欧美世界的现代化发展水平与物质丰裕的生活深深震撼，欧美西方经典被大量引入，“现代化”概念成为近代中国落后于西方的关键性进程，向欧美“取经”不论艰险已然成为民族图强的坚定信念。世纪之交《大话西游》问世时，中国经济高速发展，社会贫富差距快速拉大，第一次全面国企改革带来的“下岗”潮席卷全国，在各种社会矛盾日益突显的背景下，以“市场经济”为核心的“现代化”路径不得不深刻反思。2015年《大圣归来》的问世背景则是：2008年全球金融危机否中国经济在系列刺激方案下发展相对平稳，2012年中国超越日本成为全球第二大经济体，不同于西方政体所主导的市场经济发展道路在实践中所取得的成就为世人公认，对于西方的盲目崇拜在逐步退去，新的全球视野以及对“现代化”的深切体验，都在深化与塑造着现代中国的内涵。

在当代印度，“国家往昔”以“田园牧歌”“纯洁化”“神圣化”面貌出现，1988年电视剧《罗摩衍那》对于“传统想象”的眷恋与浪漫化形式，在一定程度上折射出印度后殖民国家建设中的“世俗主义危机”①，“这一危机”首先表现为不同宗教派别在现代政治体制中的话语权之争。电视剧《罗摩衍那》的理想化的“国家往昔”反映出印度教文化对于当代印度政治文化的强势掌控，“无论是话语表达还是在现实中，世俗主义已完全为印度教的文化政治所替代”。②

其次，是对于“现代性”不同态度的派别之争。反现代性主义者往往将“传统社区”视为“忍辱负重”的集纳地和消除地方自治暴力的解药，从而对主张现代化的世俗主义进行攻击。③文化中的现代性话语常常偏向于制造某种二元表达，例如高等/低等文化、古典/流行文化、本真/大众文化，传统/现代化。实际上，根据安德里亚斯·胡塞恩（Andreas Huyssen）所说，现代化是一种“敌对文化”（Adversary Culture），这是因为它植根于一种被大众文化“玷污”的焦虑的基础上。当印度在20世纪80年代晚期至90年代早期开始推进通过电视来打造一种全国性文化的现代化举措的时候，高等文化、流行文化和大众文化之间的界线就被打乱并被重新界定了。④

再次，是“世俗”与“宗教”之争。“直到20世纪80年代，世俗主义一直都代表着不同

①[美]普尔尼马·曼克卡尔.观文化，看政治——印度后殖民时代的电视、女性和国家[M].晋群，译.北京：商务印书馆，2015：252.

②[美]普尔尼马·曼克卡尔.观文化，看政治——印度后殖民时代的电视、女性和国家[M].晋群，译.北京：商务印书馆，2015：252-253.

③[美]普尔尼马·曼克卡尔.观文化，看政治——印度后殖民时代的电视、女性和国家[M].晋群，译.北京：商务印书馆，2015：252-253.

④[美]普尔尼马·曼克卡尔.观文化，看政治——印度后殖民时代的电视、女性和国家[M].晋群，译.北京：商务印书馆，2015：252-253.

宗教社区和平共处的一种乌托邦般的梦想,也是对现代化的一种狂热追逐。在欧洲出现的多宗教共存,或者是教会和国家的分离,都成为印度后殖民政体学习的榜样,也成为印度打造一个现代世俗国家的基础。"主导后殖民民族主义国家建设的世俗主义非常倚重于现代性,并擅长将"传统变成对立"、将差异变成落后、将"世俗"与"宗教"对立起来。在现代性话语中,宗教热情、宗教身份以及信仰问题,都会被故意排挤为所谓的"私人问题"。①

最后,对于欧洲文明的反抗。第三世界殖民自治化的过程是一个"世界历史进程",这一过程与反抗欧洲文明对第三世界文明进行的压迫、剥削而使之贬值和退化的历史紧密相连,并且对权威和典范提出了颠覆性的质疑,通过扭转由电视所构建起来的占主导地位的性别和国家话语表达而介入正在印度发生的文化冲突。②

四、经典文本之"壳":"市场经济"与共同体叙事

对于"国家往昔"的现代表述,还需要看到影视剧产品的产业属性,"传统经典"的市场感召力背后是社会发展的现实语境对于文化想象的需求被资本主导的文化生产切中脉门,非西方社会现代化中的民族主义情绪与源自西方的现代文化产业实践逻辑暗通款曲:如法兰克福学派对"文化工业"伪文化策略的经典剖析,无论社会语境如何变迁、受众的内在分歧多么复杂,资本与文化产品"巧言令色"之间的关系始终简单而明确。

国家让渡出"神圣"叙事唯一叙事主体的位置,走下"神坛",与市场及资本逻辑、精英及大众一起成为现代社会文化众多叙事者中的一员,可以共话"国家理想"、现代性命运,也无可避免地揣度在日常生活的鸡毛琐碎中是否存在潜在的制度挑衅者;同时,也在神经敏感与把持中不断学习,适应文化共同体新话语体系的共话机制。在这一变迁过程中,"神圣"叙事主体空缺,对于生命价值与神圣秩序的言说,没有哪一个主体拥有无须自证的合法性基础。在一场各带私货且各自不乏道理的话语之争中,面对最为广大人群、形式最为平易的文化产品,无论如何被针砭、遭唾弃,叙事主体始终都是塑造现代公民生活想象与生命价值的一个重要参考来源。在"经济"建设取得一定成绩之

①[美]普尔尼马·曼克卡尔.观文化,看政治——印度后殖民时代的电视、女性和国家[M].晋群,译.北京:商务印书馆,2015:299.

②[美]普尔尼马·曼克卡尔.观文化,看政治——印度后殖民时代的电视、女性和国家[M].晋群,译.北京:商务印书馆,2015:58.

后，在近现代饱受挫折的非欧美后发现代性国家，首要面对的问题是国家叙事的整合。“传统”“国家往昔”曾经的治理秩序、超越世俗生活的价值表述、神性与人的追求神圣性路径，在现代性话语体系中如何表述，或者如何在既有的框架中开拓出现代性的表述空间，是后发现代化国家共同体现代性的必然经历。

回到文本内容本身，就中、印两国经典文本现代影视剧翻拍的比较而言，中国的西游系列文本是非宗教性的，对于文本的改编具有开放性，影视作品叙事以传统文本为载体的当下性凸显，即不同文本都反映出不同时期对于内容叙事整合的需求，是社会症候的表现。印度的罗摩衍那系列，作为传统的宗教题材经典文本具有仪式性，其叙事遵照既定的框架逻辑，即使反复翻拍也始终“忠实”原著，是宗教秩序权威性的体现。同样的叙事能够不断翻拍并具有受众市场，即反映出印度社会对于宗教仪式性与规范性叙事的需求。在精神秩序层面，宗教仍然是民众秩序感与生命意义获得的来源。

从经典文本的当代叙事中所反映的社会结构与行动逻辑看，中国社会接受的制度逻辑具有统一性，即“公—私”嵌套的结构与行动逻辑，以及其中现世“英雄”的成长路径，是一套在中国社会具有普遍性的结构与行动逻辑。印度的罗摩衍那系列是印度教的经典文本，是其与其他宗教及身份群体争夺话语权的载体与形式，在受众接受层面是割裂的，尽管其受众在数量及其国家权力中都占据绝对主导地位。

深入生活深入艺术

——牛文艺术谈[①]

屈　波[②]

牛文，1922年生于山西灵石县，1937年参加革命，1941年考入延安鲁迅文学艺术学院学习。先后在八路军120师"战斗剧 社"晋西北鲁艺文化服务团、晋绥"七月剧社"晋绥文联、《晋绥日报》从事美术工作，曾担任晋绥文联美协秘书长。中华人民共和国成立后担任中国美协理事，中国版协副主席，四川省美协秘书长、副主席、名誉主席，重庆市文联副主席，重庆市美协主席，重庆国画院院长等职。代表作《丈地》被当时"东德"选作邮票发行；《东方红太阳升》选作人民大会堂西藏厅挂画，并先后被联合国教科文组织、大英博物馆收藏；《朝阳》获第六届全国美展铜奖，并获日本日中艺术研究会金奖；《赛马图》获全国体育美展银奖；《芳草地》获全国少数民族美展表彰奖；《虹》获第七届全国美展铜奖；《萧何月下追韩信》获第九届全国版画展优秀创作 奖。1991年获中国美协、中国版协联合颁发的"1931—1991年中国新兴版画杰出贡献奖"。

2016年6月，本栏目特别约请屈波，对牛文先生的儿子牛小牛进行了采访。

屈波(艺术史博士，四川美术学院副教授，以下简称"屈")：在牛文先生去世三周年之际，《牛文绘画七十年》编委会推出了《牛文绘画七十年》大型文献集，您作为主要的参与者之一，收集整理了大量的牛文先生文献，能不能首先请您谈谈这方面的情况？

牛小牛(牛文先生儿子，以下简称"牛")：编撰的想法起于2007年，当时与父亲交流，父亲说现在版画刻不动了，该做总结了。一开始我们计划搞版画全集，就翻箱倒柜，跑档案馆、图书馆，走收藏市场，在这一过程中非常吃惊地发现，除了版画外，还有大量的速写、漫画、年画、连环画、人物像、刊头、题花等，林林总总，目不暇接，很多是珍

①原载于《美术观察》2017年第8期。

②屈波，艺术史博士，四川美术学院副教授。

贵史料,且多不为世人知晓,实在割舍不去,便萌发了干脆建个牛文资料库、档案馆的想法。为此,只要是他的资料,无论巨细均入册,目的在于最大限度地展现牛文的艺术历程,给后来有意研究牛文艺术的人提供尽可能全面的资料。资料收齐后,并未仿效以往常见的画册编撰方式,而是以年代为单元,按时代的进程展示牛文的艺术历程,以版画为主轴,串并其他绘画形式,并辅以大量的影像资料,让受众走近牛文,以画读人。

屈:通过此次编辑,您对牛文先生的艺术和人生有些什么新的认识?

牛:面对海量的作品,我感慨万分,牛文这一辈人具有双重身份,既是艺术家,又是战士。在抗战时期,他们要行军、打仗,在战斗间隙要搞宣传、写标语、画插画、写通讯报道,比打仗还紧张繁忙,有时一天能睡两三个小时都是奢望。1944年晋绥边区开群英会,他们背一书包木块到现场画参会的战斗英雄、生产模范,白天画,晚上整理、刻制,画完刻完就上报,基本上是通宵达旦地干,困了打个盹又干。

20世纪五六十年代去藏区,天寒地冻,基本上是与死神抗争,父亲仍义无反顾,每年进藏区去。80年代顶着新兴版画被边缘化的压力,他思索版画怎样能获得新生和发展,力图求新求变,这意味着以往收集的素材得放弃,需要以新的形式塑造新的形象,其中的付出可想而知。因此,如果没有那种顽强拼搏、艰苦进取的战士精神,牛文不可能有这样海量的作品,也不可能有今天的牛文。

通过本次编辑,我还更深刻地认识到父亲的志向,他的人生字典中只有“艺术”二字。我想起了父亲讲过的几件往事。一是父亲从小深受家乡浓郁的民间民俗艺术的熏陶、滋养,满目的窗花、门花、箱饰、柜贴,美不胜收,他的包里兜里少不了这些玩意。他经常在月夜时分,偷偷到村里庙中凝视塑像壁画至鸡鸣,为此没少挨母亲训斥。家乡常有三五人一组的皮影小剧队走村串户演出。有一次他跟着剧队走了五六天,老板问他为什么,他回答说太喜欢了,于是就跟着剧队吃住,后来老板送给了他一枚驴皮济公头像,他方才回家。可惜这件作品在南下路上丢了,他为此痛惜不已。可见,父亲幼时对艺术渴望痴迷之至。

二是父亲屡次谢绝当官,心中只有艺术。50年代调他当文化局长、调外交部当外交官,60年代调为四川美术学院当院长,他都未去。1973年调到国务院文化组负责美术口,最后依然未就。他顾虑政务缠身,执意钟情于自己的艺术。

屈:牛文先生是四川美术事业的重要组织者,您感受、见证了他艺术组织工作的诸多方面,有什么样的感受?

牛：在我的印象中，五六十年代的四川美协是一个团结友爱、特别能战斗的大集体，也是一个温馨、融和、宽松的大家庭。美协驻地是背靠虎头岩，面向嘉陵江，典雅别致的小院子，为艺术创作营造了一个洞天福地。由于特殊原因，四川美协驻地在重庆，省委托重庆代管，也是代而不管，为此形成了潜心艺术的“独立王国”。当时美协不太搞政治活动，没有右派，外单位被打成右派的，只要有才华美协都接收，对他们一视同仁，被誉为“避风港”。四川美协每人都有自己长期相对固定的生活创作基地，每年都要下去“晒太阳”。美协定期开看稿会，会下常交流，可以说那时每个人每幅作品都凝结着集体的智慧。

那时美协的画家个个都才华横溢，能说能画，人人都是乐天派，李焕民唱藏歌、跳藏舞，黄玄之拉京胡，宋广训唱京戏，李少言手巧、做小玩意很在行。牛文则豁达、幽默，走到哪里都笑声一片。当时像李桦、力群、古元、华君武、蔡若虹、王朝闻、王琦这些大家，只要来重庆，都要来串门，谈笑风生。另外，外宾们也不时来做客，交流多多。有了这种氛围，怎么会没有力量，怎么会不出作品、不出人才，怎么会形成不了有特色的四川版画，从而享誉全国、走向世界！

父亲支持四川美院创作《收租院》，推荐罗中立的《父亲》，主抓重庆美术时，重庆的群众美术活跃，綦江农民版画引起了国内外的关注。另外，对《四川新兴版画发展史》等的撰写，他也付出不少精力。当然，最重要的是，父亲钟情于鲁迅先生倡导的中国新兴版画事业，为其所折服，无论是战争年代，还是和平建设时期，无论是个人艺术实践，还是履职美协，都把实践、组织、继承、发展、开拓这一事业作为第一要务，并贯穿终生。我记忆中印象最深的，是父亲和我们分多聚少。他出差多、开会多、加班多，因而对儿女很是愧疚，只要出国出差就带回礼物，妹妹的洋娃娃多，我的篮球、球拍、球衣、球鞋多。

屈：四川美协组织的系列创作，从《新笺谱》《南方来信》《红岩插图》到火柴盒贴画，具体是什么情形？牛先生在其中的作用是什么？如何评价他的这些创作？

牛：60年代搞集体组画创作是四川美协的一个独创，它以规模效应和宣传效应成为当时的一大亮点，充分体现了四川美协的向心力、凝聚力与整体实力。它采取以一个命题，艺术家各自出构思和草图，召开看稿会大家提意见，形成共识并定稿的方法进行。牛文在这些集体创作中参与了整个过程，既是参与者，也是组织者。对这些组画，我了解不太多，但对《红岩》插图印象很深。在这些插图的作者中，牛文是唯一与红岩烈士有直接关联的作者。

红岩烈士杨汉秀，曾用名吴铭，是父亲在鲁艺的同班同学，杨汉秀的大伯是重庆市长杨森，杨汉秀反叛家庭投身革命，后来殉难于重庆“中美合作所”。重庆解放时，牛文与苏光一起去渣滓洞寻找杨汉秀，并目睹了杨虎城、小萝卜头遗体收殓的全过程。因此，《小萝卜头的梦》和《胜利》两幅插图都有原型，都有他的切身感受。在创作手法上，牛文与其他作者的现实主义手法相比，迥异其趣。《胜利》除了人物的概括造型，在背景上用小圆刀刻出充溢整幅画面的流动线条，具有非确定性、非具象性。《小萝卜头的梦》则以梦幻般的奇特视角，以秃鹰、黑压压而摇摇欲坠的牢房，表现一种荒诞和恐怖。这些已不是现实的空间，而是具有表现性的心理空间，表现烈士们对胜利的渴望和人们对弱小生命的关注与同情。

屈：从亲属的角度，您知道牛文先生在艺术创作和组织工作中最感欣慰和留有遗憾的地方是什么吗？

牛：牛文的一生，苦闷与欢悦同在，付出与收获同在，失败与成功同在。他最感欣慰的是，找到了一条适合挖掘自身潜质，能释放自我，证明自身价值，对得起自己，也对得起观众之路，并能在这条路上一步一个脚印，克服一个个困难，勇攀一个个高峰。在这个艺术之旅中，他没有放弃，没有掉队，没有半途而废。同时，在组织工作中，他能以自己之力，主持一方工作，迎来四川、重庆地区美术事业蓬勃发展的可喜局面。

至于遗憾，父亲在暮年的摆谈中，说到对当时热捧的超现实主义各流派，只给予关注，没能深入系统地认识、理解、挖掘和借鉴，认为其中还是有很多闪光点的。有那么多人追捧，一定有它的道理，有它的可取、可贵之处。另外，2006年7月，他得悉青藏铁路通车了，但遗憾不能再举画笔了。

屈：牛文先生的艺术创作可以分为三个阶段，第一阶段的现实主义创作，反映中国社会的巨大变化，具有历史的厚重感；第二阶段转向抒情化的表现；第三阶段则是从1976年开始，运用了徽派传统木刻的精美线条。对每次变法，牛文先生分别做了什么准备？有些什么样的思考？

牛：牛文的艺术创作分三个阶段、两个突变期，突变期为新中国成立后的和平建设时期和“文革”后的改革开放时期，在艺术观念、形式、手法上颠覆性地判若两人。第一阶段是战争年代。牛文秉承延安画派的现实主义手法，以鲜明的革命主题、内容、情节，直接为战争服务。因为面对的是解放区军民，作品带有浓郁的晋西北解放区色彩，不乏叙事性、图解性。第二阶段为新中国成立后，战争环境转入和平建设环境，由农村进入城市，他感受到社会和服务对象的巨变，创作也随之发生突变，形成两个回归。一是形式上向艺术本位的回归，不再拘泥于生活细节真实的描述，而是注重艺术情感的表达，营造放飞自由想象的浪漫空间。二是手法上向西方版画韵味的回归，特别是柯勒惠支和麦绥莱勒那种充满个性、自由、单纯、洗练的强烈风格，对牛文影响很大。这个时期的变法，是对艺术本位的响应，他自小就具备这一潜质。当时只是提炼、提纯和提高的问题，因而此次变法并没有多长的准备期，有一种一蹴而就、跟着感觉走的感性色彩。烦恼当然也有，如《东方红太阳升》画面如何提纯的问题。

第三阶段的变法，就有一个相当长的准备期，且理性色彩十足。牛文在"文革"初被斗，停止工作，但没有停止对艺术问题的思考。当时对版画如何创造新形式、新风格，考虑很多。牛文对西方形式主义手法早有实践，60年代出访东欧几个月，引发了1961年创作《红岩》插图的出新，1981年到南斯拉夫担任评委参加第十四届世界版画展评奖，带回不少西方版画，从而出现了后来的《秋月》（1984年）和《新路》（1987年）。《秋月》是典型的形式表现作品，用长条形、三角形、黑白灰块面来表现。牛文并不把当时大量涌入国门的各种西方文艺思潮视为洪水猛兽，他认为，多元化的社会必然产生与之相适应的多元化文艺，一花独放不是春，百花齐放春满园；要奏响主旋律，彰显正能量，不能靠行政命令封杀棒喝，而应平等竞争，优胜劣汰，练好内功，以自己的好作品吸引观众，才能求生存、求发展。因此，这次变革相对于上一次，就不是一般性的凭感觉，而是更复杂、更艰辛，经过了长期的理论和技术储备，带有浓厚的理性色彩。

屈：关于他的第一阶段创作，似乎在讲述生动的故事，帮助读者对社会与时代进行认识与把握。但也有评论认为这些作品在技法语言上还不够成熟。牛文先生自己是如何看这一问题的？这批作品的最大价值是什么？

牛：第一阶段技法不成熟的问题是显而易见的。一来他只在鲁艺学习过，底子薄，缺乏扎实的基础训练。二来战争环境条件的限制，不容有更多时间来整理修饰。三来当时反映时事生活是艺术创作的全部内容。作为革命的宣传的艺术，力求简明，让老百姓看得懂，所以风格化、个性化艺术不是当时追求的重点，也不会成为重点。这批作品的最大价值，不仅在于丰富了中国画坛，更重要的是为中国美术事业开拓出一条新路。就牛文个人而言，是确立了他以后的艺术道路：用版画进行创作、用艺术表现生活。

屈：他的第二阶段创作所达到的专业品位与呈现出的雅化趋势，已非昔日可比。

牛文先生以藏区为体验生活的基地和素材库,其间多次进入藏区采风。他是如何选取表现角度的?

牛:新中国成立后牛文随军南下四川,选择藏区为自己的生活创作基地,是有原因的。一是早在鲁艺学习时,就对西藏的千年古老文明有所耳闻,一直想一探究竟。二是打第一次进藏就被藏区的风土民情所吸引,感觉那里有太多的素材,有太好的感受,有太多的灵感点,大有用武之地。三是基于在解放区就形成的创作定律——绘画创作要到生活当中去,从生活中来——为此,以藏区为创作基地就顺理成章了。

他于1951年第一次进藏,可以说是中华人民共和国成立后进藏拓荒第一人,当时是与谭学楷一起去的。第二年只身一人去。第三年找李焕民商量,一拍即合,从此,二人搭档年复一年走进藏区,后来其加达瓦调来,形成了三人组的队伍。当时进藏非常难,气候恶劣,行路难,饮食难,而且与藏民接触难,藏民认为写生是画地图,画人将画走灵魂。但尽管如此,牛文并没有放弃。在表现角度上,在牛文进藏前期,虽然西藏已和平解放,但农奴制残余影响仍存,他的创作选择了寻找光明予以歌颂的角度,为此创作了《当和平解放西藏的喜讯传到康藏高原的时候》、《学医归来》(与李少言合作)、《北京大学的新生》等。后来,西藏自治区成立,农奴砸烂千年枷锁,牛文有了更多机会走近藏民,与他们同吃同住同劳动,为他们的新生活而欢欣鼓舞。《东方红太阳升》就是在此背景下产生的。这件作品以新颖的形式、丰富的想象、富有乐感的构图,简明、粗放、流畅的手法,营造出自由浪漫的想象空间。这标志着牛文艺术追求和个人风格的转换与成熟。

屈:他的第三阶段创作,联结了中国古代版画传统和西方传入的版画传统,他是如何思考这一问题的?

牛:这一阶段变法的酝酿较前一次更复杂、更深刻,带有理性色彩,并经过了较长时间的准备,多种方法都想过、比较过,最后确定了这条路。他对西方现代版画的理论和黑白技巧烂熟于心,但对中国古代版画的线刻精髓虽有所了解,却理解不深,“文革”后第一幅版画《哀思》只是一种初步尝试。后来在一次会议中偶遇安徽版画家周芜,周是巢县人,是他鲁艺的同学,新中国成立后一直在安徽大学任教,潜心研究古代徽派版画史。周芜后来寄来很多资料供父亲参考。徽刻版面的清雅简洁、线条的秀劲流畅、刀法的精细入微,让牛文兴奋不已。他意识到,将线的表现力与西方版画中的黑白色块相结合,正是自己所要追求的形式。为了达到预期效果,牛文甚至对民间年画原稿进行大量临摹,以掌握线刻造型的规律和技巧。最后《朝阳》《赛马图》等出现了,形成了他第三次的创作高峰。这种新形式有两难,一是线的刻制要充分表现线的疏密、流动、刚柔,二是印制中画面表现黑白灰的效果,特别是灰的渐变效果较难。

屈:关于他的这次变法,也有评论认为其削弱了人物内心表现的深度而只在技法上有创新。另外,他的《新路》有西方超现实主义的影子,但这一尝试却戛然而止,是什么原因?

牛:这次变法,创作的主题没有变,仍然是藏族题材,但在艺术形式上发生了很大变化,更强调一种主体审美意识,追求一种形式美,画面中淡化了具体场景和细节描写,淡化了人物个性特征和典型性刻画,代之以抓大的动势与精神特征,代之以对画面整体情和势、韵和神的表现,更注重审美价值的创造,力图给受众以更大的想象空间和唯美的享受,有意淡化了人物内在的表现。至于《新路》这件作品,力群先生和李平凡先生认为这件作品是大黑白、阴刻,鲁艺时期已有大量制作,现在这样做是走老路,将鲁艺的老东西搬过来、纯西方的东西搬过来。而牛文则认为这只是一种多样风格的尝试。另外,在完成《朝阳》等一批画后,牛文感觉刻线太费力,身心疲惫,便转向更轻松的形式,而醉心于国画的抒情怡志。

屈:纵观牛文先生一生的艺术创作,从晋西北开始,历经了三次变法,形成了三次创作高峰。在80年代,牛文先生提出了深入生活、深入艺术的主张,可以说,这既是他对当时艺术格局的回应,也是他对自己艺术人生的总结。

牛:是的,牛文可以说是为艺术而生,在他的艺术之途中,视生活与艺术同为宝藏,认为它们都值得深挖细研。他执着坚韧,奋斗一生,以自己钟爱的艺术,实现了人生的圆满。

后 记

《重庆文化研究》(2016年卷)出版后,在社会上获得了广泛的好评,并引起了较大的社会影响。为了进一步促进我市文化艺术研究工作,展示文化艺术研究成果,更好地发挥研究成果的积极作用,重庆市文化研究院于2018年初,继续策划编辑出版《重庆文化研究》(2017年卷)。主要选收重庆地区专家学者当年在公开刊物发表的文章,兼收少部分内部刊物发表的文化艺术研究文章。2017年卷采稿采取征稿和在中国知网查询两种方式,于2017年2月起征稿,得到了全市各高校、文化单位以及广大文化艺术工作者大力支持,截至12月底,共收到和在中国知网检索到文化艺术研究类稿件200余篇。其中一部分在中国知网检索到稿件的作者,因地址不详难以取得联系,请见书后主动于我院编辑部联系,以便领取赠送样书。

对于编辑工作,我们在上卷的基础上,继续完善了几个遴选标准:注重文化艺术各门类平衡,优先选入核心期刊发表的文章,优先选收具有学术前瞻性的文章,优先选收具有现实意义的文章。据此,入选文章70篇,90余位作者,约70万字,分为宏观文化、巴渝文化、公共文化、文化产业、文化传媒、文化遗产、艺术研究等栏目。

由于时间仓促,难免疏漏和存在不足,敬请批评指正。